Mit Würde & Stil
durch die Postmoderne

Ein christlicher „Knigge"

Alexander Basnar

Krumau am Kamp 2024

Bibliografische Information der Deutschen Nationalbibliothek: Die Deutsche Nationalbibliothek verzeichnet diese Publikation in der Deutschen Nationalbibliografie; detaillierte bibliografische Daten sind im Internet über www.dnb.de abrufbar.

Mit Würde und Stil durch die Postmoderne / Ein christlicher Knigge

https://cgkrumau.blog/

Alle Bibelzitate nach der Schlachter 2000, Genfer Bibelgesellschaft

Titelbild: Sean Pierce: Luftaufnahme von Betongebäuden bei Nacht / Los Angeles; Unsplash.com

Herstellung und Verlag:
BoD - Books on Demand, Norderstedt
ISBN: 978-3-7583-8258-1

Inhalt

Vorwort

Christen waren stets entsetzt über die Lebensweise der Welt, in der sie
lebten. Sonst wären sie keine Christen geworden, hätten sie sich nicht etwas
Besseres erhofft. Was macht unsere Zeit besonders? Früher waren die Heiden noch überzeugt, dass sie eine hervorragende Religion und sehr gute
Werte hätten. In der gegenwärtigen Postmoderne ist jeder Optimismus er-
storben, es gibt keine verbindenden Überzeugungen mehr, und die psychischen Erkrankungen sind die wahre Pandemie unserer Zeit. Menschenwürde wurde zu einer leeren Worthülse, und bei der Suche nach einer
Anleitung zum Leben oder einem tragfähigen Sinn wird die Generation Z
alleingelassen. Hinzu kommt die allgegenwärtige Weltuntergangsstim-
mung. Generation Z – sind wir wirklich am Ende?

Wie sollen wir als Christen in Zeiten wie diesen leben? So wie immer, denn
die Lehre Christi hat sich nicht verändert und hat heute dieselbe Kraft,
Menschen zu verändern, uns Wert und Hoffnung zu vermitteln. Darum
dieses Buch. Auf rund 470 Seiten lege ich dar, wie wir, beginnend mit der
Aufklärung vor rund 250 Jahren, an diesen „Totpunkt" gekommen sind.
Diese folgerichtige Entwicklung wird mit zahlreichen Fachartikeln (soziolo-
gisch, philosophisch, historisch) nachvollziehbar gemacht, um kontrastie-
rend dazu die biblische Perspektive über die Menschenwürde und den
christlichen Lebensstil zu entfalten. In 33 Kapiteln wird dabei fast jeder
Lebensbereich besprochen, wobei ich auch mein eigenes Herz öffne, von
meinen Erfahrungen und auch Fehlern schreibe, und was ich in meinen 37
Jahren in der Nachfolge Christi da und dort wahrgenommen habe.

Es ist ein überaus praktisches Buch, das vor allem eines will: Hoffnung vermitteln. Wenn ich einen vermessenen Wunsch äußern darf: Möge jeder, der

---

[1] Zitiert in Eusebius, Kirchengeschichte V,20

ernsthaft nach Antworten für das Leben sucht, sich durch diesen Schmöker durcharbeiten! Das klingt anachronistisch. Geht es nicht kürzer oder kompakter? Müssen es gleich so viele Seiten sein? Würde man den genetischen Bauplan eines Marienkäfers aufschreiben, wäre das ein ungleich dickeres Buch. Wieviel mehr ist der Mensch? Um uns selbst zu verstehen, um zu lernen, wie das Leben gemeint ist, können wir uns keine Abkürzungen erlauben. Das erfordert etwas Arbeit und Ausdauer, gerade weil uns die Grundlagen dazu meist weder in der Erziehung noch durch die Gesellschaft vermittelt werden.

Jedes dieser 33 Kapitel ist in sich weitgehend abgeschlossen und könnte selbst auf ein eigenes dickes Buch weiter ausgearbeitet werden. Es bleibt bei einem Denkanstoß, den jeder für sich weiter verfolgen darf. Gewiss habe ich da und dort einiges übersehen oder auch unausgewogen präsentiert; ich maße mir nicht an, alles zu wissen und zu verstehen. Doch was ich in den letzten Jahrzehnten gelernt habe, wovon mein Herz voll geworden ist, das will ich mit diesen Seiten teilen.

Ich wünsche allen Lesern einen großen Gewinn und ein gelungenes Leben, und dass sie erleben, was der Herr Jesus uns sagte:

„Ich bin gekommen, damit sie das Leben haben und es im Überfluss haben."
(Johannes 10,10).

Krumau am Kamp, im Juni 2024

Knigges Albtraum

„Wir sehen die klügsten, verständigsten Menschen im gemeinen Leben Schritte tun, wozu wir den Kopf schütteln müssen."
(Adolph Franz Friedrich Ludwig Freiherr von Knigge)[2]

Der Freiherr von Knigge (1752-1796), rutschte im Badezimmer auf der Seife aus. Er schlug mit dem Kopf gegen das Waschbecken und wurde bewusstlos. Während er am Boden lag, fand er sich plötzlich in einer fremden Zeit wieder – in einer fremden Welt. Er ging umher und beobachtete. Er war überaus „verwundert":

Die verschwitzte Baseballkappe scheint mit ihrer Schädeldecke verwachsen und wird überdies verkehrt herum getragen. Durch die Löcher der zerrissenen Jeans blitzen die Knie hervor. Die Tattoos auf ihrer Haut erzählen seltsame Geschichten. Ihre Haarfarbe wechselt in regelmäßigen Abständen, wie sie auch ihr Geschlecht selbst bestimmen wollen. Ihre Sprache ist „vertiktokt". Sozial retardiert kleben sie an ihren digitalen Geräten, ein Blickkontakt überfordert sie. Ihre Aufmerksamkeitsspanne ist auf die Länge schriller Werbespots geschrumpft. Ihre Handschrift muss man als „Kakographie" bezeichnen. Auch ist ihr Arbeitseifer endenwollend, die „Aufschieberitis" jedoch schier unendlich. Ihre Partnerschaften sind „flexibel". Treue und Ehre gelten als Unwort. Werte und Leitlinien für das Leben werden zwar händeringend gesucht, aber nicht mehr angeboten.

Willkommen in der Postmoderne! Willkommen in der postchristlichen Gesellschaft! Willkommen in der Generation Z!

Knigges Kopf brummte, als er erwachte und sich mühsam aufrappelte. Nach einer Tasse starken Kaffee ließ er seine Visionen revuepassieren. Er fasste einen Entschluss: Das muss verhindert werden! Er besorgte sich mehrere

---

[2] Knigge, Über den Umgang mit Menschen, Erstdruck 1788, hier nach der 3. erweiterten Auflage von 1790. Erster Teil, Einleitung, 1

Bögen Papier und spitzte seinen Federkiel. Eine Anleitung für das Leben sollte es werden ... Knigge ist gescheitert.

Woran scheiterte Knigge? Knigge war ein Mann der „Aufklärung", ein Freimaurer, der idealistisch daran glaubte, dass der Mensch in seinem Wesen edel und gut sei. Der raue Stein müsse nur bearbeitet werden. Eine beherzte Bildung solle das ans Licht bringen:

„Keine Wohltat ist größer als die des Unterrichts und der Bildung. Wer jemals etwas dazu beigetragen hat, uns zu weiseren, besseren und glücklicheren Menschen zu machen, der müsse unsers wärmsten Danks lebenslang gewiss sein können."[3]

Doch heute, 250 Jahre nach Beginn der aufklärerischen Bemühungen, scheint die Gesellschaft schlimmer dran zu sein als unter dem kirchlichen Diktat, welches zurecht kritisiert wurde.

Weder der kirchliche Zwang, noch der aufklärerische Optimismus brachte den guten Menschen hervor, den uns beide als Ideal vor Augen stellen. Die Kirche nennt sie „Heilige", die Aufklärung spricht von „Humanisten".

Mit diesem Buch will ich einen neuen Anlauf machen, denn es ist hoch an der Zeit. Ich bin Lehrer und erlebe hautnah die Kapitulation der Pädagogik vor den Fakten. Die Kollegen scheuen sich nicht nur, von Werten zu sprechen und diese zu vermitteln, es mangelt vielen selbst an einem gesunden Wertefundament. Mehr noch: es fehlt ein Menschenbild, das realistisch ist und zugleich Hoffnung vermittelt. Allein darauf lassen sich Werte begründen und Leitlinien für das Leben formulieren, die funktionieren und die man auch gerne annimmt.

Darum soll es gehen: Um Würde und Stil, um eine Handreichung für ein Leben im Einklang mit dem, was wir tatsächlich sind. Ich verspreche, dass es kein verstaubtes Benimmbuch im Stile Knigges wird.

---

[3] Knigge, Über den Umgang mit Menschen, Erstdruck 1788, hier nach der 3. erweiterten Auflage von 1790. Zweiter Teil, 10. Kapitel, 5.

Was ist die Würde des Menschen?

„Wo kommst du her, und wo willst du hin?" (Genesis 16,8)

Wer bin ich? Was bin ich wert? Wer nimmt mich ernst? Was ist mein Platz im großen Ganzen? Was ist der Sinn meines Daseins? Wer sich diese Fragen nicht stellt, wird sie auch nicht beantwortet bekommen. Wer keine befriedigenden Antworten darauf kennt, dessen Leben wird die Verneinung all dessen sein: Du bist ein Niemand. Du hast keinen Wert. Niemand nimmt Dich ernst. Es gibt kein großes Ganzes. Dein Leben ist sinnlos. Worauf das hinausläuft, ist jedem klar.

Es ist jedoch erschütternd, wie diese Antworten – auch wenn man sie kaum auszusprechen wagt – zum Ausgangspunkt eines Lebensgefühls geworden sind, welches nicht erst (und nicht nur) die Generation Z prägt, sondern sich beginnend mit der Aufklärung sukzessive aufgebaut und verstärkt hat.

„Eine Studie, die 2018 durchgeführt wurde, zeigte, dass in den USA bereits 37 % dieser Altersgruppe in therapeutischer Betreuung waren. In keiner vorherigen Generation war der Wert so hoch. Allerdings lag dies seinerzeit mehr an der Bereitschaft, sich Hilfe zu suchen, als an einem Anstieg von psychischen Erkrankungen. Für die Zeit ab 2020 wurde weltweit eine Zunahme von psychischen Erkrankungen nachgewiesen, und zwar nicht nur unter Angehörigen der Generation Z. Laut einem Bericht der WHO nahmen im ersten Jahr der Pandemie weltweit sowohl Angststörungen als auch Depressionen um mehr als 25 Prozent zu."[4]

Der Elefant im Raum, den niemand zu sehen scheint, sind die Eingangsfragen. Was ist das nun für eine ominöse „Generation Z"?

Die Soziologie hat die verschiedenen aufeinanderfolgenden Generationen der letzten etwas mehr als 100 Jahre in Abschnitte unterteilt und versucht, diese als Gruppen zu beschreiben (nach Geburtsjahren):

- 1883-1900 – Lost Generation

---

[4] https://de.wikipedia.org/wiki/Generation_Z

- 1901-1927 – Greatest/G.I. Generation
- 1928-1945 – Silent Generation
- 1946-1964 – Baby Boomers
- 1965-1979 – Generation X
- 1980-1995 – Millenials/Generation Y
- 1996-2010 – Zoomers/Generation Z
- 2010-2028 – Generation Alpha

Diese Gruppierungen sind nichts anderes als der Versuch, die Veränderungen des Lebensgefühls im Verlauf der Generationen zu erfassen und zu beschreiben. Ich wurde übrigens 1969 geboren. Mit Alpha beginnt eine neue Zählung, aber ich teile nicht den Optimismus der mit einem Neubeginn der Nummerierung mit Alpha zum Ausdruck kommen mag. Z ist eine fatale Bezeichnung, weil sie ein Ende vermittelt. No Future.

„Die Jugendstudie von 2022 zeigte, dass die Generation Z ihre Zukunftsaussichten gefährdet sieht. Die Covid-19-Krise und der Krieg in der Ukraine beeinträchtigen ihr Sicherheitsgefühl. Die Studie zeigt, dass bei Jugendlichen das Gefühl verbreitet ist, die Kontrolle über das eigene Leben zu verlieren. Bei vielen ist die psychische Belastung gestiegen, fast die Hälfte fühlt sich unter Stress, mehr als jeder Dritte spricht von Antriebslosigkeit. Dazu hat auch der Verlust von Kontakten während der Pandemie beigetragen.

Auch der Deloitte Millennial Survey von 2019 zeigt, dass die Generation Z ebenso wie die Millenials pessimistisch in die Zukunft blicken. Diese Tendenz ist in Deutschland noch ausgeprägter als in anderen Ländern. Nur 10 % der Millennials und nur 7 Prozent der Generation Z glauben an eine Verbesserung der sozialen und politischen Lage (Klima, Terrorismus, Rente). Die Ambitionen der jungen Menschen bezüglich Vermögensaufbau, Eigenheim oder Reisen bleiben in Deutschland deutlich hinter dem internationalen Durchschnitt zurück. Auch sind die deutschen Befragten weniger ambitioniert, selbst die Gesellschaft zu verbessern.“[5]

---

[5] Ebda.

Das deckt sich mit meinen Beobachtungen aus meiner eigenen langjährigen pädagogischen Tätigkeit. Keineswegs gilt das überall so. Es trifft auf jene Regionen und Gesellschaften zu, die ich als „entwurzelt" bezeichnen würde. Menschen, die von ihrer Geschichte und geerbten Kultur abgeschnitten wurden und vor allem den Bezug zu Gott verloren haben. Das gilt besonders für die westliche Gesellschaft. Und hier ist auch die Ursache zu suchen, warum es bei Zuwanderung aus „nichtaufgeklärten" Kulturen zu Integrationsproblemen kommen muss, da diese auf anderen Paradigmen aufbauen, wobei es egal ist, ob man diese bewusst angenommen hat oder unreflektiert darin sozialisiert wurde.

Bevor ich darauf eingehen kann, wie es zu diesem Verlust gekommen ist, muss ich erläutern, was wir verloren haben: unsere Würde. Was ist das? Wie wird sie hergeleitet und begründet?

Würde ist ein dem Menschen innewohnender Wert. Er gebietet Achtung und begründet den Selbstwert. Menschenwürde hängt also direkt mit den Fragen zusammen: Wer bin ich? Was bin ich wert? Wer nimmt mich ernst? Was ist mein Platz im großen Ganzen? Was ist der Sinn meines Daseins? Darum spricht man auch viel von „Menschenwürde", ohne jedoch den Begriff mit einem allgemeingültigen Inhalt zu füllen. Das lässt sich mit dem vorherrschenden Individualismus, der Idee, sein Leben selbst zu definieren und zu gestalten, nur schwer vereinbaren. Darum ist praktisch alles Reden von „Menschenwürde" floskelhaft.

„Menschenwürde: Der unantastbare Wert, der jedem Menschen innewohnt und sich in seiner Freiheit zur Selbstbestimmung, seiner Individualität und seinem Recht aus menschlicher Würde ausdrückt."[6]

Die Würde des Menschen kann nicht darin bestehen, dass jeder das Recht behauptet, aus seinem Leben zu machen, was er will. Warum nicht? Weil „Mensch" ein „Allgemeinbegriff" ist, und daher muss „Menschenwürde" aus der Erkenntnis folgen, was den Menschen *an sich* ausmacht, und kann

---

[6] https://www.studysmarter.de/studium/rechtswissenschaften/oeffentliches-recht/menschenwuerde/

nicht darauf reduziert werden, was der Einzelne meint zu sein und werden zu wollen. Wenn man sich darauf geeinigt hat, was ein Mensch ist, dann schränkt das unsere Optionen ein. Wir können uns nicht als Hund gebärden oder meinen wie ein Vogel fliegen zu können (Ikarus hat das probiert und ist gescheitert). Dasselbe gilt auch für unser Mannsein und Frausein. Was wir sind, bestimmt, was wir werden können, und gibt uns eine Auswahl an Möglichkeiten im Rahmen unseres Seins.

Aus diesem Sein folgt also ein Sollen, dem man folgen sollte, was man aber auch verwerfen kann. Würde als Beliebigkeit zu umschreiben, wie das in der zitierten Definition geschieht, ist daher weniger als unbefriedigend. Es ist, als habe die Philosophie die Sophia (Weisheit) betrogen und sich mit Psyche (Seele) und Soma (Körper) wechselseitig ins Bett gelegt. Damit aber ist der Mensch auf sich selbst und seine Empfindungen und Begierden zurückgeworfen.

Wer oder was der Mensch ist, kann nur von dem beantwortet werden, der ihn erschaffen hat. Wir müssen also bei Gott beginnen, bei dem Gott, den unsere westliche Gesellschaft in den letzten 250 Jahren abgeschafft und aus dem Bewusstsein verdrängt hat. Wir müssen zu Gott zurückgehen, um Klarheit zu gewinnen, denn angesichts des Totpunktes, an dem wir angelangt sind, bleibt uns keine andere Wahl als zu hinterfragen, ob die geisteswissenschaftlichen Entwicklungen seit der Aufklärung tatsächlich der Weisheit letzter Schluss waren. Oder wollen wir darauf warten, bis 100% unserer Jugendlichen (unserer Zukunft!) in der Psychiatrie gelandet sind?

Schlagen wir also das Buch Genesis auf:

„Und Gott sprach: Lasst uns Menschen machen nach unserem Bild, uns ähnlich; die sollen herrschen über die Fische im Meer und über die Vögel des Himmels und über das Vieh und über die ganze Erde, auch über alles Gewürm, das auf der Erde kriecht!

Und Gott schuf den Menschen in seinem Bild, im Bild Gottes schuf er ihn; als Mann und Frau schuf er sie.

Und Gott segnete sie; und Gott sprach zu ihnen: Seid fruchtbar und mehrt euch und füllt die Erde und macht sie euch untertan; und herrscht über die Fische im Meer und über die Vögel des Himmels und über alles Lebendige, das sich regt auf der Erde!" (Genesis 1,16-28).

Der Mensch ist Gott ähnlich. Er ist in Seinem Bild geschaffen. Gott gab den Menschen einen Auftrag, der sie in Seine Schöpfungsabsichten einbinden sollte, und damit sowohl die Verantwortung als auch die Befähigung, über Seine gute Schöpfung zu walten. Das ist mit „herrschen" gemeint – wir haben aufgrund unserer Missverwaltung der Schöpfung und unseres bösen Umgangs mit Macht und Autorität den falschen Schluss gezogen, dass Herrschaft per se böse ist. Das Gegenteil ist der Fall: *Wir* sind böse geworden, und darum ist das herausgekommen, was wir vor Augen sehen, wofür wir uns auch schämen.

Dass Gott uns in Seinem Bild erschaffen und beauftragt hat, macht einen großen Teil unserer Würde aus. Wir sollen gegenüber allem, was lebt, Repräsentanten Gottes auf Erden sein. Auch einander gegenüber. Darum ist der Mensch heilig und unantastbar. Später, nachdem schon viel schiefgegangen war, bekräftigt Gott diese Unantastbarkeit:

„Jedoch euer eigenes Blut will ich fordern, von der Hand aller Tiere will ich es fordern und von der Hand des Menschen, von der Hand seines Bruders will ich das Leben des Menschen fordern. Wer Menschenblut vergießt, dessen Blut soll auch durch Menschen vergossen werden; denn im Bild Gottes hat Er den Menschen gemacht." (Genesis 9,5-6).

Weder Tieren noch Menschen ist es gestattet, einen Menschen zu töten. Aus der Gottesebenbildlichkeit ergibt sich ein unbedingter Lebensschutz (auch während der Schwangerschaft). Als Kain Abel erschlug, gestattete Gott keinem Menschen, diese Blutschuld zu rächen, indem jemand Kain tötete. Da aber das Morden überhandgenommen hatte, gebot Gott, Mörder mit dem Tod zu bestrafen, damit der Gewalt Einhalt geboten würde. Wir wissen, dass auch das von uns Menschen „missverwaltet" wurde. Doch die Würde des Menschen schließt nicht nur Mord und Totschlag aus. Jakobus schreibt:

„Mit der Zunge loben wir Gott, den Vater, und mit ihr verfluchen wir die Menschen, die nach dem Bild Gottes gemacht sind; aus ein und demselben Mund geht Loben und Fluchen hervor. Das soll nicht so sein, meine Brüder! Sprudelt auch eine Quelle aus derselben Öffnung Süßes und Bitteres hervor?" (Jakobus 3,9-11).

Die Menschenwürde leitet sich von Gott her. Sie wurde uns verliehen und in uns grundgelegt. Sie ist unantastbar, weshalb auch wir unantastbar sind. Darum gibt es weder unwertes Leben, noch unerwünschtes Leben, noch qualitative Unterschiede unter „Rassen". Wir sind eine Familie, wie Paulus sagte:

„Und er hat aus einem Blut jedes Volk der Menschheit gemacht, dass sie auf dem ganzen Erdboden wohnen sollen, und hat im voraus verordnete Zeiten und die Grenzen ihres Wohnens bestimmt, damit sie den Herrn suchen sollten, ob sie ihn wohl umhertastend wahrnehmen und finden möchten; und doch ist er ja jedem einzelnen von uns nicht ferne; denn »in ihm leben, weben und sind wir«, wie auch einige von euren Dichtern gesagt haben: »Denn auch wir sind von seinem Geschlecht.«" (Apostelgeschichte 17,26-28).

Unsere von Gott gegebene Würde kann nicht ohne Ihn bestehen, sie bedarf der ständigen Rückbindung an Ihn. Darum ist der Mensch in seinem Wesen religiös und suchend, auch wenn ihm der Gott der Bibel noch völlig unbekannt ist. Tiefgründigen Philosophen wie Epimenides oder Aratus (beide zitiert Paulus hier) ist das schmerzhaft bewusst; schmerzhaft deshalb, weil sie zwar suchten, aber die Antwort nicht kannten. Salomo, der als der weiseste Mann seiner Zeit galt, stellte fest:

„Er hat alles vortrefflich gemacht zu seiner Zeit, auch die Ewigkeit hat er ihnen ins Herz gelegt – nur dass der Mensch das Werk, das Gott getan hat, nicht von Anfang bis zu Ende ergründen kann." (Prediger 3,11).

Die Resignation in der Gottsuche, welche unsere Kultur kennzeichnet, führt vom Schmerz weiter in die Psychiatrie. Darum geht es um entscheidende Fragen, denen wir uns alle stellen müssen.

Dass Gott uns beauftragt, zeigt, dass Er uns etwas zutraut. Er hat uns mit Intelligenz und Kreativität begabt, damit wir diese sinnvoll einsetzen und darin Kraft, Freude, Bestätigung und Sinn finden. Losgelöst von dem Auftrag und losgelöst von Gott entwickeln diese Gaben ein egozentrisches und destruktives Eigenleben. Mit demselben Feuer kann man Brot backen oder einen Wald anzünden. Mit derselben Intelligenz kann man Probleme lösen und Probleme schaffen. Dieselbe Kreativität kann zur Ehre Gottes und dem Wohl der Schöpfung zum Einsatz kommen oder für Perversion und Selbsterhöhung missbraucht werden.

Zuletzt hat Gott den Menschen männlich und weiblich geschaffen und uns damit unterschiedlich begabt und berufen. Eine Frau kann nicht tun, wozu allein der Mann berufen ist, und umgekehrt. Die besondere Tragik heute besteht darin, dass sogar das so Offensichtliche geleugnet und bekämpft wird. Nach dem Schöpfungswillen Gottes ist die Würde eines Mannes eine *auftragsbezogen* andere als die der Frau, und doch benötigen sie einander, um Gottes Auftrag – fruchtbar zu sein und die Erde zu füllen – verwirklichen zu können.

Suchen wir in der Bibel den Begriff „Würde", müssen wir vom Konzept her an Begriffe wie „Ehre" oder „Herrlichkeit" denken. Das griechische Wort dafür ist „doxa"[7] und umfasst Bedeutungen wie: Meinung, Urteil, Ansicht, Glanz, Schein, Majestät, Würde, Ehre, Herrlichkeit. Die Wurzel des Wortes hat mit „dokeo" zu tun, welches einen Nachdenkprozess beschreibt. Unsere Würde erschließt sich uns nicht, wenn wir nicht bereit sind (oder werden), gründlich nachzudenken, uns eine Meinung zu bilden, unseren Wert zu bestimmen und anzunehmen. Wir brauchen also einen glaubwürdigen und allgemeinen Ausgangspunkt, der den Menschen an sich beschreibt.

Die Bibel beginnt bereits bei der Erschaffung des Menschen, uns dessen Würde zu beschreiben und nahezubringen.

---

[7] entspricht dem hebräischen kâbôd

Halten wir inne: Ist das alleine nicht bereits wunderbar? Wird es nicht durch die Erfahrungen der Menschen von Beginn an bestätigt? Ist es nicht das, was in uns brennt, was wir von Natur aus erstreben? Die Erkrankung der Seele beginnt mit dem Verleugnen dessen, was wir sind. Darin besteht der Verlust der Würde, unsere Selbstentwürdigung.

Wie beantworten sich nun die Eingangsfragen?

Wer bin ich? Was bin ich wert? Wer nimmt mich ernst? Was ist mein Platz im großen Ganzen? Was ist der Sinn meines Daseins?

Ich bin von Gott in Seinem Bild und zur Gemeinschaft mit Ihm erschaffen worden. Er selbst nimmt mich so ernst, dass Er mich zur Mitarbeit in Seiner Schöpfung berufen hat. Ich bin Teil der Menschheitsfamilie, die diesem Auftrag nur gemeinsam gerecht werden kann. Der Sinn meines Lebens besteht darin, Gott zu kennen und in Seinem Auftrag zur Entfaltung zu kommen.

Was zerstörte die Würde des Menschen?

> *„Hast du dir dies nicht selbst bereitet, indem du den Herrn, deinen Gott, verlassen hast zu der Zeit, als er dich auf dem Weg führte? … Deine Bosheit straft dich, und deine Abtrünnigkeit züchtigt dich! Erkenne doch und sieh, wie schlimm und bitter es ist, dass du den Herrn, deinen Gott, verlassen hast, und dass keine Furcht vor mir in dir ist! spricht der Herrscher, der Herr der Heerscharen.“*
> (Jeremia 2,17+19)

Zur Würde des Menschen gehört die Freiheit. Darin hat der Artikel über die Menschenwürde auch grundsätzlich recht:

„Menschenwürde: Der unantastbare Wert, der jedem Menschen innewohnt und sich in seiner Freiheit zur Selbstbestimmung, seiner Individualität und seinem Recht aus menschlicher Würde ausdrückt.“[8]

Darum hat Gott dem Menschen auch eine Wahlmöglichkeit gegeben, gemäß der ihm verliehenen Würde und Berufung zu leben, oder eigene Wege zu gehen. Das war der verbotene „Baum der Erkenntnis des Guten und Bösen.“ Wenn wir frei sind zu wählen, warum war der Baum dann verboten? Weil es gute und schlechte Entscheidungen gibt. Nicht jede Wahl, die wir treffen, ist nützlich. Paulus schreibt einmal, bezogen auf weit weniger bedeutende Wahlmöglichkeiten:

„Alles ist mir erlaubt – aber nicht alles ist nützlich! Alles ist mir erlaubt – aber ich will mich von nichts beherrschen lassen!“ (1. Korinther 6,12).

Manche Wahlmöglichkeiten sind zwar lediglich gesundheitsschädigend oder machen abhängig – dennoch raten wir ganz selbstverständlich jedem davon ab! Anderes ist so gefährlich oder gefährdend, dass es gesetzlich

---

[8] https://www.studysmarter.de/studium/rechtswissenschaften/oeffentliches-recht/menschenwuerde/

verboten ist. Bei manchen Dingen sagt es schon der gesunde Menschenverstand, dass man besser die Finger davon lässt.

Der verbotene Baum betrifft die Frage, wer zu entscheiden hat, was gut und böse ist. Dieses Recht hat sich Gott exklusiv vorbehalten, denn Er ist der Schöpfer. Alles, was existiert, existiert allein durch Seinen Willen, und die ganze Schöpfung ist aufeinander abgestimmt. Was gut oder böse ist, ist also nicht von Seiner Schöpfungsidee zu trennen. Es war nicht sein Wille, dass wir nie erfahren sollten, was richtig und falsch ist, sondern, dass wir es nicht unabhängig von Ihm lernen. Wir sollen die Schöpfung in Seinem Sinn regieren, nicht eigenmächtig nach unserem Gutdünken.

Freiheit kann es also nur im Rahmen des Guten geben, im Rahmen dessen, wie Gott sich diese Welt vorgestellt hat. Es wäre aber keine Freiheit, wenn wir nicht auch „Nein" sagen könnten. Das „Nein" ist nicht erlaubt, aber möglich – und es hat Konsequenzen, die Er uns nicht verschwiegen hat. Die Konsequenz ist der Verlust des ewigen Lebens, indem wir vom Baum des Lebens getrennt und aus dem Garten Eden – dem Ort der unmittelbaren Begegnung mit Gott – verbannt werden.

Die Verführung zu dieser „Ursünde" ging mit einem falschen Versprechen einher:

„Keineswegs werdet ihr sterben! Sondern Gott weiß: An dem Tag, da ihr davon esst, werden euch die Augen geöffnet, und ihr werdet sein wie Gott und werdet erkennen, was gut und böse ist!" (Genesis 3,4-5).

Wir wissen aus Erfahrung, dass die Schlange gelogen hat, denn wir sind alle sterblich und erwarten unseren Tod mit Grauen. Wir sind uns täglich unserer Beschränkungen und Grenzen bewusst, also alles andere als Gott gleich. Wir alle sind „jenseits von Eden" geboren und tragen die Konsequenzen der Entscheidung unserer ersten Eltern. Um das etwas nachvollziehbarer zu machen: Ich habe einen slowakischen Namen, kann aber kein slowakisch, weil meine Großmutter als junge Frau nach Wien gezogen ist. Darum lebe ich in Österreich, rede und denke wie ein Österreicher und liebe Schnitzel. Im Gegensatz zum Garten Eden könnte ich in die Slowakei zurückgehen, würde dort aber immer als Fremder wahrgenommen werden. Die Rückkehr in den Garten Eden ist uns in diesem Leben zwar verwehrt, aber in der Auferstehung zugesagt. Das ist das Thema des Evangeliums.

Die ganze Menschheitsgeschichte steht unter dieser Verheißung, Gott steht uns also nicht feindselig gegenüber, sondern bietet jedermann zu jederzeit Versöhnung an. Die Fragestellung ist nun genau umgekehrt: Wollen wir unser eigenmächtiges Bestimmen von Gut und Böse lassen und neu lernen, wie es Gott festgelegt hat, oder halten wir fest an unseren eigenen Wegen? Dann begehen wir statt eines Sündenfalls einen „Tugendfall" und kehren von der Ursünde um. Diese Wahlmöglichkeit besteht auf mehreren Ebenen:

Gott hat jedem Menschen die Ewigkeit ins Herz gelegt, damit er beginnt Gott zu suchen – und diese Suche nimmt Er wahr:

„Denn die Augen des Herrn durchstreifen die ganze Erde, um sich mächtig zu erweisen an denen, deren Herz ungeteilt auf ihn gerichtet ist." (2. Chronik 16,9).

Offenbar gibt es zu jederzeit und überall Menschen, auf die das zutrifft, wenn es auch nur wenige sind. Dabei nimmt Er wahr, ob diese Suche nur eine philosophische Spekulation ist, oder ein ernsthaftes Bemühen um das Gute erweckt hat:

„Wer ist der Mann, der Leben begehrt, der sich Tage wünscht, an denen er Gutes schaut? Behüte deine Zunge vor Bösem und deine Lippen, dass sie nicht betrügen; weiche vom Bösen und tue Gutes, suche den Frieden und jage ihm nach! Die Augen des Herrn achten auf die Gerechten und seine Ohren auf ihr Schreien." (Psalm 34,13-16).

Im Grunde wissen wir, was gut und böse ist – wenigstens in den Grundzügen. Ebenso kennen wir aber gegenteilige Neigungen in uns, die uns zur Lüge, zum Ehebruch, zum Geiz, zur Maßlosigkeit bis hin zum Totschlag verleiten. Wir stehen also in der Spannung zwischen der Stimme unseres Gewissens, dem Bewusstsein der Ewigkeit und der Sehnsucht nach Gott auf der einen Seite, und unseren eigenen Begierden und Wünschen, unseren

Trieben und gesellschaftlichen Werten, die der Versöhnung mit Gott entgegenstehen.

Darüber hinaus erwählte Gott Menschen, denen Er sich offenbarte, die Er zu einem Volk werden ließ, das der Welt zeigen sollte, wie ein Leben unter der guten Führung Gottes aussieht:

„So bewahrt sie nun [meine Gebote] und tut sie; denn darin besteht eure Weisheit und euer Verstand vor den Augen der Völker. Wenn sie alle diese Gebote hören, werden sie sagen: Wie ist doch dieses große Volk ein so weises und verständiges Volk!

Denn wo ist ein so großes Volk, zu dem sich die Götter so nahen, wie der Herr, unser Gott, es tut, so oft wir ihn anrufen? Und wo ist ein so großes Volk, das so gerechte Satzungen und Rechtsbestimmungen hätte, wie dieses ganze Gesetz, das ich euch heute vorlege?" (Deuteronomium 4,6-8).

Aus diesem Volk kam der Messias, Jesus Christus, und die Christenheit sollte das Wort Gottes allen Menschen auf dieselbe Weise durch das Vorbild eines gottesfürchtigen Lebens bekannt machen.

Gott will, dass wir eine faire Wahlmöglichkeit haben, und Er hat jedem Menschen auf all diesen Ebenen – Ewigkeit im Herzen, Gewissen und Verkündigung des Wortes – die Voraussetzungen geschaffen, frei entscheiden zu können. Darum vollzieht in gewissem Sinne jeder Mensch, ab dem Alter, wo er geistig in der Lage ist, moralische Entscheidungen zu treffen, auch seinen persönlichen Sündenfall. Ebenso kann jeder Mensch nachdenklich werden und sich auf die Suche nach Gott begeben.

Die Geschichte Europas ist wesentlich geprägt vom Christentum, und keineswegs wurde da alles richtig gemacht. Die Kirche operierte seit dem vierten Jahrhundert (konstantinische Wende, Staatskirchentum) zusehends mit Zwängen und Drohungen, was sehr viel Unzufriedenheit bewirkte, die sich zuerst in der Reformation und dann in der Aufklärung entlud. Nichtsdestotrotz brachte die christliche Zivilisation sehr viel Gutes, von dem wir noch heute zehren.

Die Aufklärung jedoch war der große Sündenfall Europas, begründet durch Philosophen, welche die Vormundschaft der Kirche abschütteln wollten und davon ausgingen, dass der Mensch von sich aus gut sei und sich und die Welt ohne Kirche noch viel besser gestalten könne. Ihre Schriften strotzen vor selbstbewusstem Optimismus. Der Leitsatz Immanuel Kants (1724-1804) steht über diesem intellektuellen Aufbruch:

„Sapere aude! Habe Mut, dich deines eigenen Verstandes zu bedienen! ist also der Wahlspruch der Aufklärung."[9]

Praktisch bedeutet das, dass der Mensch sein eigener Herr sei und aus sich selbst heraus zur Vollkommenheit strebe und frei sei, diese zu erreichen:

„Zur inneren Freiheit aber werden zwei Stücke erfordert: seiner selbst in einem gegebenen Fall Meister und über sich selbst Herr zu sein, d. i. seine Affekte zu zähmen und seine Leidenschaften zu beherrschen."[10]

Meines Wissens hat jedoch niemand die Ablehnung von Gottes Weisung so klar abgelehnt wie Gotthold Ephraim Lessing (1729-1781):

„Wenn Gott in seiner Rechten alle Wahrheit und in seiner Linken den einzigen immer regen Trieb nach Wahrheit, obschon mit dem Zusatze, mich immer und ewig zu irren, verschlossen hielte und spräche zu mir: wähle! Ich fiele ihm mit Demut in seine Linke und sagte: "Vater gib! die reine Wahrheit ist ja doch nur für dich allein!"[11]

Wenn wir unser eigener Herr sind und unser Verstand der einzige Zugang zur Erkenntnis ist, dann ist es folgerichtig, dass man sich von Gott, an den man nicht länger glauben will, auch nichts sagen lassen will. Deutlicher kann man es nicht ausdrücken. Für Lessing ist das aufrichtige Streben nach Wahrheit edler, als das Geschenk der Offenbarung vertrauensvoll anzunehmen, auch wenn das den ewigen Irrtum bedeute.

---

[9] Kant, Beantwortung der Frage: Was ist Aufklärung?, 1784
[10] Kant, Die Metaphysik der Sitten, 1797. Zweiter Teil. Metaphysische Anfangsgründe der Tugendlehre
[11] Lessing, G. E., Fragmentenstreit. Eine Duplik [gegen Goeze, 1777].

Die deutschen und französischen Aufklärer waren hier deutlich radikaler als die englischen und amerikanischen, die Gott zumindest als Schöpfer gelten ließen, aber davon ausgingen, dass Er sich um die Belange der Menschen nicht weiter kümmere. Dieser philosophische Glaube heißt „Deismus". An die Stelle der Offenbarung Gottes trat nun die „Wissenschaft", das eigenständige Forschen und Mutmaßen über die Geheimnisse des Lebens. Die zehn Gebote wurden durch die Menschenrechte ersetzt. Dabei sticht ein Unterschied zwischen der ersten (amerikanischen) und der zweiten (französischen) Fassung besonders ins Auge:

„Wir halten diese Wahrheiten für selbstverständlich [self evident], dass alle Menschen gleich **geschaffen** *sind, dass sie von ihrem* **Schöpfer** *mit bestimmten unveräußerlichen Rechten ausgestattet sind, dass zu diesen Rechten Leben, Freiheit und das Streben nach Glück gehören."*[12] (In Congress, July 4, 1776).

„Die Menschen sind und bleiben **von Geburt** *frei und gleich an Rechten. Soziale Unterschiede dürfen nur im gemeinen Nutzen begründet sein."*[13] (Déclaration des droits de l'homme et du citoyen 1789).

Was für die amerikanische Aufklärung als „self evident" galt und keines weiteren Beweises bedurfte, wird in der französischen Erklärung der Menschenrechte nicht einmal erwähnt. Jeder Bezug zum Schöpfer fehlt – woher werden dann die Rechte abgeleitet? Worauf gründet dann noch die Menschenwürde? Einzig und allein auf der sich immer irrenden (Lessing) Vernunft des Menschen, der sein eigener Herr ist. Noch etwas fällt auf: In der französischen Fassung hat nur der geborene Mensch Rechte, die Ungeborenen sind gar nicht im Blick, während die Erschaffung des Menschen mit der Empfängnis beginnt. Wie ist der Stand heute?

---

[12] https://www.archives.gov/founding-docs/declaration-transcript
[13] https://www.studysmarter.de/schule/geschichte/nationalstaatsbildung-frankreich/erklaerung-der-menschen-und-buergerrechte/

*„Alle Menschen sind frei und gleich an Würde und Rechten **geboren**. Sie sind mit Vernunft und Gewissen begabt und sollen einander im Geist der Brüderlichkeit begegnen."*[14] (Allgemeine Erklärung der Menschenrechte 1948).

Wurde es mit der Aufklärung besser? Mitnichten. Anstelle der Religion traten die Ideologien, und diese gingen vom Beginn der Revolution an mit äußerster Brutalität gegen Andersdenkende vor (Jakobiner, Guillotine). Anstelle der (theoretisch) die Völker verbindenden Einheit der Kirche trat der Nationalismus als neues Fundament der Identität des Einzelnen. Im Versuch, die Welt neu und „wissenschaftlich" auf materialistischer Basis zu erklären, gewann die Evolutionstheorie an Bedeutung, die den Menschen zu einem Tier erklärte. Auf Basis dieser wurde die Rassentheorie entwickelt, der „Sozialdarwinismus" legitimiert, und ernsthafte Wissenschaftler setzten alles daran, die Menschheit durch Euthanasieprogramme von unwertem Leben zu reinigen und zu vervollkommnen. Die Kriege wurden brutaler und totaler. Die Philosophie glitt mehr und mehr vom Humanismus in den Nihilismus ab – es fehlt jede Grundlage, um irgendeinen Wert zu begründen, da die Existenz einer absoluten Wahrheit, die dafür unerlässlich ist, bestritten wird. Der in den Menschenrechten postulierten Freiheit wird keinerlei Grenze mehr gesetzt.

Der Mensch ist nicht nur auf sich zurückgeworfen, sondern auch hilflos allein den Menschen ausgeliefert. In allen tieferen Fragen des Seins herrscht ratloses Schweigen, der Mensch ist Gott, der Natur und sich selbst entfremdet. Er kann nicht mehr sagen, was er eigentlich ist. Die Menschenwürde ist zu einer leeren Worthülse geworden. Es gibt keine gemeinsamen, verbindenden Werte mehr neben dem Relativismus, dem Pluralismus und dem Individualismus. Der Toleranzbegriff wurde so zu einer Farce, da Toleranz stets die erlaubte Abweichung von einer Norm bedeutet. Wo es aber keine Normen gibt, wird die Toleranz zur Akzeptanz und Billigung von jedem denkbaren Lebensentwurf. Die Ideologien, die in dieses Vakuum eindrangen, haben die Gesellschaften noch mehr gespalten. Wer Spiritualität sucht,

---

[14] https://de.wikipedia.org/wiki/Allgemeine_Erkl%C3%A4rung_der_Menschenrechte

findet sich in der Esoterik wieder. Die alten Götter und ihre Dämonen feiern eine Renaissance.

Ein Stachel im Fleisch dieses Zeitgeistes sind und bleiben die wenigen Menschen, die einen traditionellen, schriftgegründeten Glauben vertreten.

Das Problem einer entwürdigten Menschheit

„Diese aber lästern alles, was sie nicht verstehen; was sie aber von Natur wie die unvernünftigen Tiere wissen, darin verderben sie sich." (Judas 1,10).

Dieses Zitat sagt alles: Wer die Würde verloren hat, verliert den Respekt vor sich selbst und allem anderen. Er sinkt herab auf die Ebene eines unvernünftigen Tieres, das von Trieben und Instinkten gesteuert wird, und das Höchste in solch einer Existenzform ist die Paarung. Darum ist Sex zum letzten Antrieb und einzigen Glück einer entwürdigten Menschheit geworden. Der Gott dieser Welt sitzt im Schritt.

Um eines klar zu machen: Es geht mir nicht um die klassische Kritik an der jungen Generation, wie sie etwa in diesen Worten zum Ausdruck kommt:

„Die Jugend achtet das Alter nicht mehr, zeigt bewusst ein ungepflegtes Aussehen, sinnt auf Umsturz, zeigt keine Lernbereitschaft und ist ablehnend gegen übernommene Werte" (ca. 3000 v. Chr., Tontafel der Sumerer).[15]

Solche Wahrnehmungen sind ein alter Hut, so alt wie die Menschheit. Darum geht es mir nicht, denn hier wird nur die junge Generation von der alten beargwöhnt. Das ist ein viel zu kurzer Zeithorizont. Es geht mir um eine gut 250-jährige Entwicklung, die mit der Aufklärung im 18. Jahrhundert begonnen hat und das Ende des „christlichen Abendlandes" eingeläutet hat.

Die Aufklärung führte zu einer erneuten und vertieften Entfremdung von Gott und setzte den Menschen zum Maß aller Dinge. In der französischen Revolution wurde das Christentum durch die quasireligiöse Verehrung der Vernunft ersetzt. Der Optimismus bezüglich der moralisch-intellektuellen Fähigkeiten der Menschen war schier grenzenlos. Das kommt in den Äuße-

---

[15] https://bildungswissenschaftler.de/5000-jahre-kritik-an-jugendlichen-eine-sichere-konstante-in-der-gesellschaft-und-arbeitswelt/

rungen Kants und Lessings, sowie aller anderen Aufklärungsphilosophen mehr als deutlich zum Ausdruck.

Nun benötigte man aber eine alternative Erklärung für das „Phänomen" der uns umgebenden Natur. Schöpfung wollte man nicht mehr sagen, weil man ja den Schöpfer in das Reich der Mythen verbannt hat. Die Wissenschaft wurde zur Grundlage aller Welterklärung – wiederum war man überaus optimistisch, was deren Leistungsfähigkeit betrifft. Kein Wunder, dass Darwins Buch „Über die Entstehung der Arten" (1859) begeistert angenommen wurde, ungeachtet der vielen offenen Fragen, die weder er noch seine Nachfolger zufriedenstellend beantworten, geschweige denn belegen konnten.

Weil kein Gemeinwesen, keine Gesellschaft ohne gemeinsame Wertebasis bestehen kann, traten an die Stelle der christlichen Überzeugungen die verschiedenen Ideologien; allen voran der Humanismus mit seinen Menschenrechten und deren Umsetzung in den ersten Revolutionen (USA, Frankreich). Infolge der napoleonischen Kriege entstand der Nationalismus, der den einzelnen Völkern und Nationen eine „mythische" Identität aufgrund einer idealisierten Vorstellung ihrer Herkunft geben sollte. Besonders nachhaltig war hier die Romantisierung der Germanen, welche den Zusammenschluss der deutschen Kleinstaaten zum Kaiserreich beflügelte. Richard Wagners „Der Ring des Nibelungen" schuf die begeisternde Begleitmusik dazu, die Fraktur- und Kurrentschrift wurde als „deutsche" Schrift instrumentalisiert. Rassendünkel kamen auf.

Die Vorstellung der Überlegenheit einer Rasse gegenüber anderen, ging direkt und unmittelbar auf Charles Darwin zurück, der in seinem Folgeband „Die Abstammung des Menschen und die geschlechtliche Zuchtwahl" (1871) schrieb:[16]

„Der Mensch kann in vielen Beziehungen mit denjenigen Thieren verglichen werden, welche schon seit langer Zeit domesticirt worden sind, und eine grosse Menge

---

[16] https://de.wikisource.org/wiki/Die_Abstammung_des_Menschen_und_die_geschlechtliche_Zuchtwahl_I/Siebentes_Capitel

von Belegen kann zu Gunsten der Pallas'schen Theorie vorgebracht werden, dass die Domestication die Unfruchtbarkeit, welche ein so allgemeines Resultat der Kreuzung von Species im Naturzustände ist, zu eliminiren strebt. Nach diesen verschiedenen Betrachtungen kann man mit Recht betonen, dass die vollkommene Fruchtbarkeit der mit einander gekreuzten Rassen des Menschen, wenn sie festgestellt wäre, uns nicht absolut daran hindern könnte, sie als distincte Species aufzuführen."
(S 225/226)

Der Mensch wird ausdrücklich auf die Ebene eines Tieres reduziert, und die Unterschiede zwischen den Menschen werden im Sinne der unterschiedlichen Rassen innerhalb einer Tiergattung erklärt. Er geht sehr ins Detail, was die Unterschiede zwischen den Rassen ausmache, und warum die „civilisirten" Rassen den „Wilden" überlegen seien. Auch wenn Darwin selbst jetzt kein Rassist im radikalen Sinne war, ist nachvollziehbar, dass die Rassenideologie seine Erörterungen begeistert aufnahm.

Wenn der Mensch aber seine gottgegebene Würde verliert, reduziert sich sein Lebenszweck einzig auf den biologischen Fortbestand und die Höherentwicklung. Die Idee vom „Survival of the Fittest" führte dazu, alle Elemente der Bevölkerung, die diese Entwicklung hemmen könnten, zu eliminieren. Man fragt sich oft, wie hochintelligente Wissenschaftler sich in den Euthanasieprogrammen engagieren konnten, doch die Antwort ist klar: Wir sind ja nur Tiere, nur ein Zwischenschritt im Evolutionsprozess, und daher fühlten sich viele Wissenschaftler verpflichtet, diesen Prozess zu fördern. Rückblickend erschauern wir angesichts der verübten Gräuel!

„Ernst Haeckel (1834–1919) wandte Darwins Theorie auch auf den sozio-kulturellen Bereich an und formulierte eine „Einheitstheorie" des Lebens, die er Monismus nannte. Er war der Auffassung, dass eine „künstliche" Züchtung durchaus positive Folgen haben könne, und verwies in diesem Zusammenhang auf die Tötung behinderter Kinder im antiken Sparta und bei Indianern Nordamerikas. In seinem

Werk Die Lebenswunder trat er explizit für eine „Euthanasie" im Sinne einer gezielten Auslese bei Kindern ein."[17]

Haeckel behauptete auch, dass das ungeborene Kind in seiner Entwicklung die Evolutionsgeschichte des Menschen „wiederhole", indem er etwa die Beugefalten des Embryos als Kiemen deutete. Dazu fertigte er Zeichnungen an, die (was er auch zugab) mehr seiner Fantasie als der Wirklichkeit entsprachen. Obwohl Haeckel seit Jahrzehnten widerlegt ist, geistert seine Idee (das „biogenetische Grundgesetz") nach wie vor in der Diskussion um Schwangerschaftsabbrüche herum. Ich habe es im Biologieunterricht der Schule selbst noch gelernt.

Es ist nicht mein Ziel, hier ins Detail zu gehen. Es geht mir um den Verlust der Menschenwürde und ihrer Konsequenzen, und die sind erschütternd. Dies stürzte den Menschen in eine tiefe Sinnkrise, da ein rein materialistisches Selbstbild in einem tiefen existenziellen Widerspruch zu unserer spirituellen Seite steht. Der Wegfall christlicher Glaubensüberzeugungen führte in unserer Gesellschaft und der Seele des Einzelnen zu einem Vakuum, das mit einer Vielzahl anderer geistiger Vorstellungen gefüllt wird.

Parallel zum Nationalismus und der Wiederentdeckung bzw. Mythifizierung unserer germanischen oder keltischen Ahnen kam es in den letzten 150 Jahren zu einem Wiederaufleben alter heidnischer Vorstellungen. Im Gegensatz zum materialistischen, ja geradezu fanatisch-atheistischen Weltbild des Marxismus, suchte der Nationalsozialismus im „Ahnenerbe" eine esoterische Spiritualität zu erwecken. Aber auch andere Kulte entstanden: Die Theosophie von Helena Blavatsky (1831-1891) fand viele Anhänger, und davon ausgehend wurden viele okkulte Zirkel gegründet.

„Ihre Theosophie war eine Reaktion auf den Siegeszug der Naturwissenschaften, der Evolutionstheorie Darwins und der damit verbundenen Diskreditierung des christlichen Glaubens im 19. Jahrhundert. Außerdem knüpfte Blavatsky in der Geheimlehre an damals moderne westliche Vorstellungen, nämlich den Fortschrittsgedanken

---

[17] https://de.wikipedia.org/wiki/Geschichte_der_Euthanasie#19._und_20._Jahrhundert

und die Rassenlehre an. Sie erhob darin den Anspruch, eine wissenschaftlich begründete Religion zu verkünden.

Nach Einschätzung des Historikers Goodrick-Clarke gab sie dem Menschen die Würde und Bedeutung, die ihm die jüdisch-christliche Schöpfungslehre zugeschrieben hatte und die im naturwissenschaftlichen Weltbild keine Rolle mehr spielten, zurück, indem sie ihn in eine Kosmologie einbettete, welche traditionelle Vorstellungen der westlichen Esoterik mit Elementen östlicher Religionen verband und auch Konzepte der zeitgenössischen Naturwissenschaften aufnahm. Dem Christentum, insbesondere der katholischen Kirche und dem Protestantismus, stand Blavatsky zeitlebens kritisch gegenüber."[18]

Die neugnostische Anthroposophie von Rudolph Steiner (1861-1925) ist hier ebenfalls zu nennen.

„Die Anthroposophie versucht, Elemente des deutschen Idealismus, der Weltanschauung Goethes, der Gnosis, christlicher Mystik, fernöstlicher Lehren sowie der naturwissenschaftlichen Erkenntnisse zu Steiners Zeit miteinander zu verbinden. Eine Hauptquelle der anthroposophischen Lehre bildet die okkulte „Geheimwissenschaft", die Rudolf Steiner nach eigenen Aussagen aus Erforschungen einer für ihn bestehenden geistigen Welt, mit Hilfe von „Hellseherorganen", erlangt habe.

Ein zentraler Aspekt war und ist eine Anwendung des Evolutionsgedankens auf die spirituelle Entwicklung. Dabei verarbeitete Steiner evolutionäre Ansätze sowohl des Darwinisten Ernst Haeckel als auch der modernen Theosophie, wie sie Helena Petrovna Blavatsky vertrat. Die Anthroposophie sucht – im Gegensatz zu Vertretern eines rein säkular naturwissenschaftlich orientierten Fortschrittsgedankens – die Menschheit und ihre Entwicklung spirituell und übersinnlich zu verstehen, setzt sich dabei aber von der Theosophie und ihrer Orientierung an der östlichen Religiosität ab. Die Einbeziehung und Neuinterpretation der Evolution führte ebenso wie bei Haeckel und anderen Zeitgenossen Steiners zu Kontroversen um mögliche sozialdarwinistische und rassistische Aspekte."[19]

---

[18] https://de.wikipedia.org/wiki/Helena_Petrovna_Blavatsky
[19] https://de.wikipedia.org/wiki/Anthroposophie

Der Spiritismus und die Faszination des Paranormalen verbanden sich in diesem Vakuum mit der Faszination fernöstlicher Spiritualität zu oft recht eigenwilligen Mischformen wie etwa das „Mazdaznan" von Erich Otto Haenisch (1856-1936), dem auch der bekannte Bauhauskünstler Johannes Itten (1888-1967) angehörte. Wie skurril das anmutet, zeigt folgendes Zitat:

„Als Mazdaznan … wird eine religiöse Lehre bezeichnet, die nach eigenem Verständnis auf einem reformierten Zarathustrismus basiert. Es handelt sich um eine Mischreligion mit zarathustrischen, christlichen und einigen hinduistischen/tantrischen Elementen.

Begründet wurde sie von Otoman Zar-Adusht Ha'nish, auch Otoman Zar Adusht Hanish …, bürgerlich Erich Otto Haenisch, der selbst angab, am 19. Dezember 1844 in Teheran geboren worden zu sein. Tatsächlich wurde er als Sohn des Viktualienhändlers Heinrich Ernst Haenisch und seiner Frau Anna Dorothea geborene Schmidt am 19. Dezember 1856 in Posen geboren und am 28. Dezember 1856 evangelisch getauft. Er starb am 29. Februar 1936 in Los Angeles. In zeitgenössischen Zeitungsberichten ist wiederholt von einem Sonnenkult die Rede.

Die Anhänger sind Vegetarier, befolgen eine eigene Ernährungslehre, legen großen Wert auf tägliche Atem- und auf Meditationsübungen, darunter einige tantrische Übungen. Eine organisierte Anhängerschaft existiert in Deutschland und Ungarn; Anhänger gibt es in Frankreich und den USA, dem einstigen Schwerpunkt und Hauptquartier.

Im Lexikon neureligiöser Bewegungen und Weltanschauungen wird die Mazdaznan-Lehre als „Ausdruck der westlichen Rezeption asiatischer Heilsvorstellungen und -praktiken" beschrieben. Die Lehre variierte die Rassenlehre der damals erfolgreichen neureligiösen indisch-arischen Theosophie von Helena Blavatsky und übernahm Elemente des Yoga in den Atemübungen." [20]

Wie verzweifelt muss man sein, sich solch einer Religion anzuschließen? Rückblickend erkennt man, wie hier auf pseudospirituelle Weise so ziemlich alles „zusammengepanscht" wurde, was gerade modern war. Bedenklich ist

---

[20] https://de.wikipedia.org/wiki/Mazdaznan

auch hier der Zusammenhang zwischen Darwinismus und Rassismus, der damals vielen als nur folgerichtig erschien und den Weg für Hitler bereitete.

Das Christentum wurde nicht nur abgeschafft; was davon übrigblieb, hat tatsächlich jegliche Strahlkraft verloren, da viele maßgebliche Theologen, um den Anschluss an die neue Zeit nicht zu verpassen, sich völlig der Aufklärung verschrieben und jeden Anspruch auf die Wahrheit biblischer Offenbarung aufgegeben hatten.

Lessing, der gerade diese Offenbarungswahrheit ablehnte und im aufklärerischen Optimismus glaubte, durch aufrichtiges Bemühen, Versuch und Irrtum, irgendwann zur Wahrheit zu finden, wurde nicht bestätigt. Im Widerstreit der Ideologien und Weltanschauung entwickelte sich vielmehr eine „dialektische" Philosophie, wo aus These und Antithese stets neue Synthesen gebildet wurden, welche selbst zur These wurden und neue Antithesen auf den Plan riefen.

„Dialektik ist ein Begriff der westlichen Philosophie. Das Wort Dialektik ist von altgriechisch διαλεκτική *(τέχνη) dialektiké (téchne) „(Kunst der) Unterredung", gleichbedeutend mit lateinisch (ars) dialectica „(Kunst der) Gesprächsführung", abgeleitet (vergleiche auch Dialog).*

Aus dem Altertum bekannt ist Dialektik als Instrument der Rhetorik und als Mittel zur methodischen Wahrheitsfindung.

Ende des 18. Jahrhunderts wird die dialektische Aufhebung zum zentralen Begriff der Philosophie Hegels. Vereinfachend kann der Begriff Dialektik dieser Zeit als eine Form des Diskurses beschrieben werden. Im dialektischen Diskurs wird einer These von der erkannten Realität eine Antithese als Konstrukt von Problemen und Widersprüchen gegenübergestellt, woraus ein neues Konstrukt als Synthese hervorgebracht wird. Bei Hegel ist Dialektik die der Metaphysik entgegengesetzte Methode der Erkenntnis und das Prinzip der Dinge, das Prinzip der Selbstbewegung des Denkens und der Selbstbewegung der Wirklichkeit. Dialektik wird zur Lehre von den Gegensätzen in den Dingen und Begriffen sowie zur Aufhebung der Gegensätze, was später wichtig wird für Friedrich Engels und Karl Marx.

Ab dem 19. Jahrhundert wird Dialektik zum Dialektischen Materialismus des Marxismus, zur Geisteswissenschaft von den allgemeinsten Bewegungs- und Entwicklungsgesetzen der Natur, der Gesellschaft und des Denkens. Hiermit wird versucht, die gesellschaftliche Entwicklung hin zum Kommunismus und eine sozialistische Politik philosophisch zu begründen." [21]

Die Philosophie begann, sich im Kreis zu drehen. Die Hoffnung, je die „absolute Wahrheit" herausfinden zu können, schwand. Mit der Aufhebung von Gegensätzen wird Wahrheit zwangsläufig relativ. Aus dem Entweder-Oder wird ein Sowohl-als-Auch. So gehen mit der Würde des Menschen auch die Werte verloren, da Werte auf allgemein anerkannter Wahrheit beruhen müssen, um allgemein angenommen werden zu können. In der Rechtsphilosophie fand ein weiterer folgenschwerer Wandel statt: Vom christlichen Weltbild ausgehend, waren die Gebote Gottes die erste Grundlage unseres Rechtssystems; mit der Abkehr von Christentum hielt man immerhin noch am Konzept des „Naturrechts" fest. Doch auch davon kam man ab; heute gilt der „Rechtspositivismus".

„Positives Recht oder gesatztes Recht ist das „vom Menschen gesetzte Recht". Der Gegenbegriff ist das überpositive Recht oder Naturrecht. Anschaulich erklärt ist positives Recht das Recht, das vom Menschen erschaffen wird, während Naturrecht vom Menschen bloß entdeckt wird." [22]

Daher kommt, dass Recht und Unrecht, wahr und falsch heute als gesellschaftliche Übereinkunft verstanden werden. Es gibt keine objektive Wahrheit, kein objektives Recht, lediglich das, worauf wir uns demokratisch und ideologisch geeinigt haben. Dass dies in den Nihilismus münden würde, ist nachvollziehbar:

„Nihilismus (lateinisch nihil ‚nichts') bezeichnet einerseits allgemein eine Weltsicht, die die Gültigkeit jeglicher Seins-, Erkenntnis-, Wert- und Gesellschaftsordnung verneint. Andererseits ist Nihilismus in der Philosophie ein Terminus mit teilweise sehr tiefgründiger Bedeutung, so etwa bei Friedrich Nietzsche und Martin Heid-

---

[21] https://de.wikipedia.org/wiki/Dialektik
[22] https://de.wikipedia.org/wiki/Positives_Recht

egger. Der Ausdruck wurde auch polemisch verwendet, so für Kritiker kirchlicher, religiöser oder politischer Ordnungen. Umgangssprachlich bezeichnet Nihilismus eine Verneinung aller positiven (seltener auch der negativen) Ansätze."[23]

„Der Nihilismus ist für Nietzsche Ergebnis der Überzeugung, dass es keine absoluten Wahrheiten und Werte gibt. Hieraus ergibt sich ein „Glauben an die absolute Wertlosigkeit, das heißt Sinnlosigkeit." (KSA XII, 513)

„Denken wir den Gedanken in seiner furchtbarsten Form: das Dasein, so wie es ist, ohne Sinn und Ziel, aber unvermeidlich wiederkehrend, ohne ein Finale ins Nichts: »die ewige Wiederkehr«. Das ist die extreme Form des Nihilismus: das Nichts (das »Sinnlose«) ewig!" – KSA XII, 213

Der Philosoph Wilhelm Weischedel unterscheidet beim Nihilismus Nietzsches drei wesentliche Bausteine:

- *Das Zerbrechen des Glaubens an Wahrheit und Wissenschaft, sowie die Ablehnung einer absoluten Wahrheit*
- *Ablehnung der Moral, die als leere Hülle bestehender Sitten als wertlos und sinnlos wahrgenommen wird und hinterfragt werden sollte*
- *Ablehnung von Religion, wobei der Gottesglaube als Lüge und Mittel zum Zweck beschrieben wird, um furchtsame, folgsame Menschen hervorzubringen*

Nietzsche betrachtete den Nihilismus genealogisch als Ergebnis eines historischen Prozesses, der vom antiken Griechenland bis hin in das Christentum reicht. Der Verlust des Glaubens an einen Gott, wie er in der Antike bei Sokrates und Platon, im Judentum und dann im Christentum gelehrt wurde, führt zu einer Destruktion der überkommenen Weltauffassung und damit einer Entwertung aller bisherigen Werte."[24]

Das fasst meine Gedankengänge treffend zusammen und bestätigt diese. Was aber folgt daraus? Was bedeutet es für uns praktisch, wenn alles aufgelöst worden ist? Trostlosigkeit, Bedeutungslosigkeit, Wertlosigkeit. Einzig

---

[23] https://de.wikipedia.org/wiki/Nihilismus
[24] Ebda.

der Sarkasmus bleibt, die bissige Ironie, das Lästern und Spotten, ein morbider Humor, der mit verstecktem Neid auf die herabblickt, welche in einem stabilen, gegründeten Glauben an Gott Frieden gefunden haben.

Ungestraft kann man etwa als „Aktionskunst" ein Huhn kreuzigen, um Christus lächerlich zu machen, wie das vor einigen Jahren noch ein wenig Aufsehen erregt hat. Das Fastentuch, welches Gottfried Helnwein heuer (2024) für den Hochaltar des Stephansdoms entworfen hatte, sorgte für kontroverse Diskussionen, doch allgemein hielt sich die Empörung in Grenzen. Überkommene Werte und Glaubensvorstellungen sind entwertet und der Lächerlichkeit preisgegeben.

Tatsächlich ist die Gesellschaft zerrissen. Jedoch nicht zwischen links und rechts, wie viele meinen, sondern zwischen konservativ und progressiv. Während Progressiven (vereinfacht gesagt) nichts mehr heilig ist und sie bestehende Grenzen stets neu hinterfragen, ausdehnen oder abbrechen („überwinden"), fordern Konservative, dass irgendwann und irgendwo auch einmal Schluss sein muss mit der andauernden Relativierung und Abschaffung von Werten und Konsens. Jetzt, wo es verpönt ist, sogar Tatsachen des biologischen Geschlechts festzuhalten, haben sich die Fronten bereits sehr verhärtet. In Deutschland trat jüngst ein Gesetz in Kraft, welches es unter Strafe stellt, jemanden gegen seinen Willen und seine Selbstwahrnehmung aufgrund seiner biologischen Tatsächlichkeit anzusprechen:

„§ 14 Bußgeldvorschriften

(1) Ordnungswidrig handelt, wer entgegen § 13 Absatz 1 die Geschlechtszugehörigkeit oder einen Vornamen offenbart und dadurch die betroffene Person absichtlich schädigt.

(2) Die Ordnungswidrigkeit kann mit einer Geldbuße bis zu zehntausend Euro geahndet werden."[25]

---

[25] Das Gesetz wurde am 12.04.2024 vom Bundestag in 2. und 3. Lesung beschlossen. Das Gesetz soll größtenteils am 01.11.2024 in Kraft treten.
https://www.bmj.de/DE/themen/gesellschaft_familie/queeres_leben/selbstbestimmung/selbstb

Ich will in diese fruchtlose Diskussion hier nicht einsteigen, aber hervorheben, wohin es geführt hat, dass man alles Natürliche als „gesellschaftliche Konstruktion" interpretiert. Der Relativismus ging so zur Leugnung über, und alles, was „dekonstruiert" werden kann, wird auseinandergenommen.

„Mit ihrem Werk Gender Trouble (1990), worin mittels der Unterscheidung sex und gender zwischen biologischem Geschlecht und soziokulturell geprägter Geschlechtsrolle die Identitätskategorie Frau („… das Geschlecht als zwingende ständige Wiederholung kultureller Konventionen am Körper, die man niemals gewählt hat") kritisiert wird, gilt Judith Butler als wichtigste Theoretikerin des diskursanalytischen Dekonstruktivismus. Dieser dient Doing Gender und den Gender Studies als theoretische Grundlage.

Die Queer Theory und die feministische Theorie von Judith Butler stellen Teile sozialwissenschaftlicher Theorien dar, die sich mit Identitäten oder Identifizierungen und Machtverhältnissen beschäftigen. Nach Butler geht es um die Aufdeckung von bestehenden Herrschafts- und Machtverhältnissen, die „Zwangsheterosexualität" und Formen der Kleinfamilie auf Basis der Gebärfähigkeit der Frau etablierten. Die Entselbstverständlichung von Körper, Zweigeschlechtlichkeit und Heterosexualität als Naturtatsachen falle nicht mit Verneinung zusammen, sondern diene der Aufdeckung der Festigung und Verschleierung von Autoritäten.

In dekonstruktiven Kulturtheorien wird die Entstehung vermeintlicher Wesenheiten und Identitäten aus einer machtkritischen Perspektive untersucht und außerdem werden politische Alternativen vorgeschlagen. So wurden z. B. die internationalen Sportorganisationen lange vor den Korruptionsskandalen als Wirtschaftsunternehmen gekennzeichnet, von denen demokratische Strukturen zu erwarten naiv sei.

Dekonstruktion kann als Methode auf Texte oder philosophische Theorien angewendet werden oder aber auch als künstlerische Praxis in der bildenden Kunst, der Mode, der Musik, der Architektur oder im Film. Die Architektur wurde im Beson-

estimmung_node.html
https://www.bmj.de/SharedDocs/Downloads/DE/Gesetzgebung/RefE/RefE_Selbstbestimmung
.pdf?__blob=publicationFile&v=4

deren vom Ansatz der Dekonstruktion beeinflusst, wodurch die Stilrichtung Dekonstruktivismus entstand."[26]

Dieser letzte Absatz würde bereits zum nächsten Kapitel überleiten, wo es um den Stil als Ausdrucksform unserer (vorhandenen oder verlorenen) Würde geht. Bevor ich darauf zu schreiben komme, will ich jedoch noch anmerken, dass wohl den meisten gar nicht bewusst ist, auf welchen „Werten" unsere Gesellschaft beruht. Ich kann mir vorstellen, dass der eine oder andere Leser über all das ungläubig den Kopf schüttelt – und doch prägt diese Philosophie uns alle.

Als Lehrer bin ich dem Schulorganisationsgesetz verpflichtet. Dort heißt es im sogenannten „Zielparagraph" (§2 SchOG) im ersten Absatz:

*„Die österreichische Schule hat die Aufgabe, an der Entwicklung der Anlagen der Jugend **nach den sittlichen, religiösen und sozialen Werten sowie nach den Werten des Wahren, Guten und Schönen** durch einen ihrer Entwicklungsstufe und ihrem Bildungsweg entsprechenden Unterricht mitzuwirken. Sie hat die Jugend mit dem für das Leben und den künftigen Beruf erforderlichen Wissen und Können auszustatten und zum selbsttätigen Bildungserwerb zu erziehen.*

Die jungen Menschen sollen zu gesunden und gesundheitsbewussten, arbeitstüchtigen, pflichttreuen und verantwortungsbewussten Gliedern der Gesellschaft und Bürgern der demokratischen und bundesstaatlichen Republik Österreich herangebildet werden. Sie sollen zu selbständigem Urteil, sozialem Verständnis und sportlich aktiver Lebensweise geführt, dem politischen und weltanschaulichen Denken anderer aufgeschlossen sein sowie befähigt werden, am Wirtschafts- und Kulturleben Österreichs, Europas und der Welt Anteil zu nehmen und in Freiheits- und Friedensliebe an den gemeinsamen Aufgaben der Menschheit mitzuwirken."[27]

In der pädagogischen Ausbildung konnte man den Professoren ihr Unbehagen mit diesem Paragraphen, diesem Gesetzestext, der irgendwann in den 1950er Jahren formuliert wurde, anmerken. Wie soll man den Schülern die

---

[26] https://de.wikipedia.org/wiki/Dekonstruktion
[27] https://www.jusline.at/gesetz/schog/paragraf/2

Werte des „Guten, Wahren und Schönen" nahebringen, wenn man selbst völlig davon entkoppelt ist? Wie soll man nach sittlichen und religiösen Grundsätzen erziehen, wenn man selbst gar keinen Bezug mehr dazu hat? Wie kann man anderen Weltanschauungen gegenüber offen sein, wenn man selbst über keine verfügt? Dieser Paragraph ist ein Stachel im Fleisch meiner postmodernen Kollegen. Sie haben keine Antworten darauf. Sie können den Schülern keine Werte mehr vermitteln, da es keine allgemeinverbindlichen, objektiv begründeten Werte mehr gibt. Die Dekonstruktion kann diese wohl zerstören, aber keine mehr begründen. Im selben Dilemma finden sich die Eltern meiner Schüler heute wieder, denen all das auch nicht mehr vermittelt wurde.

Um es in einem Bild zu beschreiben: Mein Sohn hat zu Weihnachten einmal eine prächtige Legoburg geschenkt bekommen. Die Bausteine waren fein sortiert, und mithilfe der Anleitung konnte er sie zusammensetzen. Es ist schon lange her, ich denke, dass ich ihm dabei etwas helfen durfte. Lange Zeit stand die Burg in seinem Zimmer, fallweise spielte er damit, meistens sammelte sie Staub. Irgendwann zerlegte er sie wieder – er „dekonstruierte" sie. Allerdings war die Bauanleitung schon lange verschollen, und so war er nie wieder in der Lage, diese Burg zu bauen. Die Bausteine wurden unsortiert anderen dekonstruierten Bausätzen beigemischt – er baute wohl irgendetwas damit, er war durchaus kreativ, aber er hat nie wieder etwas gebaut, das so vollkommen aufeinander abgestimmt war und auch die besonderen Funktionen konnte er nie wieder nachbauen.

Wir haben alle christlichen Werte dekonstruiert, die Bauanleitung des Lebens (die Bibel) weggeworfen, und stehen vor einem Haufen zusammenhangsloser Trümmer und sind damit heillos überfordert. Wir schaffen es nicht, eine kohärente und überzeugende Alternative zu formulieren. Egal wie kreativ wir mit den Trümmern auch umgehen, sie kombinieren und rekombinieren, es steht uns nur noch deutlicher vor Augen, dass all das unsere eigene Konstruktion ist, die keinerlei Gültigkeit beanspruchen kann. Wir dekonstruieren also weiter, nicht nur unsere Werte und Traditionen, unsere Herkunft und Geschichte, sondern uns selbst, bis nichts mehr von uns übrigbleibt als ein Trümmerhaufen.

Das ist das Drama der Postmoderne, der Totpunkt, vor dem die Generation Z steht. Und sie schreit verzweifelt nach Orientierung und Klarheit.

Antihierarchische Stilformen

Unsere Lebenseinstellung ist sichtbar. Wie wir von uns denken, welchen Selbstwert wir uns zuschreiben, zeigt sich in der Art, wie wir sprechen, uns kleiden, womit wir uns beschäftigen, wofür wir uns einsetzen, wie wir wohnen, welchen Lebensstandard wir für angemessen halten, wie wir miteinander umgehen, welche Leidensbereitschaft wir aufbringen, wem wir Vertrauen schenken, was wir träumen und hoffen, wie wir empfinden, wofür wir sterben würden, u.v.a.m.

Solange die Menschenwürde objektiv bestimmt wurde und wir gesellschaftlich oder religiös vorgegebenen Werten „unterworfen" waren, führte das zu relativ homogenen Gemeinschaften, in denen jeder wusste, was von ihm erwartet wird und was er erwarten dürfe; Gemeinschaften, die Geborgenheit und Orientierung boten. Dass all das notwendigerweise (!) mit Hierarchien und Autorität verbunden ist, empfanden die Aufklärer als Ärgernis. Bis heute wird es als unerträglich empfunden, dass jemand anders bestimmen sollte, wie ich im Sinne des großen Ganzen zu leben, zu denken, zu fühlen, zu funktionieren habe. Wir leben nun in der Vorstellung, all das überwunden zu haben und frei zu sein, unser Leben selbst zu bewerten und zu gestalten. Doch das ist eine Illusion, wie wir sehen werden.

Ein Beispiel mag das illustrieren. Aus einem mir nicht nachvollziehbaren Grund gelten zerrissene Hosen als schick und modern. Ich habe eine Gruppe Schülerinnen gefragt, warum sie sich so etwas Kaputtes anziehen. Die Antwort war einfach und ehrlich: *„Mir gefällt das."* Ich fragte weiter: *„Wie kommt das, dass euch allen dasselbe gefällt?"* … nachdenkliches Schweigen, denn was gefällt uns denn wirklich? Wir wählen aus einem vorgegebenen Angebot, welches die Modeindustrie und die Werbung für uns zusammengestellt hat.

---

[28] https://www.instyle.de/fashion/besten-mode-zitate-aller-zeiten

Die Auswahl ist also grundsätzlich stark eingeschränkt, und die Manipulation durch die „Trendsetter" wird kaum als solche wahrgenommen. Also tragen sie die kaputten Hosen eigentlich nicht, weil sie ihnen wirklich gefallen, sondern weil sie „gleichgeschaltet" worden sind. Das aber entspricht der Sehnsucht „dazuzugehören". Ganz objektiv: ein elegant geschnittenes Kleid oder die traditionellen Trachten sind eindeutig schöner und drücken auch ein ganz anderes Selbstverständnis aus, welches der Menschenwürde viel mehr Ausdruck verleiht als „Fetzen" und „Lumpen".

Die zerrissenen Hosen und der destruktive Look kommen aus dem Punk, einer „Jugendkultur" der 1970er Jahre.

„Der Punk stellt sich gegen alle Konventionen, gegen die Konsumgesellschaft und gegen das Bürgertum sowie gegen rechte Weltanschauungen. Und obwohl sich die meisten Punks mehr oder weniger links sehen, stellt er sich genauso gegen die politische Linke mit ihrem Etatismus. Dahinter steckt eine respektlose, resignierte bis aggressive Haltung gegenüber der Gesellschaft, eine Art rebellischer Nihilismus, und die Betonung der Freiheit des Individuums und des Nonkonformismus.

Der Punk bringt sich vor allem durch Musik zum Ausdruck, ferner durch Kleidung, Frisuren und vom Do-it-yourself-Gedanken geprägter Grafik (Collagen, Xerographien und Comic-Zeichnungen). Der Punk betont das Hässliche und will provozieren."[29]

Im Grunde ist Punk die konsequenteste Darstellung des Totpunktes der Aufklärung: Nihilismus als Lebensstil. Die Auflösung aller Werte, die Ablehnung aller Autorität, aber auch der Verlust der Selbstachtung. Das neue Schön ist die Hässlichkeit. Ein Lebensgefühl unterschwelliger Frustration und Aggression, welches auch in der Punkmusik deutlich zu hören ist. Es ist eine destruktive Art der Freiheit, Ausdruck einer „No Future"-Perspektive. Dass Elemente dieser Subkultur nun in der Mitte der Gesellschaft angekommen sind, ist vielsagend. Was bei uns mittlerweile als normal hingenommen wird, sorgt im konservativen („nichtaufgeklärten") Indien noch

---

[29] https://de.wikipedia.org/wiki/Punk#Kleidung

für Irritationen. In einem Artikel von Flora Mory aus „Der Standard" (23. März 2021) heißt es:

„Bekannt wurden zerrissene Jeans durch die Punkbewegung. In Indien erleben die Löcher in der Hose ein Revival als gesellschaftskritisches Symbol und solches für die Frauenemanzipation.

"Wie du wieder aussiehst, Löcher in der Hose. (...) Was sollen die Nachbarn sagen?" – So ironisierte die deutsche Punkrockband Die Ärzte in den Nullerjahren die kleinbürgerliche Jammerei unter anderem über ein Kleidungsstück: die sogenannte Ripped Jeans, einst Symbol der Punkbewegung und ihrer Gesellschaftskritik.

Vielen Großeltern mag die zerschlissene Hose immer noch missfallen, die Ripped Jeans ist heute allerdings in der Mitte der Gesellschaft angekommen. Sie wird von Modehäusern wie H&M und Diesel weltweit vertrieben und auch von Herzoginnen wie Meghan Markle getragen, und kann ziemlich teuer sein. Auch in Bollywood und bei jungen Inderinnen ist die Ripped Jeans sehr beliebt – zum Missfallen konservativer Politiker. Und genau deshalb gilt die zerrissene Hose dort neuerdings wieder als Ausdruck des politischen Dissenses."[30]

Darum geht es nicht um kurzlebige Modeerscheinungen oder um jugendliche Flausen, sondern um eine gesamtgesellschaftliche Entwicklung der vergangenen 250 Jahre, an deren – wie ich meine – Tiefpunkt wir angelangt zu sein scheinen.

Sind wir wirklich frei, uns selbst zu definieren und zu gestalten? Nein, wir sind bewusst oder (meist) unbewusst Trends ausgesetzt, die uns in dieselbe Richtung steuern. Damit wird durch dieses Symbol der zerrissenen Jeans, welche von so vielen gedankenlos getragen werden, die sich einreden, sie gefallen ihnen selbst, der Eindruck einer Lebenseinstellung vermittelt, der die ganze Gesellschaft durchdrungen hat.

---

[30] https://www.derstandard.at/story/2000125299368/ripped-jeans-die-hose-und-auch-das-patriarchat-durchloechern

Diese Wahrnehmung führt zu Unterstellungen, die wiederum empörte Reaktionen hervorrufen. Aus demselben Artikel:

„Tirath Singh Rawat, der Regierungschef des Bundesstaates Uttarakhand, kritisierte öffentlich eine Frau, der er kürzlich begegnet war. Er habe sie "von oben bis unten" angesehen und sei empört darüber, welche Werte sie ihren Kindern vermittle – wegen der Löcher auf Kniehöhe. Frauen in Ripped Jeans seien kein sicheres Umfeld für Kinder. Dieser Trend verwestlichter Eliten würde zu gesellschaftlichem Verfall und Drogenkonsum führen."[31]

Warum das? Weil diese Mode einem Milieu entstammt, welches genau dafür berüchtigt war. Nur wissen das die wenigsten und finden es einfach nur „schick" und „modern":

„Prompt posteten tausende Inderinnen Fotos von sich auf Twitter – in Ripped Jeans. Lieber eine "zerschlissene Hose als ein zerschlissenes Hirn", so eine Userin. Und: "Jetzt erst recht #RippedJeans." Auch die Opposition schaltete sich ein: Mit Aussagen darüber, wie sich Frauen zu kleiden haben, habe Rawat jene Rhetorik an den Tag gelegt, die zu Gewalt an Frauen ermutige. Rawat entschuldigte sich zwar, aber wich nicht von seinem Standpunkt ab: Zerrissene Jeans seien "falsch".[32]

Es ist schwierig geworden, Kritik zu äußern. Die empörten Reaktionen basieren aber auf Unwissen und einer ehrlichen Naivität. Sie glauben wirklich, dass ihnen diese „Lumpen" gefallen, und sind sich dessen nicht bewusst, dass sie manipuliert werden, also alles andere als frei sind. Natürlich ist es eine Unterstellung, dass alle Träger solcher Kleidung zum Drogenmissbrauch neigen, aber Mode ist immer Ausdruck einer Lebenseinstellung. Mode wird jedoch auch erst dann zur Mode, wenn es genügend gedankenlose Mitläufer gibt. Das ist wohl auch nicht schmeichelhaft, aber wer kann das wirklich entkräften?

Wenn Rachel Zoe Rosenzweig feststellt, dass Stil eine Art zu sprechen sei, ohne Worte zu gebrauchen, so spricht eben die Symbolik der Mode, und das

---

[31] Ebda.
[32] Ebda.

sehr laut. Was diese aussagt, wird unmittelbar auf den Träger angewandt, und damit muss sich dieser darüber im Klaren sein, dass die Art seines Auftretens ein Bild und Werturteil in den Augen der Betrachter erzeugt – ohne, dass der sich dessen erwehren kann. Der konservative indische Politiker hat den westlichen Werteverfall persönlich offenbar nicht mitvollzogen, weshalb seine Bewertung sehr negativ ausfällt. Wer aber selbst in diesem postmodernen Relativismus sozialisiert wurde, findet es „cool". Wo es nichts objektiv Gutes, Wahres und Schönes mehr gibt, kann auch das Hässliche als schön bezeichnet werden. Wehe dem aber, der offen sagt, dass das neue „Schön" eigentlich hässlich ist. Der braucht ein schnelles Pferd.

Ein anderes Thema zu Würde und Stil ist die Sprache. Hier fällt mir auf, dass man heute sehr schnell per Du wird. In meiner Kindheit in den 70er Jahren war das Angebot des Du-Wortes eine Ehre und ging immer vom Älteren an die Jüngeren. Meine Großeltern waren sogar noch mit ihren eigenen Eltern per Sie und sprachen sie mit „Herr Papa" und „Frau Mama" an. In der Oberstufe (Sekundarstufe II) war es in meiner Schulzeit üblich, dass Lehrer die Schüler siezten, doch das ist fast vollständig vorbei. In der Arbeit ist man mit dem Chef sehr rasch per Du, was ein amikales Verhältnis vortäuscht, das eigentlich nicht wirklich besteht. Chef ist Chef, und wer zahlt schafft an. Ich bin gegenüber meinen Schülern beim Sie geblieben und erkläre ihnen meines Erachtens sehr schlüssig, warum: *„Bewahren Sie sich die gesunde Distanz zu ihrem Chef! Wenn Sie zu schnell mit ihm per Du sind, dann dürfen Sie am Wochenende auf der Baustelle seines Zweitwohnsitzes mitarbeiten."* Warum ist das Sie am Verschwinden?

„Das lässige und persönliche DU in der Arbeitswelt soll nicht nur Hierarchien abschaffen, Synergien freisetzen und alle Mitarbeiter zu mehr Leistung motivieren. Vielmehr soll der persönliche Umgang miteinander sogar dazu führen, dass die unternehmerischen Ziele schneller erreicht werden können. Doch die trendige Duz-Kultur hat nicht nur Vorteile, sondern birgt auch gewisse Risiken, die jeder Arbeitgeber wissen sollte."[33]

---

[33] https://www.personalwissen.de/arbeitsalltag/business-etikette/duz-kultur-im-unternehmen/

Es geht um einen antihierarchischen Umgang untereinander. Autorität ist verpönt, weil die überkommenen Werte und Prinzipien dekonstruiert wurden und die Gleichheit aller Menschen als Gleichrangigkeit missverstanden wird. Welche Gefahren sieht der Autor dieses Artikels?

„Negative Folgen der Hierarchieabflachung:

Auch in einer Duz-Kultur hat der Vorgesetzte eine Weisungskompetenz gegenüber den Arbeitnehmern, die Respekt und Achtung seitens der Mitarbeiter erfordert. Das lässige DU schafft jedoch eine größere Nähe und mindert die Distanz zwischen den Hierarchieebenen. Diese vermeintliche Vertrautheit kann jedoch dazu führen, dass der Chef weniger als Chef, sondern als Gleichgestellter betrachtet wird. Im Zuge dessen kann es zu mangelndem Respekt, einer gezielten Ausnutzung sowie einer verringerten Arbeitsproduktivität kommen.

Duz-Kultur führt bei Mitarbeitergesprächen zu Schwierigkeiten:

Dasselbe Problem tritt bei Verhandlungen einer Gehaltserhöhung oder einer Kündigung auf. Bei derartigen Gesprächen erweist sich die Duz-Kultur als äußerst problematische Entscheidung. Denn Fakt ist: Haben Sie das DU erst einmal angeboten, wird der Mitarbeiter nicht bei Gesprächen für eine Gehaltserhöhung zum SIE übergehen. Doch auch Sie können den bis dato geduzten Mitarbeiter nicht auf einmal mit SIE ansprechen. So ergibt sich eine Gesprächsbasis, die sowohl für den Arbeitgeber als auch für den um eine Gehaltserhöhung Ersuchenden unangenehm ist. Auch bei einer Kündigung kann die lässige Duz-Kultur einen ganz anderen Beigeschmack haben als ein Gespräch, das mit der Distanz des „Sie" geführt wird. ...

Duz-Kultur liefert Brennstoff für Konflikte:

Doch auch in der Streitkultur einer Firma kann es durch zu viel Nähe zu einem Problem kommen. Denn durch die Vertrautheit untereinander kann es den Mitarbeitern zunehmend schwerfallen, bei Konflikten einen professionellen Umgang beizubehalten. Durch das persönliche DU können Streitigkeiten und Meinungsverschieden-

heiten viel schneller eskalieren und Worte sowie Kritik werden sehr viel persönlicher empfunden."[34]

Tatsächlich hat die Abschaffung des Siezens mit der Abschaffung von Hierarchien und Autorität zu tun, und dadurch gehen Respekt und Achtung verloren. Das drückt sich in Sprache, Umgang und Leistungsbereitschaft aus; Tugenden wie Gehorsam, Treue und Pflichtbewusstsein sind verpönt und werden, wenn, dann nur sehr verhalten angesprochen. Wenn Schüler von Lehrern sprechen, dann geht es um *„den Basnar, den Huber, die Mayer"*. Höre ich das, korrigiere ich stets freundlich und bestimmt: *„Das heißt: Herr Basnar, Herr Huber und Frau Mayer."* Herr und Frau sind ja sehr böse hierarchische Wörter, oder?

Wir schauen uns gerne den Film „Chariots of Fire" („Die Stunde des Siegers") an. Darin geht es um Studenten, die an den Olympischen Spielen 1924 in Paris teilnahmen. Meine Kinder sind jedes Mal beeindruckt von dem gepflegten Umgang der Studenten untereinander. Das ist alles verlorengegangen und durch nichts Besseres ersetzt worden.

Jemandem respektlos zu begegnen, bedeutet Seine Würde nicht anzuerkennen. Wenn es um Vorgesetzte geht, so gehört auch ihr Rang, ihre Stellung zu ihrer Würde, denn in aller Regel haben Sie etwas geleistet, das sie in diese Position brachte, was anerkannt werden soll. Darum gibt es akademische Titel oder Berufstitel, die anzeigen, dass diese Person in ihrem Bereich kompetent ist und deshalb eine gewisse fachliche Autorität besitzt. Es gibt auch eine menschliche Autorität, die auf Integrität und Charakter beruht, welche nicht selten mit einem gewissen Alter einhergehen. Darum sollten junge Menschen älteren gegenüber respektvoll sein. Die faule Ausrede, dass Alter allein noch lange keinen Respekt verdiene, weil es viele „honorige" Damen und Herren gibt, die alles andere als würdevoll oder menschlich sind, lasse ich da nicht gelten, weil Ausnahmen von einer Regel die Regel per se nicht ungültig machen. Auch wenn viele das Ziel der menschlichen Reife nicht erreichen, darf man doch das Ziel nicht verrücken! Der erste Schritt zu

---

[34] Ebda.

persönlicher Reife besteht darin, Demut zu lernen und jedem gegenüber grundsätzlich Respekt zu erweisen, ob er dessen tatsächlich würdig ist oder nicht. Auch fürchterliche Chefs helfen uns, einen gesunden und ehrbaren Charakter zu entwickeln.

Ludwig Stein (1859-1930) beschreibt das „Autoritätsproblem" als eine Frucht und Folge der Aufklärung. Es ist wichtig, dieser Stimme aus der Vergangenheit hier breiten Raum zu bieten, denn er hat sehr hellsichtig vorausgesehen, in welche Richtung der Zug fahren wird. Seine Analysen haben sich bestätigt und helfen uns wesentlich zum Verständnis unserer Misere. Darauf aufbauend streife ich anschließend noch andere antihierarchische Stile.

„Unter Autorität verstehen wir logisch das ungeprüfte Fürwahrhalten eines fremden Urteils. Einer Autorität sich unterwerfen, bedeutet die Preisgabe des eigenen Urteils zugunsten eines anderen, den Verzicht auf persönliche Urteilsabgabe mit Rücksicht auf das uns bindende Urteil der von uns als Träger der Autorität anerkannten Personen, Bücher oder Institutionen.

Beispiele solcher Autoritäten sind die Unterwerfung der Kinder unter die Eltern, der Schüler unter die Lehrer, der Bürger unter den Staat, der Gläubigen unter ihre Kirche, der Laien unter die Fachmänner, der Gemeinen unter die Offiziere, der Stadtgenossen unter ihre Behörden, der politischen Parteien unter ihre Führer.

Daher die Revolte aller energischen Naturen, allen voran die Fichtes, gegen die erdrückende Macht der Autorität, die alle Persönlichkeit zu einem Kanal des Allgemeingültigen herabdrückt. Schon Kant hielt die Heteronomie, die Rücksichtnahme auf fremde Willen für sittlich minderwertig, indem er nur solchen Handlungen, die aus eigener Zwecksetzung resultieren, einen Sittlichkeitscharakter zubilligt."[35]

Da die humanistische Menschenwürde die Freiheit des Individuums betont, kann es auch gar nicht anders sein, dass Autoritäten, die diese unsere Freiheit beschneiden, abgelehnt werden müssen. Stein weist darauf hin, dass Menschen in Beziehungen leben und Autoritäten Teil dieser Beziehungen sind:

---

[35] https://www.gleichsatz.de/b-u-t/spdk/ai/lustein_autoritaet.html

„Autorität ist ein Beziehungsbegriff genauso wie Kausalität oder Wahrheit, wie Nutzen oder Schaden. Dass alle Beziehungsbegriffe nur von Menschen für Menschen gelten, also jenseits des menschlichen Bewusstseins gar keine Realität besitzen, wird nur zu leicht vergessen."[36]

Wenn ein Vorgesetzter zum Bittsteller wird, steht die Welt auf dem Kopf, ja, sie fällt auseinander, weil das gemeinsame Vorankommen in Wirtschaft, Gesellschaft, Kirche, Familie und Schule nun völlig vom „Goodwill" der einzelnen abhängt. Wo das Lustprinzip regiert und Gehorsam mit Unlust verbunden wird, herrschen Stillstand und Rückschritt. Das Problem sind die Philosophen. Es lohnt sich, ein wenig weiter zu lesen:

„Die philosophische Behandlung eines Problems gilt vornehmlich jenen stillen, verschwiegenen Voraussetzungen, welche ungeprüft von Mund zu Mund gehen, durch Überlieferung Sanktion erhalten, bis ein unruhiger philosophischer Fragesteller dahinterkommt, dass die Probleme recht eigentlich erst dort anfangen, wo andere Lösungen sehen. Setzt der Mathematiker Raum, Zeit und Zahl, der Naturforscher das Dasein einer Körperwelt mit streng kausalem Gesetzescharakter, der Theologe das Dasein Gottes, der Rechtslehrer das Eigentum als fertige, nicht weiter diskutierbare Gegebenheiten oder Erlebnisse voraus, so verwandeln sich für die Philosophen alle diese gedanklichen Ruhepunkte in ebensoviele Fragezeichen.

Ist das Eigentum eine psychologische Kategorie mit notwendigem Entwicklungscharakter oder nur eine historische Kategorie mit zeitlich und örtlich bedingtem Übergangscharakter, so fragt der rechtsphilosophische Feuergeist Ferdinand Lasalle. Ist das, was der Naturforscher Körper nennt, nur ein phaenomenon bene fundatum [Erscheinung mit gutem Grund. - wp] wie Leibniz annimmt, oder, mit Ernst Mach zu sprechen, nur ein Komplex von Empfindungen? Ist das Dasein Gottes logisch-mathematisch beweisbar, wie Descartes uns lehrte, oder ist es durch reine Vernunft schlechterdings nicht auszumachen, wie Kant in der "Kritik der reinen Vernunft" uns begreiflich zu machen suchte? Ist der Raum mit Newton "un être réel absolu" [ein absolut reales Wesen - wp] und selbst die Zeit eine auch außerhalb unseres

---

[36] Ebda.

Denkens sich abspielende Wirklichkeit; gibt es ein tempus absolutum, wie Newton sagte, oder sind Raum und Zeit mit Kant nur Anschauungsformen a priori?

So geartet ist die philosophische Problemstellung, die es weniger mit der Tatsächlichkeit als mit der Ursächlichkeit aller Erscheinungen zu tun hat, die nicht Krone und Wipfel am Baum der Erkenntnis bewundert, sondern das Erdreich aufgräbt, aus welchem der Baum seine geheimen Säfte saugt und die darum nicht eher ruht, bis die letzten Wurzelfasern bloßgelegt sind. Eine philosophische Behandlung des Autoritätsproblems wird nach all dem andere Wege einschlagen als etwa eine theologische, welche die göttliche Autorität als fertiges Dogma verkündet, oder eine juristische, welche die Staatsautorität als Tatsache des geschichtlichen Lebens stillschweigend voraussetzt."[37]

Dass das philosophische Graben nach den Ursprüngen in der Praxis illusorisch ist, illustriert er an einem nachvollziehbaren Beispiel:

„Sogar Räuberbanden [sehen sich] gezwungen …, Führer einzusetzen, deren Autorität sie sich meist blindlings unterwerfen."

Unsere postmoderne Gesellschaft, in der alles dekonstruiert wird (mit Fragezeichen versehen wird), scheitert also bereits an den banalsten Grundsätzen eines funktionierenden Gemeinwesens.

„Dass die Menschen aller Zonen und Zeiten, sobald sie mit SPENCER zu sprechen, zu einem Aggregat von mehr als hundert Personen etwa sich vereinigen, ohne soziale Differenzierung, ohne hierarchische Abstufung, ohne System der Unter- [Sklave] und Überordnung [Herrschaft] schlechterdings nicht mehr miteinander auskommen, das ist ein unumstößliches Faktum nicht bloß der vergleichenden Ethnographie und der Universalgeschichte, sondern und vor allem das Grundphänomen der sozialen Psychologie."[38]

Er gebraucht hier Worte, die bereits auf ein Problem der Hierarchien hinweisen: Herrschaft und Sklave. Das ist nun weniger ein Problem des Prinzips als unseres Umgangs damit, denn wir haben eine uns innewohnende Nei-

---

[37] Ebda.
[38] Ebda.

gung zur Selbsterhöhung, zur Rebellion, zum Machtmissbrauch, zur Manipulation, zum Eigennutz und zu einem Leben nach dem Lustprinzip. Das hierarchische Prinzip scheitert an uns, nicht daran, dass es Autorität gibt und geben muss. Weiter im Text:

„Seit Anbeginn der beglaubigten Geschichte kennt man kein Volk, in dem sich nicht ein Oben und Unten, eine Über- und Unterordnung, eine Spaltung in Befehlende und Gehorchende, in Herrschende und Dienende, kurz eine soziale Differenzierung in Klassen und Stände durchgesetzt hätte. Sollte das bloßer Zufall sein, dass die Anarchie des Urzustandes mit fortschreitender Gesittung allüberall äußerlich geregelter Konvention und Legalität, einem mehr oder weniger komplizierten, meist abgestuften System der Über- und Unterordnung gewichen ist? Weswegen sind zwar die Formen der Autoritäten genauso nach Zone und Bodenbeschaffenheit verschieden wie die Sprachen und Kulte, während das Prinzip der Autorität auf dem ganzen Erdenrund ebenso notwendig und unaufhebbar zu sein scheint, wie alle Sprachen eine gemeinsame Logik, oder wie alle Zeremonielle und Kulte einen gemeinsamen religiösen Kern in sich bergen.[39]"

Wir stolpern hier über die Idee der „Anarchie des Urzustandes", welches eine marxistische Annahme ist, gemäß der die Menschen ursprünglich in einer glücklichen, herrschaftsfreien Urhorde lebten und Hierarchien erst mit dem Besitz gekommen seien. Genau dahin wollten marxistische Philosophen zurück, und die gesamte anarchistische Bewegung baut auf dieser Idee auf. Die antiautoritäre Idee und schließlich auch die antiautoritäre Erziehung wurde durch die (neomarxistische) Studentenbewegung der 68er schließlich in die Gesellschaft hineingetragen und hat das angerichtet, wovor wir heute – wenn wir die Folgen betrachten – kopfschüttelnd stehen. Es geht also um die Frage, ob Autorität ein menschlich-soziologisches Konstrukt ist:

„Wäre das Autoritäts- oder Anlehnungsbedürfnis der Menschennatur nur eine historische Kategorie, d. h. zeitlich und örtlich bedingt, also etwas Relatives - ein Willkürprodukt, das auch anders hätte ausfallen können, so bliebe jener consensus omnium [allgemeiner Konsens - wp], der bei allen Völkern, in allen Zonen und zu allen

---

[39] Ebda.

Zeiten Autoritäten gezeitigt hat, ein soziologisches Rätsel. Beispiele solcher Autoritäten sind die Unterwerfung der Kinder unter die Eltern (patria potestas [väterliche Gewalt - wp], der Schüler unter die Lehrer, der Bürger unter den Staat, der Gläubigen unter ihre Kirche, der Laien unter die Fachmänner, der Gemeinen unter die Offiziere, der Stadtgenossen unter ihre Behörden, der politischen Parteien unter ihre Führer. Ohne eine Unterordnung der Einzelnen unter eine Gesamtheit wäre das gesellschaftliche Gleichgewicht so sensibler und reizsamer Persönlichkeiten, wie wir Kulturmenschen nun einmal sind, auf die Dauer unmöglich zu behaupten."[40]

Er stellt weiter fest:

„Der fundamentale Konflikt der Weltgeschichte ist der perennierende [andauernde - wp] Widerstreit von Individuum und Gattung, von Persönlichkeit und Gemeinschaft. Der aufsaugenden und nivellierenden Wirkung der Autoritäten stemmt sich die Persönlichkeit je länger, desto trotziger und selbstsicherer entgegen. Das Thema der neueren Geschichte seit der Renaissance, dem Humanismus und der Reformation ist der Kampf um die Persönlichkeit, um Autonomie gegen Heteronomie, um Individualität gegen Autorität."[41]

In diesem Konflikt geht es um Extrempositionen, bzw. durch diesen Konflikt wurden die Positionen immer extremer formuliert. Entweder absolute Herrschaft und bedingungsloser Gehorsam oder Absolute Freiheit und Anarchie. Für Ludwig Stein liegt die Wahrheit in der Mitte:

„Das starre Autoritätsprinzip, dem Augustinus ("Gegen die Manichäer", Kap. 6 einmal die Fassung gegeben hat: "Ego vero evangelio non crederem, nisi me catholicae ecclesiae commoveret auctoritas" [Ich für meinen Teil würde das Evangelium nicht glauben, gäbe es nicht die Autorität der katholischen Kirche. - wp] hat angesichts der geschichtlichen Tatsachen seit der großen französischen Revolution ebenso Schiffbruch erlitten, wie die von den Anarchisten verkündete unantastbare Souveränität oder Selbstherrlichkeit des Individuums. Ohne alle Autorität ist das Menschengeschlecht ebensowenig zu erziehen und zu lenken wie mittels einer alle Persönlichkeit erstickenden und verflachenden Autorität. Bei Extremen kann sich

---

[40] Ebda.
[41] Ebda.

das Menschengeschlecht niemals auf die Dauer beruhigen; denn jedes auf die Spitze getriebene Gesellschaftsprinzip stört das Gleichgewicht und geht zuletzt an seiner blutleeren Einseitigkeit zugrunde."[42]

Es ist meines Erachtens sehr wichtig das zu verstehen, um zu begreifen, woran die postmoderne Gesellschaft krankt. Sie hat sich de facto in den Anarchismus verrannt, und das prägt den oben skizzierten Umgang untereinander. Zum Menschsein – und das hat mit Wesen und Würde des Menschen zu tun – gehört nicht nur die Sehnsucht und Rückbindung an Gott, sondern auch das Grundbedürfnis nach Führung, Anleitung und Autorität.

„In seinen posthumen "Dialogen über die natürliche Religion" hat uns Hume gezeigt, dass das religiöse Bedürfnis des Menschengeschlechts eine ebensolche psychologische Notwendigkeit darstellt, wie später Kant das metaphysische Bedürfnis der Menschennatur als unabweislich hingestellt hat. Dem religiösen und metaphysischen Bedürfnis möchte ich nun als dritte Grundeigenschaft der menschlichen Stammesnatur mit ihrer Gattungserfahrung ("Mneme") das Autoritätsbedürfnis an die Seite stellen. …

Historisch notwendig [d.h. bedingt und wandelbar] sind nur die Formen der Autorität, psychologisch notwendig aber ist das Prinzip der Autorität. Der Arterhaltungstrieb des Menschengeschlechts fordert gebieterisch, dass man sich überhaupt Autoritäten setzt. Welche Art von Autoritäten aber man einzusetzen oder anzuerkennen hat, das ist zeitlich-örtlich bedingt."[43]

Was sieht Ludwig Stein nun als das Prinzip der Autorität?

„In meinem "Sinn des Daseins" (Tübingen, 1904, Seite 240 bis 271) habe ich versucht, eine phylogenetische Ableitung des Autoritätsprinzips zu geben, indem ich Furcht, Nachahmung und Einsicht als die drei aufsteigenden Offenbarungsformen des Autoritätsprinzips in der Geschichte aufgezeigt habe."[44]

---

[42] Ebda.

[43] Ebda.

[44] Ebda.

Er stellt dabei einige spannende Fragen:

„Warum verzichten die Menschen auf ihre Urfreiheit und Ungebundenheit in Sprechen und Denken, in Fühlen und Handeln, indem sie sich im Sprechen den Regeln der Grammatik, im Denken den Gesetzen der Logik, im Handeln schließlich entweder dem Rechtsgesetz oder der Moralnorm freiwillig unterwerfen?"[45]

Vereinfacht gesagt, lautet seine Antwort, dass es gar nicht anders geht. Hier schreit der postmoderne Mensch laut auf! Er fühlt sich betrogen! Was ist jetzt mit meiner Freiheit und Selbstbestimmung? So, wie die Aufklärung Freiheit definiert hat, ist sie eine Illusion, ein Blendwerk, ein Traumgebilde und nichts mehr. Ein Rausch, aus dem man verkatert aufwacht.

Sein Schluss:

„Der Glaube an Autoritäten ist in diesem Sinne, wie jeder Glaube, Ausdruck des Vertrauens, das wir dem Träger der Autorität, einem Menschen, einer Überlieferung, einer Einrichtung, einer Satzung oder einem Gebot entgegenbringen. Aller Autoritätsglauben hängt unzertrennlich mit dem Wesen des Glaubens oder Fürwahrhaltens fremder Meinungen oder Überlieferungen zusammen. Ohne Vertrauen zu jenen Wahrheiten, welche das vorangegangene Geschlecht dem nachfolgenden in der Form fester Überzeugungen und unumstößlicher Lehrsätze hinterlässt, müsste jede Generation immer wieder von neuem anfangen. Das verstieße aber als unnützer Kraftverbrauch gegen das Sparsamkeitsgesetz in der Natur. Ist eine Überlieferung unserer Vorfahren erprobt, oder haben sich die von autoritativen Instanzen gegebenen Ratschläge oder auch direkten Befehle im Interesse des Gattungswohles bewährt, so haben sie Anspruch auf Glaubwürdigkeit und Vertrauen."[46]

Dank Ludwig Stein verstehen wir so manches besser. Wir unterwerfen uns freiwillig den Regeln der Sprache? Mittlerweile nicht mehr! Die digitalen Medien tragen viel zur Vereinfachung bzw. zu einem schlampigen Umgang mit der Sprache bei: Groß- und Kleinschreibung? Überbewertet. Beistrichsetzung? Kann man sich gegebenenfalls dazudenken. Rechtschreibung?

---

[45] Ebda.
[46] Ebda.

Solange man es noch versteht, ist das Ziel erreicht. Ganze Sätze? Wer versteht nicht, was mit *„Gehst du Aldi?"* gemeint ist? Generische Maskulina, die immer inklusiv verstanden worden sind, will man bewusst missverstanden wissen, um mit der Gendersprache die Kommunikation „gerechter" zu machen. Poeten verzichten auf Versmaß und Reim, um ihren Gefühlen grenzenlosen Ausdruck verleihen zu können.

In der bildenden Kunst bewundern wir die Werke Da Vincis, Rembrandts oder Caspar David Friedrichs bis heute als handwerklich und ästhetisch hervorragende Gemälde. Sie orientierten sich an der Natur, die Gott geschaffen hat, der Proportion des Goldenen Schnittes, welcher nicht nur im menschlichen Körper, sondern überall in der Schöpfung bis hin zu den fernsten Spiralgalaxien wie ein Fingerabdruck Gottes ein Maß für Ausgewogenheit darstellt. Dann kam Egon Schiele, der den hässlichen Menschen malte, Picasso, der ihn in abstrakte Formen zerlegte, und die moderne Kunst, die sich offenbar an „Kinderkrakeleien" orientiert und nur mehr von jenen verstanden wird, denen es um „Ideen" geht, um „Botschaften" oder um „Provokation". Kunst hat nichts mehr mit Können zu tun. Die Dadaisten führten alles ad absurdum:

„Die Dadaisten lehnten die damaligen politischen, moralischen und ästhetischen Werte ab und nutzten die Bewegung als eine Form des Protestes gegen die vorherrschenden gesellschaftlichen und künstlerischen Konventionen. Auch wenn der Dadaismus in seinem Wesen konzeptlos erscheint, galt der 1. Weltkrieg jedoch als ein zentrales Thema für die Dada-Künstler. Diese waren selbst zumeist aus kriegsführenden Ländern geflüchtete Exilanten und sahen sich als konsequente Gegner des Krieges. Mit ihrer ironischen, anarchistischen Antikunst wollten sie die Sinnlosigkeit des Krieges manifestieren. Darüber hinaus wurde im Dadaismus mit dem allgemeinen Kunstbegriff experimentiert, alles Neue und nicht Vertraute als Kunst angesehen, selbst Alltagsgegenstände zu Kunstobjekten deklariert. Sinnlosigkeit, sowie Zufall und Improvisation galten als Prinzipien und der Akt der Provokation stand im Vordergrund."[47]

---

[47] https://www.kunsthaus-artes.de/magazin-blog/was-ist-dadaismus/

In der sogenannten „Ernsten Musik", die einst von Größen wie Mozart, Beethoven, Bruckner und Mahler dominiert war, kam die atonale Musik auf, sowie die Zwölftonmusik etwa eines Arnold Schönbergs. Die Ablehnung aller harmonischen Prinzipien führte zu Klängen (Geräuschen), die nur eine relativ kleine „religiöse" Gemeinschaft noch genießen kann. Ich hatte einmal ein Konzertabo, und es war interessant zu beobachten, wie viele Besucher in der Pause den Konzertsaal verließen, wenn danach ein Stück dieser Komponisten auf dem Programm stand. Arnold Schönberg lehnte alles ab, was in irgendeiner Weise normativ ist (auch den Goldenen Schnitt) und meinte ernsthaft, seine Musik sei besser als die Tschaikowskis:

„Ich strebe an: Vollständige Befreiung von allen Formen. // von allen Symbolen // des Zusammenhangs und // der Logik. // also: // weg von der »motivischen Arbeit« // Weg von der Harmonie, als // Zement oder Baustein einer Architektur. // Harmonie ist Ausdruck // und nichts anderes als das. // Dann: // Weg vom Pathos! // Weg von den 24pfündigen Dauermusiken; von den // gebauten und konstruierten // Türmen, Felsen und sonstigen gigantischem Kram. // Meine Musik muss // kurz sein. // Knapp! in zwei Noten: nicht bauen, sondern »ausdrücken«!! // Und das Resultat, das ich erhoffe: // keine stilisierten und sterilisierten Dauergefühle. // Das gibts im Menschen nicht: // dem Menschen ist es unmöglich nur ein Gefühl gleichzeitig zu haben. // Man hat tausende auf einmal. Und diese tausend summieren sich sowenig, als Äpfel und Birnen sich summieren. Sie gehen auseinander." [48]

„Ich aber wünsche nichts sehnlicher (wenn überhaupt) als dass man mich für eine bessere Art von Tschaikowski hält – um gotteswillen: ein bisschen besser, aber das ist auch alles. Höchstens noch dass man meine Melodien kennt und nachpfeift." [49]

Deutlicher kann man die Ablehnung jeglicher Hierarchie und Autorität kaum zum Ausdruck bringen. Unsere postmodernen Kunst- und Stilformen entspringen einer tiefen Ablehnung Gottes und Seiner Schöpfungsordnung und sind Ausdruck einer hasserfüllten Rebellion. Nur, wer selbst in diese

---

[48] Brief an Ferrucio Bosoni vom 13. (od. 19.) August 1909; https://beruhmte-zitate.de/zitate/129819-arnold-schonberg-ich-strebe-an-vollstandige-befreiung-von-allen-fo/
[49] https://de.wikipedia.org/wiki/Arnold_Schönberg

Richtung fanatisiert worden ist, kann das Hässliche als schön bezeichnen und darin schwelgen. Die meisten schweigen eingeschüchtert, weil man der „Freiheit der Kunst" ja keine Grenzen setzen dürfe, weder ästhetische noch harmonische noch moralische. Wer noch von der Natur geprägt und inspiriert wird, wird bei dieser „Kunst" stets ein Unbehagen verspüren, weil es letztlich auf die Negation unserer Würde hinausläuft.

Kaum jemand traut sich, Kritik zu äußern, denn diese „Künstler" werden gesellschaftlich und politisch geradezu auf Händen getragen. Dass es gerade die konservative Österreichische Volkspartei war, die dem Aktions- und Blutkünstler Hermann Nitsch (1938-2022) ein Museum in Mistelbach widmete, ist zumindest erstaunlich. Von einem Kollegen, der Grafik unterrichtet, hörte ich einmal, dass Hermann Nitsch eigentlich ein begnadeter Landschaftsmaler war, doch diese Werke blieben privat; damit konnte er kein Geld machen. Vielleicht ist das auch ein weiteres Motiv so mancher Künstler. Bekannt wurde er durch seine Orgien-Mysterien-Theater, wo er heidnisch-mystische Spektakel mit viel Blut veranstaltete.

Erst, wenn ein Kind kommt und sagt: *„Der Kaiser ist ja nackt"*, bzw.: *„Das ist aber schirch!"* fällt es dem einen oder anderen wie Schuppen von den Augen, und er findet zu seinen unterdrückten natürlichen Empfindungen zurück.

Das Erste und Entscheidendste, was das Evangelium uns daher vermittelt, ist der Glaube an Gott den Vater, von dem sich alle Werte und alle Autoritäten, alles Gute, Wahre und Schöne herleiten. Diese Autorität ist kein menschliches Konstrukt, sondern die Ordnung, auf der die ganze Schöpfung basiert, ohne die sie auseinanderbrechen würde. Wir können nicht auf Dauer gegen die Natur handeln, ohne uns selbst zu vernichten.

Forever Young

Bei der Matura wird erwartet, dass die Kandidaten mit Anzug und Krawatte, die Kandidatinnen mit einem adretten Kleid (business-style) antreten. Es kommt immer wieder vor, dass man Maturanten mangels Krawatte wieder nach Hause schicken muss, um sich ordentlich zu adjustieren, doch immer mehr setzt seitens der Schulleitungen auch Resignation ein. Es ist seltsam, die jungen Erwachsenen erstmals in „ordentlicher" Kleidung zu sehen, und viele fühlen sich sichtlich unwohl und „unauthentisch" darin. Dabei ist es ein würdevoller Moment. Die Matura, bzw. Reifeprüfung, ist so etwas wie ein „Passageritus", der Schritt ins Erwachsenenleben. Ein Erwachsener ist kein Jugendlicher mehr, er soll als mündiges, verantwortungsbewusstes und kompetentes Glied der Gesellschaft auftreten und wahrgenommen werden. Das hat mit Würde zu tun, und diese Würde drückt sich auch im äußeren Rahmen der Prüfung und der darauffolgenden Feier, sowie in der dem Anlass entsprechenden Kleidung aus.

„Authentisch" ist ein Schlüsselwort der Postmoderne. Man hasst die Heuchelei und will nicht darstellen, was man nicht ist. Doch authentisch kann nur sein, wer sich selbst erkannt hat, wer weiß, wer und was er ist. Das Problem der Authentizität hat zwei Seiten, wie der Mediator Sascha Weigel schreibt:

„Maßgebend in dieser kulturellen „Linie" ist die Kreation und Bedeutung der per-
sönlichen, vor allem emotionalen Innenwelt des Menschen. Sie wird deklariert als

einzigartig, individuell und damit unteilbar, gewissermaßen auch unmitteilbar, fern jeder funktionalen Logik, aber dennoch (immer weiter) entfaltbar. Kernantrieb der Romantiker, auch im Sturm und Drang und bei den Bohemes ist die **Entfaltung des Selbst.** Es geht – nach dieser Vorstellungswelt – im Leben darum, diejenige Person zu werden, als die man (im Grunde, eigentlich) gemeint ist, das wahre Selbst zu beleben; sein bestes Leben zu leben, weil man es kann, darf – und sich und den anderen letztlich auch schuldig sei.

Doch ein wichtiger Aspekt hat sich in dieser kulturellen Verlaufslinie gewandelt: Die Selbstverwirklichungsbestrebungen in der postmodernen Welt (ab 1960er) sind **nicht mehr gegen die Welt gerichtet** – und brauchen das auch nicht mehr. Während die Counter Cultures noch gegen das gesellschaftliche „Establishment" gerichtet sein mussten, ist seitdem die kulturelle Hegemonie von den (romantischen) Selbstentfaltungswerten übernommen worden. In der Pädagogik und in den Erziehungswissenschaften, in den Beratungs- und Lebenswissenschaften, überall ist der Anspruch auf die Selbstentfaltung des Individuums unbestritten und wird gefördert und gefordert. **Selbstverwirklichung ist frei und selbst gewählt, soll aber sozial anerkannt sein. ...**

Zwar ist die Diagnose, dass heute kaum noch wirklich rebelliert werden kann gegen die Alten, nicht originell, aber die Paradoxie postmoderner Selbstentfaltungsansprüche wird damit noch nicht vollends deutlich: **Es ist in der postmodernen Welt nicht nur nicht so, dass sich das Subjekt nicht mehr gegen die Gesellschaft entfalten muss, diese Gesellschaft fordert sogar immer und überall die Selbstverwirklichung und valorisiert – wie gesagt – Authentizität.**

Jetzt wird es tragisch, denn die Gesellschaft beobachtet, interpretiert und bewertet, wer und was authentisch ist und wer und was nicht. Authentizität ist nicht mehr Selbstbehauptung des Subjekts gegen die ohnehin normalisierte, standardisierte Gesellschaft, sondern (auch) eine Zuschreibung, so dass Authentizitätsbemühungen auch abgeschrieben werden können, fake sind, affektiert, aufgesetzt, falsch und fad."[50]

---

[50] https://inkovema.de/blog/die-authentizitaetsrevolution-postmoderne-spannungsfelder-der-selbstverwirklichungsidee/

Sei doch authentisch! Sei Du selbst! – Aber: Du bist nicht wirklich authentisch! So kommt man erst recht unter den Druck fremder Erwartungshaltungen, oder?

Darum ergeben „Dresscodes" wie für die Matura für die meisten keinen Sinn und erscheinen ihnen als Relikte einer repressiven, patriarchalischen Kultur, die sie längst hinter sich gelassen haben. Sie fühlen sich nicht wie sich selbst in der feinen Schale.

Erwachsenwerden wurde in unserer Zeit auch verdrängt, denn es hat ja damit zu tun, zu sich selbst gefunden zu haben, bereit das eigene Leben in die Hand zu nehmen und Verantwortung für die kommende Generation zu übernehmen, die zu zeugen und aufzuziehen man nun die Reife (Matura) haben sollte. Stattdessen will man noch Mitte 30 als Jugendlicher leben und im „Hotel Mama" wohnen. Man spricht auch vom „Peter Pan Syndrom", das besonders junge Männer betrifft:

„Der Begriff des Peter-Pan-Syndroms wurde von dem Familientherapeuten Dan Kiley erstmals ins Spiel gebracht, der in den 1980er Jahren das Buch "Das Peter Pan Syndrom: Wenn Männer nicht erwachsen werden" herausbrachte. Woher der Name des Peter-Pan-Syndroms rührt, ist naheliegend: Kiley bezog sich hier auf das berühmte Kinderbuch von James Matthew Barrie, in dem das ewige Kindsein zentrales Thema ist – wir alle erinnern uns an Peter Pan im Nimmerland, der nie erwachsen werden wollte. Übrigens können auch Frauen an dem Syndrom leiden, in der Regel sind aber häufiger Männer von diesen psychischen Symptomen betroffen. …

Bei Männern, die vom Peter-Pan-Syndrom betroffen sind, lassen sich bestimmte Verhaltensweisen und Persönlichkeitsmerkmale feststellen, die auf Infantilität hindeuten. Häufig wollen und können sich diese Männer nicht auf die Herausforderungen des Alltags einlassen. Kiley beschreibt in seinem Buch sechs Merkmale, anhand derer sich das Peter-Pan-Syndrom erkennen lässt.

1. ***Verantwortungslosigkeit:*** *Betroffene Männer entziehen sich der Verantwortung für sich selbst und andere. Entscheidungen zu treffen fällt ihnen schwer. Eigentlich wollen Männer mit Peter-Pan-Syndrom nur ihren Spaß*

haben, vor Problemen und Pflichten drücken sie sich. Deswegen fällt ihnen auch der Umgang mit Geld häufig schwer.

2. ***Angst:*** *Ängste vor Bindungen oder Ablehnung sind ebenfalls sehr präsent. Das kann mit einem geringen Selbstbewusstsein der Peter-Pan-Männer zusammenhängen. Es fällt ihnen gleichzeitig schwer, Gefühle zu zeigen.*

3. ***Einsamkeit:*** *Männer mit Peter-Pan-Syndrom haben kaum bis gar keine engen Freundschaften. Weil sie aber Angst vor Einsamkeit haben, lernen sie stattdessen lieber schnell viele Leute nur oberflächlich kennen. Meist halten diese "Freundschaften" dann aber auch nicht lange.*

4. ***Sexueller Rollenkonflikt:*** *Diese Oberflächlichkeit spiegelt sich auch im Beziehungsleben wider – diese Männer können sich nicht auf langfristige und tiefgründige Beziehungen einlassen, stattdessen hüpfen sie lieber von einem Abenteuer ins nächste und freuen sich über kurzfristige Erfolge im Liebesleben.*

5. ***Narzissmus:*** *Eine weitere typische Eigenschaft von Betroffenen ist Selbstverliebtheit. Sie fühlen sich anderen überlegen und können sich selbst nicht kritisch hinterfragen.*

6. ***Chauvinismus:*** *Peter-Pan-Männer halten an überholten, sexistischen Rollenklischées fest und verhalten sich gegenüber Frauen gerne als typischer Macho."*[51]

Spannend, was es nicht alles gibt! Übrigens: Man sollte beim Lesen solcher Texte nicht gleich an diesen oder jenen denken, das wäre nicht hilfreich. Aber es wird in unserer Gesellschaft eben zu einem Problem, wenn man nicht den normalen Weg des Lebens über Jugend, Reifung, Erfahrung und Alter geht, sondern meint, irgendwo haltmachen zu können und zu bleiben, oder – andererseits – Entwicklungsstufen zu überspringen, um mit 25 schon so weise zu erscheinen wie ein Greis.

---

[51] https://www.emotion.de/psychologie-partnerschaft/peter-pan-syndrom

Der Wiener Jugendforscher Bernhard Heinzlmaier spricht sehr deutliche Worte:

„Eine Psychologin hat zuletzt einer Mitarbeiterin von mir empfohlen, bei der Personalakquisition verstärkt auf die Vierzig- bis Sechzigjährigen zurückzugreifen. Sie wären aufgrund ihrer „autoritativ-partizipativen" Erziehung besser geeignet, sich in vorgegebene Strukturen einzufügen und würden sich als resilienter erweisen, wenn sie auf Probleme und Widerstände treffen. Von der Generation Z sollte man vorerst die Finger lassen. Aufgrund des „laissez-fairen" Erziehungsstils ihrer Eltern wären sie wehleidige Schneeflöckchen, die sich, bildlich gesprochen, beim geringsten Gegenwind auf den Boden werfen und das Opfer mimen würden. Alleine die elterliche Erziehung wird aber nicht dafür verantwortlich sein, dass unsere Jugend empfindlich und gleichzeitig unselbständig ist. Auch der übermächtige Nanny-Staat, der seine Bürger mehr besachwaltet als er sie fördert, wird daran seinen Anteil haben. Mitmachdiktat und Unterwerfungslogik haben ein gesellschaftliches Klima geschaffen, in der das Erwachsensein nach und nach verschwunden ist und einer lebenslangen, infantilen Unselbständigkeit Platz gemacht hat.

Selbstständig werden viele Menschen heute nie, vielmehr sind sie von der Jugend bis ins hohe Alter durchgehend auf der Suche nach einer Autorität, die sie führt, lenkt und leitet und in deren mächtigen Schatten sie sich vor den Widrigkeiten des Lebens immer geschützt wissen. Die große österreichische Lehrlingsstudie, die ich regelmäßig seit Jahren mit meinem Unternehmen durchführe, zeigt diesbezüglich schon unter den ganz Jungen in Österreich bedenkliche Ergebnisse. Die große Mehrheit ist auf der Suche nach Lehrlingsausbildnern, die neben ihren fachlichen Qualifikationen gleichzeitig Mutter- oder Vaterersatz sind und wollen, wenn es geht, möglichst wenig Verantwortung übernehmen und ihre größte Angst ist es, im Alltag psychische Verletzungen davonzutragen."[52]

Wie tragisch ist das! Darum wird auch die Gründung einer Familie mehr und mehr verschoben, der Kinderwunsch ist stark zurückgegangen. Wer für andere leben muss, kann nicht mehr nur für sich selbst leben; Kinder stehen der

---

[52] https://exxpress.at/bernhard-heinzlmaier-infantile-sklaven-dieser-welt-vereinigt-euch-unter-der-roten-fahne/

Selbstverwirklichung im Weg und stören das Liebesleben. Man hat Sex übrigens völlig von der Fortpflanzung entkoppelt, sodass dieser zum Selbstzweck wurde. Ja, er ist das Höchste und Schönste, das ein Mensch, der seinen Bezug zum Schöpfer verloren hat, noch erleben kann.

Warum diese Scheu vor dem Erwachsenwerden und Altern? Es hat mit der Angst davor zu tun, Verantwortung zu übernehmen, was in antiautoritären Zeiten doppelt schwierig ist. Es hat aber auch mit der Angst vor dem Tod zu tun, den man möglichst verdrängen will, dem man nicht in die Augen blicken will, wenn man sich im Spiegel betrachtet und das Gesicht von Furchen durchzogen ist.

Was tut man nicht alles, um das zu kaschieren? Die Kosmetikindustrie lebt davon, die Modeindustrie, die Schönheitschirurgen, die Friseure, die Freizeitanbieter und wohl noch viele andere. Ich erinnere mich an eine liebe Frau aus einer christlichen Gemeinde in Wien. Sie sieht heute noch so aus, wie vor dreißig Jahren: dieselbe Frisur, dieselbe Haarfarbe, dasselbe Auftreten. Sie scheint fast gar nicht gealtert. Ist sie wirklich sie selbst? Immer wieder sehe ich betagtere Frauen in zerrissenen Jeans durch die Einkaufszentren schlendern. Die Ikonen ihrer Jugend treten heute noch mit über 70 Jahren auf und trällern die rebellischen Songs von anno dazumal. Die Zeit scheint stehen geblieben zu sein. In Würde altern, ist das überhaupt noch erlaubt?

„Je älter die Gesellschaft wird, desto mehr verherrlichen wir die Jugend. Egal auf welchem Gebiet, Jungsein gilt als Qualitätsmerkmal und Leistungsausweis. Wir sind entzückt von ernst dreinblickenden Wunderkindern am Klavier oder am Schachbrett. Wir sind voller Bewunderung für den 27-jährigen Parlamentarier, den 33-jährigen Kanzler und die 40-jährige Ministerpräsidentin. Wir hören gebannt zu, wenn androgyne Teenies, wie jene der K-Pop Gruppe BTS, von Lebenskrisen und Herzschmerz singen, als hätten sie zwanzig Jahre lang Psychoanalyse praktiziert.

In der Wirtschaft ist Jugendlichkeit ohnehin das höchste der Gefühle: der jüngste Gründer, der jüngste CEO, die jüngste Selfmade-Milliardärin. Sie machen Schlagzeilen in Hochfrequenz und zieren die Covers der Business-Presse genauso oft wie jene von Promi-Portalen. Das Wirtschaftsmagazin Forbes erstellt jährlich eine Rangliste der herausragenden «30 Under 30» in zwanzig verschiedenen Kategorien.

Frühreife Menschen und ihr energiegeladenes, unbeflecktes Wesen beflügeln die Phantasie von einer besseren Welt, einer Welt voller Tatendrang und unkonventionellen Ideen. In Wirklichkeit ist es aber gerade nicht die Jugendlichkeit an sich, die fasziniert. Es ist vielmehr die jugendliche Verkörperung von Alterstugenden: Weisheit, Erfahrung, Abgeklärtheit. ...

Der Jugendkult erweist sich damit als verquere Projektion: Junge Menschen werden ernst genommen, wenn sie die löblichen Eigenschaften des Alters vorweisen können. Alte hingegen, wenn sie aussehen wie Mitte vierzig."[53]

Fakt ist, wir brauchen authentische Vorbilder, erlebte Erfahrungen, durch Zeit und Leid errungene Reife. Ratgeber, die wissen, wovon sie sprechen. Doch die Alten, von denen man sich gerade das erwartet, verstecken sich unter einer jugendlichen Maske, während die Nassforschen altkluge Phrasen von sich geben.

„Die Erwartung, dass sich die Jungen der Lösung existenzieller Herausforderungen annehmen, wie unentwegt suggeriert wird, widerspricht nicht nur jeder Logik von Fairness, sondern ist auch inhaltlich fehlgeleitet. Talent und Problemlösungskompetenz sind nämlich kein Privileg der Jugend, sondern grundsätzlich gleich verteilt. Die Alten müssen deshalb viel stärker in die Pflicht genommen werden. Nicht nur, um den Anliegen einer überalterten Gesellschaft gerecht zu werden, sondern eben weil sie die notwendigen Fähigkeiten haben, sich produktiv zu engagieren. In vielen Belangen sind sie alleine wegen ihrer Erfahrung besser qualifiziert als Vertreter der Millennials und der Generation Z.

Angesichts dieser Faktenlage ist der gegenwärtige Umgang mit alten Menschen völlig fehlgeleitet. Sie werden entweder verhätschelt, belächelt oder als politischer Spielball missbraucht. In den seltensten Fällen erhalten sie die Chance, sich an ihren

---

[53] https://www.nzz.ch/feuilleton/jugendkult-es-gilt-die-staerken-der-alten-besser-zu-nutzen-ld.1611540

wirklichen Stärken messen zu lassen. Die Vorurteile sind so zahlreich wie abgedroschen.

Alte gelten zum Beispiel als verstockt und konservativ. Bezeichnend dafür ist der höhnische Ausdruck «O. k., Boomer», der sich jüngst im Sprachgebrauch etabliert hat. Dabei sind es die Millennials, die erwiesenermaßen Wert auf Stabilität und Konventionen legen, während sich die Gen Z risikoavers und extrem konfliktscheu verhält. Alte sind im Vergleich geradezu radikal. ...

Alte gelten auch als Schmarotzer, die sich in Rentnerparadiesen wie Mallorca, Florida oder dem Tessin breitmachen und mit ihrer miefigen Behäbigkeit eine öde Stimmung verbreiten. Man beschimpft sie als unproduktive Mitglieder der Gesellschaft, die sich mit anspruchsloser Unterhaltung zudröhnen und auf den Tod warten. Im besten Fall nimmt man alte Menschen als schützenswerte Kuriosität wahr, als Überlebenskünstler in einem Wettlauf gegen den unaufhaltsamen Zerfall.

Kurzum: Alte werden nicht für das ernst genommen, was sie wirklich zu bieten haben, sondern für ihre Fähigkeit, dem Sterben so lange wie möglich die Stirn zu bieten. Die Bewunderung war groß, als sich Sophia Loren mit 72 Jahren freizügig im Pirelli-Kalender ablichten ließ und der 99-jährige Hauptmann Sir Tom Moore in seinem Garten kilometerweise Runden drehte, um Geld für wohltätige Zwecke zu sammeln. Revivals sind derart beliebt, dass auch längst abgeschriebene Stars aus der Versenkung geholt werden, um das Bedürfnis des Publikums nach scheinbar unmöglichen Altersleistungen, Rührung und Nostalgie zu befriedigen."[54]

Ich denke, auch dieses Phänomen hat mit der Ablehnung von Autorität und einem irregeleiteten Gleichheitsgrundsatz zu tun. Aber es ist mehr als das, es ist wiederum eine Selbstentwürdigung:

„Die Zier der jungen Männer ist ihre Kraft, und der Schmuck der Alten ist ihr graues Haar." (Sprüche 20,29).

Warum das?

---

[54] Ebda.

„Graue Haare sind eine Krone der Ehre; sie wird erlangt auf dem Weg der Gerechtigkeit." (Sprüche 16,31).

Alte müssen keine Bäume mehr ausreißen, aber sie sollen den starken Jungen sagen, wie es geht. Graues Haar kann auch eine reine Alterserscheinung sein, aber in der Regel sollte man vom Alter Weisheit und Erfahrung voraussetzen können. Sie werden so zu natürlichen Autoritäten, denen man Respekt erweist.

„Vor einem grauen Haupt sollst du aufstehen und die Person eines Alten ehren." (Leviticus 19,32).

Eigentlich sollten wir uns freuen, wenn wir die Flausen der Jugend, die Unsicherheiten des Heranwachsens, viele Wechselfälle des Lebens, die Mühsal der Arbeit hinter uns haben und den Enkeln beim Spielen zusehen können, während wir deren Eltern (unseren Kindern) mit Rat und Tat zur Seite stehen dürfen. Zu diesem Idealbild fallen einem natürlich sofort viele Anekdoten ein, die diese Idylle untergraben. Warum sollten wir aber nicht ein Idealbild vor Augen haben, dem wir nachstreben? Sollen wir angesichts unseres Scheiterns beständig resignieren? Sollen wir etwas Gutes und Richtiges, weil etwas aufgrund unserer falschen Einstellungen nicht funktioniert hat, deswegen aufgeben? Das hieße das Kind mit dem Bade ausschütten.

Alt werden ist aber auch nicht schön. Es ist mit der Abnahme der körperlichen und geistigen Kräfte verbunden, man fällt anderen vielleicht einmal zur Last, wird kränker und leidet unter Schmerzen. Poetisch beschreibt Salomo diesen trüben Prozess:

„Und gedenke an deinen Schöpfer in den Tagen deiner Jugend, ehe die bösen Tage kommen und die Jahre herannahen, von denen du sagen wirst: »Sie gefallen mir nicht«; ehe die Sonne und das Licht, der Mond und die Sterne sich verfinstern und die Wolken nach dem Regen wiederkehren; zu der Zeit, wenn die Hüter des Hauses zittern und die Starken sich krümmen und die Müllerinnen aufhören zu arbeiten, weil sie zu wenige geworden sind, und wenn trübe werden, die aus dem Fenster schauen; wenn die Türen zur Straße hin geschlossen werden und das Klappern der Mühle leiser wird, wenn man aufsteht beim Vogelgezwitscher und gedämpft werden

die Töchter des Gesangs; wenn man sich auch vor jeder Anhöhe fürchtet und Schrecknisse auf dem Weg sieht; wenn der Mandelbaum blüht und die Heuschrecke sich mühsam fortschleppt und die Kaper versagt – denn der Mensch geht in sein ewiges Haus, und die Trauernden gehen auf der Gasse umher –; ehe die silberne Schnur zerreißt und die goldene Schale zerspringt und der Krug an der Quelle zerbricht und das Schöpfrad zerbrochen in den Brunnen stürzt, und der Staub wieder zur Erde zurückkehrt, wie er gewesen ist, und der Geist zurückkehrt zu Gott, der ihn gegeben hat." (Prediger 12,1-7).

Niemand sagt, dass das Altwerden schön ist. Diese Tage werden uns nicht gefallen. Aber es liegt eine Würde im Alter, die wir nicht preisgeben dürfen, und die Lösung für alle Schmerzen und Probleme des Alterns ist die Hoffnung, die unser Glaube an Gott beinhaltet. Alter und Tod sind ein Übergang, auf den man sich zeitlebens vorbereiten muss, denn die Stunde ereilt uns ja nicht entsprechend unseres Alters, sondern bleibt unbestimmt und kann uns täglich ereilen. Je früher man beginnt, nach Gott zu fragen, umso besser verläuft das Leben und der Alterungsprozess.

„Bis in euer Greisenalter bin ich derselbe, und bis zu eurem Ergrauen will ich euch tragen. Ich habe es getan, und ich will auch fernerhin euch heben, tragen und erretten." (Jesaja 46,4).

Darum ist es so töricht, das Alter verdrängen zu wollen und so zu tun, als sei man noch Mitte zwanzig! Wolfgang Ambros kommt mit Krücken auf die Bühne und singt seinen alten Hit „Schifahrn" – wie authentisch ist das? Gene Simmons rockt mit Kiss noch immer den alten Hit „I Was Made for Loving You, Baby" und gibt in Interviews verschämt zu, dass sein einst so aktiver „Shmeckel"[55] nicht mehr will. Klingt lustig, ist aber auch tragisch. Sie stellen etwas dar, das sie nicht mehr sind, sind nur Schatten ihrer Jugend, anstatt sich der Würde des Alters zu erfreuen. Es gefällt ihnen nicht, alt zu sein. Das ist die Crux unserer Gesellschaft: das Lustprinzip, gepaart mit Realitätsverweigerung. Am Ende ist man leer, entwurzelt und verzweifelt. Alles zerfällt.

---

[55] Jiddisch für das beste Stück des Mannes

Es ist eine kleine Götterdämmerung. Solange wir es verdrängen können, halten wir uns für das unerschütterliche Maß aller Dinge:

Schön ist, was mir gefällt. Gut ist, was mir gut tut. Meine Freiheit endet dort, wo die Freiheit des anderen beginnt. Niemand hat einem anderen Vorschriften für die Lebensführung zu machen. Das sind die kleinen Götter von heute; wer diese in ihren Entscheidungen und Entwürfen kritisiert, begeht Gotteslästerung. Darum ist die allgegenwärtige Empörung solch ein erschreckendes Merkmal unserer Zeit geworden. Der Riss, der unsere Gesellschaft so schmerzhaft kennzeichnet, spaltet diese in zwei unversöhnliche Lager: Jene, denen die Entwertung aller Werte zu weit gegangen ist (die Konservativen) und jene, welche die individuelle Freiheit für sakrosankt erklärt haben (die Liberalen oder Progressiven). Der Riss ist unheilbar, und aufgrund der Macht des Marktes (und in der Folge der Medien), der mit der Individualisierung schlichtweg ungleich mehr Profit machen kann, sind die Konservativen in eine haltlose Defensive gedrängt worden. Zufrieden, glücklich und ausgeglichen sind aber die Wenigsten, denn die Erosion aller Werte betrifft jeden – den Alten ist es nur mehr bewusst, weil sie sich an Zeiten erinnern können, die noch anders waren.

So gespalten die Gesellschaft ist, so sehr zerbrechen uns die Fundamente, auf denen wir unser Leben aufbauen. Wer das bestreitet, klammert sich in der Regel umso verbissener an die Utopien seiner Ideologie, was die Spaltung umso lauter werden lässt. Von welchen Fundamenten spreche ich, deren Verfall nicht zu leugnen ist?

- Die Familie aus Vater, Mutter und Kindern wird als Auslaufmodell gesehen und ist mehr und mehr ein Minderheitenprogramm. An ihre Stelle traten Lebensabschnittspartnerschaften und „Patchworkfamilien".
- Das biologische Geschlecht und die davon abgeleiteten „Rollen" wurden als soziales Konstrukt delegitimiert und dekonstruiert; stattdessen wurde die Freiheit, das eigene Geschlecht selbst zu bestimmen, gesetzlich verankert.

- Die Nationalstaaten weichen der Idee der „Einen Welt", dem „globalen Dorf"; ethnische Identitäten werden heruntergespielt, der Heimatbegriff ist nicht zuletzt durch die immense Mobilität verlorengegangen. Tracht und Brauchtum wurden in den Bereich der Folklore verbannt, wie die „First Nations" in ihre Reservate, wo sie noch etwas Kurzweil für den Tourismus bieten; im Alltag spielt all das keine Rolle mehr.

- Wir tragen Kleider, die in den USA designt und in China und Indien geschneidert wurden; alle Menschen von Japan bis Peru schauen gleich aus, hören die gleiche Musik, sehen dieselben Filme. Aus Multikulti wurde de facto Monokulti.

- Wir sind, wenn wir überhaupt „religiös" sind, „Religionskomponisten",[56] wie dies der Theologe Paul Zulehner (* 1939) nennt, die sich aus den Versatzstücken widersprüchlicher spiritueller Systeme einen Privatglauben basteln, der nur für sie selbst „wahr" ist. In Österreich gelten nicht einmal mehr 5% als „praktizierende Christen", die noch jeden Sonntag in die Kirche gehen und wenigstens formell die überlieferten Glaubenslehren bekennen.

- Unsere Einstellung zur Arbeit hat sich stark gewandelt; sie ist für viele nicht mehr sinnstiftend, sondern ein notwendiges Übel, um sich die Selbstverwirklichung leisten zu können. „Work-Life-Balance" bedeutet eigentlich: möglichst wenig arbeiten, möglichst viel leben. Ausdauer, Leidensdruck, Frustrationstoleranz, Treue und Pflichtbewusstsein sind Begriffe, die man mit Bezug auf deren Missbrauch vor 80 Jahren negativ konnotiert hat.

Wenn man vereinfacht sagt, dass unser Grundbedürfnis nach Geborgenheit und Orientierung auf fünf Säulen ruht – Familie, Heimat, Geschlecht, Glaube und Arbeit – so sind all diese Säulen zertrümmert. Wie sollen aber diese Grundbedürfnisse anders gestillt werden?

---

[56] https://evang.at/oesterreicher-zu-30-prozent-religionskomponisten/

Der konservative Teil der Gesellschaft weiß, was verloren ging, aber sie werden nicht gehört (wer hört schon auf „alte weiße Männer"?), oder aber sie verstellen sich als Dauerjugendliche und meinen im Chor der Progressiven, dass diese Fundamente nichts anderes als „Konstruktionen" sind, die wir abgerissen haben und nicht mehr brauchen. Aber dieses Gefühl von „Freiheit" ist trügerisch, denn auch im freien Fall kann man in den Genuss kurzzeitig beglückender Schwerelosigkeit kommen. Solange man nicht nach unten schaut.

Ich schreibe das mit einem breiten Pinsel, denn nicht jeder hat sich alle diese Säulen so restlos zertrümmern lassen. Zwischen konservativ und progressiv gibt es viele Abstufungen. Im Großen und Ganzen aber scheint mir dieser Befund zu stimmen: Wo die Menschenwürde verloren gegangen ist, ist auch der Sinn des Lebens verloren. Wo beides fehlt, drückt sich das in auffälligen Veränderungen des Lebensgefühls und seiner Stilformen aus. Die starke Zunahme an Depressionen und Suchterkrankungen sind ein starkes Indiz dafür, dass diese Entwicklung sehr schädlich für uns war und ist.

Wir brauchen einen Ausweg aus der Sackgasse, in die wir uns verrannt haben.

Eine neu geschenkte Würde

Die Sünde ist die Abkehr von Gott in der irrigen Annahme, losgelöst von Ihm ein gelungenes, edles und gutes Leben führen zu können. Wie illusorisch das ist, steht uns täglich vor Augen und lächelt uns im Spiegel verlegen ins Angesicht. Wer Gott los ist, verliert auch die Herrlichkeit und Würde, die wir vor Gott haben sollten.

Dieser Satz des Apostels Paulus hört hier aber nicht auf, er wird hoffnungsvoll fortgesetzt:

„… so dass sie ohne Verdienst gerechtfertigt werden durch seine Gnade aufgrund der Erlösung, die in Christus Jesus ist." (Römer 3,24).

„Ohne Verdienst" bringt zum Ausdruck, dass unser Zustand nicht durch einige kosmetische Korrekturen, die wir selbst bewerkstelligen könnten, gebessert werden kann. „Erlösung" ist ein Gnadenakt, durch den wir wie Sklaven aus einer Gefangenschaft freigekauft werden, wie mit einem Lösegeld. Das ist die eigentliche und tatsächliche Bedeutung dieses Begriffs, der uns wie nichts Anderes unsere hilf- und aussichtslose Lage vor Augen führt. Diese Erlösung wurde durch Jesus Christus ermöglicht, der Sein Blut als Lösegeld gab, um uns zu befreien und mit Gott zu versöhnen.

Diese Hoffnung wurde bereits den ersten Menschen nach dem Sündenfall mit auf den Weg gegeben:

„Und ich will Feindschaft setzen zwischen dir [der Schlange] und der Frau, zwischen deinem Samen [Nachkommen] und ihrem Samen [= Jesus Christus]: Er wird dir den Kopf zertreten, und du wirst ihn in die Ferse stechen." (Genesis 3,15).

Feindschaft ist ein angemessenes Wort, denn der Betrug der Schlange war ein feindlicher Akt, der in uns eine erst misstrauische und dann feindselige Haltung Gott gegenüber hervorgerufen hat. Diese Feindschaft durchzieht die gesamte Menschheitsgeschichte und entzweite die Nachkommen Adams in zwei entgegengesetzte Lager: solche, die wieder Anschluss an Gott finden wollten und sich bemühten, nach Seinem Willen zu leben, und jene, die sich gerade durch deren gottesfürchtiges Leben in ihrer vermeintlichen Freiheit infrage gestellt sahen. So verfolgten die einen die anderen, und manchmal ging es in falschem religiösen Eifer auf andersrum. Das wiederum verbinden viele mit der Religion: sie sei eine Ursache von Krieg, Blutvergießen und eine Quelle der Intoleranz. Dasselbe aber trifft auf die Ideologien zu, welche besonders das Christentum bis heute unterdrücken und hart verfolgen (z.Bsp. im kommunistischen China und Nordkorea).

Die Prophezeiung weist auf eine Zuspitzung hin, nämlich auf *einen* bestimmten Nachkommen der Schlange und *einen* ebenso spezifischen Nachkommen der Frau. Gemeint ist der endzeitliche antichristliche Weltherrscher auf der einen Seite und der Messias, unser Herr Jesus Christus, auf der anderen Seite.

Wir können es in etwa absehen, wohin die Entwicklung unserer Welt geht. Die Menschen sind entwurzelt und vereinzelt, ihrer Würde beraubt und völlig orientierungslos geworden. Andererseits wird an der „Einen Welt" gebastelt, welche in Kultur und Lebensstil großteils bereits Realität ist und sich parallel dazu auch politisch formiert. Foren wie das World Economic Forum sprechen von nichts anderem; Klaus Schwabs „Der große Reset" liest sich wie eine Programmschrift der Neuen Weltordnung. Das wird natürlich als „Verschwörungstheorie" abgetan, doch selbst die konservative Handelszeitung gesteht am 20. November 2020 zu, dass der Eindruck zumindest fragwürdig sein könnte:

„Ganz erstaunlich ist die Entwicklung ja nicht: Erstens hatten das Wef und die «Davos-Crowd» schon öfters eine tragende Rolle gespielt im Theater der bunten Conspiracies. Zweitens stellt die Pandemie sehr viele ungeklärte Fragen in den Raum. Drittens greifen die Regierungen tatsächlich weltumspannend durch – und verletzen dabei demokratische Regeln, ritzen an ihren eigenen Verfassungen oder pauken Gesetze durch, die mehr Überwachung ermöglichen und der Bevölkerung herkömmliche Rechte nehmen.

Kann das Zufall sein? In dieser Woche fand zum Beispiel auf der «Great Reset»-Site des Wef ein Talk statt zum Thema: «Nach der Pandemie: Wie Widerstandsfähigkeit und Vertrauen aufgebaut werden kann». Mit dabei waren EU-Kommissionspräsidentin Ursula von der Leyen, die Ökonomin Stephanie Kelton («The Deficit Myth»), der ehemalige US-Außenminister John Kerry oder Marriott-CEO Arne Sorenson.

Man kann das als Zufallsauswahl sehen und das Meeting als folgenlosen Talk interpretieren – so wie man alle Wef-Konferenzen bislang verstehen konnte. Oder wenn man argwöhnisch ist, wittert man hier einen weiteren Hinweis auf ein diskretes globales Management.

Im Herbst 2020 sind die Zeiten offenbar so, dass die zweite Deutung mehr und mehr Anhänger gewinnt."[57]

Die Europäische Union spielt ihrerseits in der Architektur des EU-Parlaments bewusst mit der Symbolik des Turmbaus von Babel. Dort, an jedem Ort im alten Sumer, widerstand die Menschheit bereits einmal dem Auftrag Gottes und wollte sich selbst einen Namen machen:

„Wohlan, lasst uns eine Stadt bauen und einen Turm, dessen Spitze bis an den Himmel reicht, dass wir uns einen Namen machen, damit wir ja nicht über die ganze Erde zerstreut werden!" (Genesis 11,4).

Die Idee einer vereinigten Menschheit setzte sich fort in den vielen Versuchen, mächtige Weltreiche zu etablieren: die Assyrer, die Babylonier, die Meder und Perser, die Griechen und die Römer. Nach dem römischen Weltreich gab es kein vergleichbares Weltreich mehr, und es ist bemerkenswert, dass dieses uns am Ende der prophetischen Schau der Bibel wieder begegnet:

„Das vierte Tier bedeutet ein viertes Reich, das auf Erden sein wird; das wird sich von allen anderen Königreichen unterscheiden, und es wird die ganze Erde fressen, zerstampfen und zermalmen. Und die zehn Hörner bedeuten, dass aus jenem Reich zehn Könige aufstehen werden; und ein anderer wird nach ihnen aufkommen, der wird verschieden sein von seinen Vorgängern und wird drei Könige erniedrigen.

---

[57] https://www.handelszeitung.ch/politik/the-great-reset-wie-das-wef-ins-zentrum-aller-verschworungstheorien-geriet-320247

Und er wird freche Reden gegen den Höchsten führen und die Heiligen des Allerhöchsten aufreiben, und er wird danach trachten, Zeiten und Gesetz zu ändern; und sie werden in seine Gewalt gegeben für eine Zeit, zwei Zeiten und eine halbe Zeit." (Daniel 7,23-25).

Historisch ist das das römische Reich gewesen, und gerade dieses soll in den letzten Tagen eine Art Auferstehung erleben:

*„Hier ist der Verstand nötig, der Weisheit hat! Die sieben Köpfe sind sieben Berge, auf denen die Frau sitzt. Und es sind sieben Könige: Fünf sind gefallen, und der eine ist da – der andere ist noch nicht gekommen; und wenn er kommt, muss er für eine kurze Zeit bleiben. Und **das Tier, das war und nicht ist, ist auch selbst der achte**, und es ist einer von den sieben, und es läuft ins Verderben.*

Und die zehn Hörner, die du gesehen hast, sind zehn Könige, die noch kein Reich empfangen haben; aber sie erlangen Macht wie Könige für eine Stunde zusammen mit dem Tier. Diese haben einen einmütigen Sinn, und sie übergeben ihre Macht und Herrschaft dem Tier." (Offenbarung 17,9-13).

Dieses „Tier" ist in enger Verbindung mit dem Drachen, der alten Schlange bzw. dem Teufel zu sehen; und als solches war es bereits zur Zeit Jesu präsent in Form des römischen Reiches:

„Und ein großes Zeichen erschien im Himmel: eine Frau, mit der Sonne bekleidet, und der Mond unter ihren Füßen, und auf ihrem Haupt eine Krone mit zwölf Sternen. Und sie war schwanger und schrie in Wehen und Schmerzen der Geburt.

Und es erschien ein anderes Zeichen im Himmel: siehe, ein großer, feuerroter Drache, der hatte sieben Köpfe und zehn Hörner und auf seinen Köpfen sieben Kronen; und sein Schwanz zog den dritten Teil der Sterne des Himmels nach sich und warf sie auf die Erde. Und der Drache stand vor der Frau, die gebären sollte, um ihr Kind zu verschlingen, wenn sie geboren hätte. Und sie gebar einen Sohn, einen männlichen, der alle Heidenvölker mit eisernem Stab weiden wird; und ihr Kind wurde entrückt zu Gott und seinem Thron." (Offenbarung 12,1-5).

Der Kampf zwischen dem Nachkommen der Schlange und dem der Frau (Jesus Christus) wurde am Kreuz ausgefochten und entschieden. Hier wurde der entmachtet, der uns Gott entfremdet und dem Tod unterworfen hat.

„Da nun die Kinder an Fleisch und Blut Anteil haben, ist er gleichermaßen dessen teilhaftig geworden, damit er durch den Tod den außer Wirksamkeit setzte, der die Macht des Todes hatte, nämlich den Teufel, und alle diejenigen befreite, die durch Todesfurcht ihr ganzes Leben hindurch in Knechtschaft gehalten wurden.“ (Hebräer 2,14-15).

Wir sehen daran, dass unser tragischer Zustand seine Wurzeln in einem „kosmischen Konflikt“ in der unsichtbaren Welt hat, in den wir hineingezogen worden sind. **Das Thema der ganzen Bibel ist, wie Gott die Menschheit aus ihrer Verlorenheit und Entfremdung wieder mit sich versöhnen und ihre geraubte Würde wiederherstellen will.** Dazu musste der Urheber der Rebellion besiegt werden, nämlich die Schlange bzw. der Teufel. Darauf folgend müssen alle Völker von den veränderten Herrschaftsverhältnissen in Kenntnis gesetzt werden, damit sie sich von der Finsternis abkehren und die Versöhnung Gottes ergreifen. Das ist die Geschichte seit dem Kommen Christi bis heute, und diese Epoche findet ihren Abschluss im letzten Aufbäumen des Besiegten, dem großen Glaubensabfall der Massen (den wir seit 250 Jahren beobachten), der neuen babylonischen Vereinigung der Menschheit unter einem globalen Führer, dem Antichristen. Das – so scheint es mir jedenfalls – ist der politische Wille der Eliten. Hier wird die Feindschaft zwischen den Gottesfürchtigen und den „Aufgeklärten“ ihren letzten Höhepunkt finden in einer nie dagewesenen globalen Christenverfolgung. Diese wird nach einer kurzen Zeit des Schreckens plötzlich beendet werden:

„Denn das Geheimnis der Gesetzlosigkeit ist schon am Wirken, nur muss der, welcher jetzt zurückhält, erst aus dem Weg sein; und dann wird der Gesetzlose geoffenbart werden, den der Herr verzehren wird durch den Hauch seines Mundes, und den er durch die Erscheinung seiner Wiederkunft beseitigen wird.“ (2. Thessalonicher 2,7-8).

Es folgt die Wiederherstellung aller Dinge, die Neuschaffung von Himmel und Erde und die Bevölkerung derselben durch die Auferstehung all jener, die Gott in ihrem Leben die Ehre gaben und so ihre eigene Würde ergriffen und verteidigten. Die Grundlage dafür ist das Lösegeld des Erlösers, durch das wir aus der Knechtschaft des Teufels, der Sünde und des Todes befreit worden sind, und die Vergebung der Sünden empfangen haben:

„Er hat uns errettet aus der Herrschaft der Finsternis und hat uns versetzt in das Reich des Sohnes seiner Liebe, in dem wir die Erlösung haben durch sein Blut, die Vergebung der Sünden." (Kolosser 1,13-14).

Da die Erlösung nicht nur uns Menschen, sondern den ganzen Kosmos umfasst, werden auch wir neu geschaffen im Hinblick auf die Neuschöpfung von Himmel und Erde. Das geschieht zuerst durch eine innere, neue geistliche Geburt und findet seine Vollendung in einer Auferstehung zu einem unverweslichen ewigen Leben. Es ist also eine „zweistufige" Erlösung, die es uns ermöglicht, bereits in der alten Welt die Kräfte der kommenden zu erfahren und auszuleben. Wir werden so zu solchen, welche …

„… einmal erleuchtet worden sind und die himmlische Gabe geschmeckt haben und Heiligen Geistes teilhaftig geworden sind und das gute Wort Gottes geschmeckt haben, dazu die Kräfte der zukünftigen Weltzeit." (Hebräer 6,4).

„Denn ihr wisst ja, dass ihr nicht mit vergänglichen Dingen, mit Silber oder Gold, losgekauft worden seid aus eurem nichtigen, von den Vätern überlieferten Wandel, sondern mit dem kostbaren Blut des Christus, als eines makellosen und unbefleckten Lammes." (1. Petrus 1,18-19).

„Denn ihr seid wiedergeboren nicht aus vergänglichem, sondern aus unvergänglichem Samen, durch das lebendige Wort Gottes, das in Ewigkeit bleibt. Denn »alles Fleisch ist wie Gras und alle Herrlichkeit des Menschen wie die Blume des Grases. Das Gras ist verdorrt und seine Blume abgefallen; aber das Wort des Herrn bleibt in Ewigkeit.« Das ist aber das Wort, welches euch als Evangelium verkündigt worden ist." (1. Petrus 3,23-25).

„Darum: Ist jemand in Christus, so ist er eine neue Schöpfung; das Alte ist vergangen; siehe, es ist alles neu geworden!" (2. Korinther 5,17).

„Wir haben aber diesen Schatz in irdenen Gefäßen, damit die überragende Kraft von Gott sei und nicht von uns. … Darum lassen wir uns nicht entmutigen; sondern wenn auch unser äußerer Mensch zugrunde geht, so wird doch der innere Tag für Tag erneuert. Denn unsere Bedrängnis, die schnell vorübergehend und leicht ist, verschafft uns eine ewige und über alle Maßen gewichtige Herrlichkeit, da wir nicht auf das Sichtbare sehen, sondern auf das Unsichtbare; denn was sichtbar ist, das ist zeitlich; was aber unsichtbar ist, das ist ewig. … Denn wir wissen: Wenn unsere irdische Zeltwohnung abgebrochen wird, haben wir im Himmel einen Bau von Gott, ein Haus, nicht mit Händen gemacht, das ewig ist. … Der uns aber hierzu bereitet hat, ist Gott, der uns auch das Unterpfand des Geistes gegeben hat." (2. Korinther 4,7.16-18 und 5,1+5).

So wie alle Dinge in verherrlichter und unvergänglicher Weise wiederhergestellt werden, so werden auch wir in allen Stücken erneuert, beginnend am inneren Menschen. Da unsere Würde vor allem eine innere Qualität ist, gehört unsere Würde zum ersten, was wiederhergestellt wird. Nicht nur wiederhergestellt im Sinne der alten Schöpfung und Berufung, sondern im Hinblick auf die neue Schöpfung. War uns die Herrschaft über die alte, vergehende Welt anvertraut, so will der Herr uns auch zur Mitherrschaft in Seinem ewigen Reich berufen:

„Du [Jesus] bist würdig, das Buch [des Gerichts] zu nehmen und seine Siegel zu öffnen; denn du bist geschlachtet worden und hast uns für Gott erkauft mit deinem Blut aus allen Stämmen und Sprachen und Völkern und Nationen, und hast uns zu Königen und Priestern gemacht für unseren Gott, und wir werden herrschen auf Erden." (Offenbarung 5,9-10).

Um dies für uns gültig und wirksam zu machen, muss die Botschaft vom Reich Gottes allen Menschen verkündet werden – dieses Buch hier tut seinen kleinen Teil dazu. Diese Verkündigung ist mehr als eine Information, die man zur Kenntnis nehmen soll. Sie beginnt mit einer welterschütternden Proklamation:

*„So soll nun das ganze Haus Israel [und alle Völker der Erde] mit Gewissheit erken-
nen, dass Gott Ihn sowohl zum Herrn als auch zum Christus [= der gesalbte König]
gemacht hat, eben diesen Jesus, den ihr gekreuzigt habt!"* (Apostelgeschichte 2,36).

Alle anderen Herrschaftsansprüche treten hinter das Königtum Christi zurück. Alle Bindungen, Versklavungen, Verblendungen und Manipulationen
finden ein jähes Ende. Die Masken fallen ab, seien es die Masken unserer
Selbstgerechtigkeit oder die Perchten des Betrugs, die Larven angemaßter
Autorität oder die Schleier religiöser Heuchelei. Wer davon im Herzen
getroffen ist, kann nur mehr eine Frage stellen:

*„Als sie aber das hörten, drang es ihnen durchs Herz, und sie sprachen zu Petrus
und den übrigen Aposteln: Was sollen wir tun, ihr Männer und Brüder?*

*Da sprach Petrus zu ihnen: Tut Buße, und jeder von euch lasse sich taufen auf den
Namen Jesu Christi zur Vergebung der Sünden; so werdet ihr die Gabe des Heiligen
Geistes empfangen. Denn euch gilt die Verheißung und euren Kindern[58] und allen,
die ferne sind, so viele der Herr, unser Gott, herzurufen wird. Und noch mit vielen
anderen Worten gab er Zeugnis und ermahnte und sprach: Lasst euch retten aus
diesem verkehrten Geschlecht! Diejenigen, die nun bereitwillig sein Wort annahmen, ließen sich taufen, und es wurden an jenem Tag etwa 3.000 Seelen hinzugetan."* (Apostelgeschichte 2,37-41).

Dieses „Buße tun" meint ein radikales Umdenken, eine Änderung der Gesinnung, in der wir aufgewachsen sind, eine Abkehr von der Gesellschaft (vom
„verkehrten Geschlecht") der Entwürdigten hin zu Gott, hin zur Versöhnung
und Wiederherstellung im Heiligen Geist. In der Taufe wird die Erlösung
angenommen, und diese muss freiwillig erbeten werden.

*„Als sie aber auf dem Weg weiterzogen, kamen sie zu einem Wasser, und der Käm-
merer sprach: Siehe, hier ist Wasser! Was hindert mich, getauft zu werden? Da
sprach Philippus: Wenn du von ganzem Herzen glaubst, so ist es erlaubt! Er
antwortete und sprach: Ich glaube, dass Jesus Christus der Sohn Gottes ist! Und er*

---

[58] Damit ist nicht die Kindertaufe gemeint, sondern dass Gottes Versöhnungsangebot durch
alle Generationen hin gültig bleibt, bis der Herr Jesus wiederkommen wird.

ließ den Wagen anhalten, und sie stiegen beide in das Wasser hinab, Philippus und der Kämmerer, und er taufte ihn." (Apostelgeschichte 8,36-38).

Damit werden wir mit dem Tod und der Auferstehung Jesu sinnbildlich eingemacht und gelten für die Welt, in der wir aufgewachsen sind, als tot; ebenso für den Fürsten der Welt, den Teufel, sind wir gestorben; auch gegenüber jedem anderen Machtanspruch, sogar dem aller sündhaften Gewohnheiten und Neigungen, die unserem Fleisch innewohnen.

„Von mir aber sei es ferne, mich zu rühmen, als nur des Kreuzes unseres Herrn Jesus Christus, durch das mir die Welt gekreuzigt ist und ich der Welt. Denn in Christus Jesus gilt weder Beschneidung noch Unbeschnittensein etwas, sondern eine neue Schöpfung." (Galater 6,14-15).

Das ist ein radikaler Schnitt, ein Bruch mit dem alten Leben, der alle Brücken zurück ins alte Leben abgebrochen und verbrannt hat. Es ist ein tatsächlicher „Großer Reset", der hier im Leben eines Menschen passiert, der sich die geraubte Würde neu schenken lässt in Jesus Christus. Was das alles praktisch bedeutet, ist das Hauptthema dieses Buches.

Die Grundlage der Wahrheit

*„Das sage und bezeuge ich nun im Herrn, dass ihr nicht mehr so
wandeln sollt, wie die übrigen Heiden wandeln in der Nichtigkeit
ihres Sinnes, deren Verstand verfinstert ist und die entfremdet sind
dem Leben Gottes, wegen der Unwissenheit, die in ihnen ist."*
(Epheser 5,17-18).

Die Gesellschaft, in der wir geboren und erzogen wurden, denkt auf Grundlage bestimmter Annahmen. Innerhalb dieser „Paradigmen" scheint ja alles stimmig und schlüssig zu sein – allerdings brachten sie nicht die Resultate, die die Philosophen sich erwarteten. Also sind die Grundlagen zu hinterfragen. Tatsächlich ist das ein wesentliches Kriterium für „Wahrheit": Treffen die Voraussagen ein? Die Voraussagen der Aufklärung sind nicht eingetroffen.

Der christliche Glaube beruht auf völlig anderen Grundsätzen, und auch diese müssen sich in der Wirklichkeit bewähren, damit sie als wahr anerkannt werden können. Was mich betrifft, so beruht meine Gewissheit im Glauben nicht mehr nur auf Fakten und Schlussfolgerungen, sondern auf 37 Jahren Nachfolge Christi. Ich kann aus Erfahrung sagen, dass das Evangelium tragfähig ist und sich im täglichen Leben stets als „wahr" bestätigt hat. Da aber vielleicht andere einwenden würden, dass sie es gar nicht so erlebt haben, ist es unzureichend, „Wahrheit" alleine aufgrund persönlicher Erfahrungen zu bestimmen.

Es ist *notwendig*, dass Wahrheit sich im Leben bestätigt, aber es ist nicht *hinreichend*, um den Beweis für die Wahrheit zu liefern. Wenn die Wahrheit aber tatsächlich in sich selbst erwiesen ist und sich gegen alle Erwartungen nicht in der Erfahrung bestätigt, dann liegt es nicht an der Wahrheit selbst, sondern am persönlichen Umgang mit ihr.

Der Herr Jesus gibt in einem Gebet an den Vater die Richtung vor, wie wir uns dem Thema nähern sollen:

„Sie sind nicht von der Welt, gleichwie auch ich nicht von der Welt bin. Heilige sie in deiner Wahrheit! Dein Wort ist Wahrheit." (Johannes 17,16-17).

Die Quelle der Wahrheit ist nicht von dieser Welt, sondern in Gott. Darum ist sie auch nicht das Ergebnis menschlicher Vernunftschlüsse, sondern Offenbarung, die wir anerkennen und erforschen müssen. Wahrheit kommt mit Autorität, nämlich der Autorität ihres Urhebers, ihrer Quelle. Wahr ist, was von Gott kommt. Wahr ist etwas, weil und insofern es von Gott kommt.

Das Medium der Offenbarung ist die Heilige Schrift, das Wort Gottes. Diese Wahrheit soll etwas mit uns machen, sie soll uns „heiligen", das bedeutet, uns für Gott aussondern und aus der Welt herausnehmen. Wir sind nicht mehr von der Welt und daher auch nicht mehr den Mutmaßungen weltlicher Meinungen und Ideologien unterworfen, sondern leben auf Basis und im Rahmen der uns von Gott geoffenbarten Wahrheit.

Ich höre Gotthold Ephraim Lessing förmlich vor Schmerzen schreien, wenn ich das schreibe. All das, was er aus tiefster Seele verworfen hat, soll wieder die Herrschaft über uns gewinnen? Die Aufklärer rotieren im Grab, wenn ich bekräftige, dass ihre Philosophie die Gesellschaft an den Rand des Abgrunds geführt hat und nur die konsequente und bedingungslose Umkehr zu Gott Heilung bewirken kann. Paulus formuliert es treffend:

„Denn die Waffen unseres Kampfes sind nicht fleischlich, sondern mächtig durch Gott zur Zerstörung von Festungen, so dass wir Vernunftschlüsse zerstören und jede Höhe, die sich gegen die Erkenntnis Gottes erhebt, und jeden Gedanken gefangennehmen zum Gehorsam gegen Christus." (2. Korinther 10,4-5).

Die Vorstellung einer absoluten Wahrheit ist unserer Gesellschaft so fremd wie die Rückseite des Mondes. Hier liegt die vielleicht größte Hürde, die wir nehmen müssen: Wir müssen die angebissene Frucht vom Baum der Erkenntnis des Guten und des Bösen zurückgeben, und jeden Brocken, den wir davon geschluckt haben, heraufwürgen und ausspeien.

Daran schließt sich ein intellektueller Entgiftungs- und Genesungsprozess, sowie ein emotionaler. Wir müssen umdenken und umfühlen, um wieder

Gefallen und Geschmack an der Wahrheit Gottes zu finden. Die verbotene Frucht war ja sehr süß, aber sie brachte uns um. Die Frucht vom Baum des Lebens ist von völlig anderer Qualität. Wer gerade eine Tafel Schokolade gegessen hat, wird den süßesten Apfel sauer finden. Darum muss man sich zuerst von der Schokolade entwöhnen und den Geschmack daran verloren haben, um die Süße eines Apfels genießen zu können, der obendrein auch viel gesünder ist.

In der Welt wurden alle Werte in ihr Gegenteil verkehrt, was uns in schwerwiegende Probleme geführt hat und uns große Schmerzen bereitet, wovon uns auch mit klaren Worten abgeraten wurde:

„Wehe denen, die Böses gut und Gutes böse nennen, die Finsternis zu Licht und Licht zu Finsternis erklären, die Bitteres süß und Süßes bitter nennen! Wehe denen, die in ihren eigenen Augen weise sind, und die sich selbst für verständig halten!" (Jesaja 5,20-21).

Das Wort Gottes, die Bibel, ist ein Buch wie es kein zweites gibt. Ich habe mehr als zwanzig Bücher geschrieben, deren keines auch nur ansatzweise an dieses heranreicht. Mehr als 40 Autoren waren daran beteiligt, deren Beiträge im Lauf von mehr als 1500 Jahren entstanden sind, verfasst in drei verschiedenen Sprachen (hebräisch, aramäisch und griechisch), auf drei Kontinenten (Nordafrika, Kleinasien, Europa). Die das Volk Gottes umgebenden verschiedenen Hochkulturen und Weltreiche lösten einander alle paar Jahrhunderte ab, aber die Juden behielten ihren Glauben und ihre ihnen eigentümliche Lebensweise mit erstaunlicher „Sturheit". Dass aus diesem Sammelsurium *ein* Buch mit *einer* konkreten und durchgängigen Botschaft entstanden ist, ist menschlich nicht erklärbar.

Das „Buch der Bücher" umfasst die gesamte Geschichte der Menschheit und vor allem des Volkes Gottes von der Schöpfung bis zur Vollendung im Reich Gottes. Wo immer es Überschneidungen zu parallelen Geschichtsschreibungen gibt, ergänzen und bestätigen diese die biblischen Berichte. Archäologen, die mit der Bibel in der Hand das Heilige Land ergraben, finden genau dort, wo es gemäß der biblischen Überlieferung zu erwarten ist, die Überreste von Bauten, Lagerplätzen und Gräbern. Ich bin derzeit gerade in einer Predigtreihe über das Buch Genesis[59] und habe es mir zur Aufgabe gemacht, unserer christlichen Gemeinde dabei auch alle historischen und archäologischen Hintergründe bekannt zu machen, da dies für mich ein ganz wesentlicher Beweis für die Glaubwürdigkeit von Gottes Wort ist. Wo Gott in Raum und Zeit gehandelt hat, da hat Er auch Spuren hinterlassen, von denen viele noch heute erkennbar sind.

Der Rote Faden der Heilsgeschichte hat direkt mit unserer Würde und Berufung zur Mitarbeit und Mitgestaltung von Gottes Schöpfung zu tun. Wir erfahren darin, wie diese Würde verloren ging und wir im Verwirklichen der Berufung scheiterten; wie wir Teil einer kosmischen Revolte wurden und Gott Seinerseits einen Weg vorbereitete, die Menschheit mit sich wieder zu versöhnen. Diese Botschaft wird das „Evangelium vom Reich Gottes" genannt, dessen gesalbter (eingesetzter) König Jesus Christus ist. Auf Ihn zielt die Heilsgeschichte ab, in Ihm wird die Menschheit versöhnt und erneuert, in Ihm werden alle Dinge wiederhergestellt.

*„So tut nun Buße und bekehrt euch, dass eure Sünden ausgetilgt werden, damit Zeiten der Erquickung vom Angesicht des Herrn kommen und er den sende, der euch zuvor verkündigt wurde, Jesus Christus, den der Himmel aufnehmen muss bis zu den **Zeiten der Wiederherstellung** alles dessen, wovon Gott durch den Mund aller seiner heiligen Propheten von alters her geredet hat."* (Apostelgeschichte 3,19-21).

Eine weitere Besonderheit, welche die Bibel von allen anderen religiösen Büchern der Welt abhebt, ist die Fülle an prophetischen Voraussagen, die sich genau erfüllt haben. Allein auf Geburt, Leben, Tod und Auferstehung Christi beziehen sich rund 300 Prophezeiungen. Ein Beispiel:

„Und du, Bethlehem-Ephrata, du bist zwar gering unter den Hauptorten von Juda; aber aus dir soll mir hervorkommen, der Herrscher über Israel werden soll, dessen Hervorgehen von Anfang, von den Tagen der Ewigkeit her gewesen ist." (Micha 5,1; 8. Jhdt. v.Chr.).

---

[59] https://www.youtube.com/playlist?list=PLNdq3SYGgfPrqYcQc2I7y84DQnA2FFsjZ

Als Sterndeuter aus dem Osten anhand der astrologischen Hinweise erkannten, dass in Israel ein neuer König geboren sei, zogen sie logischerweise in die Hauptstadt des Landes, um die Bestätigung dafür zu erhalten und den Prinzen zu sehen. Nur wusste dort niemand davon, sodass sie die Schriftgelehrten holen ließen:

„Als das der König Herodes hörte, erschrak er, und ganz Jerusalem mit ihm. Und er rief alle obersten Priester und Schriftgelehrten des Volkes zusammen und erfragte von ihnen, wo der Christus geboren werden sollte. Sie aber sagten ihm: In Bethlehem in Judäa; denn so steht es geschrieben durch den Propheten: »Und du, Bethlehem im Land Juda, bist keineswegs die geringste unter den Fürstenstädten Judas; denn aus dir wird ein Herrscher hervorgehen, der mein Volk Israel weiden soll«." (Matthäus 2,3-6).

Die „Fachleute" wussten, dass diese Prophezeiung sich auf die Geburt des Messias beziehe, und so konnte der Ort ausfindig gemacht werden, an dem Jesus damals geboren wurde. Das meine ich mit der Genauigkeit biblischer Prophetie.

Mein persönlicher Einstieg in die Glaubwürdigkeit der Bibel war die Auferstehung Jesu aus den Toten. Viele Skeptiker, die sich dem Christentum kritisch näherten, aber offen genug waren, seine Ansprüche ehrlich zu überprüfen, wurden durch die Belege für die Auferstehung Jesu überzeugt. Daran hängt tatsächlich die ganze Botschaft:

„Denn ich habe euch zu allererst das überliefert, was ich auch empfangen habe, nämlich dass Christus für unsere Sünden gestorben ist, nach den Schriften, und dass er begraben worden ist und dass er auferstanden ist am dritten Tag, nach den Schriften, und dass er dem Kephas erschienen ist, danach den Zwölfen. Danach ist er mehr als 500 Brüdern auf einmal erschienen, von denen die meisten noch leben, etliche aber auch entschlafen sind. Danach erschien er dem Jakobus, hierauf sämtlichen Aposteln. Zuletzt aber von allen erschien er auch mir, der ich gleichsam eine unzeitige Geburt bin." (1. Korinther 15,3-8).

Das sind einige wenige Streiflichter, die eindrücklich belegen, dass dieses Buch kein menschliches Werk sein kann. Zusammengefasst:

- Mehr als 40 Autoren aller Bildungsschichten
- Über einen Zeitraum von mehr als 1500 Jahren verfasst
- 77 Einzeltexte[60]
- In drei verschiedenen Sprachen verfasst
- Auf drei Kontinenten geschrieben
- Trotz wechselnder machtpolitischer und kultureller Umgebung bemerkenswert konsequent geblieben
- Ohne Zentralkomitee (!) gesammelt und anerkannt
- Kohärent und ohne innere Widersprüche
- Nachvollziehbarer geschichtlicher Aufbau
- Eine durchgehende Botschaft
- Historisch in den wesentlichen Teilen noch heute nachprüfbar
- Hunderte erfüllte Voraussagen
- Jesus ist nachweislich aus den Toten auferstanden
- Wer sich auf das Evangelium einlässt und in biblischem Glauben Jesus nachfolgt, wird ein veränderter Mensch

Kann man das von irgendeinem anderen religiösen oder philosophischen Buch sagen? Wäre der Koran all dem vergleichbar, würde ich zu zweifeln beginnen; hätten die Veden eine ebenso überzeugende Qualität, würde ich meinen Glauben an Christus hinterfragen. Aber sie alle fallen gegenüber der Bibel so deutlich ab, dass mich die Auseinandersetzung mit anderen Religionen nicht etwa schreckt, sondern nur umso gewisser macht.

Die Bibel ist von einer theologischen Tiefe, die wir nicht ausloten können. Sie verzichtet darauf zu erklären, was etwa der Ursprung Gottes sei, und stellt uns diesen in einer Reichhaltigkeit vor, die unsere Vorstellungskraft übersteigt. Gleichzeitig ist sie in ihrer Botschaft so simpel, dass ein Kind sie begreifen kann:

---

[60] Kanon der Septuaginta, das ist die griech. Üs. Des Alten Testaments (50 Bücher) + 27 Bücher des Neuen Testaments https://de.wikipedia.org/wiki/Septuaginta#Buchtitel_und_Anordnung

„Es ist dir gesagt, o Mensch, was gut ist und was der Herr von dir fordert: Was anders als Recht tun, Liebe üben und demütig wandeln mit deinem Gott?" (Micha 6,8).

„Meister, welches ist das größte Gebot im Gesetz? Und Jesus sprach zu ihm: »Du sollst den Herrn, deinen Gott, lieben mit deinem ganzen Herzen und mit deiner ganzen Seele und mit deinem ganzen Denken«. Das ist das erste und größte Gebot. Und das zweite ist ihm vergleichbar: »Du sollst deinen Nächsten lieben wie dich selbst«. An diesen zwei Geboten hängen das ganze Gesetz und die Propheten." (Matthäus 22,36-40).

Dass es möglich ist, dieses alles Denken übersteigende Buch in so einfachen Sätzen zusammenzufassen, ohne es in oberflächlicher Weise zu verkürzen, ist erleichternd und befreiend, denn das bedeutet, es kommt gar nicht so sehr darauf an, alles zu verstehen, sondern darauf, richtig zu leben. So wird die Bibel zu einem Lehrbuch für das Leben, ohne das ein Christ praktisch gar nicht leben kann:

„Du aber bleibe in dem, was du gelernt hast und was dir zur Gewissheit geworden ist, da du weißt, von wem du es gelernt hast, und weil du von Kindheit an die heiligen Schriften kennst, welche die Kraft haben, dich weise zu machen zur Errettung durch den Glauben, der in Christus Jesus ist.

Alle Schrift ist von Gott eingegeben und nützlich zur Belehrung, zur Überführung, zur Zurechtweisung, zur Erziehung in der Gerechtigkeit, damit der Mensch Gottes ganz zubereitet sei, zu jedem guten Werk völlig ausgerüstet." (2. Timotheus 3,14-17).

Wer aus der Postmoderne kommend Christ wird, hat also sehr viel neu zu lernen und vieles zu verwerfen, womit er groß geworden ist. Darum hat die Bibel einen so zentralen Platz im Leben eines Christen. Wir leben auf Basis und im Rahmen der von Gott geoffenbarten Wahrheit, und nicht auf Grundlage menschlicher Konstrukte, die man beliebig dekonstruieren und neu zusammensetzen kann. Hier bleibt kein Raum mehr für akademischen Ruhm und philosophischen Stolz. Es war ja auch nicht Demut, die Lessing die Offenbarung Gottes zugunsten eines immerwährenden irrenden Strebens nach Wahrheit verwerfen ließ, sondern astreiner Hochmut. Wer aus der Offenbarung Gottes lebt, lebt als ein Beschenkter in ewiger Dankbarkeit und kann gar nicht stolz auf seine Erkenntnisse werden.

Das Wort Gottes leitet uns zu einem Lebensstil an, der sich von dem der Welt deutlich unterscheidet.

Ein Leben voll Gnade und Frieden

„Und aus seiner Fülle haben wir alle empfangen Gnade um Gnade."
(Johannes 1,16).

Wie fühlt sich das an, wenn man aus der Verwirrung herausgeführt wird und plötzlich klar sieht? Wie, wenn einem Blinden die Augen geöffnet werden oder ein Tauber plötzlich hört. Es geht einem wie einem Gefangenen, der aus dem finsteren Kerker in das Licht der Sonne geführt wird. Es fühlt sich an, wie wenn einem eine schwere Last von den Schultern fällt und ein tiefer Seelenschmerz plötzlich geheilt ist.

Das ist die übereinstimmende Erfahrung aller, die das Evangelium von Jesus Christus angenommen und deren Würde wiederhergestellt worden ist. Warum ist das so? Weil wir mit dem Relativismus überfordert sind und aufgrund der fehlenden Werte ein Leben geführt haben, das uns in eine Sackgasse manövriert hat. Wer sein Leben als einen Scherbenhaufen vor sich sieht, ist zurecht tief verzweifelt. Wer es noch nicht so erkennt und noch in der Illusion lebt, mit eigener Vernunft und einigen Litern Superkleber die Trümmer wieder aneinanderfügen zu können, muss erst noch tiefer in die Erfahrung des Scheiterns geführt werden. Das ist schmerzhaft.

Zurecht hat ein Gleichnis des Herrn Jesus besondere Bekanntheit erlangt, das vom verlorenen Sohn:

„Und er sprach: Ein Mensch hatte zwei Söhne. Und der jüngere von ihnen sprach zum Vater: Gib mir den Teil des Vermögens, der mir zufällt, Vater! Und er teilte ihnen das Gut. Und nicht lange danach packte der jüngere Sohn alles zusammen und reiste in ein fernes Land, und dort verschleuderte er sein Vermögen mit ausschweifendem Leben.

Nachdem er aber alles aufgebraucht hatte, kam eine gewaltige Hungersnot über jenes Land, und auch er fing an, Mangel zu leiden. Da ging er hin und hängte sich an einen Bürger jenes Landes; der schickte ihn auf seine Äcker, die Schweine zu hüten.

Und er begehrte, seinen Bauch zu füllen mit den Schoten, welche die Schweine fraßen; und niemand gab sie ihm.

Er kam aber zu sich selbst und sprach: Wie viele Tagelöhner meines Vaters haben Brot im Überfluss, ich aber verderbe vor Hunger! Ich will mich aufmachen und zu meinem Vater gehen und zu ihm sagen: Vater, ich habe gesündigt gegen den Himmel und vor dir, und ich bin nicht mehr wert, dein Sohn zu heißen; mache mich zu einem deiner Tagelöhner!

Und er machte sich auf und ging zu seinem Vater. Als er aber noch fern war, sah ihn sein Vater und hatte Erbarmen; und er lief, fiel ihm um den Hals und küsste ihn. Der Sohn aber sprach zu ihm: Vater, ich habe gesündigt gegen den Himmel und vor dir, und ich bin nicht mehr wert, dein Sohn zu heißen!

Aber der Vater sprach zu seinen Knechten: Bringt das beste Festgewand her und zieht es ihm an, und gebt ihm einen Ring an seine Hand und Schuhe an die Füße; und bringt das gemästete Kalb her und schlachtet es; und lasst uns essen und fröhlich sein! Denn dieser mein Sohn war tot und ist wieder lebendig geworden; und er war verloren und ist wiedergefunden worden. Und sie fingen an, fröhlich zu sein."
(Lukas 15,11-24).

Das Vermögen des Vaters ist unsere Lebensgrundlage. Der junge Mann hat sich aber vom Vater losgesagt, sich sein Erbe auszahlen lassen und ist in die Welt hinausgegangen. Der Vater jedoch hat den landwirtschaftlichen Betrieb, in welchem Jahr für Jahr durch Saat und Ernte die Lebensgrundlage erhalten bleibt. Losgelöst vom Vater konnte der Sohn sein Erbe nur Münze für Münze verbrauchen; es kam nichts mehr hinzu. So ist es, wenn wir uns von Gott, der Quelle und dem Erhalter des Lebens, trennen. Wir kommen Tag für Tag dem Ende des uns geschenkten Lebens näher.

Der junge Mann hat es obendrein noch gedankenlos verschleudert und kam so noch rascher an den Punkt der Verzweiflung; zudem verschlechterte sich die wirtschaftliche Situation im Land, und er musste sich als Schweinehirt verdingen. Für die jüdischen Zuhörer Jesu war das richtig abstoßend, da ihnen die Schweine ja als unreine Tiere galten. Aber das ist der Totpunkt, an den uns ein Leben in Unabhängigkeit von Gott führt. Manchen Denkern unserer Zeit fällt das durchaus auf. Sven Ahnert rezensiert in einem Artikel in der Welt (2.9.2000) Peter Bürgers Buch „Ursprung des postmodernen Denkens":[61]

„Das Aushalten des Todes und die Erfahrung des absoluten Ausgeliefertseins waren dabei entscheidende Impulse. Das postmoderne Denken, geboren aus epochalen Erfahrungen, bezieht aus existenzieller Verzweiflung die nötige Kraft, um ein Denken zu entwerfen, das sich nicht mehr auf die Sicherheit der Dialektik verlässt. In Foucaults Wahnsinnsanalyse entdeckt Bürger das "Phantasma totaler Selbstschöpfung".

Einen weiteren Ursprung postmodernen Denkens entdeckt er im Zusammenbruch des geistigen Europas im Ersten Weltkrieg. Produktion und alle Anstrengungen der Gesellschaft führten nicht zu einem menschenwürdigen Leben, sondern produzierten Zerstörung und Tod. Treffend beschreibt Bürger das Sinndefizit der bürgerlichen Gesellschaft als einen Verlust der Dimension des Heiligen. ...

Peter Bürger hat die Diskussion jedenfalls um eine kluge, wenn auch nicht überraschende Variante bereichert. Postmoderne ist sicher nicht nur ein Endpunkt, eine Spielerei mit Elementen der Moderne, sondern ein ausformuliertes Gefühl vom Verlust der Gewissheit, Stabilität und Tradition."[62]

Es ist also nicht allein meine Beobachtung, dass die Postmoderne in die Verzweiflung führte – bemerkenswert ist Peter Bürgers Einsicht von der „Verlust der Dimension des Heiligen". Wie die postmoderne Gesellschaft ist auch der junge Mann im Gleichnis an diesem Totpunkt angekommen, einem Punkt totaler Verzweiflung. Wie kommt er da wieder heraus?

Er erinnert sich an die „verlorene Dimension des Heiligen", er erinnert sich an seinen Vater und wie gut er es bei ihm hatte. Jeder unfreie Tagelöhner hatte es bei ihm besser, als es ihm nun erging. Da fasste er den Entschluss zur Umkehr. Es war eine Umkehr ohne Illusionen. Er wusste, dass er sich schäbig gegenüber dem Vater verhalten und sein Erbe leichtfertig vergeudet

---

[61] Peter Bürger: Ursprung des postmodernen Denkens.Velbrück,.Göttingen 2000.
[62] https://www.welt.de/print-welt/article531351/Ploetzlich-war-man-postmodern.html

88

hatte. Vielleicht – so der „Selbstentwürdigte" – würde er wenigstens als einfacher Knecht bei seinem Vater Arbeit finden. Seine Einsicht ist voller Scham, und er nimmt sich vor, seinen Vater in aller Form um Entschuldigung zu bitten.

Was er nicht ahnen und erwarten konnte, war die Reaktion seines Vaters. Da waren keine Vorwürfe, kein böser Blick, sondern eine herzliche Umarmung und Tränen der Freude. Der Vater – haben wir das bemerkt? – hat ihm wieder den Ring angesteckt und neu eingekleidet und ohne Vorbehalte und Einschränkungen als Sohn angenommen, der wieder vollen Zugang und Anteil an den Reichtümern des Vaters erhielt. Die Würde des Entwürdigten war in jeder Hinsicht wiederhergestellt. Was für eine Freude! Was für ein Fest!

Darum geht es. Das ist Gottes Versöhnungsangebot an jeden Menschen, wie sehr er auch sein Leben verpfuscht haben mag. Es gibt niemanden, den Er nicht in derselben Weise vergeben und annehmen möchte, dessen Würde er nicht wiederherstellen wollte. Es liegt an uns, aus dem Schweinestall der Postmoderne und dem Trümmerhaufen unseres Lebens aufzustehen und uns auf den Weg zu Ihm zu machen. Seine Tür ist offen. Wir müssen nur anklopfen.

Vor einigen Jahren habe ich ein Lied für all jene geschrieben, die solch eine Umkehr vollzogen, sich taufen ließen und zu unserer Gemeinde kamen:

> *Willkommen, willkommen, du bist angekommen!*
> *Wie weit war der Weg, den du auf dich genommen?*
> *Ein rauchendes Holzscheit, dem Feuer entronnen.*
> *Willkommen, du bist angenommen!*
>
> *Ein Ort voller Angst, dem die Zukunft genommen,*
> *Du lebtest im Todestal, ängstlich beklommen.*
> *Das Licht kam ins Dunkel, so bist du entkommen.*
> *Willkommen, du bist angenommen!*
>
> *Das Licht der Welt hat unsern Leib angenommen;*

Den Tod zu entmachten ist Jesus gekommen.
Durch Liebe und Wahrheit hat Er dich gewonnen.
Willkommen, du bist angenommen!

Das Reich des Herrn Jesus ist nahe gekommen,
Dort lebt Sein Volk, das Sein Joch auf sich genommen,
dort dienen und loben und jauchzen die Frommen.
Willkommen, du bist angenommen!

Wie fühlt sich das an? Das ist Gnade! Das ist das Schlüsselwort, das uns die ganze Heilige Schrift erschließt! Mehr als 400-mal finden wir dieses Wort in der Bibel. Was bedeutet „Gnade"? Im deutschen ist die Bedeutung stark eingeschränkt und im religiösen Gebrauch noch mehr. Es wird nahezu ausschließlich im Sinne der Begnadigung von Verbrechern/Sündern gebraucht, also im Sinne eines Straferlasses. Das ist ein Aspekt von Gnade, aber bei weitem nicht die Hauptbedeutung. Das griechische „charis" wird besser mit „Wohlwollen" wiedergegeben; bezogen auf Gott meint es Seine „Menschenfreundlichkeit", Sein barmherziges Entgegenkommen, Seine Versöhnungsbereitschaft, Seine Freigiebigkeit. Das hebräische „chesed" hat eine ähnliche Bedeutung.

Ein rein „juristisches" Gnadenverständnis kann sich sehr kalt und normativ anfühlen; das biblische Gnadenverständnis ist von Liebe und Wärme durchdrungen. So lief der Vater seinem verlorenen Sohn entgegen. Es wurden ihm nicht nur seine Verfehlungen vergeben, er wurde nicht nur in seiner Würde wiederhergestellt, er wurde vollkommen mit dem Vater versöhnt. Biblische Gnade führt also in eine vertraute und familiäre Beziehung mit Gott.

Darum empfängt man Gottes Gnade nicht nur in Form eines einmaligen Aktes, sondern man lebt aus Gottes Gnadenfülle. Ein Christ lebt auf Basis von Gottes Wohlwollen und kann täglich davon zehren. Darum der Eingangsvers:

„Und aus seiner Fülle haben wir alle empfangen Gnade um Gnade." (Johannes 1,16).

Diesen „Gnadenstand" gilt es zu bewahren, indem man die Beziehung zum Vater pflegt, also ein Leben des vertrauten Umgangs mit Gott erlernt und führt. Dazu gehören das Lesen der Bibel und regelmäßiges Beten – nicht das stupide Aufsagen von Gebeten, sondern aufrichtige Kommunikation mit Gott. Vorformulierte Gebete, wie das „Vater Unser" sind ein Einstieg, um diese Gesprächsform zu erlernen, und können auch immer wieder einfließen, doch es geht vor allem um unser Herz, um unsere Gedanken, Wünsche, Sorgen, Freuden, die wir vor dem Vater ausbreiten. Versöhnt mit Gott zu sein, bedeutet, Frieden mit Gott gefunden zu haben.

„Freut euch im Herrn allezeit; abermals sage ich: Freut euch! Eure Sanftmut lasst alle Menschen erfahren! Der Herr ist nahe! Sorgt euch um nichts; sondern in allem lasst durch Gebet und Flehen mit Danksagung eure Anliegen vor Gott kundwerden. Und der Friede Gottes, der allen Verstand übersteigt, wird eure Herzen und eure Gedanken bewahren in Christus Jesus!" (Philipper 4,4-7).

Dieser den Verstand übersteigende Friede Gottes hat unter anderem zwei wesentliche Merkmale: Freude und Sanftmut. Freude, weil wir eine große Erleichterung erfahren und in Christus auch zu uns selbst gefunden haben. Hier ist kein Raum mehr für Selbstzweifel und Ängste, welche die größten „Freudenkiller" sind. Sanftmut, weil wir angekommen sind. Wir müssen nicht länger um Anerkennung kämpfen, uns gegenüber irgendjemandem beweisen oder uns selbst behaupten. Warum? Weil wir angekommen sind. Weil wir angenommen sind. Weil alle zentralen Fragen für uns grundlegend beantwortet sind. Ich wiederhole:

Wer bin ich? Was bin ich wert? Wer nimmt mich ernst? Was ist mein Platz im großen Ganzen? Was ist der Sinn meines Daseins?

Ich bin von Gott in Seinem Bild und zur Gemeinschaft mit Ihm erschaffen worden. Er selbst nimmt mich so ernst, dass Er mich zur Mitarbeit in Seiner Schöpfung berufen hat. Ich bin Teil der Menschheitsfamilie, die diesem Auftrag nur gemeinsam gerecht werden kann. Der Sinn meines Lebens besteht darin, Gott zu kennen und in Seinem Auftrag zur Entfaltung zu kommen.

Das ist die Grundlage unseres Lebens und unserer Lebensführung. Darum können, wollen und dürfen wir auch nicht mehr so leben, als wüssten wir das alles nicht! Wir gehören nicht mehr zur Generation Z oder zur postmodernen Gesellschaft, wir gehören zu Gottes Neuer Weltordnung, sind die Erstgeborenen einer neuen Schöpfung, Kinder des Lichts, berufen zum ewigen Leben. Das ändert alles!

Ein erneuertes Denken

Einer der Versuche der Verzweiflung der Postmoderne zu entrinnen, ist das „Positive Denken", der Glaube, durch dieses die Wirklichkeit positiv verändern zu können – sprich: zum eigenen Vorteil und Nutzen.

„Positives Denken (auch „neues Denken", „richtiges Denken", „Kraftdenken", „mentaler Positivismus" oder Lucky Girl Syndrome) ist eine Denk-Methode, bei welcher das eigene bewusste Denken konstant positiv zu beeinflussen versucht wird (z. B. mit Hilfe von Affirmationen oder Visualisierungen), um eine dauerhaft konstruktive und optimistische Grundhaltung zu erreichen und infolgedessen eine höhere Zufriedenheit und Lebensqualität zu erzielen.

Häufig wird das Konzept als Allheilmittel beworben, bspw. in der Alltagspsychologie, im Persönlichkeits-/Motivationstraining oder in der Selbsthilfeliteratur. Eine zu vehemente Befolgung allerdings hat vielfältige negative Folgen, bspw. kann dies Verdrängung verstärken und zum Realitätsverlust führen."[63]

Dem liegt ein „Glaube" zugrunde, den man auch als Wunschdenken bezeichnen kann. Weil aber der Begriff „Glaube" gebraucht wird, meinen viele, dies sei das, was die Bibel damit meint. Es ist nachweislich ein gefährlicher Selbsthilfeansatz:

„Ein Experiment von Joanne Wood mit Kollegen von der University of Waterloo zeigte, dass Teilnehmer mit gering ausgeprägtem Selbstbewusstsein alleine durch das Aufsagen allgemein positiv konnotierter Sätze ihre Stimmung, ihren Optimismus und ihre Bereitschaft, an Aktivitäten teilzunehmen, messbar verschlechterten.

---

[63] https://de.wikipedia.org/wiki/Positives_Denken

Personen mit gutem Selbstbewusstsein würden zwar leicht von der Autosuggestion profitieren, der Effekt war jedoch kaum ausgeprägt.

Oswald Neuberger, Professor für Psychologie an der Universität Augsburg, sieht in der Methode des Positiven Denkens eine zirkuläre Falle: „Wenn du keinen Erfolg hast, dann bist du eben selber schuld, weil du es offensichtlich nicht richtig probiert hast. Der Trainer aber bleibt unfehlbar." Zudem werde das Problem des Versagens individualisiert, Misserfolge personalisiert, das Wirtschafts- und Gesellschaftssystem aber von Schuld freigesprochen.

Colin Goldner, Leiter des Forums Kritische Psychologie e. V., diagnostiziert „Denk- und Wahrnehmungsdefizite" zunehmend bei Personen, die den „trivialisierten Hypnosuggestionen" und „pseudodialektischen Heilsversprechen" tingelnder „Drittklassgurus" auf den Leim gingen, und kritisiert den „psycho- und sozialdarwinistischen Machbarkeitswahn" der Motivationstrainer."[64]

Biblisches Denken ist zum einen geradezu schmerzhaft realistisch und blickt schonungslos auf die Defizite des natürlichen Menschen:

„Denn ich weiß, dass in mir, das heißt in meinem Fleisch, nichts Gutes wohnt." (Römer 7,18).

Aufgrund der Gnade Gottes führt das jedoch gerade nicht in die Verzweiflung, sondern in die Befreiung! Ich brauche nicht mehr so zu tun als ob! Ich darf mit meinen Schwächen und Fehlern ehrlich umgehen und zum Vater kommen, um Annahme, Vergebung und Erziehung zu einem guten Leben zu empfangen:

„Denn die Gnade Gottes ist erschienen, die heilbringend ist für alle Menschen; sie nimmt uns in Zucht [erzieht uns], damit wir die Gottlosigkeit und die weltlichen Begierden verleugnen und besonnen und gerecht und gottesfürchtig leben in der jetzigen Weltzeit." (Titus 2,11-12).

Ein Kind Gottes ist immer ein „Work in Progress", das auf dem Weg zu geistlicher Mündigkeit und Reife, zur Vollkommenheit ist. Darum sind

---

[64] Ebda.

Fehler und Versagen nicht unser größtes Problem, sondern die Scheu, damit vor den Vater zu kommen, um uns helfen und weiterbringen zu lassen, bzw. die heimliche Liebe zur Sünde. Paulus, zu dem so viele bewundernd aufblicken, sagte über sich:

„Nicht dass ich es schon erlangt hätte oder schon vollendet wäre; ich jage aber danach, dass ich das auch ergreife, wofür ich von Christus Jesus ergriffen worden bin. Brüder, ich halte mich selbst nicht dafür, dass ich es ergriffen habe; eines aber tue ich: Ich vergesse, was dahinten ist, und strecke mich aus nach dem, was vor mir liegt, und jage auf das Ziel zu, den Kampfpreis der himmlischen Berufung Gottes in Christus Jesus.

Lasst uns alle, die wir gereift sind, so gesinnt sein; und wenn ihr über etwas anders denkt, so wird euch Gott auch das offenbaren." (Philipper 3,12-15).

Das hat große Auswirkungen: Einerseits entkrampft es unser ganzes Streben nach Vollkommenheit, andererseits macht es uns geduldig und nachsichtig mit anderen, die mit ihren eigenen Defiziten ringen. Ins Stammbuch schreibt der Apostel einem jeden von uns:

„Denn ich sage kraft der Gnade, die mir gegeben ist, jedem unter euch, dass er nicht höher von sich denke, als sich zu denken gebührt, sondern dass er auf Bescheidenheit bedacht sei, wie Gott jedem einzelnen das Maß des Glaubens zugeteilt hat." (Römer 12,3).

Abgesehen vom Realismus biblischen Denkens ist unser Denken eingebettet in die Beziehung zum Vater. Wir denken nicht mehr autonom, wir lassen unser Denken und Sinnen stets von Gott geraderücken. Damit verlieren die Prägungen, die wir von der Welt noch in uns tragen, ihre Bedeutung und Kraft.

„Und passt euch nicht diesem Weltlauf an, sondern lasst euch verwandeln durch die Erneuerung eures Sinnes, damit ihr prüfen könnt, was der gute und wohlgefällige und vollkommene Wille Gottes ist." (Römer 12,2).

Als erstes müssen wir uns immer vor Augen halten, wie Gott ist, denn nichts greift der Teufel mehr an als die Integrität Gottes. Damit begann die Verführung zur Ursünde, und dem müssen wir Gottes Wort entgegenhalten. Folgende Wahrheiten müssen spontan von unseren Lippen kommen, wenn man uns um vier Uhr morgens aus dem Schlaf reißt und fragt: „Wie ist Gott?":

„Und der Herr ging vor seinem Angesicht vorüber und rief: Der Herr, der Herr, der starke Gott, der barmherzig und gnädig ist, langsam zum Zorn und von großer Gnade und Treue; der Tausenden Gnade bewahrt und Schuld, Übertretung und Sünde vergibt, aber keineswegs ungestraft lässt, sondern die Schuld der Väter heimsucht an den Kindern und Kindeskindern bis in das dritte und vierte Glied!" (Exodus 34,6-7).

„Er ist der Fels; vollkommen ist sein Tun; ja, alle seine Wege sind gerecht. Ein Gott der Treue und ohne Falsch, gerecht und aufrichtig ist er." (Deuteronomium 32,4).

„Dieser Gott – sein Weg ist vollkommen! Das Wort des Herrn ist geläutert; er ist ein Schild allen, die ihm vertrauen. Denn wer ist Gott außer dem Herrn, und wer ist ein Fels außer unserem Gott? Gott ist es, der mich umgürtet mit Kraft und meinen Weg unsträflich macht." (2. Samuel 22,31-33).

„Der Herr ist mein Hirte; mir wird nichts mangeln. Er weidet mich auf grünen Auen und führt mich zu stillen Wassern. Er erquickt meine Seele; er führt mich auf rechter Straße um seines Namens willen." (Psalm 23,1-3).

„Denn der Herr ist gut; seine Gnade währt ewiglich und seine Treue von Geschlecht zu Geschlecht." (Psalm 100,5).

„Der Herr wird es für mich vollbringen! Herr, deine Gnade währt ewiglich; das Werk deiner Hände wirst du nicht im Stich lassen!" (Psalm 138,8).

„Er hat Himmel und Erde gemacht, das Meer und alles, was darin ist; er bewahrt Treue auf ewig. Er verschafft den Unterdrückten Recht und gibt den Hungrigen Brot. Der Herr löst die Gebundenen. Der Herr macht die Blinden sehend; der Herr richtet die Elenden auf; der Herr liebt die Gerechten. Der Herr behütet den

Fremdling; er erhält Waisen und Witwen; aber die Gottlosen lässt er verkehrte Wege gehen. Der Herr wird herrschen in Ewigkeit, dein Gott, o Zion, von Geschlecht zu Geschlecht!" (Psalm 146,6-10).

„Ich habe erkannt, dass alles, was Gott tut, für ewig ist; man kann nichts hinzufügen und nichts davon wegnehmen; und Gott hat es so gemacht, damit man ihn fürchte." (Prediger 3,14).

„Aber der Herr ist in Wahrheit Gott; er ist der lebendige Gott und ein ewiger König. Vor seinem Zorn erbebt die Erde, und die Völker können seinen Grimm nicht ertragen." (Jeremia 10,10).

„Wenn nun ihr, die ihr böse seid, euren Kindern gute Gaben zu geben versteht, wieviel mehr wird euer Vater im Himmel denen Gutes geben, die ihn bitten!" (Matthäus 7,11).

„Darum seid barmherzig, wie auch euer Vater barmherzig ist." (Lukas 6,36)

„Einer nur ist der Gesetzgeber, der die Macht hat, zu retten und zu verderben; wer bist du, dass du den anderen richtest?" (Jakobus 4,12).

„Geliebte, lasst uns einander lieben! Denn die Liebe ist aus Gott, und jeder, der liebt, ist aus Gott geboren und erkennt Gott. Wer nicht liebt, der hat Gott nicht erkannt; denn Gott ist Liebe." (1. Johannes 4,7-8).

Das ist nur ein Bruchteil dessen, was die Bibel uns über Gott sagt; nicht alles davon mag unseren Vorstellungen von Gott entsprechen. Das liegt aber an unserem von der Welt oder einer mangelhaften Verkündigung seitens der Kirche geprägten Vorverständnis. Manches verstehen wir erst mit der Zeit und unserer Erfahrung mit Ihm besser, und wir dürfen auch nicht vergessen, dass Sein Wesen grundsätzlich unser Fassungsvermögen übersteigt.

Was in dieser kurzen Liste auffällt, ist zum einen die Ausgewogenheit zwischen Gnade und Gericht. Gott muss Richter sein und die Sünde verurteilen, will Er die Fortsetzung unserer Rebellion in Seinem Reich verhindern. Aber Er will zugleich jedem Menschen Gnade erweisen. Eines ist dem Allmächtigen nämlich unmöglich: uns gegen unseren Willen mit Sich zu versöhnen. Wenn wir das verstehen, verstehen wir auch den Zorn Gottes, der stets mit Trauer vermischt ist.

Weiters fällt auf, dass aus Gottes Wesen zugleich Handlungsanweisungen für uns abgeleitet werden. Weil Er barmherzig ist, sollen auch wir barmherzig sein. Weil Er Liebe ist, müssen auch wir jedem Liebe erweisen, sogar unseren Feinden. Weil Er der Richter ist, dürfen wir niemanden richten oder verurteilen. Weil Er freigiebig ist, sollen auch wir bereit sein, mit den Bedürftigen zu teilen. Weil Er treu ist, sollen auch wir treu sein und Wort halten. Weil Er sich der Ausgestoßenen und Benachteiligten annimmt, haben auch wir die Verantwortung, den Bedürftigen zu helfen. Weil es bei Ihm kein Ansehen der Person gibt, dürfen auch wir keine Unterschiede machen.

Kurz: Wie wir über Gott denken, bestimmt unser Leben. Darum ist es so grundlegend, Gott kennenzulernen, mit Ihm vertraut zu werden. Das geht jedoch nicht nur durch Nachdenken, sondern vor allem durch Nachfolge. Hans Denk, ein Täufer des 16. Jahrhunderts, sagte treffend:

„Niemand vermag Christus wahrlich zu erkennen, es sei denn, dass er ihm nachfolge mit dem Leben."[65]

Erst in der täglichen Nachfolge wird Gott tatsächlich erfahrbar, wird bestätigt, was man in der Bibel von Ihm „erlesen" kann. Zwischen erlesen und erfahren steht das ganze Leben.

Ganz wesentlich nun ist in unserem Denken die Abgrenzung von weltlichen Denkmustern und –systemen:

„Habt acht, dass euch niemand beraubt durch die Philosophie und leeren Betrug, gemäß der Überlieferung der Menschen, gemäß den Grundsätzen der Welt und nicht Christus gemäß." (Kolosser 2,8).

Jede Zeit hatte ihre Irrtümer und falschen Annahmen; in der heutigen Zeit scheinen sie alle zusammenzukommen, und der Druck des Zeitgeistes ist

---

[65] https://www.friedensstadt-augsburg.de/de/veranstaltung/niemand-vermag-christus-wahrlich-zu-erkennen#

groß. Die Welt verfügt über alle Formen der Massenmedien, die Bildungs-
einrichtungen, die politischen Agenden, die Unterhaltungsindustrie und die
Mode, die unser Denken beeinflussen wollen. Wir müssen daher, um unser
Denken zu bewahren und nicht verfälschen zu lassen, sehr sorgsam und
restriktiv mit all dem umgehen, was die Welt uns vor Augen stellt und in die
Ohren flüstert.

Christen werden dem Fernsehen gegenüber daher kritisch bis ablehnend
gegenüberstehen und wenig bis gar nichts davon konsumieren. Auch
gegenüber Internetmedien werden sie Vorsicht walten lassen, im Bewusstsein, dass die Algorithmen gezielt so arbeiten, uns in eine „Blase" zu locken,
um uns einseitig (und häufig falsch) zu informieren und zu prägen. Christen
werden dem Wort den Vorzug gegenüber Bildern geben, da das geschriebene Wort mehr Zeit zur Prüfung lässt als Bilder und Videos. Das Wort wirkt
über den Verstand, die Bilder wirken am Verstand vorbei über die Gefühle.
Es ist daher viel leichter, durch Bilder manipuliert zu werden, als durch das
geschriebene Wort. Folgende Absätze aus einem Artikel über Bilder in der
Werbung machen es sehr deutlich:

*„Gelungenes Marketing schließt heute eigentlich immer das Finden einer authen-
tischen Bildsprache und die Zusammenstellung aussagekräftiger Motive mit ein
(eine professionelle Bildverwaltung ist hierbei sehr hilfreich). Foto- und Video-
material findet in der Werbung übrigens wesentlich häufiger Verwendung als
beispielsweise Illustrationen oder Animationen, da es oft einfacher zu produzieren
ist und eher als glaubwürdig empfunden wird. Natürlich wissen wir alle, dass die in
der Werbung dargestellte Welt so nicht existiert und Fotos fast immer digital
manipuliert werden. Trotzdem wirkt unterbewusst der Glaube nach, dass sie einen
Ausschnitt der Wirklichkeit zeigen. …*

*Die inhaltliche Verarbeitung von Bildern erfolgt natürlich viel schneller als die von
Text. Der Faktor beträgt hier etwa 60.000. Liegt ein Foto mit einer einfachen Szene
vor sowie ein Text, der diese Szene beschreibt, dann kann das Bild ohne besondere
Mühen innerhalb von Millisekunden entschlüsselt werden, während das Erschließen
des Textes Anstrengung und Zeitaufwand bedeutet. Bei der unbewussten Verarbeitung von Bildern durch unser Gehirn wird natürlich nicht der Wahrheitsgehalt*

geprüft. Genau deswegen können Bilder so manipulativ wirken. Egal ob ein Bild realistisch ist oder nicht, es wird immer ein erster Eindruck gespeichert. Selbst wenn wir uns von Werbung nicht beeindrucken lassen wollen, können wir uns dieser also nicht ganz entziehen. Daher spricht man auch zu Recht von „der Macht der Bilder".[66]

Angesichts der so immensen Wirkung von Bildern, müssen wir unsere Informationsaufnahme radikal verlangsamen, um unserem Verstand die Zeit zu geben, kritisch mitzudenken. Christen sind daher Leser und nicht Schauer. Unter allen Büchern soll das eine Buch den absoluten Vorrang haben, von dem der Herr sagt *„Dein Wort ist Wahrheit"* (Johannes 17,17):

„Wohl dem, der nicht wandelt nach dem Rat der Gottlosen, noch tritt auf den Weg der Sünder, noch sitzt, wo die Spötter sitzen, sondern seine Lust hat am Gesetz des Herrn und über sein Gesetz nachsinnt Tag und Nacht. Der ist wie ein Baum, gepflanzt an Wasserbächen, der seine Frucht bringt zu seiner Zeit, und seine Blätter verwelken nicht, und alles, was er tut, gerät wohl. Nicht so die Gottlosen, sondern sie sind wie Spreu, die der Wind verweht. Darum werden die Gottlosen nicht bestehen im Gericht, noch die Sünder in der Gemeinde der Gerechten. Denn der Herr kennt den Weg der Gerechten; aber der Weg der Gottlosen führt ins Verderben." (Psalm 1,1-6).

Das christliche Denken ist realistisch und auf Gott ausgerichtet, von dem es geformt, geschult, geprägt und erfüllt werden soll. Wie wir denken, so reden und handeln wir auch.

---

[66] https://www.teamnext.de/blog/visuelle-kommunikation-1/

In Gemeinschaft das neue Leben lernen

„Es wurden an jenem Tag etwa 3.000 Seelen hinzugetan. Und sie blieben beständig in der Lehre der Apostel und in der Gemeinschaft und im Brotbrechen und in den Gebeten."
(Apostelgeschichte 2,41-42).

Viele Menschen haben verständlicherweise Angst davor gegen den Strom zu schwimmen, anders zu sein, sich für ihr Anderssein gar rechtfertigen zu müssen, Spott und Verachtung zu ertragen. Wer so ist, wie alle anderen, hat die wenigsten Scherereien, ist immer wohlgelitten und kommt berechenbar gut durchs Leben. Wer sich an die Spielregeln der Gesellschaft hält, wird von dieser anerkannt und geschützt.

Das wurde auch zum Fallstrick der Kirchen, die in der Illusion des „Christlichen Abendlandes" lebten und der Gesellschaft eine fromme Fassade verpassten, hinter der es oft alles andere als gottesfürchtig zuging. Heuchelei ist bei Staats- oder Volkskirchen systemimmanent, da die Zugehörigkeit zur Glaubensgemeinschaft eben nicht auf Glauben beruht, sondern auf Kultur, Konvention oder gar Zwang. So galt in der Gesellschaft nach außen hin eine christliche Moral, die per se ja gut ist und gut gemeint war, der man sich jedoch ohne innere Übereinstimmung anpasste. Diese Kultur des Mitläufertums setzt sich bis heute in den Kirchen fort, obwohl die säkularen Gesellschaften das Christentum und seine Werte längst verworfen haben. Darum sind sie verwirrt und gespalten: der progressive Flügel will sich der Postmoderne anpassen, hinkt aber immer hinterher, während die Konservativen stets darum ringen, wo sie die Grenzen zur Welt ziehen sollen. Dabei hinken sie der Welt ebenfalls hinterher, aber mit einem *schein*konservativen Abstand zu den Progressiven. Beides ist nicht glaubwürdig und stellt auch intern nicht zufrieden; nie gab es so viele Spaltungen und Trennungen unter Christen wie in unseren Zeiten.

Christen sind jedoch (und waren immer!) zum Ausstieg aus der Lebensweise der sie umgebenden Gesellschaft aufgerufen. Da aber kein Mensch für sich alleine bestehen kann, weil wir von Natur aus Gemeinschaftswesen sind, beinhaltet die Versöhnung mit Gott nicht nur die persönliche Beziehung zu Gott, sondern die Eingliederung in die Gemeinschaft derer, die durch denselben Geist erneuert worden sind.

*„Denn wir sind ja alle durch einen Geist in **einen** Leib hinein getauft worden, ob wir Juden sind oder Griechen, Knechte oder Freie, und wir sind alle getränkt worden zu einem Geist."* (1. Korinther 12,13).

Was versteht nun ein durchschnittlicher Mensch unter „Kirche"? In der Regel nichts umwerfend Gutes oder Ansprechendes. Das Bild der christlichen Kirche bzw. Gemeinde ist vorurteilsbelastet und skandalbehaftet. Zudem hält man den Kirchen vor, nicht mit der Zeit zu gehen, rückständig oder repressiv, zu wenig tolerant und emanzipiert zu sein – kurz: die Kirche ist den meisten nicht postmodern genug. Folgende Beispiele solcher Vorhaltungen aus einer Umfrage zeigen ein großes Maß an Unkenntnis, Indifferenz und Ablehnung:[67]

"Weniger Glaube, mehr gesellschaftliches Miteinander."

"Mit der Zeit gehen. Das ist vermutlich die nichtssagendste Aussage die man treffen kann, aber sie ist trotzdem die Antwort. Das fängt an bei fehlenden Jugendangeboten der Kirche außerhalb der Messdiener und geht weiter zur meist sehr traditionellen Messe. Traditionen sind super und sollten bewahrt werden, aber eine modernere Gestaltung der Messe mit Bezug zu aktuellen Themen würde vermutlich mehr Leute anlocken. Generell müsste die Kirche bei bestimmten Themen von der wörtlichen Auslegung der Bibel zurückgehen und mehr auf den Kern (,Liebe deinen Nächsten') zurückkehren."

"Pro Monat günstiger als Netflix sein."

"Ehrlichkeit im Umgang mit den Gläubigen! Transparenz in Bezug auf kirchliche Vermögen, besserer Umgang mit geschiedenen Menschen, homosexuellen und Patchwork-Familien, Abschied vom kirchlichen Arbeitsrecht. Ich brauche keine

---

[67] https://www.zeit.de/zett/2017-11/das-muesste-die-kirche-tun-um-wieder-attraktiver-zu-werden

"Lichteffekte, Popmusik oder Party in der Kirche. Ich brauche eine Kirche, die ehrlich
und im 21. Jahrhundert angekommen ist."

"Unter anderem: Gottesdienste nicht zu nachtschlafender Zeit (vor elf) beginnen,
Themen behandeln, die die Menschen heute berühren, Musik und Texte moder-
nisieren, altertümliche Sprache und Kleidung ablegen, die auf Jugendliche wie
Kostüme wirken, Realität nicht ausblenden (Klimawandel, Lebensmodelle, Wissenschaft). Im Großen und Ganzen: sehr, sehr viel."

"Toleranter sein. Wir sind als Generation viel weltlicher als die Kirche es ist. Ich
studiere Lehramt für evangelische Theologie und bin auch gläubig. Ich unterstütze
jedoch das Instrument Kirche nicht aus den angeführten Gründen. Zum Beispiel bin
ich auch angehalten kirchlich zu heiraten und keine unehelichen Kinder zu haben.
Das kann die Kirche insofern vorschreiben, weil sie als mein Arbeitgeber fungiert.
Ich würde mir in der Hinsicht und auch für meine anderen Mitmenschen eine
größere Akzeptanz und Toleranz wünschen. Die Welt kann man auch zum Besseren
wenden und nicht auf Jahrhunderte alte Schriften stützen!"

"Ich glaube nicht, dass es da etwas gibt. Man muss nicht in die Kirche, um zu
glauben!"

"Die Kirche leistet viel im karitativen Bereich, ansonsten ist sie aus unserer
säkularisierten Welt gut wegzudenken."

"Irgendwie klingt das komisch, die Kirche müsste attraktiver werden. Das ist so blöd
wie ‚Die Bundeswehr muss attraktiver werden'. Nein, müssen beide nicht. Entweder
man ist aus Überzeugung dabei oder lässt es sein. Religion und Werte kriegt man
meist aus der Kindheit/Erziehung mitgegeben, sind aber nichts, mit dem man Massen anziehen muss. Ich dachte, es ginge bei der Kirche und dem Glauben um eine
Lebenseinstellung zu sich und anderen und nicht um ‚Wir müssen mehr junge Leute
locken!'"

"Ich bin mir nicht sicher, ob man heutzutage überhaupt noch so was wie Kirche mit
einem Gott braucht. Mitgefühl und Spiritualität kann man auch so empfinden."

"Die Frage sollte lauten, welchen Stellenwert Kirche unter aufgeklärten, logisch denkenden Menschen heute noch hat."

Das ist deprimierend, und tatsächlich meinen viele Theologen, Pastoren und Konfessionen, das Heil liege in der Anpassung an die neue Zeit. Ich meine, mit der hier widergespiegelten Haltung hätte die Kirche nicht eine Generation lang überlebt und wäre im religiösen Sammelsurium des römischen Reiches aufgegangen und bedeutungslos geblieben. Eine Antwort aus der Umfrage sticht jedoch heraus und trifft den Nagel auf den Kopf:

„Kirche ist dann attraktiv, wenn sie wieder zu ihren Wurzeln zurückkehrt. Solange Kirche nicht mehr aneckt und ein Kontra zu gesellschaftlichen Positionen anbietet, sondern im gesellschaftlichen Mainstream schwimmt, wird sie nicht attraktiv sein. Damit wird sie beliebig und damit natürlich auch überflüssig."

Zu den Wurzeln zurückzukehren bedeutet, dass die Kirche heute nicht mehr ist, was sie ursprünglich hätte sein sollen. Das ist ganz entscheidend, bevor wir fortsetzen: Ist uns bewusst, dass das, was wir als Kirche kennengelernt haben, und worüber man zurecht Kritik äußern kann und muss, gar nicht das ist, was Jesus Christus im Sinn hatte? Ich schlage vor, wir vergessen einmal alles, was wir zu wissen meinen, und beginnen von vorne:

„Diejenigen, die nun bereitwillig sein Wort annahmen, ließen sich taufen, und es wurden an jenem Tag etwa 3.000 Seelen hinzugetan." (Apostelgeschichte 2,41).

Die erste christliche Predigt nach der Auferstehung Jesu hatte eine enorme Wirkung auf die Zuhörer. Petrus bezeugte das Unglaubliche und proklamierte, dass Gott den Herrn Jesus zu Seiner Rechten gesetzt hat und dieser nun der gesalbte König (= Christus) und Herr sei, eben jener Jesus, dessen Kreuzigung ein großer Teil seiner Zuhörer sieben Wochen zuvor noch gefordert hatten. Als sie erschüttert fragten, was sie nun tun sollten, antwortete der Apostel, dass sie radikal umdenken müssen (= Buße tun), was ihr bisheriges Leben, ihre Einstellungen und Handlungen betrifft, und sich zur Vergebung ihrer Verfehlungen taufen lassen sollen. So würden sie durch den Heiligen Geist erneuert werden. Einen großen Raum hat in der Predigt die

Abkehr vom Lebensstil der sie umgebenden Gesellschaft eingenommen; Lukas fasst dies in einem Satz zusammen:

*„Und noch **mit vielen anderen Worten** gab er Zeugnis und ermahnte und sprach: Lasst euch retten aus diesem verkehrten Geschlecht!"* (Apostelgeschichte 2,40).

3.000 Menschen ließen sich an diesem Tag überzeugen und wurden getauft. Bereitwillig, heißt es, ließen sie sich taufen. Der vielleicht größte Unterschied zu dem, was wir heute als Kirche kennen, ist die Taufe, die im Neuen Testament und bis ins vierte Jahrhundert hinein die Antwort mündiger Menschen auf die Predigt des Evangeliums war. Es ist nämlich nicht dasselbe, ob man ins Christentum hineingeboren und als Baby getauft wird, oder ob man aus Überzeugung und freien Stücken Christ wird. Das bestimmt das Wesen der Kirche von Grund auf.

Hält man sich vor Augen, dass von den rund 4,8 Millionen Katholiken in Österreich (Stand 2021) nur rund 5% jeden Sonntag in die Kirche gehen (240.000) und 95% keine praktizierenden Christen sind, müssen wir uns eingestehen, dass diese Form der Kirche eine Mogelpackung ist. Sie beansprucht eine gesellschaftliche Bedeutung, die sie real gar nicht hat, und zählt Menschen aller Weltanschauungen zu ihren Mitgliedern; die allermeisten sind postmodern und dem Leben aus Gott fremd. Der evangelischen Kirche geht es nicht anders, weshalb der Theologe Jürgen Moltmann (1926-2024) einen brisanten Schluss zieht:

„Sein Kernpostulat ist eine Freiwilligkeitskirche. «Ich war fünf Jahre lang Pfarrer in einer traditionellen evangelischen Gemeinde in Bremen und habe die Kirche von der Kanzel aus gesehen. Seit 50 Jahren bin ich Laie und sehe die Kirche von unten her. Und diese Perspektive von unten versuche ich den Bischöfen und Brüdern, die von oben gucken, zu vermitteln» sagte der 91-jährige Theologe im Gespräch. Die evangelische Kirche müsse in Zukunft stark freikirchlich geprägt sein, wenn sie überleben wolle. «In einer multireligiösen Gesellschaft können die Kirchen nicht mehr Volks-

kirchen sein, sondern sie werden auf ihren eigenen Füßen stehen müssen», so Moltmanns Überzeugung."[68]

Freikirche bedeutet, die Kirche muss auf Überzeugung und Freiwilligkeit aufgebaut sein, nicht auf überkommenen kulturellen Traditionen. Notgedrungen beginnt man also, sich der Wurzeln und Anfänge zu besinnen. Das war immer der Antrieb und Grundgedanke aller Reformationen in der Kirchengeschichte vor der Aufklärung (danach drehte sich Reformation leider häufig darum, wie man sich der Welt angleichen könne). Martin Luther schrieb 1526 in seinem Vorwort zur Deutschen Messe, was auch Jürgen Moltmann erkannte:

„Die Gottesdienste und Messen, die eine rechte evangelische Ordnung erhalten sollten, dürften nicht so öffentlich auf dem Platz vor jedermann gehalten werden. Vielmehr müssten diejenigen, die mit Ernst Christen sein wollen und das Evangelium mit Taten und Worten bekennen, sich mit Namen eintragen und irgendwo in einem Haus versammeln, um zu beten, zu lesen, zu taufen, das Abendmahl zu empfangen und andere christliche Werke zu tun. In dieser Ordnung könnte man diejenigen, die sich nicht christlich verhielten, erkennen, tadeln, bessern, ausstoßen oder in den Bann tun nach der Regel Christi (Matt 18,15-17). Hier könnte man auch eine allgemeine Opfergabe auferlegen, die man freiwillig gibt und an die Armen austeilt – nach dem Beispiel des heiligen Paulus (2 Kor 9,1). Hier wären nicht viele und große Gesänge notwendig. Hier könnte man auf eine kurze und gute Art Taufe und das Abendmahl feiern und alles auf das Wort, das Gebet und die Liebe ausrichten. Hier müsste man einen guten, kurzen Katechismus über das Glaubensbekenntnis, die Zehn Gebote und das Vaterunser haben. Kurzum, wenn man die Leute und Personen hätte, die mit Ernst Christen sein wollen, wären die Ordnungen und Regeln bald gemacht."[69]

Moltmann erhofft sich in der Zukunft, vielleicht in 50 Jahren, solch eine Veränderung des Kirchenverständnisses. Martin Luther wusste es eigentlich

---

[68] https://www.jesus.ch/information/kirche/freikirchen/ueber_freikirchen/263303-die_zukunft_der_volkskirche_ist_freikirchlich.html
[69] https://stmichael-online.de/vorrede.htm

schon im Jahr 1526. Warum wurde es nicht umgesetzt? Luther gibt folgenden Grund:

„Aber ich kann und mag eine solche Gemeinde oder Versammlung noch nicht anweisen oder einrichten, denn dazu habe ich noch keine Leute und Personen, wie ich auch nicht viele sehe, die sich dazu drängen. Kommt es aber, dass ich es tun muss und dazu gedrängt werde, so dass ich es mit gutem Gewissen nicht unterlassen kann, will ich das meine gerne dazutun und so gut ich kann helfen. Bis dahin will ich es bei den beiden (anderen vorher) genannten Arten bleiben lassen ... bis die Christen, die diese Bezeichnung ernst nehmen, sich selbst finden und dazu anhalten, damit nicht eine Zusammenrottung wird, wenn ich es nach meinem Kopf erzwingen will. Denn wir Deutschen sind ein wildes, rohes Volk, mit dem nicht leicht etwas anzufangen ist, es treibe denn die höchste Not dazu.“[70]

Doch es gab diese Leute bereits! Ein Jahr vor der Herausgabe seiner Deutschen Messe fand am 21. Jänner 1525 im Haus von Felix Mantz in Zürich die erste „Glaubenstaufe" statt, also eine von Herzen begehrte Taufe. Darauf entstand in Zollikon in unmittelbarer Nähe der Stadt innerhalb weniger Tage eine Gemeinde, die dem entsprach, was Luther vorschwebte. Innerhalb eines Jahres erreichte die Bewegung den gesamten deutschen Raum. Es war im doppelten Wortsinn ein Flächenbrand, denn mit der Ausbreitung der Bewegung loderten auch die Scheiterhaufen.

Nur wagte Luther sich nicht an das heiße Thema der Kindertaufe heran. Auch Moltmann hat diesen „Systemfehler" in der Kirche nicht angesprochen. Die Zeit war reif, die Menschen waren begierig darauf – aber der Schritt von der Staats-/ Volkskirche zu einer Freikirche im neutestamentlichen Sinn war den meisten Reformatoren zu steil. Die Menschen waren dazu bereit, aber Staat und Kirche nicht. Das Risiko war groß und die Verfolgung dieser „Dissidenten" brutal. Dennoch besteht die Bewegung der Täufer bis heute in Form der Amischen, Mennoniten, Hutterer und anderer kleinerer Gemeinschaften, die zum Teil später zu denselben Erkenntnissen gelangten, fort; sie umfassen in Summe irgendwo zwischen zwei und drei Millionen Mitglieder.

---

[70] Ebda.

Inspiriert von diesen „Radikalen" sind auch die Baptisten und viele andere als „evangelikal" bezeichnete Freikirchen. Weltweit – man höre und staune! – gehören rund 600 Millionen Menschen christlichen Gemeinschaften an, welche die Glaubenstaufe praktizieren. Diese alleine ist jedoch noch nicht das volle Programm neutestamentlichen Gemeindelebens.

Die Taufe ist nur der erste Schritt. Danach, heißt es, wurden sie „hinzugetan". Wo hinzu? Zu den insgesamt 120 Jüngern, die nach Tod und Auferstehung gemeinsam in Jerusalem auf den Heiligen Geist warteten. Die zwölf vom Herrn Jesus erwählten Apostel standen dieser Gemeinschaft vor. Drei Jahre lang lebten sie mit dem Herrn in täglicher Gemeinschaft, nachdem sie zuvor alles verlassen hatten, um Ihm nachzufolgen. Sie zogen gemeinsam von Ort zu Ort, Er lehrte sie, Er bildete sie aus, Er sandte sie aus, Er bevollmächtigte sie … Er ertrug sie geduldig, denn oft waren sie schwer von Begriff. Sie teilten auch eine gemeinsame Kasse und führten ein bescheidenes, auf das Wesentliche reduziertes Leben.

An diesem gemeinsamen Leben hielten sie fest, und es wurde zu einem besonderen Merkmal der Gemeinde Gottes, die am Pfingsttag durch den Heiligen Geist entstand:

„Und sie blieben beständig in der Lehre der Apostel und in der Gemeinschaft und im Brotbrechen und in den Gebeten. Es kam aber Furcht über alle Seelen, und viele Wunder und Zeichen geschahen durch die Apostel. Alle Gläubigen waren aber beisammen und hatten alle Dinge gemeinsam; sie verkauften die Güter und Besitztümer und verteilten sie unter alle, je nachdem einer bedürftig war. Und jeden Tag waren sie beständig und einmütig im Tempel und brachen das Brot in den Häusern, nahmen die Speise mit Frohlocken und in Einfalt des Herzens; sie lobten Gott und waren angesehen bei dem ganzen Volk. Der Herr aber tat täglich die zur Gemeinde hinzu, die gerettet wurden." (Apostelgeschichte 2,42-47).

Moment: Wo sind die Kathedralen, die Kirchtürme, die Glocken? Wie gesagt, die Kirche sah ursprünglich ganz anders aus. Folgende Merkmale teilen bis heute praktisch alle christlichen Gemeinschaften:

- **Die Lehre der Apostel:** Das Lesen und Verkündigen von Gottes Wort ist überall noch prinzipiell von Bedeutung – über die theologische Qualität mag man streiten.

- **Gemeinschaft:** Man trifft sich, hat Bibelrunden, Gottesdienste, unternimmt Dinge gemeinsam – die Intensität der Gemeinschaft variiert jedoch.

- **Brotbrechen:** Damit ist die Messe, das Abendmahl, die Eucharistie bzw. das Herrenmahl gemeint. So verschieden die Bezeichnungen sind, so verschieden sind leider auch die Ansichten darüber, was genau das jetzt ist: ein Sakrament, eine Realpräsenz, eine Erinnerung, eine geistliche Teilhabe, eine wahrhaftige Wandlung?

- **Gebete:** Gebetet wird noch in allen Kirchen, häufig in Form vorformulierter Gebete und Liturgien, weniger häufig frei formuliert. In manchen Kirchen leider nicht mehr nur zum Herrn Jesus oder dem Vater, sondern auch zu Maria und allen Heiligen.

Auch hier gilt es überall nachzufragen, wie es ursprünglich war und gemeint ist. Die weiteren Kennzeichen biblischer Gemeinschaft sind jedoch nur in wenigen Kirchen und Gemeinden vorhanden:

- Sie waren **täglich** beisammen: Das bedeutet, sie wohnten in unmittelbarer Nachbarschaft oder auch gemeinsam in größeren Häusern in Form einer Lebensgemeinschaft.

- Sie aßen täglich gemeinsam ihre **Mahlzeiten:** Das war in der Praxis ein Gemeinschaftsmahl, zu dem jeder beitrug, was er konnte und aus der Fülle nehmen durfte. Das Brotbrechen fand im Zuge dieser Mahlzeiten statt.

- **Sie teilten ihren Besitz** nach Bedarf: Damit setzten sie fort, was der Herr schon mit Seinen Jüngern praktizierte, und lebten das Gebot des Herrn, dass niemand Sein Jünger sein könne, der nicht allem absage, was er besitzt (Lukas 14,33).

Ich habe diesem wichtigen Thema ein eigenes dickes Buch gewidmet („Vollkommene Gemeinde mit (un)vollkommenen Menschen"),[71] wo ich den Nachweis bringe, dass diese sieben Merkmale nicht nur ein Überschwang der Anfangszeit waren, sondern durch weite Teile der Kirchengeschichte bestanden und immer als Ideal gesehen wurden. In diesem Buch findet sich auch eine Anleitung, wie man überall und jederzeit im Kleinen solch eine Gemeinde beginnen kann. So leben auch wir im Waldviertel nach den uns gegebenen Möglichkeiten.

Das fasziniert Menschen bis heute. Die Kommunisten waren davon regelrecht begeistert, nur versuchten sie diesen christlichen „Urkommunismus" und den der frühen Täufer, ohne Gott und ohne Liebe durch politischen Zwang zu verwirklichen. Aus einem Interview von Anne Françoise Weber mit Katharina Kunter in „Deutschlandfunkkultur" vom 14.8.2016:

„[Weber:] Kirchen und Kommunismus haben sicherlich eine Konfliktgeschichte, aber christlicher Glaube und sozialistische Ideen waren nicht immer ein Gegensatz. Es gab schon lange vor der Oktoberrevolution und es gibt bis heute Menschen, die da durchaus Brücken schlagen. Wo liegen denn die Anknüpfungspunkte zwischen den beiden Denksystemen Christentum und Kommunismus?

Katharina Kunter: Anknüpfungspunkte gibt es eigentlich seit dem Beginn des Christentums, und zwar in der Apostelgeschichte. Diese Passage, wo Christen, die christliche Gemeinde sich zusammenbringt, ohne dass sie Privateigentum braucht, also dass jeder, der Teil dieser christlichen Gemeinde ist, alles mit allen teilt und gemeinsam den christlichen Glauben lebt. Und diese Stelle ist eigentlich in der Kirchengeschichte immer wieder auch zitiert worden, wenn es darum ging, zu zeigen, dass das Christentum eben keine individualisierte, auf Privateigentum sich stützende Gemeinschaft ist, sondern eine, deren Hauptsinn darin besteht, den gemeinsamen Glauben auszudrücken und in der Gemeinschaft die Welt besser und sozialer zu machen. Das sind eigentlich auch die großen Anknüpfungspunkte, die

---

[71] https://buchshop.bod.de/die-vollkommene-gemeinde-alexander-basnar-9783746024226

sich dann in der neueren Kirchengeschichte in den Dialog mit dem Kommunismus oder mit der kommunistischen Ideologie auch gestellt haben.

Weber: Und warum wurde es aber dann doch hauptsächlich eine Konfliktgeschichte? War das Problem der fehlende Gott im Kommunismus?

Kunter: Genau das war das Hauptproblem. Man muss sagen, die Überschneidungen sind auch eher kleinere Gruppen des Christentums, also beispielsweise das Mönchtum [bzw. die Täufer; Anm. Alexander Basnar], das natürlich eine eigene kommunitaristische Bewegung bildet, aber der große Knackpunkt in der Geschichte zwischen Christentum und Kommunismus ist tatsächlich der Gott, an den die Kommunisten nicht glauben und den sie im Bestandteil ihrer Ideologie auch weghaben wollten."[72]

Was soll dabei herauskommen, wenn man eine göttliche Idee in gottloser Weise umsetzen will? Das ist ja das Dilemma der Aufklärung gewesen: Gottes gute Grundsätze und das christliche Verständnis von Menschenwürde wurden „säkularisiert" und sollten ohne ihren Urheber, ja sogar in direkter Opposition zu Ihm verwirklicht werden. Darum musste dieser Ansatz scheitern.

Die biblische Gemeinde bietet nun einen Raum, in dem man, zu einem guten Teil abgeschirmt von den Einflüssen der säkularen Welt, das Leben neu erlernen kann. Sie funktioniert im Wesentlichen wie eine Großfamilie, in der alle sich an der Kindererziehung beteiligen und alle miteingebunden werden. Wer neu zum Glauben kommt, gilt geistlich gesehen wie ein Neugeborener. Er muss stubenrein werden, reden und gehen lernen, lernen Verantwortung zu übernehmen und mitzuarbeiten, lernen, was es heißt zu lieben und geliebt zu werden. Was das alles betrifft, und wie man das lernt, darum geht es in den folgenden Kapiteln.

---

[72] https://www.deutschlandfunkkultur.de/kirche-und-kommunismus-stalin-statt-gott-100.html

Geisterfüllt statt moralinsauer

„Ich sage aber: Wandelt im Geist, so werdet ihr die Lust des Fleisches nicht vollbringen. Denn das Fleisch gelüstet gegen den Geist und der Geist gegen das Fleisch; und diese widerstreben einander, so dass ihr nicht das tut, was ihr wollt. Wenn ihr aber vom Geist geleitet werdet, so seid ihr nicht unter dem Gesetz." (Galater 5,16-18).

Bei Knigges Benimmbuch stößt es viele „moralinsauer"[73] auf, und bei den Portraits von Immanuel Kant kommt auch keine rechte Freude auf. Der Grund dafür liegt in unserem „Fleisch", das heißt in unserer gefallenen Natur, welche stets den „Weg des geringsten Widerstands" sucht, den eigenen Vorteil, sich selbst rechtfertigt, auf andere herabblickt, aus Zukunftsängsten heraus hortet, unversöhnlich und streitsüchtig ist, von den natürlichen Trieben und Emotionen gesteuert wird und insgesamt schwer zu beherrschen ist. Paulus nennt all das „die Werke des Fleisches":

„Offenbar sind aber die Werke des Fleisches, welche sind: Ehebruch, Unzucht, Unreinheit, Zügellosigkeit; Götzendienst, Zauberei, Feindschaft, Streit, Eifersucht, Zorn, Selbstsucht, Zwietracht, Parteiungen; Neid, Mord, Trunkenheit, Gelage und dergleichen, wovon ich euch voraussage, wie ich schon zuvor gesagt habe, dass die, welche solche Dinge tun, das Reich Gottes nicht erben werden." (Galater 5,19-21).

Jeder kennt das von sich selbst, und eigentlich will niemand so sein. Genau diese Verhaltensmuster machen das Miteinander oft so bitter, und all das steht den hehren Idealen der Aufklärung diametral gegenüber. Der Philosoph Paul Bienentreu schreibt in einem Blog-Artikel zum Thema „Aufklärung und Moral" (17.1.2024) etwa:

„Aufklärung ist keineswegs ein Prozess friedfertiger und kontemplativer Erkenntnisgewinnung, sondern vielmehr ein Widerstreit zwischen beharrenden und voran-

---

[73] abwertend, scherzhaft: in aufdringlicher, übertriebener Weise moralisierend; sittenstreng. Wenn man davon spricht, etwas stoße moralinsauer auf, wird auf di Magensäure angespielt, die einem manchmal hochkommt.

treibenden Kräften. Aufklärung selbst tendiert sogar dazu, wo sie die Oberhand gewinnt, sich totalitär zu gebärden. ...

Während der Französischen Revolution und nach der Proklamation der Menschen- und Bürgerrechte durch die Nationalversammlung kam es zu politisch organisiertem Terror und massiver Gewaltsamkeit durch diverse revolutionäre Gruppierungen, was schließlich zu einem allgemeinen Bürgerkrieg und der Herrschaft der Guillotine führte. ... In der Tat bildete sich im revolutionären Frankreich erstmals eine Gesinnungsdiktatur heraus, die durchaus als Prototyp später auftretender totalitärer Systeme gelten kann. ... Es genügt nicht mehr einfach zu gehorchen, man muss vielmehr von der jeweiligen Ideologie des Systems restlos überzeugt sein und ist dazu verpflichtet, das jederzeit unter Beweis zu stellen, indem man sich ständig zu ihr bekennt.

Es ist offenkundig, dass die Französische Revolution ihre Ideale bereits in dem Moment verriet, als sie diese proklamierte. ... Moralische Verbesserungen und Rückschritte vollziehen sich in einer verschlungenen dialektischen Bewegung. Was in einem Moment als geschichtliche Wendung zum moralischen Fortschritt erscheint, kann sich im nächsten bereits als Zersetzung desselben erweisen. So überholt und ungerecht die Ständeordnung des Ancien Regime auch war, sie war zu keinem Zeitpunkt ihres historischen Bestehens vergleichbar mit dem Jakobinischen Terror und erst recht nicht mit den Gräueln, die später durch kommunistische und faschistische Diktaturen verübt wurden. ...

In demokratisch geführten Ländern erstarken Wertrelativismus und Nihilismus sowie die Bereitschaft, wissenschaftlich begründete Fakten und Erkenntnisse in Abrede zu stellen beziehungsweise diese konsequent zu ignorieren. Stattdessen werden gesellschaftlich relevante Themen oft mit rein emotionalen Argumenten besetzt und bieten als Ergebnis häufig die persönliche Verteufelung anders Denkender – Stichwort: Shitstorm und soziale Medien. Im Klima einer emotional hoch aufgeladenen Unkultur des Streits wird der Wert von objektiver Wahrheit von vielen nahezu bestritten und aberkannt. ...

[Immanuel Kant] geht es [in „Kritik der reinen Praxis"] im Wesentlichen um die Frage: Was ich tun soll - im Gegensatz zur Leitfrage der „Kritik der reinen Ver-

nunft", die sich damit auseinandersetzt, was ich wissen kann. Um zu moralischen Gesetzen zu gelangen, die sich aus der Vernunft begründen lassen und für oder gegen die ich mich in jeder Situation entscheiden kann, unterstellt Kant, dass Freiheit und Autonomie des Willens prinzipiell möglich sind. Diese Annahme ist für Kant nicht völlig unproblematisch."[74]

Dieser Artikel bestätigt und vertieft in fachlich fundierter Weise, was ich in den letzten Kapiteln herausgearbeitet habe – allerdings hat Paul Bienentreu auch nicht die Lösung. Die Probleme hat er jedoch gut erkannt, auch, dass das aufklärerische Menschenbild offenbar nicht mit der Realität in Einklang gebracht werden kann. Der Grund ist die Fleischesnatur. Darum kann die göttliche Gütergemeinschaft ohne Gott nur durch ideologischen Zwang eingefordert werden; ebenso können Moral und Tugend, die von Gottes Willen und Wesen her bestimmt sind, ohne den Schöpfer nur mit der Guillotine oder ähnlichen Zwangsmaßnahmen implementiert werden.

Paulus zeigt einen anderen Weg, nämlich ein Leben aus Gottes Geist, und hier lesen wir von keinen moralischen Imperativen, sondern von einer sehr angenehmen und süßen Frucht:

„Die Frucht des Geistes aber ist Liebe, Freude, Friede, Langmut, Freundlichkeit, Güte, Treue, Sanftmut, Selbstbeherrschung. Gegen solche Dinge gibt es kein Gesetz." (Galater 5,22).

Dafür braucht es weder ein Gesetz, noch steht es je im Gegensatz zu guten und vernünftigen Gesetzen! Es setzt aber eines voraus:

„Die aber Christus angehören, die haben das Fleisch gekreuzigt samt den Leidenschaften und Lüsten. Wenn wir im Geist leben, so lasst uns auch im Geist wandeln." (Galater 5,24-25).

Die Voraussetzung zu solch einem Leben ist also die neue Geburt, das Einswerden mit dem Tod und der Auferstehung Jesu Christi in der Taufe, und die Gabe des Heiligen Geistes, die in uns einen Transformationsprozess be-

---

[74] https://www.philosophie.ch/en-UK/2021-01-02-bienentreu

ginnt, der uns alte Verhaltensweisen und Einstellungen ablegen und Christus anziehen lässt. Entscheidend ist also, „geisterfüllt" zu leben. Wie wird man „voll des Geistes Gottes"?

Es geht um Methoden und Haltungen, aber es kommt doch nicht allein aus uns. Der Geist Gottes will mit uns zusammenwirken ohne uns gegen unseren Willen zu „überrollen". Verlässt man sich nur auf die eigene Fähigkeit, ohne aus der Kraft des Geistes Gottes zu leben, scheitert man ebenso, wie wenn man die ganze Zeit passiv darauf wartet, dass Gottes Geist ohne eigenes Zutun uns zu Heiligen macht. Diese Synergie bringt Paulus auf den Punkt:

„Darum, meine Geliebten, wie ihr allezeit gehorsam gewesen seid, nicht allein in meiner Gegenwart, sondern jetzt noch viel mehr in meiner Abwesenheit, verwirklicht eure Rettung mit Furcht und Zittern; denn Gott ist es, der in euch sowohl das Wollen als auch das Vollbringen wirkt nach seinem Wohlgefallen. Tut alles ohne Murren und Bedenken, damit ihr unsträflich und lauter seid, untadelige Kinder Gottes inmitten eines verdrehten und verkehrten Geschlechts, unter welchem ihr leuchtet als Lichter in der Welt." (Philipper 2,12-15).

Wahrhaft geisterfülltes Leben ist unabhängig von menschlicher Kontrolle, weil es einem inneren Drang entspringt, der vom Geist bewirkt wird. Es gibt einen anderen inneren Drang, der sich in Murren und Bedenken (Zweifel, Einwände) äußert. Das Wollen des Guten bringt das Murren des Fleisches nicht automatisch zum Schweigen. Jetzt sind wir gefordert: welchem Drang folgen wir? Darum ist Gehorsam eine Willenssache, die uns nicht abgenommen werden kann.

Das Fleisch redet uns vielleicht ein, dass etwas unmöglich sei oder unangenehm. Wie wir oben gesehen haben, steht es dem Anregen des Geistes feindlich gegenüber. Wenn wir uns aber darauf einlassen, erleben wir Gottes Hilfe bei der Umsetzung. Ich hatte unlängst ein unerfreuliches Mitarbeitergespräch. Ich war der Mitarbeiter, mir gegenüber saßen der Direktor und der Abteilungsvorstand. Tags davor habe ich erfahren, worum etwa es gehen würde. Es standen Unterstellungen im Raum, die sachlich zwar gerechtfertigt waren, in der Wahrnehmung der Postmoderne aber ein Skandal sind.

Ich habe einmal im Affekt in einer humorigen Anspielung das N-Wort verwendet! Doch nur wenige Minuten nach der Ankündigung des Gesprächs stolperte ich über folgende Worte aus Jesus Sirach:

„In Gegenwart von Freund und Feind erzähle nichts und, sofern es nicht für dich eine Sünde bedeutet, decke nichts auf; denn womöglich hat dir jemand zugehört, und dann wird er sich vor dir hüten, und mit der Zeit wird er dich hassen. Hast du ein Wort gehört, soll es mit dir zusammen sterben; nur Mut! Es wird dich sicher nicht zerreißen.

Angesichts eines Wortes wird der Törichte in Wehen versetzt wie angesichts ihres ungeborenen Kindes die Schwangere. Wie ein Pfeil im Oberschenkelfleisch steckt, so steckt ein Wort in der Bauchhöhle des Törichten.

Stelle deinen Freund zur Rede, denn vielleicht hat er es nicht getan – doch falls er etwas getan hat, soll er es nie wieder tun. Stelle deinen Nächsten zur Rede, denn vielleicht hat er es nicht gesagt – doch falls er es gesagt hat, dass er es nicht ein zweites Mal sagt. Stelle deinen Freund zur Rede, denn oft entsteht eine Verleumdung; und vertraue nicht jedem Wort. Es kommt vor, dass jemand ausgleitet, doch nicht aus Absicht; und wer hat nicht mit seiner Zunge gesündigt?" (Sirach 19,8-16).

Ein Text voll von praktischer Weisheit, der uns viel ersparen würde, wenn wir ihn beherzigen, ehe wir reden. Am darauffolgenden Morgen las ich dann diesen Abschnitt aus demselben Buch:

„Es gibt Zurechtweisung, die nicht zur rechten Zeit geschieht, und es gibt den, der schweigt, und der ist klug. Wie gut ist es, zurechtzuweisen, statt zu zürnen, und wer Anerkennung äußert, wird vor Erniedrigung bewahrt werden.

Wie das Begehren eines Eunuchen, ein Mädchen zu entjungfern, so ist der, der mit Gewalt Rechtsentscheidungen fällt.

Es gibt den, der schweigt, der wird für weise befunden, und es gibt den, der verhasst ist aufgrund seines vielen Schwätzens. Es gibt den, der schweigt, weil er keine Antwort hat, und es gibt den, der schweigt, weil er den richtigen Zeitpunkt kennt.

Ein weiser Mensch wird schweigen bis zum richtigen Zeitpunkt, aber der Prahler und Unvernünftige wird den richtigen Zeitpunkt überschreiten.

Wer es mit dem Reden übertreibt, wird als Gräuel empfunden, und wer auf seinem Recht besteht, wird gehasst werden. Wie gut ist es, wenn ein Zurechtgewiesener Umdenken zeigt; denn so wird er freiwillige Sünde meiden." (Sirach 20,1-8).

Das war ein guter und geistlicher Rat, den ich beherzigte, und so endete das Mitarbeitergespräch versöhnlich und freundlich. Freilich habe ich davor auch gebetet und meine Sorgen Gott abgegeben, doch der Wille und die Kraft, den Drang der Selbstrechtfertigung zu überwinden, kam nicht aus mir. Das Wort Gottes kam zur rechten Zeit und völlig unvermutet! Es war ein direktes Wirken des Geistes Gottes, der mir auch den Willen und die Kraft gab, entgegen dem Impuls zur Selbstrechtfertigung, zurückhaltend, einsichtig und fügsam zu reagieren. Mein Verhalten war ja, objektiv und vor allem biblisch gesehen, nicht angemessen – auch wenn es, ebenso objektiv gesehen, stark überbewertet wurde.

Aber so ist das in der Postmoderne. Es geht um Trigger und nicht um Semantik, um die Wortwahl und nicht um die dahinterstehende Haltung (Wokeness, Political Correctness). Es fällt mir zugegebenermaßen immer wieder schwer, mich auf die Denk- und Empfindungsweise der Welt einzustellen, die so gar nicht der Wahrheit Gottes entspricht. Sich als Christ in der Welt zu bewegen, kann zu einem Tanz auf dem Vulkan oder einem Gehen auf rohen Eierschalen ausarten.

Darum gehört zu einem geisterfüllten Leben auch der gesunde Abstand zur Welt, Freiräume des Gebets, des Reflektierens, des Bibellesens, die unseren Verstand klären und uns in Gemeinschaft mit dem himmlischen Vater bringen. Besonders das gemeinschaftliche Leben der Nachfolger Jesu soll hier eine Oase des Aufatmens in einer stickigen Welt sein.

„Seht nun darauf, wie ihr mit Sorgfalt wandelt, nicht als Unweise, sondern als Weise; und kauft die Zeit aus, denn die Tage sind böse. Darum seid nicht unverständig, sondern seid verständig, was der Wille des Herrn ist! Und berauscht euch nicht mit Wein, was Ausschweifung ist, sondern werdet voll Geistes; redet zueinan-

der mit Psalmen und Lobgesängen und geistlichen Liedern; singt und spielt dem Herrn in eurem Herzen; sagt allezeit Gott, dem Vater, Dank für alles, in dem Namen unseres Herrn Jesus Christus; ordnet euch einander unter in der Furcht Gottes!" (Epheser 5,15-21).

Es gibt in Konflikten aller Art auch andere Trost- und Beruhigungsmittel bzw. „Gemütsaufheller", die wir gerade in solchen Situationen streng meiden sollten. Denn die Versuchung ist groß, Schmerz, Zorn oder Enttäuschungen rasch zu betäuben, aber damit sind sie nicht gelöst und wir kommen auch nicht weiter. Die Tage sind böse; bleiben wir realistisch! Das Leben ist kein Ponyhof. Da helfen weder Alkohol noch Psychopharmaka,[75] sondern alleine in der Weisheit Gottes können wir diese „Schlangengruben" sicher durchqueren.

Der Wille Gottes in jeder Situation unseres Lebens erschließt sich uns nur durch die bewusste Nähe zu Gott im Heiligen Geist. Jetzt kommen wir zu einer Methode: Reden wir als Gemeinschaft bewusst und oft untereinander über Gottes Wort! Tun wir das täglich, werden auch unsere täglichen Sorgen und Nöte in das Licht dieser Bibelgespräche kommen. Dazu kommt das Singen von Psalmen, Hymnen und geistlichen Liedern, in die wir von Herzen einstimmen sollen. Lieder sprechen ganz natürlich den inneren Menschen an, aber sie können auch „mechanisch" gesungen werden. Wir schöpfen in unserer Gemeinschaft ganz bewusst auch aus der Fülle aller Psalmen, die uns ungekürzt in Liedform zur Verfügung stehen.[76] Unglaublich, was man da alles liest und singt! Unglaublich tröstend, unglaublich stärkend, unglaublich wegweisend.

Gott hat das Singen durchaus als gesundheitsfördernde Maßnahme erschaffen, die wir auch in diesem Sinn gebrauchen können:

„Beim Singen, und auch beim Sprechen, beanspruchen wir etwa 100 Muskeln – vom Kehlkopf bis zum Bauch. Beteiligt sind unter anderem das Zwerchfell, die Lunge, die

---

[75] Legendärer Ratschlag unseres Bundeskanzlers Karl Nehammer beim Tiroler Landesparteitag der ÖVP im Juli 2022

[76] https://buchshop.bod.de/die-psalmen-der-sepuaginta-alexander-basnar-9783758365010

im Kehlkopf befindlichen Stimmlippen und der sogenannte Vokaltrakt, zu dem Rachen, Mund und Nase gehören. … Beim Singen kommt es nicht nur auf die Stimme an, sondern auch auf die Atemtechnik. Professionelle Sänger atmen nicht nur in den Brustkorb, sondern auch tief in den Bauch ein. Wichtig ist die sogenannte Atemstütze, die das Zwerchfell und damit die Atmung kontrolliert. … Wer singt, stärkt seine Gesundheit – zu diesem Ergebnis kommen zahlreiche wissenschaftliche Studien, die sich mit dem Einfluss des Singens auf den Körper und die Psyche beschäftigt haben. …

Der Körper produziert nach rund 60 Minuten Singen deutlich mehr Immun-Botenstoffe als zuvor und kann sich so beispielsweise besser gegen Viren und Co. wehren. Zu diesem Schluss kam ein Forscherteam um die britische Biopsychologin Daisy Fancourt. … Um den Kreislauf in Schwung zu bringen, reichen schon 15 Minuten Singen. Nebenbei verstärkt sich die Atmung und der Körper erhält mehr Sauerstoff.

Forscher der schwedischen Universität Göteborg fanden zudem heraus, dass das Herz bei Menschen, die zum Beispiel im Chor zusammen singen, nach einer gewissen Zeit im gleichen Takt schlägt und sich der Herzrhythmus stabilisiert – und das hat wiederum einen positiven Effekt auf das Herz-Kreislauf-System.

Singen kann als natürliches Antidepressivum bezeichnet werden. Studien mit professionellen Sängern lassen darauf schließen, dass Menschen, die oft und viel singen, entspannter sind und sich insgesamt besser fühlen. Zum Beispiel haben schwedische Forscher herausgefunden, dass das „Kuschelhormon" Oxytocin während des Singens vermehrt ausgeschüttet wird."[77]

Wenn ich daran denke, wie sehr ich mich als Kind und Jugendlicher geschämt habe, laut zu singen! Aber in der Gemeinde und im Chor habe ich schließlich diese Hemmungen überwunden. Wir singen viel bei uns, und ich schreibe sehr viele Lieder, weil – abgesehen von dem körperlichen und seelischen Nutzen – das Singen von Liedern eine Methode ist, um dem Geist Gottes in uns Raum und Ihm die Ehre zu geben. Es geht dabei freilich auch

---

[77] https://www.aok.de/pk/magazin/koerper-psyche/psychologie/singen-macht-gluecklich-und-ist-gesund/

um die inhaltliche Qualität des Liedguts. Singen ist mehr als „Worship", es dient ganz wesentlich der Vermittlung und Festigung des Wortes Gottes.

Man kann sich auch, etwa durch das ständige Wiederholen einer Strophe, mantraartig in einen Rausch singen. Da kommt die rein physiologische Wirkung wohl zum Tragen, aber der Geist wirkt durch das Wort, weshalb die Texte der Lieder geistlichen Tiefgang brauchen und auch alles in Lehre und Leben abbilden sollen. Hier sind die alten und bewährten Kirchenlieder, die es durch den Ausleseprozess der Jahrhunderte geschafft haben, meist von ganz anderer Qualität als moderne „Verlagsprodukte". Unser selbst zusammengestelltes Liederbuch ist deshalb nach dem Kirchenjahr gegliedert und enthält auch viele Vertonungen von Bibeltexten aus dem Alten und Neuen Testament (Gleichnisse und Lehren des Herrn, Abschnitte aus den Propheten, biblische Gebete, biblische Erzählungen). Wenn solche Lieder uns im Alltag durch den Kopf gehen, werden sie unser Leben in allen Bereichen begleiten, leiten und bewahren.

„Lasst das Wort des Christus reichlich in euch wohnen in aller Weisheit; lehrt und ermahnt einander und singt mit Psalmen und Lobgesängen und geistlichen Liedern dem Herrn lieblich in eurem Herzen. Und was immer ihr tut in Wort oder Werk, das tut alles im Namen des Herrn Jesus und dankt Gott, dem Vater, durch ihn." (Kolosser 3,16-17).

Was noch zu einem geisterfüllten Leben gehört, ist das Anerkennen von und sich Einfügen unter Autorität (Epheser 5,21). Wenn wir uns einander unterordnen sollen, so ist hier durchaus von einem Geben und Nehmen die Rede, aber es gibt auch bestehende von Gott verfügte „Hierarchien", die Er zu unserem Besten eingesetzt hat. Darauf werden wir später zurückkommen.

Die Frucht des Geistes ist nicht moralinsauer:

„Die Frucht des Geistes aber ist Liebe, Freude, Friede, Langmut, Freundlichkeit, Güte, Treue, Sanftmut, Selbstbeherrschung. Gegen solche Dinge gibt es kein Gesetz." (Galater 5,22).

Diese Frucht muss durch Übung reifen. Liebe muss man erfahren, einlernen und üben, ehe sie zu unserer „Natur" wird. Das ist dann die Frucht. Dasselbe gilt für Freude, Friede, Langmut, Freundlichkeit, Güte, Treue, Sanftmut und Selbstbeherrschung.

- Man muss sie zuerst **erfahren**, damit man persönlich den Wert dieser Frucht erlebt und sie so umso mehr erstrebt.
- Man muss sie **erlernen**: Man muss uns zeigen, wie das geht. Wir brauchen Vorbilder, vielleicht Handreichung und Korrektur dazu.
- Man muss sie **üben**: Es genügt nicht, einmal geliebt zu haben. Die Frucht des Geistes will in allen Lebensbereichen bewährt werden. Übung macht den Meister.
- Man wird **ernten**: Frucht ist das Ergebnis eines Reifeprozesses. Es gibt keine Abkürzung zur Frucht des Geistes, wie man auch nicht am Gras ziehen kann, damit es schneller wächst.

Darum gedeiht die Frucht am besten in einem „Garten", einem Umfeld, wo man gibt und nimmt, wo es Vorbilder und Ansporn gibt, wo es den Raum gibt zu wachsen und zu reifen. Es ist ein „organischer Prozess", eine schrittweise Transformation unseres Denkens, Empfindens und Handelns, die bei jedem unterschiedlich rasch abläuft, weil die „Bodenverhältnisse" bei jedem verschieden sind. Diese Böden sind unsere „Startbedingungen" in der Nachfolge Jesu, aber kein unabwendbares Schicksal. Sie müssen „aufgelockert", „gepflügt", „gedüngt" und „gejätet" werden. Wenn ein Pflänzchen auf einem steinigen Boden sprießt, wird man es umpflanzen müssen. Der Herr Jesus gab das Gleichnis vom vierfachen Ackerboden und erklärte es den Jüngern:

„Der Sämann ging aus, um seinen Samen zu säen. Und als er säte, fiel etliches an den Weg und wurde zertreten, und die Vögel des Himmels fraßen es auf. Und anderes fiel auf den Felsen; und als es aufwuchs, verdorrte es, weil es keine Feuchtigkeit hatte. Und anderes fiel mitten unter die Dornen; und die Dornen, die mit ihm aufwuchsen, erstickten es. Und anderes fiel auf das gute Erdreich und wuchs auf und brachte hundertfältige Frucht. Und als er das sagte, rief er: Wer Ohren hat zu hören, der höre! …

Der Same ist das Wort Gottes. Die am Weg sind die, welche es hören; danach kommt der Teufel und nimmt das Wort von ihren Herzen weg, damit sie nicht zum Glauben gelangen und gerettet werden. Die aber auf dem Felsen sind die, welche das Wort, wenn sie es hören, mit Freuden aufnehmen; aber sie haben keine Wurzel; sie glauben nur eine Zeitlang, und zur Zeit der Versuchung fallen sie ab. Was aber unter die Dornen fiel, das sind die, welche es gehört haben; aber sie gehen hin und werden von Sorgen und Reichtum und Vergnügungen des Lebens erstickt und bringen die Frucht nicht zur Reife. Das in dem guten Erdreich aber sind die, welche das Wort, das sie gehört haben, in einem feinen und guten Herzen behalten und Frucht bringen in standhaftem Ausharren." (Lukas 8,5-8.11-15).

Das Wunderbare an dieser Lehre vom Leben aus dem Geist ist, dass es im Grunde ganz einfach ist, völlig natürlich und einsichtig, und vor allem effektiv. Die humanistischen Ansätze kennen den Geist Gottes nicht und scheitern an der Fleischesnatur. Christliche Kirchen, die den Heiligen Geist in Lehre und Praxis stark ausblenden, versuchen oft durch gesetzlichen Konformitätsdruck das hervorzubringen, was allein aus dem Geist kommen kann. Leistungsdruck und Kontrollwahn führen so zu einem schrecklichen Zerrbild christlichen Lebens, an dem nicht wenige auch zerbrechen.

Wenn unser Bemühen um diese Tugenden und ein biblisch richtiges Leben nicht aus dem Geist Gottes kommt, werden wir bald statt himmlischer Süße die garstige Moralinsäure versprühen. Davor bewahre uns Gott!

In Weisheit zuhören

„Wer Ohren hat zu hören, der höre!" (Matthäus 11,15)

Jemand hat einmal festgestellt, dass wir zwei Ohren, aber nur einen Mund haben; wir sollten also doppelt soviel zuhören als reden. Von Jakobus lernen wir ebenso, dass wir dem Hören den Vorzug vor dem Reden geben sollen. Aber zuhören erfordert Geduld, den anderen ausreden lassen Respekt, seinen Gedanken zu folgen Konzentration, mit der Antwort zu warten Weisheit. Richtig zuhören ist also eine Kunst, die erlernt werden muss. Es bedeutet auch, selbst zurückzutreten und dem Gegenüber Raum zu geben und Aufmerksamkeit zu schenken. In dem Moment, wo jemand zu mir redet, darf es für mich nichts Wichtigeres geben als diesen Menschen.

Wie kommt es dann, dass während ich unterrichte, ein großer Teil meiner Schüler unentwegt aufs Handy starrt? Ein Experiment in einer Schulklasse in Colorado brachte folgendes zutage:

„Das Experiment einer Schulklasse in Colorado zeigte, dass Handys eine große Ablenkung im Klassenzimmer sein können. Die Lehrerin testete dies gemeinsam mit ihren Schülern und teilte die Ergebnisse via Facebook.

Die Mathematiklehrerin bat ihre Klasse, ihre Handys auf den Schreibtischen zu platzieren und an einem Experiment teilzunehmen. Jedes Mal, wenn die Schüler einen Text oder eine Benachrichtigung erhalten hatten, sollte er einen Strich an die Tafel zeichnen. Innerhalb des 30-minütigen Experiments füllte sich die Tafel schnell mit Markierungen.

Das Ergebnis zeigte: Die 23 Schüler erhielten insgesamt 268 Mitteilungen. Davon waren 58 private Text-Nachrichten, 182 Social-Media-Push-Benachrichtigungen und 28 weitere Meldungen – alles binnen der halben Stunde, für die das Experiment angesetzt war."[78]

---

[78] https://www.stern.de/familie/kinder/zu-viele-nachrichten--experiment-mit-schuelern-zeigt--wie-stark-handys-im-unterricht-ablenken-8616156.html

Dass besorgte Eltern (und sie sind heute sehr viel besorgter als in meiner Jugend) ihren Kindern mit Schuleintritt Smartphones geben, damit sie immer und überall erreichbar sind und sich umgekehrt bei jedem Problem sofort melden können, wäre noch nachvollziehbar. Es hat mit einem gesteigerten Sicherheitsbedürfnis zu tun. Aber diese Technologie entwickelt eine Eigendynamik. Benachrichtigungen aus sozialen Medien, Spiele, Kamera, Kalender, Taschenrechner, Suchmaschinen ... diese Taschencomputer sind zu einem wesentlichen und prägenden Teil des Alltags, ja des Lebens geworden. Sie verschmelzen geradezu mit unserer Persönlichkeit, weil wir uns über das Handy mit der ganzen Welt vernetzen, uns präsentieren und mitteilen. Selbst wenn es ausgeschaltet am Schreibtisch liegt, lenkt es ab!

„Eine Studie der Universität Paderborn zeigt jetzt aber: Das Handy lenkt selbst dann ab, wenn es ausgeschaltet ist. "Die Entwicklung hin zu einer fortwährenden Präsenz des Smartphones hat negative Konsequenzen für die Aufmerksamkeit", sagt Sven Lindberg, Leiter der Abteilung für Klinische Entwicklungspsychologie an der Universität Paderborn in Deutschland.

"Die bloße Anwesenheit des Smartphones wirkt sich ungünstig auf die Produktivität aus, dabei muss es nicht einmal zu einer Interaktion mit dem Gerät kommen", erklärt Lindberg. Alleine die Tatsache, dass das Handy in Sichtweite ist - selbst dann, wenn es ausgeschaltet ist - beeinflusse die kognitive Leistung. ...

*Die Studienautorinnen und -autoren haben dafür folgende Erklärung: Blickt man immer wieder unwillkürlich auf ein Smartphone, müssen **Impulse** wie "Ich möchte mich mit meinem Smartphone beschäftigen" unterdrückt werden. Das ist grundsätzlich kein Problem, bindet aber kognitive Ressourcen, konkret das **Arbeitsgedächtnis**. Diese Ressourcen sind "anfällig und begrenzt", sagt Lindberg. Deshalb können sie dann für andere Aufgaben fehlen, etwa für ausreichende Konzentration in einem Gespräch, oder für das Lösen einer Aufgabe."*[79]

Ich bin deshalb auch kein Freund von Handys im Gottesdienst. Freilich, es gibt Bibel-Apps für unser Smartphone und wir können auch am Handy den

---

[79] https://futurezone.at/science/smartphone-ablenkung-arbeit-konzentration-studie/402510442

Predigttext mitlesen, aber wir werden durch das Gerät an sich in derselben Weise abgelenkt wie die Schüler im Unterricht. Auch in persönlichen Gesprächen ist es ablenkend, denn wie kommt mein Gesprächspartner dazu, dass ich jederzeit bereit bin, das Gespräch mit ihm zu unterbrechen, nur weil gerade von außen eine Nachricht oder ein Anruf kommt? Das Eigenartige: Wir empfinden das heute nicht einmal mehr als unhöflich, es wurde zur Normalität.

Diese Normalität sagt: Ich bin wichtig. Ich bin jederzeit erreichbar. Damit ist die ungeteilte Aufmerksamkeit, von der jeder Unterricht, jedes Gespräch und die konzentrierte Arbeit abhängen, dahin. Mehr noch: durch die ständigen Ablenkungen nehmen die Merkfähigkeit, die Qualität unserer Arbeit und der Tiefgang unserer Gespräche ab. Wir werden flatterhafter, können uns weniger lange auf eine Sache konzentrieren, die Aufmerksamkeitsspanne reduziert sich drastisch.

Um gut zuhören zu können, muss man Störgeräusche ausschalten und Ablenkungen beiseitelegen. Man stelle sich die Situation vor: Unser Herr Jesus lehrt die Bergpredigt. Mitten während der Seligpreisungen empfängt Petrus eine WhatsApp-Nachricht und fühlt sich gedrängt, darauf rasch zu antworten. Während er textet, redet der Herr aber weiter. Nun hat er überhört, dass die Friedfertigen Söhne Gottes genannte werden sollen. Hat er deshalb vielleicht bei Jesu Gefangennahme ein Schwert genommen und einem Soldaten das Ohr abgeschlagen?

Auch wenn jeder Christ eine Bibel haben und fleißig darin lesen sollte, erfolgt die Lehre in der Gemeinde Gottes seit jeher mündlich.

*„Und was du von mir **gehört** hast vor vielen Zeugen, das vertraue treuen Menschen an, die fähig sein werden, auch andere zu lehren." (2. Timotheus 2,2).*

Mündliche Lehre von Angesicht zu Angesicht ist die umfassendste Form der Mitteilung. Man sieht das Gegenüber, Gestik und Mimik unterstreichen das Gesagte. Der Tonfall macht deutlich, was wichtig, beiläufig oder ironisch ist und welche Emotionen noch mitschwingen. All das kann das geschriebene Wort alleine nicht leisten. Darum gehört zur Lehre in der Gemeinde nicht bloß der Inhalt, sondern auch die ganze Person des Lehrers, sein Leben, seine Glaubwürdigkeit, sein Charakter und Wesen.

„Gedenkt an eure Führer, die euch das Wort Gottes gesagt haben; schaut das Ende ihres Wandels an und ahmt ihren Glauben nach!" (Hebräer 13,7).

Zuhören ist also weit mehr als das Aufnehmen von Inhalten; wir werden durch die ganze Person des Lehrers geprägt; in Gesprächen ist das Zuhören ebenso mehr als das Austauschen von Informationen, nämlich Beziehungsarbeit.

Wir werden im Glauben durch das gehörte Wort erzogen, das uns von gereiften, weisen Lehrern vermittelt werden soll. Dasselbe Wort, von altklugen Jungspunden gesprochen, mag zwar genauso wahr sein, es fehlt ihm aber die Autorität.

„Höre, Kind, und nimm meinen Rat an, und weise nicht meine Belehrung zurück. Lege deine Füße in ihre Fesseln und in ihre Kette deinen Nacken. Beuge deine Schulter und ertrage sie, und zürne nicht ihren Fesseln. Mit deiner ganzen Seele gehe zu ihr, und mit deiner ganzen Kraft bewahre ihre Wege. Spüre sie auf und suche sie, und sie wird sich dir zu erkennen geben, und wenn du Macht über sie gewonnen hast, lass sie nicht los. Denn schließlich wirst du ihre Ruhe finden, und sie wird sich dir zuwenden zur Freude. Und dir werden die Fußfesseln zu einem starken Schutz werden und ihre Ketten zu einem Ehrengewand. Denn goldener Schmuck ist bei ihr, und ihre Fesseln sind eine hyazinthblaue Kordel. Als Ehrengewand wirst du sie anziehen, und als Freudenkranz wirst du sie dir aufsetzen.

Wenn du willst, Kind, wirst du erzogen werden, und wenn du dich ihr anvertraust, wirst du klug sein. Wenn du liebst zuzuhören, wirst du verstehen, und wenn du dein Ohr neigst, wirst du weise sein. In der Menge der Ältesten sollst du stehen, und ihrer Weisheit sollst du dich anschließen. Jede Erörterung über das Göttliche höre dir gutwillig an, und Sprüche der Einsicht sollen dich nicht meiden. Wenn du einen Verständigen siehst, geh frühmorgens zu ihm, und die Schwellen zu seinen Türen soll dein Fuß abreiben. Sinne nach über die Befehle des Herrn, und in seinen Geboten übe dich immer. Er selbst wird dein Herz festigen, und die Begierde nach Weisheit wird dir gegeben werden." (Sirach 6,23-37).

126

Bei diesem Text krampft es den einen oder anderen vielleicht zusammen: Die Weisheit ist eine Fußfessel! Das ist unerhört und erregt Unwillen in unserem Fleisch – es geht hart gegen den Strich unserer postmodernen Prägung. Ja, aber das war immer so. Weisheit bremst uns ein. Weisheit lenkt unsere Schritte auf Wege, die wir aus unserer Fleischesnatur heraus nicht gehen würden, Wege, die gut, rein, heilig, wohlgefällig, bisweilen schmerzhaft, aber immer heilsam sind. Wege, die mit Gottes Wesen übereinstimmen.

Darum gehört zum Zuhören das Überwinden dieser inneren Widerstände, und zum Reden, dass man sich von diesen Widerständen nicht einschüchtern und den Mund verbieten lässt.

Wir hören, um zu lernen, nicht um das bestätigt zu kommen, was wir bereits wissen bzw. meinen zu wissen. Sich der Weisheit anzuschließen, setzt ein fügsames, weiches Herz voraus. Ein Lehrling, der zum ersten Mal einen Hobel in die Hand nimmt, weiß nicht so recht, wie er damit umgehen soll. Er wird sich dabei vom Meister zeigen lassen, wie es geht und dranbleiben, bis er dieses Werkzeug beherrscht. Er wird sich nicht sagen: *„Ich mache es auf meine Weise, der Meister ist ja auch nur ein Mensch, der Fehler macht!"* Ein Lehrling weiß, von wem er am besten lernen kann.

Ein Jünger des Herrn will natürlich vom Herrn Jesus selbst unterwiesen werden. Dieser erteilt auch jeglicher angemaßter Lehrautorität eine klare Abfuhr:

„Ihr aber sollt euch nicht Rabbi nennen lassen, denn einer ist euer Meister, der Christus; ihr aber seid alle Brüder. Nennt auch niemand auf Erden euren Vater; denn einer ist euer Vater, der im Himmel ist. Auch sollt ihr euch nicht Meister nennen lassen; denn einer ist euer Meister, der Christus. Der Größte aber unter euch soll euer Diener sein. Wer sich aber selbst erhöht, der wird erniedrigt werden; und wer sich selbst erniedrigt, der wird erhöht werden." (Matthäus 23,8-12).

Nun ist der Herr Jesus zur Rechten Gottes erhöht wurden und nicht länger leiblich unter uns, um uns persönlich zu belehren. Sein Stellvertreter auf Erden ist jedoch kein Mensch und kein Papst, sondern Sein Geist, durch den

Er überall dort in der Mitte ist, wo bereits zwei oder drei in Seinem Namen zusammenkommen (Matthäus 18,20).

„Und ich will den Vater bitten, und er wird euch einen anderen Beistand geben, dass er bei euch bleibt in Ewigkeit, den Geist der Wahrheit, den die Welt nicht empfangen kann, denn sie beachtet ihn nicht und erkennt ihn nicht; ihr aber erkennt ihn, denn er bleibt bei euch und wird in euch sein. Ich lasse euch nicht als Waisen zurück; ich komme zu euch.“ (Johannes 14,16-18).

„Der Beistand aber, der Heilige Geist, den der Vater senden wird in meinem Namen, der wird euch alles lehren und euch an alles erinnern, was ich euch gesagt habe.“ (Johannes 14,26).

„Und wenn jener kommt, wird er die Welt überführen von Sünde und von Gerechtigkeit und vom Gericht; von Sünde, weil sie nicht an mich glauben; von Gerechtigkeit aber, weil ich zu meinem Vater gehe und ihr mich nicht mehr seht; vom Gericht, weil der Fürst dieser Welt gerichtet ist.

Noch vieles hätte ich euch zu sagen; aber ihr könnt es jetzt nicht ertragen. Wenn aber jener kommt, der Geist der Wahrheit, so wird er euch in die ganze Wahrheit leiten; denn er wird nicht aus sich selbst reden, sondern was er hören wird, das wird er reden, und was zukünftig ist, wird er euch verkündigen. Er wird mich verherrlichen; denn von dem Meinen wird er nehmen und euch verkündigen.“ (Johannes 16,8-14).

Wie aber lehrt der Geist Gottes die Jünger? Wir sitzen ja nicht im Kreis und hören eine Stimme aus dem Himmel zu uns reden! Der Geist Gottes gibt der Gemeinde Gaben, und zwar verschiedene Gaben, die alle zusammenwirken zum Aufbau der Gemeinde und zum Wachstum im Glauben, in der Weisheit und in der Liebe. Die „Lehrgaben“ nehmen dabei einen zentralen Platz ein:

„Und Er hat etliche als Apostel gegeben, etliche als Propheten, etliche als Evangelisten, etliche als Hirten und Lehrer, zur Zurüstung der Heiligen, für das Werk des Dienstes, für die Erbauung des Leibes des Christus, bis wir alle zur Einheit des Glaubens und der Erkenntnis des Sohnes Gottes gelangen, zur vollkommenen Mannesreife, zum Maß der vollen Größe des Christus; damit wir nicht mehr Unmündige

seien, hin- und hergeworfen und umhergetrieben von jedem Wind der Lehre durch das betrügerische Spiel der Menschen, durch die Schlauheit, mit der sie zum Irrtum verführen, sondern, wahrhaftig in der Liebe, heranwachsen in allen Stücken zu ihm hin, der das Haupt ist, der Christus. Von ihm aus vollbringt der ganze Leib, zusammengefügt und verbunden durch alle Gelenke, die einander Handreichung tun nach dem Maß der Leistungsfähigkeit jedes einzelnen Gliedes, das Wachstum des Leibes zur Auferbauung seiner selbst in Liebe." (Epheser 4,11-16).

Diesen Männern sollen wir zuhören wie ein Lehrling dem Meister, jedoch im Bewusstsein, dass sie lediglich im Auftrag Christi reden dürfen und nicht aus Eigeninteresse. Darum ist kein Lehrer in der Gemeinde unfehlbar oder sakrosankt; auch sie haben ihre Fleischesnatur, mit der sie ringen. Ein Ältester sagte einmal (das war der, der mich 1987 getauft hat): *„Ein Ältester hat nicht nur gegen das eigene Fleisch zu kämpfen, sondern gegen das der ganzen Gemeinde."* Das wird besonders dann ein harter Kampf sein, wenn die Gemeinde fleischlich zuhört und nicht geistlich, widerstrebend und weltlich geprägt ist, oder von der Predigt lediglich positive emotionale Erbauung und Bestätigung der eigenen Überzeugungen erwartet. Wer so zuhört, hört nicht so zu, wie die Schrift es meint.

Lehrer zu sein, ist eine verantwortungsvolle Aufgabe, die einer strengeren Beurteilung unterliegt:

„Werdet nicht in großer Zahl Lehrer, meine Brüder, da ihr wisst, dass wir ein strengeres Urteil empfangen werden! Denn wir alle verfehlen uns vielfach; wenn jemand sich im Wort nicht verfehlt, so ist er ein vollkommener Mann, fähig, auch den ganzen Leib im Zaum zu halten." (Jakobus 3,1-2).

Darum dürfen Lehrer auch kritisiert werden, ja sie müssen korrigiert werden, wenn sie etwas Falsches sagen! Zugleich aber sollen wir sie mit Liebe und Barmherzigkeit betrachten, denn es ist nahezu unmöglich, sich im Wort nicht zu verfehlen. Gute Zuhörer werden daher eine Balance finden zwischen notwendiger Kritik und darin, nicht jedes Wort auf die Goldwaage zu legen. Manches wird man stehen lassen, tiefer betrachten, denn es mag sein, dass eine ungeschickte Formulierung oder eine unscharfe Aussage nichtsdestotrotz im Kern wahr sind.

Dennoch ist jeder Zuhörer sogar verpflichtet, das Gehörte zu prüfen:

„Propheten aber sollen zwei oder drei reden, und die anderen sollen es beurteilen." (1. Korinther 14,29).

„Den Geist dämpft nicht! Die Weissagung verachtet nicht! Prüft alles, das Gute behaltet!" (1. Thessalonicher 5,19-21).

Das setzt aber voraus, dass die Zuhörer selbst auch alles daran setzen, mit dem Wort Gottes vertraut zu werden. Die Korrektur darf nie gegen Gottes Wort gehen, sie möge auch über Stil und Ausdruck hinwegsehen (außer in schweren Fällen), sie darf nie aufgrund unserer postmodernen Einstellungen erfolgen. Es gibt Irrlehrer, die nicht im Einklang mit der Lehre Christi stehen. Es gibt Lehrer, deren Leben nicht mit dem übereinstimmt, was sie sagen. Diese sollen korrigiert werden.

Über allem aber soll Liebe und Wertschätzung stehen, denn es ist tatsächlich eine harte Arbeit, am Wort zu dienen, nach der niemand leichtfertig streben soll. Paulus gibt seinem Mitarbeiter Timotheus einige gute Worte mit auf den Weg:

„Bis ich komme, sei bedacht auf das Vorlesen, das Ermahnen und das Lehren. Vernachlässige nicht die Gnadengabe in dir, die dir verliehen wurde durch Weissagung unter Handauflegung der Ältestenschaft! Dies soll deine Sorge sein, darin sollst du leben, damit deine Fortschritte in allen Dingen offenbar seien! Habe acht auf dich selbst und auf die Lehre; bleibe beständig dabei! Denn wenn du dies tust, wirst du sowohl dich selbst retten als auch die, welche auf dich hören." (1. Timotheus 4,13-16).

„Strebe eifrig danach, dich Gott als bewährt zu erweisen, als einen Arbeiter, der sich nicht zu schämen braucht, der das Wort der Wahrheit recht teilt. Die unheiligen, nichtigen Schwätzereien aber meide; denn sie fördern nur noch mehr die Gottlosigkeit, und ihr Wort frisst um sich wie ein Krebsgeschwür." (2. Timotheus 2,15-17).

Davon abgesehen spielt das Hören aber in allen zwischenmenschlichen Begegnungen in der Gemeinde, die zum Teil auch konfliktgeladen sein können, eine große Rolle. Beginnen wir mit etwas Einfacherem:

„Freut euch mit den Fröhlichen und weint mit den Weinenden!" (Römer 12,15).

Das ist nur ein Satz, aber der hat es in sich! Wenn ich gerade betrübt bin und ein überströmend Glücklicher textet mich zu, bin ich herausgefordert, um seinetwillen geduldig und liebevoll zuzuhören und den eigenen Schmerz auszublenden. Vielleicht hilft es mir ja in meiner Betrübnis, wenn ich mich mit anderen mitfreuen kann – ich darf auf deren Glück jedoch nicht neidisch sein. Ebenso umgekehrt: Wenn jemand sein trauriges Herz ausschüttet, soll ich ihm den Raum und das Verständnis geben, das er braucht. Ich werde meine Freude hintanstellen, und mich in seinen Schmerz einfühlen. Geteiltes Leid ist halbes Leid, sagt man. Ist der Herr nicht auch deshalb Mensch geworden, um unseren Schmerz und unser Leid zu teilen? Das hat viel mit Zuhören zu tun, und meist ist es gar nicht nötig, viel darauf zu sagen. Es genügt dem anderen oft schon, dass er sich aussprechen konnte.

Was man immer kann, wenn man zuhört, ist still zum Herrn um Weisheit beten. Vielleicht hat Er ja das passende Wort für die Situation? Dann gilt es, nach zwei Seiten hin zu hören: Wir hören dem Menschen gegenüber zu und horchen gleichzeitig, ob der Herr uns ein Wort geben will.

„Eine heilsame Zunge ist ein Baum des Lebens." (Sprüche 15,4).

Wo Menschen zusammenleben, reiben sie sich, gibt es Missverständnisse, Ärgernisse, Verletzungen, Gerüchte, üble Nachrede – all das ist nicht gut, vieles davon oft unvermeidlich. Es kommt auf den rechten Umgang damit an, und hier zuerst auf die rechte Art des Hörens:

„In Gegenwart von Freund und Feind erzähle nichts und, sofern es nicht für dich eine Sünde bedeutet, decke nichts auf; denn womöglich hat dir jemand zugehört, und dann wird er sich vor dir hüten, und mit der Zeit wird er dich hassen. Hast du ein Wort gehört, soll es mit dir zusammen sterben; nur Mut! Es wird dich sicher nicht zerreißen." (Sirach 19,8-10).

Über vieles lässt sich guten Gewissens der Mantel des Schweigens breiten und der Friede bleibt gewahrt. Wir sollen auch, was uns betrifft, Empfindlichkeiten abbauen, denn es ist für jeden leichter mit uns zu sprechen, wenn er nicht ständig übersorgfältig auf „Trigger" achten muss:

„Angesichts eines Wortes wird der Törichte in Wehen versetzt wie angesichts ihres ungeborenen Kindes die Schwangere. Wie ein Pfeil im Oberschenkelfleisch steckt, so steckt ein Wort in der Bauchhöhle des Törichten." (Sirach 19,11-12).

Die postmoderne Welt ist in dieser Hinsicht von Torheit geradezu zerfressen und unterstellt aufgrund manch flapsiger Wortwahl gleich eine böswillige Haltung und echauffiert sich wegen Kleinigkeiten. Es fehlt ihr die Resilienz, selbst unabsichtliche „Beleidigungen" wegzustecken. Stattdessen leben wir in einer Empörungskultur: Was darf heute noch gesagt werden? Müssen wir in der Sprache laufend auf die Allersensibelsten in unserer Umgebung Rücksicht nehmen? Natürlich sind das Herausforderungen für uns, denn mutwillig grob und unsensibel zu kommunizieren, kann man tatsächlich nicht rechtfertigen. Aber es ist eben häufig nicht mutwillig.

Als Zuhörer darf ich einerseits einen Vertrauensvorschuss geben: *„Das hat er sicher nicht so gemeint."*, andererseits haben wir als Christen sogar noch einen höheren Standard:

„Ich aber sage euch: Liebt eure Feinde, segnet, die euch fluchen, tut wohl denen, die euch hassen, und bittet für die, welche euch beleidigen und verfolgen." (Matthäus 5,44).

Christen reagieren nicht beleidigt. Christen segnen und beten. Wir lieben unsere Feinde und erachten es als Freude, wenn man uns schlecht behandelt. Warum? Weil es uns eine Gelegenheit bietet, Christus ähnlicher zu werden. In einem fast vergessenen Lied von Christian Fürchtegott Gellert (1715-1769) heißt es:

> *„Wahr ist's, Verleumdung dulden müssen*
> *Ist eine schwere Pflicht.*
> *Doch selig, wenn ein gut Gewissen*

Zu uns'rer Ehre spricht.
Dies will ich desto mehr bewahren,
So bessert mich mein Feind
Und lehrt mich, weiser nur verfahren,
wenn er's auch böse meint.

Ich will mich vor den Fehlern hüten,
Die er von mir ersann;
Und auch die Fehler mir verbieten,
die er nicht wissen kann.
So will ich mich durch Sanftmut rächen,
An ihm das Gute seh'n,
Und dieses Gute von ihm sprechen.
Wie könnt' er länger schmäh'n?"[80]

Eine Schwester unserer Gemeinde machte mich unlängst auf diesen Vers aufmerksam:

„Vater, vergib ihnen, denn sie wissen nicht, was sie tun!" (Lukas 23,24).

Sie meinte, wer so vergibt, bewahrt dennoch gleichzeitig seine Würde. Damit hat sie absolut recht. Niemand kann uns unserer Würde in Christus berauben, und wenn Sünder uns schlecht behandeln, dann deshalb, weil sie es noch nicht besser wissen! Gebe es Gott, dass auch ihnen die Augen geöffnet werden und sie für die Liebe Christi empfänglich werden! Wir betrachten niemanden als unseren Feind. Wer so zuhört, kann alle Konflikte rasch entschärfen.

Solange man zuhört, schweigt man. Schweigen ist oft der bessere Weg, auch wenn die Gründe dafür verschieden sein mögen:

„Es gibt den, der schweigt, der wird für weise befunden, und es gibt den, der verhasst ist aufgrund seines vielen Schwätzens. Es gibt den, der schweigt, weil er keine Ant-

---

[80] „Nie will ich dem zu schaden suchen, der mir zu schaden sucht." Aus dem mennonitischen „Unpartheyischen Gesangbuch", welches 1820 in den USA auf Deutsch (!) herausgebracht wurde. Wir singen dieses Lied in unserer Gemeinschaft zu einer eigenen Melodie.

wort hat, und es gibt den, der schweigt, weil er den richtigen Zeitpunkt kennt. Ein weiser Mensch wird schweigen bis zum richtigen Zeitpunkt, aber der Prahler und Unvernünftige wird den richtigen Zeitpunkt überschreiten." (Sirach 20,5-7).

Christen sollen warten können, bis der rechte Zeitpunkt zum Reden gekommen ist. Wann ist dieser da? Sobald wir das Wort Gottes empfangen haben. Das Wort Gottes, das den Traurigen tröstet; das Wort Gottes, das dem Mutlosen Zuversicht gibt; das Wort Gottes, das den Überheblichen ermahnt; das Wort Gottes, das den Allzufröhlichen nüchtern hält; das Wort Gottes, das Frieden stiftet; das Wort Gottes, welches den Blick auf Gott richtet und Ihm die Ehre gibt.

Was vom Hören nicht zu trennen ist, ist Gehorsam. Nichts von dem, was uns im Rahmen der Gemeinde gesagt wird, vor allem, wenn es um die Lehre geht, erschöpft sich im Kopfwissen. Es soll umgesetzt werden. Gott teilt sich uns als unser Vater mit, der uns als Seine Kinder erzieht. Diese Erziehung ist aber nicht auf Gebote reduziert, wie viele meinen (die gibt es auch), sondern zielt auf Weisheit. Darum nimmt die Weisheitsliteratur einen breiten Raum in der Schrift ein, etwa das Buch der Sprüche Salomos:

„Dies sind die Sprüche Salomos, des Sohnes Davids, des Königs von Israel, die dazu dienen, dass man Weisheit und Unterweisung erkenne und verständige Reden verstehe, dass man Unterweisung empfange, die einsichtig macht, Gerechtigkeit, Recht und Aufrichtigkeit; damit den Unverständigen Klugheit verliehen werde, den jungen Männern Erkenntnis und Besonnenheit. Wer weise ist, der hört darauf und vermehrt seine Kenntnisse, und wer verständig ist, eignet sich weise Lebensführung an, damit er den Spruch und die bildliche Rede verstehe, die Worte der Weisen und ihre Rätsel. Die Furcht des Herrn ist der Anfang der Erkenntnis; nur Toren verachten Weisheit und Zucht! Höre, mein Sohn, auf die Unterweisung deines Vaters, und verwirf nicht die Lehre deiner Mutter! Denn sie sind ein schöner Kranz für dein Haupt und ein Schmuck um deinen Hals." (Sprüche 1,1-9).

Darum genügt es als Kind Gottes auch nicht, wenn man eine Liste von Geboten abarbeitet und erfüllt. Es geht um Einsicht und Verständnis, nicht um bloße Konformität. Das wirkt sich auf die Art des Zuhörens aus: Wir richten die Aufmerksamkeit nicht mehr nur auf die vordergründigen Gebote, sondern darauf, was dahintersteckt, auf Gottes Weisheit, Liebe, Barmherzigkeit, Gerechtigkeit, Weitsicht und Unergründlichkeit. Wer darauf achtet, beginnt, sein Leben dem Wesen Gottes anzugleichen und nicht bloß Gesetze zu befolgen.

Manches davon ist rätselhaft. Das liegt daran, dass Gottes Gedanken höher als unsere sind. Manches scheint uns „unnatürlich", weil wir von unserer Fleischesnatur geprägt sind, die wir jedoch überwinden und hinter uns lassen müssen. Manches davon scheint uns unrealistisch und unpraktisch, weil man das in der Welt ganz anders und scheinbar erfolgreicher macht. Manches davon trifft uns im Kern unseres stolzen Egos und tut weh. Manches wiederum erfordert großes Vertrauen Gott gegenüber, um sich auf Seine Wege zu begeben.

Das darf uns weder wundern noch stören noch abhalten davon, auf Gott zu hören und Ihm zu folgen, denn das ist der Weg des Lebens. Wohin der Weg der Menschen ohne Gott führt, sehen wir täglich, wenn wir um uns blicken. Die Postmoderne ist gescheitert, doch ebenso haben alle anderen Versuche, ein Leben gemäß menschlicher Weisheit zu führen, in Katastrophen geführt und unsägliches Leid verursacht.

„Wenn du dies den Brüdern vor Augen stellst, wirst du ein guter Diener Jesu Christi sein, der sich nährt mit den Worten des Glaubens und der guten Lehre, der du nachgefolgt bist. Die unheiligen Altweiberlegenden aber weise ab; dagegen übe dich in der Gottesfurcht! Denn die leibliche Übung [dazu gehören rein äußere religiöse Praktiken] nützt wenig, die Gottesfurcht aber ist für alles nützlich, da sie die Verheißung für dieses und für das zukünftige Leben hat." (1. Timotheus 4,6-8).

Unter dieser Verheißung stehen auch die folgenden Kapitel. Auch hier gilt es, in der rechten Weise zuzuhören, sich nicht daran zu stoßen, wenn es von der Lebensweise der Welt abweicht. Das Reich Gottes ist nicht von dieser Welt.

Aus innerem Frieden heraus reden

*„Euer Wort sei allezeit in Gnade, mit Salz gewürzt, damit ihr wisst,
wie ihr jedem einzelnen antworten sollt." (Kolosser 4,6).*

Mit dem Reden ist es wie mit dem Autofahren. Man achtet nicht immer auf das Tachometer und fährt oft unbewusst zu schnell, ebenso redet man nicht immer angemessen, höflich oder verständlich genug – und häufig zu viel.

„Übereile dich nicht mit deinem Mund, und lass dein Herz keine unbesonnenen Worte vor Gott aussprechen; denn Gott ist im Himmel, und du bist auf der Erde; darum sollst du nicht viele Worte machen! Denn Träume kommen von viel Geschäftigkeit, und dummes Geschwätz vom vielen Reden." (Prediger 5,1-2).

Was für unser Reden mit Gott (= beten) gilt, gilt selbstverständlich auch für die zwischenmenschliche Kommunikation. Weniger ist mehr, und bei vielen Worten kommt auch viel Unsinn. Wir kennen das alle aus peinlichen Erfahrungen. Der Grund dafür mag oft in einer inneren Unruhe liegen. Wer zur Ruhe in Christus gefunden hat, wird auch ruhiger im Reden. Als Logorrhoe (Sprechdurchfall) kann der Redefluss sogar krankhaft sein.

„Wer ohne Punkt und Komma redet, beherrscht eines nicht: die hohe Kunst der Konversation. Denn dann würde man auch mal den anderen zu Wort kommen lassen. Menschen mit gesteigertem Rededrang nerven ihre Mitmenschen jedoch mit Belanglosigkeiten, verpackt in einen nicht enden wollenden Wortschwall. Der zwanghafte Drang, sich übermäßig verbal mitzuteilen, kann bekanntermaßen in Verbindung mit Alkohol auftreten – er kann aber auch Ausdruck einer ernst zu nehmenden Erkrankung sein: Logorrhoe, fachsprachlich gelegentlich auch Polyphrasie genannt.

Als Ursachen krankhafter Geschwätzigkeit kommen Erkrankungen der Schilddrüse oder Demenz in Betracht. Logorrhoe kann aber auch Folge eines Schlaganfalls sein. Manchmal versteckt sich dahinter auch eine schwere psychische Erkrankung wie

Schizophrenie oder eine bipolare Störung. Dann schwanken Betroffene zwischen Manie und Depression, sind also mal sehr traurig, mal super glücklich."[81]

Das Vielreden muss aber nicht so dramatische Ursachen haben. Selbstüberschätzung, Stolz, Rechthaberei, Selbstrechtfertigungsdrang oder einfach auch Einsamkeit oder Schwierigkeiten damit, Stille zu ertragen, lassen manchen Menschen übermäßig viel reden. Das meiste davon löst sich, sobald wir in Christus zur Ruhe gekommen sind, uns angenommen wissen, wenn unsere tiefsten Fragen Antworten gefunden haben … dann werden wir Stille als Ruhepunkte der Begegnung mit dem Vater mehr und mehr schätzen.

Die Art wie wir reden, erfährt einen Wandlungsprozess: Reinheit, Wahrheit, Erbauung und Danksagung, sowie Mäßigung wird unser Reden mehr und mehr kennzeichnen:

„Unzucht aber und alle Unreinheit oder Habsucht soll nicht einmal bei euch erwähnt werden, wie es Heiligen geziemt; auch nicht Schändlichkeit und albernes Geschwätz oder Witzeleien, die sich nicht gehören, sondern vielmehr Danksagung. Denn das sollt ihr wissen, dass kein Unzüchtiger oder Unreiner oder Habsüchtiger (der ein Götzendiener ist), ein Erbteil hat im Reich des Christus und Gottes." (Epheser 5,3-5).

Unsere Gesprächsthemen werden reiner werden. Wer nicht mehr sündigen will, wird auch nicht mehr darüber reden wollen. Wer mit Sünde oberflächlich umgeht, belächelt diese und macht sich darüber lustig. Oder er prahlt mit seinen unzüchtigen Abenteuern. Oder er gibt an mit seinen Schätzen, steigert sich in Börsenberichte hinein und träumt mit Gleichgesinnten von einem Leben in finanzieller Freiheit. Doch Habsucht ist Götzendienst, heißt es da, und es stimmt: Worauf immer wir unser Leben bauen, woher immer wir Glück, Zufriedenheit oder Sicherheit erwarten – wenn es nicht von Gott ist, dann ist es Götzendienst. Dann wird Gott bestenfalls zu einer Randfigur in unserem Leben, weil ja alles für uns Wichtige von

---

[81] https://www.fitbook.de/mind-body/logorrhoe-polyphrasie-1

unserem Kontostand abhängt. Darum redete der Herr Jesus sehr viel über den ungerechten Mammon, doch dazu später mehr.

„Darum legt die Lüge ab und »redet die Wahrheit, jeder mit seinem Nächsten« (Sacharja 8,16), denn wir sind untereinander Glieder." (Epheser 4,25).

Die Lüge wird in der Gesellschaft bzw. in den Medien immer wieder thematisiert. Indem behauptet wird, dass jeder Mensch mehrmals täglich lügt, wird diese Sünde quasi zu einer „Strategie" erhoben, die uns durchaus nütze, der wir uns auch nicht entziehen können, die so normal wie das Leben sei.

„Etwa 200 Mal am Tag soll jeder Mensch lügen, heißt es oft. "Die Zahl von 200 Lügen am Tag ist jedoch wissenschaftlich nicht erwiesen", sagt Isabella Heuser-Collier, Direktorin der Klinik und Hochschulambulanz für Psychiatrie und Psychotherapie an der Charité Berlin. ... "Inzwischen geht man davon aus, dass Menschen durchschnittlich etwa zweimal am Tag lügen", weiß Gamer. Die Bandbreite ist jedoch groß: Manche Menschen lügen sehr viel mehr, andere weniger oder gar nicht. In manchen Untersuchungen wurde zwar festgestellt, dass Männer mehr lügen als Frauen. ...

"Das Essen war lecker!" Oder: "Ja, Schatz, das Hemd steht dir gut!" Lügen im Alltag sind ein weltweites Phänomen und treten in fast allen zwischenmenschlichen Beziehungen auf. "Im Alltag lügen Menschen hauptsächlich aus Höflichkeit oder, um Konflikten aus dem Weg zu gehen. Solche Notlügen können Gesellschaften sogar zusammenhalten", meint Isabella Heuser-Collier. In asiatischen Ländern wie Japan flunkern Menschen aus Höflichkeit sogar öfter als in westlichen Ländern. ...

Oft wird von der Gesellschaft bei alltäglichen Floskeln nicht immer radikale Ehrlichkeit erwartet: Wer hört schon gerne, dass das aufgetischte Essen nicht schmeckt oder einem die neue Frisur nicht steht? "Bei schlimmeren Lügen geht es hingegen häufig darum, andere zu manipulieren und dadurch Macht über sie zu erlangen", erklärt die Psychologin Isabella Heuser-Collier."[82]

---

[82] https://www.ardalpha.de/wissen/psychologie/luegen-erkennen-gruende-koerpersprache-arten-notluege-100.html

Was ist dabei, wenn man beim Essen etwa sagt: *„Danke fürs Kochen!"* – *„Und wie schmeckt es?"* – *„Es ist sicher gut, aber nicht so ganz meins."* In einer christlichen Gemeinschaft, wo jeder seinen Ruhepol in Christus gefunden hat, muss auch nicht immer alles perfekt gelingen. Man kann auch Dankbarkeit für die Mühe ausdrücken, wenn das Ergebnis nicht so befriedigt. Ein anderes Beispiel, das mir als hilfreich hängengeblieben ist, kommt aus dem Film „Die Zuflucht": Corrie Ten Boom hat sich gerade hübsch gemacht und fragt ihre Schwester um ihre Meinung. Diese ging das sehr „diplomatisch" an (sinngemäß wiedergegeben): *„Weißt du, Corrie, deine Bluse hat ein ganz reizendes Muster. Dein Rock ist sehr elegant, und du bist ohnedies sehr hübsch. Aber ihr drei zusammen seid unmöglich."* Da war nichts gelogen, und es war auch nicht verletzend. Das ist ein hervorragendes Beispiel dafür, wie man die Wahrheit in Liebe sagen kann. Die Ten Booms haben im Dritten Reich Juden vor den Nazis versteckt, und da kam es noch zu sehr viel heikleren Prüfungen ihrer Wahrhaftigkeit und ihrer Gewaltlosigkeit. Solch schwierige Situationen denkt man am besten anhand guter praktischer Beispiele und Erfahrungen durch; dieser Film ist dazu ausgezeichnet geeignet.[83]

Wenn man nicht mehr von Lob und Tadel der Menschen abhängig ist, kann man auch viel besser mit Kritik umgehen. Die Offenherzigkeit Kritik gegenüber macht es den anderen auch leichter, diese zu äußern, ohne Furcht dadurch zu verletzen. So kann man auch die „kleinen Höflichkeitslügen" ablegen und eine Kultur der Wahrheit erlernen.

Nun ist es wichtig zu beachten, dass Gnade und Wahrheit in der Bibel oft Hand in Hand gehen:

„Deine Gerechtigkeit verbarg ich nicht in meinem Herzen, ich redete von deiner Wahrheit und von deinem Heil; deine Gnade und Wahrheit verschwieg ich nicht vor der großen Gemeinde." (Psalm 40,11).

---

[83] https://www.justwatch.com/at/Film/Die-Zuflucht

Darum soll Wahrheit auch stets in Liebe gesagt werden. Wahrheit macht unserer Fleischesnatur oft Angst, aber eingebettet in Gnade und Liebe wird sie ein Werkzeug der Erlösung.

Zur Wahrheit gehören auch Verbindlichkeit und Treue, weshalb es Christen sogar ausdrücklich untersagt ist, etwas durch Eide zu bekräftigen. Denn wer Eide gutheißt, legitimiert indirekt das Lügen und die Untreue.

„Vor allem aber, meine Brüder, schwört nicht, weder bei dem Himmel noch bei der Erde noch mit irgend einem anderen Eid; euer Ja soll ein Ja sein, und euer Nein ein Nein, damit ihr nicht unter ein Gericht fallt." (Jakobus 5,12).

Die Welt versucht uns immer wieder durch Eide zu binden, sei es der Fahneneid, diverse dienstrechtliche Eide, der Zeugeneid vor Gericht. Damit beweist sie einerseits, dass sie ein Ort der Lüge ist, andererseits, dass Treue und Autorität nicht auf Wahrheit sondern auf Macht gegründet sind. Unsere Eidesverweigerung ist ein starkes Gegenstatement: *„Wenn eure Autorität legitim ist (von oben) und eure Anordnungen gerecht sind, gehorchen wir auch ohne Eid aufgrund von Gottes Gebot. Wenn ihr jedoch Ungerechtes von uns erwartet, so wird uns auch kein Eid binden, euch zu folgen."* Das war immer ein Ärgernis für alle Obrigkeiten und muss es auch bleiben, bis der Herr aller Herren und König aller Könige erscheint.

Wahrheit ist nicht verhandelbar, und wir können auch nicht gegen die Wahrheit bestehen:

„Denn wir vermögen nichts gegen die Wahrheit, sondern nur für die Wahrheit." (2. Korinther 13,8).

Und wenn durch das Sagen der Wahrheit größerer Schaden entsteht, oder gar Menschen zu Schaden kommen? Dann müssen wir nicht reden. Wer schweigt, lügt nicht. Wer schweigt, offenbart nichts. Das mag für uns persönlich schwerwiegende Konsequenzen haben, aber diese gehören zur Nachfolge Christi dazu.

Unser Reden soll vor allem hilfreich sein. Eine der wichtigsten Gaben des Heiligen Geistes, nach der sich wirklich jeder ausstrecken soll, ist die Weissagung:

„Jedem wird aber das offensichtliche Wirken des Geistes zum allgemeinen Nutzen verliehen. Dem einen nämlich wird durch den Geist ein Wort der Weisheit gegeben, einem anderen aber ein Wort der Erkenntnis gemäß demselben Geist." (1. Korinther 12,7-8).

„Strebt nach der Liebe, doch bemüht euch auch eifrig um die Geisteswirkungen; am meisten aber, dass ihr weissagt! … Wer aber weissagt, der redet für Menschen zur Erbauung, zur Ermahnung und zum Trost." (1. Korinther 14,1+3).

Wir alle brauchen menschlichen Zuspruch, mehr aber noch den göttlichen. In der Weissagung geht beides Hand in Hand, darum ist diese Gabe so wichtig. Da geht es nicht länger um die Frage: *„Was denkst du darüber? Was ist deine Meinung?"*, sondern darum, was Gott dazu sagt. Es geht auch nicht mehr um die Bestätigung der eigenen Sichtweise, sondern um göttliche Führung und Antwort. Je besser wir mit Gottes Wort vertraut sind, umso zielgerichteter kann der Geist Gottes uns die rechten Worte in Erinnerung rufen:

„Der Beistand aber, der Heilige Geist, den der Vater senden wird in meinem Namen, der wird euch alles lehren und euch an alles erinnern, was ich euch gesagt habe." (Johannes 14,26).

Erinnern kann der Geist Gottes nur an das, was wir bereits gehört oder gelesen haben. Darum soll das Wort Gottes reichlich unter uns wohnen.

Ein weiterer wesentlicher Aspekt christlichen Redens ist Danksagung. Das Gegenteil erleben wir öfter, nämlich, dass man sich beklagt, jammert, raunzt und beschwert. Danksagung ist eine Frucht des Glaubens, die Gott in allem vertraut und weiß, dass alles zu unserer Erziehung beiträgt.

„Wie ihr nun Christus Jesus, den Herrn, angenommen habt, so wandelt auch in ihm, gewurzelt und auferbaut in ihm und gefestigt im Glauben, so wie ihr gelehrt worden seid, und seid darin überfließend mit Danksagung." (Kolosser 2,6-7).

Dankbarkeit ist Ausdruck des Friedens in Gott, Beweis unserer Zuversicht, Bekenntnis unserer Hoffnung und zeigt, dass wir uns der Treue Gottes in allen Lebenslagen gewiss sind. Wer so gegründet ist, den wirft nichts aus der Bahn, der wird zu einem Fels in der Brandung, an dem andere sich festhalten können. Diese Worte gelten ohne Abstriche:

„Wir wissen aber, dass denen, die Gott lieben, alle Dinge zum Besten dienen, denen, die nach dem Vorsatz berufen sind. Denn die er zuvor ersehen hat, die hat er auch vorherbestimmt, dem Ebenbild seines Sohnes gleichgestaltet zu werden, damit er der Erstgeborene sei unter vielen Brüdern. Die er aber vorherbestimmt hat, die hat er auch berufen, die er aber berufen hat, die hat er auch gerechtfertigt, die er aber gerechtfertigt hat, die hat er auch verherrlicht.

Was wollen wir nun hierzu sagen? Ist Gott für uns, wer kann gegen uns sein? Er, der sogar seinen eigenen Sohn nicht verschont hat, sondern ihn für uns alle dahingegeben hat, wie sollte er uns mit ihm nicht auch alles schenken? Wer will gegen die Auserwählten Gottes Anklage erheben? Gott ist es doch, der rechtfertigt! Wer will verurteilen? Christus ist es doch, der gestorben ist, ja mehr noch, der auch auferweckt ist, der auch zur Rechten Gottes ist, der auch für uns eintritt! Wer will uns scheiden von der Liebe des Christus? Drangsal oder Angst oder Verfolgung oder Hunger oder Blöße oder Gefahr oder Schwert? Wie geschrieben steht: »Um deinetwillen werden wir getötet den ganzen Tag; wie Schlachtschafe sind wir geachtet!«

Aber in dem allem überwinden wir weit durch den, der uns geliebt hat. Denn ich bin gewiss, dass weder Tod noch Leben, weder Engel noch Fürstentümer noch Gewalten, weder Gegenwärtiges noch Zukünftiges, weder Hohes noch Tiefes, noch irgendein anderes Geschöpf uns zu scheiden vermag von der Liebe Gottes, die in Christus Jesus ist, unserem Herrn." (Römer 8,28-39).

Neben der äußeren Erscheinung ist die Art, wie wir reden, oft der erste Eindruck, den Menschen von uns bekommen. Und dieses Reden ist auch die

142

erste „Baustelle" nach unserem Denken, die wir in Angriff nehmen sollten. Wie wichtig die Selbstkontrolle im Reden ist, sagt uns Jakobus:

„Denn wir alle verfehlen uns vielfach; wenn jemand sich im Wort nicht verfehlt, so ist er ein vollkommener Mann, fähig, auch den ganzen Leib im Zaum zu halten.

Siehe, den Pferden legen wir die Zäume ins Maul, damit sie uns gehorchen, und so lenken wir ihren ganzen Leib. Siehe, auch die Schiffe, so groß sie sind und so rau die Winde auch sein mögen, die sie treiben – sie werden von einem ganz kleinen Steuerruder gelenkt, wohin die Absicht des Steuermannes will. So ist auch die Zunge ein kleines Glied und rühmt sich doch großer Dinge. Siehe, ein kleines Feuer – welch großen Wald zündet es an!

Und die Zunge ist ein Feuer, eine Welt der Ungerechtigkeit. So nimmt die Zunge ihren Platz ein unter unseren Gliedern; sie befleckt den ganzen Leib und steckt den Umkreis des Lebens in Brand und wird selbst von der Hölle in Brand gesteckt.

Denn jede Art der wilden Tiere und Vögel, der Reptilien und Meerestiere wird bezwungen und ist bezwungen worden von der menschlichen Natur; die Zunge aber kann kein Mensch bezwingen, das unbändige Übel voll tödlichen Giftes!

Mit ihr loben wir Gott, den Vater, und mit ihr verfluchen wir die Menschen, die nach dem Bild Gottes gemacht sind; aus ein und demselben Mund geht Loben und Fluchen hervor. Das soll nicht so sein, meine Brüder! Sprudelt auch eine Quelle aus derselben Öffnung Süßes und Bitteres hervor? Kann auch, meine Brüder, ein Feigenbaum Oliven tragen, oder ein Weinstock Feigen? So kann auch eine Quelle nicht salziges und süßes Wasser geben." (Jakobus 3,2-12).

Merken wir es? Wir werden wohl nie fertig damit, unsere Zunge zu zähmen, ebensowenig wie wir je wirklich vollkommen werden. Immer wieder müssen wir uns hier und dort korrigieren und korrigieren lassen, und ein guter Rat ist Mäßigung im Reden.

„Darum, meine geliebten Brüder, sei jeder Mensch schnell zum Hören, langsam zum Reden, langsam zum Zorn; denn der Zorn des Mannes vollbringt nicht Gottes Gerechtigkeit!" (Jakobus 1,19-20).

Christliches Reden soll also rein, wahrhaftig, nützlich, geisterfüllt, dankbar und zurückhaltend sein. Es ist herausfordernd, aber zugleich wohltuend. Ein guter Zuhörer ist wertvoller als ein „Dampfplauderer".

Zum Dienst begabt

„Dient einander, jeder mit der Gnadengabe, die er empfangen hat, als gute Haushalter der mannigfaltigen Gnade Gottes." (1. Petrus 4,10).

In diesem Kapitel geht es um unsere Berufung als Christ zum Dienst; die tägliche Arbeit zum Broterwerb kommt später dran, doch die Grundfrage allen Tuns, aller Arbeit, ist dieselbe. Blindwütiger Aktivismus und Monotonie sind gleichermaßen verhasst, weil sich beides nicht mit der Menschenwürde vereinbaren lässt.

Was macht Arbeit sinnvoll? Tatsächlich wurde die Sinnhaftigkeit von Arbeit in den letzten 100 Jahren nachhaltig untergraben, sodass die Jungen sich scheuen, in dasselbe Hamsterrad einzusteigen, das ihre Eltern schon kaputt gemacht hat. Im Handelsblatt schrieb Frank Dopheide am 1.5.2024 (Tag der Arbeit):

„Über sieben Millionen Mitarbeitende in Deutschland haben innerlich gekündigt. Unvorstellbare 86 Prozent fühlen sich mit ihrem Arbeitgeber nicht verbunden. Allen Obstkörben zum Trotz. Die Arbeit hat an Benefits zugelegt, aber ihren Sinn verloren. Die junge Generation überlegt sich heute dreimal, ob sie in dieses Hamsterrad einsteigt – Dienstwagen hin oder her.

Wo und wie ist die Freude am täglichen Schaffen unter die Räder gekommen? Wir haben Work & Life getrennt und sie zu Gegnern erklärt. Arbeit ist die Zeit, die uns vom Leben abhält. Frederik Winslow Taylor wirkte dabei wie ein Turbo.

Als der Begründer des Taylorismus mit seiner Stoppuhr zu Henry Ford ans Förderband trat, die Arbeitsprozesse analysierte, Schritt für Schritt optimierte und strikte Handlungsanweisungen formulierte, wurde der Mensch endgültig zum kleinen Rädchen im großen Getriebe.

Statt ein Automobil zu bauen, wurde nun das rechte Vorderrad festzuziehen zur Lebensaufgabe definiert. Die ewig gleichen Handgriffe, Tag für Tag, alle Jahre wieder. ...

Der Einzelne gerät in eine Optimierungsfalle und verliert den Blick für das Große und Ganze, die Verbundenheit zum Unternehmen, sein Verantwortungsgefühl und seinen Ideenreichtum."[84]

Gott hat jeden Menschen natürlich begabt, um am Gesamtauftrag der Menschheit mitzuwirken. Diese Begabungen sind sehr unterschiedlich und sollen einander ergänzen; wo der Blick für das Ganze verloren gegangen ist, hängen wir mit unseren Talenten, Interessen, Fähigkeiten und Neigungen ziemlich in der Luft. Das ist das Problem dieser Welt.

Christen sind jedoch nicht länger zur Verbesserung oder dem Erhalt einer Welt mit Ablaufdatum berufen – natürlich werden wir auch nichts tun, was dieser Schöpfung schadet! – sondern für die Verkündigung und Verwirklichung der kommenden Welt, des Reiches Gottes. Dafür bedarf es nicht bloß der natürlichen Begabungen, die freilich auch hier eingebracht werden sollen, sondern zusätzlich geistlicher Gaben, die untrennbar mit dem neuen Leben und den Qualitäten des Reiches Gottes verbunden sind.

Nichts ist so falsch und schädlich, wie wenn man das gemeinschaftliche Leben als Christen so anlegt, wie ein weltliches Unternehmen, sich denselben Effizienzkriterien unterwirft, in ähnlicher Weise Controlling anwendet und nur auf Zahlen und äußeren Erfolg achtet. Das gibt es tatsächlich, und in manchen Gemeinden ist nur der ein guter Christ, der sich ausbrennt für den Herrn und die Gemeinschaft. Oder der, der ausführlich belegen kann, wie viele Menschen er letzte Woche mit dem Evangelium erreicht hat. Gerne schert man da auch alle über einen Kamm: *„Jeder Christ ein Evangelist!"* Andere versuchen, mit denselben weltlichen Marketingmethoden geistliche Resultate zu erzielen.

Das Reich Gottes funktioniert anders, nämlich „organisch", es ist beziehungs- und nicht ergebnisorientiert. Es geht um Dienst, nicht um Ansehen

---

[84] https://www.handelsblatt.com/meinung/kolumnen/kolumne-out-of-the-box-so-foerdern-schlechte-manager-den-dienst-nach-vorschrift/100035992.html?utm_source=pocket-newtab-de-de

durch Leistung. Alles kommt dabei von Gott und dient letztlich zu Seiner Ehre:

„Es bestehen aber Unterschiede in den Gnadengaben, doch es ist derselbe Geist; auch gibt es unterschiedliche Dienste, doch es ist derselbe Herr; und auch die Kraftwirkungen sind unterschiedlich, doch es ist derselbe Gott, der alles in allen wirkt. Jedem wird aber das offensichtliche Wirken des Geistes zum allgemeinen Nutzen verliehen. ...

Dies alles aber wirkt ein und derselbe Geist, der jedem persönlich zuteilt, wie er will.“ (1. Korinther 12,4-7.11).

Um die Wechselwirkung der Dienste zu veranschaulichen, gebraucht die Schrift das Bild vom menschlichen Leib:

„Denn gleichwie der Leib einer ist und doch viele Glieder hat, alle Glieder des einen Leibes aber, obwohl es viele sind, als Leib eins sind, so auch der Christus. Denn wir sind ja alle durch einen Geist in einen Leib hinein getauft worden, ob wir Juden sind oder Griechen, Knechte oder Freie, und wir sind alle getränkt worden zu einem Geist.

Denn auch der Leib ist nicht ein Glied, sondern viele. Wenn der Fuß spräche: Ich bin keine Hand, darum gehöre ich nicht zum Leib! – gehört er deswegen etwa nicht zum Leib? Und wenn das Ohr spräche: Ich bin kein Auge, darum gehöre ich nicht zum Leib! – gehört es deswegen etwa nicht zum Leib? Wenn der ganze Leib Auge wäre, wo bliebe das Gehör? Wenn er ganz Ohr wäre, wo bliebe der Geruchssinn? Nun aber hat Gott die Glieder, jedes einzelne von ihnen, so im Leib eingefügt, wie er gewollt hat. Wenn aber alles ein Glied wäre, wo bliebe der Leib?

Nun aber gibt es zwar viele Glieder, doch nur einen Leib. Und das Auge kann nicht zur Hand sagen: Ich brauche dich nicht! oder das Haupt zu den Füßen: Ich brauche euch nicht! Vielmehr sind gerade die scheinbar schwächeren Glieder des Leibes notwendig, und die Glieder am Leib, die wir für weniger ehrbar halten, umgeben wir mit desto größerer Ehre, und unsere weniger anständigen erhalten umso größere Anständigkeit; denn unsere anständigen brauchen es nicht. Gott aber hat den Leib so zusammengefügt, dass er dem geringeren Glied umso größere Ehre gab, damit es keinen Zwiespalt im Leib gebe, sondern die Glieder gleichermaßen füreinander sorgen. Und wenn ein Glied leidet, so leiden alle Glieder mit; und wenn ein Glied geehrt wird, so freuen sich alle Glieder mit. Ihr aber seid der Leib des Christus, und jeder ist ein Glied daran nach seinem Teil." (1. Korinther 12,12-27).

Das ist ein wichtiges Prinzip: Jeder gehört dazu, und jeder ist wichtig für das Ganze. Die Gaben bestimmen nicht unseren Wert. Unsere Würde liegt darin, Teil des Ganzen zu sein.

Viel Unsicherheit herrscht unter Christen darin, welche Geistesgabe sie denn nun hätten. Ausführliche „Gabentests" mit Fragebögen, die psychologischen Verfahren entlehnt zu sein scheinen, sehe ich skeptisch. Sehr gut begründet werden meine Vorbehalte in folgendem Beitrag aus einer Fragebeantwortung:

„Es ist absolut lobenswert, dass die Kinder Gottes den Wunsch haben, die geistlichen Gaben zu erkennen, die ihnen vom Heiligen Geist zum Zwecke des Dienens und der Verherrlichung Gottes gegeben wurden (2. Timotheus 1,6). Gleichzeitig gibt die Bibel nicht an, dass die eigene(n) geistliche(n) Gabe(n) durch eine Prüfung bestimmt werden können. Die vielen Beurteilungen der geistlichen Gaben funktionieren in erster Linie auf die gleiche Weise. Die Person, die sich einer Prüfung unterzieht, antwortet einfach auf eine Liste von Aussagen oder Fragen. Nachdem alle Fragen beantwortet wurden, wird den Antwortmöglichkeiten ein Zahlenwert zugewiesen, der berechnet wird, und diese Zahl bestimmt die geistliche(n) Gabe(n). Im Gegensatz dazu lehrt die Bibel, dass der Heilige Geist geistliche Gaben nach seinem Willen gewährt, je nachdem, wie er sich entschieden hat, den Gläubigen zu benutzen, um anderen zu dienen.

Eines der Probleme mit dem Ansatz der Prüfung der geistlichen Gabe besteht darin, dass es unter den Christen heute viele verschiedene Meinungen über das gesamte Thema der geistlichen Gaben gibt, wie z. B. wie viele es gibt, was sie genau meinen, ob einige Gaben inaktiv sind und ob die Gaben Christi an seine Gemeinde (Epheser 4,11) in die Liste der geistlichen Gaben aufgenommen werden sollen. Selten werden diese Fragen in diesen Bewertungen angesprochen. Eine weitere Überlegung ist, dass Menschen in den meisten Fällen dazu neigen, sich selbst anders zu sehen als andere sie sehen, was ein falsches Ergebnis bei der Beurteilung der eigenen geistlichen Gaben bedeuten kann.

Ein drittes Problem bei der Verwendung dieses Ansatzes zur Bestimmung der geistlichen Gaben ist, dass diese Gaben von Gott über den Heiligen Geist kommen, und der Geist gibt diese Gaben jenen, für die er sich entscheidet (1. Korinther 12,7-11). In Johannes 16,13 wird den Gläubigen von Jesus versprochen, dass der Heilige Geist sie in alle Wahrheit führen wird. Da es der Heilige Geist ist, der entscheidet, wer welche Gaben erhält, liegt es auf der Hand, dass er noch mehr daran interessiert ist herauszufinden, was unsere Gaben sind, als wir es sind. In Wahrheit wird unsere eigene Neugierde, wie „begabt" wir sind, oft durch eitle Gedanken über unsere eigene Bedeutung motiviert. Umgekehrt ist der Wunsch des Heiligen Geistes, dass wir unsere geistlichen Gaben kennen, immer zum Besten, damit wir in der Gemeinde so wirken können, dass dem Vater Herrlichkeit und Ehre gebracht werden.

Wenn wir wirklich die Führung Gottes durch Gebet, Gemeinschaft, das Studium von Gottes Wort und die Lehre der Diener Gottes suchen, werden unsere Gaben offensichtlich werden."[85]

Jeder Christ habe zumindest eine geistliche Gabe, hört man oft, und so traut man sich oft gar nichts zu tun, bevor man sich dieser Gabe bewusst geworden ist. Doch ist es nicht gerade umgekehrt? Wird nicht erst durch den Dienst klar, was man besonders gut kann?

Als ich zum Glauben kam und der Gemeinde „einverleibt" wurde, habe ich sehr rasch einen Dienst übernommen, der keine besondere geistliche Begabung voraussetzt. Ich übernahm den Transport der Bücher vom Buchladen zum Büchertisch unserer Gemeinde und zurück, kontrollierte die Lieferscheine und stellte sie auf. Das habe ich mehrere Jahre lang gemacht, und vielleicht klingt das für den einen oder anderen auch monoton. Es hatte aber mehrere Nebeneffekte:

Zuerst lernte ich dienen, meine Zeit hinzugeben für die Geschwister, die sich an der Buchauswahl freuten und davon profitierten. Aber ich begann auch selbst, Interesse an der Literatur zu entwickeln, las sehr viel und erkannte,

---

[85] https://www.gotquestions.org/Deutsch/test-der-geistigen-Gaben.html

dass ich diese inhaltlich gut verstand, verknüpfen und mir leicht merken konnte. So zeigten sich die ersten Hinweise auf eine Lehrgabe.

Aufgrund meiner Merkfähigkeit nannte man mich im Spaß auch eine wandelnde Konkordanz, denn ich konnte zu vielen Fragen und Themen zielsicher die passenden Bibelstellen wiedergeben. Bald wurde ich eingeladen, Bibelstunden zu halten. Neun Jahre nach meiner Taufe hielt ich meine erste Predigt. Die ersten Anzeichen meiner Gabe bestätigten sich.

Es begann aber mit einem Dienst, den auch jeder andere hätte tun können, der körperlich hinreichend fit war, schwere Bücherkartons von A nach B zu transportieren. Ich tat das ohne Auto mit einem Kofferroller und zu Fuß, da das Büchergeschäft nur etwa 20 Gehminuten entfernt war.

Eine andere natürliche Gabe, die ich mitgebracht habe, war meine Musikalität. So diente ich auch in der Musikbegleitung im Gottesdienst und schloss mich dem Chor an, wo ich meine Scheu zu singen überwinden durfte. Im Zuge dessen lernte ich eine weitere Facette meiner Gabe kennen: Ich konnte mir auf so manches biblische Thema einen Reim machen, d.h. ich begann Liedtexte zu schreiben und zu komponieren. Als ich begann, den Gesang zu begleiten, war das für mich noch nicht absehbar.

Habe ich eine Gabe zum Kloputzen? Nein, nicht wirklich, aber es ist notwendig, und so half ich in einer anderen Gemeinde, der wir uns nach unserer Hochzeit angeschlossen hatten, bei der Reinigung der Gemeinderäumlichkeiten mit. Auch das blieb nicht einfach nur ein Dienst, es machte etwas mit mir. Es half mir, meine Bequemlichkeit zu überwinden, in der Treue und Zuverlässigkeit zu wachsen, den Nutzen der Gemeinde zu suchen, damit sich niemand graust, wenn er seine notwendigen Geschäfte erledigt. Ich begann in der Liebe zu wachsen.

Ich bin auch froh, dass es einen besonders praktisch begabten Bruder in unserer Gemeinde gibt, der einen geschärften Blick dafür hat, was wie zu tun ist und auch nicht zögert, Projekte anzugehen. Auch wäre unsere Gemeinde nicht dieselbe, hätte eine Schwester nicht ihre Freude an den Haushaltsarbeiten im Gemeindehaus entdeckt, welche sie mit strukturierten Listen gewissenhaft ausführt. Eine andere hat eine besondere Gabe des Glaubens und erlebt dementsprechend häufiger Gebetserhörungen, oder sieht ihre Herausforderungen stets im Licht der Verheißungen Gottes, was ihr Kraft, Freude und Trost trotz aller Widerwärtigkeiten gibt. Um nur einige zu nennen.

Darum geht es bei allen Gaben und Diensten! Es dreht sich nicht um das Angesehene oder Spektakuläre, sondern um Glauben, Liebe und Hoffnung. Den Korinthern, denen Paulus sehr viel dazu erklären musste, ging es aber um Ansehen und Wirkung, um die besonderen Gaben wie das Reden in fremden Sprachen oder die Gabe der Heilung. Man soll und darf nach Gaben streben, Aber warum und wozu? Paulus ist sehr deutlich:

„Strebt aber eifrig nach den vorzüglicheren Gnadengaben, und ich will euch einen noch weit vortrefflicheren Weg zeigen: Wenn ich in Sprachen der Menschen und der Engel redete, aber keine Liebe hätte, so wäre ich ein tönendes Erz oder eine klingende Schelle. Und wenn ich Weissagung hätte und alle Geheimnisse wüsste und alle Erkenntnis, und wenn ich allen Glauben besäße, so dass ich Berge versetzte, aber keine Liebe hätte, so wäre ich nichts. Und wenn ich alle meine Habe austeilte und meinen Leib hingäbe, damit ich verbrannt würde, aber keine Liebe hätte, so nützte es mir nichts!

Die Liebe ist langmütig und gütig, die Liebe beneidet nicht, die Liebe prahlt nicht, sie bläht sich nicht auf; sie ist nicht unanständig, sie sucht nicht das Ihre, sie lässt sich nicht erbittern, sie rechnet das Böse nicht zu; sie freut sich nicht an der Ungerechtigkeit, sie freut sich aber an der Wahrheit; sie erträgt alles, sie glaubt alles, sie hofft alles, sie erduldet alles. Die Liebe hört niemals auf." (1. Korinther 12,31 - 13,8).

Nun macht Paulus durchaus Unterschiede unter den Gaben. Manche davon haben einen größeren Nutzen als andere. Aber wir sollen und dürfen uns nicht vom Nutzen blenden lassen. Die Liebe steht über dem Nutzen! Wenn es also wichtigere und weniger wichtige Gaben gibt, so hat das nichts mit dem Wert und der Würde des einzelnen zu tun, oder seinen persönlichen Entwicklungsmöglichkeiten. Die größeren Gaben kosten auch mehr und gehen mit größerer Verantwortung einher:

„Und Gott hat in der Gemeinde etliche eingesetzt, erstens als Apostel, zweitens als Propheten, drittens als Lehrer; sodann Wunderkräfte, dann Gnadengaben der Heilungen, der Hilfeleistung, der Leitung, verschiedene Sprachen. Sind etwa alle Apostel? Sind etwa alle Propheten? Sind etwa alle Lehrer? Haben etwa alle Wunderkräfte? Haben alle Gnadengaben der Heilungen? Reden alle in Sprachen? Können alle auslegen?" (1. Korinther 12,28-30).

Apostel, Propheten und Lehrer sind Leitungsgaben. Die Verantwortung von Gemeindeleitern ist immens, und wer dazu berufen ist, dem wird gleichzeitig eine große Bürde auferlegt:

„Gehorcht euren Führern und fügt euch ihnen; denn sie wachen über eure Seelen als solche, die einmal Rechenschaft ablegen werden, damit sie das mit Freuden tun und nicht mit Seufzen; denn das wäre nicht gut für euch!" (Hebräer 13,17).

Der Dienst der „Hirten" ist keine Machtposition, sondern die Pflege der Seelen. Wer aus Prestigegründen diese Dienste anstrebt, ist fehl am Platz, auch wenn er die erforderlichen Gaben hat. Darum muss man in jeden Dienst hineinwachsen, um in der Liebe und der rechten Gesinnung zu reifen und sich seiner Begabung gewiss zu werden. Was auf alles gleichermaßen zutrifft, sagt Paulus mit folgenden Worten:

„Also auch ihr, da ihr eifrig nach Geisteswirkungen trachtet, strebt danach, dass ihr zur Erbauung der Gemeinde Überfluss habt!" (1. Korinther 14,12).

Dazu ist jeder einzelne Dienst notwendig. Der Herr weiß aber, wie es um unser Fleisch steht, und die Jünger unterlagen immer wieder einem internen Konkurrenzdenken:

„Zu jener Stunde traten die Jünger zu Jesus und sprachen: Wer ist wohl der Größte im Reich der Himmel? Und Jesus rief ein Kind herbei, stellte es in ihre Mitte und sprach: Wahrlich, ich sage euch: Wenn ihr nicht umkehrt und werdet wie die Kinder, so werdet ihr nicht in das Reich der Himmel kommen! Wer nun sich selbst erniedrigt wie dieses Kind, der ist der Größte im Reich der Himmel. Und wer ein solches Kind in meinem Namen aufnimmt, der nimmt mich auf." (Matthäus 18,1-5).

Wir sollen zuerst an die Geringen denken, und ihnen dienen. Jenen, die uns nichts zurückgeben können. Jenen, die viel Zeit, Kraft und Aufmerksamkeit erfordern – und da merken wir besonders, dass es ohne Liebe und Demut nicht geht.

„Es entstand aber auch ein Streit unter ihnen, wer von ihnen als der Größte zu gelten habe. Er aber sagte zu ihnen: Die Könige der Heidenvölker herrschen über sie, und ihre Gewalthaber nennt man Wohltäter. Ihr aber sollt nicht so sein; sondern der Größte unter euch soll sein wie der Jüngste, und der Führende wie der Dienende." (Lukas 22,24-26).

Wer freiwillig dient, begibt sich gegenüber den anderen in die Position eines Knechtes. Er stellt die eigenen Ziele hintan, er opfert seine Freizeit, er verzichtet (vordergründig) auf Selbstverwirklichung. Tatsächlich ist aber gerade das der Weg zu christlicher Selbstverwirklichung, indem so nämlich Christus in uns Gestalt gewinnt und wir Ihm ähnlicher werden.

„Tut nichts aus Selbstsucht oder nichtigem Ehrgeiz, sondern in Demut achte einer den anderen höher als sich selbst. Jeder schaue nicht auf das Seine, sondern jeder auf das des anderen.

Denn ihr sollt so gesinnt sein, wie es Christus Jesus auch war, der, als er in der Gestalt Gottes war, es nicht wie einen Raub festhielt, Gott gleich zu sein; sondern er entäußerte sich selbst, nahm die Gestalt eines Knechtes an und wurde wie die Menschen." (Philipper 2,3-7).

Es geht dabei in allem um ein Geben und Nehmen. Wenn einer nur immer gibt und die anderen immer nur nehmen, ist der eine bald ausgebrannt und die anderen bekommen gar nichts mehr. Selbst Paulus, der „große Apostel", fügt sich hier ein:

„Denn mich verlangt danach, euch zu sehen, um euch etwas geistliche Gnadengabe mitzuteilen, damit ihr gestärkt werdet, das heißt aber, dass ich mitgetröstet werde unter euch durch den gegenseitigen Austausch eures und meines Glaubens." (Römer 11,1-2).

In einer gesunden Gemeinde gilt daher das Sprichwort: *„Jeder gibt, was er kann, und bekommt das, was er braucht."* Wer wenig geben kann, ist deshalb nicht weniger wert. Wer gar nichts geben kann, ist umso wichtiger, weil andere dadurch die Gelegenheit haben, besonders ausgiebig zu dienen. Jakobus nennt solchen Dienst den eigentlichen und wahren Gottesdienst:

„Eine reine und makellose Frömmigkeit vor Gott, dem Vater, ist es, Waisen und Witwen in ihrer Bedrängnis zu besuchen und sich von der Welt unbefleckt zu bewahren." (Jakobus 1,27).

Die geistlichen Gaben machen den Dienst leicht und freudig, doch das bedeutet nicht, dass es ohne Fleiß und Anstrengung, ohne Selbstüberwindung und Opfer geht. Selbstverständlich würde an einem sonnigen Wochenende jeder viel lieber ausspannen, als (in der Freizeit) einer Witwe beim Wohnungsputz zu helfen oder Einkäufe zu erledigen. Oft gilt es, spontan zu sein, wenn die Not es erfordert.

Was uns dabei hilft, ist die Zusage des Herrn, dass kein Dienst, auch nicht der geringste, unbelohnt bleiben wird:

„Wer einen Propheten aufnimmt, weil er ein Prophet ist, der wird den Lohn eines Propheten empfangen; und wer einen Gerechten aufnimmt, weil er ein Gerechter ist, der wird den Lohn eines Gerechten empfangen; und wer einem dieser Geringen auch nur einen Becher mit kaltem Wasser zu trinken gibt, weil er ein Jünger ist, wahrlich, ich sage euch, der wird seinen Lohn nicht verlieren!" (Matthäus 10,41-42).

Hier geht es konkret um Gastfreundschaft, aber auch ganz allgemein gilt:

„Darum, meine geliebten Brüder, seid fest, unerschütterlich, nehmt immer zu in dem Werk des Herrn, weil ihr wisst, dass eure Arbeit nicht vergeblich ist im Herrn!" (1. Korinther 15,58).

Wir sind keine Fließbandarbeiter, die tagaus tagein monotone Aufgaben erledigen sollen. Wir sind Glieder an einem lebendigen Leib und leben von der Wechselwirkung der Gaben und Dienste. Da darf niemand zu kurz kommen, niemand übersehen werden – darum gilt der Blick zuerst dem Schwachen und Geringen, dem Armen und dem Bedürftigen.

So wird das Reich Gottes sichtbar, greifbar und erlebbar, als ein Gemeinwesen, welches einen Zusammenhalt lebt, den die Welt nicht kennt und sie in Erstaunen versetzen soll.

„Ein neues Gebot gebe ich euch, dass ihr einander lieben sollt, damit, wie ich euch geliebt habe, auch ihr einander liebt. Daran wird jedermann erkennen, dass ihr meine Jünger seid, wenn ihr Liebe untereinander habt." (Johannes 13,34-35).

Wie hat der Herr Jesus die Seinen geliebt? Wir denken da vielleicht spontan an das Kreuz und die Vergebung der Sünden, doch das war damals noch gar nicht geschehen! Welche Liebestat des Herrn haben die Jünger gerade eben erfahren?

„Vor dem Passahfest aber, da Jesus wusste, dass seine Stunde gekommen war, aus dieser Welt zum Vater zu gehen: wie er die Seinen geliebt hatte, die in der Welt waren, so liebte er sie bis ans Ende.

Und während des Mahls, als schon der Teufel dem Judas, Simons Sohn, dem Ischariot, ins Herz gegeben hatte, ihn zu verraten, da Jesus wusste, dass ihm der Vater alles in die Hände gegeben hatte und dass er von Gott ausgegangen war und zu Gott hinging, stand er vom Mahl auf, legte sein Obergewand ab, nahm einen Schurz und umgürtete sich; darauf goss er Wasser in das Becken und fing an, den Jüngern die Füße zu waschen und sie mit dem Schurz zu trocknen, mit dem er umgürtet war." (Johannes 13,1-5).

Das sorgte zuerst für Verwirrung, prägte sich den Jüngern aber unauslöschlich ein. Was wollte der Herr damit sagen?

„Nachdem er nun ihre Füße gewaschen und sein Obergewand angezogen hatte, setzte er sich wieder zu Tisch und sprach zu ihnen: Versteht ihr, was ich euch getan habe? Ihr nennt mich Meister und Herr und sagt es mit Recht; denn ich bin es auch. Wenn nun ich, der Herr und Meister, euch die Füße gewaschen habe, so sollt auch ihr einander die Füße waschen; denn ein Vorbild habe ich euch gegeben, damit auch

ihr so handelt, wie ich an euch gehandelt habe. Wahrlich, wahrlich, ich sage euch: Der Knecht ist nicht größer als sein Herr, noch der Gesandte größer als der ihn gesandt hat. Wenn ihr dies wisst, glückselig seid ihr, wenn ihr es tut!" (Johannes 13,12-17).

Wir sind eine fußwaschende Gemeinde, weil der Herr dieses Zeichen klar geboten hat. Er beließ es nicht bei einer theoretischen Belehrung, sondern verband diese mit einer symbolischen Handlung, die es uns einprägen soll. Einmal im Jahr waschen wir einander in der Regel die Füße als Bekenntnis, dass wir füreinander da sein, einander dienen wollen. Es ist jedes Mal eine gesegnete Feier, die ich nicht missen will – obwohl, das erste Mal musste ich mich sehr dazu überwinden. Ist das nicht mit jedem Dienst so?

Frei von Geldliebe

„Trachtet vielmehr nach dem Reich Gottes, so wird euch dies alles hinzugefügt werden! Fürchte dich nicht, du kleine Herde; denn es hat eurem Vater gefallen, euch das Reich zu geben. Verkauft eure Habe und gebt Almosen! Macht euch Beutel, die nicht veralten, einen Schatz, der nicht vergeht, im Himmel, wo kein Dieb hinkommt und keine Motte ihr Zerstörungswerk treibt. Denn wo euer Schatz ist, da wird auch euer Herz sein." (Lukas 12,31-34).

In einer Zeit der Verwirrung ließ ich mich einmal von einem Finanzdienstleister anwerben. Das Ziel des Unternehmens klang sehr „philanthropisch": „Wohlstand für alle". Durch das Vergleichen von Versicherungsprämien, Leistungen, Zinsen und Renditen versprachen wir unseren „Mandanten" das Blaue vom Himmel. Ich glaubte anfangs wirklich daran, und erstaunlicherweise waren auch viele Christen in dieser Firma engagiert. Der mich angeworben hatte, war sogar ein anerkannter Prediger in freikirchlichen Kreisen. Er war promovierter Verkaufspsychologe und ehemaliger Bankangestellter und strahlte Souveränität und Kompetenz aus. Unsere feinen Anzüge wirkten höchst professionell, und wir traten auch sehr selbstbewusst auf. Als ich in der Gemeinde um Rat fragte, ob ich dieses Stellenangebot annehmen sollte, äußerte niemand Bedenken und so stieg ich ein.

Es war ein rein provisionsabhängiges Verhältnis, und obwohl ich gut in der Akquise war, verschlang die Struktur des Vertriebs schlussendlich meine Ersparnisse und nach sieben Monaten musste ich aufgeben. Damals erkannte ich bereits, dass mit der Idee etwas nicht stimmen konnte. Im Grunde ist es ein Geschäft mit den Ängsten und Sorgen der Menschen, auf die unser Herr Jesus ganz andere Antworten gegeben hat.

Was war alles falsch damals (und heute ist es ja nicht anders)?

„Den meisten Menschen ist klar, dass die gesetzliche Rente im Alter nicht (aus)-reichen wird. Genau deshalb setzen viele – insbesondere Selbständige – auf private

Vorsorgeprodukte. Die Zinsentwicklung der letzten Jahre hat dazu geführt, dass risikolose Finanzprodukte (mit festen Zinsen) nicht mehr funktionieren.

Bei den risikofreudigeren Finanzprodukten (mit Aktienanteil) gibt es leider erhebliche Missstände. In geschätzten 80 % der Fälle dienen diese Produkte nicht den Anlegern, sondern vielmehr den Anbietern – also Versicherer, Banken, Investment-Gesellschaften und deren „Berater".

Das Hauptproblem besteht allerdings darin, dass diese „Abfall"-Produkte dennoch massenhaft gekauft werden. Die Jahreszahlen einschlägiger Finanzvertriebe beweisen es. Im Ergebnis droht Millionen von Anlegern die Altersarmut. Und das wiederum zieht weitreichende gesellschaftliche Probleme nach sich, die mit amerikanischen Verhältnissen umschrieben werden könnten.

Unabhängige Berater oder Interessenskonflikte?

Die Schnittstelle zwischen Anleger und dem Finanzprodukt ist immer der sogenannte „Berater". Und überall liest man von unabhängiger Finanzberatung. Im Grunde können wir aber zwischen drei Gruppen von Beratern unterscheiden.

1. *Der Vertreter, der nur für eine Versicherungsgesellschaft tätig wird. Er kann Ihnen im Zweifel also nicht das für Sie beste Produkt am Markt anbieten, sondern immer nur Produkte eines einzigen Versicherungsunternehmens. Er ist weniger Berater als vielmehr ein Verkäufer seiner Versicherungsgesellschaft. Und für den Verkauf der Produkte bekommt er Provisionen. Er hat demnach ein großes Interesse an dem Verkauf, weniger an einer ergebnisoffenen Beratung.*

2. *Der Makler, der Produkte aus einer Vielzahl von Versicherungsgesellschaften auswählen kann. Er rühmt sich damit, unabhängig zu sein, und auf der Seite des Kunden zu stehen. Es stimmt, dass der Makler nicht in Abhängigkeit von Versicherungsgesellschaften arbeitet. Dennoch ist auch hier festzuhalten, dass ein Makler durchaus die Produkte vermitteln kann, die ihm das meiste Geld bringen, und nicht zwangsläufig jene, die am besten zum Kunden passen. Also besteht auch hier ein Interessenkonflikt.*

3.	*Der Honorarberater, der nicht von einem Produktgeber bezahlt wird, sondern vom Kunden selbst. Hier findet tatsächlich Beratung statt und im Ergebnis kann ein Produkt vermittelt werden, das keine Provisionskosten beinhaltet – sogenannte Netto-Policen. Das ist im Zweifel für den Kunden nicht unbedingt kostengünstiger. Er kann sich allerdings sicher sein, dass der Berater keinem Interessenskonflikt unterliegt. …*

Die größten Versicherungsvertriebe in Deutschland sind sogenannte Struktur-vertriebe. Sie werben mit bekannten Namen und an prominenten Stellen im Deut-schen (Bezahl-)Fernsehen. Diese Vertriebe zeichnen sich dadurch aus, dass „unqualifizierte Berater" nebenberuflich einsteigen und sich Stück für Stück hocharbeiten können. Wird ein Produkt verkauft, verdient nicht nur der Verkäufer, sondern auch der, der den Verkäufer betreut und möglicherweise sogar Ebenen darüber. Wir sprechen von einer mehrschichtigen Vertriebsstruktur.

Vorteil für das Unternehmen: Jeder neue Verkäufer bringt neues Kundenpotential mit – nämlich seine Freunde und Verwandten."[86]

Kurze Randbemerkung: Diese Verkaufsanbahnungen belasten solche Beziehungen nicht unerheblich, denn man beginnt, seine Freunde plötzlich als Kunden zu sehen und überlegt unentwegt, wie man ihnen ein Produkt empfehlen könnte. Das ist schlecht für den Charakter und mit dem christlichen Wesen schlichtweg unvereinbar. Der Artikel kommt übrigens von einer Seite, die selbst Finanzprodukte anbietet; also erübrigt es sich, diesen weiterzulesen, obwohl all das Zitierte absolut stimmt. Die Frage ist, ob es eine Alternative zur finanziellen Absicherung realer oder befürchteter möglicher Notlagen gibt.

Ja, es gibt einen anderen Weg, einen radikal anderen Weg. In der Bergpredigt lehrt der Herr Jesus einige fundamentale Wahrheiten, die uns alle Ängste nehmen können, wenn wir uns wirklich darauf einlassen.

---

[86] https://finanz-aktiv.de/finanzen-und-versicherungen/schlechte-produkte-und-falsche-versprechen/

„Ihr sollt euch nicht Schätze sammeln auf Erden, wo die Motten und der Rost sie fressen und wo die Diebe nachgraben und stehlen. Sammelt euch vielmehr Schätze im Himmel, wo weder die Motten noch der Rost sie fressen und wo die Diebe nicht nachgraben und stehlen! Denn wo euer Schatz ist, da wird auch euer Herz sein." (Matthäus 6,19-21).

Reichtum oder Wohlstand befreien uns nicht von Sorgen, sondern bescheren uns ganz andere, nämlich Verlustängste. Die Schätze der Welt sind vergänglich, wie wir alle wissen, und in Zeiten der Inflation steht es uns überdeutlich vor Augen. Also noch mehr Schätze sammeln? Ja, aber die richtigen! Schätze im Himmel! Wie soll das gehen?

„Das Auge ist die Leuchte des Leibes. Wenn nun dein Auge lauter ist, so wird dein ganzer Leib licht sein. Wenn aber dein Auge verdorben ist, so wird dein ganzer Leib finster sein. Wenn nun das Licht in dir Finsternis ist, wie groß wird dann die Finsternis sein!" (Matthäus 6,22-23).

Das ist schwer verständlich, wenn man die biblischen Sprichwörter nicht kennt. Was bedeutet es, ein lauteres oder helles Auge zu haben, oder ein verdorbenes und finsteres?

„Wer ein gütiges Auge hat, der wird gesegnet, denn er gibt dem Armen von seinem Brot." (Sprüche 22,9).

„Böse ist der, der mit dem Auge neidet, das Gesicht abwendet und hinwegsieht über Menschen. Des Habgierigen Auge wird nicht satt durch Teilhabe [d.h. mit dem ihm zukommenden Anteil], und boshaftes Unrecht trocknet die Seele aus. Das boshafte Auge ist neidisch auf Brot und nicht gewahr seines Tisches." (Sirach 14,8-10).

Es geht um Geiz und Freigiebigkeit. Schätze im Himmel sammelt man, indem man den Armen vom eigenen Überfluss gibt. Christen sollen im Vertrauen auf Gott sogar bereit sein, *alles* zu geben:

„Verkauft eure Habe und gebt Almosen! Macht euch Beutel, die nicht veralten, einen Schatz, der nicht vergeht, im Himmel, wo kein Dieb hinkommt und keine Motte ihr Zerstörungswerk treibt." (Lukas 12,33).

Der Herr setzt aber noch eines drauf:

„Niemand kann zwei Herren dienen, denn entweder wird er den einen hassen und den anderen lieben, oder er wird dem einen anhängen und den anderen verachten. Ihr könnt nicht Gott dienen und dem Mammon!" (Matthäus 6,24).

Es geht um eine völlige Unvereinbarkeit. Wer für seine Sicherheit auf den Mammon vertraut, misstraut Gott. Wahrer Glaube an Gott beinhaltet, die falschen Sicherheitsversprechen des Mammons zurückzuweisen und sich von aller Habe loszusagen. Ein Sprung in den Abgrund ohne Netz und doppelten Boden? Ein Sprung in die starken Arme unseres Vaters! Diese Lehre Christi gehört zu den am meisten verschwiegenen; darum hat mir auch niemand von dem Irrweg in die Finanzdienstleistung abgeraten. Darum habe ich es anfangs nicht durchschaut! Sind Geld und materielle Sicherheiten nicht bloß ein Mittel zum Zweck? Nein, sie sind ein Gegengott, ein Götze, der uns an sich bindet. Wie soll man ohne diese „Sicherheiten" aber leben können?

„Darum sage ich euch: Sorgt euch nicht um euer Leben, was ihr essen und was ihr trinken sollt, noch um euren Leib, was ihr anziehen sollt! Ist nicht das Leben mehr als die Speise und der Leib mehr als die Kleidung? Seht die Vögel des Himmels an: Sie säen nicht und ernten nicht, sie sammeln auch nicht in die Scheunen, und euer himmlischer Vater ernährt sie doch. Seid ihr nicht viel mehr wert als sie? Wer aber von euch kann durch sein Sorgen zu seiner Lebenslänge eine einzige Elle hinzusetzen?

Und warum sorgt ihr euch um die Kleidung? Betrachtet die Lilien des Feldes, wie sie wachsen! Sie mühen sich nicht und spinnen nicht; ich sage euch aber, dass auch Salomo in all seiner Herrlichkeit nicht gekleidet gewesen ist wie eine von ihnen. Wenn nun Gott das Gras des Feldes, das heute steht und morgen in den Ofen geworfen wird, so kleidet, wird er das nicht viel mehr euch tun, ihr Kleingläubigen? Darum sollt ihr nicht sorgen und sagen: Was werden wir essen? oder: Was werden wir trinken? oder: Womit werden wir uns kleiden? Denn nach allen diesen Dingen trachten die Heiden, aber euer himmlischer Vater weiß, dass ihr das alles benötigt." (Matthäus 6,25-32).

Muss ein Biber einen Kredit aufnehmen, um seine Biberburg zu bauen? Bringt ein Eichhörnchen seine Nüsse auf die Bank? Die ganze Schöpfung kommt ohne Geld aus und lebt aus der Fülle, die Gott in diese hineingelegt hat. Die Schöpfung – in ihrem Ursprung und zu einem guten Teil noch heute – kennt weder Mangel noch Verschwendung. Unser Vater ist der Schöpfer aller Dinge. Sind wir, Seine Kinder, ihm nicht viel mehr wert als ein Sperling oder ein Regenwurm?

Das ist keine Stammbuchpoesie, das sind keine Hippieträume, das ist die Realität, für die unsere Augen blind geworden sind. Die Verheißungen Gottes gelten unter einer Bedingung, die der ersten Schöpfung gar nicht so unähnlich ist: Unsere ersten Eltern kannten keinen Mangel, mussten sich auch keine Sorgen machen; ihre einzige Sorge galt dem Auftrag, den Gott ihnen gegeben hat. Nun gibt der Herr uns einen neuen Auftrag im Hinblick auf die neue Schöpfung, die Wiederherstellung aller Dinge, das Reich Gottes:

„Trachtet vielmehr zuerst nach dem Reich Gottes und nach seiner Gerechtigkeit, so wird euch dies alles hinzugefügt werden!" (Matthäus 6,33).

Solange unsere Lebenspläne sich darum drehen, ein weltlich angenehmes und gesichertes Leben zu führen, werden wir vom Mammon abhängig bleiben, denn dies sind die Dinge, die in dieser Welt nur dadurch erlangt werden können. Dann ist das Reich Gottes noch nicht unser Leben, sondern eine weitere Aufgabe, die uns zu den anderen Geschäften des Lebens aufgebürdet wird. Daraus ergibt sich eine Doppelbelastung und ein Leben im ständigen „Interessensausgleich".

Wenn wir uns aber ganz in den Dienst des Reiches Gottes stellen, wird uns nichts vom Lebensnötigen fehlen, da unser Vater uns zugesagt hat, uns zu versorgen. *„Glaubst du das?"* (vgl. Johannes 11,26). Wir glauben an die Auferstehung der Toten, doch diese ist noch weit weg. Der Glaube an das tägliche Brot betrifft den heutigen Tag. Wird Gott uns wirklich versorgen? Nicht, solange wir noch das Geld zumindest als Backup festhalten, für den Fall, dass Er es doch nicht tut. Das bedeutet übrigens nicht, dass wir keiner geregelten Arbeit mehr nachgehen sollen, aber dass auch diese Ausdruck unseres

Trachtens nach Gottes Reich werden muss. Ebenso gehen wir mit den Erträgen unserer Arbeit als weise Haushalter Gottes um und nicht mehr selbstsüchtig.

Merken wir, wie sehr es hier an die Substanz des Glaubens geht? Die Bibel ist voll von ähnlichen Aussagen:

„Euer Lebenswandel sei frei von Geldliebe! Begnügt euch mit dem, was vorhanden ist; denn er selbst hat gesagt: Ich will dich nicht aufgeben und dich niemals verlassen!" (Hebräer 13,5).

„Es ist allerdings die Gottesfurcht eine große Bereicherung, wenn sie mit Genügsamkeit verbunden wird. Denn wir haben nichts in die Welt hineingebracht, und es ist klar, dass wir auch nichts hinausbringen können. Wenn wir aber Nahrung und Kleidung haben, soll uns das genügen! Denn die, welche reich werden wollen, fallen in Versuchung und Fallstricke und viele törichte und schädliche Begierden, welche die Menschen in Untergang und Verderben stürzen. Denn die Geldgier ist eine Wurzel alles Bösen; etliche, die sich ihr hingegeben haben, sind vom Glauben abgeirrt und haben sich selbst viel Schmerzen verursacht." (1. Timotheus 6,6-10).

Die gute Saat des Evangeliums in unseren Herzen wird durch den Mammon erstickt und kommt nicht zur Reife und zur Frucht:

„Was aber unter die Dornen fiel, das sind die, welche es gehört haben; aber sie gehen hin und werden von Sorgen und Reichtum und Vergnügungen des Lebens erstickt und bringen die Frucht nicht zur Reife." (Lukas 8,14).

Habsucht schließt vom Reich Gottes aus:

*„Wisst ihr denn nicht, dass Ungerechte das Reich Gottes nicht erben werden? Irrt euch nicht: Weder Unzüchtige noch Götzendiener, weder Ehebrecher noch Weichlinge, noch Knabenschänder, weder Diebe noch **Habsüchtige**, noch Trunkenbolde, noch Lästerer, noch Räuber werden das Reich Gottes erben."* (1. Korinther 6,9-10).

Habsucht, schreibt Paulus mehrmals nachdrücklich, ist Götzendienst.

Die Lehren des Herrn sind also nicht verhandelbar, sie sind kategorisch. Habsucht, Geldliebe, Streben nach Reichtum oder auch nur das Festhalten des Besitzes schließen uns von der Nachfolge absolut aus.

„So kann auch keiner von euch mein Jünger sein, der nicht allem entsagt, was er hat." (Lukas 14,33).

Allem zu entsagen bedeutet nicht unbedingt, alles gleich zu veräußern und wegzugeben, sondern alles dem Herrn zu übergeben und nach Bedarf zu verschenken. Das Wort „entsagen" bedeutet soviel wie „Abschied nehmen". Es kann aber auch alles sofort betreffen, wenn die Not es erfordert. Es gab eine Episode in der Apostelgeschichte, die uns deutlich davor warnt, in diesen Dingen heuchlerisch vorzugehen. Nachdem Barnabas zuvor als lobenswertes Beispiel erwähnt wird, berichtet Lukas von Ananias und Saphira, die einen Acker verkauften, um einen Teil des Erlöses der Gemeinde zu geben. Sie sagten aber, dass sie alles spenden würden. Petrus spricht dies deutlich an:

„Petrus aber sprach: Ananias, warum hat der Satan dein Herz erfüllt, so dass du den Heiligen Geist belogen hast und von dem Erlös des Gutes etwas für dich auf die Seite geschafft hast? Hättest du es nicht als dein Eigentum behalten können? Und als du es verkauft hattest, war es nicht in deiner Gewalt? Warum hast du denn in deinem Herzen diese Tat beschlossen? Du hast nicht Menschen belogen, sondern Gott!" (Apostelgeschichte 5,3-4).

Daraufhin fiel der Betrüger tot zu Boden, und seine Frau folgte ihm kurz danach. So ernst nimmt Gott dieses Thema! Wir sollten uns nicht damit spielen, sondern in uns gehen und uns ernsthaft prüfen, woran unser Herz hängt. Dass seit damals nicht jeder sofort gerichtet wurde, der solch eine Täuschung begeht, bedeutet nicht, dass Gott es heute anders sieht. Würde Er stets so unmittelbar richten, wie es verdient wäre, wären die Gemeinden wohl menschenleer. Durch diesen Vorfall ging jedoch ein Ruck durch die ganze Gemeinde und das geistliche Leben gewann an Qualität. Die „Schockwelle" des Gerichts sollte bis heute für jeden deutlich zu spüren sein.

Dass der Weg Christi keine reine Theorie ist, zeigen viele Beispiele gesegneter Christen der Vergangenheit, eines hebe ich hervor. Von Cyprian, dem Bischof von Karthago (200-258), heißt es:

„Als er noch in den ersten Anfängen seines Glaubens stand, da war er überzeugt, nichts sei mehr Gottes würdig als die Beobachtung der Enthaltsamkeit. Denn nur dann könne Herz und Sinn fähig werden, die Wahrheit völlig zu erfassen, wenn man die Begehrlichkeit des Fleisches mit der gesunden und ungeschwächten Kraft der Heiligkeit niederzwinge. Wer hätte je von einem solchen Wunder gehört? Noch nicht hatte die zweite Geburt den neuen Menschen mit dem ganzen Glanze des göttlichen Lichtes erleuchtet und schon überwand er die alte, vormalige Finsternis lediglich durch den bloßen Schimmer dieses Lichtes. Bald darauf — und das ist noch ein größeres Wunder —, als er, obwohl noch ein Neuling, aus den göttlichen Schriften im Eifer seines Glaubens bereits einige Lehren kennen gelernt hatte, da machte er sich sofort etwas zu eigen, das, wie er fand, dazu dienen konnte, sich bei dem Herrn Verdienste zu erwerben. Er verkaufte sein Eigentum und verteilte fast den ganzen Erlös, um zahlreichen Bedürftigen den nötigen Unterhalt zu gewähren. So erwarb er sich zwei Verdienste zu gleicher Zeit: er entsagte nicht nur dem eitlen Streben dieser Welt, das am meisten Verderben stiftet, sondern er übte auch Barmherzigkeit, die Gott sogar den ihm dargebrachten Opfern vorgezogen hat und an der es selbst jener hat fehlen lassen, der sich rühmte, alle Gebote des Gesetzes beobachtet zu haben. So gelangte er in dem eilfertigen Eifer seiner Frömmigkeit beinahe schon eher zur Vollkommenheit, als er den Weg zu ihr kennen lernte."[87]

Dass Cyprian dafür so bewundert wurde, liegt auch daran, dass im dritten Jahrhundert nur mehr wenige bereit waren, alles zu geben, was doch zum normalen christlichen Leben gehören sollte. Die Folgen dieser Verwässerung waren übrigens dramatisch, denn aufgrund der Geldliebe der meisten, fielen viele in der Zeit der Verfolgung vom Glauben ab, was Cyprian sehr beklagte:

„Da war jeder nur auf die Vergrößerung seines Vermögens bedacht, und ohne daran zu denken, was die Gläubigen früher zur Zeit der Apostel getan hatten und immer

---

[87] Leben des Cäcilius Cyprianus von Diakon Pontius Kp. 2

tun sollten, verlegte man sich, von unersättlicher Habgier entflammt, nur auf die Mehrung seines Besitzes."[88]

Weil der Mammon uns an die Welt bindet, können wir in Verfolgung auch nicht die Treue zu Gott bewahren. Denn dann ist der Mammon der Herr, dem wir vertrauen und folgen.

Wie soll man dann aber leben können, wenn man allem Besitz absagt? Die Antwort lesen wir in der Apostelgeschichte:

„Und die Menge der Gläubigen war ein Herz und eine Seele; und auch nicht einer sagte, dass etwas von seinen Gütern sein eigen sei, sondern alle Dinge waren ihnen gemeinsam. Und mit großer Kraft legten die Apostel Zeugnis ab von der Auferstehung des Herrn Jesus, und große Gnade war auf ihnen allen. Es litt auch niemand unter ihnen Mangel; denn die, welche Besitzer von Äckern oder Häusern waren, verkauften sie und brachten den Erlös des Verkauften und legten ihn den Aposteln zu Füßen; und man teilte jedem aus, so wie jemand bedürftig war." (Apostelgeschichte 4,32-35).

Kann es sein, dass die große Kraft des apostolischen Zeugnisses auf der Gütergemeinschaft der Gemeinde beruhte? Es kann nicht nur sein, es ist zwangsläufig so! Denn hier sieht man, wie ungeteilt das Herz der ersten Christen auf ihren Gott ausgerichtet war. Wer mit geteiltem Herz Christus nachfolgen will, wird weder Großes erreichen noch sehr weit kommen. Am Ende steht er wie das Kamel vor dem Nadelöhr.

„Wahrlich, ich sage euch: Ein Reicher hat es schwer, in das Reich der Himmel hineinzukommen! Und wiederum sage ich euch: Es ist leichter, dass ein Kamel durch ein Nadelöhr geht, als dass ein Reicher in das Reich Gottes hineinkommt! Als seine Jünger das hörten, entsetzten sie sich sehr und sprachen: Wer kann dann überhaupt gerettet werden? Jesus aber sah sie an und sprach zu ihnen: Bei den Menschen ist dies unmöglich; aber bei Gott sind alle Dinge möglich." (Matthäus 19,23-26).

---

[88] Über die Gefallenen Kp. 6

Hier verrät uns der Herr ein kleines Geheimnis, das uns die Angst nehmen kann: Bei (oder besser: mit) Gott sind alle Dinge möglich! Wir sind ja nicht auf uns alleine gestellt! Doch das müssen wir uns täglich vergegenwärtigen, weil wir Ihn ja nicht sehen, wohl aber unsere Bedürfnisse, Nöte und Sorgen. Genau darum aber geht es beim Glauben.

„Da antwortete Petrus und sprach zu ihm: Siehe, wir haben alles verlassen und sind dir nachgefolgt; was wird uns dafür zuteil? Jesus aber sprach zu ihnen: Wahrlich, ich sage euch: Ihr, die ihr mir nachgefolgt seid, werdet in der Wiedergeburt, wenn der Sohn des Menschen auf dem Thron seiner Herrlichkeit sitzen wird, auch auf zwölf Thronen sitzen und die zwölf Stämme Israels richten. Und jeder, der Häuser oder Brüder oder Schwestern oder Vater oder Mutter oder Frau oder Kinder oder Äcker verlassen hat um meines Namens willen, der wird es hundertfältig empfangen und das ewige Leben erben. Aber viele von den Ersten werden Letzte, und Letzte werden Erste sein." (Matthäus 19,27-30).

Die Antwort des Herrn ist zweiteilig: Erstens sind wir zu etwas Höherem berufen, denn wir sollen mit Christus regieren. Was die Gegenwart betrifft (zweitens), wird jeder Verlust, den wir meinen durch unser Loslassen zu erleiden, hundertfältig ausgeglichen. Wie und wo? In der Gemeinschaft! Denn in der Gemeinschaft wird alles geteilt, was der himmlische Vater Seinen Kindern gibt. Damit klärt sich auch die Frage, wie der Vater all unseren Mangel ausfüllen will, nämlich, indem Er *der Gemeinde* alles Nötige gibt, damit wir es untereinander teilen. Paulus gibt dazu ein Prinzip und ein Beispiel:

„Nicht, damit andere Erleichterung haben, ihr aber Bedrängnis, sondern des Ausgleichs wegen: In der jetzigen Zeit soll euer Überfluss ihrem Mangel abhelfen, damit auch ihr Überfluss eurem Mangel abhilft, so dass ein Ausgleich stattfindet, wie geschrieben steht: »Wer viel sammelte, hatte keinen Überfluss, und wer wenig sammelte, hatte keinen Mangel«." (2. Korinther 8,13-15).

Worauf spielt er mit dem Schriftbeweis an? Auf das Manna, das Gott für Sein Volk in der Wüste regnen ließ. Die einen sammelten viel davon, die anderen weniger, aber niemand litt Mangel. Warum? Die Antwort liegt nahe: weil sie geteilt haben. Ermutigt er damit zum faul Sein? Mitnichten! Wer wenig sammelte, tat dies nicht, weil er faul war, sondern weil er aus verschiedenen Gründen nicht konnte. Wer konnte das tägliche Himmelsbrot nicht auflesen? Die Alten, die Kranken, die Schwachen, die, welche mit anderen wichtigen Aufgaben beschäftigt waren, die Kleinkinder und Säuglinge. Für all diese sammelten die anderen mit und teilten es auf. Das steht zwar nicht direkt so im Bericht, das aber ist gemeint, denn Faulheit wird nirgends unterstützt. Es kommt also niemand zu kurz, Gott sorgt für die Seinen:

„Das aber bedenkt: Wer kärglich sät, der wird auch kärglich ernten; und wer im Segen sät, der wird auch im Segen ernten. Jeder, wie er es sich im Herzen vornimmt; nicht widerwillig oder gezwungen, denn einen fröhlichen Geber hat Gott lieb! Gott aber ist mächtig, euch jede Gnade im Überfluss zu spenden, so dass ihr in allem allezeit alle Genüge habt und überreich seid zu jedem guten Werk, wie geschrieben steht: »Er hat ausgestreut, er hat den Armen gegeben; seine Gerechtigkeit besteht in Ewigkeit«." (2. Korinther 9,6-9).

Als weiteres wichtiges Prinzip gilt die Liebe, die ohne Freiwilligkeit nicht möglich ist. Es kann und darf keinen Zwang zur Gütergemeinschaft geben, aber andererseits kann die Gütergemeinschaft auf nicht verhandelt werden. Sie ist und bleibt ein Bemühen um und in der Liebe. Darum haben wir bei uns auch (derzeit) keine gemeinsame Kasse, sondern jeder hat sein Konto, auf das sein Gehalt überwiesen wird, worüber er auch verfügt. Aber jeder hat sich mit der Taufe und Gemeindeaufnahme auch zum Teilen verpflichtet, je nachdem ein Bedarf entsteht. Wer mehr verdient, gibt mehr, wer weniger Einkommen hat, gibt weniger oder bekommt zusätzliche Unterstützung und bringt sich auf andere Weise dienend in der Gemeinschaft ein.

Nur wenige Gemeinden praktizieren eine Form verbindlicher Gütergemeinschaft. Das ist nicht nur schade, es treibt die Geschwister in die Arme des Mammons, denn um die Bedürfnisse des Lebens zu decken und für sich vorzusorgen, werden sie auf die weltlichen Lösungen des Sparens und Hortens zurückgeworfen. Nicht wenige investieren zudem viel Geld für das eigene Wohlleben, während andere kaum mit dem Einkommen auskommen.

Das soll nicht so sein. Das macht dem Herrn keine Ehre. Das widerspricht den Grundsätzen des Reiches Gottes.

Zuletzt macht man dann Unterschiede in der Wertschätzung gemäß dem Einkommen, wie Jakobus beschreibt:

„Meine Brüder, verbindet den Glauben an unseren Herrn Jesus Christus, den Herrn der Herrlichkeit, nicht mit Ansehen der Person! Denn wenn in eure Versammlung ein Mann käme mit goldenen Ringen und in prächtiger Kleidung, es käme aber auch ein Armer in unsauberer Kleidung, und ihr würdet euch nach dem umsehen, der die prächtige Kleidung trägt, und zu ihm sagen: Setze du dich hier auf diesen guten Platz!, zu dem Armen aber würdet ihr sagen: Bleibe du dort stehen, oder setze dich hier an meinen Fußschemel! – würdet ihr da nicht Unterschiede unter euch machen und nach verwerflichen Grundsätzen richten?

Hört, meine geliebten Brüder: Hat nicht Gott die Armen dieser Welt erwählt, dass sie reich im Glauben würden und Erben des Reiches, das er denen verheißen hat, die ihn lieben? Ihr aber habt den Armen verachtet!" (Jakobus 2,1-6).

Er beschließt diese Mahnung mit einer erschreckenden Warnung:

„Denn das Gericht wird unbarmherzig ergehen über den, der keine Barmherzigkeit geübt hat; die Barmherzigkeit aber triumphiert über das Gericht." (Jakobus 2,13).

Wie soll Gott uns im Gericht barmherzig behandeln, wenn wir gegenüber den Armen in der Gemeinde unbarmherzig waren?

Es ist eine verschmähte und vielfach vergessene Lehre. Die meisten Christen haben sie nie in ihrer Tiefe gelehrt bekommen. Die Folgen sind offensichtlich: Es gibt in den Gemeinden vielfach dieselben Unterschiede zwischen Armen und Reichen wie in der Welt, und die meisten Christen vertrauen im Alltag auf den Mammon und sind so geteilten Herzens. Wundert es uns, dass die Verkündigung kraftlos geworden ist?

Unsere äußere Erscheinung

„Euer Schmuck soll nicht der äußerliche sein, Haarflechten und Anlegen von Goldgeschmeide oder Kleidung, sondern der verborgene Mensch des Herzens in dem unvergänglichen Schmuck eines sanften und stillen Geistes, der vor Gott sehr kostbar ist." (1. Petrus 3,3-4).

Ein Leben frei von Geldliebe führt zwangsläufig zu einem bescheidenen Lebensstil und damit zu einer äußeren Erscheinung, die diesem entspricht. Wir sind bei einem heißen Eisen angekommen, nämlich dem christlichen Kleidungsstil. Doch wer das letzte Kapitel verstanden hat, dem wird es so selbstverständlich scheinen wie beten und bibellesen.

Im obigen Text lesen wir, dass unser Schmuck nicht der äußere sein soll, sondern unser sanfter und stiller Geist. Geschrieben ist das an Frauen, die im Allgemeinen ein weit größeres Bedürfnis haben, schön zu erscheinen, als Männer. Jemand wandte einmal ein, unser Schmuck solle *„nicht nur"* der äußere sein, und wollte damit rechtfertigen, dass man sich durchaus schmücken dürfe, solange man das innere Wesen nicht vergisst. So steht es aber nicht da. Es geht um ein *„nicht – sondern"*. Der Grund dafür ist die Fortsetzung des vorigen Themas: Wer frei von Geldliebe ein bescheidenes Leben führt, wird sich nicht mit Gold behängen und teure Kleider tragen, die Status ausdrücken.

Es geht mir jetzt nicht darum, ob wir nicht doch dezenten Schmuck tragen dürfen, billige aber hübsche Ohrringe etwa, oder wenigstens einen netten Ring aus einem Kaugummiautomaten. Solche Diskussionen führen vom Eigentlichen weg und finden kein Ende. In der frühen Kirche wurde darüber noch gelehrt, heute scheut man dieses Thema, weil es sehr emotional werden kann. Davon kann ich viele Lieder singen … Hören wir einmal, was die Alten sagten. Tertullian (160-220) überrascht uns mit einer Quelle, die wir kaum im Blick haben: das Buch Henoch. Dieses Buch stand in hohem Ansehen und wird auch im Neuen Testament zitiert. Darin geht es um die Hintergründe zu dem Bericht aus Genesis 6, wo Engel sich mit den Frauen der Menschen vermischten, Riesen zeugten und das menschliche Geschlecht in jeder Hinsicht moralisch verdorben wurde. Er schreibt:

„Auch die, durch welche diese Dinge in Aufnahme gekommen sind, wurden verworfen und der Todesstrafe überwiesen, jene Engel, welche vom Himmel zu den Töchtern der Menschen herabsanken, so dass auch diese Schmach noch die Frau traf. Nachdem sie die Welt, welche besser unwissend geblieben wäre, gewisse Stoffe und viele Künste, die besser unbekannt und verborgen geblieben wären, kennen gelehrt hatten ... da haben sie im eigentlichen Sinne und gleichsam ganz speziell noch den Frauen die Mittel der weiblichen Prunksucht verschafft, die leuchtenden Steinchen, womit die Halsbänder in so verschiedener Weise geschmückt, die goldenen Spangen, womit die Arme beschwert, die Zusammensetzung der Schminke, womit die Wangen gefärbt und endlich auch noch das schwarze Pulver, womit die Grenzlinien über den Augen gezogen werden."[89]

Schmuck und Kosmetik als dämonische Verführung? Geht das nicht zu weit? Bedenken wir, was es mit uns macht: Prunksucht oder Gefallsucht sind keine christlichen Tugenden, sie stellen das Ich ins Zentrum, das bewundert werden will: *„Schaut her, wie schön ich bin! Schaut her, welch teuren Schmuck ich mir leisten kann! Schaut her, ich sehe viel jünger aus als ich bin! Schaut her, ich bin begehrenswert!"* Somit bekommt der glänzendste Schmuck eine dunkle Färbung. Tertullian argumentiert meines Erachtens sehr scharfsinnig:

„Hätten denn nicht die Frauen auch ohne diese glänzenden Dinge und ohne künstlichen Schmuck den Männern gefallen können, da sie, ungeputzt, ungeschmückt, um mich so auszudrücken, noch unkultiviert und roh, schon auf Engel Eindruck machten?"[90]

Was fehlt denn an der natürlichen gottgegebenen Schönheit? Leiden nicht gerade Frauen heute unter den unrealistischen Ansprüchen und Schönheitsidealen aus Werbung, Film und Fernsehen? Haben dadurch nicht viele Probleme mit Selbstwert und Selbstannahme? Es ist so, und da ist das Evangelium eine Befreiung, denn wir lernen, uns so anzunehmen, wie Gott uns

---

[89] Über den weiblichen Putz, Teil 1, Kp. 2
[90] Ebda.

geschaffen hat, und das ist in Seinen Augen gut, ja *„sehr gut"*! Wer maßt sich an, das Werk Gottes – also dich und mich – verächtlich zu machen?

„Hinsichtlich des Charakters dieser Dinge kann man sich schon wegen der Beschaffenheit und der Art der Lehrmeister [jener gefallenen Engel] sofort das Urteil erlauben, dass Sünder nicht zur Unschuld, Weibernarren nicht zur Keuschheit, abtrünnige Geister nicht zur Gottesfurcht anleiten und verhelfen konnten, Wenn man hierbei von Lehren reden darf, so konnten schlechte Lehrmeister notwendigerweise auch nur schlechte Lehren geben. …

Diese wussten gewiss, dass alle Ruhmsucht, aller Ehrgeiz und das Bestreben, durch das Fleisch zu gefallen, Gott missfällig sei. Es sind nämlich diejenigen Engel, welche wir richten werden; es sind diejenigen Engel, denen wir bei der Taufe widersagen."[91]

David Bercot, ein Experte für die frühchristliche Literatur und persönlicher Freund von mir, sagte in einem Vortrag sinngemäß:

„Es war ungewohnt, das erste Mal in eine Gemeinde zu gehen, wo die Frauen sich nicht schminkten. Ich konnte mir gar nicht vorstellen, dass meine Frau damit aufhören würde. Heute vergleiche ich es mit Koffeinabhängigkeit. Als ich Jus studierte, hielt ich mich mit großen Mengen Kaffee wach, um lernen zu können. Es war schwer, diese Sucht abzulegen, und ich hatte richtige Entzugserscheinungen (Kopfschmerzen); doch nach einiger Zeit lag das hinter mir. Wenn wir gewöhnt sind, Frauen nur geschminkt attraktiv zu finden, ist der Entzug ähnlich; wir müssen uns umstellen und lernen, das schön zu finden, was von Gott her natürlich gegeben ist."[92]

Ein anderer frühchristlicher Lehrer, Clemens von Alexandria (150-215), bekräftigt ebenso, wie unpassend es für Christen ist (männlich und weiblich), weltlich gekleidet zu sein:

„Solche Kleider sind zum Anschauen, nicht zur Bedeckung da. Und die mit Gold durchwebten Stoffe und die mit Purpur gefärbten und die mit Tierbildern bestickten

---

[91] Ebda.

[92] Frei wiedergegeben aus dem Vortrag „What the Early Christians believed About Modest Dress and Cosmentics"

(ein solches Prunkgewand ist freilich dem Wind ausgesetzt) und jenes nach Salben duftende Safrangewand und die kostbaren und bunten Kleider aus den vielbewunderten feinen Häuten, bei denen Tiere auf den Purpur eingestickt sind, all das muss man samt der darauf verwendeten Kunst fahren lassen.

„Denn wie könnten wohl Frauen etwas Verständiges oder Ruhmvolles zuwege bringen, wenn sie dasitzen", wie die Komödie sagt, „in bunter Farbenpracht, ins Safrankleid gehüllt und herrlich aufgeputzt?"

Der Erzieher aber ermahnt ausdrücklich: „Rühme dich nicht der Kleider, die du anlegen kannst, und erhebe dich nicht wegen irgendeines Vorzugs, der unbeständig ist!" [Sirach 11,4] Und spottend über die in weiche Kleider gehüllten Leute sagt er in dem Evangelium: „Siehe, die Leute, die in prächtigen Gewändern und in Üppigkeit leben, sind in den Königspalästen zu finden." [Lukas 7,25] Damit meint er die Königspaläste auf Erden, die vergänglich sind und in denen Schönheitswahn und eitles Trachten nach Ehre und Schmeichelei und Täuschung wohnen; wer aber beflissen ist, dem himmlischen Fürstenhof zu dienen, wo der König des Weltalls thront, lässt das unbefleckte Gewand der Seele, das Fleisch, heiligen und bekleidet sich auf diese Weise mit Unvergänglichkeit."[93]

Clemens spricht ein weiteres Thema an: Kleidung als „Hingucker". Das ist für Christen ein heißes Pflaster, denn die Mode lebt davon, die natürlichen körperlichen (sexuellen) Reize ins Zentrum der Aufmerksamkeit zu stellen, wodurch sich die Frage stellt, als was wir wahrgenommen werden wollen: Als Freiwild oder als interessanter Mensch mit Charakter? Modedesigner, wie etwa Philipp Plein, geben das unumwunden zu:

„Eine Frau, die jung ist, sexy ist – wenn die in einen Raum kommt, möchte jeder mit ihr ins Bett. Mode ist ja nichts anderes als Sex. Mode ist Sex. Wenn ich eine Marke kaufe, dann ja nur, weil ich sie sexy finde. Wenn ich sie nicht mehr sexy finde, kaufe ich sie nicht mehr. Seien wir mal ehrlich: Ich laufe einer Frau ja nur hinterher oder frage nach ihrer Telefonnummer, nicht weil ich sie so intelligent finde – nein, weil

---

[93] Paidagogos II,10,109

ich sie sexy finde, so sind wir Männer eben. Wenn eine Frau Attraktivität verliert, dann ist alles vorbei. Und was macht eine Frau, die älter wird?

Na klar, sie geht zum Plastik-Chirurgen, macht sich die Lippen neu, die Brüste, lässt sich liften. Warum? Um sexy zu bleiben. Und das ist, was wir vorfinden, wenn wir in die Modeindustrie schauen: Wir sehen 40-, 50-, 60-jährige Damen, die ein komplettes Makeover haben. Einige haben das Geld dafür, andere nicht. Philipp Plein ist eine neue Marke, in der Evolution vielleicht bei 20 Jahren. Wir sind noch sexy, weil wir jung sind. Wenn wir zu einem Dinner gehen und dann sitzen da all die 50-jährigen, eleganten Damen, die schon alles erlebt haben, complete makeover, mit den großen Diamanten – und dann kommt die 20-Jährige in den Raum, und die ganzen Herren am Tisch fangen an, die Junge anzuschauen – dann werden die alten Damen eifersüchtig."[94]

So sind wir Menschen gemäß unserer fleischlichen Natur tatsächlich! Es ist nicht schmeichelhaft, wenn man uns so unverblümt vor Augen stellt, wie triebgesteuert wir sind. Die Mode macht deren Träger *bewusst* zu Sexobjekten; das umfasst den Schnitt, die aufgebrachten Blickfänge, Texte und Dekor und die bewusst unbedeckt gehaltenen Körperpartien. Die Sommerzeit ist in besonderem Maße eine Zeit der „Fleischbeschau" und der Übersättigung mit sexuellen Signalen. Und niemand findet mehr etwas dabei, weil *„schön ist, was mir gefällt"*, und der Gott dieser Zeit eben im Schritt sitzt.

Uns Christen kann es aber nicht egal sein, denn der Herr sagt sehr deutlich, wohin solche Blicke uns führen:

„Ich aber sage euch: Wer eine Frau ansieht, um sie zu begehren, der hat in seinem Herzen schon Ehebruch mit ihr begangen. Wenn dir aber dein rechtes Auge ein Anstoß zur Sünde wird, so reiß es aus und wirf es von dir! Denn es ist besser für dich, dass eines deiner Glieder verlorengeht, als dass dein ganzer Leib in die Hölle geworfen wird." (Matthäus 5,28-29).

---

[94] https://www.gq-magazin.de/mode-stil/modetrends/modedesigner-philipp-plein-im-gq-interview

Den wenigsten ist bewusst, wieviel diese freizügige Art uns zu präsentieren, mit unserer Würde als Mensch zu tun hat.

„Finnische Wissenschaftler vermuten, dass unser Gehirn besonders effektiv darin ist, sexuelle Reize zu identifizieren. Sie sprechen sogar von einer "Wahrnehmungsautobahn", über die entsprechende Reize in unserem Denkorgan verarbeitet werden, um Sexualverhalten auszulösen.

Bei der Messung von Hirnströmen mittels Elektroden tritt im Bereich des Hinterkopfes ein besonderer Ausschlag auf, wenn der Betreffende einen menschlichen Körper sieht - und zwar mit einer Verzögerung von etwa 170 Millisekunden. Deshalb wird dieser negative Ausschlag des elektrischen Potentials N170 genannt. Zuvor hatte man bereits festgestellt, dass N170 auch vom Anblick menschlicher Gesichter ausgelöst wird. Die Wissenschaftler haben nun untersucht, ob es in Bezug auf die N170-Reaktion des Gehirns einen Unterschied gibt, wenn man bekleidete oder nackte menschliche Körper betrachtet, Gesichter, Autos oder Tiere.

Dafür maßen sie zuerst die Hirnströme von 15 Männern, denen eine Reihe von entsprechenden Bildern gezeigt wurden. In einem zweiten Experiment betrachteten jeweils 16 Männer und Frauen nur noch nackte, mit Badekleidung oder vollständig bekleidete Menschen.

"Wir haben festgestellt, dass die N170-Amplitude linear zunahm mit der Menge an Kleidung, die entfernt wurde", berichten die Forscher. Auffällig sei, dass die N170-Antwort auf nackte Körper sogar größer war als jene auf Gesichter, und dass die N170-Amplitude bei Körpern unabhängig davon war, ob die Gesichter verpixelt waren oder nicht."[95]

Gesicht (Charakter) oder Körper (Sex) – wie wollen wir wahrgenommen werden? Wie wollen vor allem Frauen wahrgenommen werden? Warum lassen sie sich dann von der Modeindustrie so leichtfertig und schamlos zur Schau stellen? Ich denke, es ist vor allem Naivität und der Druck der Masse, von der man nicht ausscheren will. Sowie die Sorge, als Mauerblümchen wahrgenommen zu werden, uninteressant oder nicht schön genug zu sein.

---

[95]

Und so unterwirft man sich weltlichen und eigentlich sogar dämonischen Wertvorgaben.

Darum gelten als biblische Weisung neben dem Gebot der Schlichtheit und Bescheidenheit auch das Prinzip der Sittsamkeit bzw. Keuschheit in der Kleidung:

„Ebenso will ich auch, dass sich die Frauen in ehrbarem Anstand mit Scham-haftigkeit und Zucht schmücken, nicht mit Haarflechten oder Gold oder Perlen oder aufwendiger Kleidung, sondern durch gute Werke, wie es sich für Frauen geziemt, die sich zur Gottesfurcht bekennen." (1. Timotheus 2,9-10).

Es gibt sie nämlich tatsächlich, die Berufskleidung des horizontalen Gewer-bes, und diese gab es seit dessen Bestehen:

*„Siehe, da lief ihm eine Frau entgegen, in **Hurenkleidung** und mit arglistigem Her-zen. Sie ist unbändig und zügellos, ihre Füße können nicht zu Hause bleiben; bald ist sie auf der Straße, bald auf den Plätzen; an allen Ecken lauert sie."* (Sprüche 7,10-12).

Wundert es da wirklich, dass die Kleidung, die solche Frauen früher auf den Straßen der Nacht trugen, heute in jedem Billigklamottenladen angeboten werden? Ich will dieses heiße Eisen noch weiter schmieden, damit glühende Funken sprühen und es wirklich verstanden wird:

„«Ich möchte nicht aussehen wie eine Prostituierte», sagte die bekannte Modekriti-kerin Suzy Menkes empört nach einer Show, in der die Models Lederhosen, Korsagen und Bondage-Tops mit Gürtelschnallen trugen, die sich um Körper und Hals legten. Hier und da waren hohe Stiefel mit goldenen Medusen zu sehen: Gianni Versaces legendäre «Miss S&M»-Kollektion. 25 Jahre ist das mittlerweile her, und man möch-te Frau Menkes rückblickend zurufen: «Tja, du vielleicht nicht – aber sehr viele andere Frauen offensichtlich schon.» Denn der «Nutten-Look», den sie damals be-klagte, hat sich seitdem keineswegs aus der Mode verabschiedet. Im Gegenteil. Die einschlägigen Erkennungsmerkmale wie Leoprint, Netzstrumpfhosen und natürlich der Overkneestiefel hielten sich hartnäckig in den Kollektionen der vergangenen Jahre.

Letzterer war im Film «Pretty Woman» von 1990 noch reine «Bordsteinschwalben»-Montur. Julia Roberts stiefelte darin vom Rotlichtbezirk am Hollywood Boulevard ins feine Beverly Hills, um mit Pumps und Halbschuhen – also geläutert und sehr viel bodenständiger – wieder herauszuspazieren. Heute wäre dieser Übertritt von der Halbwelt in die bürgerliche Gesellschaft nicht mehr so leicht abzubilden. Selbst Theresa May trägt mittlerweile Overknees, wenn auch nicht aus schwarzem Lack. Pop-Stars wie Beyoncé, Taylor Swift oder Rihanna haben den Stiefel längst zur Standardausrüstung erkoren. Derzeit ist er in den Kollektionen von Balenciaga bis Dosenbach zu finden. Mehr Mainstream geht kaum."[96]

Merken wir, was hier passiert? Wie Männer gezielt an ihrem schwächsten Punkt angegriffen und zu Fall gebracht werden sollen? Doch es trifft auch die Frauen:

„Warum also wollen Frauen so aussehen? Warum spielen sie mal mehr, mal weniger bewusst mit Attributen von eher zweifelhaftem Ruf? Die Männer wollen von Prostituierten in erster Linie Sex – im Umkehrschluss mag sich manche Frau in entsprechender Kleidung «sexy» fühlen und auf viele Komplimente hoffen. Eine Rechnung, die nicht automatisch aufgehen dürfte. «Nuttig» war jedenfalls noch nie ein besonders charmant gemeintes Prädikat."[97]

Hätte ich all das in meinen Worten und aus meiner Wahrnehmung heraus geschrieben, hätte man mir die Augen ausgekratzt. Der letzte Artikel stammt jedoch aus der renommierten Neuen Zürcher Zeitung; nachdenklichen Zeitgenossen aus der säkularen Welt ist das durchaus bewusst.

Es gibt ein weiteres Problem, das daraus erwächst: Durch die permanente sexuelle Reizüberflutung stumpfen wir ab. Dadurch brauchen viele zur Stimulation immer stärkere Reize, die Pornoindustrie lebt davon. Und wenn das nicht mehr genügt, geht es in den illegalen Bereich, ins Darknet. Als Christen haben wir den klaren Auftrag, dies nicht mitzumachen, wir müssen also in Sachen Kleidung klar und eindeutig gegen den Strom schwimmen. Gemeindeleiter brauchen jedoch viel Mut und Weisheit, ihren weiblichen

---

[96] https://www.nzz.ch/gesellschaft/einmal-ein-bisschen-verrucht-sein-ld.1334363
[97] Ebda.

Schäfchen die Augen dafür zu öffnen. Hier gibt es aufgrund der starken weltlichen Prägungen leider sehr viel ungeistlichen Widerstand. Aber die Umkehr zu Gott umfasst alle Lebensbereiche:

*„Da sprach Jakob zu seinem Haus und zu allen, die bei ihm waren: Tut die fremden Götter von euch weg, die in eurer Mitte sind, und reinigt euch und **wechselt eure Kleider!**"* (Genesis 35,2).

Für die besonders mutigen Gemeindeleiter nun noch einen Aspekt, der sie Kopf und Kragen kosten kann: Frauen und Hosen. Bevor wir das im Detail betrachten, eine kleine Worterklärung: Was ist ein Gräuel? Etwas wovor uns ekelt bzw. ekeln soll. Es gibt zwei Ebenen in diesem Thema: Einerseits geht es in der Schrift oft um Dinge, die *uns* ein Gräuel sein sollen, die dazu dienen uns zu lehren, zwischen rein und unrein, heilig und unheilig zu unterscheiden. Diese Gräuel haben oft mit sinnbildlichen Geboten (Speisegebote etwa) zu tun und weisen vom Sinnbild auf etwas Tieferes hin. Das, was als Sinnbild herangezogen wird, muss deshalb nicht wirklich ekelig sein. Andererseits gibt es Dinge und Handlungen, die für Gott ein Gräuel sind. Gott muss nicht lernen, wie man zwischen rein und unrein, heilig und unheilig unterscheidet. Was Gott für einen Gräuel hält, ist tatsächlich und objektiv ein Gräuel. Dieser Seiner Beurteilung haben wir uns anzuschließen.

Zwei Beispiele dazu:

*„Alle Wassertiere, die keine Flossen und Schuppen haben, sollen **für euch ein Gräuel** sein."* (Levitikus 11,12).

Ein Tintenfisch per se ist nicht ekelig, aber im Sinne der geistlich gemeinten Speisegebote, sollen die Israeliten vor diesen Tieren eine Abscheu entwickeln, mehr aber noch vor dem, was diese symbolisieren.

„Es soll niemand unter dir gefunden werden, der seinen Sohn oder seine Tochter durchs Feuer gehen lässt, oder eine, der Wahrsagerei betreibt oder Zeichendeuterei oder ein Beschwörer oder ein Zauberer, oder einer, der Geister bannt, oder ein Geisterbefrager, oder ein Hellseher oder jemand, der sich an die Toten wendet. Denn

*wer so etwas tut, ist **dem Herrn ein Gräuel**, und um solcher Gräuel willen vertreibt der Herr, dein Gott, sie vor dir aus ihrem Besitz."* (Deuteronomium 18,10-12).

Okkultismus und Zauberei ist objektiv ein Gräuel, es ist ein Gräuel für den Herrn. Das ist soweit einsichtig. Nun aber zum Stein des Anstoßes:

*„Eine Frau soll keine Männersachen auf sich haben, und ein Mann soll keine Frauenkleider anziehen; denn jeder, der dies tut, ist **dem Herrn, deinem Gott, ein Gräuel.**"* (Deuteronomium 22,5).

Darum kann man die Frage, ob Frauen Hosen tragen dürfen und Männer Frauensachen, nicht so einfach vom Tisch wischen. Es geht um etwas, was dem Herrn ein Gräuel ist, und das ist nicht wegzudiskutieren. Wir haben nicht die moralische Autorität, Gott nach unserem Zeitgeist umzuerziehen.

Gott schuf den Menschen männlich und weiblich und will dies auch klar unterschieden haben. Männer schuf Er etwa mit Bartwuchs, Frauen mit besonders schönem Haar, das gerade lang getragen bezaubernd aussieht. Darum betrachten Frauen seit jeher ihr Haar als eine Ehre und pflegen es mit größter Sorgfalt. Sowohl zum langen Haar als auch zum Bartwuchs hat die Schrift etwas zu sagen:

„Oder lehrt euch nicht schon die Natur, dass es für einen Mann eine Unehre ist, langes Haar zu tragen? Dagegen ist es für eine Frau eine Ehre, wenn sie langes Haar trägt." (1. Korinther 11,14-15).

„Ihr sollt den Rand eures Haupthaares nicht rundum abschneiden, auch sollst du den Rand deines Bartes nicht beschädigen. Ihr sollt keine Einschnitte an eurem Leib machen für eine abgeschiedene Seele, und ihr sollt euch keine Zeichen einätzen [tätowieren]! Ich bin der Herr." (Levitikus 19,27-28).

Eigentlich bedürfte dies keiner weiteren Erklärungen. Es ist klar, wie Gott will, dass wir aussehen. Wir sind Sein Design, und wir kommen erst dann zum inneren Frieden, wenn wir uns annehmen, wie Gott uns erschaffen hat.

Wie ist das nun mit den Hosen? Natürlich ist es eine kulturelle Frage, ob Hosen als spezifische Männerkleidung wahrgenommen werden, oder nicht.

Andererseits stellt (fast) niemand diese Frage bei Röcken. Wenn ein Mann einen Rock oder ein langes Kleid trägt, würde ihn wohl jeder verwundert anschauen. Wenn Frauen Hosen tragen, ist das heute bei weitem nicht mehr der Fall – allerdings erst seit nicht einmal 100 Jahren! Da ist natürlich die Frage wichtig: Wie kam es dazu?

„Seit Beginn der Französischen Revolution 1789 kämpften Bürgerinnen und Sansculottinnen gemeinsam mit ihren männlichen Mitstreitern gegen das Ancien Régime und bildeten dabei verschiedene aktivistische Frauenvereinigungen, die teilweise im Laufe der Revolution emanzipatorische Forderungen stellten und provokant in Männerhosen auftraten, wie die „Gesellschaft der Revolutionären Republikanerinnen". Das männliche Auftreten der „Revolutionären Republikanerinnen" rief allerdings großes Unverständnis hervor, sowohl bei den männlichen Revolutionären, als auch bei den weniger emanzipatorischen Frauenvereinigungen."[98]

Da sind wir wieder bei der Französischen Revolution und der radikalen Aufklärung. Es ist kultur- und geistesgeschichtlich also keineswegs als neutral zu bewerten. Doch diese emanzipatorische Modeerscheinung flaute rasch wieder ab.

„Die Frauenrechtlerin Elizabeth Smith Miller trug aus praktischen Gründen und um besser der Gartenarbeit nachgehen zu können ab 1851 eine knöchellange, weite Hose, die am Saum eingehalten war, darüber einen etwa knielangen Rock und einen locker geschnittenen, knielangen Mantel. Sie hatte dieses Hosenkostüm, was der „Türkischen Tracht" ähnelte, 1850 in einem Schweizer Sanatorium kennengelernt, in dem sich Frauen von den Folgen zu eng geschnürter Korsette erholen konnten.

Das Bloomer-Kostüm

Elizabeth Smith Millers Bekannte Amelia Bloomer, Herausgeberin der emanzipatorischen Frauenzeitschrift „The Lily" und Teilnehmerin am Konvent in Seneca Falls, war so begeistert von Millers Idee, dass sie den Look übernahm. Amelia Bloomer propagierte Millers Art von Hosenkostüm in ihrer Zeitschrift, sodass dieses als

---

[98] https://www.galatea-ziss.de/journal/frauen-in-hosen.html

„Bloomer-Kostüm" bekannt wurde, weltweit für Aufsehen sorgte und für Jahrzehnte als der radikalste Vorschlag für die Reform der Frauentracht galt.

In Nordamerika und Westeuropa folgten einige radikale Frauen dem „Bloomeris-mus", ließen sich das Bloomer-Kostüm nachschneidern und begannen, sich politisch für eine Gleichstellung von Frauen zu engagieren und für eine Reform der Frauen-kleidung zu kämpfen. In den gültigen Kleidertraditionen sahen die „Bloomerites" eine geschlechtsspezifische Benachteiligung und ein Hindernis auf dem Weg zur politischen Gleichheit der Geschlechter."[99]

Die Aufklärung brachte die emanzipatorische Bewegung und die Auflösung der „Geschlechterrollen" hervor, bis hin, wie es heute ist, zur Leugnung der Geschlechteridentität an sich. Die gesamte Denkweise ist biblisch inakzep-tabel und darf von uns nicht nachvollzogen werden, weil es Gottes Design von männlich und weiblich in einander ergänzender Unterschiedlichkeit frontal angreift. Weiter bis in die Gegenwart:

„1896 wurde in Berlin der „Internationale Kongress für Frauenwerke und Frauen-bestrebungen" abgehalten, bei dem auch das Thema Kleiderreform behandelt wurde. Der anschließend gegründete „Verein zur Verbesserung der Frauenkleider" setzte sich für gesündere, rationalere Kleidung ein, um eine bessere Leistungsfähigkeit und Gesundheit der weiblichen Bevölkerung zu erreichen. Gleichzeitig erkannte der Verein traditionelle Kleidungsvorschriften als Ausdruck männlicher Vorherrschaft und weiblicher Unmündigkeit an. Die Kleiderreformbewegung existierte in Deutschland bis in die 1930er Jahre. … Diskret konnten die Kleiderreformerinnen zwar eine Reform der Unterwäsche erreichen und die Unterhose anstatt des Unter-rocks durchsetzen, die Vorschläge für die Reform der Oberbekleidung stießen jedoch auf Skepsis und Ablehnung.

Frauenhosen im Sport

Erst die zunehmende Popularität von sportlicher Betätigung in der Freizeit führte dazu, dass sich der Anblick von Frauen in Hosen in der Öffentlichkeit normalisierte. Der Einsatz von funktionellen Sportkostümen und Sportbeinkleidern zum Schwim-

---

[99] Ebda.

men, Radeln oder Wandern wurde gesellschaftlich toleriert, da diese Leibesübungen körperlich ertüchtigend und gesundheitsfördernd waren. ...

Veränderte Lebenssituation in der modernen Gesellschaft

Seit dem Ende des 19. Jahrhunderts war im Zuge der modernen Industriegesellschaft die aktive Erwerbstätigkeit der Frau immer mehr gefordert.

Qualitäten wie Härte, Willenskraft, Leistungsfähigkeit, Gesundheit und Selbstständigkeit wurden zu positiv besetzten Eigenschaften für Frauen, die vormals idealerweise anmutige, schöne, zarte Geschöpfe des „schwachen Geschlechts" darstellen sollten.

Die steigende Berufstätigkeit der Frau erforderte eine praktische und sichere Berufs- und Arbeitskleidung, was ab 1910 zum Hauptthema des „Vereins zur Verbesserung der Frauenkleider" wurde.

Als Frauen während des Ersten Weltkriegs massenhaft bislang ausschließlich von Männern geleistete Arbeit übernehmen mussten, etablierte sich die Hose als Teil der zweckmäßigen, weiblichen Berufskleidung; jedoch versuchte die Mehrheit der arbeitenden Frauen, sich vor und nach der Arbeit umzuziehen und dem Anstand entsprechend den Schritt zu bedecken."[100]

Bis hierher, das mag genügen. Der letzte Satz ist vielsagend: aus Anstand den Schritt bedecken. Frauenhosen sind aus modischem Antrieb heraus zudem sehr eng geschnitten und betonen jede „Spalte" im Unterleib. Was das im Kopf der männlichen Betrachter auslöst, haben wir gesehen: Erregung – Reizüberflutung – Abstumpfung – Pornographie. Zuletzt ist die Frau nur mehr Objekt der durch diese Reize aufgestachelten Begierde.

Frauenhosen sind schon aufgrund des emanzipatorischen Hintergrunds abzulehnen; sie mögen da und dort praktisch und zweckmäßig scheinen, doch um den Preis der Scham und der Sittsamkeit. Wenn wir fragen, was eindeutig männlich und weiblich in unserem Kulturkreis ist, verweise ich gerne auf die Piktogramme auf den Klotüren. Die Damentoilette zeigt fast immer eine

---

[100] Ebda.

182

Figur mit Rock. Und keine Frau, selbst wenn sie Hosen trägt, geht in die Herrentoilette, wo eine Figur mit Hose die Tür kennzeichnet.

Es ist überhaupt nicht schwer zu verstehen, aber für viele immens schwer anzunehmen, weil die Art, wie man sich kleidet, eng mit Selbstwert und Selbstwahrnehmung verbunden ist. Nur, wer bestimmt unseren Selbstwert und wie wir uns wahrnehmen? Die Welt oder Gott? Die Hosen in die Altkleidersammlung zu geben und sich neu und weiblich einzukleiden ist, sobald man das verstanden hat, ein Schritt in die wahre Freiheit der Kinder Gottes.

Ich zitiere noch einmal Rachel Rosenzweig:

„Stil ist eine Art zu zeigen wer du bist – ohne sprechen zu müssen."

Wer sind wir in Christus? Die Antwort darauf bestimmt auch, welchen Stilen wir folgen und wie wir uns kleiden.

Den Armen zugewandt

„Lasst uns aber im Gutestun nicht müde werden; denn zu seiner Zeit werden wir auch ernten, wenn wir nicht ermatten. So lasst uns nun, wo wir Gelegenheit haben, an allen Gutes tun, besonders aber an den Hausgenossen des Glaubens." (Galater 6,9-10).

Warum gibt es Armut? Ist die ganze Schöpfung nicht so angelegt, dass es keinen Mangel geben kann? Überlegen wir kurz: Hat ein gesunder Mensch je Mangel an Sauerstoff gehabt? Unsere Atmosphäre hüllt jeden Einzelnen ein und lässt ihn aus ihrer Fülle unbegrenzt Atem schöpfen. Der Regen füllt die Bäche und Seen, aus denen Mensch und Tier kostenfrei trinken. Die Obstbäume bringen eine geradezu verschwenderische Menge an Frucht, so dass sich jeder daran satt essen könnte. Wer lieber Fleisch isst, weiß auch, dass Kaninchen sich schneller vermehren als wir sie aufessen können. Kurzum: Es ist genug für alle da. Warum also Mangel und Armut?

Peter Riedemann, ein Vorsteher der Hutterischen Täufergemeinden in Mähren, verfasste in seiner Gefangenschaft in Hessen seine bemerkenswerte „Rechenschaft des Hutterischen Glaubens". Darin erklärt er unter der Überschrift „Von der Gemeinschaft der Güter":

„Nun aber, (wie gesagt) zeiget die Kreatur an, die den Menschen einzuziehen zu hoch gewesen ist, als die Sonne mit allem Lauf des Himmels, Licht, Luft und dergleichen, dass nicht allein sie, sondern gleichwie sie also auch alle anderen Kreaturen [alles Geschaffene] dem Menschen gemein [d.h. für alle gemeinsan] gemacht sind, 1.Mo.1. Das aber sie also geblieben und vom Menschen nicht eingezogen worden sind, ist die Ursache, dass sie ihm zu hoch (denn das er sie in seiner Gewalt hätte bringen mögen) gewesen sind, sonst er sie (so böse er durch das unrechte Annehmen geworden) sowohl als die andern an sich gezogen und zu eigen gemacht hätte, 1.Mo.3; 4. Esra:3 und 7; Röm.5. Das es aber also sei und andre von Gott so wenig als diese eigen gemacht sind, beweiset, dass der Mensch alle Kreaturen (sowohl als diese) verlassen muss und in seinem Streben nichts mit sich nehmen und für sich als Seinen Gebrauch vermag, 1.Tim.6. Darum auch Christus alles Zeitliche

das Fremde heißt und spricht: So ihr in dem Fremden nicht treu seid, wer will euch dasjenige, das euer ist, vertrauen? Luk.16."[101]

Wenn man also das „Fremde" zum „Eigenen" macht, an sich reißt, was Gott allen zugedacht hat, beginnt der Mangel. Die Ursache liegt in uns selbst, in unserer Fleischesnatur, welche Sünden wie Geiz, Neid und Habsucht hervorbringt, die uns alle vom Reich Gottes ausschließen. Dazu kommt der Unglaube, der sich in ängstlichen Sorgen äußert. Ich habe das weiter oben bereits ausgeführt.

Darum – um dem einen Riegel vorzuschieben und uns einzubremsen – gab Gott Gebote, die auch heute noch missachtet werden. Den meisten ist gar nicht bewusst, dass es diese gibt, denn die Verstöße dagegen scheinen uns ganz normal und richtig zu sein.

„Du sollst nicht begehren das Haus deines Nächsten! Du sollst nicht begehren die Frau deines Nächsten, noch seinen Knecht, noch seine Magd, noch sein Rind, noch seinen Esel, noch irgend etwas, das dein Nächster hat!" (Exodus 20,17).

Das ist das zehnte Gebot, welches uns anleiten soll, mit dem zufrieden zu sein, was wir haben und uns nicht nach Dingen zu sehnen, die Gott anderen zugeteilt hat.

„Wenn dein Bruder verarmt neben dir und sich nicht mehr halten kann, so sollst du ihm Hilfe leisten, er sei ein Fremdling oder Gast, damit er bei dir leben kann. Du sollst keinen Zins noch Wucher von ihm nehmen, sondern sollst dich fürchten vor deinem Gott, damit dein Bruder neben dir leben kann. Du sollst ihm dein Geld nicht auf Zins geben noch deine Nahrungsmittel um einen Wucherpreis." (Levitikus 25,35-37).

Zins und Zinseszins weisen eine dramatische Eigendynamik auf, die zur Entwertung des Geldes einerseits führt, zur Umverteilung von arm zu reich auf der anderen Seite. Unser ganzes Geldsystem beruht darauf und steht direkt gegen Gottes eindeutiges Gebot.

---

[101] https://hausgemeinde.wordpress.com/von-der-gemeinschaft-der-gueter/

„Und wenn dein Bruder neben dir verarmt und dir sich selbst verkauft, sollst du ihn nicht Sklavenarbeit tun lassen; wie ein Tagelöhner und Einwohner ohne Bürgerrecht soll er bei dir gelten und dir bis zum Halljahr dienen. Dann soll er frei von dir ausgehen und seine Kinder mit ihm, und er soll wieder zu seiner Familie zurückkehren und zum Eigentum seiner Väter kommen." (Levitikus 25,39-41).

Gott hat sogar konkrete Gebote zum Schuldenerlass gegeben. Wer sich aus Armut in die Sklaverei verkauft, soll in jedem Sabbatjahr (alle 7 Jahre) freigelassen werden. Alle Schulden werden in diesem Jahr erlassen. Und in jedem Halljahr ebenso, nur dass in diesem 50. Jahr auch alle Grundstückskäufe rückabgewickelt werden sollen, sodass jede Familie wieder das ihr bei der Landnahme zugeteilte Erbteil zurückbekommt.

„Ihr sollt das Land nicht für immer verkaufen; denn das Land gehört mir, und ihr seid Fremdlinge und Gäste bei mir." (Levitikus 25,23).

Gott wollte auf diese Weise der Armut in Seinem Reich einen Riegel vorschieben. Leider haben sich die Israeliten so gut wie nie an diese Gebote gehalten. Das Evangelium ist nun die Erfüllung des Halljahres:

*„Und er kam nach Nazareth, wo er erzogen worden war, und ging nach seiner Gewohnheit am Sabbattag in die Synagoge und stand auf, um vorzulesen. Und es wurde ihm die Buchrolle des Propheten Jesaja gegeben; und als er die Buchrolle aufgerollt hatte, fand er die Stelle, wo geschrieben steht: »Der Geist des Herrn ist auf mir, weil er mich gesalbt hat, den Armen frohe Botschaft zu verkünden; er hat mich gesandt, zu heilen, die zerbrochenen Herzens sind, Gefangenen Befreiung zu verkünden und den Blinden, dass sie wieder sehend werden, Zerschlagene in Freiheit zu setzen, **um zu verkündigen das angenehme Jahr des Herrn.**« Und er rollte die Buchrolle zusammen und gab sie dem Diener wieder und setzte sich, und aller Augen in der Synagoge waren auf ihn gerichtet.*

Er aber fing an, ihnen zu sagen: Heute ist diese Schrift erfüllt vor euren Ohren!" (Lukas 4,16-21).

Das angenehme Jahr des Herrn ist jenes wunderbare Halljahr. Wie hat es sich erfüllt? Indem in der Gemeinschaft des Reiches Gottes jeder alles mit allen teilt. So kann und darf es in der Gemeinde keine Armen mehr geben! Auch keine Reichen darf es mehr geben, denn der Überfluss des Einen fehlt immer bei jemand anderem.

Eine weitere Sünde, die oft begangen wird, liegt im Handel, im Kaufen und Verkaufen mit unmoralisch hohen Gewinnspannen:

„Kaum bleibt ein Händler von Schuld frei; und nicht wird der gerecht gesprochen von der Sünde, der Geschäfte macht. Um des Vorteils willen haben viele gesündigt, und wer ihn zu mehren sucht, wird (gern) ein Auge zudrücken [d.h. wegschauen]. Zwischen den Fugen von Steinen wird ein Pflock befestigt, und zwischen Kauf und Verkauf bricht die Sünde ein. Wenn einer nicht in der Furcht des Herrn stark ist, wird eilends und geschwind sein Haus umgestürzt." (Sirach 26,29-27,3).

Darum bezeichnet der Herr den Mammon an sich als ungerecht, denn er hat – in Verbindung mit unserer Fleischesnatur – die Eigenschaft uns gierig, geizig, räuberisch, verschlagen, unzufrieden und unabhängig von Gottes Fürsorge zu machen.

Armut ist aber auch oft selbstverschuldet, das darf nicht verschwiegen werden. Gott erzieht uns zu fleißiger Arbeit und hasst den Müßiggang:

„Geh hin zur Ameise, du Fauler, sieh ihre Wege an und werde weise: Obwohl sie keinen Anführer hat, weder Vorsteher noch Herrscher, bereitet sie dennoch im Sommer ihr Brot und sammelt in der Erntezeit ihre Speise. Wie lange willst du liegenbleiben, du Fauler? Wann willst du aufstehen von deinem Schlaf? »Ein wenig schlafen, ein wenig schlummern, ein wenig die Hände in den Schoß legen, um zu ruhen«: so holt dich die Armut ein wie ein Läufer, und der Mangel wie ein bewaffneter Mann!" (Sprüche 6,6-11).

Paulus sagt deshalb auch klar:

„Wir gebieten euch aber, Brüder, im Namen unseres Herrn Jesus Christus, dass ihr euch von jedem Bruder zurückzieht, der unordentlich wandelt und nicht nach der Überlieferung, die er von uns empfangen hat. Ihr wisst ja selbst, wie ihr uns nachahmen sollt; denn wir haben nicht unordentlich unter euch gelebt, wir haben auch

nicht umsonst bei jemand Brot gegessen, sondern mit Mühe und Anstrengung haben wir Tag und Nacht gearbeitet, um niemand von euch zur Last zu fallen. Nicht dass wir kein Recht dazu hätten, sondern um euch an uns ein Vorbild zu geben, damit ihr uns nachahmt. Denn als wir bei euch waren, geboten wir euch dies: Wenn jemand nicht arbeiten will, so soll er auch nicht essen!" (2. Thessalonicher 3,6-10).

Da der Mann in aller Regel der Ernährer der Familie sein soll, der die schweren körperlichen Arbeiten verrichtet und das Auskommen der Familie sichert, gerieten die Witwen und Waisen meist in Armut und sollten in Israel von der Gemeinschaft erhalten und unterstützt werden. In der Gemeinde freilich auch, was – ab einer gewissen Größe einer Gemeinde – oft eine logistische Herausforderung darstellt, der sich die Apostel verantwortungsbewusst angenommen haben:

„In jenen Tagen aber, als die Zahl der Jünger wuchs, entstand ein Murren der Hellenisten gegen die Hebräer, weil ihre Witwen bei der täglichen Hilfeleistung übersehen wurden.

Da beriefen die Zwölf die Menge der Jünger zusammen und sprachen: Es ist nicht gut, dass wir das Wort Gottes vernachlässigen, um bei den Tischen zu dienen. Darum, ihr Brüder, seht euch nach sieben Männern aus eurer Mitte um, die ein gutes Zeugnis haben und voll Heiligen Geistes und Weisheit sind; die wollen wir für diesen Dienst einsetzen, wir aber wollen beständig im Gebet und im Dienst des Wortes bleiben!

Und das Wort gefiel der ganzen Menge, und sie erwählten Stephanus, einen Mann voll Glaubens und Heiligen Geistes, und Philippus und Prochorus und Nikanor und Timon und Parmenas und Nikolaus, einen Proselyten aus Antiochia. Diese stellten sie vor die Apostel, und sie beteten und legten ihnen die Hände auf." (Apostelgeschichte 6,1-6).

Darum werden in Gemeinden ab einer bestimmten Größe nach Bedarf auch sogenannte „Diakone" (Diener) eingesetzt, die für die gerechte Aufteilung der gemeinsamen Güter zu sorgen haben. Hier kann sich dann eine gemeinsame Kasse als Gemeinde als sehr sinnvoll und hilfreich erweisen. Auch beim Thema der Almosen kann und soll man sich von diesen bewährten Dienern beraten und unterstützen lassen. Oft ist es besser, wenn größere Zuwendungen über die Gemeinde geregelt werden, als dass man sich selbst damit übernimmt.

Die wenigsten wissen, dass der Herr und Seine Jünger eine solche gemeinsame Kasse hatten. Aufgrund ihrer reisenden Missionstätigkeit gingen sie meist keiner Arbeit nach, die sie ernähren hätte können, und wurden durch Spenden erhalten:

„Und es geschah danach, dass er von Stadt zu Stadt und von Dorf zu Dorf zog, wobei er das Evangelium vom Reich Gottes verkündigte; und die Zwölf waren mit ihm, und auch etliche Frauen, die von bösen Geistern und Krankheiten geheilt worden waren: Maria, genannt Magdalena, von der sieben Dämonen ausgefahren waren, und Johanna, die Frau Chusas, eines Verwalters des Herodes, und Susanna und viele andere, die ihm dienten mit ihrer Habe." (Lukas 8,1-3).

Diese Zuwendungen wurden gemeinsam verwaltet. Diese Aufgabe fiel einem der Jünger zu. Als Maria, die Schwester der Martha, kurz vor dem Tod des Herrn diesen mit „sündteurem" Nardeöl salbte, empörte jener Jünger sich darüber:

„Da nahm Maria ein Pfund echten, köstlichen Nardensalböls, salbte Jesus die Füße und trocknete seine Füße mit ihren Haaren; das Haus aber wurde erfüllt vom Geruch des Salböls.

Da spricht Judas, Simons Sohn, der Ischariot, einer seiner Jünger, der ihn danach verriet: Warum hat man dieses Salböl nicht für 300 Denare verkauft und es den Armen gegeben? Das sagte er aber nicht, weil er sich um die Armen kümmerte, sondern weil er ein Dieb war und den Beutel hatte und trug, was eingelegt wurde.

Da sprach Jesus: Lass sie! Dies hat sie für den Tag meines Begräbnisses aufbewahrt. Denn die Armen habt ihr allezeit bei euch; mich aber habt ihr nicht allezeit." (Johannes 12,3-8).

Aus diesem kurzen Text können wir viel lernen: Die Verwaltung der gemeinsamen Kasse setzt einen stabilen Charakter voraus. Judas war der Versuchung des Mammons erlegen. Gemeindevorsteher und Diakone müssen deshalb Menschen sein, die frei von Geldliebe sind, welche die Lehren des Herrn Jesus über den Mammon bereits verinnerlicht haben. Zweitens sieht man, dass der Herr und Seine Jünger sparsam mit den ihnen gegebenen Zuwendungen umgingen, um stets in der Lage zu sein, den Armen zu helfen, denen sie begegneten. Drittens ernüchtert uns der Herr, indem Er uns sagt, dass wir immer von Armen umgeben sein werden. Wie das innerhalb der Gemeinde gelöst werden soll, haben wir bereits ausgiebig gehört, aber es geht auch über die Gemeinde hinaus.

Als Paulus in die Mission berufen wurde, sprach er sich mit den anderen Aposteln ab, damit er dasselbe verkünde wie diese:

„Darauf, nach 14 Jahren, zog ich wieder hinauf nach Jerusalem mit Barnabas und nahm auch Titus mit. Ich zog aber aufgrund einer Offenbarung hinauf und legte ihnen, insbesondere den Angesehenen, das Evangelium vor, das ich unter den Heiden verkündige, damit ich nicht etwa vergeblich liefe oder gelaufen wäre. …

Als sie sahen, dass ich mit dem Evangelium an die Unbeschnittenen betraut bin, gleichwie Petrus mit dem an die Beschneidung – denn der, welcher in Petrus kräftig wirkte zum Aposteldienst unter der Beschneidung, der wirkte auch in mir kräftig für die Heiden –, und als sie die Gnade erkannten, die mir gegeben ist, reichten Jakobus und Kephas und Johannes, die als Säulen gelten, mir und Barnabas die Hand der Gemeinschaft, damit wir unter den Heiden, sie aber unter der Beschneidung wirkten; nur sollten wir an die Armen gedenken, und ich habe mich auch eifrig bemüht, dies zu tun." (Galater 2,1-2.7-10).

Diesen Blick für die Armen schärfte Paulus auch den Ältesten der Gemeinden ein, indem er diesen sein Beispiel vor Augen stellte:

„Silber oder Gold oder Kleidung habe ich von niemand begehrt; ihr wisst ja selbst, dass diese Hände für meine Bedürfnisse und für diejenigen meiner Gefährten gesorgt haben. In allem habe ich euch gezeigt, dass man so arbeiten und sich der Schwachen annehmen soll, eingedenk der Worte des Herrn Jesus, der selbst gesagt hat: Geben ist glückseliger als Nehmen!" (Apostelgeschichte 20,33-35).

In der Bergpredigt unterweist uns der Herr, dass wir alle bereitwillig Almosen geben sollen, aber nicht wie die Heuchler, die sich damit selbst in Szene setzen wollten:

„Habt acht, dass ihr eure Almosen nicht vor den Leuten gebt, um von ihnen gesehen zu werden; sonst habt ihr keinen Lohn bei eurem Vater im Himmel. Wenn du nun Almosen gibst, sollst du nicht vor dir her posaunen lassen, wie es die Heuchler in den Synagogen und auf den Gassen tun, um von den Leuten gepriesen zu werden. Wahrlich, ich sage euch: Sie haben ihren Lohn schon empfangen. Wenn du aber Almosen gibst, so soll deine linke Hand nicht wissen, was deine Rechte tut, damit dein Almosen im Verborgenen ist. Und dein Vater, der ins Verborgene sieht, er wird es dir öffentlich vergelten.“ (Matthäus 6,1-4).

Nun sind aber viele verständlicherweise überfordert mit dem Thema, denn es gibt, gerade in den Großstädten, Unmengen an Bettlern und Obdachlosen. Das machte auch mir stets zu schaffen. Ein Spaziergang durch die Fußgängerzonen in Wien gleicht einem „Bettlerslalom“, wo man alle fünfzig Meter über einen Armen stolpert oder direkt angebettelt wird. Wie geht man damit als Christ um? Zum einen ist es offensichtlich, dass oft organisierte Bettlerbanden dahinterstehen und die, welche auf der Straße betteln, ihre Erträge dem Boss abliefern müssen. Soll man das unterstützen? Im Profil wurde am 17. Mai 2014 darüber etwa folgendes berichtet:

„Seit Juli 2013 durchleuchtet eine Arbeitsgruppe des Bundeskriminalamts die Wiener Bettlerszene. Die Beamten unterscheiden zwischen selbstbestimmtem Betteln auf Grund von Armut (legal), organisiertem Betteln zur Profitmaximierung (Verwaltungsübertretung) sowie der Ausbeutung von Bettlern durch Menschenhändler (eine Straftat). …

Im Rahmen der Grundlagenrecherche fanden die Ermittler heraus, dass der organisierte und der strafrechtlich relevante Teil der Bettler zusammen in Wien bereits den halben „Markt“ besetzt haben dürfte. Die betroffenen Personen stammen fast ausschließlich aus den ärmsten Regionen der Europäischen Union, konkret aus den Ländern Slowakei, Bulgarien und Rumänien. Allein 2013 nahm die Polizei in der

Hauptstadt die Namen von 1100 Rumänen auf, die hier die Mehrheit stellen. Insgesamt stehen in der Jahresstatistik 430 Anzeigen. …

Meistens beginnt es in den Heimatländern, wo die Bosse Mittellose, Behinderte und Arbeitslose zu regelrechten Bewerbungsgesprächen laden. In den betroffenen Regionen spricht sich herum, dass durch gemeinsames Betteln im wohlhabenden Österreich für den Einzelnen pro Monat zwischen 100 und 200 Euro „Einkommen" bleiben. Eine Summe, die in diesen Ländern einiges wert ist. Noch mehr jedoch verdienen die Banden.

Diese betreiben zwischen Bukarest und Wien eine Art Linienverkehr, der die Bettler transportiert. Hier angekommen, werden sie nach festgelegten Dienstplänen an zuvor zugewiesene Standorte gebracht. Die Nacht verbringen sie in Massenquartieren, wo sie 130 Euro pro Monat und Matratze bezahlen. …

Wie besonders „wertvoll" körperlich schwerst behinderte Personen für die Bosse sein können, zeigt das Beispiel jenes 33-jährigen Rumänen, der nun als Kronzeuge auftreten wird. Bei den Befragungen des Mannes stellte sich heraus, dass dieser im Durchschnitt 300 Euro am Tag einnahm, von denen er alles abgeben musste. In der Vorweihnachtszeit erreichte er Spitzenwerte von 1000 Euro. Wurde das Tagespensum einmal nicht erreicht, setzte es brutale Schläge und Essensentzug. Auf die Frage, warum sich die Banden gerade Österreich als Zielland ausgesucht hätten, diktierte er ins Protokoll: „Hier regnet es Geld.""[102]

Betteln in dieser Form scheint äußerst lukrativ zu sein. Wer verdient schon 300 Euro am Tag (= 9.000 Euro im Monat)? Die kriminelle Energie hinter diesen Machenschaften ist ekelerregend.

Doch es gibt auch heitere Begegnungen: Schmunzeln musste ich über zwei Bettler, die ein Schild neben ihrem Hut stehen hatten, worauf stand: „*Wir sammeln für die zweite Flasche Wodka.*" Das war immerhin ehrlich. Aber soll man das unterstützen?

---

[102] https://www.diepresse.com/3806786/ein-blick-ins-innere-der-bettlermafia

Was machen wir mit Bettlern, die das Nichtstun zu ihrem Lebensstil erkoren haben und gar nicht arbeiten wollen, obwohl sie könnten? Soll man das unterstützen?

Fragen über Fragen. Bespricht man das in Bibelkreisen, herrscht oft beschämte Ratlosigkeit, denn jedem Christen ist bewusst, dass wir hier „in der Pflicht" sind, aber wie man damit umgehen soll, bleibt rätselhaft.

Nun leben wir andererseits in einem Sozialstaat, in dem (theoretisch) niemand hungern oder betteln müsste. Dieser wird durch unsere Sozialversicherungsbeiträge und Steuern finanziert, sodass jeder arbeitende Mensch ohnedies bereits einen anerkennenswerten Teil seines Einkommens für Bedürftige gibt. Das ist grundsätzlich gut, aber etwas Wesentliches fehlt dabei: das Zeugnis der Liebe Christi. Die guten Werke (Almosen, Armenfürsorge, Spitäler), die wir als Christen tun, sollten Ausdruck der Liebe Gottes für uns sein, und waren – ehe es den Sozialstaat gab – ein Alleinstellungsmerkmal der Christen. Der Herr Jesus lehrt uns:

„So soll euer Licht leuchten vor den Leuten, dass sie eure guten Werke sehen und euren Vater im Himmel preisen." (Matthäus 5,16).

Das aber soll, wie oben gesagt, vermittelt werden, ohne eine fromme Show daraus zu machen.

Was genau ist eigentlich ein Almosen? Zur Klarstellung: Wir sind nicht verantwortlich, jedes verpfuschte Leben vollständig zu sanieren. Das Wort bedeutet im Griechischen soviel wie Mitleid oder Barmherzigkeit. Es geht also zuerst um unser Mitgefühl; gerade das ist bei der Flut an organisierter Bettelei in den Großstädten unter Beschuss, denn aus Selbstschutz und weil man unmöglich jedem helfen kann, schottet man sich innerlich ab und wird hart. Das ist das Gegenteil dessen, was wir in Christus sein sollen. Ein Almosen ist nicht mehr und nicht weniger als eine kleine Überlebenshilfe für diesen Tag. Es geht also nicht um Riesenbeträge, und wenn ich einem Bettler begegne, muss ich mir immer vorsagen, dass diesem Armen in der Fußgängerzone noch tausend andere begegnen, von denen einige ihm Barmherzigkeit erweisen werden. Das nimmt den Druck von uns.

Almosen gibt man auch leichter, wenn man tatsächlich frei geworden ist von der Geldliebe. Das gemeinsame Leben der Christen ist die Schule, in der man dies lernen soll – so wird unser Herz mehr und mehr davon gereinigt. Tertullian (160-220) schreibt in seinem Traktat über die Geduld:

„Wenn wir nun weiter die Veranlassungen der Ungeduld durchgehen, so werden auch die übrigen Vorschriften betreffenden Ortes Antwort geben. Ist die Seele etwa durch den Verlust von Hab und Gut beunruhigt - fast auf jeder Seite der göttlichen Schriften wird zur Weltverachtung ermahnt, und eine dringendere Ermahnung zur Verachtung des Geldes gibt es nicht als die, dass der Herr selbst ohne Besitz irgendwelcher Reichtümer gefunden wird. ... Was wir, weil der Herr es nicht begehrte, also auch nicht begehren sollen, dessen Verkürzung oder gänzliche Entziehung müssen wir ohne Klage ertragen. ... Wer von Ungeduld über einen Verlust ergriffen wird, der sündigt nahezu gegen Gott selbst, indem er das Irdische höher stellt als das Himmlische. Denn unsere Seele, die wir vom Herrn erhalten haben, hat sich dann von der Liebe zu zeitlichen Dingen verwirren lassen.

Verlieren wir also bereitwillig das Irdische und bewahren wir uns das Himmlische! Mag die ganze Welt zugrunde gehen, wenn ich nur die Geduld als Gewinn davon trage! Wenn jemand sich nicht entschließen kann, einen kleinen, durch Diebstahl, Gewalt oder Nachlässigkeit entstandenen Schaden mannhaft zu ertragen, so wird er schwerlich schnell sein Hab und Gut angreifen, wenn es sich um ein Almosen handelt. ... Überlassen wir es den Heiden, bei jedem Verluste ungeduldig zu werden! Sie stellen das Geld womöglich höher als ihr Leben. ... Bei der Verschiedenheit aber, die zwischen uns und ihnen obwaltet, geziemt es sich, das Geld um des Lebens willen, nicht aber das Leben um des Geldes willen einzusetzen, entweder freiwillig, indem wir es verschenken, oder mit Ergebung, wenn wir es verlieren."[103]

Es gibt viele Ansätze, eine freigiebige Lebensweise zu erlernen. So haben wir einmal alle 50ct Münzen gesammelt (die hatten vor 20 Jahren noch deutlich mehr Wert als heute) und uns vorgenommen, jedem, der uns bittet, zu geben, wenn wir in Wien unterwegs waren. Denn der Herr sagte:

---

[103] Über die Geduld, Kp. 7

194

„Gib aber jedem, der dich bittet; und von dem, der dir das Deine nimmt, fordere es nicht zurück. Und wie ihr wollt, dass euch die Leute behandeln sollen, so behandelt auch ihr sie gleicherweise!" (Lukas 6,30-31).

Als uns dann bewusst wurde, dass es sehr viel organisierte Kriminalität in diesem Bereich gibt, kamen wir davon aber ab. Ich gebe seither spontaner, überlegter und großzügiger. Einmal antwortete mir ein Bettler: *„Jetzt hast du dem Herrgott geholfen!"* Das hat mich beschämt und bestärkt zugleich. In der Didaché, einer frühchristlichen Anleitung zum christlichen Leben aus dem 1. Jahrhundert, las ich etwas sehr Hilfreiches:

„‚Jedem, der dich bittet, gib und fordere es nicht zurück‘; denn der Vater will, dass allen gegeben werde von den eigenen Gnadengaben. Glücklich, wer dem Gebote entsprechend gibt; denn er ist frei von Schuld. Wehe dem, der nimmt! Zwar wenn einer in der Not nimmt, so soll er ohne Schuld sein; ist er aber nicht in Not, dann muss er sich verantworten, weshalb er genommen und wozu? man wird ihn ins Gefängnis werfen und ihn genau untersuchen über sein Tun, und er wird ‚von dort nicht herauskommen, bis er den letzten Heller bezahlt hat‘ Aber auch über diesen Punkt heißt es: ‚Schwitzen soll das Almosen in deinen Händen, bis du erkannt hast, wem du es geben sollst.‘" (Didaché 1,5-6).

Als Geber sind wir für das missbräuchliche Annehmen von Almosen nicht verantwortlich, wir sollen aber überlegt geben, damit es letztlich nicht dort fehlt, wo es wirklich gebraucht worden wäre.

In unserer Gemeinde lebt jemand, der mich zuerst als Bettler angesprochen hat, und es entwickelte sich über die Zeit und durch regelmäßige Gaben eine Freundschaft. Er ist ein versprengter Christ, der irgendwann vom geraden Weg abgekommen ist und als Straßenkünstler sein Dasein fristete. Durch seine Alkoholabhängigkeit kam er immer wieder in prekäre Situationen. Irgendwann war er völlig in der Obdachlosigkeit und wir haben ihn aufgenommen. Er kämpft immer noch mit seiner Vergangenheit und seinem Fleisch, aber er macht auch Fortschritte und wurde im Glauben wieder fester. Er ist ein Projekt, wenn man das so sagen darf, und manchmal stöhnen wir auch ein wenig. Auch hier geht es um Glauben, Liebe und Hoffnung.

Schlussendlich muss Gott ihn verändern, nicht wir. Wir können ihm nur helfen, seine Beziehung zu Gott zu vertiefen und im Glauben, der Liebe und der Hoffnung zu wachsen, damit noch mehr von der Frucht des Geistes in seinem Leben zur Reife kommt.

Es liegt eine Gefahr im regelmäßigen Almosengeben, vor allem, wenn sich Beziehungen aufbauen und man vielleicht sogar Telefonnummern austauscht. Bei einem ehemaligen Sträfling hatte ich dann das Gefühl, dass er mich als lebenden Bankomaten ansah. Das habe ich ihm auch gesagt; er hat dennoch im Zuge unserer Bekanntschaft das Evangelium vermittelt bekommen. Seit ich am Land wohne, haben sich unsere Wege getrennt.

Ein anderes Mal ging es mir psychisch sehr an die Substanz. Er war ein behinderter Alkoholiker, der an der Ecke vor unserem Wohnhaus saß, und hieß Toni. Es begann damit, dass wir ihm eine warme Mahlzeit brachten. Einmal wechselte ich seinen Verband. Leider wusste er so, wo ich wohnte, und läutete zu unpassendsten Zeiten an der Gegensprechanlage, so dass ich diese dann stummschalten musste. Ich half ihm über viele Monate, bis er bei einem Wohnungsbrand starb. Er war Stammkunde bei einem Würstelstand in unserer Straße. Auch ich gesellte mich regelmäßig zu den Leuten dort, legte meine Bibel auf die Ablage, trank ein paar Bier mit ihnen und redete mit den zum Teil sehr „interessanten" Menschen (teils Kriminelle). Als ich nach Jahren wieder kam, stellte mich der Betreiber den anderen vor: *„Das ist der Alexander. Er ist ein echter Christ und hat dem Toni damals sehr geholfen."* Dieser Toni war aber auch eine echte Belastung für mich und ich hatte den Eindruck, mich hier in der Nächstenliebe ziemlich übernommen zu haben. Geblieben ist aber die Ehre Gottes, und das war es wert.

Der Herr sagte, dass wir die Armen allezeit bei uns haben werden. Damit wird uns auch das Thema der Almosen täglich begleiten. Wir werden immer damit ringen, und stets werden wir uns fragen, wie wir am besten damit umgehen. Es gibt kein Patentrezept außer dem, was Tertullian sagte, nämlich die tatsächliche innere Freiheit von der Geldliebe. Diese sollte ein Kennzeichen jedes echten Christen sein.

Gastfreundschaft

> *„Vernachlässigt nicht die Gastfreundschaft; denn durch sie haben*
> *etliche ohne ihr Wissen Engel beherbergt." (Hebräer 13,2).*

Argwohn gegenüber Fremden wird oft als „evolutionärer Impuls" verstanden, der aus dem Kampf um begrenzte Ressourcen, Revieransprüchen,
Feindschaften und Rivalitäten komme. Dementsprechend sei Gastfreundschaft ein „antievolutionärer Impuls".

„Vor einiger Zeit hat eine in der Zeitschrift Nature *veröffentlichte Schweizer Studie*
unsoziales, feindseliges Verhalten gegenüber Angehörigen fremder Gruppen als tief
in der Evolution verankerten Impuls ausgemacht. Wenn es daher etwas gibt, worauf
ein Volk, eine Gemeinschaft, eine Nation wahrhaft „stolz" sein könnte, dann auf die
Ausbildung eines anti-evolutionären Impulses – als Sinn aller wahren Kultur und
Humanität. … die in den Gesetzen der Gastfreundschaft jenen „evolutionären
Impuls" der Fremdenfeindlichkeit seit je zu zähmen versuchten.

In allen Religionen und Kulturen galt der Gast als heilig und ein Vergehen gegen
die Gastfreundschaft zog göttliche Rache nach sich. Schon Platon hatte in seinen
„Gesetzen", den "Nomoi", um die Mitte des 4. Jahrhunderts vor Christus das
Gastrecht als höchste ethische Pflicht verankert."[104]

Und doch ist es so, dass manche Kulturen für ihre Gastlichkeit besonders
bekannt sind, während es in unserer westlichen Kultur deutlich „kühler"
zugeht. Bekanntlich geht man in armen Ländern oder südlichen Kulturen
weit offener an das Thema heran als bei uns. Das mag an unserem Wohlstand
liegen, das mag am Klima liegen, das mag an einem gewachsenen Argwohn
gegenüber Fremden liegen, das mag an unseren unflexiblen Tagesabläufen
liegen. Gründe oder Ausreden gibt es viele, und ich meine, dass man früher
– bevor wir alle hinter Fernsehern, Handys und Computerspielen festgezurrt

---

[104] https://www.deutschlandfunk.de/das-verhaeltnis-zum-fremden-gastfreundschaft-ein-
kulturerbe-100.html

worden sind, allgemein auch hierzulande gastfreundlicher war. Ein Artikel von Nelli Bangert beginnt damit, dass es einfach anstrengend ist und fragt:

„Muss ich gastfreundlich sein?

Was anstrengend und zermürbend klingt, wird zur wertvollen Erfahrung.

Das Wort Gastfreundlichkeit treibt einigen Menschen Schweißperlen auf die Stirn. Es hört sich nach viel Arbeit, besonderen Kochkünsten und einem großen Hausputz an. Einfacher ist es, keine Gäste einzuladen und dementsprechend nicht „freundlich zum Gast“ zu sein. Wäre das nach der Bibel okay?

Erwartungsvoll schlage ich auf Bibleserver.com das Wort „Gastfreundschaft“ nach. Er zeigt mir in der Lutherübersetzung eine einzige Stelle an. Im Vergleich dazu wird das Wort „Liebe“ 448 Mal erwähnt. Heißt das, dass Gastfreundschaft weniger wichtig ist als Liebe? Welchen Stellenwert hat Gastfreundschaft in der Bibel?

Wenn die Autoren im Griechischen das Wort Gastfreundschaft gebrauchen, bedeutet es so viel wie „Fremdenliebe“. Auf den ersten Blick scheinen Fremdenliebe und Gastfreundschaft nicht das Gleiche zu sein. Gastfreundlich bin ich, wenn ich Freunde zu einem Spieleabend einlade. Auch wenn ich meine Gäste noch nicht gut kenne, ist es leicht, freundlich zu sein. Den Fremden lieben erfordert dagegen eine bewusste Entscheidung. Ohne dass ich jemanden einschätzen kann, ihn lieben? Das ist eine ganz andere Nummer.

Ich merke, dass Gastfreundschaft tiefer geht, als ich bislang angenommen habe. Und vielleicht ist Nächstenliebe der Gastfreundschaft doch ähnlicher, als ich es erwartet habe.“[105]

Bei der Gastfreundschaft steht der Gast im Mittelpunkt und nicht ich; das mag unserer individualistischen Prägung, unserem Unabhängigkeits- und Freiheitsstreben zuwiderlaufen. Doch das Wesen der Nächstenliebe ist genau das: Ich bin nicht so wichtig. Ich soll für andere da sein. Dabei kann es

---

[105] https://www.erf.de/lesen/themen/glaube/muss-ich-gastfreundlich-sein/2803-542-4186

einfach um Geselligkeit gehen, vielmehr aber sollten uns die Bedürfnisse derer interessieren, denen wir Gastfreundschaft erweisen.

Das geradezu archetypische Beispiel[106] für Gastfreundschaft bietet Abraham, auf dessen Dienst sich der Eingangsvers (Hebräer 13,2) bezieht:

„Und der Herr erschien ihm bei den Terebinthen Mamres, während er am Eingang seines Zeltes saß, als der Tag am heißesten war. Und er erhob seine Augen und schaute, siehe, da standen drei Männer ihm gegenüber. Und als er sie sah, eilte er ihnen entgegen vom Eingang seines Zeltes, beugte sich zur Erde nieder und sprach: Mein Herr, habe ich Gnade vor deinen Augen gefunden, so geh doch nicht vorüber an deinem Knecht! Man soll ein wenig Wasser bringen, und wascht eure Füße; und lasst euch nieder unter dem Baum, so will ich einen Bissen Brot bringen, dass ihr euer Herz stärkt; danach mögt ihr weiterziehen, denn darum seid ihr bei eurem Knecht vorbeigekommen. Sie sprachen: Tue, wie du gesagt hast!

Und Abraham eilte in das Zelt zu Sarah und sprach: Nimm rasch drei Maß Feinmehl, knete sie und backe Brotfladen! Abraham aber lief zu den Rindern und holte ein zartes und gutes Kalb und gab es dem Knecht; der eilte und bereitete es zu. Und er trug Butter und Milch auf und von dem Kalb, das er zubereitet hatte, und setzte es ihnen vor. Und er stand bei ihnen unter dem Baum; und sie aßen." (Genesis 18,1-8).

Als hier Gott in Begleitung zweier Engel erschien, waren sie für Abraham nicht als solche erkennbar. Für ihn waren es Wanderer, die bei seinem Lagerplatz vorbeikamen. Die Art, wie Abraham auf den überraschenden Besuch reagierte, zeugt von Routine, und sein Haushalt war offenbar ein eingespieltes Team. Er wusste, was müde Wanderer in der Hitze des Tages bedürfen, und er war darauf vorbereitet. Alles ging sehr schnell:

- Er eilte den Besuchern entgegen.
- Er eilte ins Zelt zu Sarah.
- Die nahm rasch drei Maß Feinmehl und bereitete Brot zu.
- Er lief zu den Rindern und wählte ein Kalb zur Schlachtung.

---

[106] Beide zuvor zitierten Artikel gehen dementsprechend auch auf diese Geschichte ein.

- Sein Knecht eilte und bereitete es zu.

Man muss annehmen, dass all dies mehrere Stunden in Anspruch nahm, ehe sie essen konnten. In der Zwischenzeit konnten die Reisenden ihre Füße waschen, sich im Schatten ausruhen, und Abraham leistete ihnen Gesellschaft. Während sie dann aßen, stand er als Diener vor den Gästen, um sie zu bewirten.

Wie anstrengend und zermürbend ist Gastfreundschaft? Kaum, wenn man grundsätzlich darauf vorbereitet ist! Darauf kommt es an, es muss eine Grundhaltung werden, Gäste gerne willkommen zu heißen. Das erfordert auch etwas Planung.

In unserer zweiten Wohnung investierten wir in ein Schrankbett, das im Wohnzimmer stand. Dieses war tagsüber zugeklappt, und am Abend wurde das Wohnzimmer zu unserem Schlafzimmer. So sparten wir ein ganzes Zimmer in unserer Wohnung, welches wir als Gästezimmer zur Verfügung stellen konnten. Ich denke da an das Sprichwort: „Platz ist in der kleinsten Hütte." Das war in einer Wiener Stadtwohnung mit drei Kindern möglich, die alle ein großes Kinderzimmer teilten. Das Gästezimmer war normalerweise unser Arbeitszimmer, wo die Nähmaschine, der Computer und unsere Bibliothek untergebracht waren. Größere Zimmer teilten wir mit Bücherwänden in zwei Bereiche – viel ist möglich, wenn man mit Liebe und Kreativität die richtigen Prioritäten setzt.

Nachdem meine Frau sich leider scheiden ließ, und meine beiden großen Kinder und ich auszogen, bot uns ein Bruder seine Wiener Wohnung mit vier Zimmern sehr günstig zur Miete an, in der wir auch Gäste beherbergen konnten. Der versprengte Christ, der auf der Straße gebettelt hatte, den ich im vorigen Kapitel erwähnte, wohnte eine Zeit lang bei uns. Später zog ein anderer Bruder ein, den wir tauften und der am gemeinschaftlichen Leben Interesse hatte. Er ging nachher wieder nach Deutschland zurück, aber zuvor malte er noch das Vorzimmer neu aus.

Auf der Suche nach einem Gemeindehaus für das gemeinsame Leben, öffnete sich uns eine Türe im Waldviertel. Meine Tochter, ein Bruder und ich zogen voraus, während mein Sohn noch einige Monate in Wien bleiben musste. Die leeren Zimmer bezogen zwei iranische Christen, die uns dann auch bei der Renovierung des Gemeindesaals tüchtig halfen.

Unser Gemeindehaus am Land bietet mit sieben zentral begehbaren Schlafzimmern und einem extra Gästezimmer, das über die Terrasse begehbar ist, hinreichend Platz für spontane Übernachtungen von Gästen. Derzeit wohnen von den sieben Mitgliedern unserer kleinen Gemeinschaft vier im Haus, und drei in Gehdistanz im Ort. Wir haben einen großen Gemeinschaftsraum. Als in diesem gerade erst der Estrich gelegt war, sah ich eine Gruppe Pfadfinder auf dem Hauptplatz vor unserem Haus im Regen stehen. Ich fragte sie, was sie so vorhatten. Eigentlich wollten sie weiterwandern, aber die Witterung war widerlich. So bot ich ihnen an, als Gruppe im halbfertigen Gemeindesaal zu übernachten. Ich hatte bereits mehrere günstige Klappbetten besorgt und aufbewahrt für solche Fälle. Nun kamen sie zum Einsatz. Es ist nicht wirklich kompliziert, Gastfreundschaft zu erweisen.

Einmal stand ein Mann mit einem Koffer vor dem Haus, der gerade Streit mit seiner Frau hatte und ziemlich verzweifelt war. Wir boten ihm an, ein paar Tage bei uns zur Ruhe zu kommen und wir redeten viel. Kurz danach kehrte er zu seiner Frau zurück. Leider ist die Ehe letztlich doch in die Brüche gegangen; dafür aber hat seine Frau sich bekehrt und taufen lassen. Offene Türen öffnen Türen.

Mehrere Wochen brachte ein Bruder bei uns zu, der die Ehe gebrochen hatte. Er war voller Scham und sehr zerknirscht und konnte bei uns zur Ruhe und zur Buße kommen. Es gab sehr viele Telefonate hin und her, und bald kehrte er zu seiner Frau zurück, die ihm vergab.

Indem wir täglich zusammen essen, kann jederzeit spontan jemand dazu eingeladen werden, was fallweise stattfindet. Das gemeinschaftliche Leben macht es natürlich leichter, spontan zu sein, sofern jeder sich des Wertes der Gastfreundschaft bewusst ist. Wir sind mittlerweile ein recht gut eingespieltes Team.

Das sind nur ein paar kurze Einblicke in unsere Praxis der Gastfreundschaft. Dazu gehören noch so kleine Details wie ein hinreichend bestückter Kühlschrank, eine zuverlässige Kaffeemaschine, Milch und Zucker. Haben wir jemals Engel beherbergt? Noch nicht, aber wir haben in aller Regel von allen Besuchen profitiert.

Unser Herr Jesus fordert uns in der Gastfreundschaft sehr heraus:

„Wenn du ein Mittags- oder Abendmahl machst, so lade nicht deine Freunde, noch deine Brüder, noch deine Verwandten, noch reiche Nachbarn ein, damit nicht etwa auch sie dich wieder einladen und dir vergolten wird; sondern wenn du ein Gastmahl machst, so lade Arme, Krüppel, Lahme, Blinde ein, so wirst du glückselig sein; denn weil sie es dir nicht vergelten können, wird es dir vergolten werden bei der Auferstehung der Gerechten." (Lukas 14,12-14).

Es macht einen Unterschied, ob man nur Freunde oder unkomplizierte Menschen einlädt, oder solche, die Hilfe brauchen und wo es auch anstrengender werden kann. Geselligkeit ist gut, unparteiische Nächstenliebe aber ist das Ziel. Dabei geht es nicht darum, den Komfort eines Fünf Sterne Hotels zu bieten, sondern aufrichtiges Interesse an den Menschen und ihren Umständen zu zeigen. Oft nehmen sie dann am Tischgebet oder auch an der Abendandacht teil und kommen so in Kontakt mit dem, der ihres Lebens Ursprung und Ziel ist.

Gastfreundschaft muss auch nicht unbedingt daheim stattfinden. Man kann sich Zeit nehmen, einem Bedürftigen zu einem Essen beim Würstelstand oder in ein Fastfood-Restaurant einzuladen, mit ihm zu reden und ihm eine schöne Stunde und einen vollen Magen zu schenken. Das habe ich fallweise gemacht und es wurde jedes Mal dankbar aufgenommen. Oder wenn man als Gemeinschaft beispielsweise nach der Chorprobe oder einem anderen Treffen essen geht, kann man für einen bedürftigeren Bruder oder Schwester die Rechnung übernehmen. Es gibt so viele Möglichkeiten, in kleinen Schritten in der Gastfreundschaft zu wachsen – man muss nicht gleich eine Herberge aufmachen. Wichtig ist die Freudigkeit:

„Seid gegeneinander gastfreundlich ohne Murren!" (1. Petrus 4,9).

Gäste mögen ungelegen kommen, und manchmal muss man auch schweren Herzens nein sagen. Wenn ich gerade kranke Kinder pflegen muss, haben diese natürlich den Vorrang. Oder wenn ich gerade einen Besuch habe und wir sehr persönliche Dinge zu besprechen haben, muss ich den unangekündigten Gast leider abweisen und vertrösten. Wenn ich gerade ausgelaugt und erschöpft von der Arbeit bin, kann meine Erholung durchaus einmal den Vorrang vor Besuchern haben. Wenn die Wohnung gerade beispielsweise durch einen Wasserrohrbruch verwüstet ist, brauche ich mir auch kein schlechtes Gewissen zu machen, wenn ich die Türe verschlossen halte. Doch alles, was ich nicht unbedingt jetzt machen muss, kann ich hintanstellen. Das ist eine Grundsatzentscheidung: Was hat Vorrang? Meine Pläne oder Gottes Pläne, die sich in einem unangekündigten Besuch zeigen könnten? Angenommen, es ist tatsächlich ein Engel? Waldemar Dirks, ein russlanddeutscher Christ, gibt folgendes zu bedenken:

„Man weiß nie, wie bedeutend die Aufnahme eines Gastes sein kann. Der Vers nimmt Bezug auf einige Beispiele aus dem Alten Testament. Dort hat sich manch ein Besucher als weit mehr herausgestellt, als er zu sein schien. So können wir durch die Aufnahme eines „Fremden" Freundschaften schließen, göttliche Botschaften erhalten, Hilfe erfahren, Trost bekommen und Segen empfangen."[107]

Uns kann also sehr viel entgehen, wenn wir in diesem Bereich zu zurückhaltend sind. Es gibt aber noch andere Gründe für Gastfreundschaft. Zuerst ist sie ein Ausdruck für Gottes Wesen:

„Ihr sollt das Land nicht für immer verkaufen; denn das Land gehört mir, und ihr seid Fremdlinge und Gäste bei mir." (Levitikus 25,23).

Gott lässt Sein Volk in Seinem Land wohnen – und er nennt sie sogar „Fremdlinge", was bedeutsam ist, denn Gastfreundschaft ist im biblischen Verständnis „Fremdenliebe" (philoxenia). Durch Christus aber sind wir in die Stellung von Kindern Gottes gekommen, also noch ein gehöriges Stück näher als im Alten Bund:

---

[107] https://christusallein.com/2020/03/20/eine-ermutigung-zur-gastfreundschaft/

„So seid ihr nun nicht mehr Fremdlinge ohne Bürgerrecht und Gäste, sondern Mitbürger der Heiligen und Gottes Hausgenossen." (Epheser 2,19).

Wenn unser Vater schon gastfreundlich (fremdenliebend) ist, dann sind wir als Seine Kinder Sein eingespieltes Team, wie der Haushalt Abrahams mitgewirkt hat, um die Gäste des Patriarchen zu bewirten. Also geht christliche Gastfreundschaft vom Vater aus und führt zu Ihm hin. Sie ist ein wichtiges Mittel, Menschen mit Gott bekannt zu machen.

Ein anderer Bereich der Gastfreundschaft betrifft die Mitarbeiter des Reiches Gottes:

„Mein Lieber, du handelst treu in dem, was du an den Brüdern tust, auch an den unbekannten, die von deiner Liebe Zeugnis abgelegt haben vor der Gemeinde. Du wirst wohltun, wenn du ihnen ein Geleit gibst, wie es Gottes würdig ist; denn um Seines Namens willen sind sie ausgezogen, ohne von den Heiden etwas anzunehmen. So sind wir nun verpflichtet, solche aufzunehmen, damit wir Mitarbeiter der Wahrheit werden." (3. Johannes 1,5-8).

Wenn wir Missionare aufnehmen, erfrischen und unterstützen, haben auch wir Anteil an ihrem Werk und werden zu Mitarbeitern der Wahrheit. Es war ein schöner Abend, als uns eine Mitarbeiterin des Evangeliumsrundfunks besuchte, mit uns aß und dann ihr Werk vorstellte. Wir hatten eine gute Zeit der Gemeinschaft und des Gebets. Leider ist der ERF bei uns nicht zu empfangen, aber wir haben einander ermutigt im Dienst des Herrn und voneinander gelernt. Man erfährt, was jenseits des Tellerrandes unseres kleinen Dorfes geschieht und kann ein wenig Anteil daran nehmen.

Gastfreundschaft hat noch einen Aspekt, der uns motivieren sollte:

„Kommt her, ihr Gesegneten meines Vaters, und erbt das Reich, das euch bereitet ist seit Grundlegung der Welt! Denn ich bin hungrig gewesen, und ihr habt mich gespeist; ich bin durstig gewesen, und ihr habt mir zu trinken gegeben; ich bin ein Fremdling gewesen, und ihr habt mich beherbergt; ich bin ohne Kleidung gewesen, und ihr habt mich bekleidet; ich bin krank gewesen, und ihr habt mich besucht; ich bin gefangen gewesen, und ihr seid zu mir gekommen." (Matthäus 25,34-36).

Die, denen der Herr diese Worte sagte, wussten gar nicht, dass sie Ihm persönlich gedient hatten. Das ist nur möglich, wenn man ohne Berechnung aus freier Liebe dient und nicht darauf wartet, bis einer vor der Tür steht, der durchbohrte Hände hat und in etwa so aussieht, wie die Ikonen in der Kirche. Wir sollen den Bedürftigen zugewandt sein, dann sind wir dem Herrn zugewandt. Es soll uns so in Fleisch und Blut übergehen, dass wir darin frei von jeder Berechnung sind. Der Lohn dafür ist unermesslich.

Es gibt noch eine andere wesentliche Seite des Themas: Was macht einen guten Gast aus? Dazu ein paar praktische Gedanken aus dem Buch von Jesus Ben Sirach; es geht dabei um die Gastmähler, wie sie in der Antike gehalten wurden, wo man nach dem Mahl (deipnon) einen Umtrunk pflegte (symposion), bei dem es Musik, philosophische Gespräche und gepflegte Unterhaltung gab. In abgespeckter Form gibt es das noch heute.

„Wie sollst du dich verhalten, wenn du an einem großen Tisch sitzt?

Dann sollst du nicht öffnen über ihm deinen Rachen, und nicht sollst du sagen: Gar überreichlich sind die Dinge auf ihm. Erinnere dich, dass ein boshaftes Auge [d.h. Geiz und Gier] ein Übel ist. Gibt es etwas Boshafteres als ein Auge unter dem, was je erschaffen worden ist? Deshalb vergießt es aus jedwedem Anlass Tränen.

Wohin jemand schauen sollte, dorthin strecke nicht deine Hand aus, und stoße nicht mit ihm zusammen in einer Schüssel. Begreife die Dinge des Nächsten aus dir selbst, und über jede Angelegenheit denke nach.

Iss wie ein Mensch das, was vor dir steht, und nicht schlinge hinunter, damit du nicht verabscheut wirst. Höre als Erster auf um der Erziehung willen, und sei nicht unersättlich, damit du niemals Anstoß erregst. Und wenn du zwischen zahlreichen Leuten sitzt, strecke deine Hand nicht früher aus als diese.

Schon ausreichend ist für einen erzogenen Menschen das Wenige, und auf seinem Bett braucht er nicht schwer zu atmen. Schlaf der Gesundheit bei maßvollem Essen; er steht frühmorgens auf, und schon ist er bei sich. Pein der Schlaflosigkeit und Übelkeit und das Sich-Winden bei einem unersättlichen Mann. Und wenn du überwältigt worden bist von Speisen, steh auf, erbrich sie weit weg, und du wirst Ruhe haben.

Höre mir zu, Kind, und verachte mich nicht! Und am Ende wirst du meine Worte bestätigt finden. In allen deinen Werken werde geschickt, und keinerlei Unwohlsein wird dich treffen.

Den, der sich bei Broten prächtig benimmt, preisen die Lippen, und das Zeugnis seines Wohlverhaltens ist glaubwürdig. Gegen einen Boshaften beim Brot wird murren eine Stadt, und das Zeugnis seiner Boshaftigkeit ist exakt.

Beim Wein spiele nicht den starken Mann; viele nämlich hat der Wein vernichtet. Ein Ofen prüft Eisen beim Eintauchen, so der Wein die Herzen beim Streit der Überheblichen.

Das dem Leben Gleiche ist Wein für die Menschen, wenn du ihn trinkst mit Maß. Was ist schon das Leben, wenn der Wein weniger wird? Denn dieser ist geschaffen worden zur Freude von Anbeginn. Vergnügen des Herzens und Freude der Seele ist Wein, getrunken zum rechten Zeitpunkt, maßvoll.

Bitterkeit der Seele ist Wein, getrunken zu viel in Erregung und Fehltritt. Trunkenheit vergrößert die Wut des Toren bis zum Anstoß, während sie Kraft verringert und Wunden zufügt. Beim Weingelage beschäme nicht den Nächsten, und verachte ihn nicht in seiner Freude; sprich zu ihm kein Wort der Beschimpfung, und betrübe ihn nicht durch Rückforderung.

Haben sie dich als Vorsteher bei Tisch eingesetzt, überhebe dich nicht, sei für sie wie einer von ihnen; kümmere dich um sie und setze dich ebenso! Und wenn du all deinen Bedarf erledigt hast, lehne dich zurück, damit du erfreut wirst durch sie, und um des guten Benehmens willen sollst du einen Kranz empfangen.

Rede, Ältester, es steht dir nämlich zu mit genauem Wissen, nicht jedoch behindere die Musik. Wo ein Gedicht ist, sollst du nicht Klage ausschütten, und zur Unzeit sollst du nicht philosophieren! Ein Siegel von Rubin auf goldenem Schmuck ist eine Konzertmusik beim Weingelage; an goldenem Kunstwerk ein Siegel von Smaragd ist die Weise der Musik bei süßem Wein.

Rede, junger Mann, wenn es deine Pflicht ist, aber nur, wenn du so gerade eben zweimal gefragt worden bist; fasse ein Wort zusammen, mit wenigen vieles; sei wie einer, der erkennt und gleichzeitig schweigt. Inmitten der Edlen führe dich nicht als Herrscher auf, und wo die Greise sind, schwätze nicht viel. Vor dem Donner stößt der Blitz herab, und vor dem Bescheidenen kommt die Anmut.

In der rechten Stunde stehe auf und bleibe nicht als Letzter, gehe ins Haus zurück und sei nicht leichtsinnig! Dort kannst du tanzen und dir deine Gedanken machen, nicht aber sollst du sündigen durch ein stolzes Wort.

Und außerdem preise den, der dich gemacht hat und der dich trunken macht mit seinen Gütern.” (Sirach 34,12-35,13)

Das Bemerkenswerte an diesem Text ist, dass es durchaus ein maßvolles Trinken in geselliger Runde gutheißt. Das verstört vielleicht den einen oder anderen Christen, der meint, Alkohol sei tabu. Doch Gott ist ein Gott der Feste, und zu diesen Festen gehörte immer auch Wein. Darum auch das Weinwunder bei der Hochzeit zu Kana! Es ist das Übermaß, das zur Sünde wird, Völlerei und Trunkenheit. Das gehört zu den Werken des Fleisches.

Tertullians (160-220) Beschreibung eines frühchristlichen Gottesdienstes mit Gemeinschaftsmahl (Agape) hat viele Gemeinsamkeiten mit dem Text aus Ben Sirach. Er schreibt dazu unter anderem:

„Was ist es nun also Wunderbares, wenn eine so große Liebe auch gemeinschaftliche Mahlzeiten veranstaltet. Denn sogar unsere geringen Mahlzeiten – außerdem verrufen als verbrecherisch – verspottet ihr auch noch als verschwenderisch. Auf uns wird nämlich der Ausspruch des Diogenes angewendet: „Die Megarenser schmausen, als wenn sie morgen sterben müssten, und bauen, als wenn sie niemals sterben müssten.” Allein man bemerkt leichter den Strohhalm im Auge eines andern, als den Balken in dem seinigen. … Aber nur über das Gastmahl der Christen stellt man Untersuchungen an.

Unser Mahl gibt durch seinen Namen schon sein Wesen und seine Bestimmung an; es trägt den Namen, womit man im Griechischen die Liebe bezeichnet (Agape). Wie teuer es auch kommt, ein Gewinn ist es, im Namen der Frömmigkeit Aufwand zu machen, zumal da wir die Dürftigen mit jener Erholung erquicken, nicht in der Weise, wie bei euch die Schmarotzer nach der Ehre begierig sind, ihre Freiheit in Sklaverei zu verwandeln, um den Lohn, dass sie unter Beschimpfungen ihren Bauch füllen dürfen, sondern deswegen, weil bei Gott das Ansehen der Niedrigen größer ist. Wenn die Veranlassung des Mahles schon eine ehrbare ist, so beurteilt auf Grund derselben die Zucht, die beim ganzen Verlauf desselben herrscht. Was zu den religiösen Pflichten gehört, das duldet keine Gemeinheit und keine Unsitte. Man geht nicht eher zu Tisch, als bis man des Gebetes zu Gott verkostet hat, man isst so viel, als Hungrigen genügt, man trinkt so viel, als züchtigen Leuten dienlich ist. So sättigen sie sich wie Leute, die nicht vergessen, dass sie auch in der Nacht Gott anbeten müssen; so unterhalten sie sich wie Leute, die wissen, dass Gott es hört. Wenn die Hände gewaschen und die Lichter angezündet sind, wird jeder aufgefordert, vorzutreten und Gott Lob zu singen, wie er es aus der Heiligen Schrift oder nach eigenem Talente vermag; daran erkennt man, wie er getrunken hat. Ebenso bildet das Gebet den Schluss des Mahles. Von da geht man auseinander, nicht um sich zu Keilereien zusammenzurotten, nicht um in hellen Haufen herumzuschwärmen, noch zu den heimlichen Schlichen der Liederlichkeit, sondern zu der früheren Sorge für Sittsamkeit und Keuschheit, wie Leute, die nicht so sehr ein Mahl, als vielmehr eine Lehre verkostet haben.“[108]

Wenn man am Land eingeladen wird, zum Beispiel wenn man von Haus zu Haus Kalender verteilen geht, wird man nicht selten auf ein Achterl oder ein Stamperl ins Haus gebeten. Freilich kann (und soll!) man mit Verweis auf die Fahrtüchtigkeit ablehnen! Doch es gibt kein Gebot gegen ein geselliges Beisammensein über einem guten Trunk. Es ist die Freude des Gastgebers, die man nicht leichtfertig beschämen sollte, außer man trinkt aus Prinzip, Überzeugung, gesundheitlichen Gründen oder einer überwundenen Abhängigkeit nicht. Gerne wird alternativ auch ein Kaffee angeboten.

Gastfreundschaft anzunehmen ist Teil der Missionstätigkeit:

„Wo ihr aber in ein Haus hineingeht, da sprecht zuerst: Friede diesem Haus! Und wenn dort ein Sohn des Friedens ist, so wird euer Friede auf ihm ruhen, wenn aber

---

nicht, so wird er zu euch zurückkehren. In demselben Haus aber bleibt und esst und trinkt das, was man euch vorsetzt; denn der Arbeiter ist seines Lohnes wert. Geht nicht aus einem Haus ins andere.

Und wenn ihr in eine Stadt kommt und sie euch aufnehmen, da esst, was euch vorgesetzt wird; und heilt die Kranken, die dort sind, und sagt zu ihnen: Das Reich Gottes ist nahe zu euch herbeigekommen!" (Lukas 10,5-9).

Wir sollen Boten des Friedens sein, und die Art und Weise, wie wir uns als Gäste verhalten, soll genau das widerspiegeln. Unsere Gastgeber werden gesegnet sein, wenn wir mit dieser Gesinnung bei ihnen eintreten: *„Friede diesem Haus!"*

Ja zu Hierarchie!

„Deshalb beuge ich meine Knie vor dem Vater unseres Herrn Jesus Christus, von dem jede Vaterschaft im Himmel und auf Erden den Namen erhält." (Epheser 3,14-15).

Jetzt kommt eine Triggerwarnung: In den folgenden Kapiteln geht es um Hierarchien. Ich erinnere zurück an das Kapitel „Antihierarchische Stilformen", in dem ich ausgiebig Ludwig Stein zu Wort kommen ließ, der unser Problem mit Autoritäten beschrieben hat. Es ist ein belastetes Thema; nicht, weil Hierarchien an sich böse sind, sondern weil der gefallene Mensch, der selbstsüchtige und selbstgefällige Sünder, sich seit jeher dagegen auflehnt. Warum können wir nicht selbst Gott sein? Aus der Ablehnung der Autorität Gottes folgte die Ablehnung aller gottgegebenen Beziehungsstrukturen, die auch (nicht nur) hierarchische Elemente haben.

Von Gott erhält jede Vaterschaft im Himmel und auf Erden seinen Namen. Was bedeutet das? Das griechische Wort „patria" umfasst viele Bedeutungen, von Herkunft, Familie bis zu Sippe und Nation. Es leitet sich von „pater" ab, vom Vater, der als der Zeugende der Namensgebende ist und der dem Haushalt vorsteht. Woher haben die Israeliten ihren Namen? Vom Stammvater Israel. Woher die Juden? Vom Patriarchen Juda. Woher die Römer? Von Romulus, der die Stadt Rom gegründet hat. Die Enakiter (ein Riesenstamm in Kanaan) wurden nach ihrem Vater Enak benannt, wie die Rephaiter nach ihrem Vorvater Rapha.

Der Bibel liegt – auch wenn es vielen nicht schmecken will – eine patriarchalische Ordnung zugrunde. Gott stellt sich uns als Vater in weitestgehend männlichen Analogien vor. Christus als Sohn Gottes ordnet sich dem Vater unter und gibt uns damit Sein eigenes Beispiel, wie man sich in gesunder Weise in die göttlichen Hierarchien einfügt:

*„Ich will aber, dass ihr wisst, dass Christus das Haupt jedes Mannes ist, der Mann aber das Haupt der Frau, **Gott aber das Haupt des Christus.**"* (1. Korinther 11,3).

Das nimmt nichts von Seiner Würde weg, auch macht es Ihn nicht weniger göttlich als den Vater. Es zeigt uns aber, dass selbst in der Gottheit eine Hierarchie besteht, weil sie eine Gemeinschaft ist.

Hierarchie setzt sich zusammen aus „hieros" (heilig) und „arché" (Anfang, Ursprung, Ursache, erster Rang, Herrschaft). Hierarchie gibt es in der ganzen Schöpfung, beginnend von der Massenanziehung der Materie, wo das massigere Element stets das leichtere an sich zieht und nie umgekehrt. Darum dreht sich die Erde um die Sonne, und Gott sei Dank hat sie sich noch nicht emanzipiert ... Darum zieht der Mond auch seine Bahn um die Erde, und obwohl seine Schwerkraft die Gezeiten bedingt, kann er das Wasser doch nicht von der Erde zu sich hinaufziehen.

„Das Newtonsche Gravitationsgesetz ist eines der grundlegenden Gesetze der klassischen Physik. Es wurde von Isaac Newton in seinem 1687 erschienenen Werk Philosophiae Naturalis Principia Mathematica aufgestellt. Damit gelang Newton im Rahmen der von ihm zugleich begründeten klassischen Mechanik die erste gemeinsame Erklärung für die Schwerkraft auf der Erde, für den Mondumlauf um die Erde und für die Planetenbewegung um die Sonne. Die Newtonsche Gravitationstheorie erklärt diese und weitere mit der Gravitation zusammenhängenden Phänomene wie die Gezeiten auf der Erde und Bahnstörungen des Mondes und der Planeten mit großer Genauigkeit."[109]

In jeder Tiergattung, die in Gruppen zusammenlebt, gibt es Hierarchie. Das gilt für den Ameisenbau, für Vogelschwärme, für Rinderherden, für Wolfsrudel und die Sippen der Primaten. Wenn die Rangordnung erstritten ist und die Hackordnung steht, fügt sich jedes Tier der gegebenen Ordnung.

Angenommen, die Evolutionstheorie stimmt, so sind diese Hierarchien entscheidend für das Überleben und die Weiterentwicklung der Arten. Wenn

---

[109] https://de.wikipedia.org/wiki/Newtonsches_Gravitationsgesetz

wir uns zu den Primaten zählen wollen, dann werden wir zugeben müssen, dass wir ohne die Führung der Silberrücken wohl nie dorthin gelangt wären, Zivilisationen zu gründen. Ohne die hierarchisch geführten Nationen und den – laut Evolutionstheorie – notwendigen Kriegen im Kampf uns Dasein hätten wir auch nicht den sozialen, technischen und wissenschaftlichen Stand von heute erreicht. *„Der Krieg"*, soll Heraklit (520-460 v.Chr.) gesagt haben, *„ist der Vater aller Dinge"*. Die Ablehnung von Autorität und der anarchische (antiherrschaftliche) Geist der Zeit bedeutet einen Rückschritt in der Evolution. Unsere Jungen verlieren sowohl kognitive als auch praktische Fertigkeiten, weil sie sich nicht mehr einer Leitung (Eltern, Lehrer, Meister, Regierung) fügen wollen und sich lieber mit billiger Unterhaltung abfüttern und ruhigstellen lassen. Dieser innere Widerspruch zwischen dem Evolutionsglauben und der antiautoritären Ideologie lässt mich traurig schmunzeln, denn es ist geradezu absurd.

Wo die Herrschaft oder die Führung fehlt, verfällt die Gemeinschaft. Das zeigt sich in den relativ kurzlebigen Demokratien mit ihren ständigen ideologischen Pendelausschlägen und dem Werteverfall ebenso wie in der „vaterlosen Familie".

„Wo es an weiser Führung fehlt, kommt ein Volk zu Fall, wo aber viele Ratgeber sind, da geht es ihm gut." (Sprüche 11,14).

Führung muss in Weisheit erfolgen, weshalb kein Vater, kein Chef, kein König ohne Berater auskommt, denn keiner dieser Führer weiß, sieht und versteht alles. Doch er steht in Verantwortung. Gottes heilige Ordnung ist also kein Freibrief für Machtmissbrauch, Autokratie und Herrschergewalt, sondern soll in Weisheit, Liebe und Fürsorge für die Anvertrauten erfolgen. In einer dienenden Haltung:

„Die Könige der Heidenvölker herrschen über sie, und ihre Gewalthaber nennt man Wohltäter. Ihr aber sollt nicht so sein; sondern der Größte unter euch soll sein wie der Jüngste, und der Führende wie der Dienende." (Lukas 22,25-26).

Gerade weil Autorität in der gefallenen Welt nicht funktioniert und zu großen Problemen geführt hat, soll die Gemeinschaft des Reiches Gottes zeigen, welch ein Segen die Annahme göttlich legitimierter Hierarchien ist! Sie funktioniert völlig anders als in der Welt, wie wir dann im Detail sehen werden, aber sie ist auch nicht verhandelbar.

Hierarchie kennzeichnet die gesamte Schöpfung in der sichtbaren und der unsichtbaren Welt. Selbst unter den Engeln gibt es Erzengel, welche einen höheren Rang und eine Autoritätsstellung innehaben, die ihren Zweck zur Ehre Gottes und zum Wohl des Ganzen erfüllt, auch wenn dies sich unserer Wahrnehmung entzieht.

Das Aufbegehren gegen die Hierarchien ist ein Aufbegehren gegen die Naturgesetze der Schöpfung und deren Urheber, Gott. Die Folge ist Streit und Entfremdung. Der Feminismus, der sich anfangs für legitime Frauenrechte einsetzte, entartete zu einem naiven und bissigen Revanchismus: *„Jetzt sind einmal wir Frauen an der Reihe, die Macht zu haben!"* Da wird ernsthaft gefragt, warum nur die Frauen bei den Kindern daheim sein sollen und nur so wenige Männer in Väterkarenz gehen. Haben Männer Brüste, um die Babys zu stillen? Man kann ja auch die Flasche geben und den Kindern industriell gefertigte künstliche Muttermilch einflößen. Woher kommen denn die vielen Allergien heutzutage?

„Vor allem in den ersten zwei Lebensjahren prägen äußere Einflüsse den kindlichen Organismus. In dieser Zeit kann eine allergievorbeugende Ernährung das spätere Allergierisiko besonders günstig beeinflussen. Das gilt speziell für Neurodermitis, aber auch für die Entwicklung des Immunsystems allgemein. Daher sprechen Fachleute sich für das Stillen in den ersten Lebensmonaten aus. Allerdings: Ganz eindeutig zeigt die wissenschaftliche Datenlage bislang nicht, dass Muttermilch Allergien vorbeugen kann.

Stillen schützt vor Allergien und Übergewicht

Auch nach Einführung der Beikost sollten alle Säuglinge noch weiter gestillt werden: Über die Muttermilch erhält das Baby nicht nur Nährstoffe, sondern auch mütterliche Immunzellen, probiotische und antientzündliche Substanzen für sein noch nicht vollständig entwickeltes Abwehrsystem. Man weiß, dass es die Verträglichkeit neuer Lebensmittel verbessert, wenn das Kind während der Beikostein-

führung weiter gestillt wird. Länger gestillte Kinder bekommen zudem weniger Atemwegsinfekte und haben seltener Übergewicht und Typ-2-Diabetes. Eine Höchstdauer für das Stillen gibt es nicht. Die Stilldauer bestimmen Mutter und Kind."[110]

Freilich setzt man alles daran, durch Auftragsstudien das so Naheliegende zu entkräften, um dieses schlagende Argument gegen die feministische Forderung nach der Väterkarenz zu widerlegen. Doch Mann und Frau sind nun einmal sehr unterschiedlich gebaut und das hat mit unterschiedlichen Aufgaben zu tun. Darum macht es auch wenig Sinn, Frauen in Männerberufe zu drängen, um bestimmte Quoten zu erfüllen oder den ideologischen „Beweis" zu erbringen, dass Mann und Frau sich in nichts Wesentlichem unterscheiden.

„Junge Frauen bevorzugen mehrheitlich Berufe in der Medizin, der Pflege, der Pädagogik, der Sozialarbeit - und seltener in naturwissenschaftlich-technischen Bereichen oder im Management. Die Berufswahl entspricht passgenau den evolutionär geprägten Motiven und Begabungen. Daher ergibt es keinen Sinn, Frauen für eher "männliche" Berufsrollen gewinnen und für das Spitzenmanagement protegieren zu wollen. Diese Folgerung ziehen Psychologen aus evidenzbasierten Forschungsergebnissen im neuen Reader "Geschlecht und Verhalten aus evolutionärer Perspektive".
…

Daher haben Erfolg und Status für Mann und Frau eine jeweils unterschiedliche Relevanz: Es überrascht kaum, "dass etwa vier Fünftel der Führungskräfte in der deutschen Wirtschaft Männer sind. In allen Kulturen wählen Frauen ihren Partner auch nach dessen sozialem und beruflichem Status - Männer umgekehrt nicht."[111]

Hier sind wir wieder bei dem inneren Widerspruch zwischen Evolutionsglaube und Ideologie. Dieser verbissene Kampf um Gleichheit (nicht Gleich-

---

[110] https://www.allergieinformationsdienst.de/vorbeugung-und-schutz/allergien-vorbeugen/ernaehrung-im-kindesalter
[111] https://www.psychologie-aktuell.com/news/aktuelle-news-psychologie/news-lesen/evolutionspsychologie-warum-frauen-sich-mehr-fuer-sozialberufe-und-maenner-mehr-fuer-technik-interes.html

berechtigung) zerstört das Verhältnis zwischen Mann und Frau in unserer Gesellschaft. Nie gab es so viele Scheidungen wie heute; was das für die Kinder und deren künftige Familientauglichkeit bedeutet, kann man sich dunkelschwarz ausmalen.

Christen sollen es besser machen, weshalb sie die ideologischen Verblendungen der Welt als solche erkennen und ablegen müssen. Das ist natürlich ein hochemotionales Thema, und auch aufgrund selbsterlittener Verletzungen sträuben sich viele, was menschlich nachvollziehbar ist. Viele haben aufgrund der traumatisierenden Erfahrungen mit ihren leiblichen Vätern auch ein tiefsitzendes Problem damit, Gott als Vater anzunehmen. Denn Gott ist Vater, aber anders als wir Menschen. Darum ist es notwendig zu verstehen, dass Gottes Hierarchien anders funktionieren als wir es von unseren Vätern gelernt haben. Darum soll es im Folgenden gehen.

Mann und Frau

Ich habe im letzten Kapitel bereits den Boden für dieses heiße Thema
vorbereitet; jetzt muss tief gepflügt werden, damit der Same des Wortes
Gottes auch in diesem Bereich aufgenommen werden und Frucht bringen
kann. Ich ersuche jeden Leser, es in der von Jakobus empfohlenen Haltung
zu hören, und nicht gleich in die Defensive zu gehen:

*„Darum, meine geliebten Brüder, sei jeder Mensch schnell zum Hören, langsam zum
Reden, langsam zum Zorn; denn der Zorn des Mannes vollbringt nicht Gottes
Gerechtigkeit! Darum legt ab allen Schmutz und allen Rest von Bosheit und **nehmt
mit Sanftmut das euch eingepflanzte Wort** auf, das die Kraft hat, eure Seelen zu
erretten!"* (Jakobus 1,19-21).

Es geht gegen in unserer Gesellschaft tief verwurzelte Überzeugungen von
Emanzipation und Gleichheit, die in direktem Gegensatz zu Gottes weit
besserer Ordnung der Geschlechter im Sinne der Schöpfung stehen. Das
Problem ist nicht Gottes Ordnung, sondern der menschliche Missbrauch
derselben. Die Verletzungen kommen nicht von einer schlechten Idee Gottes,
sondern aus den harten Herzen, die aus der Entfremdung von Gott
resultieren. Mannsein und Frausein stehen beiderseits unter schwerem Beschuss, und das greift jeden Einzelnen in seiner Person, seiner Identität und
seiner Würde an. Mann und Frau gleichermaßen! Die Gegenkonzepte der
Welt machen keineswegs freier, sondern gehässiger, verbissener und
frustrierter.

„Die Entwicklung einer heranwachsenden Frau und den gesellschaftlich diskutierten Konstrukten von Geschlecht zeigt eine widersprüchliche Erwartungshaltung an Lohaus [Autorin von „Stärker als Wut"]. Auf der einen Seite ist Feminismus ein anderes Wort für Männerhass und davon gilt es, sich gerade in der Schulzeit abzugrenzen, um als begehrenswert wahrgenommen zu werden. Auf der anderen Seite beginnt sie, erste Ungerechtigkeiten zu erleben. Den ersten Kontakt mit dem Thema Geschlecht hatte Lohaus als stille Beobachterin der abendlichen Gespräche von Erwachsenen, welche die Gleichstellung der Geschlechter befürworteten, aber immer wieder auf grundlegende biologische Unterschiede zwischen Männern und Frauen verweisen. Feminismus sei inzwischen überflüssig. Man hätte schon alles erreicht. So führt Lohaus in „Stärker als Wut" die Leser:innen durch ihr Leben ...

Durch die Unterteilung in die verschiedenen Jahrzehnte ihres Lebens veranschaulicht Lohaus die Entwicklung des Feminismus in der öffentlichen Wahrnehmung. Das Gleiche gilt für die inhaltlichen Veränderungen der Bewegung. In den 80ern wurde Feminismus als überholt angesehen. Die 68er-Bewegung lag einige Jahre zurück und die 80er waren von der Überzeugung geprägt, es habe sich genug getan. In den 90ern wurde Feminismus ebenfalls als veraltet angesehen. Es trat der Postfeminismus auf die Bühne. Unter dem Motto von Girlpower wurden Frauen dazu ermutigt, autonom alles werden zu können, was sie wollten. ...

Die Frauen- und Lesbenbewegung der 68er Jahre hatte Veränderung durchgesetzt. In Institutionen wurden Gleichstellungsbeauftragte eingesetzt und Gesetze zur Gleichstellung wurden auf den Weg gebracht. Die Umsetzung erschwerte sich dann jedoch merklich. Den Gleichstellungsstellen fehlten Ressourcen, und Gesetze ohne gesellschaftlichen Wandel bringen nicht all zu viel. Die 2010er waren gerade durch das Aufkommen von Social-Media ein Jahrzehnt, in dem Feminismus zum Trend wurde. Wer als hip gelten wollte, bezeichnete sich als Feministin. Von Beyoncé bis Ivanka Trump wurde dieses Label in Anspruch genommen, mal mehr, mal weniger passend. Sowohl der Queerfeminismus, als auch der intersektionale Feminismus bekamen durch Social-Media mehr Gehör. Dieser Fortschritt ist immens, wenn man sich vor Augen hält, wie weiß und akademisch die Frauenbewegung bis heute wahrgenommen wird. Doch eine umstrittene Entwicklung ist die Kapitalisierung des Feminismus. Wenn Feminismus Trend ist und warenförmig wird, geht es nicht *mehr nur darum, was die Einzelne empfindet, sondern vor allem, was sie konsumiert.*

…

Wer sich dem Feminismus verschreibt, ist mit Frustration konfrontiert, die lähmend wirken kann. Auch Wut per se macht nicht handlungsfähig, aber sie kann dazu dienen, Handlungsunfähigkeit zu überwinden, wenn Strukturen und Maßnahmen geschaffen werden. Kritisches Denken und die Orientierung an Ideologie und Utopien geben Ideen, die nach Frustration und Ermüdung weiterführen können. …

Von Altfeminist:innen bis hin zur Boss-Bitch kann Feminismus etwas gänzlich Unterschiedliches bedeuten. Was Feminismus aber immer bedeuten soll, ist die Umsetzung vom deutschen Grundgesetz. Und das verspricht Gleichheit. Wie das umgesetzt werden soll, darüber wird sich gestritten. …

Sowohl die Errungenschaften als auch die Verkürzungen von Lösungsansätzen und die Streitigkeiten in der Lesben- und Frauenbewegung werden analysiert. Doch das Buch bleibt relativ oberflächlich, wenn es um feministische Theorien geht. Die tatsächliche Idee von Geschlecht, was zentral für die wissenschaftliche Auseinandersetzung von geschlechterbezogener Gesellschaft ist, bleibt diffus. „Stärker als Wut" reiht sich in die Werke popwissenschaftlichen Feminismus ein."[112]

Wie kommt die Feministin aus der Frustration heraus? Indem sie sich noch verbissener an Ideologie und Utopien klammert. Das ist eine sehr entlarvende Einsicht, finde ich, denn sowohl Ideologien als auch Utopien gehen von spekulativen Wunschvorstellungen über die Welt, in der wir leben, aus. Zusammen mit dem Anspruch, diese Wünsche auf Biegen und Brechen wahr werden zu lassen, gebärden sich Ideologien und Utopien häufig aggressiv, bevormundend, intolerant oder totalitär, denn wahr ist nicht länger, was „ist", sondern wie ich will, dass es sei.

Verstärkt wird dies dadurch, dass die lautesten Vorreiterinnen des Feminismus sich selbst häufig als lesbisch geoutet haben. Das trifft etwa für die erste Frauenministerin Österreichs, Johanna Dohnal (1939-2010), zu, oder die Philosophin Judith Butler (* 1956), die äußerlich wie ein Mann aussieht. Also

---

[112] https://kopfzeilemagazin.com/2024/01/16/gelesen-staerker-als-wut/

wird der Feminismus gerade von jenen vorangetrieben, die mit ihrem Frau-sein in Konflikt stehen. Ich würde protestieren, wenn ein schwuler Mann als Vorreiter gesellschaftlich durchsetzen wollte, wie das neue Mannsein aussehen soll; ich würde mich durch ihn nicht vertreten fühlen. Es war eine bemerkenswerte Begegnung auf der Donauinsel, als ich mit einem Pensionistenpaar, die zeitlebens Sozialisten waren, plauderte. Sie waren frustriert über die Frauenpolitik, obwohl sie für Gleichberechtigung sind; aber: *„Warum müssen gerade Lesben die Anliegen von Frauen vertreten?"* Das hat sie aufrichtig irritiert.

Die Antwort ist einfach: Es geht längst nicht mehr um berechtigte Frauenanliegen, sondern um die ideologisch-utopische Auflösung der Geschlechter. Die französische Philosophin Simone de Beauvoir (1908-1986) sagte es sehr deutlich:

"Man kommt nicht als Frau zur Welt, man wird es."[113]

Ebenso sagte sie:

"Ich liebe das Leben so sehr und verabscheue den Gedanken, eines Tages sterben zu müssen. Und außerdem bin ich schrecklich gierig; ich möchte vom Leben alles, ich möchte eine Frau, aber auch ein Mann sein, viele Freunde haben und allein sein, viel arbeiten und gute Bücher schreiben, aber auch reisen und mich vergnügen, egoistisch und nicht egoistisch sein."[114]

Das ist ein eloquentes Statement einer Realitätsverweigerin – und für eine damals 39-jährige beschämend unreif. Mann und Frau sind für Simone de Beauvoir keine Vorgaben, mit denen man ins Leben startet, also „Startbedingungen", sondern Zumutungen, austauschbar … und heute glauben viele allen Ernstes, man könne sich das Geschlecht aussuchen. Aber denken wir das durch:

---

[113] https://www.bpb.de/shop/zeitschriften/apuz/302117/simone-de-beauvoir-1908-1986/
(eingebettet in einen biographischen Überblick)
[114] Ebda.

Ist das Geschlecht eine körperlich-biologische Kategorie, eine kulturelle Zuschreibung oder mein inneres, geistig-seelisches Selbst und vom Körper unabhängig? Die Frage ist, ob wir ein naturalistisches oder ein „spirituelles" (oder gnostisches) Weltbild haben. Letzteres sieht das Sein als völlig unabhängig vom Körper. Eine rein materialistische Sicht sagt: *„Du bist dein Körper!"* Die biblische Sicht sieht die menschliche Seele als ein „Produkt" des Zusammenwirkens zwischen unserem Körper und dem von Gott gegebenen Lebensgeist. Demnach kommt der Körper zuerst, aber wir sind nicht nur Körper.

„Da bildete Gott der Herr den Menschen, Staub von der Erde, und blies den Odem des Lebens in seine Nase, und so wurde der Mensch eine lebendige Seele." (Genesis 2,7).

Wie ist es nun? Den Körper können wir nicht leugnen. Ist Sexualität (und damit Geschlechtlichkeit) eine primär körperliche Funktion? Das ist die entscheidende Frage! Wozu dient die Sexualität, biologisch betrachtet? Der Fortpflanzung. Wenn das Sein jedoch rein spirituell ist, ist es unabhängig vom Körper, unbeeinflusst vom körperlichen Verfall, ewig und kennt keine Vermehrung, weshalb es auch kein „spirituelles Geschlecht" geben kann. Der innere Mensch kann auf den äußeren nur reagieren, er kann ihn nicht bestimmen. Das materialistische Weltbild kann grundsätzlich keine andere Geschlechtlichkeit anerkennen als die körperliche – und doch sind bemerkenswert viele Genderideologen auch Evolutionisten und Materialisten, wobei wir wieder bei der inneren Widersprüchlichkeit unserer „Intellektuellen" sind.

Wenn man den inneren Menschen biblisch dem körperlichen Sein nachordnet, geht es beim Mann- und Frausein um die Annahme der „Startbedingungen." Wer aber ein gnostisch-spiritualistisches Selbstverständnis hat, kann bestenfalls sagen, er sei seiner geistigen Natur gemäß a-sexuell und nur vorübergehend (bis zur nächsten Reinkarnation) in einem männlichen oder weiblichen Körper. Wer nämlich das innere Ich als das wahre Ich annimmt, kann sich nicht in körperlicher Weise männlich oder weiblich definieren, da Geschlechtlichkeit unauflöslich mit der biologischen Fortpflanzung verbunden ist. Es gibt also kein körperloses Geschlecht. Man kann seinen Körper nun annehmen, ihn ignorieren, oder auch dagegen rebellieren, nur eines kann man nicht: ihn leugnen.

Man spricht, wenn ein empfundener Widerspruch zwischen dem inneren und dem äußeren Menschen vorliegt, medizinisch von einer „Geschlechtsdysphorie", und obwohl es ein medizinisches Feld ist, will man es gesellschaftlich nicht als Krankheit „brandmarken". Fühlt sich jemand trotz dieses Widerspruchs wohl, wird es deshalb einfach anders benannt: „Geschlechtsinkongruenz".

Nun steht häufig eine spannende Behauptung im Raum: das wahre Geschlecht sei das persönlich empfundene Geschlecht.

*„Von körperlicher Dysphorie spricht man, wenn eine Trans-Person sich bedrängt fühlt, weil ihre körperlichen Merkmale nicht mit dem Geschlecht übereinstimmen, **das sie wirklich ist.** Trans Männer empfinden zum Beispiel oft Dysphorie wegen ihrer Brust, da dieses körperliche Merkmal nicht zu ihrem wahren männlichen Geschlecht passt. In vielen Fällen kann dies durch einen Eingriff behoben werden, der als „Top-Surgery" („Oben-Operation") bezeichnet wird und bei dem das Brustgewebe entfernt wird."*[115] (Hervorhebung von mir)

Doch wo liegt der Fehler wirklich? Im Körper oder in den eigenen Empfindungen? Es ist eine tragische Fehleinschätzung mit irreversiblen, körperlichen Folgen, wenn subjektive Wünsche, Empfindungen, Eindrücke, die zudem oft manipulativ von außen verstärkt werden, bestimmen, was wahr und wirklich ist. Muss man den Körper zerstören? Muss man hormonell dermaßen gegen die biologischen Voraussetzungen eingreifen, dass einer Frau ein Bart wächst und ihre Stimme tiefer wird? All das, um eine Übereinstimmung mit den Gefühlen zu erreichen? Kann man nicht auch in die biologisch stimmige Richtung mit Hormonen einwirken, sodass eine innere Übereinstimmung mit dem Körper auch gefühlsmäßig wieder erlangt wird? Was richtet weniger (bleibenden) Schaden an?

---

[115] https://echte-vielfalt.de/lebensbereiche/lsbtiq/was-ist-geschlechtsdysphorie/

So lernte ich in Schweden einen jungen Mann, David, kennen, der ein Freund meines Schwiegersohns ist. Letztes Jahr war die Überraschung groß, als er sich in einem Rundbrief als Frau outete: Mary. Der Unterschied zu den gängigen Outings ist aber der, dass David als Mary geboren worden war, ehe sie in der Pubertät eine Geschlechtsdysphorie durchlitt. Damals schlug man ihr vor, einfach das zu werden, was sie zu sein fühlte. Es begann mit Hormontherapien, und schließlich, mit 18, ließ sie sich alles entfernen, was weiblich war und sich einen künstlichen Penis samt silikongefüllten Hoden machen. So lebte sie/er mehrere Jahre und so lernte ich sie/ihn kennen – ich wäre nie auf den Gedanken gekommen, dass sie ein Fake-Mann sei, so scheinbar perfekt war die Täuschung.

Sie musste selbst draufkommen, dass sie betrogen wurde und sich selbst etwas vorgemacht hat. Die künstliche Männlichkeit war stets ein unbequemer Fremdkörper und auch nur äußerlich männlich, denn ein Kind zu zeugen, ist einem Fake-Mann einfach nicht möglich. Es ist nicht mehr als eine Art chirurgische Verkleidung, eine Selbsttäuschung, denn jede Körperzelle hat ein eindeutiges Chromosomenpaar: XX bei Frauen, und XY bei Männern. Der Knochenbau bleibt biologisch eindeutig männlich oder weiblich. Dasselbe trifft auf viele andere biologische Unterschiede zu, die nicht so offensichtlich sind (Anatomie des Gehirns, Muskeln, psychologische Veranlagungen …). David/Mary wurde sehr unglücklich mit ihrer Entscheidung und ließ die schwerwiegenden Eingriffe wieder rückoperieren, sodass sie erneut als eine Frau erscheinen kann, was sie – so begann sie zu verstehen – auch tatsächlich ist. Folgender Psalm öffnete dabei unter anderem ihre Augen:

„Denn du hast meine Nieren gebildet; du hast mich gewoben im Schoß meiner Mutter. Ich danke dir dafür, dass ich erstaunlich und wunderbar gemacht bin; wunderbar sind deine Werke, und meine Seele erkennt das wohl! Mein Gebein war nicht verhüllt vor dir, als ich im Verborgenen gemacht wurde, kunstvoll gewirkt tief unten auf Erden." (Psalm 139,13-15).

So bewundernswert und doppelt-mutig[116] ihr Outing ist, so tragisch ist doch die Erkenntnis, dass Mary aufgrund der emotional ersehnten und ideologisch induzierten chirurgischen Verstümmelung nie wieder in der Lage sein wird, eigene Kinder zu empfangen, zu gebären und zu stillen.

Zu den wesentlichsten Wirkungen des Evangeliums gehört die Selbstannahme im Rahmen dessen, wie Gott uns geschaffen hat. Daraus folgt die Wiederentdeckung unserer jeweiligen Würde als Mann und Frau, die aufgrund der komplementären Ergänzung im Schöpfungsauftrag unterschiedlich ist. Nicht in der Qualität, aber in der Art und Weise.

„Und Gott schuf den Menschen in seinem Bild, im Bild Gottes schuf er ihn; als Mann und Frau schuf er sie. Und Gott segnete sie; und Gott sprach zu ihnen: Seid fruchtbar und mehrt euch und füllt die Erde …" (Genesis 1,26-27).

Das unmittelbar erste, nachdem Gott den Menschen männlich und weiblich erschaffen hat, ist der Auftrag zur Fortpflanzung. Das sollte uns so natürlich scheinen wie jedem anderen zweigeschlechtlich erschaffenen Lebewesen vom Ameisenbären bis zum Zebra. Wir Menschen scheinen das vergessen zu haben, besonders wir Menschen des westlichen Kulturkreises. Vor allem in den Städten, wo man die Natur nicht mehr beständig vor Augen hat. Darum ist unsere Geburtenrate auch bestandsgefährdend niedrig. Mit ca. 1,4 Kindern pro Frau in Österreich (inklusive Migrantenanteil) sind auch der Sozialstaat, die Altenpflege und der Generationenvertrag existenziell gefährdet.

Fortpflanzung ist also das Erste im Schöpfungsauftrag, und in diesem Licht sind die Geschlechter und die Sexualität zuallererst zu sehen! Wir Menschen unterscheiden uns hier in nichts von anderen Lebewesen, die derselbe Schöpfer in derselben Weisheit und Liebe erschaffen hat. Ich kenne auch niemanden, der sagt: *„Sex ist so etwas Schreckliches! So mühsam! Dann kommt man ins Schwitzen! Und erst die Gerüche!"* Nein, jeder der es erlebt hat, weiß

---

[116] Wer sich als Trans, Queer oder sonstwie outet, erntet den Beifall der woken Postmoderne. Detrans-Outings widersprechen jedoch dem Narrativ und werden weniger wohlwollend zur Kenntnis genommen.

wie schön, bereichernd und erstrebenswert das ist. Aber es hat ein Ziel, einen Zweck, der davon nicht entkoppelt werden darf: Nachwuchs.

Die Fortpflanzung ist aber ihrerseits eingebettet in einen noch größeren Auftrag:

„… und macht sie [die Erde] euch untertan; und herrscht über die Fische im Meer und über die Vögel des Himmels und über alles Lebendige, das sich regt auf der Erde!" (Genesis 1,28).

Das ist kein Freibrief für den Missbrauch und die Ausbeutung der Schöpfung, sondern ein Auftrag zur Erhaltung, zur Pflege und zur Kultivierung der Schöpfung. Das Musterbeispiel, nach dem die ganze Schöpfung gestaltet und verwaltet werden sollte, ist der Garten Eden, wo Gott dem Menschen diesen Auftrag verdeutlichte:

„Und Gott der Herr nahm den Menschen und setzte ihn in den Garten Eden, damit er ihn bebaue und bewahre." (Genesis 2,15).

Die Herrschaft des Menschen über die Schöpfung ist nicht autonom, sondern hat im Auftrag und im Wesen Gottes zu erfolgen. Darum sind wir Menschen in Seinem Bild geschaffen. Warum ist die Fortpflanzung in diesen Auftrag eingebettet? Weil zwei Menschen alleine selbst mit ewigem Leben und wenn sie über ein Überschallflugzeug verfügten, unmöglich die Urwälder von Alaska bis Feuerland und von Sibirien bis in den Kongo kultivieren und pflegen können. Darum kann dieser Auftrag nur schrittweise erfüllt werden, indem die Nachkommen von Adam und Eva nach und nach die Erde besiedeln und so die Grenzen Edens bis an die Enden der Erde ausdehnen.

Nun hat Gott bei diesem Auftrag etwas Sonderbares gemacht: Er gab Adam die Berufung, ehe Eva erschaffen war. Also in einer Situation, wo er diesen unmöglich hätte erfüllen können. Er wollte ganz offensichtlich, dass der Mann – der ja auch ganz gerne ein Einzelgänger ist – von Beginn an seine Hilfsbedürftigkeit erkenne, damit er diese zeitlebens auch wertschätze. Dabei ging Gott mit Adam einen bemerkenswerten Umweg:

„Und Gott der Herr sprach: Es ist nicht gut, dass der Mensch allein sei; ich will ihm eine Gehilfin machen, die ihm entspricht! Und Gott der Herr bildete aus dem Erdboden alle Tiere des Feldes und alle Vögel des Himmels und brachte sie zu dem Menschen, um zu sehen, wie er sie nennen würde, und damit jedes lebendige Wesen den Namen trage, den der Mensch ihm gebe. Da gab der Mensch jedem Vieh und Vogel des Himmels und allen Tieren des Feldes Namen; aber für den Menschen fand sich keine Gehilfin, die ihm entsprochen hätte." (Genesis 2,18-20).

Adam erkannte bei der Betrachtung wohl, dass Gott alle Tiere paarweise – männlich und weiblich – erschaffen hatte. Man könnte das auch als göttlichen Aufklärungsunterricht verstehen. Adam brauchte eine Gehilfin, die ihm entspricht, so wie eine Ziege ihrem Bock entspricht. Was aber bedeutet „Gehilfin"? Es hat nichts mit Minderwertigkeit zu tun: Wer einen Beistand oder eine Hilfe benötigt, steht selbst in der Position eines Bedürftigen. Weiters soll die Hilfe „ihm entsprechend" sein, ist eine Wölfin mehr oder weniger wert als ein Wolf? Natürlich nicht, sie ist in ergänzender Weise anders, aber so, dass sie zu ihm passt.

Eines aber steckt durchaus im Begriff „Gehilfin": sie ist dem Mann in der Erfüllung des gottgegebenen Auftrags eine notwendige Ergänzung und Unterstützung, doch die Verantwortung und Leitung liegt beim Mann. Darum gab Gott den Auftrag ihm, ehe Er Eva erschuf. So gab Gott die Anweisungen betreffs der beiden Bäume dem Adam ebenso, bevor seine Gehilfin zu ihm gebracht wurde. Er musste beides seiner Frau und Gefährtin weitergeben und ihr erklären, um sie in den gemeinsamen Auftrag einzubinden. Daraus ergibt sich eine Hierarchie, welche die Zusammenarbeit der beiden gedeihlich fördern soll. So kam nun Eva zu Adam:

„Da ließ Gott der Herr einen tiefen Schlaf auf den Menschen fallen; und während er schlief, nahm er eine seiner Rippen und verschloss ihre Stelle mit Fleisch. Und Gott der Herr bildete die Rippe, die er von dem Menschen genommen hatte, zu einer Frau und brachte sie zu dem Menschen.

Da sprach der Mensch: Das ist endlich Gebein von meinem Gebein und Fleisch von meinem Fleisch! Die soll »Männin« heißen; denn vom Mann ist sie genommen!

Darum wird ein Mann seinen Vater und seine Mutter verlassen und seiner Frau anhängen, und sie werden ein Fleisch sein.“ (Genesis 2,21-24).

Nun hat praktisch alles, was Gott tut, zwei Aspekte: einen irdisch-zeitlichen, der jedem sofort klar ist, und einen geistlich-prophetischen, der erst im Licht der Heilsgeschichte erkennbar wird. So hat Paulus in der Art und Weise wie Eva ins Dasein kam, Folgendes erkannt:

„Dieses Geheimnis ist groß; ich aber deute es auf Christus und auf die Gemeinde.“ (Epheser 5,32).

So wie Adam mit Eva den Garten Eden auf der Erde ausbreiten sollte, breitet Christus mit der Gemeinde das Reich Gottes unter allen Nationen aus. Christus arbeitet mit der Gemeinde genauso zusammen wie Adam mit Eva. Da werden auch Kinder geboren, nämlich in einer geistlichen Neugeburt in einem Zusammenwirken aus Verkündigung, Glaube, Taufe und der Wirkung des Heiligen Geistes.

„Allen aber, die ihn aufnahmen, denen gab er das Anrecht, Kinder Gottes zu werden, denen, die an seinen Namen glauben; die nicht aus dem Blut, noch aus dem Willen des Fleisches, noch aus dem Willen des Mannes, sondern aus Gott geboren sind.“ (Johannes 1,12-13).

Die Ehe, welche im Garten Eden ihren Ursprung und ihre göttliche Legitimation hat, spiegelt also das Verhältnis von Christus und der Gemeinde wider, was dem Aspekt der Hierarchie eine tiefe geistliche Bedeutung gibt. Weil die Ehe ein Abbild der Beziehung Christi zu Seiner Braut ist, gilt für die Frau, was für die Gemeinde gilt, und für den Mann, was für Christus gilt. Paulus erklärt es:

„Ihr Frauen, ordnet euch euren eigenen Männern unter als dem Herrn; denn der Mann ist das Haupt der Frau, wie auch der Christus das Haupt der Gemeinde ist; und er ist der Retter des Leibes. Wie nun die Gemeinde sich dem Christus unterordnet, so auch die Frauen ihren eigenen Männern in allem.

Ihr Männer, liebt eure Frauen, gleichwie auch der Christus die Gemeinde geliebt hat und sich selbst für sie hingegeben hat, damit er sie heilige, nachdem er sie gereinigt hat durch das Wasserbad im Wort, damit er sie sich selbst darstelle als eine Gemeinde, die herrlich sei, so dass sie weder Flecken noch Runzeln noch etwas ähnliches habe, sondern dass sie heilig und tadellos sei.

Ebenso sind die Männer verpflichtet, ihre eigenen Frauen zu lieben wie ihre eigenen Leiber; wer seine Frau liebt, der liebt sich selbst. Denn niemand hat je sein eigenes Fleisch gehasst, sondern er nährt und pflegt es, gleichwie der Herr die Gemeinde.

Denn wir sind Glieder seines Leibes, von seinem Fleisch und von seinem Gebein. »Deshalb wird ein Mann seinen Vater und seine Mutter verlassen und seiner Frau anhängen, und die zwei werden ein Fleisch sein«. Dieses Geheimnis ist groß; ich aber deute es auf Christus und auf die Gemeinde. Doch auch ihr – jeder von euch liebe seine Frau so wie sich selbst; die Frau aber erweise dem Mann Ehrfurcht!" (Epheser 5,22-33).

Wiederum ist die „Herrschaft" des Mannes kein Freibrief für Missbrauch, Ausbeutung und Gewalt, sondern abgeleitet vom Wesen Christi. Der Missbrauch dieser Stellen in der Tradition männlichen Chauvinismus hebt Gottes Willen und Auftrag in der Sache nicht auf.

„Herrschaft" im göttlichen Sinn ist bewahrend, nährend, schützend und pflegend. Sie ist Hingabe des eigenen Lebens in derselben Liebe, die Christus uns erwiesen hat, um uns zu erlösen. Es liegt also eine große Verantwortung beim Mann, Christus in der Beziehung zu seiner Frau widerzuspiegeln. Die Frau ihrerseits soll sich dem Mann fügen, sich führen und anleiten lassen, ihn unterstützen und ehren, wie die Gemeinde Christus liebt und ehrt, indem sie Ihm gehorcht. Christus hat keine Emanze zur Braut erwählt, doch viele Kirchen verhalten sich heute so, indem sie eigenwillig Gottes Wort relativieren und aufheben – allen voran die Hierarchie der Schöpfung in der Beziehung der Geschlechter zueinander. Sie stimmen ein in den ideologischen (marxistischen) Vorwurf, dass die Frauen durch die Herrschaft der Männer unterdrückt werden und fordern eine gerechte Aufteilung der

Macht. Es geht um Macht, und damit um ein gravierendes Missverständnis der göttlichen Hierarchie.

Weil das Christentum selbst aber immer wieder diesem Missverständnis verfallen ist und Männer ihr Hauptsein mit einer Machtposition verwechselt haben, geriet das ganze Konzept in die Kritik. Es wurde aber nicht biblisch, sondern ideologisch kritisiert, und das Pendel schwang in die entgegengesetzte Richtung, mit ebenso falschen Ergebnissen.

„Sind Sie Feministin? Zögern macht verdächtig. Die Frage wird als Lackmustest der Szene vollzogen. Bist du mit uns, Schwester? Das Kollektiv stellt sofort zur Rede, wenn jemand versucht auszuscheren. Die Gruppenleiterinnen sind da erbarmungslos. Dabei ist es unbedingt angeraten, die Selbstbezichtigung als Feministin abzulehnen. Denn der Begriff ist vorbelastet durch eine Bewegung, die über die Jahre ihre Ansichten radikal verändert hat und inzwischen für alles steht – und manchmal auch für das Gegenteil.

«Du sollst gefälligst Feministin sein!», heißt das erste der 10 feministischen Gebote. Es beantwortet aber nicht die Frage, was denn nun Feminismus ist, wofür man sein muss und wogegen, um dazuzugehören. Ist man dann für Genderfeminismus und darf es etwas Gender-Pay-Gap sein? Mit oder ohne Quote obendrauf? Der Männerhass auf einem Extrateller oder lieber gut durchgemischt? Ist man als Feministin für die Gleichberechtigung oder für die Gleichstellung, und kennen überhaupt alle den Unterschied? Ist man für Abtreibung oder Pro Life? Ist man für die Hausfrau oder für die berufstätige Frau? Rabenmutter oder Milchkuh? Mutterschaft als erfüllendes Glück oder das Kind als Klotz am Bein? Ist Leihmutterschaft Ausbeutung oder der neue Berufsstand einer «Reproduktionsarbeiterin»? Ist das islamische Kopftuch Zeichen der Unterdrückung oder die neue Flagge muslimisch-weiblicher Emanzipation? Gibt es zwei Geschlechter oder tausend? ...

Das Hauen und Stechen ist in vollem Gange, denn die Opferhierarchie wird gerade ausgekämpft. Die weiße heterosexuelle Hausfrau befindet sich ganz unten, die bisexuelle, schwarze Transfrau kann hingegen mit vielen Opferpunkten glänzen. Talk-Sendungen werden bis auf den letzten Platz nach Quote besetzt: Geschlecht darf keine Rolle spielen – sind genug Frauen da? Hautfarbe darf keine Rolle spielen – wieso sitzen da keine People of Color? Herkunft ist egal – wir brauchen noch einen Migranten! Alter darf keine Rolle spielen – schafft ein Kind herbei! Religion ist irrelevant – schnell noch eine Kopftuch-Muslima her! Sexualität darf keine Rolle spielen – wo bleibt die Lesbe? ...

Frauen müssen zusammenhalten, gleichzeitig ist dieselbe Bewegung nicht einmal mehr in der Lage, zu benennen, was denn nun eine Frau überhaupt sei. Wann ist eine Frau eine Frau? Wenn DNA, Chromosomen, Biologie, Natur und wissenschaftliche Fakten sich dem gefühlten Geschlecht und selbst definierten Kategorien beugen sollen? Klar ist, dann wird Weiblichkeit zur Phrase. Es ist nahezu absurd, überhaupt noch von einer «Frauenbewegung» zu sprechen, wenn man das Frausein als natürliche Kategorie nicht nur verleugnet, sondern gar bekämpft."[117]

Vernichtet ist da die Würde der Frau im Namen der „Frauenrechte". Wie absurd ist das? Hätte ich das obige Zitat verfasst, würde man mich vielleicht steinigen, aber es stammt nicht etwa aus einem ultrakonservativen Pamphlet, sondern aus einem Kommentar von Birgit Kelle in der renommierten Neuen Zürcher Zeitung (23.9.2020).

Der Angriff auf das biblische Verhältnis von Mann und Frau ist aber auch nichts weniger als ein Angriff auf Christus und die Gemeinde. Im Reich Gottes braucht es keine „Emanzipation" (d.h. Befreiung aus einem Zustand der Abhängigkeit), da es weder Gefangenschaft noch Abhängigkeit gibt, sondern eine Partnerschaft in einander ergänzender Verschiedenheit. Zu den Unterschieden gehört die Leitungsverantwortung, die dem Mann überantwortet wurde.

Umfragen zu Führungsstilen und -qualitäten im Management ergeben hier relativ wenig Sinn, da es dabei einerseits nicht um Führen im biblischen Sinn geht, sondern oft um Karriere, Macht und Profit, und andererseits das gesellschaftliche Klima vorgibt, wie man die Fragebögen erstellt und beantwortet. Es geht auch nicht um die Frage, ob Frauen besser, schlechter

---

[117] https://www.nzz.ch/meinung/der-postmoderne-feminismus-verleugnet-die-echten-probleme-ld.1577662

oder gleich gut ein Unternehmen führen können, oder nicht. Die Schrift selbst lobt Frauen, die gute Führungsqualitäten aufweisen:

„Eine tugendhafte Frau – wer findet sie? Sie ist weit mehr wert als die kostbarsten Perlen! Auf sie verlässt sich das Herz ihres Mannes, und an Gewinn mangelt es ihm nicht. Sie erweist ihm Gutes und nichts Böses alle Tage ihres Lebens.

Sie kümmert sich um Wolle und Flachs und verarbeitet es mit willigen Händen. Sie gleicht den Handelsschiffen; aus der Ferne bringt sie ihr Brot herbei. Bevor der Morgen graut, ist sie schon auf; sie gibt Speise aus für ihr Haus und bestimmt das Tagewerk für ihre Mägde. Sie trachtet nach einem Acker und erwirbt ihn auch; vom Ertrag ihrer Hände pflanzt sie einen Weinberg an.

Sie gürtet ihre Lenden mit Kraft und stärkt ihre Arme. Sie sieht, dass ihr Erwerb gedeiht; ihr Licht geht auch bei Nacht nicht aus. Sie greift nach dem Spinnrocken, und ihre Hände fassen die Spindel. Sie tut ihre Hand dem Unglücklichen auf und reicht ihre Hände dem Armen.

Vor dem Schnee ist ihr nicht bange für ihr Haus, denn ihr ganzes Haus ist in Scharlach gekleidet. Sie macht sich selbst Decken; Leinen und Purpur ist ihr Gewand. Ihr Mann ist wohlbekannt in den Toren, wenn er unter den Ältesten des Landes sitzt. Sie fertigt Hemden und verkauft sie und liefert dem Händler Gürtel. Kraft und Würde sind ihr Gewand, und sie lacht angesichts des kommenden Tages.

Ihren Mund öffnet sie mit Weisheit, und freundliche Unterweisung ist auf ihrer Zunge. Sie behält die Vorgänge in ihrem Haus im Auge und isst nie das Brot der Faulheit.

Ihre Söhne wachsen heran und preisen sie glücklich; ihr Mann rühmt sie ebenfalls: »Viele Töchter haben sich als tugendhaft erwiesen, du aber übertriffst sie alle!«

Anmut ist trügerisch und Schönheit vergeht, aber eine Frau, die den Herrn fürchtet, die wird gelobt werden. Gebt ihr von den Früchten ihrer Hände, und ihre Werke werden sie rühmen in den Toren!" (Sprüche 31,10-31).

Dieser Text beschreibt die Harmonie in der Hierarchie. Es geht um ein produktives Miteinander in verschiedenen Aufgabenbereichen. Die Frau kümmert sich um die Belange des Hauses, welches wir nicht mit einer Substandardwohnung in einem Wiener Arbeiterbezirk assoziieren dürfen. Vielmehr ist das „domus" (lat. Haus) bzw. „oikos" (gr.) ein „Familienbetrieb", und der Kontext ist der einer freien, unternehmerischen Gemeinschaft, die nicht auf Vater, Mutter und Wunschkind reduziert ist, sondern großfamiliär aufgebaut ist. Die hier beschriebene Frau ist die Ehefrau des Haushaltsvorstandes, und daneben gab es mehrere männliche und weibliche Familienmitglieder, Knechte und Mägde.

„Der Oikos umfasste die Familie sowie Bedienstete, Sklaven, das Land, die Gebäude und alles bewegliche Inventar – ähnlich der römischen Villa. Das Familienoberhaupt war der Kyrios, der patriarchalisch über seine Frau und die Kinder, oft auch über die im Oikos lebenden erwachsenen Söhne mit ihren Gattinnen herrschte.

Der Hausherr achtete dabei vor allem darauf, dass Besitz, Reichtum und Ansehen seines Oikos gewahrt blieben und sich vergrößerten, dazu gehörte z. B. auch die Schließung vorteilhafter Verbindungen durch Heirat oder Gastfreundschaft. ...

Im Zentrum des Oikos stand der Wirtschaftshof, in dem das auf dem Land Erwirtschaftete verarbeitet und für Notzeiten gelagert wurde. Neben dem Anbau von Getreide und Ölbäumen wurde Vieh (Rinder, Schweine, Schafe und Ziegen) gezüchtet. Während Ackerbau und Viehzucht in erster Linie von den Männern (Hausherr, Söhne, Sklaven, Knechte) betrieben wurde, erledigten die Frauen (die Hausfrau, Töchter, Mägde und Sklavinnen) die Hausarbeit: Nahrungsmittel wurden weiterverarbeitet, Stoffe wurden gesponnen und gewoben, Kleidung, Schuhe und andere Sachen des täglichen Bedarfs gefertigt. Die Wirtschaft des Oikos war in erster Linie auf Autarkie ausgerichtet – was allerdings nicht immer möglich war, wenn man z. B. an Metallverarbeitung denkt. Die wirtschaftliche Prosperität des Oikos sicherte auch die soziale Stellung der Familie."[118]

Dieses Haus war eingebettet in die Sippe, den Stamm und in die Volksgemeinschaft. Darum sitzt der Mann „im Tor", im Rat der Ältesten, wo die Belange des größeren Ganzen besprochen werden. Im Volk Gottes, bzw. im

---

[118] https://de.wikipedia.org/wiki/Oikos

biblischen Gesamtbild, ist das Haus (die biblische Großfamilie) also stets eingebettet in den Schöpfungsauftrag und die besondere Berufung des Volkes Gottes.

Mann und Frau leben und arbeiten daher gemeinsam, um ihre Berufung Gottes in dieser Welt und für diese Welt zu verwirklichen. Alle Entscheidungen von der Partnerwahl, der Berufswahl, der Wahl des Wohnsitzes stehen also unter dieser Vision, sind in diesen Auftrag eingebettet. Trifft man diese Entscheidungen losgelöst davon, führt es zur Vereinzelung – genau das ist immer wieder geschehen und heute die Norm. Jede Familie lebt für sich, und es gibt auch immer mehr Single-Haushalte, die nur für sich, die eigene Selbstverwirklichung oder den Hedonismus leben. Es fehlt durchgehend am Verständnis der Berufung der Menschheit, und ebenso fehlt es in den Gemeinden am Verständnis für die Mission, in die jede christliche Familie einbezogen ist. Wo das verloren gegangen ist, muss es daher wieder angestrebt werden.

Das aber gibt der „Entscheidungsgewalt" des Mannes und Haushaltsvorstandes die Richtung vor. Es geht nicht um eigensinnige Wünsche und Ziele, das kleine Eigenheim im Grünen, aufregende Urlaube, Karriere und Wohlstand, sondern darum, die Familie im Sinne des Reiches Gottes zu führen und fruchtbar zu machen. Alle Entscheidungen dienen der Verwirklichung des Auftrages, den Gott uns gegeben hat.

Dieses „Haus" war auch die Keimzelle der Gemeinde. Tatsächlich gab es in den ersten drei Jahrhunderten keine Kirchen im herkömmlichen Sinn. Die Gemeinde war in Hausgemeinschaften organisiert, die einzelnen Hausgemeinden bildeten gemeinsam die „Gemeinde in der Stadt XY". Im Römerbrief haben wir einen Eindruck davon:

*„Grüßt Priscilla und Aquila, meine Mitarbeiter in Christus Jesus, die für mein Leben ihren eigenen Hals hingehalten haben, denen nicht allein ich dankbar bin, sondern auch alle Gemeinden der Heiden; **grüßt auch die Gemeinde in ihrem Haus!** Grüßt meinen geliebten Epänetus, der ein Erstling von Achaja für Christus ist. Grüßt Maria, die viel für uns gearbeitet hat.*

*Grüßt Andronicus und Junias, meine Verwandten und Mitgefangenen, die unter den Aposteln angesehen und vor mir in Christus gewesen sind. Grüßt meinen im Herrn geliebten Amplias. Grüßt Urbanus, unseren Mitarbeiter in Christus, und meinen geliebten Stachys. Grüßt Apelles, den in Christus Bewährten; **grüßt die vom Haus des Aristobulus.** Grüßt Herodion, meinen Verwandten; **grüßt die vom Haus des Narcissus,** die im Herrn sind.*

*Grüßt Tryphena und Tryphosa, die im Herrn arbeiten; grüßt die geliebte Persis, die viel gearbeitet hat im Herrn. Grüßt Rufus, den Auserwählten im Herrn, und seine Mutter, die auch mir eine Mutter ist. Grüßt Asynkritus, Phlegon, Hermas, Patrobas, Hermes und **die Brüder bei ihnen.** Grüßt Philologus und Julia, Nereus und seine Schwester, auch Olympas und **alle Heiligen bei ihnen.** Grüßt einander mit einem heiligen Kuss! Es grüßen euch die Gemeinden des Christus."* (Römer 16,3-16).

Heute gibt es viele Versuche, zum Hausgemeindemodell zurückzukehren, doch meistens beschränken sie sich darauf, die Gottesdienste in Wohnzimmern statt in Kirchengebäuden abzuhalten. Biblische Hausgemeinden aber sind Lebensgemeinschaften im Sinn des oben beschriebenen „oikos", in denen auch die Gütergemeinschaft praktiziert wurde, gemeinsam gegessen und gearbeitet wurde. Zusammengehalten wurden diese einzelnen Gemeinschaften durch den stadtweiten Ältestenkreis („die Männer sitzen im Tor"), dem ab einer gewissen Größe ein Bischof vorstand. Den wenigsten ist das bekannt, doch das ist das biblische Modell für Gemeinde, und es ist die effektivste Form, um das Reich Gottes zu verwirklichen. Warum geben sich die allermeisten Kirchen mit etwas Schlechterem zufrieden? Wohl nur deshalb, weil sie das Richtige noch nicht kennengelernt haben. Als Justin der Märtyrer im Jahr 165 in Rom verhört wurde, gab er folgendes zu Protokoll:

„Rusticus: „Wo haltet ihr eure Versammlungen ab?"

Justinus: „Wo gerade jeder kann oder mag. Du meinst gewiss, wir kämen stets am gleichen Ort zusammen, aber das ist falsch. Denn der Gott der Christen ist nicht auf einen bestimmten Ort eingeschränkt. Unsichtbar ist Er und erfüllt Erde und

Himmel. Darum kann Er von seinen Getreuen überall angebetet und verherrlicht werden."

Rusticus: „Gestehe es nur, wo kommt ihr zusammen? Wo versammelst du deine Schüler?"

Justinus: „Ich wohne zur Miete bei einem gewissen Martinus, im oberen Stockwerk des Timotinischen Badhauses, und zwar all die Zeit her, seitdem ich den zweiten dauernden Aufenthalt in der Stadt Rom genommen habe. Einen andern Versammlungsort als diesen kenne ich nicht. Wer immer sich meiner Führung anvertraute, dem teilte ich dort die Grundlehre der Wahrheit mit."

Rusticus: „Kurz und gut — du bist also ein Christ?"

Justinus: „Jawohl. Ich bin ein Christ!""[119]

Dieses „dezentrale" Kirchenmodell ist also auch in Verfolgungszeiten äußerst widerstandsfähig. Es bietet jedem Gemeindeglied Raum und Gelegenheit zur Mitarbeit und zum Dienst, und die biblische Ordnung von Mann und Frau hat hier zugleich seinen natürlichen Rahmen.

---

[119] Die Gerichtsakten des Justinus und seiner Gefährten, Kp. 3

Partnerwahl in Heiligkeit

„Denn das ist der Wille Gottes, eure Heiligung, dass ihr euch der Unzucht enthaltet; dass es jeder von euch versteht, sein eigenes Gefäß in Heiligung und Ehrbarkeit in Besitz zu nehmen, nicht mit leidenschaftlicher Begierde wie die Heiden, die Gott nicht kennen."
(1. Thessalonicher 4,3-5).

Das Volk Gottes ist aus den Völkern der Welt herausgenommen und abgesondert worden, um das Kommen des Reiches Gottes zuerst vorzubereiten (bis Christus geboren wurde) und danach unter allen Völkern auszubreiten (ab Pfingsten). Um diesen Auftrag erfüllen zu können, darf es sich nicht mit den Völkern der Welt vermischen. Bereits Abraham war das bewusst, als er für seinen Sohn Isaak daranging, eine Braut zu suchen. Ja, wir lesen richtig: der Vater suchte die Braut für den Sohn! Das wird uns noch beschäftigen müssen. Lesen wir aber zuerst von Abraham:

„Und Abraham sprach zu dem ältesten Knecht seines Hauses, der Verwalter aller seiner Güter war: Lege doch deine Hand unter meine Hüfte, dass ich dich schwören lasse bei dem Herrn, dem Gott des Himmels und dem Gott der Erde, dass du meinem Sohn keine Frau nimmst von den Töchtern der Kanaaniter, unter denen ich wohne, sondern dass du in mein Vaterland und zu meiner Verwandtschaft ziehst und meinem Sohn Isaak dort eine Frau nimmst!" (Genesis 24,2-4).

Abrahams Knecht, stand nun vor einer schwierigen Aufgabe; wie ging er vor? Betend.

„Und der Knecht nahm zehn Kamele von den Kamelen seines Herrn und zog hin mit allerlei Gütern seines Herrn, und er machte sich auf und zog nach Aram-Naharajim, zu der Stadt Nahors. Da ließ er die Kamele sich draußen vor der Stadt lagern bei einem Wasserbrunnen am Abend, zur Zeit, da die Jungfrauen herauszugehen pflegten, um Wasser zu schöpfen.

Und er sprach: O Herr, du Gott meines Herrn Abraham, lass es mir doch heute gelingen und erweise Gnade an meinem Herrn Abraham! Siehe, ich stehe hier bei dem Wasserbrunnen, und die Töchter der Leute dieser Stadt werden herauskommen, um Wasser zu schöpfen. Wenn nun ein Mädchen kommt, zu dem ich spreche: »Neige doch deinen Krug, dass ich trinke!«, und sie spricht: »Trinke! Und auch deine Kamele will ich tränken!« – so möge sie diejenige sein, die du deinem Knecht Isaak bestimmt hast; und daran werde ich erkennen, dass du an meinem Herrn Barmherzigkeit erwiesen hast!" (Genesis 24,10-14).

So kam es denn auch, und er lernte so Rebekka, die Tochter Bethuels, des Sohnes Nahors, des Bruders Abrahams kennen und wurde in dessen Haus eingeladen. Dort trug er sein Anliegen vor:

„Er sprach: Ich bin ein Knecht Abrahams. Und der Herr hat meinen Herrn reichlich gesegnet, dass er groß geworden ist, denn er hat ihm Schafe und Rinder, Silber und Gold, Knechte und Mägde, Kamele und Esel gegeben. Dazu hat Sarah, die Frau meines Herrn, in ihrem Alter meinem Herrn einen Sohn geboren; dem hat er alles gegeben, was ihm gehört. Und mein Herr hat einen Eid von mir genommen und gesagt: Du sollst meinem Sohn keine Frau nehmen von den Töchtern der Kanaaniter, in deren Land ich wohne; sondern ziehe hin zum Haus meines Vaters und zu meinem Geschlecht; dort nimm meinem Sohn eine Frau!" (Genesis 24,34-38).

Er erzählte ihnen die ganze Geschichte, und wie Gott sein Gebet erhörte. Sie alle erkannten die Hand Gottes darin und wurden sich einig. Daraufhin wurde Rebekka gefragt, ob sie die Frau des Isaak werden wolle.

„Da antworteten Laban und Bethuel und sprachen: Diese Sache kommt von dem Herrn; darum können wir nichts gegen dich reden, weder Böses noch Gutes! Siehe, Rebekka ist vor dir! Nimm sie und ziehe hin, damit sie die Frau des Sohnes deines Herrn werde, wie der Herr geredet hat!

Und es geschah, als der Knecht Abrahams ihre Worte hörte, da verneigte er sich vor dem Herrn zur Erde. Und der Knecht zog silberne und goldene Schmuckstücke und Kleider hervor und gab sie Rebekka; auch ihrem Bruder und ihrer Mutter gab er Kostbarkeiten. Da aßen und tranken sie, er samt den Männern, die mit ihm waren, und sie blieben dort über Nacht. Aber am Morgen standen sie auf, und er sprach: Lasst mich zu meinem Herrn ziehen!

Aber ihr Bruder und ihre Mutter sprachen: Lass doch das Mädchen noch einige Tage lang bei uns bleiben, wenigstens zehn, danach magst du ziehen! Da sprach er zu ihnen: Haltet mich nicht auf, denn der Herr hat meinen Weg gelingen lassen; lasst mich zu meinem Herrn ziehen! Da sprachen sie: Lasst uns das Mädchen rufen und fragen, was sie dazu sagt! Und sie riefen Rebekka und sprachen zu ihr: Willst du mit diesem Mann ziehen? Sie antwortete: Ja, ich will mit ihm ziehen!" (Genesis 24,50-58).

So zog Rebekka mit Abrahams Knecht mit nach Kanaan und wurde Isaaks Frau. Seit jeher gilt diese Geschichte als Musterbeispiel einer Eheanbahnung im Volk Gottes. Folgende Aspekte sind dabei wichtig:

- Keine Vermischung mit den gottlosen Heidenvölkern.
- Die Führung Gottes wurde erbeten.
- Zuerst redeten die Eltern der zukünftigen Eheleute miteinander.
- Die Braut sollte eine Jungfrau sein.
- Es ging auch um ihren Charakter, indem sie über die Bitte des Knechtes hinaus auch dessen Kamelen Wasser anbot.
- Es ging nicht ohne die Einwilligung der Braut.
- Es wurde ein Brautpreis bezahlt.

Nicht immer geht es freilich strikt nach diesem Muster, auch in der Bibel nicht. Dennoch ist klar, dass es im Volk Gottes nicht um „Liebe auf den ersten Blick" gehen soll, sondern um das große Ganze, um unsere Einbindung in den Auftrag Gottes, in das Reich Gottes. Selbstsüchtige oder weltliche Ziele, fleischliche Bedürfnisse und der hormonelle Drang dürfen nur eine sehr untergeordnete Rolle spielen.

Einmal besuchte uns ein junger Schwede für eine Woche in unserer Wiener Wohnung. Wir lernten einander über eine Facebook-Gruppe einer Täufergemeinde in Boston kennen, die in der oben skizzierten Hausgemeindestruktur wirkt. Wir hatten einen guten Austausch und eine schöne gemeinsame Zeit. Zwei oder drei Wochen später rief er mich an: *„Ich muss etwas sehr Ernstes mit dir besprechen."* Nun haben Schweden schon von Natur aus einen eher „depressiven" Tonfall, und ich dachte bei mir: *„Oje, was habe* *ich denn falsch gemacht?"* Aber es ging um etwas ganz Anderes, um meine Tochter. Er fragte mich, den Vater, ob es für mich denkbar wäre, wenn er sie näher kennenlernen würde. Ich betete darüber, fragte meine Tochter, die betete ebenso darüber. So gab ich ihm dann ihre Kontaktdaten. Heute sind sie glücklich verheiratet und nach einem ersten Ehejahr in Schweden Teil unserer Gemeinschaft im Waldviertel. Beide gingen jungfräulich in die Ehe, er mit 30, sie mit 23 Jahren.

So, oder so ähnlich soll es sein. Die Eltern sollen miteingebunden werden. Ganz anders läuft es heute ab, und es wird dadurch keineswegs besser. Auch bei mir war es nicht ideal – nun bin ich seit fast zehn Jahren geschieden. Doch auch ich ging mit 27 Jahren noch jungfräulich in die Ehe. Warum sollen wir jungfräulich in die Ehe gehen?

„Mehr als die Hälfte aller jungen Menschen in Deutschland haben noch vor ihrem 18. Geburtstag das erste Mal Sex. Nur zwei Prozent der Befragten einer aktuellen Jugendstudie wollen mit dem ersten Mal bis zur Ehe warten. Dazu gehört auch Mara [Name geändert] aus Nürnberg. Sie ist gläubige Christin, 25 Jahre alt und will Jungfrau bleiben – bis zur Ehe. …

Aber warum will sie warten mit dem Sex? … Für Mara geht es bei ihrer Entscheidung aber gar nicht ausschließlich um die Religion.

"Ich will verantwortungsbewusst mit meiner Sexualität umgehen. Ich will das nicht nur ausprobieren und auch nicht nur ausprobiert werden. Es gibt mir Sicherheit, wenn jemand sagt: Ich will nur dich." (Mara)

Immerhin will laut der Jugendstudie der Bundeszentrale für gesundheitliche Aufklärung ein Großteil der jungen Leute erst mit jemandem schlafen, wenn sie die richtige Person dafür gefunden haben. Obwohl man durch Medien und Internet heutzutage einen extrem direkten Zugang zum Thema Sex hat, scheinen sich viele nicht hetzen zu wollen. …

Mara findet, dass Sex in Beziehungen einen zu hohen Stellenwert einnimmt. Sie weiß von Freunden, dass Sex emotional immer auch irgendwo Spuren hinterlässt.

Das können gute und auch schlechte Sachen sein. Jeder muss auf sich selbst aufpassen, findet sie.

Menschen suchen oft dasselbe, diese eine Person, mit der sie ihr Leben verbringen können. Diese eine Person, von der sie geliebt werden und die sie zurücklieben können. Mara hat darauf eine eher rationale Sicht. Der EINE ist für sie jemand, in den man investiert – in allen Bereichen.

"Es gibt nicht den EINEN und deshalb heiratet man ihn, sondern er wird der EINE, dadurch dass man ihn heiratet." (Mara)"[120]

Jungfräulichkeit wird von Feministinnen häufig als „Mythos" bezeichnet. Tatsächlich ist es eine Realität, das Hymen ist so etwas wie ein „biologisches Frischesiegel". Wer geht schon in den Supermarkt und nimmt, weil er gerade durstig ist oder Gusto darauf hat, eine Flasche Cola aus dem Regal, bricht das Frischesiegel und öffnet sie für ein oder zwei Schluck, und stellt diese dann wieder ins Regal zurück? Wer würde eine halbvolle Cola-Flasche, aus der bereits ein oder mehrere unbeherrschte Kunden getrunken haben, nehmen und kaufen? Oder auch nur einmal davon kosten?

Aus jeder sexuellen Beziehung bleiben seelische Verbindungen zurück, und die Ex-Partner sind stets mit dabei, wenn man sich auf ein neues Liebes-abenteuer einlässt. Natürlich wird da verglichen, natürlich kommen da Erinnerungen hoch, selbstverständlich will der Neue sich von den Alten abheben und besser sein.

„Und noch ein weiterer Aspekt ist vielen wichtig: "Mit der Enthaltsamkeit vor der Ehe zeigt man sich, dass man auch danach treu sein kann", ist Joachim Ochs, Maschinenbau-Student aus Darmstadt, überzeugt. Mäßigung vorab könnte daher auch für freigeistige Menschen eine gute Erfahrung und eine Art Liebesbeweis füreinander sein, führt der 20-Jährige an, der aus einer katholischen Familie mit sechs Geschwistern stammt.

---

[120] https://www.br.de/puls/themen/leben/kein-sex-vor-der-ehe-100.html

Ähnlich sieht es die 37-jährige Anna Löbel [Name geändert] aus Köln. Auch sie lebt bewusst enthaltsam, bis sie im September heiraten wird. Ihrer Meinung nach missverstehen viele Frauen und Männer ihre Freiheit, wenn sie eine Affäre nach der anderen eingehen. Die Folge sei, so Löbel, dass der jeweilige Partner den Respekt vor ihnen verliere: "Männer wollen keine Frauen, die sich jedem hingeben, und Frauen keine Männer, die ständig neue Abenteuer suchen."

Geduld zu haben und abwarten zu können - das scheint zu den schwierigsten Herausforderungen in Sachen Liebe zu gehören, beobachtet auch der Kölner Weihbischof Dominikus Schwaderlapp: "Mit der schnell ausgelebten Sexualität gibt der Mensch sich lediglich mit der Illusion von Liebe zufrieden. Die da heißt: Hol' dir Dein Glück: Jetzt! Sofort! Aber genau das führt nicht zum Glücklichsein." Er vergleicht die voreheliche Abstinenz gerne mit den temporären Entbehrungen der Sportler in einem Trainingslager. Denn das große Spiel soll gelingen - und das nicht nur 90 Minuten lang, sondern für immer."[121]

Das alles sind grundvernünftige Gedanken, die uns zeigen, dass Liebe und Lust zwei völlig verschiedene Dinge sind, und die Liebe stets den ganzen Menschen umfasst und nicht nur dessen erogene Zonen. Im Gesetz des Moses ist daher folgendes Gebot enthalten:

„Wenn ein Mann eine Jungfrau verführt, die noch nicht verlobt ist, und er liegt bei ihr, so muss er sie sich durch Bezahlung des Brautpreises zur Ehefrau nehmen. Will aber ihr Vater sie ihm überhaupt nicht geben, so soll er ihm soviel bezahlen, wie der Brautpreis für eine Jungfrau beträgt." (Exodus 22,15-16).

Die Tradition des Brautpreises ist heute sehr umstritten, da man ihn missversteht. Es geht nicht um den Kauf einer Braut, sondern vielmehr um die Ablöse einer Arbeitskraft, da – wie wir oben gesehen haben – ein Haushalt zugleich ein Unternehmen war, in dem alle Mitglieder mitarbeiteten. Wo dieses „Haus" verlorengegangen ist, macht ein Brautpreis freilich wenig Sinn und ist anachronistisch. Im Kontext der antiken Gesellschaftsordnung war er aber durchaus sinnvoll.

---

[121] https://www.katholisch.de/artikel/8805-ziemlich-viel-sex-vor-der-ehe

„Der Brautpreis kann folgende Aufgaben haben:

- *er besiegelt den Ehevertrag auf festliche Weise,*
- *er trägt zur Haltbarkeit der Ehe bei,*
- *er entschädigt die Herkunftsgruppe der Ehefrau für den Verlust der Arbeitskraft.“*[122]

Ich kann mich noch gut an meine Zeit als Mitarbeiter in einem Jugendzentrum erinnern. Dieses wurde von vielen Roma-Jugendlichen besucht; einige der Burschen waren mit 14 Jahren schon „verheiratet“ (staatlich nicht möglich, aber innerhalb ihrer Kultur anerkannt) und hatten mit 16 bereits ein oder zwei Kinder. Der Brautpreis, den sie damals zu entrichten hatten, war bei etwa 100.000,- Schilling (ca. 7.000,- Euro) – das führte dazu, dass sie sofort und ohne fertige Ausbildung beginnen mussten zu arbeiten und deshalb nur als Hilfsarbeiter ihr Dasein fristen konnten. Natürlich war das tragisch und ist so auch abzulehnen.

Dennoch bin ich der Meinung, dass der Grundgedanke etwas für sich hat. Er setzt nämlich voraus, dass man vor der Eheschließung sich etwas aufgebaut hat, welches dann die Gründung eines Hausstandes ermöglicht. *„Erst Nest bauen, dann Eier legen“*, sage ich meinen Schülern manchmal mit einem Augenzwinkern. Ich meine es aber durchaus ernst. Nicht die Hormone sollen uns treiben, sondern ein langfristiges und verantwortungsbewusstes Streben.

Paulus sagt uns ganz klar, dass wir in unserer Partnerwahl nicht triebgesteuert wie die Heiden, die Gott nicht kennen, vorgehen sollen, sondern nach den Grundsätzen der Heiligkeit (1. Thessalonicher 4,4-5). Das hat mit unserer Erwählung und Aussonderung für das Reich Gottes zu tun. Das „Verliebtsein“ ist also nicht der erste Grund; Liebe – nämlich wahre Liebe – entwickelt sich und reift im Verlauf der Ehe. Und hier ist guter Rat und die Begleitung durch die Eltern und die Gemeindeleitung unbedingt zu empfehlen. *„Liebe macht blind“*, heißt es, und das verleitet zu unüberlegten und

---

[122] https://de.wikipedia.org/wiki/Brautpreis

unreifen Entscheidungen. Ein junges Ehepaar kann auch weiterhin im größeren Familienverband bleiben, wo ältere Verwandte mit Rat und Tat sowie praktischer Hilfe zur Seite stehen.

Als ein gläubiger HTL-Lehrer für Holzbau heiratete, brachte er folgenden Vergleich in der Hochzeitsfeier: *„Meine Frau und ich sind wie zwei Holzbretter, die miteinander verleimt werden. Was passiert, wenn ich sie verbinde und dann einfach so liegen lasse? Der Leim härtet aus, aber die beiden Bretter verbiegen sich, und man kann sie leicht wieder auseinanderreißen. Holz, das man verleimt, muss man mit Schraubzwingen aneinanderpressen, bis der Leim getrocknet und die Verbindung stabil ist. Ihr"*, sagte er zur Gemeinde gerichtet, *„seid unsere Schraubzwingen. Wir brauchen euren sanften Druck, eure Unterstützung, damit unsere Ehe dauerhaft wird."*

Eine biblische Hausgemeinschaft bietet diesen sicheren und geschützten Rahmen für junge Ehepaare und Familien. Darum sollen die Eltern beider Ehepartner und die Gemeindeleitung gemeinsam die Eheschließung vorbereiten und begleiten. Wo das der Fall ist (etwa bei den konservativen Täufergemeinden der Amischen oder Hutterer), liegt die Scheidungsrate unter 1%; wo die Ehepaare und Familien auf sich alleine gestellt leben, ist die Scheidungsrate unter Christen leider genauso hoch wie in der Welt.

Apropos Scheidung: Dieses Thema sprengt hier den Rahmen, weshalb ich in der Fußnote auf eine kurze Vortragsreihe von mir verweise, wo ich im Detail darauf eingehe.[123] Kurz gesagt:

„Und die Pharisäer traten herzu und fragten ihn, um ihn zu versuchen: Ist es einem Mann erlaubt, seine Frau zu entlassen? Er aber antwortete und sprach zu ihnen: Was hat euch Mose geboten? Sie sprachen: Mose hat erlaubt, einen Scheidebrief zu schreiben und seine Frau zu entlassen.

Da antwortete Jesus und sprach zu ihnen: Wegen der Härte eures Herzens hat er euch dieses Gebot geschrieben. Am Anfang der Schöpfung aber hat Gott sie als Mann

---

[123] https://youtu.be/Dx0dBo7UATY?list=PLNdq3SYGgfPoIPV83gKHAAzG3jU6TVLZ8
Kanal: Taufgesinnte Christen; Playlist: Ehe-Scheidung -Wiederheirat

und Frau erschaffen. »Darum wird ein Mann seinen Vater und seine Mutter verlassen und seiner Frau anhängen; und die zwei werden ein Fleisch sein.« So sind sie nicht mehr zwei, sondern ein Fleisch. Was nun Gott zusammengefügt hat, das soll der Mensch nicht scheiden!

Und seine Jünger fragten ihn zu Hause nochmals darüber. Und er sprach zu ihnen: Wer seine Frau entlässt und eine andere heiratet, der bricht die Ehe ihr gegenüber. Und wenn eine Frau ihren Mann entlässt und sich mit einem anderen verheiratet, so bricht sie die Ehe." (Markus 10,2-10).

Die Ehe ist eine göttliche Einrichtung, kein Menschenwerk. Darum soll Gott in der Partnerwahl auch betend miteinbezogen werden. Sie besteht vor Gott so lange, bis einer der beiden Ehepartner gestorben ist. Eine richterliche Scheidung hebt die Ehe also nicht auf, weshalb es als Ehebruch gilt, einen Geschiedenen zu heiraten. Auch das wurde in den allermeisten Kirchen über Bord geworfen, und ich glaube nicht, dass sie das vor Gott ausverhandeln werden können. Die Ehe ist nämlich ein Abbild der Beziehung Gottes zu Seinem Volk. So wie dieser Bund unauflöslich ist, und Gott unbeugsam treu bleibt, müssen auch die Ehepartner zueinander stehen, und zwar in guten wie in bösen Tagen. Liebe ist nun einmal eine Zumutung und manchmal schwer zu tragen. Liebe ist eben etwas völlig anderes als Lust.

Weil die Ehe eine schwere Verantwortung ist, waren die Jünger des Herrn über die Lehre Jesu zutiefst schockiert:

„Da sprechen seine Jünger zu ihm: Wenn ein Mann solche Pflichten gegen seine Frau hat, so ist es nicht gut, zu heiraten! Er aber sprach zu ihnen: Nicht alle fassen dieses Wort, sondern nur die, denen es gegeben ist. Denn es gibt Verschnittene, die von Mutterleib so geboren sind; und es gibt Verschnittene, die von Menschen verschnitten sind; und es gibt Verschnittene, die sich selbst verschnitten haben um des Reiches der Himmel willen. Wer es fassen kann, der fasse es!" (Matthäus 19,10-12).

Es gibt durchaus die Option, ledig zu bleiben und enthaltsam zu leben. Nicht aus Flucht vor der Verantwortung, sondern um des Reiches Gottes Willen. Tatsächlich kann es in der Ehe zu Konflikten kommen, zu unterschiedlichen

Erwartungen, die uns dazu zwingen, in der Nachfolge um des Ehepartners Willen Kompromisse oder Abstriche zu machen:

„Ich will aber, dass ihr ohne Sorgen seid! Der Unverheiratete ist für die Sache des Herrn besorgt, wie er dem Herrn gefällt; der Verheiratete aber sorgt für die Dinge der Welt, wie er der Frau gefällt. Es ist ein Unterschied zwischen der Ehefrau und der Jungfrau. Die Unverheiratete ist besorgt um die Sache des Herrn, dass sie heilig sei sowohl am Leib als auch am Geist; die Verheiratete aber sorgt für die Dinge der Welt, wie sie dem Mann gefällt. Das sage ich aber zu eurem eigenen Nutzen, nicht um euch eine Schlinge um den Hals zu werfen, sondern um des Anstandes willen, und damit ihr ohne Ablenkung beständig beim Herrn bleiben könnt.

Wenn aber jemand meint, er handle unschicklich an seiner Jungfrau [d.h. seine Jungfräulichkeit], wenn sie über die Jahre der Reife hinauskommt, und wenn es dann so sein muss, der tue, was er will; er sündigt nicht, sie mögen heiraten! Wenn aber einer im Herzen fest steht und keine Not hat, sondern Vollmacht, nach seinem eigenen Willen zu handeln, und in seinem eigenen Herzen beschlossen hat, seine Jungfrau zu bewahren, der handelt recht. Also, wer verheiratet, handelt recht, wer aber nicht verheiratet, handelt besser.“ (1. Korinther 7,32-38).

Das ist eine Empfehlung, kein Gebot. Meines Erachtens wird zu wenig über diese Option geredet. Darum will ich sie hier durchaus erwähnt haben, denn auch als Geschiedener lebe ich wie im ledigen Stand, bis es – so Gott und meine Frau wollen – zu einer Versöhnung und Wiederherstellung kommt. Das Leben ist weit mehr als das romantisierte „Glück zu Zweit“. Da wir in Gemeinschaft leben, kenne ich auch keine Einsamkeit. Es gibt Umstände, die lassen uns keine Wahl: Wer zeugungsunfähig geboren oder gemacht wurde, und vor der Eheschließung um seine Unfruchtbarkeit weiß, sollte besser nicht heiraten, da ein wesentliches Ziel, die Familiengründung, nicht erreicht werden kann. Wer geschieden ist, soll ledig bleiben oder sich versöhnen (vgl. 1. Korinther 7,11).

Was die freie Entscheidung zum ledigen Stand betrifft, ist Weisheit erforderlich. Es geht dabei um Ausgewogenheit und nicht um unrealistischen Idealismus. Johannes Chrysostomos (344-407) schreibt:

„Ich kenne das Schwierige der Sache; ich kenne die Heftigkeit solcher Kämpfe; ich kenne die Bedeutung des Krieges. Es bedarf eines kampfmutigen und kräftigen Geistes, der die Wollust verabscheut: denn man muss über Kohlen schreiten, ohne zu verbrennen, und durch Schwerter einhergehen, ohne verwundet zu werden; denn die Macht der Wollust ist ebenso groß, wie die des Feuers und Eisens; ist also die Seele nicht so gewappnet, dass sie selbst bei ihren Schmerzen unempfindlich bleibt, so wird sie bald zu Grunde gehen. Deshalb brauchen wir einen diamantenen Sinn, ein schlafloses Auge, große Ausdauer, starke Mauern, Umzäunungen und Riegel, wachsame und kräftige Wärter und vor Allem den Einfluss von oben.

„Denn, wenn der Herr die Stadt nicht bewacht, so wachen die Hüter umsonst.“ Wie sollen wir uns aber diese Gunst des Himmels erwerben? Dadurch, dass wir all das Unsrige beitragen, gesunde Betrachtung, höchste Anstrengung in Fasten und Nachtwachen, genaue Beobachtung des Gesetzes, Befolgung der Gebote, und was die Hauptsache ist, dass wir nicht auf uns selber vertrauen; denn falls wir auch Größeres vollbringen, so müssen wir doch immer bei uns sprechen: „Wenn der Herr das Haus nicht baut, so arbeiten die Bauleute umsonst.“ „Denn wir haben nicht bloß zu kämpfen wider Fleisch und Blut, sondern wider die Herrschaften und Mächte, wider die Beherrscher der Welt in dieser Finsternis, wider die Geister der Bosheit in der Luft;“ und Tag und Nacht müssen unsere Gedanken bewaffnet dastehen und den schamlosen Lüsten furchtbar erscheinen.

Denn wenn sie im Geringsten nachlassen, so steht der Teufel da mit dem Feuer in den Händen, um es in den Tempel Gottes zu schleudern und ihn zu verbrennen. Daher müssen wir von allen Seiten uns rüsten; denn wir haben zu kämpfen mit dem Drang der Natur, nachzustreben dem Wandel der Engel, und mit den unkörperlichen Mächten in die Wette zu laufen. Erde und Asche sucht den Himmelsbewohnern gleichförmig zu werden; die Sterblichkeit beginnt einen Kampf mit der Unsterblichkeit. Sage mir nun, sollte wohl Jemand es wagen, Ehe und Vergnügen zu vergleichen mit einer so erhabenen Sache? Wie einfältig wäre das nicht!

Da Paulus das Alles wusste, sprach er: „Ein Jeder habe seine Frau;“ deshalb vermied er es, deshalb wagte er nicht gleich Anfangs zu ihnen vom jungfräulichen Stande zu reden, sondern er verweilt bei der Besprechung der Ehe und mischt unter die längere

Rede über die Ehe einige kurze Worte über die Enthaltsamkeit, ohne jedoch zu gestatten, dass die Ohren durch die strenge Ermahnung verwundet werden. Denn wer seine Rede stets aus schwierigen Dingen zusammenfügt, ist teils dem Zuhörer lästig, teils zwingt er oftmals den Geist, der die Härte der Worte nicht erträgt, widerspenstig zu werden. Wer hingegen abwechselt und mehr Leichtes als Schweres hineinmischt, der benimmt unbemerkt das Gefühl der Schwierigkeit, überredet und gewinnt den Zuhörer leichter, weil er ihn zeitweilig ausruhen lässt.

So machte es auch der heilige Paulus; denn nachdem er gesagt: „Es ist dem Menschen gut, keine Frau zu berühren," wendet er sich sogleich zur Ehe und sagt: „Dass Jeder seine Frau haben soll;" er ist zufrieden, jenes bloß gelobt zu haben. „Denn", sagt er, „es ist dem Menschen gut, keine Frau zu berühren;" in Bezug auf die Ehe aber gibt er teils einen Rat, teils ein Gebot, und fügt auch den Grund bei: denn er sagt: „Wegen der Hurerei." Hiermit scheint er zwar die Gestattung der Ehe zu begründen, in Wahrheit aber vermehrt er nach Aufzählung der Gründe für das Heiraten versteckt das Lob der Enthaltsamkeit zwar nicht so, dass er es mit klaren Worten ausspricht, wohl aber indem er es dem Verständigen unter den Hörern anheimstellt.

Denn wer da hört, dass er ermahnt wird zu heiraten, nicht weil die Ehe ein ganz vorzügliches Tugendwerk sei, sondern weil ihn Paulus einer so großen Geilheit beschuldigt, dass er sich ohne die Ehe derselben nicht zu enthalten vermag, der wird errötend und beschämt den jungfräulichen Stand zu ergreifen und diese gewaltige Schmach von sich abzuwehren bemüht sein."[124]

Tatsächlich ist der Kampf mit dem Sexualtrieb häufig zermürbend, und viele (meist glücklich Verheiratete) beschweren das Gewissen der Ledigen oft damit, dass sie die Selbstbefriedigung als schwere Sünde brandmarken; doch wo spricht die Bibel selbst davon? Hat es diese Nöte früher nicht gegeben? Es gibt nur einen Vers, der darauf anzusprechen scheint, und der ist nicht im Gesetz, sondern in der Weisheitsliteratur:

„Zwei Arten von Menschen vervielfachen ihre Sünden, und die dritte wird Zorn herbeiführen; eine hitzige Seele ist wie brennendes Feuer, sie kann nicht gelöscht

---

[124] Vom Jungfräulichen Stande, Kp. 27

werden, bis sie verzehrt ist; ein Mensch, der unzüchtig mit seinem eigenen Körper umgeht, wird nicht aufhören, bis das Feuer ausgebrannt ist." (Sirach 23,16).

Es ist nicht klar, ob damit die Selbstbefriedigung oder ein hurerischer Lebensstil gemeint ist, denn wörtlich heißt es: *„Ein unzüchtiger Mensch im Körper seines Fleisches."* Ich würde sehr davon Abstand nehmen, Gebote zu erfinden, die die Schrift nicht direkt formuliert hat. Ebensowenig würde ich zu einem allzu freien Umgang damit ermuntern, da die Frucht des Geistes auch die Selbstbeherrschung beinhaltet. Paulus sagt etwas sehr Weises:

„Zieht den Herrn Jesus Christus an und pflegt das Fleisch nicht bis zur Erregung von Begierden!" (Römer 13,14).

Die Allgegenwart sexueller Reize durch die freizügige Mode unserer weiblichen Mitmenschen, die Werbung und die allgegenwärtigen digitalen Medien stellen hier eine immense Herausforderung dar. Sexuelle Enthaltsamkeit setzt daher auch mediale Enthaltsamkeit voraus. Doch auch das Leben in Gemeinschaft ist eine Hilfe, da man hier durch den heiligen Umgang und den gegenseitigen Dienst in gesunder Weise von sich selbst abgelenkt wird.

Ledige können ganz normal als Glieder in den Hausgemeinschaften mitleben und wirken; sie können sich aber auch als reine Schwestern- oder Brüder-Wohngemeinschaften organisieren. Die Entscheidung für den ledigen Stand muss nicht und sollte auch nicht als lebenslanges Gelübde verstanden werden. Allein die Vorbereitung auf eine künftige Ehe, kann Jahre dauern, indem man zuerst noch die Ausbildung abschließt, „das Nest baut" und auch an der persönlichen geistlichen Reife arbeitet. Das Ringen um sexuelle Enthaltsamkeit im Glauben trägt viel dazu bei, auch in der künftigen Ehe respekt- und rücksichtsvoll mit dem Partner umzugehen.

Wir sollen zuerst Männer und Frauen Gottes werden, ehe wir uns an die Ehe und die Gründung einer Familie heranwagen. Darum soll die Taufe im Sinne einer bewussten Nachfolgeentscheidung der Partnersuche vorausgehen. In der Welt ist es heute völlig anders (und war es zum Teil immer so); in der Postmoderne wurde es noch weiter verfremdet:

„In der heutigen postmodernen Gesellschaft haben sich traditionelle Vorstellungen von Liebe und Beziehungen erheblich verändert. Individuen genießen eine weitreichende Freiheit, ihre eigenen Formen der Liebe und Beziehungen zu gestalten, die über gesellschaftliche Normen und Erwartungen hinausgehen. Es ist eine Zeit der Entgrenzung, in der vielfältige Beziehungsmuster aufblühen und Raum für individuelle Entfaltung und Selbstbestimmung schaffen.

Ein bemerkenswertes Merkmal dieser Entwicklung ist die Zunahme nicht-monogamer Beziehungsformen. Die postmoderne Gesellschaft hat den Boden für alternative Liebeskonzepte wie Polyamorie, offene Beziehungen und nicht-monogame Konstellationen bereitet. Diese eröffnen Menschen die Möglichkeit, ihre eigenen individuellen Pfade der Liebe zu erkunden und zu gestalten. ...

In der postmodernen Gesellschaft haben sich auch die Formen der Intimität verändert. Durch die Digitalisierung und die Verbreitung von sozialen Medien ist die Kommunikation und Interaktion zwischen Menschen auf vielfältige Weise möglich geworden. Dies hat jedoch auch zu einer Fragmentierung von Intimität geführt. Online-Beziehungen, virtuelle Kontakte und das Teilen intimer Momente über digitale Plattformen können die traditionelle Vorstellung von Intimität herausfordern. Die Frage, wie wir in einer Zeit der Oberflächlichkeit und schnellen Verbindungen tiefe und erfüllende intime Beziehungen aufbauen können, wird zu einem zentralen Thema in der romantischen Liebe der Postmoderne. ...

Die Idee einer "echten" und "authentischen" Liebe wird zu einem Ideal, das in Kontrast zu oberflächlichen Begegnungen und temporären Verbindungen steht. Die Suche nach Authentizität kann jedoch auch zu einer Herausforderung werden, da wir uns in einer Gesellschaft befinden, in der Selbstinszenierung und Selbstoptimierung oft im Vordergrund stehen. Die Frage nach der Möglichkeit einer tiefen und ehrlichen romantischen Liebe in der Postmoderne ist eng mit der Suche nach Authentizität verbunden."[125]

Junge Leute ziehen zwar teilweise früh von daheim aus, doch nicht um neue verbindliche Familien zu gründen, sondern um durch wechselseitige

---

[125] https://www.panta-rh.ai/post/die-komplexit%C3%A4t-der-romantischen-liebe-in-der-postmoderne

Besuche in ihren Singlewohnungen mit Sexualität und Partnerschaft zu experimentieren. Singlewohnungen können nicht das Ziel gemeinschaftsbewusster Christen sein! Und doch ist das heute die häufigste Wohnform in den Städten geworden.

„Im Jahr 2023 gab es in Österreich durchschnittlich rund 1,57 Millionen Einpersonenhaushalte. Im langfristigen Vergleich steigt die Anzahl der Single-Haushalte kontinuierlich."[126]

Das bleibt nicht ohne Folgen:

„Immer mehr Menschen leben allein - auch in Deutschland. Die steigende Zahl der Einpersonenhaushalte könnte mit mehr psychischen Erkrankungen einhergehen. Dieser Zusammenhang geht zumindest aus einer Studie der französischen Universität Versailles Saint-Quentin-en-Yvelines hervor.

Wie die Forscher im Fachblatt "Plos One" berichten, entwickeln Alleinlebende 1,5- bis 2,5-mal häufiger eine der häufigsten psychischen Erkrankungen als andere Menschen. In diese Kategorie fallen auch Depressionen sowie Angst- und Zwangsstörungen. Der Zusammenhang sei in allen Altersgruppen und bei beiden Geschlechtern beobachtet worden, berichten die Wissenschaftler. ...

Zwischen den drei Untersuchungsjahren stieg der Anteil der Einpersonenhaushalte in der Erhebung von 8,8 auf 9,8 und schließlich auf 10,7 Prozent. Gleichzeitig wuchs die Rate an häufigen psychischen Erkrankungen von 14,1 auf 16,3 und 16,4 Prozent. In allen drei Umfragen war ein statistischer Zusammenhang zwischen dem Alleinleben und der Verbreitung psychischer Erkrankungen feststellbar, so die Mediziner.

Der größte Einfluss nehmende Faktor dabei war die Einsamkeit: Fühlte sich jemand einsam, war das Risiko einer psychischen Erkrankung besonders hoch."[127]

---

[126] https://de.statista.com/statistik/daten/studie/75456/umfrage/oesterreich-anzahl-der-einpersonenhaushalte/
[127] https://www.spiegel.de/gesundheit/psychologie/einsamkeit-wer-allein-lebt-hat-haeufiger-depressionen-und-aengste-a-1265376.html

Abgesehen von den Folgen, warum soll es für Christen nicht normal sein, Singlehaushalte zu gründen? Weil wir unsere Kinder und Jugendlichen nicht zu Unabhängigkeit und Individualismus hin erziehen, sondern zu Gemeinschaft und Zusammenwirken. Wenn die jungen Erwachsenen unbedingt ausziehen wollen, warum sollen sie sofort die volle finanzielle Belastung eines Haushalts tragen, wo sie gerade erst ins Berufsleben einsteigen und ein geringes Einkommen haben? Warum sollen sie neben den Anforderungen und den Umstellungen der Arbeitswelt, noch allein verantwortlich für Kochen, Putzen und Erhalt der Wohnung sein? Darum – und ich bitte das als Empfehlung aufzufassen, nicht als Bestimmung oder Gesetz! – ist es ratsamer, in (geschlechtergetrennte) Wohngemeinschaften zu ziehen, wo man sich die Kosten und Pflichten einer Haushaltsführung teilt und auch das gemeinschaftliche christliche Leben pflegen kann.

Als mein leiblicher Bruder zum Glauben kam, zog er in so eine WG, und er hat sehr davon profitiert. Die Gemeinde, der er sich anschloss, war ursprünglich in solchen WGs organisiert, was der Erziehung in der Nachfolge Christi extrem förderlich war. Leider erachteten sie das nur als „Übergangsmodell" und wie die ersten dann geheiratet haben, lösten sich die WGs ebenso auf.

Eine Hausgemeinde im beschriebenen Sinn benötigt ein größeres Haus mit mehreren privaten Wohnbereichen. Das ist am Land leichter zu finden als in der Großstadt. Doch auch dort ist vieles möglich, wenn man zumindest in unmittelbarer Nachbarschaft (Gehdistanz) wohnt und sich reihum zum täglichen Essen und den Abendandachten trifft. Einst besaß ein Bruder in der Gemeinde, in der ich 1987 getauft wurde, ein Zinshaus in Wien, und einige Glieder der Gemeinde wohnten darin. Sie hielten dort auch gemeinsame Bibelstunden, doch die Vision biblischer Gemeinschaft fehlte ihnen. Vor vielen Jahren hat er dann das Haus verkauft, mittlerweile weilt er nicht mehr unter uns. Ich erwähne das, um zu zeigen, dass auch in der Großstadt vieles möglich ist, wenn man sich für den ganzen Weg Christi entschieden hat.

Jetzt gibt es nur noch eine Herausforderung in der Partnersuche: Wo findet man einen nicht nur „gläubigen" Partner, sondern einen, der sich auch für den ganzen Weg Christi entschieden hat? Solche sind leider sehr dünn gesät,

250

sodass es nötig sein kann, den Suchradius entsprechend zu erweitern. Jemand, der nicht warten wollte, war Esau, der Sohn Isaaks und Rebekkas und Bruder Jakobs. Seine Partnerwahl widersprach den Grundsätzen, die Abraham leiteten, und machte seinen Eltern großen Kummer:

„Als aber Esau 40 Jahre alt war, nahm er Judith zur Frau, die Tochter Beris, des Hetiters, und Basmath, die Tochter Elons, des Hetiters; die bereiteten Isaak und Rebekka viel Herzenskummer." (Genesis 26,34-35).

Rebekka sandte ihren Sohn daher zu Laban in die Heimat ihrer Vorfahren. Wie Abraham für Isaak eine Braut aus einer Kultur außerhalb Kanaans suchte, musste auch Jakob weit reisen, um eine Familie gründen zu können. Das sollte uns nicht schrecken, sondern ermutigen. Mein Schwiegersohn ist aus dem fernen Schweden zu uns gekommen. Meine Ehefrau kam aus Amerika. Es ist wichtig, dass jede kleine Gemeinschaft weiträumig vernetzt ist, damit die Jugendlichen sich treffen und kennenlernen können. Das können Glaubenskonferenzen sein, Arbeitseinsätze, Freizeiten, übergemeindliche Chöre, Missionseinsätze oder einfach nur informelle Besuche.

Es ist auch wichtig, keine allzu engen und vor allem äußerliche Kriterien an den künftigen Partner zu legen. Es ist der Glanz des geisterfüllten Lebens, der uns attraktiv macht, nicht der Waschbrettbauch, die Haarfarbe oder die Hobbies. Das Äußere vergeht ohnedies, während die geistliche Schönheit noch zunimmt.

Es hängt also sehr viel miteinander zusammen. Dass es sich hier um ein zentrales Thema des Menschseins handelt, ist klar; darum ist es ganz wichtig, den Jugendlichen in den Gemeinden von Beginn an deutlich zu machen, warum die Herangehensweise der Welt so fatal ist, und welch böse Frucht sie gebracht hat.

Es geht in all dem um den ganzen Menschen in seiner Einbettung in die heilsame Gemeinschaft des Volkes Gottes. Wenn die jungen Menschen hier nicht von der gesunden Lehre Christi geprägt worden sind, werden sie unweigerlich die Lebensmuster der Welt übernehmen … und daran leiden.

Kindererziehung

„Ihr Kinder, seid gehorsam euren Eltern in dem Herrn; denn das ist recht. »Du sollst deinen Vater und deine Mutter ehren«, das ist das erste Gebot mit einer Verheißung: »damit es dir gut geht und du lange lebst auf Erden«. (Deuteronomium 5,16)." (Epheser 6,1-2).

Jede Woche sitzen mir um die 170 Jugendliche gegenüber, denen berufsrelevante Fachinhalte zu vermitteln ich die Ehre und das Vergnügen habe. Tatsächlich ist es eine Ehre und eine große Verantwortung, denn was ich ihnen beibringe, wirkt sich nicht nur auf ihren Berufseinstieg aus; meine ganze Persönlichkeit als Lehrer, als Mensch und Christ wird sie zeitlebens in ihren Erinnerungen begleiten. Noch am Sterbebett haben wir unsere Lehrer vor Augen. Dieser Gedanke schreckt mich manchmal auch ein wenig. Diese Jugendlichen haben durch die Digitalisierung eine völlig andere Kindheit hinter sich, als meine Generation, sie haben dadurch ein anderes Sozialverhalten, eine andere Art der Kommunikation. Haben Pubertierende schon immer gegen die elterliche Erziehung rebelliert, so kommt hier noch ein schwerwiegenderes Element der Entfremdung hinzu. Zudem verweigert die Postmoderne ihnen die so innig ersehnten Leitlinien und Werte für das Leben. Sie sollen alles selbst entdecken, sich selbst entfalten, sich selbst definieren ... und sind damit heillos überfordert. Wo es keine Vorgaben mehr gibt, gibt es auch nichts mehr, wogegen man rebellieren, woran man sich reiben und abarbeiten, woran man reifen kann.

Peter Aebersold beklagt in einem bemerkenswerten Artikel das Ende der Pädagogik.

„Die von Aufklärern wie Comenius, Locke, Kant und Rousseau geprägten Ideale und Werte gehören zum geistigen Fundament der rasanten Entwicklung des Bildungswesens im 18. Jahrhundert. Diese umfassen die Befreiung der menschlichen Vernunft, das in den Mittelpunkt tretende Interesse am Menschen und seiner Natur, den Optimismus in Bezug auf den geistigen und gesellschaftlichen Fortschritt vor allem in den Naturwissenschaften, die Pädagogik der Aufklärung mit der Heran-

bildung der autonomen Vernunft beim jungen Menschen und die Erziehung und Bildung zum selbstverantwortlichen und sittlichen Individuum und die Freiheit des Individuums. Es sind diejenigen Vorstellungen und «Konzepte», von denen sich das postmoderne Denken abheben will. ...

Mit den Humanwissenschaften wurde auch die Pädagogik abgelehnt. In den 1970er Jahren unternahmen Katharina Rutschky und Alice Miller den Versuch einer sogenannten «psychoanalytischen Deutung» der Pädagogik der Aufklärung, die sie nunmehr als «Schwarze Pädagogik» diffamierten. ...

Eine zentrale Voraussetzung pädagogischer Theorie und Praxis stellt das jeweils zugrundeliegende Menschenbild dar. Das neue Menschenbild entfaltet sich in Lockes Gedanken über Erziehung, in der Verwirklichung von Freiheit und Gleichheit durch die Volksschule bei Condorcet, in den Konsequenzen der aufklärerischen philosophisch-anthropologischen Grundannahmen für die Pädagogik und bei Pestalozzi in der Erziehung zur Mitmenschlichkeit, der Hervorhebung der Gefühlsbildung und der Mutter-Kind-Beziehung, der gefühlsmäßig verankerten Sittlichkeit sowie in der Bedeutung des Lehrers und Erziehers. Diese Denkannahmen der Aufklärung stehen im Zentrum der Kritik der Theoretiker der Postmoderne. ...

Die verschiedenen postmodernen Theorien und Konzepte für eine postmoderne Pädagogik weisen kein einheitliches Menschenbild auf. Die poststrukturalistisch ausgerichteten Theorien zeichnen das Bild des de-zentrierten Subjekts oder der pluralen Identitäten im selben Menschen. Die postmoderne Seite behauptet, der Mensch sei kein sich selbst bewusstes und frei entscheidendes Individuum, wie es die Aufklärung fälschlicherweise angenommen habe, sondern er sei ein durch seine kulturellen, sprachlichen und biographischen Strukturen und von inneren Kräften oder Trieben determiniertes Wesen, das keiner Anleitung und Erziehung bedürfe. Im Widerspruch dazu behauptet die radikal konstruktivistische Sichtweise, das Individuum könne sich frei konstituieren und erfinden. Der Mensch wisse von Geburt an selber, was gut für ihn sei. Er müsse seine auftretenden Bedürfnisse sofort befriedigen können. Für die pädagogische Theorie bedeutet die Uneinheitlichkeit und Widersprüchlichkeit der postmodernen Auffassungen über den Menschen, dass daraus keine einheitliche pädagogische Theorie gewonnen werden kann. ...

Im postmodernen Denken wird die Tradition der Aufklärung und die zentrale Bedeutung der Erziehung in ihr verabschiedet. Die Vorstellung, dass Kinder erzogen werden müssten, sei nur eine «Erzählung» unserer Kultur. Erziehung sei ein historisches und kulturelles Konstrukt, wird behauptet. Da die Vernunft als Wesensmerkmal des Menschen negiert wird, kann auch die personale Autonomie des vernünftigen Subjekts kein Erziehungsziel mehr sein.

Die Erziehung müsse abgeschafft werden, fordert die Antipädagogik. Es gebe keinen Maßstab und keine Werte für ein gelingendes Leben, bloß «Selbstorganisationsprozesse». Im Zentrum der antipädagogischen Argumentation steht ein Werterelativismus: Dem Kind dürften keine bestimmten Normen vorgegeben werden. Es gebe keine universellen Wahrheiten und Werte.“[128]

Was hier sehr radikal-philosophisch postuliert wird, bedeutet, heruntergebrochen auf das Fassungsvermögen durchschnittlicher Eltern, dass sie von allen Rechten und Pflichten als Erzieher entbunden sind. Sie erziehen nicht mehr, wie sie auch selbst als Kinder der 68er, kaum mehr autoritative Wegweisung erhalten haben. Das Ergebnis ist eine Generation ohne Werte und ohne Würde, und den Lehrern der „Alten Schule“, die das noch erkennen, sind alle Hände gebunden.

„Die Postmoderne knüpft an Nietzsches Überlegungen zum Aufkommen des Nihilismus an und radikalisiert sie in vielerlei Hinsicht. Der Nihilismus als der Prozess der Auflösung von fundamentalen und allgemeingültigen Werten prägt mittlerweile unsere Kultur und Gesellschaft. Eine auf der Auflösung von Werten beruhende Haltung hat unweigerlich skrupellose Machtpolitik zur Folge.

Die heutigen Probleme in der Schule wie Wertezerfall, Auflösungserscheinungen, Geschichtsabbau, Kompetenz- statt Wissensorientierung, Jugendgewalt, Political Correctness, Disziplinarprobleme, Verwahrlosung, Drogenkonsum usw. können auch auf die Auswirkungen des postmodernen Denkens zurückgeführt werden. Postmoderne Tendenzen sind nicht nur in Lehrpläne, Lehrmittel und Schulunterricht, sondern auch in die Lehreraus- und -weiterbildung eingeflossen.“

---

[128] https://condorcet.ch/2022/08/postmodernes-denken-in-der-paedagogik-2-teil/

Hinzu kommt, dass die traditionelle Familie mittlerweile zu einem Minderheitenprogramm zu werden scheint. Scheidungen nehmen überhand, Patchworkfamilien und Alleinerzieherhaushalte dominieren das Bild. Dass das nicht ohne Folgen für die Entwicklung der Jugendlichen bleiben kann, nimmt man aber achselzuckend zur Kenntnis. Dazu Christine Goldberg:

„Versteht man Familie als ein Ehepaar, das mit seinem(n) Kind(ern) im gemeinsamen Haushalt lebt, wird es schwer fallen, diese Lebensform mit "Post-Moderne", post-modernem Denken zu verbinden. "Post-Moderne" meint – entsprechend der amerikanischen Literaturdebatte (Welsch 1983) - das Vorliegen eines Pluralismus von Sprachen, Modellen und Verfahrensweisen. Post-modernes Denken ist die Kritik und die Destruktion der Rationalität, welche die Moderne in ihrer Kultur bestimmt. Postuliert wird der Geltungsverlust jener Ideale, die das Denken und Handeln der Moderne charakterisieren. Pluralismus und der Verlust von Geltung eines Ideals der Moderne sind die Anknüpfungspunkte zur familialen Entwicklung der Gegenwart. "Die Familie" ist ein Ideal der Moderne, das seit Anfang der 70er Jahre in den hochentwickelten Industriestaaten an Bedeutung verliert. ...

Die Sozialform des "Ganzen Hauses" der feudalen Gesellschaft wird als patriarchal, hierarchisch strukturiert, beschrieben. Ihr kamen produktive und konsumptive Funktionen zu, sie bildete eine lokale Einheit von Arbeit und Leben in einer zyklisch strukturierten Zeit. Über den pater familias war eine direkte Verbindung zu den adeligen Herrschern und Gott hergestellt. Gefühle spielten eine untergeordnete Rolle, eine Heirat wurde primär über verwandtschaftliche Beziehungen geregelt, ihre Zielsetzung lag in der Sicherung der Erbfolge und Kontinuität des Geschlechts (Dominanz des „Allianzdispositiv" (Foucault 1986, 128)). Die Entwicklung der "modernen" Familie geht mit dem Prozess der Industrialisierung und dem Erstarken des Bürgertums einher. Das moderne Familienideal ist einerseits eng an spezifisch bürgerliche Existenzbedingungen gebunden, andererseits kulminieren in diesem Familienleitbild die bürgerlichen Moral- und Tugendvorstellungen, welche sich aus dem Ideengut der Aufklärung ableiten."[129]

---

[129] Familie in der Post-Moderne, www.demokratiezentrum.org Printquelle: Preglau, Max u.a (Hg.): Postmodernes Österreich?, Wien 1998, S. 239-266

Der aus all dem resultierende „permissive Erziehungsstil", eine Form der „antiautoritären Erziehung" wird mittlerweile auch durchaus kritisch gesehen; die Ergebnisse „sprechen für sich".

- *„Kinder haben weniger Selbstdisziplin und sind als Jugendliche weniger selbstständig.*
- *Kinder haben es schwerer, ein inneres Gefühl von „Glücklich-sein" zu entwickeln.*
- *Ein Kind lernt nicht mit Traurigkeit oder Enttäuschung umzugehen.*
- *Die Wünsche des Kindes geschehen zum Leid von anderen.*
- *Geringes Selbstwertgefühl.*
- *Probleme mit Regeln und Autorität in Gruppen.*
- *Wenn alle Wünsche der Kinder gewährt werden, kann dies schädliche Folgen für das Kind haben!*
- *Weniger selbstständig.*
- *Kindern fehlt eine wichtige Bezugsperson, die ihnen emotionale Sicherheit vermittelt."*[130]

Der furchteinflößende Strohmann, den man aufgebaut hat, um ihn zu bekämpfen, heißt „autoritäre Erziehung". Dem meint man einzig und allein durch das Gegenteil, eine antiautoritäre, permissive, laissez-faire und grenzenlose Erziehung entgegnen zu können. Das aber ist wiederum ein sehr bequemer Weg. Wer sieht schon gerne sein Kind weinen? Also wird man ihm möglichst wenig verbieten, rasch und zuvorkommend auf seine Wünsche eingehen, alles ermöglichen, was der Kindskopf sich vorstellt. Das geht bis dahin, dass Schulkinder nicht mehr selbstständig lernen können und im Extremfall die Eltern die Hausübungen für sie erledigen.

Es gibt zumindest drei Väter in der Bibel, die ihre Kinder in dieser Weise nichterzogen haben: Eli, Samuel und David. Sie alle werden dafür gerügt:

„Eli aber war sehr alt; und er hörte alles, was seine Söhne an ganz Israel taten, und dass sie bei den Frauen lagen, die vor dem Eingang der Stiftshütte den Dienst

---

[130] https://www.superheldenkids.de/blog/gefahren-von-erziehung-ohne-grenzen/

*verrichteten. Und er sprach zu ihnen: Warum tut ihr dies? Denn ich höre von dem
ganzen Volk euer böses Handeln! Nicht doch, meine Söhne! Denn das ist kein gutes
Gerücht, das ich höre; ihr bringt das Volk des Herrn dazu, dass es Sünde begeht!
Wenn jemand gegen einen Menschen sündigt, so wird Gott Schiedsrichter sein;
wenn aber jemand gegen den Herrn sündigt, wer wird für ihn Fürsprecher sein?
Aber sie hörten nicht auf die Stimme ihres Vaters; ...*

*An jenem Tag will ich an Eli alles in Erfüllung gehen lassen, was ich gegen sein
Haus geredet habe; ich will es anfangen und vollenden! Denn ich habe ihm gesagt,
dass ich sein Haus auf ewig richten werde wegen der Sünde, von der er wusste; weil
seine Söhne sich den Fluch zugezogen haben, und er hat ihnen nicht gewehrt."* (1.
Samuel 2,22-25 und 3,12-13).

Eli hat eh geredet! Er hat seinen Kindern zugeredet, „wie einer kranken
Kuh"! Warum war das zu wenig? Weil es nichts genützt hat. Er hätte mit
Konsequenzen gegen ihr Fehlverhalten vorgehen müssen, etwa sie aus dem
Priesterdienst entlassen.

*„Und es geschah, als Samuel alt geworden war, da setzte er seine Söhne als Richter
über Israel ein. Sein erstgeborener Sohn hieß Joel und der andere Abija; die waren
Richter in Beerscheba. Aber seine Söhne wandelten nicht in seinen Wegen, sondern
gingen auf Gewinn aus und nahmen Geschenke und beugten das Recht.*

*Da versammelten sich alle Ältesten von Israel und kamen zu Samuel nach Rama;
und sie sprachen zu ihm: Siehe, du bist alt geworden, und deine Söhne wandeln nicht
in deinen Wegen; so setze nun einen König über uns, der uns richten soll, nach der
Weise aller Heidenvölker!"* (1. Samuel 8,1-5).

*„Adonija aber, der Sohn der Haggit, erhob sich und sprach: Ich will König werden!
Und er verschaffte sich Wagen und Reiter und 50 Mann, die vor ihm herliefen. Aber
sein Vater [David] hatte ihn nie betrübt zeit seines Lebens, so dass er gesagt hätte:
Warum tust du so etwas? Auch war er sehr schön von Gestalt; und seine Mutter
hatte ihn nach Absalom geboren."* (1. Könige 1,5-6).

Es mag ja gut und schön klingen, wenn man den Kindern jeglichen Schmerz,
auch den Schmerz berechtigter Zurechtweisung erspart. Doch welchen

Charakter entwickeln sie dann? Und was bedeutet es für das, was die Väter aufgebaut haben? Wer führt ihre wichtige Aufgabe (hier ging es um den Priester Eli, den Richter und Propheten Samuel und den König David!) fort? Wenn eine gute Herrschaft und Verwaltung in die Hände selbstsüchtiger und verwöhnter Erben gelangt, was hat das für eine Konsequenz für das ganze Volk? Was bedeutet es für unsere Kultur und Gesellschaft, wenn die kommende Generation verzogen und lebensuntüchtig ist?

„Familienberatungsstellen können sich vor Anfragen kaum retten. Wer bei Amazon unter dem Stichwort „Erziehung" sucht, bekommt knapp 82.000 Buchvorschläge. Eltern sind hin- und hergerissen zwischen den zahllosen Vorstellungen, wie sie erziehen sollen, unsicher, wie sie die Balance halten zwischen Fördern und Überfordern, zwischen Betreuen und Überbehüten.

Auch Pädagogen klagen, dass es schwieriger wird, den richtigen Umgang mit den Schülern zu finden. Eine kürzlich im Auftrag der DAK vom Forsa-Institut durchgeführte Umfrage unter 500 Lehrerinnen und Lehrern kommt zu dem Ergebnis, dass die körperlichen und seelischen Probleme deutscher Grundschüler deutlich zugenommen haben. Neben motorischen Schwächen, Verzögerung der Sprachentwicklung und Übergewicht nannten die Lehrer Konzentrationsschwierigkeiten und sozial auffälliges Verhalten.

Woran liegt das? Sind die Kinder zu renitent oder die Erwachsenen zu schwach? Inzwischen mehren sich die Stimmen, die den Eltern Versagen vorwerfen. In Zeiten fordernder Karrieren, komplizierter Patchworkstrukturen und liberaler Lebensideale fehlten Kraft und Mut für eine Erziehung mit klaren Ansagen. Gerade die, die zu Hause nur Harmonie wollten, bekommen die Quittung – in Gestalt eines quengelnden, tobsüchtigen Kindes, das mit lieben Worten nicht mehr zu erreichen ist.

Die Wiener Jugendpsychologin Martina Leibovici-Mühlberger stellt in ihrem neuen Buch „Wenn die Tyrannenkinder erwachsen werden" eine düstere Prognose auf. Sie erlebe eine dramatische Zunahme von Verhaltensstörungen, Lustlosigkeit und Leistungsverweigerung. Eine Generation von Narzissten wachse da heran, jenseits von Zucht und Ordnung und weit davon entfernt, die Probleme der Zukunft lösen zu können. Auf die Jugend von heute, so ihre Prophezeiung, können wir nicht zählen."[131]

Die liberalen und postmodernen Erziehungsideale sind krachend gescheitert. Durchschnittliche Eltern ohne rosarotes Pädagogikstudium sind damit zudem inhaltlich wie menschlich total überfordert, zumal die „traditionellen" Erziehungsmethoden, die über Jahrtausende gegolten haben, geächtet und kriminalisiert worden sind. Dabei geht nicht nur um moderne pädagogische Illusionen, sondern um die Verweigerung des Setzens und Einhaltens von Grenzen. Es ist mühsam, gleichsam den Eigenwillen eines Trotzkopfes brechen zu müssen; damit brechen wir aber nicht gleich seinen Charakter! Im Gegenteil. Je länger wir uns von den kleinen Sündern (das sind sie, denn auch sie haben eine Fleischesnatur) „papierln" lassen, desto gereizter werden wir, desto mehr Zorn staut sich auf, desto überzogener fallen unsere Reaktionen aus. Dann kann es tatsächlich kriminell werden!

*„Wer seine Rute spart, der hasst seinen Sohn, wer ihn aber liebhat, der züchtigt ihn **beizeiten.**"* (Sprüche 13,24).

Bevor die Leser gleich Schnappatmung angesichts der Rute bekommen, lasst uns bedenken, dass die Erziehung noch bis in die 70er Jahre allgemein so gehandhabt wurde, also auch körperlich. Ist das Ergebnis der antiautoritären Gegenbewegung nun besser? Eben. Die „Rute" ist nicht „autoritär", sondern lediglich eines unter mehreren Mitteln, Grenzen zu setzen, und darf hier durchaus auch metaphorisch verstanden werden (wir sind in der Gattung der Sprichwörter). Die Welt ist nicht schmerzfrei, warum sollte dann die Erziehung für das Leben in dieser Welt es sein? Tut es weniger weh, wenn ein Kind angebrüllt wird? Doch auch das ist ja verpönt und verboten. Ich gestehe zu, dass Erziehung auch ohne „physische Gewalt" auskommen kann und idealerweise soll, aber eben nicht ohne „Gewalt", d.h. das legitime Ausüben elterlicher Autorität.

---

[131] https://www.welt.de/vermischtes/article155613160/Erziehung-Wie-Eltern-ihre-Kinder-zu-Tyrannen-machen-und-was-sie-dagegen-tun-koennen.html

„Autoritär" ist es, wenn Macht willkürlich, selbstsüchtig oder ungerecht ausgeübt wird. Das ist immer falsch. „Autoritativ" wird oft als Alternativbegriff vorgeschlagen, und das beruht auf legitimierter Autorität, Verantwortung und Fürsorge. Biblische Kindererziehung ist nie autoritär gedacht, aber durchaus und bestimmt autoritativ.

„Die US-amerikanische Entwicklungspsychologin Diana Baumrind (1966; 1967; 1971) differenziert ursprünglich ebenfalls drei Erziehungsstile:

1. *Autoritativ*
2. *Autoritär*
3. *Permissiv*

Diese basieren auf Beobachtungen von Kindern in frühkindlichen Bildungseinrichtungen sowie im Kontext ihrer Familie und auf Interviews mit den Eltern.

*Der **autoritative** Erziehungsstil ist gekennzeichnet durch eine Kombination aus starker Kontrolle und hohen Ansprüchen einerseits, sowie Wärme, Rationalität und positiver Bestärkung andererseits. Im Vergleich zu Lewins demokratischem Stil zeigen Eltern mit einem autoritativen Erziehungsstil nach Baumrind ein höheres Maß an Kontrolle. Eltern mit einem autoritativen Erziehungsstil versuchen, das Kind zu lenken, erklären aber auch die Hintergründe ihrer Forderungen, ermutigen zur Diskussion und Erlauben das Äußern von Einwänden. Sie setzen ihre Perspektive als Erwachsene durch, aber anerkennen das Kind in seinen individuellen Interessen und Bedürfnissen.*

*Eltern mit einem **autoritären** Erziehungsstil sind kontrollierend und distanziert und zeigen weniger Wärme gegenüber ihren Kindern als andere Eltern. Sie versuchen, das Kind entsprechend ihren Vorstellungen zu formen, sie wertschätzen Gehorsam und nutzen Strafen, um zu bewirken, dass sich das Kind im Falle von Meinungskonflikten ihrem Willen unterordnet. Die Autonomie des Kindes wird deutlich eingeschränkt.*

*Ein **permissiver** Erziehungsstil bezeichnet dagegen Eltern, die wenig Kontrolle ausüben, wenige Ansprüche stellen und ein mittleres Maß an Wärme zeigen. Permissive Eltern zeigen eine akzeptierende, nicht-strafende Haltung gegenüber dem*

Kind, seinem Verhalten, seinen Wünschen und Impulsen. Sie vermeiden es, Kontrolle auszuüben oder Gehorsam einzufordern und gewähren dem Kind möglichst viel Freiheit, seine Aktivitäten nach eigenem Willen zu gestalten."[132]

Darum nenne ich die „autoritäre" Erziehung einen Strohmann, weil in der allgemeinen Wahrnehmung zwischen „autoritär" und „autoritativ" de facto kein Unterschied gemacht wird (seitens der pädagogisch nicht ausgebildeten Eltern und der leider meist ungebildeten Politiker und Meinungsmacher). Nun aber zum christlichen Erziehungsansatz:

„Und ihr Väter, reizt eure Kinder nicht zum Zorn, sondern zieht sie auf in der Zucht und Ermahnung des Herrn." (Epheser 6,4).

„Ihr Kinder, seid gehorsam euren Eltern in allem, denn das ist dem Herrn wohlgefällig! Ihr Väter, reizt eure Kinder nicht zum Zorn, damit sie nicht unwillig [oder mutlos, innerlich gebrochen] werden!" (Kolosser 3,20-21).

Zweimal steht hier, dass die Kinder durch die väterlichen Anordnungen nicht zum Zorn gereizt werden sollen. Damit ist nicht der Zorn gemeint, der aufbrodelt, wenn man die Kinder mahnt, dass Handy jetzt endlich wegzulegen und erst einmal das Geschirr vom Esstisch abzuräumen. Vor einem solchen Zorn sollen Eltern nie zurückschrecken, hier müssen sie sich durchsetzen, um nicht bereits bei solchen Banalitäten ihre Autorität zu verlieren. Es geht um Willkür, um uneinsichtige und widersprüchliche Anordnungen, um gebrochene Versprechen oder um einen entwürdigenden Umgang. Aussagen wie: *„Aus dir wird nie etwas!"* oder *„Du bist dumm wie fünf Meter Feldweg!"* reizen zum Zorn. Ungerechtigkeit und Lügen reizen zum Zorn. Und wenn man die Kinder stets niedermacht, dann werden sie am Ende tatsächlich mutlos, haben einen geringen Selbstwert und werden sich im Leben nicht gut bewähren.

Christliche Erziehung darf also nie „autoritär" sein, sondern im guten Sinne „autoritativ", vor allem aber „christlich". Das bedeutet, dass die Jungen von Kindheit an mit Gott und Seinem Wort vertraut gemacht werden sollen, dass

---

[132] https://www.socialnet.de/lexikon/Erziehungsstil

sie nicht nur im Rahmen einer christlichen Familie aufwachsen, sondern in einer christlichen Gemeinschaft, wo sie neben Vater und Mutter noch eine Reihe anderer älterer und reiferer Vorbilder kennen lernen. Den Kindern soll auch bewusst werden, dass sie zu einem Volk gehören, das von Gott berufen ist und sich von der Welt deutlich unterscheidet. Von klein auf sollen sie den christlichen Lebensstil verstehen lernen und liebgewinnen. Christliche Erziehung ist also nicht „ergebnisoffen" oder „wertneutral" – im Gegenteil.

„Mein Sohn, wenn du meine Worte annimmst und meine Gebote bei dir bewahrst, so dass du der Weisheit dein Ohr leihst und dein Herz der Einsicht zuwendest; wenn du um Verständnis betest und um Einsicht flehst, wenn du sie suchst wie Silber und nach ihr forschst wie nach Schätzen, dann wirst du die Furcht des Herrn verstehen und die Erkenntnis Gottes erlangen.

Denn der Herr gibt Weisheit, aus seinem Mund kommen Erkenntnis und Einsicht. Er hält für die Aufrichtigen Gelingen bereit und beschirmt, die in Lauterkeit wandeln; er bewahrt die Pfade des Rechts, und er behütet den Weg seiner Getreuen. Dann wirst du Gerechtigkeit und Recht verstehen, Aufrichtigkeit und jeden guten Weg.

Wenn die Weisheit in dein Herz kommen wird und die Erkenntnis deiner Seele gefällt, dann wird Besonnenheit dich beschirmen, Einsicht wird dich behüten, um dich zu erretten von dem Weg des Bösen, von dem Menschen, der Verkehrtes spricht; von denen, welche die geraden Pfade verlassen, um auf den Wegen der Finsternis zu wandeln; die sich freuen, Böses zu tun, und frohlocken über boshafte Verkehrtheit; deren Pfade krumm sind, und die auf Abwege geraten.

Damit du auch errettet wirst von der Verführerin, von der fremden Frau, die glatte Worte gibt; die den Vertrauten ihrer Jugend verlässt und den Bund ihres Gottes vergisst; denn ihr Haus führt hinab zum Tod und ihre Bahn zu den Erschlafften; alle, die zu ihr eingehen, kehren nicht wieder zurück, sie erreichen die Pfade des Lebens nicht mehr.

Darum wandle du auf dem Weg der Guten und bewahre die Pfade der Gerechten! Denn die Redlichen werden das Land bewohnen und die Unsträflichen darin übrigbleiben; aber die Gottlosen werden aus dem Land ausgerottet und die Treulosen daraus vertrieben werden." (Sprüche 2,1-22).

Der erwartete und einzufordernde Gehorsam bezieht sich genau darauf, auf die Wege Gottes, nicht auf eigensinnige und willkürliche Vorstellungen der Eltern. Kinder sind Geschöpfe und Geschenke Gottes, und die Eltern werden sich dafür interessieren, wie Gott ihr Kind gemacht hat, wie es begabt worden ist, welche Pläne Gott für sein Leben hat und es dementsprechend dabei begleiten und unterstützen. Kinder dienen nicht der Selbstverwirklichung ihrer Eltern.

„Mein Sohn, vergiss meine Lehre nicht, und dein Herz bewahre meine Gebote! Denn sie werden dir Verlängerung der Tage und Jahre des Lebens und viel Frieden bringen. Gnade und Wahrheit werden dich nicht verlassen! Binde sie um deinen Hals, schreibe sie auf die Tafel deines Herzens, so wirst du Gunst und Wohlgefallen erlangen in den Augen Gottes und der Menschen.

Vertraue auf den Herrn von ganzem Herzen und verlass dich nicht auf deinen Verstand; erkenne Ihn auf allen deinen Wegen, so wird Er deine Pfade ebnen.

Halte dich nicht selbst für weise; fürchte den Herrn und weiche vom Bösen! Das wird deinem Leib Heilung bringen und deine Gebeine erquicken!

Ehre den Herrn mit deinem Besitz und mit den Erstlingen all deines Einkommens, so werden sich deine Scheunen mit Überfluss füllen und deine Keltern von Most überlaufen.

Mein Sohn, verwirf nicht die Züchtigung des Herrn und sei nicht unwillig über seine Zurechtweisung; denn wen der Herr liebt, den züchtigt er, wie ein Vater den Sohn, an dem er Wohlgefallen hat." (Sprüche 3,1-12).

Christliche Erziehung bindet die Kinder nicht an die Eltern sondern an den Herrn. Ihm sollen sie lernen zu vertrauen, zu lieben und zu folgen. Das verpönte Wort „Züchtigung" meint eigentlich Erziehung, aber auch eine Erziehung, die Strafe nicht vorenthält, wo sie durch Fehlverhalten gewissermaßen „erbeten" wird. Grenzüberschreitungen können auch im normalen

Leben schmerzhaft und sogar tödlich sein. Die erzieherische Strafe ist ein schwacher Hinweis darauf, und da wir Schmerzen naturgemäß vermeiden wollen, „konditioniert" uns Strafe hin zum Gehorsam, um durch den Gehorsam zu erkennen, dass die Gebote Gottes gut sind, sodass wir sie schlussendlich nicht mehr aus Furcht vor Strafe sondern aus Überzeugung befolgen.

Es liegt aber in der Natur des Fleisches, dass wir zuerst nicht gehorchen wollen. Diesem Widerspruch darf nicht nachgegeben werden.

„Ich finde also das Gesetz vor, wonach mir, der ich das Gute tun will, das Böse anhängt. Denn ich habe Lust an dem Gesetz Gottes nach dem inneren Menschen; ich sehe aber ein anderes Gesetz in meinen Gliedern, das gegen das Gesetz meiner Gesinnung streitet und mich gefangennimmt unter das Gesetz der Sünde, das in meinen Gliedern ist." (Römer 7,21-23).

Christlicher Erziehung liegt also dieses biblisch-realistische Menschenbild zugrunde und zielt darauf, aus diesem Gesetz der Sünde befreit zu werden, was schlussendlich nur in Christus möglich ist. Darum sind die Eltern auch nicht „entsetzt", wenn sie feststellen, dass ihre Kinder sündigen, und sie hassen sie deswegen auch nicht. Sie gehen aber gegen die Sünde vor (nicht gegen die Kinder) und gewöhnen ihre Lieben von klein auf an die Wege des Herrn. Gott muss also den zentralen Platz im Familienleben einnehmen, und die Kinder müssen an den Eltern sehen können, wie ein Leben in der Nachfolge Jesu praktisch aussieht.

„Höre Israel, der Herr ist unser Gott, der Herr allein! Und du sollst den Herrn, deinen Gott, lieben mit deinem ganzen Herzen und mit deiner ganzen Seele und mit deiner ganzen Kraft. Und diese Worte, die ich dir heute gebiete, sollst du auf dem Herzen tragen, und du sollst sie deinen Kindern einschärfen und davon reden, wenn du in deinem Haus sitzt oder auf dem Weg gehst, wenn du dich niederlegst und wenn du aufstehst; und du sollst sie zum Zeichen auf deine Hand binden, und sie sollen dir zum Erinnerungszeichen über den Augen sein; und du sollst sie auf die Pfosten deines Hauses und an deine Tore schreiben." (Deuteronomium 6,4-9).

Nun habe ich in den letzten Jahrzehnten erlebt, dass ein großer Teil der Jugendlichen in Freikirchen sich vom Glauben abgewandt haben und in die Welt gingen, sehr zum Schmerz ihrer Eltern. Ich sah, wie zwei Jugendgruppen in meiner ersten Gemeinde zerbrachen. Mit Befremden nahm ich zur Kenntnis, wie sich viele Gemeinden betont jugendfreundlich geben, um etwa durch weltlich anmutende Musik die Jugendlichen zu ködern, oder sie viel zu jung in verantwortungsvolle Leitungsdienste zu berufen. Das hat nicht selten die Alten in der Gemeinde abgestoßen und einen Generationenkonflikt heraufbeschworen. Die Frage, wie man in einer Gesellschaft, die so stark auf die Jugendlichen einwirkt, diese zum Glauben führen und in der Gemeinde halten kann, gräbt vielen Eltern und Gemeindeleitern tiefe Sorgenfalten ins Gesicht.

„Ausbildung. Studium. Arbeitsplatz. Heirat. Mit dieser Art von Abgängen hat jede Gemeinde zu tun. Da kann auch keiner was dafür. Vielleicht mit einer Einschränkung – für manche jungen Leute sind diese Anlässe eine willkommene Gelegenheit, um lautlos und unspektakulär zu verschwinden. Es hat sie schon lange nichts mehr in ihrer Gemeinde gehalten. Jetzt haben sie einen Grund gefunden zu gehen. …

Junge Leute suchen nicht die perfekte Gemeinde. Das Zauberwort der jungen Generation heißt Authentizität. Damit meinen sie: Echtheit, Glaubwürdigkeit, Sicherheit, Verlässlichkeit, Wahrheit und Zuverlässigkeit.

Wenn wir Wege finden und junge Leute nah an uns selbst heranlassen, wenn wir die Sonntags-Gemeinde-Distanz überwinden und private, persönliche Nähe zulassen, mit all unseren Fehlern und Schwächen (die wir alle haben), dann werden wir junge Leute erreichen und gewinnen. Dann werden wir in eine Beziehung mit ihnen finden. Distanz wird verschwinden. Ein Miteinander wird entstehen.“[133]

Der Hintergrund dieses Artikels ist eine klassische Sonntagsgemeinde. Wie können in solch einem Rahmen Jugendliche Beziehungen aufbauen und eingebunden werden? Letztlich nur im Rahmen der „Veranstaltungen". Der

---

[133] https://www.gesunde-gemeinden.de/artikel/sechs-gruende-warum-junge-leute-unsere-gemeinden-verlassen/

Autor aus offenbar konservativ-brüdergemeindlichem Hintergrund über-
zeichnet bewusst, aber nicht unzutreffend:

- *„Junge Leute wollen sich mit Musikinstrumenten miteinbringen. Die
  Gemeinde möchte keine Instrumentalbegleitung.*
- *Junge Leute wollen eine Gemeindestunde gestalten. In der Gemeinde hat
  man keinen festgelegten Plan. Wer will, kann sich ja frei beteiligen.*
- *Junge Leute wollen in der Gebetsstunde persönliche Gebetsanliegen vorstellen. In der Gemeinde möchte man aber nicht, dass einzelne Anliegen
  und Personen herausgestellt werden. Man möchte allgemein beten, damit
  auch keiner vergessen wird.*
- *Junge Leute möchten gerne einen Gottesdienst an Heiligabend anbieten.
  Das hat man in der Gemeinde aber noch nie gemacht. Eine Gemeindestunde
  am 1. oder 2. Feiertag reicht doch aus.*
- *Junge Leute haben die Idee, dass ein Gemeindeinfobrief sehr hilfreich sein
  könnte, damit alle gut informiert sind. In der Gemeinde möchte man das
  aber nicht. Dadurch entstehen nur unnötige Kosten.*
- *Junge Männer möchten gerne an der Brüderstunde teilnehmen. Darüber
  müssen einige Brüder erstmal beraten. Eine Antwort aber bleibt aus."*[134]

Hinzu kommt noch die postmoderne Forderung nach „Authentizität", die in
solch einem verkürzten Gemeindemodell einfach nicht erlebbar ist. Aufgrund der wenigen Zeit, die man gemeinsam mit Gottes Wort und der
Anbetung verbringt, hat die Welt ungleich mehr Zeit und Möglichkeiten die
jungen Leute zu prägen. Was will man mit einer Predigt pro Woche (30-45
Minuten) schon gegen 6 Tage Massenmedienbeschallung ausrichten?

Anders sieht es bei Gemeinden aus, die ein inniges Gemeinschaftsleben pflegen. Die Amischen und Hutterer etwa, die sechs bis acht oder mehr Kinder
pro Familie haben, halten um die 85% ihrer Jugendlichen bei der Gemeinde.
Mich fasziniert das seit Jahren, und ich schreibe es der identitätsstiftenden
Form ihres Gemeindelebens zu. Tatsächlich erlebt man sich dort als geist-

---

[134] Ebda.

liche „Volksgemeinschaft" inmitten einer fremden Welt, deren Unzulänglichkeiten klar erkannt und benannt werden.

Etwas kam erschwerend hinzu, was die meisten gar nicht als ein Problem erkennen: die Sonntagsschule. Diese kam erst im 18. Jahrhundert auf; davor war es selbstverständlich, dass alle Kinder an den nicht gerade kindgerechten Gottesdiensten teilnahmen und so von klein auf daran gewöhnt wurden. Wie kam es zur Sonntagsschule?

„Gründungsdatum der ersten Sonntagsschule war das Jahr 1780. Der englische Zeitungsverleger und Sozialreformer Robert Raikes (1735–1811) begann, am Sonntagmorgen in einem Elendsviertel von Gloucester verwahrloste Kinder anhand der Bibel im Schreiben und Lesen zu unterrichten. Seine eigentliche Absicht war es, die Kinder zum christlichen Glauben zu erziehen. Die Sonntagsschule breitete sich in England und kurze Zeit später in Amerika schnell aus und gehörte alsbald zum festen Programmangebot der meisten Kirchen und der Freikirchen."[135]

Warum ist das problematisch? Aus drei wesentlichen Gründen:

1. Die Kinder werden aus der Gesamtgemeinde herausgenommen und finden nachher schwer in den „Erwachsenengottesdienst" hinein. Es kommt sogar vor, dass Kinder, die sich in der Sonntagsschule nicht benehmen, „zur Strafe" in den Erwachsenengottesdienst geschickt werden, wo sie dann eine „langweilige" Predigt über sich ergehen lassen müssen.
2. Die Kinder werden in der Gemeinde primär unter Gleichaltrigen sozialisiert und erleben die Gemeinde nicht mehr als Ganzes. Die Flausen der Kindheit und Jugend verstärken sich in diesen Settings und eine Kluft zwischen den Generationen entsteht.
3. Die von ihrer Fleischesnatur aus bequemen Eltern gehen mehr und mehr davon aus, dass die Sonntagsschule für die geistliche Erziehung der Kinder verantwortlich ist. Familien, in denen mit den

---

[135] https://de.wikipedia.org/wiki/Sonntagsschule

Kindern regelmäßig die Bibel gelesen und besprochen wird, sind die Ausnahme.

Ich meine, was 1700 Jahre lang zumutbar war, muss auch heute zumutbar sein und bin daher kein Freund von Sonntagsschulen und Jugendstunden abseits der Gottesdienste der ganzen Gemeinde.

Sobald unsere Kinder halbwegs aufrecht sitzen konnten, hatten wir wöchentliche Familienbibelstunden, wo wir Bibeltexte und biblische Themen kindgerecht aufbereitet haben und die Schlüsselverse auswendig lernten. Wir taten dies teils mit Bewegungen, oft, indem wir sie sangen oder rhythmisch aufsagten. Jedes Jahr am Reformationstag (31. Oktober) gab es ein Familienbibelquiz, wo die Kinder Punkte sammeln und am Ende gegen Süßigkeiten und andere Kleinigkeiten eintauschen konnten. Sie beherrschten die Bibel besser als ihre Religionslehrer in der Schule. In der Wertigkeit kam dieses Fest bei ihnen gleich nach Weihnachten und noch vor ihrem Geburtstag. Die zwei größeren Kinder haben sich dann mit jeweils 16 Jahren taufen lassen und sind heute stabile Glieder und Stützen unserer Gemeinschaft.

Aber es gehört weit mehr zur Kindererziehung als Bibelstunden. Von meinem Vater habe ich etwas übernommen, dass auch meinen Kindern gut getan hat und eine schöne Erinnerung blieb: Jeden Samstag ging ich, um Zeit mit den Kindern zu verbringen und meiner Frau einen Ruhetag zu gönnen, mit dem Nachwuchs spazieren. Indem wir in Wien lebten, gingen wir öfter einmal in den Prater (Vergnügungspark), verschiedene Museen, in den Tiergarten und auf diverse Spielplätze und aßen irgendwo zu Mittag. Am Abend kochte ich dann für die ganze Familie. Dies machten wir ungefähr 15 Jahre lang und es „schweißte uns zusammen". Manchmal trafen wir uns mit meinem Bruder und seiner Familie, sodass sie mit ihren Cousins und Cousinen zusammenkamen.

Da unsere Kinder die öffentlichen Schulen besuchten, gab es immer wieder auch etwas „richtigzustellen"; leider waren sie (und das sagte meine Älteste unlängst) oft viel zu zurückhaltend im Erzählen. Besonders der aufgedrängte Sexualkundeunterricht belastete sie, doch das Thema war ihr zu unangenehm für Familiengespräche. Gerade weil die Schulen und die Pädagogik von einem falschen Menschenbild ausgehen, werden dort Werte vermittelt, die im Gegensatz zu unseren christlichen Überzeugungen stehen. Dessen muss man sich stets bewusst sein, und als Vater hätte ich da sicher auch proaktiver „nachbohren" müssen.

Wichtig ist, dass Vater und Mutter an einem Strang ziehen. Das war bei uns leider nicht immer der Fall. Als meine Frau einmal eine enge Jeanshose für meine Älteste kaufte, legte ich ein Veto ein: *„Das zieht meine Tochter sicher nicht an!"* Als Jahre später unsere Jüngste die Größe erreichte, tauchte diese Hose wieder auf, und sie zog sie an. Damals war schon der Wurm in unserer Ehe. Ich hatte und habe weitaus konservativere Überzeugungen als meine Frau. Nach der Scheidung blieb die Jüngste bei ihr und damit hatte ich keinen weiteren Einfluss mehr auf ihre Entwicklung. Sie ist leider typisch Generation Z geworden; ich hoffe und bete, dass sie einmal die Wahrheit erkennt, die frei macht.

Väter haben allgemein – so sie sich denn überhaupt daran beteiligten – einen anderen Zugang zur Kindererziehung. In der „vaterlosen Gesellschaft" entsteht somit ein problematischer Mangel.

„Wenn es um Kindererziehung geht, spielen Väter oft die zweite Geige. Auch, weil Frauen immer noch den Großteil der Sorge- und Familienarbeit übernehmen. Aber sind Männer wirklich weniger geeignet, Kinder zu betreuen und zu erziehen? Diese Meinung hält sich nicht nur in konservativen Kreisen hartnäckig.

Seit Mitte der 1970er gibt es Väterforschung. Eine ihrer Vertreterinnen ist die Entwicklungspsychologin und Bindungsforscherin Lieselotte Ahnert. Ihre Erkenntnisse hat sie in dem Buch "Auf die Väter kommt es an" festgehalten. Sie und ihre internationalen Kollegen verschiedener Disziplinen sehen heute den väterlichen Beitrag für die Entwicklung von Kindern mit ganz anderen Augen. ...

Väter spielen wilder, sprechen anders mit ihren Kindern und stellen mehr Fragen. Und ihr Gehirn verändert sich, je mehr Zeit sie mit ihren Kindern – vor allem allein – verbringen. Beim Toben können kleine Kinder in einer geschützten Situation mit ihren Vätern ein Wechselbad der Gefühle erleben. Lust und Vertrauen, aber auch Aufregung und Furcht folgen dicht aufeinander. Die Kinder erfahren, dass die Welt von einer Schrecksekunde nicht untergeht. Und sie lernen, wie man unangenehme Gefühle regulieren kann.

Aber nur, wenn der Vater in solchen Momenten die Feinfühligkeit hat, das Kind nicht zu überfordern, entstehen Vertrauen und Vaterbindung, sagt Entwicklungspsychologin Lieselotte Ahnert. …

Wilde, körperbetonte Spiele sind wichtige Impulse für die Entwicklung des kindlichen Emotionssystems, sagt die Väterforscherin. Kinder, die viel wild gespielt hatten, kamen später im Leben besser mit herausfordernden Situationen wie Angst und Stress klar und hatten eine bessere Selbstkontrolle, zeigen Studien. …

Schon 1975 hat die Psycholinguistin Jean Berko-Gleason von der Boston University festgestellt, dass Väter dazu tendieren, ihr Sprachniveau weniger dem von Kindern anzugleichen. Verschiedene Studien, so sagt Väterforscherin Lieselotte Ahnert, hätten seither bestätigt, dass Väter dazu neigen, Kinder ab einem gewissen Alter mit einer komplexeren Sprache zu konfrontieren, wie sie außerhalb der Familie gesprochen wird. Und das ist ein Entwicklungsanreiz. …

Und noch etwas fiel Forschenden in experimentellen Spielsituationen auf. Sie beobachteten getrennt voneinander Väter und Mütter mit ihren Kindern und stellten fest: Die Väter stellten den Kindern viel mehr W-Fragen [Wer, Wie, Was, Warum?] als Mütter. Dafür, erläutert Ahnert, müssen Kinder sich richtig anstrengen und alles aufbieten, was sie sprachlich schon gelernt haben. …

Kinder, die häufig mit väterlichen W-Fragen konfrontiert waren, entwickelten sich sprachlich merklich besser als andere. Die Fehler der Kleinen korrigierten die Väter dabei ab einer bestimmten sprachlichen Kompetenzstufe kaum noch, um die Mitteilungsfreude der Kinder zu erhalten. So die beobachtete Tendenz.“[136]

---

[136] https://www.swr.de/swrkultur/wissen/was-vaeter-anders-machen-maenner-in-der-erziehung-swr2-wissen-2023-09-28-108.html

Hinzu kommt, dass Väter in der Regel strenger sind, und das ist oft notwendig. In einem anderen Artikel heißt es dazu:

„Erziehung im Säuselton verfehlt das Ziel. Ein Vater darf ruhig auch einmal auf den Tisch hauen, findet der Schriftsteller und Kolumnist Thomas Meyer.

Eine Familie im Hotel. Das Abendessen ist serviert worden. Eines der Kinder befindet sich noch im Spielzimmer, der Onkel der Kleinen soll sie an den Tisch holen. Offenbar ist damit zu rechnen, dass ihr das nicht passen wird, denn der Onkel klagt beim Aufstehen: «Ich will aber nicht wieder der Böse sein!» Folgerichtig kehrt er ohne Nichte in den Speisesaal zurück.

Ein anderer Eindruck, vom Spielplatz: Ein Junge von etwa acht Jahren kommt daher, beleidigt meinen halb so alten Sohn, der auf der Schaukel sitzt, schneidet mir eine Grimasse. Als ich ihn zurechtweise, spaziert der Junge zu seinem Vater, spuckt vor diesem auf den Boden und verlacht seinen Protest. Kein Wunder, denn die väterliche Rüge wird zwar hörbar genervt, aber auch betont gesittet vorgetragen und appelliert an Moral und Zivilisiertheit des Bengels. Der ist entsprechend unbeeindruckt und haut als Nächstes seiner Schwester im Kinderwagen aufs Köpfchen. Jetzt wird der Vater wütend – zumindest muss das vermutet werden, denn er fleht nur unwesentlich lauter als vorhin erneut um Einsicht und Benimm.

Nicht der Böse sein wollen, sondern möglichst friedlich kommunizieren – das scheint heutzutage ein verbreiteter Erziehungsstil zu sein. Überall ist zu beobachten, wie Eltern mit sanftmütigem Singsang ihre Kinder im Zaum zu halten versuchen, während diese in anarchistischer Ausgelassenheit über all die Grenzen hinwegspazieren, die ihnen niemand je setzt. …

Ich wollte anfangs auch nicht böse sein zu meinem Sohn. Er war so klein und niedlich und unschuldig, und ich fürchtete, ich könne seiner zarten Seele irreparablen Schaden zufügen durch hartes Auftreten. Doch bald wurde mir bewusst, dass ich einige Regeln für unser Zusammenleben festlegen und diese radikal durchsetzen muss, was bedeutet, dass ich ihn ständig frustriere, weil ich zu vielem Nein sage und zu seinem fassungslosen Ärger auch dabei bleibe, und dass ich ihn in regelmäßigen Abständen scharf zurechtweise und hin und wieder auch ziemlich laut werde. Er findet das jedes Mal schrecklich, und auch mir ist es unangenehm – aber wie soll

Auch meine Kinder haben anerkennend angemerkt, dass sie mich respektiert haben, weil ich strenger war. Tatsächlich ist es alles andere als lustig oder erhebend, Grenzen zu verteidigen und angemessenes Verhalten einzufordern. Da ist es wenig hilfreich, wenn eine allzu wohlmeinende Mutter die väterliche Erziehung durch „verständnisvolle Milde" konterkariert. Vater und Mutter müssen an einem Strang ziehen, damit sie nicht gegeneinander ausgespielt werden. Es gehört aber auch gut überlegt, welche Themen unverhandelbar sind, und bei welchem man als Eltern auch flexibler verfahren kann.

Die Eltern sollen gute Vorbilder sein. Wenn die Kinder in der Früh aus ihrem Kinderzimmer kamen, sahen sie in der Regel ihre Eltern bei der Morgenandacht am Küchentisch sitzen. Kein Kind verließ je ohne Gebet das Haus, um in die Schule zu gehen – hier war meine Frau sehr vorbildlich und treu. Auch gingen sie nie ohne Abendgebet schlafen. Davor lasen meine Frau oder ich den Kindern Bücher vor. Ein Smartphone bekamen die beiden Großen erst mit 14, und mir war damals noch nicht so bewusst, wie schädlich diese für die soziale und emotionale Entwicklung sind. Unsere Jüngste hatte schon früher eines, wie sie überhaupt in der Regel das meiste früher bekam, wo wir uns bei den älteren bewusst Zeit gelassen haben. Zum Teil hatte es auch mit

---

[137] https://www.wireltern.ch/artikel/vaeterlich-streng-und-konsequent-1116

Resignation zu tun, da der Druck immer größer wurde. Alle anderen in der Klasse haben es auch! Die Klassengemeinschaft ist über WhatsApp organisiert! Sie sollen doch keine Außenseiter sein! Könnte ich das Rad der Zeit zurückdrehen, würde ich restriktiver sein. Bei den letzten Besuchen bei mir saß meine Jüngste zusammengekauert auf der Küchenbank ins Handy vertieft. Ich hatte sie verloren.

Was ich aus der Schrift gelernt habe und mir Hoffnung gibt, ist die Langmut Gottes. Als der Sohn sich vom Vater das Erbe auszahlen ließ und in die Welt hinaus zog, hielt dieser ihn nicht auf. Es wäre wohl auch zwecklos gewesen, da Druck immer Gegendruck erzeugt. Loslassen, auch wenn es bedeutet, eine unreife und voreilige Entscheidung zur Kenntnis nehmen zu müssen, ist ein Aspekt elterlicher Liebe. Loslassen in dieser Haltung bewahrt auch vor Verbitterung. Der Vater wartete. Im Gleichnis vom verlorenen Sohn kam dieser schlussendlich zurück; aber oft bleiben die Kinder ferne. Nur die Gebete der Eltern begleiten sie noch.

So sind meine Erfahrungen mit der Kindererziehung „durchwachsen", aber wir dürfen die Gnade und Barmherzigkeit Gottes nie unterschätzen. Niemand hat je seine Kinder perfekt erzogen; die Richtung muss stimmen: Wir erziehen unsere Kinder *„in der Zucht und Ermahnung des Herrn"*, auf Gott hin, im Rahmen des Reiches Gottes, welches in der Gemeinde seine vorläufige Gestalt nehmen soll. Die ganze Gemeinde ist so an der Kindererziehung beteiligt. Mark Bates schreibt dazu:

„Immer wieder habe ich mitbekommen, wie sich Eltern über ihre Kinder beschwert haben, die vom Studium heimkommen, ihre Schmutzwäsche abliefern und sich direkt mit Freunden treffen, ohne Zeit mit der Familie zu verbringen. Damals dachte ich: „Meine kleinen Mädchen werden das niemals so machen."

Als meine Tochter dann ihr erstes Semester am College abgeschlossen hatte, kam sie heim, lud ihre Schmutzwäsche ab und fuhr direkt los, um eine Freundin zu besuchen. Ich war jedoch nicht enttäuscht. Ich war dankbar. Die Freundin, die meine Tochter besuchte, war die Frau eines Ältesten. Die Tatsache, dass meine Tochter Zeit mit dieser gottesfürchtigen Frau verbringen wollte, war ein Zeugnis für die Gemeinde.

Das Elternsein ist nichts für schwache Nerven. Eltern sollten außerdem nicht versuchen, alles allein zu schaffen. Und zum Glück müssen Mitglieder der Gemeinde das auch nicht. Sie sind Teil einer Großfamilie, der Familie Gottes. Das kann einen großen Unterschied in der Erziehung der Kinder bewirken. …

Sprich nicht nur mit den Eltern, sondern auch direkt mit ihren Kindern. Frag sie nach der Schule, dem Sport, ihren Hobbys. All diese Themen, die wir unter „smalltalk" abtun, helfen uns, ihre Lebenswelt kennenzulernen und Liebe wie auch Sorge auszudrücken. Durch diese kleinen Gespräche nebenbei entstehen vertraute Beziehungen, die wichtig werden, wenn die Kinder aufwachsen und auch mal mit anderen Erwachsenen als Mama und Papa reden wollen. …

Ältere Erwachsene können einen entscheidenden Einfluss auf die Kinder der Gemeinde haben, indem sie sich mit Eltern kleiner Kinder anfreunden. Viele dieser jungen Eltern sind nicht in gläubigen Elternhäusern aufgewachsen. Somit fehlen ihnen Vorbilder, wie sie ihre Kinder in einer göttlichen Art disziplinieren und erziehen können. Andere junge Eltern leben weit entfernt von ihren Familien. Viele wünschen sich Mentoren, die sie begleiten, die nicht nur Weisheiten teilen, sondern Ermutiger und Freunde sind. Diese Eltern brauchen jemanden, der sie daran erinnert, dass Gott an ihren Kindern arbeitet, auch wenn sie als Eltern versagen.

Dies betrifft insbesondere Alleinerziehende und diejenigen, deren Partner nicht gläubig ist. Kindererziehung kann man nicht allein bewältigen. Und doch werden in unserer gefallenen Welt viele dazu gezwungen. Die Auswirkungen kaputter Familien können durch die Kirche abgemildert werden, indem sich die Gläubigen mit den Alleinerziehenden und ihren Kindern anfreunden. So kann eine alleinerziehende Mutter zum Essen eingeladen werden, man kann auf ihre Kinder aufpassen und ihr einen freien Abend ermöglichen oder die Kinder zum Fußballspiel begleiten und sie anfeuern. Kirchenmitglieder können so einen entscheidenden Einfluss auf die Kinder Alleinerziehender ausüben. …

Um ein Kind zu erziehen braucht man mehr als nur die Eltern. Man braucht eine Familie – eine große Familie. Gott sei der Dank, dass er uns die Gemeinde als Familie Gottes gegeben hat und uns mit dem Privileg, Kinder zu erziehen, segnet."[138]

In einer Gesellschaft, die sich von der biblischen Menschenwürde und verbindenden von oben her legitimierten Werten verabschiedet hat, ist es schwerer geworden. Unsere Kinder werden in der Schule häufig Außenseiter sein und da besonders den Rückhalt der Eltern und der ganzen Gemeinde brauchen. Es stärkt aber auch den Charakter, wenn man von Jugend an gegen den Strom zu schwimmen gelernt hat. Es kostet fürs erste mehr Kraft, aber es kräftigt uns. Ein altes Sprichwort soll das Kapitel abschließen:

„Gewöhne den Knaben an den Weg, den er gehen soll, so wird er nicht davon weichen, wenn er alt wird!" (Sprüche 22,6).

---

[138] https://www.evangelium21.net/media/2575/es-braucht-eine-ganze-gemeinde-um-ein-kind-zu-erziehen

Überwindung des Generationenkonflikts

Zu einem geisterfüllten Leben gehört das Prinzip gegenseitiger Unterordnung, das aber nicht missverstanden werden soll. Der Mann soll sich nicht der Frau unterordnen, noch die Eltern den Kindern. Ebensowenig die Alten den Jungen, sondern jeder dort, wo er von anderen (an)geleitet wird. Bei alldem soll gegenseitiger Respekt, Wertschätzung und Liebe regieren. Es erfordert Demut, sich unterzuordnen. Was aber bedeutet dieses alte Wort? Johannes Bremer von der Deutschen Bibelgesellschaft erklärt es ausführlich:

„Das deutsche Wort „Demut" kommt von dem althochdeutschen Wort diemuoti, das sich aus dionōn „dienen" sowie muoti „Mut" zusammensetzt und die Grundhaltung eines Dienenden bezeichnet. Anders als im griechisch-antiken Verständnis bezeichnet Demut im nicht-profanen Gebrauch innerhalb des Alten Testaments die positiv konnotierte Grundhaltung einer bewussten und absoluten Anerkennung der Angewiesenheit auf Gott oder Mitmenschen samt der Beugung unter deren Willen.

…

Weder für Demut, noch für das gedemütigt Werden lassen sich ausschließlich positive oder negative Beispiele finden. Weder das Demütigen von Mitmenschen …, noch das Demütigen von Feinden durch Gott ist positiv konnotiert) …, außer im Kontext von Verheißungen. Hingegen sind Selbstdemütigungen … und Demut vor Gott … positiv konnotiert. Dieses Verständnis von Demut ist von dem Akt des Demütigens abzugrenzen. Wo Demut selbst zum Thema gemacht wird (Spr 15,33; Spr 18,12; Spr 22,4; Sir 1,27 [Lutherbibel: Sir 1,33] u.ö.), wird sie stets positiv, sogar als Ideal verstanden. Während ein gedemütigt Werden im Sinne eines Zustands negativ ist, ist eine demütige Gesinnung positiv. …

Wie Langmut, Klugheit und Weisheit zählt Demut zu den Tugenden. …

In den Evangelien wird Demut als Lebensmaxime beschrieben: „Wer sich selbst erhöht, wird erniedrigt, und wer sich selbst erniedrigt, wird erhöht." (Mt 23,12; Lk 14,11; Lk 18,14; vgl. auch die Aussage des Magnifikat Lk 1,48). Die Demut Christi wird von Paulus unter anderem als Vorbild für die Demut der Christen dargestellt (Phil 2,5 u.ö.). Sie möge sich im Verhältnis des Menschen zu Gott (1Kor 4,7 u.ö.) wie zum Mitmenschen (Röm 9,3 u.ö.) zeigen."[139]

Demut ist ein sich Fügen in gegebene Ordnungen, die Gott in seiner Schöpfung grundgelegt hat. Demut ist die Verwirklichung unserer grundsätzlichen Bejahung von Hierarchie und ein Loslassen vom Eigenwillen zugunsten des größeren Ganzen. Demut ist befreiend, weil man die Verantwortung an jene abgibt, die sie tatsächlich tragen sollen. Das wiederum macht es für diese leichter, dieser zu entsprechen.

„Gehorcht euren Führern und fügt euch ihnen; denn sie wachen über eure Seelen als solche, die einmal Rechenschaft ablegen werden, damit sie das mit Freuden tun und nicht mit Seufzen; denn das wäre nicht gut für euch!" (Hebräer 13,17).

Das gilt ebenso für das Verhältnis von Eltern und Kindern, Arbeitgebern und Arbeitnehmern und ganz allgemein den Umgang der Generationen untereinander. Wo der Jugendkult betrieben wird, wird es aber schwierig, und Konflikte kommen auf. Am augenfälligsten ist es bei den Themen Gottesdienstgestaltung und Musik in der Gemeinde. Im Bestreben, den Jungen entgegenzukommen, hat man die „verstaubten, elendslangen und sprachlich veralteten" Kirchenlieder mit ihren so völlig unmodernen Renaissancemelodien eingemottet, um mit peppigen Songs von „Hillsong" die Jugendlichen für Gott zu begeistern. Um den Preis, dass die Alten oft mit versteinerten Mienen dasitzen, kaum mitsingen oder gar die Gemeinden verlassen. In diesen „Worship-Wars" wurde und wird viel Porzellan zerschlagen. Als eher „älterer" Bruder, der selbst Musiker ist und viele Lieder geschrieben hat, muss ich festhalten, dass alte Lieder vor allem deshalb noch in den Liederbüchern abgedruckt werden, weil sie bewährt sind. Das Neue muss sich erst bewähren! Genau darum geht es auch beim Generationenkonflikt.

---

[139] https://www.die-bibel.de/ressourcen/wibilex/altes-testament/demut-at

Die Alten im Glauben sind (in der Regel) bewährt und gereift, die Jungen oft ungestüm, unreif und ungeschliffen, dafür aber begeistert, während viele Alte eher abgeklärt wirken. Der folgende Artikel zeigt die Spannungen auf:

„Die verschiedenen Generationen in den Gemeinden schaffen immer häufiger Konfliktpotential. Leiter fragen sich immer wieder aufs Neue, wie es ihnen gelingen könnte, alte und junge Menschen zusammenzuhalten. Allen Anstrengungen der Leiter zum Trotz scheint es, dass sich unaufhaltsam ein Graben zwischen den Generationen öffnet. …

Die erste Hauptkraft, die Generationen voneinander trennt, ist, so simpel es auch tönen mag, Sünde. Sünde trennt, darum sprechen wir vom „geistlichen Graben“. … Durch den Sündenfall ist Hierarchie anstelle von Gemeinschaft getreten. Dadurch wurden Menschen voneinander getrennt. Väter von Söhnen, Eltern von Kindern, Klerus von Laie. Es wuchs ein gegenseitiges Unverständnis. Diese Trennung ist bis heute erlebbar. [Anmerkung: Hier spiegelt sich ein bereits weltlich verfremdetes Verständnis von Hierarchie, welches den Missbrauch derselben der Hierarchie an sich anlastet. In Wahrheit ist Hierarchie bereits vor dem Sündenfall festgelegt worden.] …

Der zweite Graben ist von soziologischer Natur. Wir leben zur Zeit in einem kulturellen Umbruch, der in seiner Radikalität nur alle 500 Jahre stattfindet. Neu ist dabei, dass sich dieser kulturelle Umbruch in einer rasend schnellen Geschwindigkeit vollzieht und zudem in einer radikalen Art und Weise, wie noch nie zuvor. Die Epoche der Moderne wird durch die Postmoderne abgelöst, und mit der Ablösung der Moderne, geht auch die Epoche des Christentums zu Ende, das seit 1500 Jahren die westliche Kultur prägte. Junge Leute leben zum ersten Mal in der jüngeren Geschichte in einer ganz anderen Kultur als ihre Eltern, weil die Werte, die in der Moderne galten, sich grundlegend verändert haben. Selbst wenn ein großes Verständnis von beiden Seiten da ist, wird ein immenses Spannungsfeld bleiben. Für einige Christen ist die Postmoderne der vorläufige Höhepunkt des Abfalls von Gott, für andere aber ist sie eine interessante missionarische Herausforderung. …

Was die neue Zeitepoche vor allem auszeichnet, ist, dass es keine allgemeingültigen Werte mehr gibt. Es gibt nicht mehr eine Kultur, die sie kennzeichnet, sondern es besteht eine Unterteilung in sehr viele Subkulturen. Das Leben ist vielschichtig geworden und man vertraut der Subjektivität. Der Grundsatz gilt: Ich habe die Wahrheit in mir. Was für mich gilt, muss noch lange nicht für dich gelten."[140]

Was die Sünde so schwerwiegend macht, ist die veränderte Gesinnung in uns gefallenen Menschen, unsere Selbstzentriertheit steht in direktem Widerspruch zu den göttlichen Tugenden und Zielsetzungen. Demut ist also völlig unnatürlich für uns, die wir selbst Gott sein wollen, selbst festlegen, was Wahrheit ist. Dass die Postmoderne dies auf die Spitze getrieben hat, dürfte mittlerweile mehr als hinlänglich bewusst geworden sein. Die Autoren Stefan von Rüti und Silvan Geissbühler, deren Diplomarbeit der Artikel zusammenfasst, geben zwei Beispiele:

„Beispiel 1: Wissen oder Beziehung. In der Moderne stand das gesprochene Wort im Mittelpunkt. Modernisten wollten theologische Fakten. Verkündigung geschah in der Moderne dementsprechend in einer klar definierten, systematischen Weitergabe von Lehre. Christliche Reife bedeutete, biblische Erkenntnis zu haben, darum wurde das Lehren stark betont. Der postmoderne Mensch hingegen lehnt die Wahrheit im Singular ab. Er glaubt nicht mehr an „die große Geschichte, die alles umfasst und erklärt". Es geht nicht darum zu einer festen Erkenntnis oder Überzeugung zu kommen, sondern „auf dem Weg" zu sein. Darum sucht er nach echten Beziehungen. Zudem will er Antworten auf die realen Fragen des realen täglichen Lebens haben."[141]

Das gesprochene Wort stand nicht erst in der Moderne im Mittelpunkt, sondern in der ganzen Kirchengeschichte! Die Apostel stellten das Wort ins Zentrum und ermahnten uns, es solle reichlich unter uns wohnen (Kolosser 3,16). Es geht tatsächlich um die große Geschichte des Reiches Gottes und nicht bloß darum, welche Versatzstücke daraus mir jetzt in meinem kleinen Alltag nützlich seien. Ebenso standen und stehen Beziehungen in der ganzen Bibel im Mittelpunkt. Es werden von der Postmoderne also Behauptungen gegen die biblische Ausgewogenheit von Lehre und Leben aufgestellt, die

---

[140] https://www.jesus.ch/news/gesellschaft/115499-generationenkonflikt.html
[141] Ebda.

schlichtweg unwahr sind, um sich dadurch dem Anspruch biblisch-objektiver Wahrheit zu entziehen. Diese Ausgewogenheit bestand bis in die „Moderne", ist aber per se kein Wesensmerkmal der Moderne. Vielmehr blieben in der Moderne noch einige Reste der biblischen Paradigmen (Wahrheitsbegriff) erhalten. Ich bin mir nicht sicher, ob die Autoren diese Unterscheidung getroffen haben.

„Beispiel 2: unterschiedliche Hirnstruktur. Das Telefon klingelt. Im Hirn kommt der Reiz an. Sofort geht die Frau aus der Moderne zum Telefon, setzt sich hin und telefoniert, ohne dabei etwas anderes zu machen. Sie widmet sich in ihrer Wahrnehmung dem Telefongespräch. Anders verhält es sich mit den Gehirnen der jungen Menschen. Vernimmt das junge Gehirn des Klingeln des Telefons, ist dies noch lange kein Grund, alles liegen zu lassen, nur um zu telefonieren. Vielmehr klemmt sich die junge Person das Telefon zwischen Schulter und Ohr, hört weiterhin Musik, spricht mit der Person am Telefon, schaut gleichzeitig Fernseher und töggelt zusätzlich noch wie wild auf dem Computer herum." [142]

Das ist tatsächlich eine tragische Entwicklung, die auch mit der dramatischen Abnahme unserer Aufmerksamkeitsspanne zu tun hat. Einer Predigt aufmerksam zuzuhören, ohne daneben auf dem Handy „herumzufingerln" ist jungen Menschen oft kaum möglich. Darum bin ich auch kein Freund davon, wenn man mit einer Bibel-App am Handy der Predigt folgt, denn eine analoge gedruckte Bibel lenkt nicht durch ständige Push-Nachrichten ab, auch sind auf dieser keine weiteren Apps installiert, auf die man ausweichen könnte, wenn der Prediger einmal etwas langatmig wird.

Bieten die Autoren Lösungen für dieses Problem? Ja, aber untaugliche und fatale: Die Aufsplitterung der Gemeinde nach Alters- und Neigungsgruppen. Das ist der Abschied von der „Mehrgenerationengemeinde":

„Um Menschen dieser neuen Kultur für Christus zu gewinnen, sind neue Formen von Gemeinden, oder im Bild gesprochen, neue Schläuche nötig. Während unserem Research ist uns jedoch aufgefallen, dass man vielerorts um jeden Preis Alt und Jung

---

[142] Ebda.

in denselben Strukturen zusammen halten will. ... In der Postmoderne sehen wir eine Aufsplittung der Gesellschaft in viele Kulturen und Subkulturen, Gruppen und Splittergruppen. Jede dieser Gruppierungen (zum Beispiel Punks, Hip-Hoper, Esoteriker und Taxifahrer) hat eine eigene Kultur mit eigenen Gewohnheiten. Jesus gab den Jüngern den Auftrag, alle diese ethnischen Gruppierungen mit dem Evangelium zu erreichen und zu Jüngern zu machen. Das Unterfangen, diese Gesellschaftsgruppen mit ihren unterschiedlichen Gewohnheiten in eine Gemeinde zu integrieren, würde unweigerlich zu einem „Schlauchbruch" führen. Die postmoderne Aufsplitterung der Gesellschaft in die verschiedensten „Ethnos", macht es nötig, dass neue Schläuche, bzw. neue Formen von Gemeinden geschaffen werden, die diesen Menschen entsprechen. ... Spätestens hier wird deutlich, dass Einheit nicht bedeuten kann, dass alle ethnischen Gruppen ins selbe Gefäß gehören. Gerade die Unterschiede zwischen alten und jungen Menschen sind so radikal und grundlegend, dass es einer Illusion gleichkommt, wenn man eine Einheitsstruktur schaffen will. Um verschiedene Geräte an die Stromquelle anzuschließen, braucht es die unterschiedlichsten Adapter. Es gibt keinen „Universaladapter". Ähnlich verhält es sich im Reich Gottes. Die Kraftquelle, die immer die Gleiche ist, bedarf der unterschiedlichsten Formen, um sie allen Kulturen und Ethnien zugänglich zu machen.

Angesichts dieser Tatsachen vermuten wir, dass es gar nie Gottes Absicht war, die soziologischen Verschiedenheiten der Menschen miteinander zu verschmelzen."[143]

An diesem Artikel wird deutlich, was passiert, wenn Christen und christliche Gemeinden vor der Postmoderne kapitulieren. Petrus (1. Petrus 5,5) lehrt hingegen, dass Alt und Jung in der Gemeinde zusammenleben sollen und wie sie richtig miteinander umgehen. Ebenso sind alle Unterschiede zwischen den als „Ethnien" missgedeuteten Kulturen und Lebensweisen zu überwinden, wenn wir uns in die Nachfolge Christi begeben und die Kultur und Lebensweise des Reiches Gottes erlernen. Alles Trennende wird in Christus vereint:

---

[143] Ebda.

„Ihr [habt] ja den alten Menschen ausgezogen mit seinen Handlungen und den neuen angezogen, der erneuert wird zur Erkenntnis, nach dem Ebenbild dessen, der ihn geschaffen hat; wo nicht Grieche noch Jude ist, weder Beschneidung noch Unbeschnittenheit, noch Barbar, Skythe, Knecht, Freier – sondern alles und in allen Christus.“ (Kolosser 3,9-11).

Einen anderen Ansatz verfolgt Samuel Stolz in einem Video. Er spricht den zentralen Punkt an:

„Wie können wir es schaffen, innerhalb einer Gemeinde Jugendliche und Ältere und die ganzen Generationen miteinander zu verbinden? … Ich glaube, bei allem, was wir tun, brauchen wir als erstes eine Herzensveränderung. Unser Herz muss glauben, dass es gut ist, zwischen Jung und Alt Gemeinschaft zu haben. Unsere Jugendlichen müssen glauben, es ist gut für mich, es ist segensreich für mich, mit älteren zusammen zu sein und das Evangelium auszuleben. Das heißt, wir brauchen eine Kulturveränderung. Wie geschieht Kulturveränderung? Sie geschieht dadurch, dass wir dafür beten, dass Gott unsere Herzen verändert, dass wir predigen und unseren Jugendlichen weitergeben, wie gut es ist, „evangeliumsoffenbarende“ Gemeinschaft zu haben, und wir müssen Geduld haben, denn wir wissen, unser Herz wird nicht von heute auf morgen verändert, sondern Gott hat viel mehr Zeit als wir. Lasst uns Ihm vertrauen, dass Er unsere Jugendarbeit dahin führt, Mehrgenerationengemeinde zu leben.“[144]

Demut hat mit Herzensveränderung zu tun. Während postmoderne christliche Ansätze den Jugendlichen diesen „Schmerz“ ersparen wollen und darum „Jugendgemeinden“ gründen, in denen alles so ist, wie sie es sich wünschen ohne die nervige Kritik der Alten, sollen wir um Einheit ringen, und dazu gehört Demut; eben auch das Anerkennen, dass die Alten den Jungen etwas voraus haben, das ihnen eine wesentliche Hilfe auf dem Weg Christi ist, das ihnen viele eigene Fehler und Schmerzen ersparen kann.

Unser Herr Jesus lädt mit folgenden Worten in die Nachfolge ein:

---

[144] https://www.evangelium21.net/media/3675/gemeinde-ohne-generationenkonflikte

„Kommt her zu mir alle, die ihr mühselig und beladen seid, so will ich euch erquicken! Nehmt auf euch mein Joch und lernt von mir, denn ich bin sanftmütig und von Herzen demütig; so werdet ihr Ruhe finden für eure Seelen! Denn mein Joch ist sanft und meine Last ist leicht." (Matthäus 11,28-30).

Die Worte gelten heute wie damals, und sie gelten ausnahmslos jedem Menschen, ob alt oder jung. Wenn wir zum Herrn kommen, sind auch andere bei Ihm, Menschen, mit denen wir von uns aus vielleicht nie in Kontakt kommen hätten wollen. Bei Ihm kommen – alleine aufgrund dieser Einladung! – alle zusammen, sie seien Österreicher oder Perser, Alte oder Junge, Gebildete oder Bildungsferne, Männer oder Frauen, Reiche oder Arme … sie alle kommen bei Ihm und in Ihm zusammen und bilden einen Leib, eine Gemeinschaft, die nun lernen muss, sich als Einheit zu verstehen und gemeinsam zu leben und zu wirken. Die Vereinzelungen der Welt in ihre Subkulturen kann und darf nicht das Leitbild einer christlichen Gemeinschaft sein; die Utopien der Postmoderne sind eine satanische Verblendung, die im Reich Gottes keinen Platz haben darf.

Darum ist die Herzensveränderung so notwendig, die neue Geburt, die auch unsere Gesinnung, unser Denken und unser Empfinden erneuert. Das aber macht biblische Gemeinde so unwiderstehlich schön! Gerade im Miteinander der Generationen:

„Ich schreibe euch, ihr Kinder, weil euch die Sünden vergeben sind um seines Namens willen. Ich schreibe euch, ihr Väter, weil ihr den erkannt habt, der von Anfang an ist. Ich schreibe euch, ihr jungen Männer, weil ihr den Bösen überwunden habt. Ich schreibe euch, ihr Kinder, weil ihr den Vater erkannt habt. Ich habe euch geschrieben, ihr Väter, weil ihr den erkannt habt, der von Anfang an ist. Ich habe euch geschrieben, ihr jungen Männer, weil ihr stark seid und das Wort Gottes in euch bleibt und ihr den Bösen überwunden habt." (1. Johannes 2,12-14).

Wir brauchen die Kinder im Glauben, deren Freude über die Vergebung der Sünden so frisch und fröhlich ist! Wir brauchen die Väter, deren Erkenntnis Gottes deutlich an Tiefgang gewonnen hat! Wir brauchen die tatkräftigen Jungen, die den Kampf mit dem Bösen heldenhaft aufnehmen. Die Alten sind oft schon schwach und können nicht mehr so, wie sie wollen. Die Kinder wissen noch nicht, wie das Leben läuft. Die Jungen sind dynamisch und bringen viel weiter in der Gemeinde, aber sie bedürfen der Weisheit und der Glaubenstiefe der Alten, die auch einmal jung waren und Bäume ausgerissen haben. Johannes beschreibt also das gesunde Zusammenwirken der Generationen, die wechselseitige Abhängigkeit voneinander in gegenseitiger Wertschätzung.

Immer wenn Gemeinden neu entstehen, gibt es Mangel an Erfahrung. Wie erzieht man die Kinder im Herrn? Wie löst man Ehekonflikte? Was mache ich mit meinen Schulden? Welcher Arbeitsplatz ist für Christen anzustreben? Wie gehe ich mit meiner Freizeit um? Wie überwinde ich innere Verletzungen? All das sind Fragen, die nicht bloß mit ein paar Bibelversen beantwortet werden können, sondern mitfühlende Ohren und weise Lippen erfahrener älterer Geschwister brauchen. Diese fallen nicht vom Himmel, sie müssen erst heranreifen. Darum schlingern die meisten Gemeinden in ihren ersten Jahren oft erheblich, vieles ist unausgewogen, in ungesunder Weise radikal und noch sehr fleischlich. Die Altklugen führen das Wort, weil es noch gar keine Alten gibt. Das geht normalerweise vorbei, und auch ich war Mitte 20, Anfang 30 für viele wohl eher ungenießbar.

Im Titusbrief gibt Paulus knappe Anweisungen für Jung und Alt in der Gemeinde:

„Du aber rede, was der gesunden Lehre entspricht: dass die alten Männer nüchtern sein sollen, ehrbar, besonnen, gesund im Glauben, in der Liebe, in der Geduld; dass sich die alten Frauen gleicherweise so verhalten sollen, wie es Heiligen geziemt, dass sie nicht verleumderisch sein sollen, nicht vielem Weingenuss ergeben, sondern solche, die das Gute lehren, damit sie die jungen Frauen dazu anleiten, ihre Männer und ihre Kinder zu lieben, besonnen zu sein, keusch, häuslich, gütig, und sich ihren Männern unterzuordnen, damit das Wort Gottes nicht verlästert wird.

Gleicherweise ermahne die jungen Männer, dass sie besonnen sein sollen. In allem mache dich selbst zu einem Vorbild guter Werke. In der Lehre erweise Unverfälschtheit, würdigen Ernst, Unverderbtheit, gesunde, untadelige Rede, damit der

Gegner beschämt wird, weil er nichts Schlechtes über euch sagen kann." (Titus 2,1-8).

Eheprobleme gab es immer schon, und jede junge Familie ist anfangs sehr unsicher, wie sie miteinander umgehen und ihr Leben gestalten sollen. Gleichfalls sind die weltlichen Ansichten dazu meist nicht im Einklang mit Gottes Willen, sodass viel umgelernt werden muss. Hier sollen die alten Frauen den Jungen mit Rat und Tat zur Seite stehen; ebenso – auch wenn es nicht ausdrücklich dasteht – die alten Männer den jungen. Der gute Ruf der ganzen Gemeinde hängt davon ab!

Viele verkorkste Ehen würden gar nicht geschlossen werden, holte man sich den Rat der Alten rechtzeitig ein, und viele geschiedene Ehen würden noch bestehen, hätte man sich erfahrenen älteren Ehepaaren anvertraut. Lebenserfahrung im Glauben ist wohl der größte Schatz über den eine Gemeinde verfügen kann.

Besonnenheit liegt Paulus in besonderer Weise am Herzen; alle sollen diese anstreben. Bei den Alten sollte es vorauszusetzen sein (was nicht immer zutrifft), bei den Jungen ist es in der Regel nicht vorauszusetzen, besonders bei jungen Männern nicht:

„Achtmal wird im Neuen Testament zur Besonnenheit aufgefordert, fünfmal davon im Titusbrief. Und dort fällt auf, dass die Ermahnung zur Besonnenheit das Einzige ist, wozu Titus die jungen Männer ermahnen sollte. Offenbar hat diese Gruppe es besonders nötig.

Zwei Verse haben mir geholfen zu verstehen, was mit Besonnenheit (oder gesundem Sinn) gemeint ist. In Sprüche 8,12 haben wir bei „Besonnenheit" eine Anmerkung: „wohl durchdachte Entschlüsse". Die Aufforderung, besonnen zu sein, ist also eine Warnung gegen vorschnelles und unüberlegtes Urteilen und Handeln. Gerade jüngere Männer neigen dazu. Sie sehen einen Missstand und wollen ihn sofort beheben. Besonnenheit würde ihnen helfen, zuerst die Auswirkungen ihrer Entschei-dungen und das Ende ihres Handelns zu überdenken."[145]

Manchmal sind die Alten aber auch desillusioniert und brauchen den Ansporn der Jungen. Einer der frustrierendsten Entgegnungen auf konstruktive Vorschläge sind die sogenannten „Sieben letzte Worte einer sterbenden Gemeinde":

„*1 Das 2 haben 3 wir 4 noch 5 nie 6 so 7 gemacht.*"

Das habe ich vor Jahren einmal irgendwo aufgeschnappt und mir eingeprägt. Fehlschläge, Versagen und Enttäuschungen können bei den Alten durchaus zu einer resignativen Haltung geführt haben, die sie nur mehr sehnsüchtig auf die Wiederkunft des Herrn warten lässt, aber sie zeigen nur mehr wenig Eifer für das Reich Gottes. Das kann für junge begeisterte Christen lähmend wirken. Das kommt vor, gar nicht so selten, und daran muss man als Gemeinde arbeiten. Es ist auch so, dass nicht jede „Methode", die vor 50 Jahren funktioniert hat, in der Gegenwart noch zieht.

Manche Gemeinden bestehen seit Jahrhunderten, und da haben sich Traditionen entwickelt, die den Jungen nicht mehr einsichtig sind. Junge Hutterer stellen daher manches in Frage, und meine Tochter ist in einer WhatsApp Gruppe mit einigen von ihnen. Darum bekomme ich auch das eine oder andere mit. Diese Traditionen waren einmal gute Anwendungen biblischer Prinzipien – nur, dass für viele es jetzt einfach Tradition ohne Bewusstsein der Hintergründe ist. Das befriedigt natürlich nicht. Es gibt drei Möglichkeiten, damit umzugehen:

1. Man kann die Traditionen ersatzlos streichen, denn vordergründig verliert man ja nichts dadurch, wenn der Inhalt ohnedies schon verloren gegangen ist.
2. Man setzt sich mit den Inhalten auseinander und versucht, neue Ausdrucksformen dafür zu finden – allerdings müsste man dann alle davon überzeugen.

---

[145] https://www.bibelstudium.de/articles/4639/besonnenheit.html

3. Man setzt sich mit den Inhalten auseinander und bleibt bei den Traditionen, die man jetzt endlich verstanden hat.

Ich denke der dritte Weg ist der Beste. Er bringt die wenigsten Konflikte und die beste Frucht. Er ehrt die Väter, die sich damals etwas überlegt haben und erhält die Gruppenidentität, welche Traditionen zweifellos bewirken. Das fördert wiederum den Zusammenhalt.

Anders verhält es sich mit Evangelisationsmethoden. Wir hatten im März 2023 Ulrich Parzany für eine Vortragsreihe in Krems. Während sich in den 1950er bis 1980er Jahren noch relativ viele Menschen in solche Veranstaltungen einladen ließen und einen Anfang mit Christus machten, sind die Ergebnisse heute ernüchternd. Man darf die Effektivität verschiedener Methoden durchaus „nachkalkulieren" und Besseres entwickeln; nur Nichtstun ist zu wenig. Eine gesunde Wechselwirkung zwischen Jung und Alt wird nie die einen gegen die anderen ausspielen, es geht um einen gemeinsamen Eifer für das Reich Gottes.

Was nicht verhandelbar ist, ist der Respekt gegenüber den Älteren:

„Vor einem grauen Haupt sollst du aufstehen und die Person eines Alten ehren; und du sollst dich fürchten vor deinem Gott! Ich bin der Herr." (Levitikus 19,32).

Noch vor dreißig Jahren war es in konservativeren Gemeinden üblich, ältere Geschwister mit „Bruder + Nachname" bzw. „Schwester + Nachname" anzusprechen. Auch wenn man sonst per Du war, kam so doch der Respekt vor dem Alter in angemessener Weise zum Ausdruck. Bei den Hutterern ist das heute noch so: ältere Brüder werden mit „Vorname + Vetter" angesprochen, die Schwestern mit „Vorname + Basel"; auch, wenn man über sie spricht. Hinter der Respektsbezeugung steht eine positive „Unterstellung":

„Graue Haare sind eine Krone der Ehre; sie wird erlangt auf dem Weg der Gerechtigkeit." (Sprüche 16,31).

Das bedeutet nicht, dass sie fehlerfrei und über jede Kritik erhaben sind, aber auch in der Zurechtweisung älterer soll man deren Würde respektieren:

„Einen älteren Mann fahre nicht hart an, sondern ermahne ihn wie einen Vater, jüngere wie Brüder, ältere Frauen wie Mütter, jüngere wie Schwestern, in aller Keuschheit." (1. Timotheus 5,1-2).

Gemeinde ist Familie, und so soll auch der Umgang untereinander sein. Eine besondere Rolle in der Gemeinde sollen die Witwen einnehmen. Das ist leider weitestgehend verloren gegangen, war aber in der frühen Kirche ein ganz wesentlicher Beitrag der Älteren.

„Ehre die Witwen, die wirklich Witwen sind. Wenn aber eine Witwe Kinder oder Enkel hat, so sollen diese zuerst lernen, am eigenen Haus gottesfürchtig zu handeln und den Eltern Empfangenes zu vergelten; denn das ist gut und wohlgefällig vor Gott. Eine wirkliche und vereinsamte Witwe aber hat ihre Hoffnung auf Gott gesetzt und bleibt beständig im Flehen und Gebet Tag und Nacht; eine genusssüchtige jedoch ist lebendig tot. Sprich das offen aus, damit sie untadelig sind!

Wenn aber jemand für die Seinen, besonders für seine Hausgenossen, nicht sorgt, so hat er den Glauben verleugnet und ist schlimmer als ein Ungläubiger. Eine Witwe soll nur in die Liste eingetragen werden, wenn sie nicht weniger als 60 Jahre alt ist, die Frau eines Mannes war und ein Zeugnis guter Werke hat; wenn sie Kinder aufgezogen, Gastfreundschaft geübt, die Füße der Heiligen gewaschen, Bedrängten geholfen hat, wenn sie sich jedem guten Werk gewidmet hat." (1. Timotheus 5,3-10).

Die Versorgung der vereinsamten Witwen ist mit einer Gegenleistung verbunden: dem Dienst der beständigen Fürbitte. Gerne erinnere ich mich an Schwester Marton, die so eine Witwe war. Sie fehlte bei keiner Gebetsstunde und hatte stets ein Bibelwort auf den Lippen. Sie setzte sich einst zum Ziel, alle fettgedruckten Verse der Lutherbibel auswendig zu lernen. Sie hatte strahlend leuchtende Augen und war sehr freimütig. Wenn sie in der Straßenbahn fuhr, fragte sie manchmal wildfremde Menschen, die ihr gegenüber saßen: *„Darf ich ihnen etwas sagen?"* Sie grinste, wenn sie das erzählte: *„Da können sie nämlich nicht nein sagen! Und dann sage ich ihnen ein Wort Gottes."* Ihr Mann war ein Schläger und Alkoholiker, darum schloss sie sich dem Blauen Kreuz, einer christlichen Alkoholikerselbsthilfegruppe, an.

Wenn sie schon ihrem Mann nicht helfen konnte, frei zu werden, wollte sie wenigstens anderen Gebundenen helfen. Sie war nie bitter wegen ihrer Ehe. Kurz vor seinem Tod bekehrte er sich dann doch. Sie nahm das Wort des Paulus an den Kerkermeister als persönliche Verheißung:

„Glaube an den Herrn Jesus Christus, so wirst du gerettet werden, du und dein Haus!" (Apostelgeschichte 16,31).

So las sie auch mit den Enkelkindern regelmäßig in der Bibel. Schließlich durfte sie erleben, wie der Reihe nach ihre Kinder und Enkelkinder gläubig wurden. Sie war mir immer ein Vorbild im Glauben, in der Liebe, in der Hoffnung und im geduldigen Ausharren.

Die Stellung der Witwen in der frühen Kirche war eine Ehrenstellung. Sie waren, wenn auch nicht Teil der Gemeindeleitung, doch eng mit ihnen verbunden. Cyprian von Karthago (200-258) hält fest:

„Allen bewährten Witwen gebührt Ehre."[146]

In den Apostolischen Konstitutionen (um 400) heißt es:

„Eine Witwe wird nicht geweiht, sondern wenn sie vor langer Zeit den Mann verloren, keusch und tadellos gelebt und für die Hausgenossen auf das Beste gesorgt hat, wie die hochheiligen Frauen Judith und Anna, soll sie in den Witwenstand aufgenommen werden."[147]

Es war also ein eigener Stand innerhalb der Gemeinde, der großes Ansehen genoss, auch wenn er kein offizielles Leitungsamt war. Obwohl Paulus es als problematisch sah, jüngere Frauen in diesen Stand aufzunehmen, wurden Frauen, die sich zur Jungfräulichkeit entschlossen, diesem Stand zugerechnet, wie Ignatius aus Antiochia (35-110) uns wissen lässt:

---

[146] An Quirinus: Drei Bücher Schriftbeweise III, Vorrede
[147] Apostolische Konstitutionen VIII,XXV

„Ich grüße die Familien meiner Brüder mit ihren Frauen und Kindern und den Jungfrauen, die man „Witwen" nennt."[148]

Tertullian (160-220) legt einen vielleicht zu großen Nachdruck darauf, Witwen von einer erneuten Heirat abzuraten und den Witwenstand anzustreben:

„Darum wollen wir die Gelegenheit zur Enthaltsamkeit, sobald sie sich darbietet, nach Kräften lieben und uns damit befreunden, so dass wir, was wir in der Ehe nicht vermocht haben, in der Witwenschaft erreichen. Man muss die Gelegenheit ergreifen, welche uns dessen entledigt, was die Notwendigkeit uns auferlegt hatte."[149]

Er sieht es als eine Gelegenheit zu dem, was wir heute oft „vollzeitlichen Dienst" nennen. Diese Aufwertung der Witwen finde ich bemerkenswert, denn sie unterstreicht den wesentlichen Dienst der Fürbitte, der im Verborgenen geschieht und doch die Kraftquelle der Gemeinde sein soll. Zenon von Verona (300-371) ruft den Witwen zu:

„Freuet euch, ihr Witwen: durch die Vollkommenheit eurer Tugend seid ihr in geistigem Eheband mit dem Eckstein verknüpft!"[150]

Sie stellen uns also auch die Vorzüge des ledigen Standes in seiner völligen Hingabe an den Herrn vor Augen. Witwe zu sein, ist an sich noch keine Leistung, sondern ein Ansporn. Es gibt auch schlechte Beispiele, wie uns etwa Johannes Chrysostomos (344-407) schildert:

„Um nun zunächst damit zu beginnen, was gewöhnlich als das Leichteste gilt, so scheint es, dass die Aufsicht über die Witwen denen, die sich um sie zu kümmern haben, außer den Geldaufwendungen keine Sorgen bereitet. Dem ist jedoch nicht so; vielmehr bedarf es schon einer genauen Untersuchung, wenn die Witwen eingetragen werden sollen. Sie aufs Geratewohl und wie es sich eben traf, in das Verzeichnis einzuschreiben, hat bereits unzählige Übel mit sich gebracht. Haben

---

[148] Ignatius, Brief an die Smyrnäer 13,1
[149] Die zwei Bücher an seine Frau, I, Kp. 7
[150] Predigten und Ansprachen, Buch 1, Traktat XIV. Der Aufbau des geistigen Tempels Gottes, Kp 5

doch Witwen schon Familien zugrunde gerichtet, Ehen zerrissen und sind oft bei Diebstählen, in Kneipen und bei der Verübung anderen derartigen Unfugs ertappt worden. Solche Geschöpfe aus dem Kirchenvermögen zu unterhalten, das zieht Gottes Strafe und die höchste Missbilligung der Menschen nach sich und macht die, welche bereit sind, wohlzutun, bedenklich. Wer möchte denn wohl die Verantwortung übernehmen, das Geld, das ihm anvertraut worden, um es Christus zu schenken, für Leute aufzuwenden, die den Namen Christi beschimpfen? Deshalb muss eine genaue und sorgfältige Untersuchung angestellt werden, damit weder die so gearteten Witwen noch andere, die sich aus eigenen Mitteln erhalten können, den Tisch der Armen schädigen. Diesen Nachforschungen schließt sich eine weitere, nicht geringe Sorge an, dass nämlich den Witwen die Mittel zu ihrem Unterhalte reichlich wie aus Quellen zufließen und niemals versiegen. Denn die unfreiwillige Armut ist schlechterdings ein beständiges Übel, voll von Unzufriedenheit und Undankbarkeit. Es bedarf eines hohen Maßes von Klugheit und Eifer, solchen Witwen den Mund zu verstopfen, indem man jeden Anlass zur Klage beseitigt.“[151]

Alter alleine ist noch keine Tugend, aber stellen wir uns das Ziel, das Ideal vor Augen, wenn man alt geworden, von der Berufsarbeit entbunden und von den ehelichen Verpflichtungen „erlöst“ ist, aber dem Herrn noch im Dienst der Fürbitte und als Ratgeber der Jungen dienen kann. Welch ein Segen mag da für die Gemeinde erwachsen, die dem Jugendkult der Welt abgeschworen und das Reich Gottes verstanden hat!

Das Alter bietet den Jungen aber auch viele Möglichkeiten zu dienen. Sie können beim Einkaufen helfen, die Einsamen besuchen, beim Hausputz zur Hand gehen, sie abholen und heimbringen, zum Essen einladen oder für sie kochen. Es ist ein grenzenloses Feld der Liebe, das sich hier eröffnet!

Und wenn es ans Ende geht, wenn sich Krankheiten einstellen, wenn man sie im Herrn verabschiedet und zur Ruhe bettet, steht den Jungen auch ihr eigenes Ende vor Augen, und Verse wie der folgende aus dem Buch Prediger werden lebendig:

---

[151] Über das Priestertum III,XVI

„Und gedenke an deinen Schöpfer in den Tagen deiner Jugend, ehe die bösen Tage kommen und die Jahre herannahen, von denen du sagen wirst: »Sie gefallen mir nicht«; ... Lasst uns die Summe aller Lehre hören: Fürchte Gott und halte seine Gebote; denn das macht den ganzen Menschen aus. Denn Gott wird jedes Werk vor ein Gericht bringen, samt allem Verborgenen, es sei gut oder böse." (Prediger 12,1.13-14).

Arbeitgeber und Arbeitnehmer

*„Ihr Knechte, gehorcht euren leiblichen Herren in allen Dingen;
nicht mit Augendienerei, um den Menschen zu gefallen, sondern in
Einfalt des Herzens, als solche, die Gott fürchten. Und alles, was ihr
tut, das tut von Herzen, als für den Herrn und nicht für Menschen."*
(Kolosser 3,22-23).

Zu meinen liebsten Kindheitserinnerungen gehört, wenn meine Mutter
sagte: *„Komm zieh dich an, wir gehen den Papa abholen!"* Dann sind wir zur
Schnellbahnstation am Praterstern gefahren, wo er täglich zur selben Zeit
ankam. Wir standen am unteren Ende der Treppe zum Bahnsteig, und dann
kam er diese in seiner typischen Weise „heruntergeskippt", was sich so
ähnlich wie ein langsam gallopierendes Pferd anhörte. Er trug immer seinen
Hut, einen Anzug mit Krawatte und einen Mantel dazu. Er war einer der
ersten Programmierer bei Siemens Data in den 1970ern. In der Früh, bevor
er zur Arbeit ging, saß er mit meiner Mutter beim Frühstück: Kaffee und
zwei Stück Butterbrot mit Salz, jeden Tag dasselbe, jeden Tag derselbe
Ablauf. Punkt halb sieben erhielt er seinen Kuss und ging zur Arbeit,
während wir Kinder langsam aus unseren Betten krochen. Er war mehr als
vierzig Jahre bei derselben Firma und ging mit einer schönen Abfertigung in
Pension sowie ein paar anderen „Geschenken". Seine Abteilung schrumpfte
in dieser Zeit um mehr als die Hälfte, während die Aufträge zunahmen; das
ging an die Gesundheit. Zuerst Magengeschwüre, gegen Ende dann Prosta-
takrebs, der gut behandelt wurde. Kurz nach Pensionsantritt waren die
Geschwüre weg, dafür kam gut zwanzig Jahre später der Krebs zurück, und
so verließ er uns für immer.

Arbeit habe ich daher als etwas völlig Normales erlebt. Ein paar Mal nahm
er mich auch mit, als ich noch sehr klein war. Doch die Arbeitswelt hat sich
seither sehr verändert, auch die Einstellung zur Arbeit. Als ich zu arbeiten
begann, war alles noch weitestgehend analog. Ich fand in einer Druckerei
eine Anstellung, nachdem ich die „Graphische" absolviert hatte. Mein

Arbeitsplatz war in der Druckvorstufe, wo ich die meiste Zeit mit der Reprokamera in der Dunkelkammer arbeitete. Alles ging noch sehr langsam, man hatte Zeit für einen Auftrag … heute, mit all den Computern und der Kommunikation in Echtzeit geht alles unglaublich schnell. Die Produkte wurden billiger, die Pro-Kopf-Produktivität vervielfachte sich. Irgendwann geriet auch ich ins Burnout, von dem ich mich nur langsam erholte. Kurz davor überlegte ich mit Gleichgesinnten mit Unterstützung der Hutterergemeinde in Elmendorf/Minnesota in Österreich eine Gemeinschaft täuferischen Stils mitzubegründen. Das entsetzte Veto meiner Frau und das kurz darauf folgende Burnout setzten diesen Plänen (Träumen) meinerseits jedoch ein jähes Ende. Das war 2006. Es wäre ein gutes Ausstiegsszenario aus dem Hamsterrad gewesen …

Das biblische Haus ist nämlich nicht nur erweiterte Familie und Wohngemeinschaft, sondern auch eine „Firma". So haben auch die Hutterergemeinden seit jeher gemeinsam gearbeitet: Landwirtschaft, Handwerk und heute sogar richtige Firmen und Produktionsstätten, in denen für alle Gemeindeglieder – etwa 100 Personen inklusive Kindern wohnen auf einem „Bruderhof" (bzw. einer „colony") – Arbeit vorhanden ist. Seit wir 2019 begonnen haben, im Waldviertel in Gemeinschaft zu leben, ist diese Option noch immer in meinem Hinterkopf. Eine Zeitlang hatten wir gemeinsam ein paar Ziegen und eine größere Grünfläche, wo wir (von Hand) Heu machten. Da unser „Ziegenpeter" nach Wien zurückgegangen ist, haben wir dieses Projekt wieder aufgegeben. Unsere Gemeindeglieder arbeiten zum Teil außerhalb in normalen Berufen (Busfahrer, IT-Techniker, Web-Entwicklerin in Ausbildung, Lehrer) bzw. im Haushalt. Mit den Einkünften decken wir gemeinsam die Kosten für das Haus, die Wocheneinkäufe, haben einen armen Bruder sozialversichert und unterstützen eine Schwester in Berufsunfähigkeitspension. So Gott will, wird es sich ergeben, dass wir einmal ein gemeinsames Unternehmen gründen, damit auch dieser Aspekt ganzheitlich biblischen Gemeindelebens verwirklicht werden kann. Das ist zwar kein „Muss", aber durchaus sinnvoll und bewährt.

Die Bibel spricht viel über dieses Zusammenarbeiten. Paulus war ein Zeltmacher und arbeitete in Korinth mit Gläubigen zusammen, die dasselbe Handwerk betrieben:

„Danach aber verließ Paulus Athen und kam nach Korinth. Und dort fand er einen Juden namens Aquila, aus Pontus gebürtig, der vor kurzem mit seiner Frau Priscilla aus Italien gekommen war, weil Claudius befohlen hatte, dass alle Juden Rom verlassen sollten; zu diesen ging er, und weil er das gleiche Handwerk hatte, blieb er bei ihnen und arbeitete; sie waren nämlich von Beruf Zeltmacher.“ (Apostelgeschichte 18,1-3).

Obwohl Paulus durchaus festhielt, dass Gemeindeleiter (vor allem Lehrer) von der Gemeinde ein bescheidenes Gehalt bekommen sollten, stellte er diesen seine Herangehensweise doch als Vorbild vor Augen:

„Silber oder Gold oder Kleidung habe ich von niemand begehrt; ihr wisst ja selbst, dass diese Hände für meine Bedürfnisse und für diejenigen meiner Gefährten gesorgt haben. In allem habe ich euch gezeigt, dass man so arbeiten und sich der Schwachen annehmen soll, eingedenk der Worte des Herrn Jesus, der selbst gesagt hat: Geben ist glückseliger als Nehmen!“ (Apostelgeschichte 20,33-35).

Arbeit im christlichen Sinn hat also einen „Mehrwert“: wir erwirtschaften Ressourcen, die wir Bedürftigen zuwenden können. Das gilt nicht nur für Älteste, sondern für jeden. Sogar ehemaligen Dieben, die zum Glauben kamen, schrieb er dies ins Stammbuch:

„Wer gestohlen hat, der stehle nicht mehr, sondern bemühe sich vielmehr, mit den Händen etwas Gutes zu erarbeiten, damit er dem Bedürftigen etwas zu geben habe.“ (Epheser 4,28).

Um sich den Armen zuwenden zu können, muss man also so viel arbeiten, dass man dafür die Mittel aufbringen kann und auch selbst bescheidener leben. Fleiß mit Bescheidenheit, um mit anderen teilen zu können, ist also ein wesentlicher Teil christlicher Arbeitseinstellung. Sam Waldner („Sam Vetter“), Prediger einer Hutterergemeinde in Decker/Manitoba, erklärte es einmal so:

Aber ein anderer Prediger von der Pincher Creek Colony in Alberta sagte auch:

In Altona/Minnesota erlebte ich eine Diskussion unter Brüdern, wo es darum ging, Aufzeichnungen über die Arbeitszeit zu führen, damit in irgendeiner Weise dokumentiert werden kann, dass jeder seinen gerechten Anteil am Gesamten leistet. Es gehört schon etwas Organisation dazu, will man alle gleichmäßig beschäftigen. Die Gemeinde hat eine Landwirtschaft, einen großen Garten, einen Schweinestall und eine Metallfirma, in der Paneele für Gebäudefassaden hergestellt werden. Nicht zu vergessen die Schule, in der ein paar Geschwister als Lehrer arbeiten. Dort habe auch ich einmal eine Woche lang Deutschunterricht gegeben.

In Fort Pitt/Saskatchewan gilt die Regel, dass wer neu in die Gemeinde kommt, zuerst einmal im Schweinestall zu arbeiten beginnt, eine „olfaktorische Herausforderung", wo man aber aufgrund der Hygienebestimmungen auch sehr gewissenhaft arbeiten muss. Es ist auch als Übung in der Demut gemeint. In der Regel werden aber persönliche Begabungen bei der Zuteilung der jeweiligen Arbeit berücksichtigt.

All das geht zurück auf das antike Haus, welches die Kernzelle biblischer Gemeinde bildete. Wir lesen in der Bibel diesbezüglich auch von Herren und Sklaven, was viele Fragen aufwirft. Hat die Bibel Sklaverei etwa befürwortet? Oder auch nur toleriert? Oder war der Zugang dazu ganz anders, als wir uns vorstellen?

Wenn wir an Sklaven denken, fallen uns vielleicht die afrikanischen Plantagensklaven ein; Ausbeutung, Misshandlung, Menschenraub, Rassismus und Profitgier. Wir denken an Kriegsgefangene, die zu Sklaven gemacht wurden, oder daran, dass diese Menschen rechtlich nur als Sache galten. Vielleicht fällt uns auch ein, dass der Hausherr zugleich Herr über Leben und Tod der Unfreien war. All das gab es in der Welt – und gibt es zum Teil heute noch.

Die Bibel hatte jedoch immer einen anderen Ansatz, und im Volk Gottes ging man schon im Alten Testament anders mit Sklaven um. Sie wurden erstens nie entmenschlicht, und in jedem Sabbatjahr wurde eine allgemeine Freilassung angeordnet. Menschenhandel war strikt verboten. In die Sklaverei geriet man meistens durch Überschuldung; es war so etwas wie eine frühe Form des Privatkonkurses. All das darzulegen, sprengt den Rahmen. Konzentrieren wir uns auf den christlichen Zugang. Aristides von Athen (50-134) schreibt in seiner Apologie:

„Die Sklaven aber und Sklavinnen oder die Kinder, die deren einzelne haben mögen, bereden sie aus Liebe zu ihnen, Christen zu werden; und sind sie es geworden, so nennen sie dieselben ohne Unterschied Brüder."[152]

Vordergründig blieb der Stand gesellschaftlich bestehen; es war auch gar nicht unproblematisch, einen Sklaven in Freiheit zu entlassen, weil das für viele schwer zu stemmen war! Man kann es mit einem Hilfsarbeiter vergleichen, der plötzlich eine Firma gründen und leiten sollte, denn Freiheit bedeutete zugleich Selbstständigkeit und Eigenverantwortung. Dazu waren sie meist finanziell oder von der Ausbildung gar nicht in der Lage. Doch es gab in der Gemeinde keinen Unterschied mehr, sie nahmen Teil am Geben und Nehmen, hatten Anteil an der Gütergemeinschaft und blieben zugleich im Produktionsprozess – ja sie arbeiteten umso freudiger, weil sie auch besser behandelt wurden und lernten, das große Ganze zu sehen. Sklaven konnten sogar Gemeindeleiter werden, wenn sie im Glauben bewährt waren.

Aufgrund der äußerlich unveränderten Situation wird häufig unterstellt, das Christentum hätte die Sklaverei akzeptiert. Das stimmt so nicht; die Gemeinde hat keine Gesellschaftsreform angestrebt, aber intern die bestehenden Ordnungen radikal verändert. Ein Brief im Neuen Testament illustriert das gut. Onesimus, ein Sklave des Christen Philemon, ist davongelau-

---

[152] Apologie 15,6

fen und hat bei Paulus Zuflucht genommen, der in Rom unter Hausarrest stand. Paulus führte ihn zum Herrn Jesus und schickte ihn zu Philemon zurück. In der römischen Gesellschaft wäre er geächtet worden und hätte eine schlimme Strafe zu erwarten gehabt. Nicht so in der Gemeinde:

„Ich bitte dich für mein Kind, das ich in meinen Fesseln gezeugt habe, Onesimus, der dir einst unnütz war, jetzt aber dir und mir nützlich ist. Ich sende ihn hiermit zurück; du aber nimm ihn auf wie mein eigenes Herz!

Ich wollte ihn bei mir behalten, damit er mir an deiner Stelle diene in den Fesseln, die ich um des Evangeliums willen trage; aber ohne deine Zustimmung wollte ich nichts tun, damit deine Wohltat nicht gleichsam erzwungen, sondern freiwillig sei. Denn vielleicht ist er darum auf eine kurze Zeit von dir getrennt worden, damit du ihn auf ewig besitzen sollst, nicht mehr als einen Sklaven, sondern, was besser ist als ein Sklave, als einen geliebten Bruder, besonders für mich, wie viel mehr aber für dich, sowohl im Fleisch als auch im Herrn." (Philemon 1,10-16).

Es ist bemerkenswert, dass dieser Brief nicht allein an Philemon gerichtet war:

„Paulus, ein Gefangener Christi Jesu, und Timotheus, der Bruder, an Philemon, unseren geliebten Mitarbeiter, und an die geliebte Appia, und Archippus, unseren Mitstreiter, und an die Gemeinde in deinem Haus." (Philemon 1,1-2).

Appia war wohl Philemons Frau und Archippus ein Mitarbeiter des Paulus, der in Kolossä mit der Gemeindeaufbauarbeit betraut war. Der Brief richtet sich auch an die ganze Hausgemeinde des Philemon. Sie alle wussten, was Philemon angestellt hatte und warum er davongelaufen war. Dementsprechend erbost werden sie gewesen sein. Paulus war es wichtig, dass Onesimus nicht bloß von seinem Herrn wieder aufgenommen wurde, sondern von allen anderen ebenso. Sie alle sollten ihn als Bruder willkommen heißen und lernen, auf Basis dieser neuen Beziehung mit ihm zusammen zu leben.

Er wirkte daraufhin auch als Gemeindebote und kam wiederum zu Paulus und brachte einen Brief an die Gemeinde in Kolossä. Es ist herzerwärmend, wie Paulus von ihm spricht:

„Alles, was mich betrifft, wird euch Tychikus mitteilen, der geliebte Bruder und treue Diener und Mitknecht im Herrn, den ich eben deshalb zu euch gesandt habe, damit er erfährt, wie es bei euch steht, und damit er eure Herzen tröstet, zusammen mit Onesimus, dem treuen und geliebten Bruder, der einer der Euren ist; sie werden euch alles mitteilen, was hier vorgeht." (Kolosser 4,7-9).

Onesimus wurde später Bischof in Ephesus; Ignatius aus Antiochien (35-110) erwähnt ihn ausdrücklich in einem seiner Briefe:

„Ich habe also eure ganze Gemeinde im Namen Gottes empfangen in der Person des Onesimus, eines Mannes von unbeschreiblicher Liebe, eures Bischofs im Fleische, den ihr nach Christus - das wünsche ich - am meisten lieben und dem ihr alle ähnlich sein sollt; denn gepriesen sei der, dessen Huld euch für würdig hielt, einen solchen Bischof zu besitzen."[153]

Onesimus starb der Überlieferung nach den Märtyrertod durch Steinigung.

Das ist der Hintergrund auf dem die ganzen Stellen über das Verhältnis von Herren und Sklaven und deren Umgang untereinander zu verstehen sind. Wir dürfen das nicht mit der Behandlung von Sklaven in der Antike allgemein verwechseln, oder schlimmeren Zuständen in der Geschichte. Es muss im Licht der biblischen Hausgemeinde verstanden werden. Die Texte sind selbsterklärend:

„Ihr Knechte, gehorcht euren leiblichen Herren in allen Dingen; nicht mit Augendienerei, um den Menschen zu gefallen, sondern in Einfalt des Herzens, als solche, die Gott fürchten. Und alles, was ihr tut, das tut von Herzen, als für den Herrn und nicht für Menschen, da ihr wisst, dass ihr von dem Herrn zum Lohn das Erbe empfangen werdet; denn ihr dient Christus, dem Herrn! Wer aber Unrecht tut, der wird empfangen, was er Unrechtes getan hat; und es gilt kein Ansehen der Person.

---

[153] Ignatius, Brief an die Epheser 1,3

Ihr Herren, gewährt euren Knechten das, was recht und billig ist, da ihr wisst, dass auch ihr einen Herrn im Himmel habt!" (Kolosser 3,22-25 und 4,1).

„Ihr Knechte, gehorcht euren leiblichen Herren mit Furcht und Zittern, in Einfalt eures Herzens, als dem Christus; nicht mit Augendienerei, um Menschen zu gefallen, sondern als Knechte des Christus, die den Willen Gottes von Herzen tun; dient mit gutem Willen dem Herrn und nicht den Menschen, da ihr wisst: Was ein jeder Gutes tun wird, das wird er von dem Herrn empfangen, er sei ein Sklave oder ein Freier.

Und ihr Herren, tut dasselbe ihnen gegenüber und lasst das Drohen, da ihr wisst, dass auch euer eigener Herr im Himmel ist und dass es bei ihm kein Ansehen der Person gibt." (Epheser 6,5-9).

„Die Knechte ermahne, dass sie sich ihren eigenen Herren unterordnen, in allem gern gefällig sind, nicht widersprechen, nichts entwenden, sondern alle gute Treue beweisen, damit sie der Lehre Gottes, unseres Retters, in jeder Hinsicht Ehre machen." (Titus 2,9-10).

„Diejenigen, die als Knechte unter dem Joch sind, sollen ihre eigenen Herren aller Ehre wert halten, damit nicht der Name Gottes und die Lehre verlästert werden. Die aber, welche gläubige Herren haben, sollen diese darum nicht geringschätzen, weil sie Brüder sind, sondern ihnen umso lieber dienen, weil es Gläubige und Geliebte sind, die darauf bedacht sind, Gutes zu tun. Dies sollst du lehren und dazu ermahnen!" (1. Timotheus 6,1-2).

„Ihr Hausknechte, ordnet euch in aller Furcht euren Herren unter, nicht nur den guten und milden, sondern auch den verkehrten! Denn das ist Gnade, wenn jemand aus Gewissenhaftigkeit gegenüber Gott Kränkungen erträgt, indem er zu Unrecht leidet. Denn was ist das für ein Ruhm, wenn ihr geduldig Schläge ertragt, weil ihr gesündigt habt? Wenn ihr aber für Gutestun leidet und es geduldig ertragt, das ist Gnade bei Gott. Denn dazu seid ihr berufen, weil auch Christus für uns gelitten und uns ein Vorbild hinterlassen hat, damit ihr seinen Fußstapfen nachfolgt." (1. Petrus 2,18-21).

Es kamen auch Sklaven zum Glauben, deren Herrn ungläubig waren; für die war es durchaus schwer und sie mussten sich besonders weise verhalten. Gegen ihre Stellung aufzubegehren oder zu rebellieren war jedenfalls nie weise. Im Gegenteil! Sie sollten lernen, dass ihre Stellung in der Welt bedeutungslos ist gegenüber ihrem Ehrenplatz im Reich Gottes.

„Jeder bleibe in dem Stand, in dem er berufen worden ist. Bist du als Sklave berufen worden, so sei deshalb ohne Sorge! Wenn du aber auch frei werden kannst, so benütze es lieber. Denn der im Herrn berufene Sklave ist ein Freigelassener des Herrn; ebenso ist auch der berufene Freie ein Sklave des Christus. Ihr seid teuer erkauft; werdet nicht Knechte der Menschen! Brüder, jeder bleibe vor Gott in dem Stand, in dem er berufen worden ist." (1. Korinther 7,20-24).

Die Gelegenheit, frei zu werden, sollte man freilich ergreifen; man sollte auch kein Sklave von Menschen werden. Dennoch ist der weltliche Stand bedeutungslos.

Wir sind heute nicht mehr in dieser Gesellschaftsform. Wir alle sind frei; dennoch sind diese Texte für uns wichtig, denn sie lassen sich ohne weiteres auf das Verhältnis Arbeitgeber und Arbeitnehmer anwenden. Die Freiheit, die wir haben, hat jedoch zwei Aspekte, mit denen wir verantwortungsbewusst umgehen müssen:

1. Wir sind frei, jederzeit zu gehen und woanders eine Arbeit zu suchen.
2. Wir können frei wählen, welche Arbeit wir anstreben und annehmen.

In beiden Fällen sollen wir nicht von selbstsüchtigen Motiven geleitet werden, sondern von den Grundsätzen des Reiches Gottes. Neben der Partnerwahl ist die Berufswahl einer der wichtigsten Fragen für Christen.

Ein Bruder arbeitete bei einer Gärtnerei. Als er Baumsetzlinge etikettieren sollte, stellte er fest, dass es eigentlich andere Bäume waren, als ihre Kennzeichnung aussagte. Es war ein bewusster Betrug. Er suchte ein Gespräch mit dem Chef darüber und verlor daraufhin die Stelle. Firmen arbeiten nicht immer ehrlich. Sollen wir da mitmachen? Schweigen? Protestieren? Kündigen? Es auf eine Entlassung ankommen lassen? Ein Sklave hat keine Wahl, ein freier Mensch schon, und als Christen sollen wir stets mit einem reinen Gewissen vor Gott und den Menschen wandeln.

Als ich erst zu arbeiten begonnen hatte, machte ich einen Fehler in der Druckvorstufe. Die gedruckten Visitkarten passten nicht zur Stanzform. *„Wie kann ich das vertuschen?"* fragte ich mich. Ich bestellte auf eigene Kosten eine passende Stanzform. Da mein Chef oft nicht im Haus war, fiel das niemandem auf. Nur plagte mich mein Gewissen und ließ mir keine Ruhe, bis ich das meinem Chef ein paar Wochen später gebeichtet hatte. Er hat mir nicht den Kopf abgerissen.

Wo gearbeitet wird, passieren Fehler. Einmal waren wir bei einer Reklamationsbesprechung in Vorarlberg. Mein Chef sagte gegenüber dem Auftraggeber: *„Das ist der Herr Basnar. Er ist ein Christ und lügt nicht."* Schön, wenn man so einen Ruf hat! Nun gab es in der Besprechung eine Situation, wo ich meinem Chef um der Wahrheit willen widersprechen musste. Ich werde seinen Blick nie vergessen! Wir hafteten also für den ganzen Schaden von 8.000,- Euro. Wir fuhren dann den ganzen Weg (600km) gemeinsam im Auto zurück, hatten aber gute Gespräche, und wir sind bis heute befreundet. Ein glaubwürdiger christlicher Wandel ist ein guter Schutz.

Chefs sind nicht immer gut. Manche sind wenig qualifiziert, andere sind sehr unzuverlässig, andere cholerisch und ungerecht. Mein erster Chef ist einmal mit hochrotem Kopf durch die Werkstätten gestürmt und brüllte lauthals: *„Keiner von euch war diese Woche sein Geld wert!"* Da muss man dann den Stahlhelm aufsetzen und sich wegducken …

Ein christlicher Arbeiter soll sich durch Fleiß, Einsatz und Bemühen um Exzellenz auszeichnen. Er soll mehr als bloß sein Geld wert sein, er soll ein Licht sein. Aber es gibt auch Grenzen. Es war noch in der analogen Zeit. Manche Arbeiten waren manuell sehr aufwendig, und es gab eine Zeit, da nahmen die Überstunden überhand, so dass ich immer öfter die Bibelstunden in der Gemeinde versäumte. So redete ich mit meinem Chef darüber, dass ich kündigen müsse, wenn die Arbeit weiterhin so maßlos ausgedehnt werde. Er war nicht glücklich, eher ein wenig erbost und meinte, ich hätte ihm „die Rute ins Fenster gestellt". Kurz danach bekamen wir aber den ersten Computer. Ich hatte immer eine gute Auffassungsgabe und lernte rasch, was ihn wieder freudig stimmte. Ich blieb insgesamt elf Jahre in dieser Firma.

Als ich später in einen anderen Druckvorstufenbetrieb wechselte, waren diese elf Jahre ein ausschlaggebender Grund dafür, dass ich die Stelle bekam, weil es mittlerweile selten geworden ist, dass Mitarbeiter sich über so eine lange Zeit als loyal erweisen.

Das Verhältnis zur Arbeit ist heute sehr problematisch geworden, da der Neoliberalismus zu einer neuen Form von Knechtung geführt hat, was gegensätzliche Reaktionen hervorruft. Dazu Auszüge aus einem Artikel von Knut Tullius und Harald Wolf (2016).

„Dabei gilt der „Markt" als eine Sphäre des Handelns, in der nur ökonomische Werte zählen und die sich einer moralischen Bewertung und Rechtfertigung entzieht. „Jedes Mal, wenn mit Donnerstimme dekretiert wird, man solle die Lösung eines Problems dem Markt überlassen, wird dieses Problem aus dem Bereich moralischer Urteilsfindung gerückt" (Crouch 2011, S. 51).

Auf der Ebene der Akteure und ihrer Handlungsorientierungen korrespondiert dem ein moralisch weitgehend entleertes Subjekt- und Rollenmodell. Leitfiguren wie das „unternehmerische Selbst" (Bröckling 2007), das postmoderne „Kreativsubjekt" (Reckwitz 2006), der „Arbeitskraftunternehmer" (Voß 2013) oder auch, etwas anders akzentuiert, der „Netzwerker" (Boltanski/Chiapello 2003) sind allesamt Varianten eines amoralischen neoliberalen Homo oeconomicus, der überall seinen Siegeszug angetreten haben soll. ...

Solche problematischen Kurzschlüsse finden sich in der Debatte über die Entwicklung der Erwerbsarbeit seit Langem (und oft auch implizit), und sie haben nicht nur wissenschaftlich, sondern womöglich auch politisch bedenkliche Konsequenzen. Sie könnten etwa dazu verleiten, den Bedeutungsverlust nicht-ökonomischer Werte und Normen wie Solidarität, Gemeinsinn und weiterer Elemente einer „moralischen

Ökonomie" bereits als vollendete Tatsache zu betrachten. Wer aber solche Werte und Normen und entsprechende Handlungs- und Interessenorientierungen der Erwerbstätigen als mehr und mehr irrelevant betrachtet, der wird auch politisch nicht mehr mit ihnen rechnen oder auf sie bauen. …

Der „Vermarktlichung" als zentraler Stoßrichtung des neoliberalen Gesellschaftsprojektes entspreche auch die Idealisierung und „Anrufung" eines „Marktsubjekts", eines rein „ökonomische[n] Habitus des employable man". Dieses Marktsubjekt, so fasst Schultheis (2005, S. 580) solcherlei Idealisierungen zusammen, „arbeitet stetig und lebenslang an der Vermehrung oder zumindest Bewahrung seines ‚Humankapitals' [...], denkt und handelt im Rahmen von je befristeten und begrenzten Projekten statt in Dimensionen lebenslanger beruflicher Karrierevorstellungen, situiert sich im Kontext personengebundener sozialer Netzwerke (seinem ‚sozialen Kapital' [...]), statt auf institutionalisierte Netzwerke zu bauen. Der employable man orientiert sich an seinem eigenen, in Gestalt konkreter Nachfrage messbaren Marktwert, statt nach einem dauerhaften Status zu streben, und begnügt sich mit einer konjunktur- und situationsabhängigen Lebensführung, anstatt sich an einen langfristigen Lebensentwurf zu klammern"."[154]

Tatsächlich wird der Mensch hier als „Humankapital" bewertet, wiederum als eine „Sache", die dem „Markt" zu dienen hat. In diesem Konzept ist der Markt der Neue Herr, und die Mitarbeiter sind seine Knechte. Darum kam es auch zum Begriff des „Lohnsklaventums".

Die Generation Z kann damit gar nichts mehr anfangen und rebelliert. Sie will nicht in das Hamsterrad gepfercht werden, das schon ihre Eltern ausgebrannt hat. Der Mangel an Facharbeitern kommt ihnen da entgegen, wie Diana Dittmer in einem Artikel vom 23. April 2024 ausführt:

„Junge Menschen, die sich die Sahnestückchen raussuchen können, überlegen, welches sie nehmen. Es gibt viele offene Stellen, aber junge Arbeitssuchende, mit oder ohne Ausbildung, sind Mangelware. Immer wieder stehen sie vor einem neuen Chef, der sagt, „Hey, wir brauchen dich, komm zu uns. Bei uns ist es ganz toll". Da

---

[154] WSI Mitteilungen 7/2016, S 493-494

kann man es sich leisten zu sagen: „Ich möchte den Job gerne machen, aber im Winter ist es kalt, da kann ich nicht arbeiten." So ist es einem kleinen Sanitärbetrieb ergangen. Der Chef war völlig geschockt. Passt ihnen was nicht, haben sie etwas Besseres gefunden, ziehen sie weiter. …

Bei den sogenannten Z-lern handelt es sich um die Jahrgänge 1995 bis 2010. Sie sind entweder Azubis, im Studium oder stehen am Ende ihrer Schulzeit. Ihr Credo lautet: Erst leben, dann arbeiten. Die Generation Z ist im Wohlstand aufgewachsen und oft hervorragend ausgebildet. Sie sind Social Media Natives, auch die erste Generation, die mit dem Wissen aus dem Internet groß geworden ist. Ihre Handyzeit beträgt knapp vier Stunden am Tag, Tendenz steigend. Weil sie in einer schnelllebigen Welt groß geworden sind, fordern sie Resonanz und Feedback sofort ein. Bei ihnen dreht sich alles um die eigene Persönlichkeit und das eigene Fortkommen. Ihre Forderungen sind zum Teil auch egoistisch. Unternehmen müssen wirtschaftliche Ziele verfolgen, um Arbeitsplätze zu sichern und zukunftsfähig zu sein. Die Anspruchshaltung der Generation Z kostet viel Zeit und Geld. Das macht es so bedrohlich. …

Man kann nicht alle Probleme auf die Generation Z abwälzen. Aber nahezu 50 Prozent räumt laut einer Studie selbst ein, nicht so leistungsfähig zu sein. Es gibt 630.000 sogenannte NEETs. Das ist die Abkürzung für „Not in Education, Employment or Training", übersetzt: „Nicht in Ausbildung, Arbeit oder Schulung". Wenn eine Stadt so groß wie Düsseldorf nicht arbeitet, ist das bedenklich. Wenn diese jungen Menschen, die unsere Zukunft sind, Leistungsorientierung und Wohlstand ablehnen, ist das problematisch. Deutschland fehlen Hunderttausende Fachkräfte. Da die Boomer bald alle in Rente sind, ist es wichtig, dass junge Menschen mithelfen, diese Lücke am Arbeitsmarkt zu schließen. …

Natürlich ist diese Generation in sich nicht homogen. In den Jahren zwischen Ende der Schulzeit und den späten Zwanzigern passiert bei jungen Menschen viel. Manche sind noch naiv, andere realistischer. Aber auch die kommen schnell zu dem Schluss, dass der Generationenvertrag nicht funktioniert und es ihnen in Zukunft nicht so gut gehen wird wie ihren Eltern. Hinter ihrer Anti-Haltung steckt ein Riesenfrust, denn dieser Generation ist klar, dass es für sie viel schwieriger wird, sich etwas aufzubauen, vielleicht eine Immobilie zu kaufen. Also, wozu dann arbeiten? …

Ich frage mich etwas ganz Anderes: Warum unbedingt weniger arbeiten? Warum ist Arbeit ein „weg vom Ziel" geworden, anstatt ein „hin zum Ziel"? Arbeit darf auch Freude bereiten. Daher brauchen wir Führungskräfte, die es schaffen, gelingende Beziehungen aufzubauen und Arbeitnehmer und Arbeitnehmerinnen zu inspirieren und zu motivieren."[155]

Wir sehen, wie zerrissen die Arbeitswelt mittlerweile ist, und welches Gewicht die „Work-Life-Balance" hat. Die christliche Sicht auf die Arbeit ist eine völlig andere, denn sie fügt sich ein in Gottes Reich und seine große Perspektive:

- Wir arbeiten nicht nur für uns, sondern für die Gemeinschaft.
- Wir arbeiten, um die Armen unterstützen zu können.
- Es ist nicht unser „Stand" der unseren Wert bestimmt, sondern unsere Teilhabe am Reich Gottes.
- Wir leben in einer Haltung der Demut, die sich einsetzt und fleißig ist, die gehorsam und konstruktiv mitarbeitet.
- Wir arbeiten nicht für den Chef, sondern für den Herrn und sollen allerorts ein Licht sein.
- Es geht uns nicht um Karriere und Reichtum, sondern um Nächstenliebe und die Ehre Gottes.
- Wir vertrauen unserem himmlischen Vater für unser Auskommen und nicht dem Mammon.
- In allem zuerst nach dem Reich Gottes zu trachten, bezieht die tägliche Arbeit mit ein.

Darum sollten christlich gesinnte Arbeiter den besten „Marktwert" haben. Aber wir machen nicht alles. Deshalb ist auch nicht jede Arbeitsstelle für uns geeignet. Nicht möglich sind uns Firmen, die …

- unmoralische Dinge produzieren oder tun (Teile der Pharma-Industrie, Teile der Modeindustrie, Teile der Medienbranche, ….
- von uns Gewaltanwendung erfordern (Security, Polizei, Militär, …).

---

[155] https://www.capital.de/karriere/generation-z--keine-lust-auf-arbeit--34650862.html

- Der Verherrlichung des Mammons dienen (Finanzdienstleister, Banken, Wettbüros …)

Es ist nicht immer so einfach, Grenzen zu ziehen; die Arbeitswelt ist eine Welt voll von Kompromissen, die unser Gewissen belasten können. Gerade, weil wir frei sind, tragen wir immer eine Mitverantwortung, weshalb wir die Berufswahl nicht nur in Freiheit, sondern auch in Weisheit und Reinheit erwägen müssen. Diese Frage sollte uns dabei immer leiten: *„Kann ich das zur Ehre Gottes machen?"* Vieles Ja, manches eindeutig nicht.

Das Ideal, das immer anzustreben ist, ist das Arbeiten in Gemeinschaft, christliche Firmen und Unternehmungen, die ausdrücklich auf das Reich Gottes ausgerichtet sind; das biblische Haus.

Bewährte Leiter

Die Hierarchiestufen kirchlicher Leitung sind in der Postmoderne eigentlich ein Anachronismus. Sie muten aber nicht nur aus der Perspektive der Gegenwart seltsam an, sie haben auch nichts mit den Vorgaben des Herrn Jesus für die Leitung Seiner Gemeinde zu tun. Wäre ich ein Feind des Christentums und wollte es zerstören, hätte ich genau hier angesetzt, in der Verfälschung der Leitungsämter. Dies trug dazu bei, dass die Kirche unkenntlich gemacht wurde und die Gläubigen in geistlicher Unmündigkeit gehalten werden. Tatsächlich ist Mündigkeit keine Idee der Aufklärung, sondern ein biblisches Ziel. Es gibt nämlich kein spezielles Priestertum im Neuen Testament:

„Da ihr zu ihm gekommen seid, zu dem lebendigen Stein, der von den Menschen zwar verworfen, bei Gott aber auserwählt und kostbar ist, so lasst auch ihr euch nun als lebendige Steine aufbauen, als ein geistliches Haus, als ein heiliges Priestertum, um geistliche Opfer darzubringen, die Gott wohlgefällig sind durch Jesus Christus. Darum steht auch in der Schrift: »Siehe, ich lege in Zion einen auserwählten, kostbaren Eckstein, und wer an ihn glaubt, soll nicht zuschanden werden«. ...

Ihr aber seid ein auserwähltes Geschlecht, ein königliches Priestertum, ein heiliges Volk, ein Volk des Eigentums, damit ihr die Tugenden dessen verkündet, der euch aus der Finsternis berufen hat zu seinem wunderbaren Licht – euch, die ihr einst nicht ein Volk wart, jetzt aber Gottes Volk seid, und einst nicht begnadigt wart, jetzt aber begnadigt seid." (1. Petrus 2,4-6.9-10).

Tatsächlich: Jeder Christ ist ein Priester mit königlicher Würde! Das spezielle Priestertum des Alten Bundes aus dem Stamm Levi, das aaronitische Priestertum, welches die täglichen Opfer im Tempel darbrachte, war nur für den Übergang gedacht, bis das eine letzte und vollkommene Opfer dargebracht wurde, der Leib Christi am Kreuz. Damit war das Priestertum der alten Ordnung obsolet und der Tempel überflüssig geworden.

„Und es wird keiner mehr seinen Nächsten und keiner mehr seinen Bruder lehren und sagen: Erkenne den Herrn! Denn es werden mich alle kennen, vom Kleinsten bis zum Größten unter ihnen; denn ich werde gnädig sein gegen ihre Ungerechtigkeiten, und an ihre Sünden und ihre Gesetzlosigkeiten werde ich nicht mehr gedenken.« Indem er sagt: »Einen neuen [Bund]«, hat er den ersten für veraltet erklärt; was aber veraltet ist und sich überlebt hat, das wird bald verschwinden." (Hebräer 8,11-13).[156]

Jeder Gläubige ist ein Priester, und der Tempel ist die Summe der Gläubigen, erbaut aus lebendigen Steinen. Die Opfer sind nun geistlich, keine blutigen Schlachtopfer mehr, sondern *„Frucht der Lippen", „Opfer des Lobes"* (Hebräer 13,15).

Wer aus den traditionellen Großkirchen kommt, für den klingt das unerhört und schockierend. Die meisten sind damit überfordert, da sie daran gewöhnt sind, passive „Sakramentenempfänger" zu sein, denen lebenslang eingeredet worden ist, für solch einen geistlichen Dienst ja gar nicht qualifiziert zu sein. Dazu bedürfe es einer bestimmten Berufung, einer theologischen Ausbildung, einer Weihe oder Ordination. Diese Würdenträger stehen dann über allen anderen und werden mit besonderen Titeln geschmückt und angeredet. Man kann dabei leicht den Überblick verlieren:

„Es ist schon erstaunlich: Eigentlich gibt es in der katholischen Kirche nur drei Weihestufen – die Weihe zum Diakon, zum Priester und zum Bischof. Aber existieren in der kirchlichen Hierarchie deshalb tatsächlich nur "Diakone", "Pries-

---

[156] Kurz nach Abfassung des Briefes zerstörten die Römer im Jahr 70 den Tempel in Jerusalem

ter" und "Bischöfe"? Zumindest reichen diese drei Begriffe bei weitem nicht aus, um die genauen Funktionen aller katholischen Geistlichen zu beschreiben. …

Wer ganz oben in der Hierarchie der Kirche steht, dürfte weitgehend bekannt sein: der **Papst**, auch Pontifex Maximus[157] – Oberster Brückenbauer – genannt. … "Heiliger Vater" und "Eure Heiligkeit" sind die gebräuchlichen Anredeformen. Weil der Papst auch Staatsoberhaupt ist – er ist Souverän des Staates Vatikanstadt –, entsendet er Botschafter in andere Länder. Diese Stellvertreter des Papstes heißen **Apostolischer Nuntius**.[158] …

Gewählt wird der Papst im sogenannten Konklave von den **Kardinälen**, wobei diese lediglich bis zur Vollendung des 80. Lebensjahres wahlberechtigt sind. Der Begriff Kardinal (von lateinisch cardinalis: wichtig, vorzüglich) ist keine Amtsbezeichnung, sondern steht für eine vom Papst verliehene Würde, und zwar die nach dem Pontifex höchste Würde der Kirche. … Das Kardinalskollegium, also die Gesamtheit aller Kardinäle, ist beauftragt, den Papst bei der Gesamtleitung der Kirche in besonderer Weise zu unterstützen; an der Spitze des Kollegiums steht der **Kardinaldekan.** … Zu unterscheiden sind im Kardinalskollegium sogenannte **Kurienkardinäle**, die in den römischen Leitungs- und Verwaltungsorganen des Heiligen Stuhls mitarbeiten, und solche Kardinäle, die Diözesan(erz-)bischöfe sind. Der Begriff **Diözesanbischof oder Ortsbischof** meint einen Bischof, der ein katholisches Bistum – auch Diözese genannt – leitet. Daneben gibt es **(Diözesan-) Erzbischöfe**, die einem Erzbistum vorstehen, also einem Bistum, das meist aus historischen Gründen eine herausgehobene Bedeutung hat (Erz- = Ober-, Höchst-). Erzbistümer bilden in vielen Fällen zusammen mit einer gewissen Zahl "gewöhnlicher" Bistümer – die auch Suffraganbistümer heißen – eine sogenannte Kirchenprovinz. … Der jeweilige Erzbischof steht einer Kirchenprovinz als **Metropolit** vor. …

Vom Diözesan(erz-)bischof zu unterscheiden sind Titular(erz-)bischöfe. Ein **Titularbischof** steht keiner eigenen (Erz-)Diözese vor, sondern nimmt andere Aufgaben in der Kirche wahr – zum Beispiel an der Römischen Kurie. Weil aber nach katholischer Tradition jedem geweihten Bischof ein Bistum zugeordnet werden muss, erhal-

---

[157] Ein Titel, den ursprünglich die heidnischen römischen Kaiser trugen
[158] von dort leitet sich das Wort „denunzieren" ab

ten Titularbischöfe sogenannte Titularbistümer: Das sind historische Diözesen, die heute nicht mehr existieren. Auch der **Weihbischof** – eigentlich **Auxiliarbischof** (Hilfsbischof) – ist ein Titularbischof, denn er leitet kein eigenes Bistum. Seine Aufgabe ist es, einen Diözesanbischof bei der Ausübung dessen Amtes zu unterstützen. …

Der Stellvertreter eines Ortsbischofs wird **Generalvikar** genannt (vicarius = Stellvertreter, Statthalter). Er ist für die Verwaltung eines Bistums zuständig und leitet dessen zentrale Verwaltungsbehörde, das Generalvikariat oder Ordinariat. Einzelne Aufgabenbereiche des Generalvikars können zusätzlich an sogenannte **Bischofsvikare** vergeben werden. … Für die kirchliche Gerichtsbarkeit wird der Bischof vom **Offizial oder Gerichtsvikar** vertreten, der das Offizialat genannte Diözesangericht leitet. Die Priesterausbildung einer Diözese schließlich leitet der **Regens** in der dafür vorgesehenen Ausbildungsstätte, dem Priesterseminar; für die dortige geistliche Begleitung der Priesteranwärter ist der **Spiritual** zuständig. Die administrative und liturgische Leitung der jeweiligen Bischofskirche einer Diözese obliegt dem Dom- oder Metropolitankapitel mit einem **Dompropst** und **Domdechanten** an der Spitze; zu den Aufgaben des Kapitels zählt auch, dem Papst eine Liste von Kandidaten für das Bischofsamt zu unterbreiten. Sollte ein Ortsbischof aus dem Amt scheiden, wird er in seinen Aufgaben bis zur Neubesetzung des Bischofsstuhls von einem **Diözesanadministrator** – im Bistum gewählt – beziehungsweise **Apostolischen Administrator** – vom Papst bestimmt – vertreten.

Ein Bistum als kirchliche Verwaltungseinheit besteht aus vielen kleineren Verwaltungseinheiten, von denen die Pfarreien am geläufigsten sein dürften. Einer Pfarrei beziehungsweise Pfarrgemeinde steht der **Pfarrer** vor, der für die dortige Leitung der Gottesdienste sowie die Seelsorge zuständig ist und zudem Verwaltungsaufgaben wahrnimmt. Heute existieren vielerorts Großpfarreien, die wiederum aus einzelnen Gemeinden bestehen. … Dadurch werden neben dem Pfarrer weitere Geistliche notwendig. Für einen "selbstständigen" Priester, der keine eigene Pfarrei leitet, wohl aber in einer Pfarrgemeinde arbeiten kann, ist die Bezeichnung **Pastor** (lateinisch für Hirte) üblich. Mehrere benachbarte Pfarreien können zu Stadt- beziehungsweise Kreisdekanaten zusammengefasst sein. Ihnen steht ein **Dechant oder Dekan** vor. Dieser ist üblicherweise einer der Pfarrer der im Dekanat gelegenen

*Pfarreien und koordiniert die gemeinsame pastorale Arbeit. Manche Pfarrer tragen zudem den Titel **Propst**: Sie stehen einer zentral gelegenen Pfarrei vor, deren Bedeutung durch die Verleihung des Titels "Propstei" hervorgehoben wurde.*

*Einem Pfarrer zugeordnete Geistliche können je nach Aufgabenbeschreibung noch einmal eigene Titel führen. Ein **Pfarrvikar oder Vicarius cooperator** ist der rechtliche Stellvertreter des Pfarrers. Ein **Subsidiar** ist einer Pfarrei als Unterstützungskraft in seelsorgerischen und liturgischen Belangen zugeordnet. Als **Rektor** werden Priester bezeichnet, die für eine einzelne Kirche zuständig sind, die nicht Pfarrkirche ist. In Deutschland wird oft für die Hilfspriester eines Pfarrers allgemein der Begriff **Kaplan** verwendet. Kirchenrechtlich meint die Bezeichnung eigentlich einen Geistlichen in besonderen Diensten: in Krankenhäusern, Gefängnissen, der Militärseelsorge oder an Universitäten."*[159]

Ja, es ist schon erstaunlich, und es würde noch weiter gehen. Da soll sich einer auskennen! Hinzu kommt die Anrede dieser honorigen Herren:

- Heiliger Vater
- Eure Heiligkeit
- Eminenz
- Hochwürden
- Monsignore
- Pater
- Pastor

Besonders wichtige Würdenträger dürfen auch bei den diversen gesellschaftlichen Events nicht fehlen, jene werden scherzhaft „Seitenblicke-Pfarrer" genannt. Es erscheint im Sinne der voraufgeklärten Ständeordnung „normal", im Sinne der Postmoderne anachronistisch oder belustigend, im Licht der Bibel ist es aber schrecklich:

„Da redete Jesus zu der Volksmenge und zu seinen Jüngern und sprach: Die Schriftgelehrten und Pharisäer haben sich auf Moses Stuhl gesetzt. Alles nun, was sie euch sagen, dass ihr halten sollt, das haltet und tut; aber nach ihren Werken tut

---

[159] https://www.katholisch.de/artikel/14331-die-kirche-und-ihre-titel

nicht, denn sie sagen es wohl, tun es aber nicht. Sie binden nämlich schwere und kaum erträgliche Bürden und legen sie den Menschen auf die Schultern; sie aber wollen sie nicht mit einem Finger anrühren. Alle ihre Werke tun sie aber, um von den Leuten gesehen zu werden. Sie machen nämlich ihre Gebetsriemen breit und die Säume an ihren Gewändern groß, und sie lieben den obersten Platz bei den Mahlzeiten und die ersten Sitze in den Synagogen und die Begrüßungen auf den Märkten, und wenn sie von den Leuten »Rabbi, Rabbi« genannt werden." (Matthäus 23,1-7).

Die ganzen kirchlichen Hierarchiestrukturen und Ehrentitel, samt ihren Roben und Insignien haben also all das wieder aufleben lassen, was der Herr Jesus bereits bei den Schriftgelehrten und Pharisäern verurteilt hat. Den Seinen hat Er all das in aller Klarheit verboten:

„Ihr aber sollt euch nicht Rabbi nennen lassen, denn einer ist euer Meister, der Christus; ihr aber seid alle Brüder. Nennt auch niemand auf Erden euren Vater; denn einer ist euer Vater, der im Himmel ist. Auch sollt ihr euch nicht Meister nennen lassen; denn einer ist euer Meister, der Christus. Der Größte aber unter euch soll euer Diener sein." (Matthäus 23,8-11).

Darum werde ich unseren Dorfpfarrer auch nie mit „Herr Pfarrer" oder „Hochwürden" anreden und den Wiener Erzbischof nie mit „Herr Bischof" oder gar „Eminenz". Es wäre Sünde einem so klaren Wort des Herrn zuwiderzuhandeln. Wie ist das in protestantischen Kreisen? Hier hat sich „Pfarrer" oder „Pastor" eingebürgert, in der evangelischen Kirche gibt es noch „Superintendent" und „Bischof". Auch hier gilt dasselbe Prinzip. Solche Titel und Ehrbezeugungen müssen ihnen im Namen Christi vorenthalten werden.

Ist die Gemeinde Gottes, das Volk des Reiches Gottes, also anarchistisch strukturiert? Mitnichten, es ist „organisch" gegliedert, im Sinne des biblischen Hauses. Die Struktur wächst mit der Größe einer Gemeinde an einem Ort:

- Es beginnt mit den einzelnen Haushaltsvorständen..

- Aus diesen wird ein Kreis von „Ältesten" erwählt, der die Leitung der einzelnen Hausgemeinden als Einheit innehat.
- Ab einer gewissen Größe des Ältestenkreises stand diesem ein Bischof vor.
- Die Ältesten wurden von den Diakonen und Diakoninnen (bzw. Witwen, Jungfrauen) unterstützt.

All das sind keine Titel, sondern Aufgabenbeschreibungen. Diese werden in folgenden Stellen ausführlich beschrieben: 1. Korinther 12,28; Epheser 4,11; 1. Timotheus 3,1-13; Titus 1,5-9; 1. Petrus 5,1-4.

- **Apostel** – Gesandter (lat.: Missionar): Das sind jene, die in fremde Regionen ausgesandt werden, um dort das Evangelium zu verkünden und Gemeinden zu gründen. Nachdem diese etabliert sind und eine örtliche Leitung eingesetzt ist, ziehen sie weiter.
- **Propheten** – Mahner und Weissager: Diese bilden mit den Lehrern die erste Form der Leitung in jungen Gemeinden, bis Älteste herangereift sind. Gerade als das Neue Testament erst im Entstehen war, war die Gemeinde in vielen Fragen auf Wegweisung durch Propheten angewiesen. Propheten waren im Alten Testament auch stets Berater der Könige und sollen in derselben Weise auch heute Gottes Sprachrohr in speziellen Situationen, weise Ratgeber und Mahner sein. Der Prophetendienst in der frühen Kirche war häufig ein Reisedienst. Ein Prophet besuchte und betreute im Auftrag der Apostel mehrere der neu gegründeten Gemeinden.
- **Evangelisten:** Diese sind Evangeliumsverkündiger vor Ort, die im Gegensatz zu den Aposteln nicht weiterziehen, denn die Gemeinde soll beständig die Botschaft vom Reich Gottes in ihrer Umgebung bekannt machen.
- **Pastor** – Hirte: Hier steht die Fürsorge für die „Schafe Christi" im Fokus, der seelsorgerliche Dienst.
- **Lehrer:** Diese sind für das Lesen und Erklären der Heiligen Schriften verantwortlich. Dies kann in persönlichen Gesprächen, etwa der

Taufunterweisung, in Kleingruppen oder vor der ganzen Gemeinde erfolgen.

- **Presbyter** – Älteste (wörtlich: Ältere): Diese sind bereits vom Alten Testament her die, welche Sippen und Stämme des Volkes führten; es sind die „Ältesten" im „Clan", die „im Tor saßen", wo sie Rat hielten, Probleme besprachen, Streit schlichteten ... Man begegnete ihnen aufgrund ihres Alters und ihrer Weisheit, die sie zu diesem Dienst qualifizierte, mit dem angemessenen Respekt.

- **Episkopos** – Bischof (deutsch: Aufseher): Dieser Begriff wird im Neuen Testament synonym mit Ältester gebraucht und meint dieselben Personen. Der Name ist Programm, sie haben die Aufsicht über die Gemeinde, sollen den Überblick haben, Bedürfnisse und Nöte erkennen, Fehlentwicklungen begegnen.

- **Vorsteher:** Ein anderes Wort, welches den Leitungsdienst beschreibt. Hier denkt man etwa daran, ein Treffen zu leiten, den Gottesdienst zu beginnen und abzuschließen.

- **Diakon** – Diener: Diese werden, wie etwa in der Frage der Witwenversorgung (Apostelgeschichte 6), eingesetzt, um Dienste zu koordinieren. Sie sind „die rechte Hand" der Gemeindeleitung, werden auch als Boten ausgesandt, machen Besuchsdienste, kümmern sich um die Verteilung der Güter an die Bedürftigen.

- **Diakoninnen** – Dienerinnen, inkl. Witwen und Jungfrauen: Diese dienen vor allem dort, wo es für Männer unschicklich wäre, etwa in der Frauenseelsorge, Besuchsdienste bei Frauen, aber auch vorrangig in der beständigen Fürbitte.

Leitungsstrukturen wachsen mit der Größe einer Gemeinde und mit der Reife der einzelnen Glieder. Keine Gemeinde beginnt mit Ältesten, das wäre völlig unrealistisch und in der Regel anmaßend. Eine Gemeinde wird gegründet und dann vor allem Einem anvertraut; dieser Eine, der Heilige Geist, beruft und begabt dann Propheten und Lehrer. In manchen Fällen gab es in apostolischer Zeit schon qualifizierte Älteste, die zuvor gottesfürchtige Synagogenvorsteher waren und im biblischen Glauben und der Kenntnis der Schriften gereift waren.

„Nachdem sie ihnen aber in jeder Gemeinde Älteste bestimmt hatten, befahlen sie sie unter Gebet und Fasten dem Herrn an, an den sie gläubig geworden waren." (Apostelgeschichte 14,23).

„So habt nun acht auf euch selbst und auf die ganze Herde, in welcher der Heilige Geist euch zu Aufsehern gesetzt hat, um die Gemeinde Gottes zu hüten, die er durch sein eigenes Blut erworben hat!" (Apostelgeschichte 20,28).

Es gibt in letzter Konsequenz nur einen Gemeindeleiter, den Herrn Jesus, der Brüder beauftragt, für Seine Herde zu sorgen. Dabei erwartet er vor allem eines:

„Simon, Sohn des Jonas, liebst du mich mehr als diese? Er spricht zu ihm: Ja, Herr, du weißt, dass ich dich lieb habe! Er spricht zu ihm: Weide meine Lämmer! Wiederum spricht er zum zweiten Mal zu ihm: Simon, Sohn des Jonas, liebst du mich? Er antwortete ihm: Ja, Herr, du weißt, dass ich dich lieb habe. Er spricht zu ihm: Hüte meine Schafe!

Und das dritte Mal fragt er ihn: Simon, Sohn des Jonas, hast du mich lieb? Da wurde Petrus traurig, dass er ihn das dritte Mal fragte: Hast du mich lieb?, und er sprach zu ihm: Herr, du weißt alle Dinge; du weißt, dass ich dich lieb habe. Jesus spricht zu ihm: Weide meine Schafe!" (Johannes 21,15-17).

Dreimal fragte der Herr Jesus Petrus, ob er Ihn liebe. Warum das? Erstens, weil das die entscheidende Frage ist. Zweitens, weil Petrus ihn vor der Kreuzigung dreimal verleugnet hat. Drittens, um ihn „vom hohen Ross herunterzuholen." Die Frage ändert sich nämlich jedes Mal:

- Liebst du mich mehr als diese? Liebst du mich mehr, als die anderen Apostel mich lieben?
- Liebst du mich?
- Hast du mich lieb?

Petrus antwortete jedes Mal mit: *„Ich habe dich lieb."* Dahinter steht das Wort „phileo", eine freundschaftliche Liebe. Gefragt war aber *„Liebe"* („agape"), eine umfassendere, hingegebene Liebe. Petrus soll nicht mehr versprechen und vorgeben, als er hat. Er musste in der Liebe wachsen und dort anfangen, wo er gerade stand. Dort nun beauftragte der Herr ihn; es war kein vollkommener Anfang, da kein Anfang je in Vollkommenheit erfolgen kann. Es geht auch beim Leitungsdienst um ein Wachstum in der Liebe. Die Liebe aber muss die treibende Kraft sein.

Tatsächlich stehen oft andere Motive hinter dem Wunsch, Gemeindeleiter zu werden. Ich habe jüngst aus Neugier einen Fragebogen gemacht, um zu sehen, ob ich für eine Pastorenausbildung geeignet sei. Das waren die Fragen:

- *„Bist du gerne mit Menschen unterwegs?*
- *Welches Berufsbild interessiert dich am meisten?*
- *Wie lange bist du schon gläubig? [Anm. 1 Jahr, 2 Jahre, mehr als 3 Jahre]*
- *Besuchst du regelmäßig eine christliche Gemeinschaft?*
- *Hast du schon in einer Kirche mitgearbeitet?*
- *Wie regelmäßig liest du die Bibel?*
- *Die ersten 6 Fragen hast du bereits geschafft! Welcher Typ Mensch beschreibt dich am ehesten?*
- *Führst du Aufgaben lieber im Vordergrund aus und leitest andere gerne an?*
- *Ist es dir wichtig die Bibel in die Tat umzusetzen und Glauben praktisch werden zu lassen?*
- *Hast du Spaß beim "Unterrichten" und "Lehren"?*
- *Löst du gerne Probleme und stellst dich neuen Herausforderungen?*
- *Lass uns deinen nächsten Schritt bestimmen! Wo stehst du gerade?*
- *Schlägt dein Herz dafür, das Glaubensleben anderer zu fördern?*
- *Erfüllt es dich, anderen vom Evangelium zu erzählen?*
- *Beschäftigst du dich gerne mit Leiterschaft und dem Aufbau von Teams oder Organisationen?*
- *Super - du hast es geschafft. Wie bist du auf uns aufmerksam geworden?*
- *Welches Angebot von uns interessiert dich am meisten?*

- *Wie alt bist du?"* [160]

Worum geht es? Richtig: Um Selbstverwirklichung. Was dem Herrn am wichtigsten war, kommt hier gar nicht vor. Was mir Spaß macht, wurde gefragt! Betrachten wir aber folgenden Text von Paulus, und welche Liste an Fragen sich daraus ergibt:

„Glaubwürdig ist das Wort: Wer nach einem Aufseherdienst trachtet, der begehrt eine vortreffliche Tätigkeit. Nun muss aber ein Aufseher untadelig sein, Mann einer Frau, nüchtern, besonnen, anständig, gastfreundlich, fähig zu lehren; nicht der Trunkenheit ergeben, nicht gewalttätig, nicht nach schändlichem Gewinn strebend, sondern gütig, nicht streitsüchtig, nicht geldgierig; einer, der seinem eigenen Haus gut vorsteht und die Kinder in Unterordnung hält mit aller Ehrbarkeit – wenn aber jemand seinem eigenen Haus nicht vorzustehen weiß, wie wird er für die Gemeinde Gottes sorgen? –, kein Neubekehrter, damit er nicht aufgeblasen wird und in das Gericht des Teufels fällt. Er muss aber auch ein gutes Zeugnis haben von denen außerhalb der Gemeinde, damit er nicht in üble Nachrede und in die Fallstricke des Teufels gerät." (1. Timotheus 3,1-7).

- Ist es dein aufrichtiges Begehren, die Aufsicht über Gottes Gemeinde zu führen?
- Kann man dir hinsichtlich deines Charakters oder deiner Lebensführung etwas vorwerfen? Hast du Leichen im Keller?
- Bist du mit deiner ersten und einzigen Frau in aufrechter Ehe?
- Hast du ein nüchternes Urteilsvermögen?
- Bist du besonnen und überlegt in deinen Entscheidungen?
- Wahrst du den Anstand im Umgang mit anderen und deinem Auftreten?
- Übst du regelmäßig Gastfreundschaft?
- Kannst du Gottes Wort gut und verständlich lehren?
- Bist du frei von Alkoholmissbrauch?
- Bist du bescheiden und frei von Gewinnstreben?
- Bist du gütig im Umgang mit anderen?

---

[160] https://ths-akademie.de

- Bist du frei von Streitsucht und Rechthaberei?
- Bist du frei von Geldgier?
- Stehst du deinem eigenen Haushalt gut vor?
- Sind deine Kinder gehorsam, ehrbar und zum Glauben gekommen (vgl. Titus 1,6)?
- Bist du lange genug im Glauben und reif genug, dass der Teufel aufgrund des Amtes dich nicht stolz machen kann?
- Wie ist dein Ruf bei den ungläubigen Nachbarn im Ort?

Merken wir den immensen Unterschied zwischen den beiden Fragenkatalogen? Der eine Fragebogen ist postmodern und selbstzentriert, der andere ist biblisch und fasst alles, was wir bisher über die christliche Lebensweise geschrieben haben, zusammen. Ein Ältester oder Bischof repräsentiert also das, was jeder Christ anstreben soll. Er ist eine Zielvorgabe.

„Gedenkt an eure Führer, die euch das Wort Gottes gesagt haben; schaut das Ende ihres Wandels an und ahmt ihren Glauben nach!" (Hebräer 13,7).

„Seid meine Nachahmer, gleichwie auch ich Nachahmer des Christus bin!" (1. Korinther 11,1).

Die biblischen Qualifikationen zur Leiterschaft kann man an keiner Universität erlernen und mit keinem akademischen Grad nachweisen; sie sind die Frucht eines jahrelangen Lebens in der Nachfolge. Darum können es auch keine jungen Männer sein, nicht umsonst spricht man von „Ältesten". Es ist auch nicht vorgesehen, dass Frauen diese Dienste übernehmen, da die Gemeindeleitung sich aus den männlichen Haushaltsvorständen „rekrutieren" soll. Älteste wachsen und reifen also im Rahmen der Gemeinde heran, sind allen wohlbekannt und werden von diesen erkannt, eingesetzt und anerkannt. In der Didaché, einer Gemeindeordnung aus dem ersten Jahrhundert (um 80) wird der Wechsel von einer vorläufigen Leitung aus Propheten und Lehrern hin zu Bischöfen und Diakonen angesprochen:

„Wählet euch Bischöfe und Diakonen, würdig des Herrn, Männer voll Milde und frei von Geldgier, voll Wahrheitsliebe, erprobte; denn sie sind es, die für euch ver-

sehen den heiligen Dienst der Propheten und Lehrer. Achtet sie deshalb nicht gering; denn sie sind eure Geehrten mit den Propheten und Lehrern."[161]

Es ist klar, dass dieser kurze Text auf die Kriterien anspielt, die Paulus vorgab. Wie gesagt, junge Gemeinden haben in aller Regel nicht die reifen und älteren Geschwister, aber sie sind nicht ohne Leitung. Wir alle stehen unter Christus, der durch den Heiligen Geist die nötigen Gaben zum Aufbau und der Leitung Seiner Gemeinde gibt; zuerst sind das Propheten und Lehrer.

Bei uns ist vieles nicht ideal, und ich muss mich selbst den Kriterien immer wieder stellen. Ich bin geschieden, aber ich bleibe im Sinn von 1. Korinther 7,11 ledig (die Scheidung ging nicht von mir aus). Zwei meiner Kinder folgen dem Herrn Jesus treu nach. Ich bin zwar frei von Geldliebe, aber nicht immer besonnen im Umgang damit. Der gesellige Umgang mit Alkohol in der Dorfgemeinschaft hat mir viele Kontakte eröffnet, aber er war zum Teil auch grenzwertig. Ich wurde dafür auch gemeindeintern kritisiert und habe mich korrigieren lassen. Im Allgemeinen habe ich dennoch einen guten Ruf, auch am Arbeitsplatz. Meine Lehrfähigkeit ist auch über die Gemeinde hinaus anerkannt. Ich bin seit 37 Jahren gläubig, gegenwärtig 55 Jahre alt, und sehe durchaus noch „Luft nach oben", was mein geistliches Wachstum betrifft (es wäre schlimm, sähe ich das nicht mehr). All das steht unter dem Wort:

„Aber durch Gottes Gnade bin ich, was ich bin; und seine Gnade, die er an mir erwiesen hat, ist nicht vergeblich gewesen, sondern ich habe mehr gearbeitet als sie alle [n meinem Fall: mehr als andere, aber es gibt auch weit fleißigere als mich]; jedoch nicht ich, sondern die Gnade Gottes, die mit mir ist." (1. Korinther 15,10)

Derzeit gibt es in unserer Gemeinde ein „ordentliches" Ehepaar, zwei Geschiedene, eine getrennt lebende Schwester und zwei Singles. Das ist mehr als die „zwei oder drei", die für die Gegenwart Christi erforderlich sind, aber doch relativ wenig, sodass bestimmte Gaben einfach noch nicht vorhanden sind. Aber wir lieben uns! Darauf kommt es an. Und wir haben den Herrn!

---

[161] Didaché 15,1-2

Also gibt es keinen Mangel. Ich schreibe das, damit auch andere kleine Gruppen Mut fassen und aus der Fülle in Christus leben.

Leiter haben keine eigene Autorität, sie haben den Willen Gottes für die Gemeinde zu erforschen, zu lehren und zur Geltung zu bringen. Darum und nur insofern ist den Leitern zu gehorchen:

„Gehorcht euren Führern und fügt euch ihnen; denn sie wachen über eure Seelen als solche, die einmal Rechenschaft ablegen werden, damit sie das mit Freuden tun und nicht mit Seufzen; denn das wäre nicht gut für euch!" (Hebräer 13,17).

Paulus sagt auch, dass das nicht immer leicht ist. Es gibt Zeiten, da gibt es aufgrund der gesellschaftlichen Prägungen erhebliche Widerstände, von denen ein Leiter sich nicht einschüchtern lassen darf:

„Das aber sollst du wissen, dass in den letzten Tagen schlimme Zeiten eintreten werden. Denn die Menschen werden sich selbst lieben, geldgierig sein, prahlerisch, überheblich, Lästerer, den Eltern ungehorsam, undankbar, unheilig, lieblos, unversöhnlich, verleumderisch, unbeherrscht, gewalttätig, dem Guten feind, Verräter, leichtsinnig, aufgeblasen; sie lieben das Vergnügen mehr als Gott; dabei haben sie den äußeren Schein von Gottesfurcht, deren Kraft aber verleugnen sie. Von solchen wende dich ab!" (2. Timotheus 3,1-5).

„Daher bezeuge ich dir ernstlich vor dem Angesicht Gottes und des Herrn Jesus Christus, der Lebendige und Tote richten wird, um seiner Erscheinung und seines Reiches willen: Verkündige das Wort, tritt dafür ein, es sei gelegen oder ungelegen; überführe, tadle, ermahne mit aller Langmut und Belehrung!

Denn es wird eine Zeit kommen, da werden sie die gesunde Lehre nicht ertragen, sondern sich selbst nach ihren eigenen Lüsten Lehrer beschaffen, weil sie empfindliche Ohren haben; und sie werden ihre Ohren von der Wahrheit abwenden und sich den Legenden zuwenden.

Du aber bleibe nüchtern in allen Dingen, erdulde die Widrigkeiten, tue das Werk eines Evangelisten, richte deinen Dienst völlig aus!" (2. Timotheus 4,1-5).

Timotheus tat das Werk eines Evangelisten und zahlte auch den Preis für seine Treue:

„Zu einem späteren Zeitpunkt wurde nach den Angaben des Hebräerbriefes (13, 23) auch Timotheus verhaftet, jedoch nach kurzer Zeit wieder entlassen. Gut bezeugt - im 1. Timotheusbrief (1, 3) und durch Eusebius von Cäsarea - ist der weitere Aufenthalt von Timotheus in Ephesus; die Überlieferung nennt ihn Bischof von Ephesus und berichtet von seinem Märtyrertod, nachdem er sich einem ausschweifenden heidnischen Fest widersetzt hatte; …

Timotheus' Leichnam wurde von Ephesus in die Apostelkirche nach Konstantinopel - dem heutigen İstanbul - überführt und nahe der Gebeine von Lukas und Andreas bestattet, wie Hieronymus 356 in seiner Chronik berichtete. Von dort kamen sie 1204 in die Kathedrale bei Campobasso, wo sie am 11. Mai 1945 bei Bauarbeiten wieder entdeckt wurden."[162]

Gemeindeleiter sind die ersten Opfer in jeder Christenverfolgung gewesen, es ist also ein gefährlicher Dienst. Wenn die Anfeindungen nicht von außen kommen, kommen sie von innen, aus dem Fleisch derer, die in der Nachfolge Jesu noch halbherzig und geteilten Herzens sind und noch nicht bereit sind, ihr Denken, Empfinden und Handeln völlig unter die Herrschaft Christi zu stellen. Ein Ältester hat also nicht nur gegen sein eigenes Fleisch zu kämpfen, sondern oftmals auch gegen das Fleisch der ganzen Gemeinde. Oder gegen „Konkurrenten", die aus unlauteren Motiven Gemeindeleitung mit einer Machtposition verwechseln. Darunter litten selbst die Apostel. Johannes schreibt:

„Ich habe der Gemeinde geschrieben; aber Diotrephes, der bei ihnen der Erste sein möchte, nimmt uns nicht an. Darum will ich ihm, wenn ich komme, seine Werke vorhalten, die er tut, indem er uns mit bösen Worten verleumdet; und damit nicht genug, er selbst nimmt die Brüder nicht auf und verwehrt es auch denen, die es tun wollen, und stößt sie aus der Gemeinde hinaus. Mein Lieber, ahme nicht das Böse

---

[162] https://www.heiligenlexikon.de/BiographienT/Timotheus.htm

nach, sondern das Gute! Wer Gutes tut, der ist aus Gott; wer aber Böses tut, der hat Gott nicht gesehen." (3. Johannes 1,9-11).

Paulus, dessen Briefe letztlich von allen Gemeinden anerkannt wurden, war gegen Ende seines Lebens und Dienstes von fast allen verlassen:

„Du weißt ja, dass sich von mir alle abgewandt haben, die in der Provinz Asia sind, unter ihnen auch Phygellus und Hermogenes." (2. Timotheus 1,15).

Wie viele Schmerzen ihnen das bereitet haben muss, kann man sich lebhaft vorstellen. Prediger des Wortes treten in den Kampf des Geistes gegen das Fleisch. Sie sollen Gottes Wort lehren, welches die Fleischesnatur nicht ertragen kann. Die Lehre Christi bürstet stetig gegen den Strich unserer weltlichen Prägungen, gerade auch in der Postmoderne.

Wer das Wort Gottes lehrt, muss besonders heute sehr gründlich arbeiten, denn kaum jemand begegnet Leitern mehr mit einem Vorschussvertrauen aufgrund des Glaubens, dass Gott die Leiter erwählt, befähigt und durch sie reden will. Alles wird hinterfragt. Das Gute daran ist, dass es auch den Leitern den „leichten Weg" versperrt, allein aufgrund ihres Amtes „Autorität" auszuüben. Es wird mehr Qualität gefordert, und vor allem auch mehr „Authentizität" – wir sollen leben, was wir lehren. Stets war es daher auch mein Grundsatz, nichts zu predigen, was ich nicht zumindest begonnen habe, zu leben. Die Lehre muss praktisch sein; es genügt nicht, „Kopfwissen" zu vermitteln, obwohl das auch dazugehört und nicht kleingeredet werden darf.

„Strebe eifrig danach, dich Gott als bewährt zu erweisen, als einen Arbeiter, der sich nicht zu schämen braucht, der das Wort der Wahrheit recht teilt." (2. Timotheus 2,15).

Was aus diesem Vers alles gemacht wird! Da meinen viele, es gehe um die rechte systematische Theologie, dass alles in die exakten Kategorien und heilsgeschichtlichen Epochen („Dispensationen") geteilt oder „zerschnipselt" werden solle. Meines Erachtens trifft es der Methodist Adam Clarke (1762-1832) auf den Punkt in seinem Kommentar zu dieser Stelle:

„Unter rechter Teilung des Wortes der Wahrheit ist daher zu verstehen, dass er in der wahren Lehre verharrt und sie jedem Menschen beibringt, und dass er nach dem Gleichnis unseres Herrn jedem zu seiner Zeit seine Portion Speise gibt - den Unmündigen die Milch, den Erwachsenen die kräftige Speise, den Verzagten den Trost, den Unordentlichen und Unvorsichtigen die Zurechtweisung, mit einem Wort, dass er die Bedürfnisse seiner Zuhörer herausfindet und so predigt, dass er diesen Bedürfnissen entspricht."

Das setzt voraus, dass man die Zuhörer kennt! Ein Lehrer des Wortes soll zu den Herzen der Gemeindeglieder sprechen und nicht über ihre Köpfe hinweg. Es geht hier nicht um theologische Selbstverwirklichung und Brillanz, sondern um die Zurüstung, die Ausbildung der Heiligen:

„Und Er hat etliche als Apostel gegeben, etliche als Propheten, etliche als Evangelisten, etliche als Hirten und Lehrer, zur Zurüstung der Heiligen, für das Werk des Dienstes, für die Erbauung des Leibes des Christus, bis wir alle zur Einheit des Glaubens und der Erkenntnis des Sohnes Gottes gelangen, zur vollkommenen Mannesreife, zum Maß der vollen Größe des Christus; damit wir nicht mehr Unmündige seien, hin- und hergeworfen und umhergetrieben von jedem Wind der Lehre durch das betrügerische Spiel der Menschen, durch die Schlauheit, mit der sie zum Irrtum verführen, sondern, wahrhaftig in der Liebe, heranwachsen in allen Stücken zu ihm hin, der das Haupt ist, der Christus." (Epheser 4,11-15).

Damit sind wir wieder bei dem, was ich eingangs des Kapitels betont habe, bei der Mündigkeit! Alle Gemeindeglieder sind Priester, und alle sollen deshalb für diesen priesterlichen Dienst ausgebildet und zur geistlichen Mündigkeit erzogen werden. Jeder Prediger und Gemeindeleiter soll sich täglich vor Augen halten, dass er sterben wird. Wer soll dann den Dienst weiterführen? Sollen wir irgendwelche „Neophyten" (Junggläubige) von den theologischen Akademien anheuern, oder soll die nächste Generation, die in der Gemeinde aufgewachsen und unterwiesen wurde, das Staffelholz übernehmen? Paulus rügt die Hebräer, weil sie die ihnen zuteil gewordene Unterweisung noch nicht verinnerlicht hatten:

„Über ihn [den Melchisedek] haben wir viel zu sagen, und zwar Dinge, die schwer zu erklären sind, weil ihr träge geworden seid im Hören. Denn obgleich ihr der Zeit nach Lehrer sein solltet, habt ihr es wieder nötig, dass man euch lehrt, was die Anfangsgründe der Aussprüche Gottes sind; und ihr seid solche geworden, die Milch nötig haben und nicht feste Speise. Wer nämlich noch Milch genießt, der ist unerfahren im Wort der Gerechtigkeit; denn er ist ein Unmündiger. Die feste Speise aber ist für die Gereiften, deren Sinne durch Übung geschult sind zur Unterscheidung des Guten und des Bösen." (Hebräer 5,11-14).

Auch aus meinem Brotberuf weiß ich, dass Schüler nicht immer gerne lernen und oft nicht verstehen, warum dies oder das jetzt wichtig sein soll. Es liegt am Lehrer, das Interesse zu wecken, die Relevanz des Gesagten aufzuzeigen und auch den Unterschied, den es im Leben ausmacht. So wie ich stets Anekdoten aus meinem Berufsleben in den Fachunterricht einfließen lasse, muss auch ein Lehrer in der Gemeinde sein Leben, seine Erfahrungen teilen:

„Dies sollst du gebieten und lehren! Niemand verachte dich wegen deiner Jugend, sondern sei den Gläubigen ein Vorbild im Wort, im Wandel, in der Liebe, im Geist, im Glauben, in der Keuschheit!

Bis ich komme, sei bedacht auf das Vorlesen, das Ermahnen und das Lehren. Vernachlässige nicht die Gnadengabe in dir, die dir verliehen wurde durch Weissagung unter Handauflegung der Ältestenschaft! Dies soll deine Sorge sein, darin sollst du leben, damit deine Fortschritte in allen Dingen offenbar seien! Habe acht auf dich selbst und auf die Lehre; bleibe beständig dabei! Denn wenn du dies tust, wirst du sowohl dich selbst retten als auch die, welche auf dich hören." (1. Timotheus 4,11-16).

Wir sind alle Jünger (Schüler) des Meisters, unseres Herrn Jesus Christus. Niemand soll von einem Gemeindeleiter Vollkommenheit erwarten, aber Fortschritte müssen erkennbar sein. Diese motivieren! Sie trösten und spornen an! Sie geben Anleitung und Beispiel, wie etwas gelingen kann. Wir sollen alle im Licht wandeln, und das führt zu Ehrlichkeit und Transparenz:

„Wenn wir aber im Licht wandeln, wie er im Licht ist, so haben wir Gemeinschaft miteinander, und das Blut Jesu Christi, seines Sohnes, reinigt uns von aller Sünde.

Wenn wir sagen, dass wir keine Sünde haben, so verführen wir uns selbst, und die Wahrheit ist nicht in uns. Wenn wir aber unsere Sünden bekennen, so ist er treu und gerecht, dass er uns die Sünden vergibt und uns reinigt von aller Ungerechtigkeit. Wenn wir sagen, dass wir nicht gesündigt haben, so machen wir ihn zum Lügner, und sein Wort ist nicht in uns.

Meine Kinder, dies schreibe ich euch, damit ihr nicht sündigt! Und wenn jemand sündigt, so haben wir einen Fürsprecher bei dem Vater, Jesus Christus, den Gerechten; und er ist das Sühnopfer für unsere Sünden, aber nicht nur für die unseren, sondern auch für die der ganzen Welt. Und daran erkennen wir, dass wir ihn erkannt haben, wenn wir seine Gebote halten. Wer sagt: »Ich habe ihn erkannt«, und hält doch seine Gebote nicht, der ist ein Lügner, und in einem solchen ist die Wahrheit nicht; wer aber sein Wort hält, in dem ist wahrhaftig die Liebe Gottes vollkommen geworden.“ (1. Johannes 1,7-10 und 2,1-5).

Nur wenn die Gemeindeleiter selbst auch ein Vorbild dieser Offenheit und dieses Ringens um Fortschritte im Glauben sind, wird die Gemeinde vorankommen. Geben sie hingegen den Anschein der Vollkommenheit, sind sie nicht nur Heuchler und angreifbar, sondern entmutigen auch die Zuhörer und schaffen eine unbiblische Kluft zwischen *„dem da oben, der es geschafft hat“* und *„denen da unten, aus denen nie etwas wird.“* Das Ergebnis ist Unmündigkeit und Abhängigkeit, und am Ende Desillusionierung oder Heuchelei seitens der Gemeinde.

Gemeindeleiter sollen auch zurechtgewiesen werden, aber nicht um sie loszuwerden, sondern um sie zu bessern und zu erhalten; jedoch sollen sie auch vor böswilliger übler Nachrede geschützt werden:

„Gegen einen Ältesten nimm keine Klage an, außer aufgrund von zwei oder drei Zeugen. Die, welche sündigen, weise zurecht vor allen, damit sich auch die anderen fürchten. Ich ermahne dich ernstlich vor Gott und dem Herrn Jesus Christus und den auserwählten Engeln, dass du dies ohne Vorurteil befolgst und nichts aus Zuneigung tust!“ (1. Timotheus 5,19-21).

Bevor man Gemeindeleiter wird, muss man auch lernen, sich unterzuordnen. Als wir uns nach unserer Hochzeit einer offenen Brüdergemeinde in der

Nachbarschaft anschlossen, war mir bewusst, dass diese in Fragen der Endzeit eine andere Auffassung vertrat als die übrigen Brüdergemeinden. Ich habe mir vorgenommen, diesbezüglich keinen Streit anzufangen – auf meine Fragen dazu, wurde ich nur auf ein dickes englisches Buch verwiesen; erklären wollten die Leiter es mir nicht. Lesen wollte ich das Buch auch nicht, denn ich hätte es mir ausborgen oder besorgen müssen. Also habe ich das Thema außer Streit gestellt und mich bemüht, mich konstruktiv einzubringen. Als einmal im Zuge einer Predigtreihe über das Markusevangelium die Endzeitreden des Herrn an der Reihe waren, wurde mir angeboten, nach der Predigt eines der Ältesten meine Position vorzutragen. Ich habe das abgelehnt, weil ich es nicht für gut hielt, eine Kontroverse zu provozieren. Zudem war dieser Älteste rhetorisch nicht besonders gut und seine Predigten eher konfus – ich meine es nicht hochmütig, aber es wäre eine sehr ungleiche Debatte geworden. Letztlich sehe ich Auslegungsunterschiede in Endzeitfragen als eher sekundär an. Wenn der Herr Jesus wiederkommt, werden wir alle es klarer sehen.

Mittlerweile habe ich auch mein Verständnis dieser Frage verfeinert, nicht im Sinne der damaligen Gemeindelehre, aber doch so, dass ich mich meiner selbstsicheren Auslegung damals rückblickend geschämt hätte. Lehre ohne Demut ist brandgefährlich.

„Werdet nicht in großer Zahl Lehrer, meine Brüder, da ihr wisst, dass wir ein strengeres Urteil empfangen werden! Denn wir alle verfehlen uns vielfach; wenn jemand sich im Wort nicht verfehlt, so ist er ein vollkommener Mann, fähig, auch den ganzen Leib im Zaum zu halten." (Jakobus 3,1).

Es ist nicht nur Gott, der uns strenger beurteilt, der von uns erwartet, Sein Wort treu und unverfälscht zu lehren (was uns nicht immer gelingt), sondern auch die Zuhörer, die Gottes Wort manchmal besser kennen als der Prediger. Tatsächlich nimmt Gott die Gemeinde bei der Beurteilung der Lehre in die Pflicht, was wiederum mit der Mündigkeit zu tun hat:

„Propheten aber sollen zwei oder drei reden, und die anderen sollen es beurteilen." (1. Korinther 14,29).

„Den Geist dämpft nicht! Die Weissagung verachtet nicht! Prüft alles, das Gute behaltet!" (1. Thessalonicher 5,19-21).

Es gibt in der Gemeinde kein „unfehlbares Lehramt"; das zu wissen, bewahrt uns davor, ein falsches Vertrauen auf Menschen zu setzen. Es hilft uns auch, Geduld mit irrenden Brüdern aufzubringen. Wir werden auch davor bewahrt, die Vollkommenheit einer Gemeinde an der Vollkommenheit ihrer Lehre festzumachen. Unsere Vollkommenheit ist in Christus und nirgends anders.

Gottes Wort zu studieren, zu tun und zu lehren, bedeutet, dass man als Lehrer meist einen Wissens- und Erfahrungsvorsprung vor der Gemeinde hat. Ich nehme ein scheinbar nebensächliches Thema, die Kopfbedeckung der Frauen beim Beten und Weissagen (vgl. 1. Korinther 11,2-16). Ich führe es jetzt nicht im Detail aus, sondern erzähle einfach meine Geschichte dazu.

Als ich jung im Glauben war, saugte ich alles auf, was Gottes Wort betraf. Ich kaufte mir eine Auslegungsreihe der Brüdergemeinden aus den 1920er Jahren (die „Handreichungen"), die voll von interessanten und schlüssigen Kommentaren zum Wort Gottes war. Eines Tages stieß ich auf die Auslegung zur Kopfbedeckung. Sie leuchtete mir relativ rasch ein, und so kopierte ich den Artikel und bat einen der Ältesten um einen Kommentar dazu. Er schrieb mir ausführlich, warum er das nicht so sehe, wie der Autor. Darauf antwortete ich ihm, wo ich die Schwächen in seiner Gegenargumentation sah. Es ergab sich ein freundlicher Briefwechsel, der insgesamt dutzende Seiten umfasste. Ich lernte sehr viel damals, vor allem wie die bibelkritische Auslegung funktioniert. Dennoch ordnete ich mich unter und machte kein großes Wasser darum, denn ich nahm meinen Hut ohnedies ab, wenn ich im Gottesdienst saß (das gilt nämlich weitgehend unwidersprochen bis heute noch, und es ist die zweite Seite dieser Bibelstelle). Auch in der Brüdergemeinde wurde es nicht praktiziert, also schwieg ich auch dort.

Als meine Familie und ich später zur sehr traditionellen Gemeinde Christi kamen, wurde das Thema aktueller. Nach wenigen Jahren wurde ich in die Gemeindeleitung aufgenommen, und ich redete mit dem anderen Hauptprediger darüber. Überraschenderweise sah er es wie ich. Wir hatten dabei ein zweites Anliegen: In dieser Gemeinde wurde der Vers *„die Frau schweige in der Gemeinde"* (1. Korinther 14,34) sehr rigoros ausgelegt, sodass sie nicht einmal laut beten durften, wenn Männer auch nur gegenwärtig waren (also auch daheim nicht). Andererseits geht 1. Korinther 11,2-16 davon aus, dass Frauen sehr wohl beten und weissagen dürfen, sofern sie ihr Haupt bedecken. Wir entschlossen uns also, die Gemeinde hier einen Schritt weiterzuführen, entgegen ihrer unzureichenden Auslegungstradition. Wenn dir dein Leben lieb ist, hinterfrage nie Traditionen!

Wir gingen es sehr behutsam an. Wir brachten das Thema in die Brüdertreffen, an denen die meisten Männer der Gemeinde mehr oder weniger regelmäßig teilnahmen. Über sechs Monate versuchten wir, es verständlich darzulegen, und es gab kaum Widerspruch. So setzten wir einen Tag fest, es in der Gemeinde zu lehren. Kurz davor machte die Frau eines anderen Ältesten ein Frauentreffen und „torpedierte" unsere Lehre. Ihr Mann drohte uns einen Tag vor dem vereinbarten Gemeindetag: *„Wenn ihr jetzt lehrt, dass die Kopfbedeckung heilsnotwendig sei, verlassen meine Frau und ich die Gemeinde."* Der andere Hauptprediger, mit dem ich alles aufbereitet hatte, blies also zum Rückzug. Die Frauen schweigen in dieser Gemeinde weiterhin (manche brachten zum Ausdruck, dass sie ja gar nicht laut beten wollen!), das Bollwerk der Tradition wurde erfolgreich verteidigt; der andere Älteste und ich leckten unsere Wunden und machten weiter wie bisher. Ich schreibe das ohne Verbitterung, doch wie wird Gott diese Erpressung beurteilen, wenn jener Bruder und seine Frau vor Ihm stehen?

Erschütternd war, dass auch die anderen Brüder versuchten, hier einfach durchzutauchen und hofften, dass unser Ansinnen bald wieder abflauen würde. Sie taten das nicht aufgrund besserer Argumente – sie setzten sich gar nicht ernsthaft damit auseinander! Sie wollten nur, dass alles so bleibe wie es immer schon war.

In unserer Gemeinde im Waldviertel ist die Sache geklärt, die Frauen bedecken ihr Haupt, und wir bitten auch Gäste, sich um der Liebe willen daran zu halten. Eine Schwester war damit einmal überfordert. Wir reichten ihr freundlich ein Kopftuch vor der Abendandacht, sie fragte: *„Ist das bei euch so üblich?"* Ich bejahte, und der Abend verlief scheinbar harmonisch. Danach aber beschwerte sie sich bei mir, sie wäre sich richtiggehend *„vergewaltigt"* vorgekommen. Diese Schwester war eigentlich schon über 40 Jahre lang gläubig, so war ich über ihre unreife und trotzige Reaktion sehr überrascht. Ich erklärte kurz und bestimmt, dass es meine Verantwortung vor Gott sei, in diesem Haus Sein Wort zur Geltung zu bringen. Ich musste dann rasch eine andere Schwester nach Hause bringen. Danach diskutierten wir in der Gemeinschaft noch länger darüber. War das zu grob? War es undiplomatisch? Am Ende waren wir einmütig: Es war schon richtig so.

Leitung ist nicht immer angenehm. Man muss auch Dinge einfordern, die nicht gerne angenommen werden, und als Christ muss man immer und überall bereit sein, sich um der Liebe Christi willen einzufügen. Wiegen 20dag Stoff mehr als die Liebe? Sind wir uns nicht alle darüber einig, wie wichtig diese Haltung ist?

„Denn obwohl ich frei bin von allen, habe ich mich doch allen zum Knecht gemacht, um desto mehr Menschen zu gewinnen. Den Juden bin ich wie ein Jude geworden, damit ich die Juden gewinne; denen, die unter dem Gesetz sind, bin ich geworden, als wäre ich unter dem Gesetz, damit ich die unter dem Gesetz gewinne; denen, die ohne Gesetz sind, bin ich geworden, als wäre ich ohne Gesetz – obwohl ich vor Gott nicht ohne Gesetz bin, sondern Christus gesetzmäßig unterworfen –, damit ich die gewinne, die ohne Gesetz sind. Den Schwachen bin ich wie ein Schwacher geworden, damit ich die Schwachen gewinne; ich bin allen alles geworden, damit ich auf alle Weise etliche rette. Dies aber tue ich um des Evangeliums willen, um an ihm teilzuhaben." (1. Korinther 9,19-23).

Wenn Paulus schon so flexibel war, sollten wir es nicht auch sein, wenn wir in einer anderen Gemeinde zu Besuch sind? Soll eine Gemeinde für jeden Besucher ihre Ordnungen ändern? Gott sei Dank, sind die anderen Besucher bis jetzt „fügsamer" gewesen und wir hatten stets gute Gemeinschaft in Christus.

Es ist aber auch ein Thema, wo wir mit der Kultur unserer Zeit stark anecken. Wir haben den Feminismus nicht angenommen und glauben nicht an eine antiautoritäre Form der Gemeindeleitung, wie sie in der Postmoderne mehr und mehr üblich geworden ist.

„Die Leiterschaft ist nicht-hierarchisch und sicher nicht autoritär, sondern partizipatorisch. Der Leiter setzt andere frei, statt institutionelle Macht auszuüben. Man hat das Gefühl, dass der Leiter einfach ein Mitglied der Gemeinschaft ist, das seine Gaben zum Wohl aller einsetzt. Der Leiter ist eher der Vater als der Boss, eher der große Bruder als der "Big Brother".“[163]

Die biblische Gemeindeleitung ist weder autoritär (wie hier überzogen dargestellt), noch permissiv. Sie ist – wie auch in der Kindererziehung – autoritativ. Es geht um Gottes Willen und Wort, welches gelehrt und zur Geltung gebracht werden muss. Hier formuliert man nicht mit vagen Konjunktiven und unverbindlichen Anregungen, sondern mit Appellen und Imperativen. Ansonsten werden die Schafe Christi genauso unselbstständig und lebensuntüchtig wie die Generation Z.

„Ist es doch ebenso mit den leblosen Instrumenten, die einen Laut von sich geben, sei es eine Flöte oder eine Harfe; wenn sie nicht bestimmte Töne geben, wie kann man erkennen, was auf der Flöte oder auf der Harfe gespielt wird? Ebenso auch, wenn die Posaune einen undeutlichen Ton gibt, wer wird sich zum Kampf rüsten?“ (1. Korinther 14,7-8).

So wie Kinder nach Grenzen und Orientierung lechzen und sich auch reiben müssen, so brauchen suchende Menschen und bekehrte Christen gleichermaßen klare Orientierung und die Offenbarung des Willens Gottes, an dem sie sich ausrichten können. Mit dem antiautoritären Gesäusel der Postmoderne tun wir niemandem etwas Gutes. Die Lehre des Wortes Gottes muss nachdrücklich sein:

---

[163] https://www.jesus.ch/news/gesellschaft/113374-evangelisation_und_gemeinde_fuer_postmoderne_menschen.html

„Dieses sollst du lehren und mit allem Nachdruck ermahnen und zurechtweisen. Niemand soll dich geringschätzen!" (Titus 2,15)

„Glaubwürdig ist das Wort, und ich will, dass du dies mit allem Nachdruck bekräftigst, damit die, welche an Gott gläubig wurden, darauf bedacht sind, eifrig gute Werke zu tun. Dies ist gut und nützlich für die Menschen." (Titus 3,8).

Es muss aber alles zusammenwirken: Die Liebe zum Herrn und den Geschwistern, das Beispiel des eigenen Lebens, Offenheit und Korrigierbarkeit, Demut, aber auch Fleiß, Konsequenz, Mut und Leidensbereitschaft. Es ist kein Dienst, den man sich leichtfertig aussucht, den man eher scheuen als anstreben sollte. Aber er hat einen großen Lohn.

„Habe acht auf dich selbst und auf die Lehre; bleibe beständig dabei! Denn wenn du dies tust, wirst du sowohl dich selbst retten als auch die, welche auf dich hören." (1. Timotheus 4,16).

Verwundert es bei all dem, dass gute Leiter im biblischen Sinn selten geworden sind? Der Herr ruft uns daher zum Gebet auf:

„Als er aber die Volksmenge sah, empfand er Mitleid mit ihnen, weil sie ermattet und vernachlässigt waren wie Schafe, die keinen Hirten haben. Da sprach er zu seinen Jüngern: Die Ernte ist groß, aber es sind wenige Arbeiter. Darum bittet den Herrn der Ernte, dass er Arbeiter in seine Ernte aussende!" (Matthäus 9,36-38).

Vergessen wir auch nicht, dass der Feind nicht schläft. Er „versorgt" die Gemeinde Gottes mit allerlei schillernden Figuren, denen man gerne zuhört. Ich spreche hier ganz allgemein von „Pastor YouTube" und „Pastor TikTok". Die sozialen Medien sind voll von Predigten, Predigtschnipsel, Vorträgen und Konferenzmitschnitten aus jeder theologischen Richtung. Ich habe erlebt, wie es eine Gemeinde zerrissen hat, weil „Pastor YouTube" auf einmal mehr Autorität bei einigen bekam als die örtliche Gemeindeleitung. Bei der Sintflut an zum Teil auch guter biblischer Lehre droht man, als Gemeindeleiter zu ertrinken, denn man kann gar nicht alles prüfen und besprechen. „Pastor YouTube" ist oft viel ansprechender. Seine Videos sind gut geschnitten und „poliert", er unterlegt sie mit Bildern und Musik, er gibt Antworten auf die Fragen, die man in die Suchmaschine eingetippt hat … und er hat keinen Mundgeruch. Wir wissen nicht, wie er lebt, wie sich seine Kinder verhalten, ob er geldliebend ist und einen guten Ruf hat. Lehre wird hier auf Inhalte reduziert und vom Lebenswandel des Vortragenden völlig abgekoppelt. Viel von dem, was man auf YouTube hört, ist entweder vermischt mit Irrlehren oder auch völlig falsch. Wer von denen, die sich hier ihre „geistliche Nahrung" holen, kann das wirklich unterscheiden? Vor allem: Wer sollte gemäß der Bibel die Verantwortung für die gesunde Lehre tragen? Nicht „Pastor TikTok", sondern die Ältesten und Lehrer der örtlichen Gemeinde.

Wir sollten daher stets zugänglich sein, wenn Geschwister Fragen haben. Älteste sind aber auch kein Chat GPT, die in Sekundenbruchteilen Antworten zu allen Themen ausspucken. Geduld! Auch Gemeindeleiter müssen sich in neue Fragestellungen erst einarbeiten, und es gibt kein Recht, auf alle Fragen sofort Antworten zu bekommen. Ich denke, die sozialen Medien gehören heute zu den größten Herausforderungen im Leitungsdienst, denn sie verfälschen diesen erneut, indem sie ihn auf das sofortige Beantworten meiner eigenen, persönlichen Fragen und Bedürfnisse reduzieren. So funktioniert das Leben nicht. Im Gegenteil: Wir werden bis zum Ende mit offenen Fragen leben müssen – Nachfolge Jesu lebt davon, denn sie basiert auf Glauben.

„Und an jenem Tag werdet ihr mich nichts fragen." (Johannes 16,23).

Wann werden alle unsere Fragen beantwortet sein? An jenem Tag. Nicht heute oder morgen. Aus dieser Aussage wird klar, dass auch Google nicht alle unsere Fragen beantworten kann – und zudem erhält man auch viele falsche Antworten, auch bei Chat GPT. Vertrauen gründet auf die Person des Herrn Jesus. Wir können und sollen Ihm auch dort folgen, wo nur Er den Weg, das Ziel und die Antworten kennt.

Dazu muss Gemeindeleitung die Schafe Christi erziehen: zum kindlichen Vertrauen auf unseren göttlichen Heiland!

Geschwisterliche Korrektur

„Da trat Petrus zu ihm und sprach: Herr, wie oft soll ich meinem
Bruder vergeben, der gegen mich sündigt? Bis siebenmal? Jesus
antwortete ihm: Ich sage dir, nicht bis siebenmal, sondern bis
siebzigmalsiebenmal!" (Matthäus 18,21-22).

Wir sind Menschen, und wo Menschen beisammen sind, reiben sie sich.
Persönlichkeiten, Charaktere, Vorlieben, Interessen, Erziehung, Herkunft,
Bildungsstand, Prägungen, Aussehen, Vorurteile, Gewohnheiten, Umgangs-
formen, Frustrationstoleranzen, Zugänglichkeit oder Verschlossenheit …
das kann einander durchaus ergänzen, doch es kann auch „Zündstoff" sein.
Hinzu kommt, dass wir in einer Kultur leben, die Empfindlichkeit geradezu
zur Tugend erhoben hat. Das ist nicht verwunderlich, denn wo der
Selbstwert und die Menschenwürde bereits zerstört worden sind, sind die
Menschen besonders verletzlich und reagieren oft überzogen, selbst wenn es
um lieb gemeinte humorvolle Bemerkungen geht. Auch bei gerechtfertigter
Kritik, selbst wenn sie nach aller Kunst wertschätzender Pädagogik
vorgetragen wird, ist nicht selten Feuer am Dach.

*„Trifft man in der Botanik auf Mimosen, so bieten sie einen erfreulichen Anblick.
Begegnet man ihnen aber im Büro oder Privatleben, so erweisen sie sich schnell
als Plagegeister!*

*Etwas ausführlicher. Wenn man sich über die Eigenarten der Mimose (als Pflanze!)
informiert, so findet man unter anderem folgenden Hinweis: "Alle Teile der Mimose
sind mehr oder minder giftig und unverträglich. Sie sollte nicht verzehrt werden und
unzugänglich für Kinder oder Haustiere stehen."*

*Die Eigenschaften menschlicher Mimosen sind kaum weniger unverträglich. Der
Grund ist schnell erklärt: Was man ihnen gegenüber auch sagt oder tut, sie interpretieren es als verletzenden Angriff auf sich selbst - und so reagieren sie dann auch.*

*Ein nett gemeintes Kompliment wie "heute siehst du aber gut aus" empfinden sie als
Beleidigung ihres Aussehens an allen anderen Tagen: "Bin ich sonst etwa hässlich?"*

Eine beiläufige Bemerkung über eine abweichende Vorliebe wie "ich trinke lieber Wein" ist für sie eine gezielte Verunglimpfung ihres eigenen Geschmacks: "Du denkst wohl, alle Biertrinker sind Proleten." Und selbst ein harmloser Hinweis wie "da vorne ist Rot" ist in ihren Ohren nichts anderes als eine bösartige Belehrung: "Wenn Du alles besser weißt, dann fahr doch selbst!"

Ganz schlimm wird es natürlich, wenn es um Kritik geht. Wehe, man deutet auch nur an, dass man anderer Meinung ist oder dass man einen Verbesserungsvorschlag hat. Dann mutiert die Mimose zur beleidigten Leberwurst. Ihr Blick wird kalt, ihre Lippen verkniffen und ihr Körper starr. Es folgen Kopfschütteln, Seufzen und Beiseiteschauen. Und den Abschluss bilden entweder resignativer Weltschmerz ("Niemand versteht mich") oder wutentbrannte Gegenattacken ("Das lasse ich mir nicht bieten!")."[164]

Von 1968-1981 gab es die Kanadische Comedy Show von „Wayne and Shuster"; eine ihrer Folgen trug den Titel „Winning by Whining", wo eine typische Fernsehtalkshow parodiert wurde. Der Gast war der Autor des titelgebenden (fiktiven) Bestsellers. Schon beim Händedruck bei der Begrüßung beschwerte er sich: „Au, au! Nicht so fest, das tut weh!" Prompt entschuldigte sich der Moderator. 1:0 für den Gast. Als dieser sich setzte, monierte er: „Das ist aber ein harter Stuhl, sehr unbequem." Der Moderator bot ihm seinen Stuhl an. 2:0 für den Gast. Am Ende kaperte er die ganze Sendung, im Abspann fanden sich nur mehr sein Name und die Namen seiner Frau und Kinder … Ja, mit Jammern kann man sich durchsetzen, auch wenn es jämmerlich wirkt. Es scheint eine Erfolgsstrategie zu sein.

Heute werden Rechte formuliert und behauptet, die oft keine objektive Grundlage haben; aber man reagiert wehleidig, gekränkt und empört, wenn sie einem nicht gewährt werden. Das führt dazu, dass tatsächlich kleine Anlässe zu zwischenmenschlichen Eskalationen führen. Diese Prägungen bringen wir alle unweigerlich mit, wenn wir aus der postmodernen Welt in das Reich Gottes kommen. Darum müssen wir uns dessen bewusstwerden

---

[164] https://www.sueddeutsche.de/karriere/lebenskunst-ist-mimosen-auf-abstand-zu-halten-1.584666

und lernen, belastbarer, verträglicher, entspannter, objektiver und weniger selbstzentriert zu werden.

Es ist also eine Herausforderung kritisches Feedback anzunehmen und auch so zu äußern, dass es angenommen wird. Der Ball ist zuerst bei uns. Fragen wir uns selbst, wie wir angesprochen werden wollen! Machen wir es anderen leicht oder schwer, etwas anzumerken? Nehmen wir Kritik nur an, wenn sie liebe- und taktvoll genug formuliert worden ist, oder können wir über menschliche Unzulänglichkeiten und „Formfehler" hinwegsehen und das Eigentliche heraushören? Natürlich, das hat mit Demut zu tun. Wir müssen dankbar sein, wenn man uns auf Fehler hinweist, denn nur das bringt uns weiter. Über Lob freuen wir uns freilich auch, und damit sollte in einer liebenden Gemeinschaft nie gespart werden; dann kann man auch Zurechtweisung besser annehmen. Wenn wir uns erwarten, dass andere auf konstruktive Kritik einsichtig reagieren, sollten wir dieselbe Haltung entwickeln, sodass niemand „Angst" haben muss, uns anzusprechen.

Wie gesagt, unsere postmodernen Prägungen machen es uns nicht unbedingt einfacher. Der Heidelberger Philosoph und Theologe Ulrich Walter Diel erklärt, worum es im Hintergrund geht und warum diese Empfindungen so irrational geworden sind.

„Die bundesdeutsche Verfassung ist weder eine allgemeine Ethik noch eine bundesdeutsche "Hausordnung" (wie eine bekannte Politikerin meinte) noch eine moralische Zivilreligion für alle Bürger und Menschen. Sie gibt in Artikel 1 des Grundgesetzes "Die Würde des Menschen ist unantastbar." vielmehr nur eine sittliche Idee und ein oberstes normatives Prinzip des Grundgesetzes vor, an der sich dann auch die verfassungsrichterlichen Organe und die Legislative, Judikative und Exekutive des bundesdeutschen Rechtsstaates orientieren sollten. Damit geht von der bundesdeutschen Verfassung ein rechtlicher Anspruch auf einen gewissen rechtsstaatlichen Schutz der allgemeinen Würde eines jeden Bürgers und Menschen aus, der unter natürlichen, sozialen und politischen Realbedingungen jedoch immer nur annähernd eingelöst werden kann.

Diese allgemeine und unveräußerliche Würde eines jeden Menschen wird jedoch nicht erst durch den Rechtsstaat konstituiert, sondern nur von ihm anerkannt und als Leitprinzip der Verfassung institutionalisiert. Die allgemeine und unveräußerliche Würde eines jeden Menschen entspringt nämlich seiner vulnerablen menschlichen Natur selbst, die weder bloß materialistisch noch naturalistisch noch biologistisch verstanden werden kann.

Die Individualität einer Persönlichkeit in und aufgrund einer persönlichen Beziehung wahrzunehmen und wertschätzen zu können, ist daher etwas spezifisch Menschliches, Wertvolles und Gutes. Der postmoderne Individualismus, der sich seit dem Ende des letzten Jahrhunderts im Westen ausbreitet, hat jedoch nichts mit einer solchen Begegnung zwischen Ich und Du und dem Verstehen der individuellen Persönlichkeit eines anderen zu tun. Er hat auch nichts mit einem aufgeklärten Verständnis dieser anthropologischen Tatsachen und Zusammenhänge von menschlicher Natur, menschlicher Würde und Menschenrechten zu tun. Es handelt sich nämlich nur um eine Ideologie der bloßen Subjektivität und Willkür, die diese anthropologischen Tatsachen und Zusammenhänge von menschlicher Natur, menschlicher Würde und Menschenrechten leugnet. ...

Diese postmoderne Ideologie verabsolutiert die Autonomie, Subjektivität und Willkürfreiheit der einzelnen Menschen im Sinne einer absoluten Freiheit von jeder objektiven Erkenntnis von Wahrheit und evidenten logischen Rationalität und objektiv gültigen sittlichen Idealen, Prinzipien, Normen und Werten. Diese Ideologie stellt den Menschen einen Freibrief für x-beliebige Einstellungen, Überzeugungen und Weltanschauungen aus, als ob sie alle gleich gültig wären und ob-wohl sie jeder wissenschaftlichen, philosophischen oder theologischen Plausibilität und Rationalität entbehren. Dennoch werden aufgrund dieser Ideologie ständig und willkürlich immer neu erfundene Rechte propagiert, ohne sie auch nur annähernd allgemeingültig in der menschlichen Natur begründen zu können.

Diese Ideologie spricht den Menschen immer mehr angebliche, erfundene und konstruierte "Rechte" (wie z.B. auf zwei oder mehrere Staatsbürgerschaften, verschiedene Geschlechteridentitäten, Freiheit von Angst, etc.) zu, ohne ihnen moralische, rechtliche oder staatsbürgerliche Pflichten (wie z.B. zum Wehrdienst oder Zivildienst, zur Steuerloyalität, zur Achtung der geltenden Gesetze, etc.) abzuver-

langen. Diese Ideologie hat das Zeug, das Beste der westlichen Kultur, wie Glaube und Vernunft, Judentum und Christentum, Philosophie und Theologie, rechtsstaatliche Ordnung zum Schutz des Lebens, der Freiheit und des Eigentums, Wissenschaften und Künste, Demokratie und Rechtsstaat, Bürgerrechte und Menschenrechte, soziale Marktwirtschaft und Daseinsvorsorge unter dem Deckmantel des weltanschaulichen Pluralismus zu unterwandern und relativistisch ad absurdum zu führen. Denn sie erwartet von den Bürgern und Menschen keine Selbstverantwortung mehr für ihr Leben und versucht den Staat zum allumfassenden Betreuungs-, Gesinnungs- und Erziehungsstaat für unersättlich fordernde Bürger umzufunktionieren.

Die Anhänger dieser Ideologie tun so, als ob es keine eigenständige, vom menschlichen Bewusstsein, Denken und Geist unabhängige Wirklichkeit gäbe. Daher leugnen sie auch die Existenz einer allgemeinen menschlichen Natur, die angemessen zu beschreiben, begrifflich zu erfassen und angemessen zu erklären, das Ziel jeden Erkennens und allen Wissens im Alltag und in den Wissenschaften ist. Im Wesentlichen handelt es sich um die subjektivistische, relativistische oder skeptizistische Leugnung der Möglichkeit objektiver Erkenntnis und der sich an die Wirklichkeit annähernden Erreichbarkeit objektiven Wissens im Alltag und in den formalen, empirischen und historischen Wissenschaften. …

Diese subjektivistische und konstruktivistische Einstellung macht es nicht mehr möglich zwischen Wahrheit und Lüge, Verantwortung und Willkürfreiheit, Gerechtigkeit und Ungerechtigkeit zu unterscheiden. Letzten Endes unterwandert sie Ethik und Moral, Recht und Rechtsstaatlichkeit, alle Bürger- und Menschenrechte und ermöglicht ein anarchisches Chaos, eine Herrschaft der Stärkeren und damit einen neuen Unrechtsstaat der politischen Willkürherrschaft. Die objektive und universale Geltung von ethischen und moralischen Idealen, Prinzipien, Werten und Normen wird geleugnet und durch einen sensualistischen und hedonistischen Subjektivismus ersetzt. Aber gleichzeitig werden ständig Rechte ohne Pflichten eingefordert und man selbst stilisiert sich ständig und leichtfertig zum Opfer einer angeblich rassistischen oder sexistischen Diskriminierung (Opferkult) und der Verletzung eigener Rechte (Protestkultur). Die Leugnung der allgemeinen menschlichen Natur führt dann auch zur Leugnung der biologischen Tatsache, dass es genau zwei und eben nur zwei komplementäre natürliche Geschlechter (Sexes) gibt und sie werden mit dem kulturell und sozial bedingten sozialen Geschlechterrollen (Gender) verwechselt."[165]

Der übersteigerte Individualismus führt also zu einer „Anspruchskultur" und zur Verherrlichung der eigenen Opferrolle als Mittel zur Durchsetzung dieser Ansprüche. „Winning by Whining". Ulrich Diel verweist aber auch auf den grundsätzlich anderen Blickwinkel biblisch orientierten Denkens:

„Nüchterne Protestanten, die von den Reformatoren Calvin, Luther, Melanchthon und Zwingli gelernt hatten, dass die religiöse Schwärmerei eines Thomas Müntzer zu anarchischen Aufständen und zu willkürlicher Gewalt führen kann und die daher von der anthropologischen und politischen Notwendigkeit zuerst einer monarchischen Obrigkeit, dann später republikanischer Institutionen überzeugt waren, konnten die politische Utopie einer egalitären, friedlichen und gerechten Gesellschaft ohne rechtlich regulierende staatliche Institutionen nicht überzeugen. Dagegen sprach von Anfang an ihr biblisch begründetes Menschenbild, das die ambivalente Natur des Menschen kannte, zu der auch seine Fehlbarkeit, Schwäche, Selbsttäuschung und Verführbarkeit gehört.

Der Glaube der Christen darf nach protestantischer Überzeugung nicht einer individuellen Beliebigkeit und subjektiven Willkür anheimfallen, sondern muss den sittlichen Forderungen der in der Bibel und in den Evangelien überlieferten Offenbarung in Jesus Christus gerecht werden. ...

Wer die Evangelien kennt, dem ist es sonnenklar, dass weder Jesus noch Paulus jemals die sittlichen Forderungen des jüdischen Gesetzes verworfen haben, sondern sie nur von formalistischen Auslegungen, von übertriebener Strenge und von normativ überfrachteten Verbotsexzessen auf das für ihren jüdischen Glauben Wesentliche zurückführen wollten, das sie wie auch schon Rabbi Hillel im Doppelgebot der Liebe "Liebe Gott über alles und Deinen Nächsten wie Dich selbst!" erkannt hatten."[166]

---

[165] https://www.ulrich-walter-diehl.de/philosophisches/individualismus/
[166] Ebda.

Wie wichtig war dieser Exkurs, wenn es eigentlich um geschwisterliche Korrektur gehen sollte? Extrem wichtig, denn als Eingangsvers wählte ich Matthäus 18,21-22:

„Da trat Petrus zu ihm und sprach: Herr, wie oft soll ich meinem Bruder vergeben, der gegen mich sündigt? Bis siebenmal? Jesus antwortete ihm: Ich sage dir, nicht bis siebenmal, sondern bis siebzigmalsiebenmal!" (Matthäus 18,21-22).

Wann hat jemand gegen mich gesündigt? Wenn er meine Befindlichkeiten verletzt hat oder wenn er gegen Christi Gebot und Vorbild an mir gehandelt hat? Bevor wir uns also darüber beschweren, dass uns jemand auf den Schlips getreten hat, sollten wir uns genau darüber Rechenschaft geben: War es ein „Angriff" auf mein Anspruchsdenken oder war es tatsächlich eine Sünde, gemessen am objektiven Maßstab Gottes? Wurde ich in meiner selbstdefinierten postmodernen Würde verletzt oder in der von Gott verliehenen objektiven Menschenwürde als Bild Gottes?

In der Welt wird gefordert, dass wir „achtsamer" werden, also allem und jedem gegenüber in zuvorkommender Weise rücksichtsvoll auftreten. Sicher sollen Christen nicht bewusst lieblos und grob sein, aber das ist ein sehr extremer Zugang. Wir sollen in Christus durchaus „robuster" werden, denn wir werden als Schafe mitten unter die Wölfe geschickt, sind mit Hass um Christi Willen und Verfolgung konfrontiert. Als Mimosen werden wir in solchen Konflikten unmöglich bestehen können. Da schadet es nicht, wenn man im geschwisterlichen Umgang in gesunder Weise auch etwas „abgehärtet" wird – dazu genügt es, dass man in Liebe die Wahrheit sagt, diese ist für unsere Fleischesnatur in der Regel hart genug.

Willkommen im Reich Gottes: Hier ist die Postmoderne ins Grab Christi geworfen, wo sie verrotten mag! Auferstanden ist der neue Mensch, der in Christus erneuert und mit Gott versöhnt ist! Hier ist der Relativismus überwunden und die absolute Wahrheit ans Licht gekommen! Hier legen wir die Opferrolle ab und werden Überwinder! Hier wird nicht gejammert, sondern gejubelt, gelobt und gepriesen! Auch, und gerade, weil wir schwierig sind, denn Gott ist uns allen barmherzig!

„So ermahne ich euch nun, ich, der Gebundene im Herrn, dass ihr der Berufung würdig wandelt, zu der ihr berufen worden seid, indem ihr mit aller Demut und Sanftmut, mit Langmut einander in Liebe ertragt und eifrig bemüht seid, die Einheit des Geistes zu bewahren durch das Band des Friedens. …

Kein schlechtes Wort soll aus eurem Mund kommen, sondern was gut ist zur Erbauung, wo es nötig ist, damit es den Hörern Gnade bringe. Und betrübt nicht den Heiligen Geist Gottes, mit dem ihr versiegelt worden seid für den Tag der Erlösung! Alle Bitterkeit und Wut und Zorn und Geschrei und Lästerung sei von euch weggetan samt aller Bosheit. Seid aber gegeneinander freundlich und barmherzig und vergebt einander, gleichwie auch Gott euch vergeben hat in Christus."
(Epheser 4,1-3.29-32).

Wir vergeben einander aus einer Position der Unverwundbarkeit heraus. Darum ermüden und ermatten wir auch nicht darin. So beantwortet der Herr die Frage des Petrus, die einen geradezu unvorstellbaren Extremfall formuliert: Ein und derselbe Bruder versündigt sich mir gegenüber immer und immer wieder. Lästig, durchaus. Und? Trifft es uns wirklich?

Natürlich sollen wir uns nicht alles widerspruchslos gefallen lassen, aber wir sollen dabei nicht um unsertwillen klagen, sondern um deswillen, der sündigt. Er hat ein viel größeres Problem als ich. Denn Sünde auszuleben, obwohl man durch Christus davon befreit worden ist, bedeutet, noch nicht gelernt zu haben, in dieser Freiheit zu leben. Das schadet ihm tausendmal mehr als mir die Sünde, die er an mir begangen hat. Er braucht geistliche Hilfe.

„Brüder, wenn auch ein Mensch von einer Übertretung übereilt würde, so helft ihr, die ihr geistlich seid, einem solchen im Geist der Sanftmut wieder zurecht; und gib dabei acht auf dich selbst, dass du nicht auch versucht wirst! Einer trage des anderen Lasten, und so sollt ihr das Gesetz des Christus erfüllen! Denn wenn jemand meint, etwas zu sein, da er doch nichts ist, so betrügt er sich selbst. Jeder aber prüfe sein eigenes Werk, und dann wird er für sich selbst den Ruhm haben und nicht für einen anderen; denn jeder einzelne wird seine eigene Bürde zu tragen haben." (Galater 6,1-5).

Wer aus der Welt ins Reich Gottes übertritt, muss fast alles neu lernen. Er beginnt vergleichsweise als ein Kleinkind im Glauben, das nun „stubenrein" werden muss, das lernt, wie man richtig spricht, wie man aufrecht geht und richtig handelt. Liebe will erlernt sein, Selbstsucht muss abgelegt werden. Teilen und Freigiebigkeit stehen ebenso auf dem Programm, wie das Ablegen der Geldliebe und aller ängstlichen Sorgen. Unser ganzes Denken und unser Empfinden müssen erneuert werden. Das geht nicht von heute auf morgen und auch nicht ohne Anleitung. So wie ein Kleinkind manchmal in die Hose macht oder stolpert und sich die Knie aufschürft, werden Christen sündigen. Anfangs noch mehr, später immer weniger, aber dennoch immer wieder. Das darf uns weder überraschen noch frustrieren. Gemeinsam lernen wir, gemeinsam kommen wir voran. Und niemand soll von sich meinen, über alle Versuchungen erhaben zu sein.

Die Sünde ist weniger das Problem, sondern unser Umgang damit:

„Wenn aber dein Bruder an dir gesündigt hat, so geh hin und weise ihn zurecht unter vier Augen. Hört er auf dich, so hast du deinen Bruder gewonnen. Hört er aber nicht, so nimm noch einen oder zwei mit dir, damit jede Sache auf der Aussage von zwei oder drei Zeugen beruht. Hört er aber auf diese nicht, so sage es der Gemeinde. Hört er aber auch auf die Gemeinde nicht, so sei er für dich wie ein Heide und ein Zöllner." (Matthäus 18,15-17).

Hören wir genau hin:

- Es geht nicht darum, in den Leben der anderen auf Sündensuche zu gehen („Big Brother is Watching You!"), sondern um Verfehlungen mir selbst gegenüber. Ich erinnere mich an einen Bruder in einer früheren Gemeinde, der gerne gute Musik mit einer teuren Anlage angehört hat. Als die Ältesten ihn einmal besuchten, sahen sie sich sehr prüfend in seiner Wohnung um, auch die „sündteuren" Boxen nahmen sie wahr. Sie sagten nicht viel, sagte er, aber ihre Blicke waren frostig. Das ist nicht liebevoll, nicht respektvoll und nicht gut. Wäre es ihnen wichtig genug gewesen, es anzusprechen, hätten sie es frei ansprechen sollen. Wenn nicht, hätten sie auch nicht so missbilligend dreinschauen dürfen. Diese Gemeinde ging letztlich an ihren Ältesten zugrunde …

- Mit diesem Vorfall gehe ich nicht überall hausieren, um den Bruder anzuschwärzen, sondern ich spreche ihn in einem vertraulichen persönlichen Gespräch darauf an. Als Gemeindeleiter wird einem immer wieder auch etwas zugetragen. Wie soll ich Stunden oder Tage nach einem Vorfall mit Informationen aus zweiter Hand etwas ansprechen? Das kann nur schief gehen. Darum frage ich in solchen Fällen meistens zurück: *„Hast du schon mit ihm oder ihr gesprochen?"* Wenn nicht: *„Warum nicht?"* Wer ein Fehlverhalten wahrnimmt, ist auch verpflichtet es anzusprechen – nur er! Oder, wenn es doch nicht wichtig genug ist, hat man darüber zu schweigen.
- Wenn er es einsieht: Gut! Vergeben und Schwamm drüber! Und niemand sonst soll es je erfahren.
- Ist er jedoch uneinsichtig, ist die Situation schwerwiegender. Da soll man eine zweite oder dritte Vertrauensperson hinzuziehen, um ihm begreiflich zu machen, dass man so nicht handeln kann.
- Wenn er es dann einsieht: Gut! Vergeben und Schwamm drüber! Und niemand sonst soll es je erfahren.
- Erst wenn das nichts fruchtet, soll es vor die Gemeinde gebracht werden, damit jeder liebevoll auf ihn einwirkt, seinen Wandel zu überdenken.
- Wenn er es dann schließlich doch einsieht: Gut! Vergeben und Schwamm drüber! Und niemand außerhalb der Gemeinde soll es je erfahren.

Merken wir, wie sehr hier die Würde des Sünders bewahrt bleiben soll? Es wird alles unternommen, dass er nicht öffentlich bloßgestellt, sondern gewonnen wird. Er wird sozusagen in Liebe gebadet und eben nicht mit Schimpf und Schande überhäuft, wie das in der Welt oft vorkommt. Im Reich Gottes gibt es weder „Hate-Speech" noch „Shit-Storms", sondern nur die Wahrheit in Liebe.

Und wenn er auf die ganze Gemeinde nicht hört? Dann steht es schlimm um ihn, denn dann hat er nicht nur gesündigt, sondern gebärdet sich wie ein Ungläubiger. So soll er dann auch behandelt werden: er kann bis auf weiteres kein Teil der Gemeinschaft sein. Er gilt wie ein Heide und Zöllner. Das hat Konsequenzen bis in die unsichtbare Welt hinein:

„Wahrlich, ich sage euch: Was ihr auf Erden binden werdet, das wird im Himmel gebunden sein, und was ihr auf Erden lösen werdet, das wird im Himmel gelöst sein." (Matthäus 18,18).

Er gilt also bis auf weiteres als „ausgebürgert", und das wird er auf ewig bleiben, wenn er sich nicht besinnt und wieder versöhnen lässt. Die Tür ist also nicht unwiderruflich verschlossen, aber es ist sehr ernst. Er wird wieder dem Herrschaftsbereich des Teufels überantwortet.

In Korinth gab es einen Vorfall, der zum Stadtgespräch wurde. Das war besonders schlimm:

„Überhaupt hört man von Unzucht unter euch, und zwar von einer solchen Unzucht, die selbst unter den Heiden unerhört ist, dass nämlich einer die Frau seines Vaters hat!" (1. Korinther 5,1).

Erschreckenderweise wurde das in der Gemeinde toleriert. Warum, wird uns nicht erzählt. Es kann mehrere Gründe haben:

- Die Gemeinde hat möglicherweise die Gnade Gottes als Erlaubnis zum Sündigen missverstanden; doch Vergebung von Sünden macht sie nicht statthaft!
- Es mag der Einfluss einer gnostischen Irrlehre gewesen sein, die all das, was man körperlich tut, als belanglos bewertet, solange man im Geist an der wahren Erkenntnis festhält. Tatsächlich kam damals so eine Irrlehre auf, die (wohl fälschlicherweise) dem Diakon Nikolaus zugeschrieben wurde („Nikolaiten") und in den Sendschreiben der Offenbarung öfter genannt wird.

- Es mag sich um ein prominentes oder reiches Gemeindeglied gehandelt haben, welches man um bestimmter Vorteile willen einfach
  besser behandelt hat.

Was immer die Ursache war, die Gemeinde ließ ihn gewähren, und Paulus
bekam Wind davon. Er war sichtlich erbost:

*„Und ihr seid aufgebläht und hättet doch eher Leid tragen sollen, damit der, welcher
diese Tat begangen hat, aus eurer Mitte hinweggetan wird! … Euer Rühmen ist
nicht gut! Wisst ihr nicht, dass ein wenig Sauerteig den ganzen Teig durchsäuert?
Darum fegt den alten Sauerteig aus, damit ihr ein neuer Teig seid, da ihr ja
ungesäuert seid! Denn unser Passahlamm ist ja für uns geschlachtet worden:
Christus. So wollen wir denn nicht mit altem Sauerteig Fest feiern, auch nicht mit
Sauerteig der Bosheit und Schlechtigkeit, sondern mit ungesäuerten Broten der
Lauterkeit und Wahrheit.“* (1. Korinther 5,2.6-8).

Heiligkeit ist ein großes Ziel für Gottes Volk. Gott ist heilig, das heißt
getrennt von allem Bösen, und so sollen auch Seine Kinder sein. Wer von der
Sünde umkehrt und sich zur Vergebung der Sünden taufen lässt, ändert
seine Haltung zur Sünde. Das, was Christus das Leben kostete, als man Ihn
kreuzigte, kann ein Christ nicht mehr lieben. Seine durchbohrten Hände
bewirken im Herzen eines aufrichtig reumütigen Sünders tiefe Scham. Es
war also etwas schwerwiegend falsch in Korinth, dass sie diese Sünde nicht
ansprachen und sich ihrer gar rühmten.

Es fällt auf Gott zurück, auf Seinen Ruf, auf Seine Ehre. Was ist das denn für
eine Religion, für ein Glaube, deren Anhänger sich jede Schweinerei erlauben
können? Hat Gott Seine Leute nicht im Griff? Spiegelt das Verhalten der
Kinder Gottes den Charakter des Schöpfers wider? So wie unerzogene
Kinder ihren Eltern Schande bereiten, machen Christen, die schamlos in
offener Sünde leben, ihren himmlischen Vater verächtlich. Keinen Christen
kann so etwas kalt lassen! Paulus reagiert in diesem Fall sehr scharf:

*„Denn ich als dem Leib nach abwesend, dem Geist nach aber anwesend, habe schon,
als wäre ich anwesend, über den, der dies auf solche Weise begangen hat, beschlossen,
den Betreffenden im Namen unseres Herrn Jesus Christus und nachdem euer und*

mein Geist sich mit der Kraft unseres Herrn Jesus Christus vereinigt hat, dem Satan zu übergeben zum Verderben des Fleisches, damit der Geist gerettet werde am Tag des Herrn Jesus." (1. Korinther 5,3-5).

Es geht hier um keine Sünde, die man noch in einem Vier-Augen-Gespräch aus der Welt schaffen hätte können. Der unzüchtige Bruder war bereits Stadtgespräch und brachte die ganze Gemeinde in Verruf. Dass er dem Satan übergeben wird, bedeutet seine „Ausbürgerung" aus Gottes Reich und die „Abschiebung" zurück in den Herrschaftsbereich des Fürsten dieser Welt. Darüber soll man sehr tief nachdenken. Johannes Chrysostomos (344-407) merkt dazu an:

„Er sagt aber nicht: dem Satan weihen, sondern: übergeben, und öffnet somit dem Sünder das Tor der Buße und übergibt ihn dem Satan etwa wie einem Zuchtmeister. Und wieder sagt er: „einen Solchen" und nennt nirgends den Namen desselben. „Zum Verderben des Fleisches;" wie es bei dem frommen Job geschah, obgleich nicht aus demselben Grunde. Denn dort geschah es, um ihm eine glänzendere Krone zu bereiten, hier aber zur Abbüßung der Sünden, damit ihn der Satan mit einem bösartigen Geschwür oder einer andern Krankheit schlagen sollte. Anderswo sagt er: „Werden wir gerichtet, so werden wir vom Herrn gezüchtigt." Hier aber übergibt er jenen Menschen zur härteren Strafe dem Satan. Und auch dieses geschah nach Gottes Willen, damit sein Fleisch gezüchtigt würde. Denn weil aus Übersättigung und Schwelgerei des Fleisches die bösen Begierden entstehen, so züchtigt er dasselbe. „Damit der Geist am Tage des Herrn Jesu gerettet werde;" nicht damit die Seele allein gerettet werde, sondern dass, wenn jene offenbar gerettet wird, auch das Fleisch an der Rettung unwidersprechlich Teil nehmen könne. Denn durch die sündigende Seele ist dasselbe sterblich geworden; wenn aber jene tut, was recht ist, so wird auch das Fleisch großer Ehre genießen. Einige verstehen dagegen unter „Geist" die Wundergabe, die ausgelöscht wird, wenn wir sündigen. Damit nun dies nicht geschehe, so soll das Fleisch gezüchtigt werden, damit der Geist auf diese Weise gebessert die Gnade herabziehe und dasselbe an jenem Tage gerettet darstelle. So zeigten denn diese Worte vielmehr Sorgfalt und Pflege an und nicht bloß Verwundung und Strafe ohne Weiteres. Der Gewinn überwiegt die Strafe, denn diese dauert nur einige Zeit, der Gewinn aber ewig. Auch sagt er nicht schlechthin:

„dass der Geist gerettet werde," sondern: *„an jenem Tage."* Passend und rechtzeitig
erinnert er sie an jenen Tag (des Gerichtes), damit sowohl sie desto eifriger nach ihrer
Besserung streben sollten als auch jener umso lieber seine Worte aufnehmen möchte,
weil es nicht zürnende Worte sind, sondern Worte eines zärtlich bekümmerten
Vaters. Darum sagt er: „zum Verderben des Fleisches" und setzt schon dem Satan
ein Ziel [Grenze], das er nicht zu überschreiten befugt ist; sowie auch Gott in Bezug
auf Job gesagt hatte: „Nur schone sein Leben!""[167]

Es geht also nie um die „Vernichtung" des Sünders, sondern um dessen Zu-
rechtbringung. Es kann nie ein Gefühl der Genugtuung in der Gemeinde
bewirken, wenn diese tatsächlich von der Liebe Christi erfüllt ist, sondern
stets ein Gefühl der Trauer und der Bestürzung.

Diese Geschichte ist mit dem Gemeindeausschluss noch nicht zu Ende; im
zweiten Brief an dieselbe Gemeinde lesen wir die Fortsetzung:

*„Ich habe euch nämlich aus viel Bedrängnis und Herzensnot heraus geschrieben,
unter vielen Tränen, nicht damit ihr betrübt werdet, sondern damit ihr die Liebe
erkennt, die ich in besonderer Weise zu euch habe.*

*Hat aber jemand Betrübnis verursacht, so hat er nicht mich betrübt, sondern zum
Teil – damit ich nicht zu viel sage – euch alle. Für den Betreffenden sei die Bestrafung
von seiten der Mehrheit genug, so dass ihr ihm nun im Gegenteil besser Vergebung
und Trost gewährt, damit der Betreffende nicht in übermäßiger Traurigkeit versinkt.*

*Darum ermahne ich euch, Liebe gegen ihn walten zu lassen. Denn ich habe euch
auch deshalb geschrieben, um eure Zuverlässigkeit zu erkennen, ob ihr in allem
gehorsam seid. Wem ihr aber etwas vergebt, dem vergebe ich auch; denn wenn ich
auch jemand etwas vergebe, so vergebe ich es um euretwillen, vor dem Angesicht des
Christus, damit wir nicht von dem Satan übervorteilt werden; seine Absichten sind
uns nämlich nicht unbekannt."* (2. Korinther 2,4-11).

So schwerwiegend die Sünde auch war, die Liebe Christi wiegt schlussendlich schwerer und kam hier auch zum Sieg. Aufgeben kann man einen

---

[167] Homilien über den ersten Brief an die Korinther 15,II

Brief, aber niemals einen Menschen, für den das Blut Christi geflossen ist. Wir dürfen nicht den Fehler machen, aufgrund des ehrlich ausgedrückten Entsetzens des Apostels im ersten Brief zu folgern, er wäre ungeduldig oder hartherzig gewesen. Chrysostomos fasst es treffend zusammen:

„Diese Worte geben uns einen tiefen Einblick in das liebeerfüllte Herz des Paulus. Denn sein eigener Schmerz war nach dieser Darstellung nicht geringer, ja noch weit größer als die Betrübnis derjenigen, die wirklich gesündigt hatten. Denn aus vieler Bedrängnis, versichert er, unter vielen Tränen und in Angst des Herzens habe ich euch geschrieben. Und das, „nicht damit ihr betrübt, sondern damit ihr inne würdet die Liebe, die ich in besonderem Grad zu euch hege." Die genaue Folge wäre nun zwar gewesen: „Nicht damit ihr betrübt, sondern damit ihr gebessert würdet." Denn das war der Zweck des Schreibens. Aber um seiner Rede ein recht liebliches Gewand zu geben und umso mehr die Herzen zu gewinnen, geht Paulus von der genauen Folge ab und bringt so zum Ausdrucke, dass ihn bei allem die Liebe leite. Er sagt auch nicht einfach: Damit ihr inne würdet meine Liebe, sondern: „Die Liebe, die ich in besonderem Grad zu euch hege." Auch das ist ihm ein Mittel, die Gemüter an sich zu ziehen, dass er ihnen zu erkennen gibt, er sei ihnen mehr als allen anderen zugetan und betrachte sie als seine auserwählten Schüler. …

Die Korinther sollen nicht bloß die Strafe erlassen, sondern auch das frühere gute Einvernehmen wieder herstellen. Aber auch jener darf nicht das Haupt erheben und nicht etwa in Folge der Nachsicht schlimmer werden. Denn wenn er auch seine Sünde bekannt und bereut hat, so ist doch die Nachlassung mehr ein Geschenk der Gnade als eine Folge seiner Buße. Darum sagt Paulus: „Ihr sollt im Gegenteil lieber verzeihen und trösten." Und in dem, was er weiter sagt, liegt derselbe Gedanke. Nicht weil der Mann es verdient, nicht weil die Buße, die er gewirkt hat, völlig ausreichend ist, sondern weil er so schwach ist, darum sagt Paulus: „Ich ermahne, zu verzeihen und zu trösten;" darum fährt er auch fort. „Damit der so Geartete von der übermäßigen Trauer nicht verschlungen werde." Diese Worte bezeugen jenem Manne eine große Reue und wollen der Möglichkeit der Verzweiflung vorbeugen. Was heißt denn aber: „Damit er nicht verschlungen werde"? Dass er nicht etwa wie

Es gibt in der Gemeinde fast nichts, was es nicht gibt. Es gibt Ehescheidungen, es gibt Geiz und Neid, es gibt Stolz, es gibt Unzucht, es gibt Gewaltausbrüche, es gibt Trunkenheit und Ausschweifung, es gibt Lügen und Wortbrüche, es gibt Pornosucht, es gibt Eitelkeit, es gibt Feigheit und Aberglaube, es gibt Habsucht und Sorgen um weltliche Dinge, es gibt Vergnügungssucht und Verschwendung, es gibt Klatsch und Tratsch, es gibt Unordentlichkeit und Faulheit … und Lieblosigkeiten aller Art. Nicht täglich, nicht alles überall. Aber es kommt alles irgendwann und irgendwo vor. Darum ist es wichtig, richtig mit solchem Fehlverhalten umzugehen, um in der Nachfolge Jesu konstruktiv voranzukommen und möglichst niemanden auf dem Weg zu verlieren.

Manchmal kommt es leider vor, dass es einzelnen gar nicht um den gemeinsamen Fortschritt geht. Da wird nur Kritik geäußert, dann unmittelbar darauf die Gemeinde verlassen und jeglicher Kontakt abgebrochen. Damit wird viel Porzellan zerschlagen und man kann das nur betrübt zur Kenntnis nehmen. Das ist meist dann der Fall, wenn Christen „die vollkommene Gemeinde" gesucht haben und dann von der Wirklichkeit enttäuscht worden sind. Dahinter steckt manchmal auch so etwas wie eine „Aneignungs-Heiligung",[169] d.h. um über die eigenen Defizite hinwegzusehen, identifiziert man sich mit einer vermeintlich vollkommenen Gemeinde. Weil man da dazugehört, fühlt man sich selbst besser. Wer aber im Geist wandelt, kann es auch ertragen, wenn andere um ihn herum noch Nachholbedarf haben; er hat nämlich die Haltung eines Dieners und ist bereit ihnen auf dem Weg Jesu zu helfen. Weil die „Aneignungs-Heiligen" aber sehr viel wissen und auch davon reden, erkennt man erst im Konfliktfall, wie sie wirklich ticken.

---

[168] Homilien über den zweiten Brief an die Korinther 4,II+III

[169] D.h. sie eignen sich die vermeintliche Vollkommenheit der Gemeinde an und meinen, alleine aufgrund der Zugehörigkeit zu einer vollkommenen Gemeinde selbst vollkommen zu sein. Oder sie eignen sich die vollkommene Lehre der Gemeinde als persönliche Vollkommenheit an.

Es gibt Fälle, da muss man als Gemeindeleitung Streit schlichten. Das Schlimmste ist, wenn Gläubige gegeneinander vor Gericht gehen. Das ist Sünde! Das Wort Gottes ist hier eindeutig:

„Wie kann jemand von euch, der eine Beschwerde gegen einen anderen hat, sich bei den Ungerechten richten lassen anstatt bei den Heiligen? Wisst ihr nicht, dass die Heiligen die Welt richten werden? Wenn nun durch euch die Welt gerichtet werden soll, seid ihr dann unwürdig, über die allergeringsten Dinge zu entscheiden? Wisst ihr nicht, dass wir Engel richten werden? Wieviel mehr die Angelegenheiten dieses Lebens?

Wenn ihr nun über Angelegenheiten dieses Lebens Entscheidungen zu treffen habt, so setzt ihr solche zu Richtern ein, die bei der Gemeinde nichts gelten! Zur Beschämung sage ich's euch: demnach ist also nicht ein einziger Weiser unter euch, der ein unparteiisches Urteil fällen könnte für seinen Bruder; sondern ein Bruder führt Rechtsstreit mit dem anderen, und das vor Ungläubigen!" (1. Korinther 6,1-6).

All das sind keine ruhmvollen Episoden. Unsere Fleischesnatur ist immer abstoßend und hässlich, und die ist es, die in allen Konflikten in der Gemeinde zum Vorschein kommt, wenn man nicht von Herzen danach strebt, aus dem Geist heraus zu leben und in der Liebe zu wandeln.

Man muss weiters unterscheiden, was die Schwere der Sünden oder deren Ursachen betrifft:

„Wir ermahnen euch aber, Brüder: Verwarnt die Unordentlichen, tröstet die Kleinmütigen, nehmt euch der Schwachen an, seid langmütig gegen jedermann!" (1. Thessalonicher 5,14).

Es macht einen Unterschied, ob jemand unordentlich, kleinmütig oder schwach ist; man kann sie nicht über einen Kamm scheren. Auch rechtfertigt nicht jedes Zukurzkommen gleich einen Gemeindeausschluss; das sollte stets das letzte Mittel sein. Langmut und Liebe sind die Mittel, sowohl die Schwachen, als auch die Kleinmütigen und ebenso die Unordentlichen weiterzubringen. Letztere muss man zwar schärfer anreden, aber es ist ja nicht per se lieblos, wenn man lauter, bestimmter und nachdrücklicher redet.

Beachtet man das nicht, überfordert man die Schwachen, entmutigt die Kleingläubigen und schont die Unordentlichen. Damit kann man Seelen zerstören. Ebenso falsch ist es, geringfügige Untugenden wie Todsünden zu behandeln. Es ist tatsächlich geboten bzw. dringend empfohlen, Irrlehrer nicht ins Haus zu lassen und mit ihnen nichts zu tun zu haben:

„Denn viele Verführer sind in die Welt hineingekommen, die nicht bekennen, dass Jesus Christus im Fleisch gekommen ist – das ist der Verführer und der Antichrist. … Jeder, der abweicht und nicht in der Lehre des Christus bleibt, der hat Gott nicht; wer in der Lehre des Christus bleibt, der hat den Vater und den Sohn. Wenn jemand zu euch kommt und diese Lehre nicht bringt, den nehmt nicht auf ins Haus und grüßt ihn nicht! Denn wer ihn grüßt, macht sich seiner bösen Werke teilhaftig.“ (2. Johannes 1,7-11).

Gemeint sind hier gnostische Irrlehrer, die ein völlig anderes Evangelium brachten und rhetorisch sehr trickreich auftraten. Diese Anweisung ist als Schutz gemeint, so wie die Mutter der sieben Geißlein im Märchen diese davor warnte, dem Wolf die Türe zu öffnen, wenn er anklopft. Die Amischen, die ich im Allgemeinen sehr schätze, praktizieren jedoch eine sehr strenge Form der Meidung und verweigern jedem, der – egal aufgrund welcher Sünde – ausgeschlossen worden ist, den Gruß und jede Form der Gemeinschaft. Das ist überzogen und eine falsche Anwendung dieser Stelle aus dem Johannesbrief.

Paulus spricht an einer Stelle an, wie man mit jenen umgehen soll, die „unordentlich wandeln“, die nicht arbeiten wollten und der Gemeinde nur auf der Tasche lagen, die Gütergemeinschaft also ausnutzten:

„Denn als wir bei euch waren, geboten wir euch dies: Wenn jemand nicht arbeiten will, so soll er auch nicht essen! Wir hören nämlich, dass etliche von euch unordentlich wandeln und nicht arbeiten, sondern unnütze Dinge treiben. Solchen gebieten wir und ermahnen sie im Auftrag unseres Herrn Jesus Christus, dass sie mit stiller Arbeit ihr eigenes Brot verdienen.

Ihr aber, Brüder, werdet nicht müde, Gutes zu tun! Wenn aber jemand unserem brieflichen Wort nicht gehorcht, den kennzeichnet und habt keinen Umgang mit ihm, damit er sich schämen muss; doch haltet ihn nicht für einen Feind, sondern weist ihn zurecht als einen Bruder." (2. Thessalonicher 3,10-15).

Gewisses Fehlverhalten braucht also auch angemessene Konsequenzen, geht es doch auch darum, Unfrieden in der Gemeinde zu verhindern, der entsteht, wenn einzelne die anderen ausnutzen. Hier wurden sie vom Gemeinschaftsmahl ausgeschlossen (mussten also alleine essen), damit sie beschämt werden und in sich gehen. Der Umgang war eingeschränkt, sollte aber stets brüderlich und nie feindselig sein.

Wenn jemand bei uns im Unfrieden mit einem anderen Gemeindeglied ist, ersuchen wir beide davon Abstand zu nehmen, am Mahl des Herrn teilzunehmen, bis sie sich ausgesprochen und versöhnt haben, wie es auch in der Bergpredigt steht:

„Wenn du nun deine Gabe zum Altar bringst und dich dort erinnerst, dass dein Bruder etwas gegen dich hat, so lass deine Gabe dort vor dem Altar und geh zuvor hin und versöhne dich mit deinem Bruder, und dann komm und opfere deine Gabe!" (Matthäus 5,23-24).

Manchmal dauert so etwas auch etwas länger, und die Zeit muss man den Betroffenen zugestehen. Oft geht es um Verletzungen, die man erst verdauen und verarbeiten muss; oft blockiert irgendetwas in einem die Schuldeinsicht. Erzwungener Friede ist stets ein Scheinfriede. Liebe kann auch warten. Damit ist der Zustand nicht gerechtfertigt oder gutgeheißen, aber zur Kenntnis genommen, um im Gebet vor dem Herrn ausgebreitet zu werden.

Wir sollen einander also in der Liebe aufbauen, und jeden so ansprechen, wie es für ihn angemessen und passend ist. Dazu muss man sich gut kennen, also muss man ein aufrichtiges Interesse füreinander und das Wohl der Geschwister haben. Viele Missverständnisse entstehen, weil man sich nicht wirklich kennt oder ein falsches Bild (oft ein zu hohes) voneinander hat.

„Ihr aber, Geliebte, erbaut euch auf euren allerheiligsten Glauben und betet im Heiligen Geist; bewahrt euch selbst in der Liebe Gottes und hofft auf die Barmherzigkeit unseres Herrn Jesus Christus zum ewigen Leben.

Und erbarmt euch über die einen, wobei ihr unterscheiden sollt; andere aber rettet mit Furcht, indem ihr sie aus dem Feuer reißt, wobei ihr auch das vom Fleisch befleckte Gewand hassen sollt.

Dem aber, der mächtig genug ist, euch ohne Straucheln zu bewahren und euch unsträflich, mit Freuden vor das Angesicht seiner Herrlichkeit zu stellen, dem allein weisen Gott, unserem Retter, gebührt Herrlichkeit und Majestät, Macht und Herrschaft jetzt und in alle Ewigkeit! Amen." (Judas 1,20-25).

Das gesamte Gemeindeleben sollte ein motivierendes Umfeld für das persönliche Wachstum im Glauben sein. Geschwisterliche Korrektur nimmt da in der Regel einen eher geringen Platz ein, wenn die Gesamtausrichtung stimmt. Doch vor und über allem steht Gottes Verheißung, Seine bewahrende und treibende Kraft, Seine Liebe, die durch Seinen Geist in unsere Herzen ausgegossen worden ist.

Es war sehr berührend und wohl auch aufrichtig, als eine Schwester, die eine Zeit lang bei uns lebte, sagte, sie hätte noch nie so gute Freundinnen gehabt wie in der Gemeinschaft. So soll es sein, doch umso härter traf es uns alle, als sie von heute auf morgen den Kontakt abbrach. Auch das gibt es leider, und da hinterfragt man sich natürlich auch selbst. Bei einigen liegt es daran, dass sie Liebe zwar aufsaugen, aber sehr wenig zurückgeben. Wird das direkt oder indirekt angesprochen, reagieren sie überfordert. Ich kann nicht sagen, ob das bei ihr der Fall war; dazu müsste man mit ihr darüber reden können. Darum müssen wir das einfach stehenlassen, ohne in irgendeiner Weise nachtragend zu sein. Die geschwisterliche Haltung ist immer versöhnlich, die Türen der Herzen bleiben deshalb stets unversperrt.

Versöhnung ist ein Hauptthema, und so sind wir dankbar, dass wir in mehreren Fällen auch friedensstiftend mitwirken durften, dass Beziehungen wieder heil wurden, auch mit Verwandten außerhalb der Gemeinde, die seit Jahrzehnten zerstritten waren. Solche Wunder lassen uns den Herrn groß werden.

„Ist es möglich, soviel an euch liegt, so haltet mit allen Menschen Frieden." (Römer 12,18).

Dieser Vers nimmt uns sehr viel Druck von den Herzen, denn wir können Frieden und Versöhnung nie erzwingen. Vergebung ist das eine. Es ist eine Herzensentscheidung, die man im Stillen treffen oder auch bedingungslos aussprechen kann. Vergebung öffnet die Tür zur Versöhnung, der andere muss aber auch eintreten wollen. Das findet Gott sei Dank öfter statt als nicht. Versöhnung bedeutet die völlige Wiederherstellung von Beziehungen ohne das Festhalten der unschönen Erinnerungen. Erst mit einer herzlichen Versöhnung ist der Dienst der geschwisterlichen Korrektur ans Ziel gelangt.

Der Zeitgeist färbt aber auch auf viele Gemeinden ab, sodass diese Form der geschwisterlichen Korrektur häufig nicht stattfindet. Stefan Holthaus, Dekan der Freien Theologischen Akademie Gießen, hielt einen Vortrag über bedürfniszentrierte Gemeinden, der wie folgt zusammengefasst wurde:

„Man redet von bedürfnisorientierter Evangelisation und will damit die Barrieren für Gemeindefremde abbauen. Nachdenken über solche Aspekte der Verbreitung des Evangeliums ist angebracht. Doch auch Gefahr kann darin liegen. Es gibt eine Bedürfnisorientierung, die biblische Wahrheiten ausgrenzt und die Botschaft vom Kreuz zur Seite drängt. Wir müssen einen Auftrag Gottes ausführen und das heißt, ihnen das zu sagen, was sie hören müssen und nicht das, was sie hören wollen. Diese Spannung ist zu wahren.

Allgemeines Harmoniebedürfnis äußerte sich in der Gemeinde als Wohlfühldrang. Was in der Gemeinde geschieht, muss gefallen, muss schön sein. Für die Wahrheit kämpft man nicht mehr. Motto: Nur niemandem auf die Füße treten. Für eine Gemeindezugehörigkeit entscheiden Wohlfühlkriterien, nicht Bekenntnis und Überzeugung (vollkommen muss Gemeinde nicht sein; wenn sie nur genügend nahe Parkplätze hat).

Wirkt sich die Veränderung auch auf Inhalt und Art der Predigt aus? Dazu nur ein Aspekt: was hängenbleibt, sind die Stories, gefühlsmäßig aufgemacht. Ein nichtchristlicher Soziologe (Peter Gross) wird zitiert: "Geschichtenerzähler ... haben die Evangelisten von früher, die die eine und wahre Erzählung verkündet haben, abgelöst." Holthaus beklagt: Große evangelikale Prediger sind tatsächlich oft nur noch Geschichtenerzähler, Anekdotensammler der Moderne.

Auch die Gottesdienste blieben von den Einflüssen nicht verschont. Die Vorprogramme werden immer länger, vielgestaltiger. Schließlich soll dem Besucher etwas geboten werden. Die Predigt selbst wird hingegen immer kürzer. Einen Mangel kann man darin gewöhnlich nicht erkennen. Wenn nur die geistlichen Sehnsüchte, oder was man dafür hält, gestillt werden.

Man hört es gern: Gott ist ein liebender und zärtlicher Vater, der uns küsst und uns umarmt. Dieser Vater will uns alles schenken, er widerspricht nicht, er bestätigt mich und vor allem, er erfüllt meine Bedürfnisse. Das Gottesbild wandelte sich. Gott ist nicht mehr strafend, heilig und gerecht. Er wird umfunktioniert. Kaum jemand merkt es."[170]

Wo der postmoderne Individualismus in den Gemeinden regiert, dominiert auch das Anspruchsdenken und die Gemeinde wird zu einem Dienstleistungsunternehmen, das meine persönlichen Bedürfnisse zu stillen hat. Dann gibt es keinen Raum für Korrektur mehr, die Gemeinde soll mich in meiner Selbstverwirklichung unterstützen und begleiten. Das ist ein Zerrbild des Reiches Gottes.

Darum ist es wichtig zu verstehen, dass es sich tatsächlich um ein Königtum handelt, und welch ein Privileg es ist, darin leben und diesem König dienen zu dürfen. Es stimmt, hier gibt es keinen Pluralismus der Werte und Meinungen, sondern ein ewig gültiges Gesetz, welches in jeder Hinsicht gerecht, barmherzig und vollkommen ist. Wer das verwirft, welche Alternativen bleiben Ihm? Funktioniert die postmoderne Gesellschaft, oder ist sie nicht bereits gescheitert?

Das Beste, was diese Gesellschaft daher sehen kann, ist eine intakte christliche Gemeinschaft:

„Ein neues Gebot gebe ich euch, dass ihr einander lieben sollt, damit, wie ich euch geliebt habe, auch ihr einander liebt. Daran wird jedermann erkennen, dass ihr meine Jünger seid, wenn ihr Liebe untereinander habt." (Johannes 13,34-35).

---

[170] https://pacea.ro/die-postmoderne-erlebnisgesellschaft-und-ihr-einflus-auf-die-gemeinde/

Die besten Fragen, die man sich dazu regelmäßig stellen kann:

- Wie habe ich in der letzten Woche meinen Geschwistern Liebe erwiesen?
- Wie habe ich in der letzten Woche in der Gemeinschaft Liebe erfahren dürfen?

Wenn uns dazu nichts einfällt, haben wir etwas sehr Entscheidendes vernachlässigt. Möge uns das ein gesunder Ansporn werden!

Unsere liebe Obrigkeit

„Geliebte, ich ermahne euch als Gäste und Fremdlinge: Enthaltet euch der fleischlichen Begierden, die gegen die Seele streiten; und führt einen guten Wandel unter den Heiden, damit sie da, wo sie euch als Übeltäter verleumden, doch aufgrund der guten Werke, die sie gesehen haben, Gott preisen am Tag der Untersuchung. Ordnet euch deshalb aller menschlichen Ordnung unter um des Herrn willen, es sei dem König als dem Oberhaupt oder den Statthaltern als seinen Gesandten zur Bestrafung der Übeltäter und zum Lob derer, die Gutes tun.“ (1. Petrus 2,11-14).

Als das Christentum nach der Duldung unter Kaiser Konstantin (Edikt von Milan 313) unter Theodosius ab 380 zur Staatsreligion erhoben wurde, veränderte sich auch das Verhältnis der Christen zur Obrigkeit. Bis dahin standen die Machthaber der Gemeinde Gottes feindselig gegenüber, was angesichts der Botschaft des Evangeliums zum Teil sogar nachvollziehbar war:

„Diese Leute, die die ganze Welt in Aufruhr versetzen, sind jetzt auch hier; Jason hat sie aufgenommen! Und doch handeln sie alle gegen die Verordnungen des Kaisers, indem sie sagen, ein anderer sei König, nämlich Jesus!“ (Apostelgeschichte 17,6-7).

Der Vorwurf ist nicht aus der Luft gegriffen. Tatsächlich bekennen wir Jesus Christus als Herrn aller Herrn und König aller Könige, als den obersten Herrscher über die ganze Schöpfung, deren Ursprung und Erbe Er ist. In den Psalmen steht deshalb, dass die Herrscher der Erde sich dem von Gott eingesetzten König fügen sollen; aber sie weigern sich:

„Warum toben die Heiden und ersinnen die Völker Nichtiges? Die Könige der Erde lehnen sich auf, und die Fürsten verabreden sich gegen den Herrn und gegen seinen Gesalbten: »Lasst uns ihre Bande zerreißen und ihre Fesseln von uns werfen!«

Der im Himmel thront, lacht; der Herr spottet über sie. Dann wird er zu ihnen reden in seinem Zorn und sie schrecken mit seinem Grimm: »Ich habe meinen König eingesetzt auf Zion, meinem heiligen Berg!« – Ich will den Ratschluss des Herrn verkünden; er hat zu mir gesagt: »Du bist mein Sohn, heute habe ich dich gezeugt. Erbitte von mir, so will ich dir die Heidenvölker zum Erbe geben und die Enden der Erde zu deinem Eigentum. Du sollst sie mit eisernem Zepter zerschmettern, wie Töpfergeschirr sie zerschmeißen!«

So nehmt nun Verstand an, ihr Könige, und lasst euch warnen, ihr Richter der Erde! Dient dem Herrn mit Furcht und frohlockt mit Zittern. Küsst den Sohn, damit er nicht zornig wird und ihr nicht umkommt auf dem Weg; denn wie leicht kann sein Zorn entbrennen! Wohl allen, die sich bergen bei ihm!" (Psalm 2,1-12).

Welcher Kaiser nimmt das hin? Welcher Herrscher lässt sich so in die Schranken weisen? Zumal sich vom Altertum bis zum römischen Reich die Machthaber als Götter darstellten und verehren ließen – vom sumerischen Gilgamesch bis zum „göttlichen Caesar"! Unannehmbar ist es da, dass ein Zimmermann aus der jüdischen Provinz plötzlich über all diesen „Göttern" stehen solle! Bis heute kann das kein autokratischer Herrscher akzeptieren, weshalb gerade in Diktaturen (China oder Nordkorea zum Beispiel) Christen bis heute unterdrückt und blutig verfolgt werden.

Wurden die römischen Kaiser ab dem 4. Jahrhundert nun einsichtig? Fügten sie sich dem Sohn Gottes? Oder war es ein politischer Coup? Hat das römische Imperium das Reich Gottes „gekapert"? Gute Frage – das Ergebnis war jedenfalls eine neue Art von Kirche, eine Kirche, welche den Staatsapparat gebrauchte, um „Häretiker" blutig zu verfolgen und die noch unbekehrten Heidenstämme mit Waffengewalt zu bekehren. Für die Kaiser und Könige ein Gewinn, da sie ihre Territorien nun mit dem Segen der Kirche ausbreiten konnten und religiös legitimiert waren. Für die Kirche bedeutete es nie dagewesene Erfolge in der „Mission", das, was sie als „Reich Gottes" missverstanden, breitete sich rasant aus. Man muss es so deutlich sagen, denn mit der Liebe Christi hatte all das nichts mehr zu tun.

„Die Sachsenkriege, ein bedeutender Konflikt des 8. und frühen 9. Jahrhunderts, wurden von den Franken unter der Führung Karls des Großen gegen die heidnischen Sachsen geführt. Der Konflikt war geprägt von wiederkehrenden Aufständen, brutalen Repressionen und endete mit der Christianisierung und Eingliederung der Sachsen in das Frankenreich. Die Gründe und Auswirkungen dieser Kriege sind tiefgehend und von großer Bedeutung für die europäische Geschichte. …

- Politische Expansion: Karl der Große suchte nach Wegen, die Grenzen seines Reiches zu erweitern und seine politische Macht zu festigen. Er sah in den unabhängigen, heidnischen Sachsen eine Herausforderung seiner Autorität.

- Religiöse Unterschiede: Die Sachsen waren dem heidnischen Glauben treu und lehnten die christliche Religion der Franken ab. Karl sah es als seine Pflicht an, die Sachsen zum Christentum zu bekehren. Dieser Versuch, das Christentum mit Gewalt durchzusetzen, führte zu starkem Widerstand der Sachsen.

- Sozioökonomische Gründe: Karl erhoffte sich durch die Unterwerfung der Sachsen auch einen wirtschaftlichen Gewinn. Durch Kontrolle über die sächsischen Ländereien und Menschen könnten die Franken von Steuern, Tributen und Arbeitsdiensten profitieren. …

Die Sachsenkriege haben weit über das Frankenreich und die Sachsen hinaus Auswirkungen gehabt. Sie markieren den Beginn der Christianisierung Nordeuropas und haben das Fundament für das mittelalterliche Europa gelegt.

Einige der wichtigsten langfristigen Auswirkungen sind:

- Die Ausdehnung des Christentums: Durch die Unterwerfung der Sachsen wurde das Christentum bis in die äußersten Winkel Europas verbreitet. Dies hat den späteren christlichen Charakter Europas stark beeinflusst.

- Die Ausbildung eines starken, zentralisierten Reiches: Durch die Eingliederung der Sachsen wurde das Frankenreich stärker und einheitlicher. Dies hat zur Entwicklung des mittelalterlichen Feudalsystems und zum Aufstieg des Heiligen Römischen Reiches beigetragen.

- *Die Entstehung Deutschlands: Das Gebiet der Sachsen bildet heute das Herzland Deutschlands. Die Sachsenkriege haben somit einen entscheidenden Einfluss auf die Formung der deutschen Identität und Nation gehabt.“*[171]

Ich belasse es bei diesem einen Beispiel, es ist schlimm genug. Dabei war die Partnerschaft zwischen Staat und Kirche nicht immer harmonisch, sondern geprägt von einem zähen Ringen um Macht und Einfluss. Das zeigte sich unter anderem im sogenannten „Investiturstreit", in dem es darum ging, ob der Kaiser oder der Papst das Recht hätte, Bischöfe einzusetzen. Papst Gregor VII. setzte sich schließlich durch, und gedemütigt musste Heinrich IV. im Winter 1077 den sprichwörtlich gewordenen „Canossagang" antreten:

„Vor den Burgtoren harrte der König drei Tage lang ohne jeden königlichen Prunk auf Mitleid erregende Weise aus, nämlich barfuß und in wollener Kleidung, und ließ nicht eher ab, unter zahlreichen Tränen Hilfe und Trost des apostolischen Erbarmens zu erflehen, bis er alle Anwesenden, zu denen diese Kunde gelangte, zu solcher Barmherzigkeit und solchem barmherzigen Mitleid bewog, dass sich alle unter vielen Bitten und Tränen für ihn verwandten und sich über die ungewohnte Härte unserer Gesinnung wunderten; einige klagten, in uns sei nicht die Festigkeit apostolischer Strenge, sondern gewissermaßen die Grausamkeit wilder Tyrannei.“[172]

Indem es den Päpsten oblag, die Kaiser zu krönen, wurde damit auch stets zum Ausdruck gebracht, wer der eigentliche Herr sei, der *„Vicarius Christi"*, der Stellvertreter Christi auf Erden, mit Sitz in Rom. Für Kaiser und Könige ziemte es sich, ihre Herrschaft „aus Gottes Gnaden" zu empfangen, und man kann durchaus argumentieren, dass ein „Gottesgnadentum" doch weit besser sei, als die Selbstvergöttlichung der antiken Herrscher. Dennoch wurde daraus ein Zwangsregime, das zuerst in der Reformation alle Ventile zum Pfeifen brachte und in die Reformationskriege mündete, zuletzt aber in der Aufklärung den Topf völlig sprengte. Was danach kam, haben wir

---

[171] https://www.studysmarter.de/schule/geschichte/mittelalter/sachsenkriege/
[172] https://de.wikipedia.org/wiki/Investiturstreit#Die_beidseitige_Verurteilung_von_1076_und_ihre_Folgen

ausführlich besprochen. Der Herr Jesus schärfte uns ein, jeden Baum anhand seiner Frucht zu beurteilen:

„Sammelt man auch Trauben von Dornen, oder Feigen von Disteln? So bringt jeder gute Baum gute Früchte, der schlechte Baum aber bringt schlechte Früchte. Ein guter Baum kann keine schlechten Früchte bringen, und ein schlechter Baum kann keine guten Früchte bringen. Jeder Baum, der keine gute Frucht bringt, wird abgehauen und ins Feuer geworfen. Darum werdet ihr sie an ihren Früchten erkennen." (Matthäus 7,16-20).

Die Rede ist hier zwar von falschen Propheten, aber das Prinzip ist allgemeingültig. Kann man also die Frucht der sogenannten konstantinischen Wende als gut bewerten? Als Johannes auf Patmos in einer Vision eine Frau sah, die auf einem Tier ritt (dieses ist das römische Reich), war er verwundert.

„Und ich sah eine Frau auf einem scharlachroten Tier sitzen, das voll Namen der Lästerung war und sieben Köpfe und zehn Hörner hatte. Und die Frau war gekleidet in Purpur und Scharlach und übergoldet mit Gold und Edelsteinen und Perlen; und sie hatte einen goldenen Becher in ihrer Hand, voll von Gräueln und der Unreinheit ihrer Unzucht, und auf ihrer Stirn war ein Name geschrieben: Geheimnis, Babylon, die Große, die Mutter der Huren und der Gräuel der Erde. Und ich sah die Frau berauscht vom Blut der Heiligen und vom Blut der Zeugen Jesu." (Offenbarung 17,3-6).

Er bekam auch die Erklärung dazu:

„Hier ist der Verstand nötig, der Weisheit hat! Die sieben Köpfe sind sieben Berge, auf denen die Frau sitzt. Und es sind sieben Könige: Fünf sind gefallen, und der eine ist da – der andere ist noch nicht gekommen; und wenn er kommt, muss er für eine kurze Zeit bleiben. Und das Tier, das war und nicht ist, ist auch selbst der achte, und es ist einer von den sieben, und es läuft ins Verderben.

Und die zehn Hörner, die du gesehen hast, sind zehn Könige, die noch kein Reich empfangen haben; aber sie erlangen Macht wie Könige für eine Stunde zusammen mit dem Tier. Diese haben einen einmütigen Sinn, und sie übergeben ihre Macht und Herrschaft dem Tier. Diese werden mit dem Lamm Krieg führen, und das Lamm wird sie besiegen – denn es ist der Herr der Herren und der König der Könige –, und mit ihm sind die Berufenen, Auserwählten und Gläubigen.

Und er sprach zu mir: Die Wasser, die du gesehen hast, wo die Hure sitzt, sind Völker und Scharen und Nationen und Sprachen. Und die zehn Hörner, die du auf dem Tier gesehen hast, diese werden die Hure hassen und sie verwüsten und entblößen, und sie werden ihr Fleisch verzehren und sie mit Feuer verbrennen. Denn Gott hat ihnen ins Herz gegeben, seine Absicht auszuführen und in einer Absicht zu handeln und ihr Reich dem Tier zu geben, bis die Worte Gottes erfüllt sind. Und die Frau, die du gesehen hast, ist die große Stadt, die Herrschaft ausübt über die Könige der Erde." (Offenbarung 17,9-18).

Was lesen wir da? Eine Frau, die als Hure (also Ehebrecherin) bezeichnet wird, wird mit einer Stadt in Verbindung gebracht, die auf sieben Bergen steht. Diese stellen zugleich sieben Könige dar, und damit eine Abfolge von Königen. Das ist das Imperium, das auch als Tier beschrieben wird. Dieses Tier war einmal, wird aber wieder als ein „Achter" erscheinen. Gemeint ist das römische Imperium, das vergehen aber wiederkommen wird. Der eine König (Kaiser), der sechste, auf den die Offenbarung besonders hinweist, ist Nero, dessen Namenszahl (also, wenn man die Buchstabenwerte seines Namens addiert) 666 ergab. Er ist damit ein Vorbild auf den endzeitlichen Antichristen.

Dann ist die Rede von zehn Königen (bzw. Königreichen), die auf das römische Reich folgen und am Ende dem Tier die Macht geben werden. Das wiedererstandene römische Reich wird also diese zehn Königreiche in sich vereinen. Die Frau reitet dieses Tier, dominiert es also, und sie ist zugleich Herrin über die Völker der Welt.

Diese zehn Könige werden sich gegen die Frau erheben, sie abwerfen, entblößen und alles, was christlich heißt, aufs Bitterste verfolgen. Blickt man auf die Geschichte zurück, gibt es nur eine Institution oder Macht, mit der man diese Frau/Hure in Verbindung bringen kann: Das Staatskirchentum, besonders aber die römisch-katholische Kirche. Die vorausgegangene bildhafte Beschreibung zeigt, wie Gott sie wahrnimmt:

„Und ich sah eine Frau auf einem scharlachroten Tier sitzen, das voll Namen der Lästerung war und sieben Köpfe und zehn Hörner hatte. Und die Frau war gekleidet in Purpur und Scharlach und übergoldet mit Gold und Edelsteinen und Perlen; und sie hatte einen goldenen Becher in ihrer Hand, voll von Gräueln und der Unreinheit ihrer Unzucht, und auf ihrer Stirn war ein Name geschrieben: Geheimnis, Babylon, die Große, die Mutter der Huren und der Gräuel der Erde. Und ich sah die Frau berauscht vom Blut der Heiligen und vom Blut der Zeugen Jesu.“ (Offenbarung 17,3-6).

Dass die kirchlichen Würdenträger in Purpur und Scharlach gekleidet sind, der Messbecher stets aus Gold ist, dass die Staatskirchen andere Christen, die diesen Weg ins Bett der Kaiser nicht mitgingen, blutig verfolgten, ist hinlänglich bekannt. Ebenso ihr Reichtum, ihre Unzucht, ihre Bordelle, ja sogar Callboys für Priester im Vatikan oder die Schändung von Nonnen und sogar Kindern schaffen es immer wieder in die Medien. Es ist zum Schämen, was hier im Namen Christi alles verbrochen wurde. Johannes war sehr verwundert, als er das sah – aber es musste uns gezeigt werden, ehe es geschah, damit wir diese Verfälschung des Christentums als solche erkennen können.

Begonnen hat es mit der Illusion, das Reich Gottes könne politisch herbeigeführt werden, indem Staat und Kirche eine Allianz bilden. Und es schien anfangs vielversprechend:

- Das Heidentum wurde verboten.
- Die Gladiatorenkämpfe wurden beendet.
- Prostitution wurde geächtet.
- Die Kreuzigung wurde abgeschafft.
- Es wurde mehr Wert auf Sitte und Moral gelegt.
- Jeder Staatsbürger bekannte sich zum Christentum!
- Aber nur wenige bekehrten sich wirklich.

- Die christlichen Männer, die eigentlich ihre Feinde lieben und Friedensstifter sein sollten, wurden ins Militär eingezogen.
- Die halbbekehrten Heiden brachten ihren Aberglauben und ihre Bräuche mit in die Kirche.
- Die Moral des Imperiums wurde etwas angehoben, der allgemein höhere christliche Standard aber abgesenkt.
- Die Priester wurden Staatsbeamten und aus Steuergeldern bezahlt.
- Prunkvolle Kirchen traten anstelle der biblischen Hausgemeinden.
- Es ging nicht mehr um eine Bekehrung aus dem Herzen, sondern um Konformität.

Das ist nicht das, was Christus unter Seiner Gemeinde versteht. Das ist etwas völlig anderes, nämlich eine Religion wie es tausende andere auf dieser Welt gibt, eine fromme Kultur mit einigermaßen großer zivilisatorischer Kraft, aber ohne Kraft von oben und ohne göttliche Liebe. Ein Gottesstaat, ein Zwangsregime, das die Sünder nicht auf Dauer ertragen würden. Die zehn Könige warfen die Hure ab, die sie ritt. Das begann mit der Aufklärung, und bis heute hat die katholische Kirche das nicht verwunden. Der Papst ringt nach wie vor um den Respekt der Staatsoberhäupter, macht Verträge (Konkordate) mit den Regierungen, um seine Macht und seinen Einfluss abzusichern.

Mir ist bewusst, dass all das in dieser geballten Kürze für viele schockierend klingen muss. Aber heute stehen wir vor den Trümmern des „christlichen Abendlandes", das sich rückblickend als Illusion herausgestellt hat. Dabei hätten wir es wissen müssen, denn es wurde uns prophezeit. Weil es uns vorausgesagt worden ist, wissen wir aber auch, dass Gott es vorausgesehen hat und deshalb davon weder überrascht worden ist noch scheiterte. Denn das ist nicht das Ende, sondern eine notwendige Ernüchterung für Sein Volk, ehe die Vollendung kommt.

Es gibt unter Christen heute vermehrt eine Rückbesinnung auf das Reich Gottes, das nicht von dieser Welt ist und deshalb auch nicht mit weltlichen oder politischen Mitteln herbeigeführt werden kann. Bei Seinem Abschied schärfte der Herr den Jüngern ein, dass sie selbst auch nicht von dieser Welt seien:

„Ich habe ihnen dein Wort gegeben, und die Welt hasst sie; denn sie sind nicht von der Welt, gleichwie auch ich nicht von der Welt bin. Ich bitte nicht, dass du sie aus der Welt nimmst, sondern dass du sie bewahrst vor dem Bösen. Sie sind nicht von der Welt, gleichwie auch ich nicht von der Welt bin. Heilige sie in deiner Wahrheit! Dein Wort ist Wahrheit. Gleichwie du mich in die Welt gesandt hast, so sende auch ich sie in die Welt." (Johannes 17,14-18).

Gegenüber Pontius Pilatus, dem Statthalter der damaligen römischen Weltmacht in Judäa, bekannte Er:

„Mein Reich ist nicht von dieser Welt; wäre mein Reich von dieser Welt, so hätten meine Diener gekämpft, damit ich den Juden nicht ausgeliefert würde; nun aber ist mein Reich nicht von hier. Da sprach Pilatus zu ihm: So bist du also ein König? Jesus antwortete: Du sagst es; ich bin ein König. Ich bin dazu geboren und dazu in die Welt gekommen, dass ich der Wahrheit Zeugnis gebe; jeder, der aus der Wahrheit ist, hört meine Stimme." (Johannes 18,36-37).

Sein Königtum ist ein wirkliches Königtum, aber es ist nicht von dieser Welt. Das macht es nicht „geringer" oder nur „geistlich", es ist vielmehr größer und gründet auf der Wahrheit. Weil es nicht irdisch ist, kann es weder mit Waffengewalt errichtet, noch militärisch erobert werden. Es entzieht sich all diesen Konflikten, es ist ewig und kann nicht untergehen. Das römische Weltreich ist vergangen – die Christen nicht. Das Reich Karls des Großen ist fast vergessen – die Christen leben immer noch. Die Babenberger sind ausgestorben – die Christen nicht. Das Reich der Habsburger ging zu Ende – die Christen machen immer noch weiter. Das Dritte Reich wurde vernichtet – die Christen bestehen immer noch. Der Kommunismus scheiterte – die Christen sind nicht unterzukriegen. Die Geschichte beweist die Aussage des Herrn Jesus, dass Sein Reich nicht von dieser Welt ist und daher auch nicht ausgelöscht werden kann. Und dieses Reich wird außerhalb der Staatskirchen verwirklicht, in Gemeinschaften, die seit jeher parallel dazu bestanden und zum Teil nur im Untergrund überlebten. Bei allen Schwächen und

Fehlern blieb die Essenz des biblischen Glaubens bewahrt und wurde immer wieder neu belebt und erweckt. Es ist ein Triumphzug des Herrn!

Diese friedfertigen „Pilger-Christen" haben verstanden, dass eine wahrhaftige Bekehrung stets ein Herrschaftswechsel ist. Wir treten aus dem Reich Satans ins Reich Gottes über; aber wir lösen uns auch innerlich von unserer irdischen Herkunft und lassen unsere ethnisch-nationalen Identitäten im Grab Christi verfaulen, denn wir sind eine neue Schöpfung geworden, die für die neue Schöpfung von Himmel und Erde berufen ist.

„Darum: Ist jemand in Christus, so ist er eine neue Schöpfung; das Alte ist vergangen; siehe, es ist alles neu geworden!" (2. Korinther 5,17).

„Unser Bürgerrecht aber ist im Himmel, von woher wir auch den Herrn Jesus Christus erwarten als den Retter, der unseren Leib der Niedrigkeit umgestalten wird, so dass er gleichförmig wird seinem Leib der Herrlichkeit, vermöge der Kraft, durch die er sich selbst auch alles unterwerfen kann." (Philipper 3,20-21).

„Wo nicht Grieche noch Jude ist, weder Beschneidung noch Unbeschnittenheit, noch Barbar, Skythe, Knecht, Freier – sondern alles und in allen Christus." (Kolosser 3,11).

Darum ist unsere Stellung in der Welt, in der Gesellschaft und dem Staat, in dem wir leben, der von Fremden und Durchreisenden. Anders als bei Migranten, von denen der Staat erwartet, dass sie sich weitestgehend integrieren, gebietet uns der Herr, uns aus der Gesellschaft heraus zu „desintegrieren", uns abzusondern und Botschafter der kommenden „Neuen Weltordnung" zu sein, die Christus einführen wird, wenn Er in Macht und Herrlichkeit erscheint. Wem das klar wird, für den werden alte Bekenntnistexte wie: *„Er sitzt zur Rechten Gottes. Von dort wird Er kommen, zu richten die Lebenden und die Toten"*, neu bedeutsam, lebendig und relevant.

Bleibt noch die Obrigkeit, unter der wir als Fremde leben, und die uns als Staatsbürger wahrnimmt und behandelt, was wir nur mehr dem Fleisch und der Abstammung gemäß sind, nicht mehr aber gemäß unserer Gesinnung und unseres Glaubens. Wie sollen wir uns ihr gegenüber verhalten? Wie gute Fremde.

„Geliebte, ich ermahne euch als Gäste und Fremdlinge: Enthaltet euch der fleischlichen Begierden, die gegen die Seele streiten; und führt einen guten Wandel unter den Heiden, damit sie da, wo sie euch als Übeltäter verleumden, doch aufgrund der guten Werke, die sie gesehen haben, Gott preisen am Tag der Untersuchung. Ordnet euch deshalb aller menschlichen Ordnung unter um des Herrn willen, es sei dem König als dem Oberhaupt oder den Statthaltern als seinen Gesandten zur Bestrafung der Übeltäter und zum Lob derer, die Gutes tun." (1. Petrus 2,11-14).

Die Regierungen sind notwendig, um das Übel einzudämmen, das aus unserer gefallenen Natur erwächst und das Streben nach dem Guten zu fördern. Sie sind eine gute Einrichtung, wenn sie dementsprechend regieren. Gott hat sie als Schadensbegrenzung eingesetzt, bis der kommen würde, dem alle Macht im Himmel und auf Erden gegeben ist (Matthäus 28,18). Aufgrund dieser Berufung Gottes sind sie zu respektieren und ist ihnen zu gehorchen, nicht weil jeder einzelne von den Herrschern moralisch integer ist und seine Aufgabe im Sinne Gottes erfüllt. Sie waren immer schon von Gott eingesetzt, ehe sich die „Hure Babylon" anmaßte, das zu tun und von einem „Gottesgnadentum" zu sprechen begann.

„Jedermann ordne sich den Obrigkeiten unter, die über ihn gesetzt sind; denn es gibt keine Obrigkeit, die nicht von Gott wäre; die bestehenden Obrigkeiten aber sind von Gott eingesetzt. Wer sich also gegen die Obrigkeit auflehnt, der widersetzt sich der Ordnung Gottes; die sich aber widersetzen, ziehen sich selbst die Verurteilung zu." (Römer 13,1-2).

Man muss sich stets vor Augen halten, dass der Kaiser, der zur Zeit der Abfassung dieser Zeilen regierte, der verruchte Nero war. Der Grundsatz gilt also unabhängig von der moralischen Qualität oder fachlichen Eignung des jeweiligen Herrschers. Alle haben von Gott denselben Auftrag erhalten, und aufgrund dieses Auftrags ist ihnen zu gehorchen:

„Denn die Herrscher sind nicht wegen guter Werke zu fürchten, sondern wegen böser. Wenn du dich also vor der Obrigkeit nicht fürchten willst, so tue das Gute,

dann wirst du Lob von ihr empfangen! Denn sie ist Gottes Dienerin, zu deinem Besten. Tust du aber Böses, so fürchte dich! Denn sie trägt das Schwert nicht umsonst; Gottes Dienerin ist sie, eine Rächerin zum Zorngericht an dem, der das Böse tut. Darum ist es notwendig, sich unterzuordnen, nicht allein um des Zorngerichts, sondern auch um des Gewissens willen." (Römer 13,3-5).

Es ist ihnen aber auch nur im Rahmen des gottgegebenen Auftrags zu gehorchen. Wo sie diesen überschreiten und Dinge fordern, die Gottes Willen widersprechen, gilt, was die Apostel ihrer Obrigkeit direkt ins Gesicht gesagt haben:

„Man muss Gott mehr gehorchen als den Menschen!" (Apostelgeschichte 5,29).

Dass man daraus den Schluss zog, dass Christen dem Kaiser ungehorsam seien, wie wir eingangs gesehen haben, ist nachvollziehbar, aber auch nicht ganz richtig. Denn wenn wir uns an Gottes Gebote halten, werden wir allen Menschen gegenüber das Gute tun und nichts Böses. Die Gesetze des Staates sind für uns eigentlich überflüssig. Im Grunde bieten wir durch ein christliches Leben lediglich tausende Anlässe, von der Obrigkeit gelobt zu werden; Strafe hätten wir nie zu fürchten. Der Konflikt entsteht dort, wo die Obrigkeit das Gute böse und das Böse gut nennt.

Dieses eigenmächtige Festlegen von Gut und Böse, jene Frucht des verbotenen Baumes, geht Hand in Hand mit der Verblendung, sich selbst für einen Gott zu halten. Dies taten die Herrscher seit es sie gab. Ob es die Pharaonen waren, oder die babylonischen Gottkönige oder die göttlichen Cäsaren – sie alle ließen sich religiös verehren, man errichtete Tempel zu ihren Ehren und brachte ihren leblosen Statuen Opfer dar. Der Herrscherkult war der Garant des Zusammenhalts der Vielvölkerreiche, die einander ablösten.

Mit dem „Gottesgnadentum" wurde dies zwar eingedämmt, aber der Absolutismus des 17. Jahrhunderts kam dieser Haltung wieder sehr nahe: *„Der Staat bin ich"*, trompetete etwa König Ludwig XIV. von Frankreich. Das, gemeinsam mit dem kirchlichen Zwangsregime, führte schließlich zur Aufklärung, wo man all das über Bord warf und an die Stelle des Gottesgnadentums die vergöttlichte Vernunft setzte. Danach kamen die Ideologien, welche die Monarchien letztlich zerstörten. Was darauf folgte – mit zwischenzeitlichen faschistischen Exzessen – ist die direkte Antithese zur Einsetzung der Obrigkeiten durch Gott: *„Das Recht geht vom Volk aus."* Anders gesagt: Die Mehrheit der Sünder bestimmt nun, was Gut und Böse ist. Damit haben sich die staatlichen Obrigkeiten wieder zur antiken Selbstvergötterung zurückentwickelt, nur dass diesmal nicht ein Einzelner die Göttlichkeit beansprucht, sondern das gesamte Staatsvolk. Mit dem Ende des Kommunismus schien sich die Demokratie nun endlich durchgesetzt zu haben, und ein Aufatmen ging durch das ehemals christliche Abendland. Dr. Werner Bauer verfasste 2003 einen bemerkenswerten Artikel über die Krise und die Zukunft der Demokratie:

„Kurz nach dem Ende der „realsozialistischen" Systeme in Zentral- und Osteuropa und dem Zusammenbruch vieler Diktaturen in Lateinamerika, Afrika und Asien schien es für einen Moment lang so, als ob mit dem weltweiten Siegeszug der Demokratie die klassische Frage der politischen Philosophie nach der besten Regierungsform ein für allemal beantwortet worden wäre.

Der Politologe und damalige amerikanische Präsidentenberater Francis Fukuyama sah sich in seinem Bestseller The End of History and the Last Man (1992) sogar veranlasst, das „Ende der Geschichte" auszurufen, da nach dem Systemzusammenbruch des Kommunismus die liberale Demokratie und die Marktwirtschaft endgültig „zu sich gekommen" und für die Zukunft keine anderen Systeme vorstellbar seien. Inzwischen sind seit dem Ende des Kommunismus in Europa knapp 15 Jahre vergangen.

Der Übergang vom Totalitarismus zu einer zumindest nominell demokratisch zu bezeichnenden Gesellschaftsverfassung ist, mit Ausnahme des früheren Jugoslawien und der kaukasischen Randzone des ehemaligen Sowjetimperiums, weitgehend friedlich vor sich gegangen. Die früheren Sowjetsatelliten Tschechien, Slowakei, Ungarn und Polen, die baltischen Republiken und Slowenien werden – erfolgreiche Volksabstimmungen in diesen Staaten vorausgesetzt – im Jahr 2004 sogar der Europäischen Union beitreten können.

Weltweit bekennen sich heute so viele Staaten wie nie zuvor zur Demokratie. Am Ende des 20. Jahrhunderts waren nach einer Untersuchung der amerikanischen Organisation Freedom House (www.freedomhouse.org) 85 von 192 Staaten eindeutig liberaldemokratisch verfasst (48 autoritär/totalitär, 59 halb-demokratisch), was knapp 45% der Staaten mit immerhin 40% der Weltbevölkerung entspricht; 1972 lag dieser Anteil erst bei 32% (Schmidt, 2000). Eine beispiellose Erfolgsgeschichte. Und dennoch sprechen politische Kommentatoren beharrlich von einer vielfachen „Krise der Demokratie"."[173]

Diese Krise hat sich 21 Jahre nach Abfassung dieses Artikels noch deutlich verschärft. Die Postmoderne in ihrem übersteigerten Individualismus und der Dekonstruktion aller Werte führt die Demokratie ad absurdum und macht sie zu einem äußerst instabilen und unberechenbaren politischen System.

„Diese strukturelle Krise manifestiert sich auf vielfältige Weise. Zu nennen wären hier:

- *Weitverbreitetes Desinteresse und – nicht selten medial geschürter bzw. verstärkter – Zynismus gegenüber der traditionellen Politik und ihren Akteuren.*
- *Teilweise dramatische Rückgänge bei der Wahlbeteiligung, aber auch bei den Mitgliederzahlen von politischen Parteien und Interessensvertretungen.*
- *Überhandnehmen von Populismen in ihren vielfachen Schattierungen."*[174]

All das hat sich seit 2003 drastisch verstärkt.

„Die neuzeitliche Demokratie ist historisch auf das engste mit dem Entstehen von Nationalstaaten verbunden. Deshalb besitzt Politik als Werkzeug v.a. den Staat, dessen Souveränität in räumlichen Begriffen definiert und darauf beschränkt ist, deshalb hat das herrschende Verständnis von Demokratie, Staat, politischer Gemein-

---

[173] Krise der Demokratie – Zukunft der Demokratie, Dr. Werner T. Bauer
Österreichische Gesellschaft für Politikberatung und Politikentwicklung – ÖGPP, Wien, April 2003, S. 5
[174] Ebda. S. 6

schaft, Souveränität, Gewaltmonopol, Steuerhoheit, Föderalismus, Gemeinde, Öffentlichkeit, Parlament, Bürgerrechten und BürgerInnen zuallererst eine territoriale Prämisse. „Globalisierung" aber bedeutet „Denationalisierung". In dem Maße, in dem sich die „postnationale Gesellschaft" herausbildet, zerfällt auch das territoriale Apriori des Politischen.

Wenn nationale Souveränitätsrechte an supranationale Organisationen abgegeben werden (müssen), gehen die garantierten direkten Mitbestimmungsrechte der StaatsbürgerInnen immer mehr verloren. Dies bedeutet nicht nur einen sukzessiven Abbau von Demokratie, sondern führt unweigerlich auch zu einem Mangel an Identifikation mit den verbleibenden Resten staatlicher Politik, da eine tatsächliche Möglichkeit zur Mitwirkung und Mitgestaltung von Politik immer weniger gegeben ist.

Besonders deutlich ist dieser Prozess derzeit in Europa zu verfolgen, wo aus dem Bemühen, aus den Fehlern einer tausendjährigen, von Kriegen und Konflikten geprägten Geschichte zu lernen, eine die Nationalstaaten überragende, supranationale Organisationsform errichtet werden soll, und wo bereits jetzt die neu entstehenden Institutionen, deren endgültige Struktur noch zu definieren ist, von vielen als zu wenig „transparent" und zu wenig demokratisch kritisiert werden – wobei eine Analyse der politischen Entwicklung der Europäischen Union für die Zukunft tatsächlich nicht allzu viel Positives erwarten lässt. Zu erwarten ist nämlich in erster Linie eine weitere „Oligarchisierung und Elitenfusion", eine verstärkte Dominanz der Exekutive, die Begünstigung von Kompromiss- und Konsenskultur, und damit ein immer geringerer Einfluss demokratischer Institutionen, was letzten Endes nur zu einer gefährlichen „Entpolitisierung" führen kann (Bach, 2000)."[175]

Dieses Unbehagen ist gegenwärtig deutlich zu spüren, doch die Entwicklung ist folgerichtig und prophetisch unabwendbar. Das Pendel schwingt zurück, und die Demokratie wird einer neuen Form eines zentralistischen Weltreiches weichen, welches nur geringen Spielraum für Mitbestimmung lassen wird. Interessanterweise schwingt das Pendel so weit zurück, dass dieser

---

[175] Ebda. S. 8

letzte Autokrat sich selbst wieder als Gott der einen Weltreligion verehren lassen wird:

„Denn es muss unbedingt zuerst der Abfall kommen und der Mensch der Sünde geoffenbart werden, der Sohn des Verderbens, der sich widersetzt und sich über alles erhebt, was Gott oder Gegenstand der Verehrung heißt, so dass er sich in den Tempel Gottes setzt als ein Gott und sich selbst für Gott ausgibt." (2. Thessalonicher 2,3-4).

Sind wir jetzt nicht mittendrin in einer Zeit des Glaubensabfalls und der Auflösung aller Werte? Dann wissen wir auch, wie es weitergehen muss, auch wenn es vielleicht noch Zwischenschritte und gesellschaftliche Kurskorrekturen geben mag (der von Globalisten so gefürchtete „Rechtsruck" etwa). Dennoch ist die historische Linie interessant, und es lohnt sich, sie in einer kurzen Liste auf sich wirken zu lassen.

- Gottkönigtum des Altertums (erste Hochkulturen).
- Philosophische Staatstheorien (etwa von Platon) erwiesen sich als unrealistisch. Demokratie und Tyrannis im alten Griechenland wechselten sich ab.
- Gottkönigtum der Antike (Hellenismus, Imperium Romanum).
- Gottesgnadentum des „christlichen Abendlandes".
- Vergöttlichte Vernunft der Aufklärung und französischen Revolution (Säkularisierung).
- Philosophische Staatstheorien (Ideologien) wetteifern um die Vorherrschaft.
- Faschismus und Kommunismus setzen sich zeitweilig durch.
- Demokratie als „geringstes Übel" bleibt übrig – Quasivergöttlichung des Volkes, von dem das Recht ausgehe.
- Postmoderner Individualismus – es bleiben keine den Staat einenden Überzeugungen, die ein Gemeinwesen funktionieren ließen.
- Krise und Zusammenbruch der Demokratie.
- Antichristliches Gottkönigtum über eine global zwangsvereinte Menschheit.

- Wiederkunft Jesu Christi, Jüngstes Gericht, Wiederherstellung aller Dinge.

Es wird also gut ausgehen, aber der Weg zur Neuen Schöpfung ist eine Achterbahnfahrt mit vielen Loopings, wo einem übel werden kann. Dass es am Ende wieder dorthin kommt, wo menschliche Regierung bereits von Anfang an falsch abgebogen ist – bei der Vergöttlichung der Herrscher – ist nur die konsequente Folge des Sündenfalls, die Frucht des verbotenen Baums: *„Ihr werdet sein wie Gott."* Dass dies in einen übersteigerten Machtrausch münden muss, lehrt uns die Geschichte, die sich beständig wiederholt.

Viele sehen das heute nicht und sind zu geschichtsvergessen, weil unsere Gesellschaft zunehmend unübersichtlicher wird:

„Die Explosion technologischer Komplexität, die mediale Reizüberflutung und der Overkill an Informationen stellen für viele Menschen nahezu unüberwindliche kognitive Barrieren dar. Typische Reaktionen darauf sind Ablehnung, Misstrauen, generelle Skepsis und der Rückzug in die auf persönliche Lustmaximierung ausgerichtete Privatsphäre."[176]

Dabei waren 2003 die sozialen Medien noch in ihren Kinderschuhen und die Generation Z erst in der Krabbelstube. Im Rückblick ist Dr. Bauers Text geradezu prophetisch. Wie soll die Politik darauf reagieren?

„Aufgrund der immer komplexer werdenden Aufgabenstellungen wird die politische Praxis immer stärker von professionellen Experten und Sachverständigen („Technokraten") geprägt, die auf eng begrenzten Gebieten Entscheidungen vorzubereiten und zu treffen haben. Viele BürgerInnen fühlen sich dadurch in die Rolle von macht- und einflusslosen Zuschauern gedrängt, deren Meinungen keinerlei Resonanz finden. Dem Wunsch, sich zu engagieren und politisch zu beteiligen, stehen anonyme und formalistische Apparate gegenüber, weshalb Politik, trotz mancher gutge-

---

[176] Ebda. S. 9

meinter Initiativen, mehr Bürgerbeteiligung zuzulassen, oftmals ausschließend und abschreckend wirkt.

Das Gefühl, politischen Vorgängen eher hilflos ausgeliefert zu sein, führt vielfach zu politischer Apathie. So steht einer zunehmend passiven Mehrheit eine Minderheit gut informierter und sachverständiger Experten gegenüber. Bei Teilen der Bevölkerung kommt es dadurch zu unterschiedlichen negativen Reaktionen, die von Unverständnis über Verweigerung bis hin zur offenen Auflehnung und sogar Gewaltanwendung reichen."[177]

Das erinnert frappant an das, was wir alle während der Pandemie erlebt haben. Was jedoch noch aufkam, ist das allgemeine Dilettantentum in der Politik. Studienabbrecher, junge Leute ohne Lebenserfahrung, Politiker ohne eigene Kinder, Minister ohne fachliche Kompetenzen, die sich dafür auf einen intransparent zusammengestellten, sündteuren Expertenstab verlassen, treffen Entscheidungen für Generationen (Schuldenexplosion), die viele nur den Kopf schütteln lassen. Es bedarf eines „Großen Resets", aber muss es unbedingt der von Klaus Schwab sein? Für die meisten wird solch ein säkularer Messias (Antichrist) jedoch immer noch annehmbarer sein als der König, der am Kreuz Sein Leben und Blut für Seine Menschheit ausgegossen hat.

In der Corona-Zeit wurde mir einiges bewusst. Anfangs war ich extrem verärgert und ließ mich auch fanatisieren, obwohl es absurd war: Wie sollte ich mich gegen die Obrigkeit auflehnen und dabei erfolgreich sein können? Unsere Gemeinde ging zwar ihren eigenen Weg, aber es war (zumindest in mir) stets mit einem Unbehagen verbunden. Da fiel mir etwas auf:

„So ermahne ich nun, dass man vor allen Dingen Bitten, Gebete, Fürbitten und Danksagungen darbringe für alle Menschen, für Könige und alle, die in hoher Stellung sind, damit wir ein ruhiges und stilles Leben führen können in aller Gottesfurcht und Ehrbarkeit; denn dies ist gut und angenehm vor Gott, unserem Retter,

---

[177] Ebda. S. 9

welcher will, dass alle Menschen gerettet werden und zur Erkenntnis der Wahrheit kommen." (1. Timotheus 2,1-4).

Ich bin seit 1987 Christ, und all die Jahre stand dieser Text in meiner Bibel. Ich habe ihn nur so gut wie nie beachtet! Auch in den Gemeinden, denen ich angehörte, war es üblich, diese Aufforderung zu übergehen. Wenn alles gut geht, wozu beten? Soll ich verwundert sein, wenn die Politiker überfordert sind, scheitern oder mit ihren Maßnahmen weit über das Ziel hinausschießen, wenn ich nie für sie gebetet habe? Also bekannte ich mich schuldig, eine Teilverantwortung für die Zustände zu haben. Ab diesem Zeitpunkt beteten wir jeden Sonntag für die Regierung. Was es auf jeden Fall bewirkte: ich bin deutlich ruhiger geworden! Aber auch die Impfpflicht wurde wieder abgeblasen – und ich schreibe das unseren Gebeten zu, sowie den Gebeten anderer. Gott ist kein unbeteiligter Zuschauer, aber Er will gebeten werden, und wir dürfen auf Wunder hoffen.

Die frühen Christen schrieben die „Pax Romana", eine bemerkenswert lange Friedenszeit in der Antike, ebenfalls ihrer Fürbitte und ihrem friedensstiftenden Wirken zu, wie Renato C. Raasch in seiner Dissertation „Der Gott des Friedens" zeigt (zusammengefasst von Gunther Geipel):

„Was aber ist die Pax Romana („Römischer Friede") oder Pax Augusta („Augusteischer Friede")? – „Die wirren Jahre des verheerenden Bürgerkrieges hinterließen in der Bevölkerung des Imperium Romanum einen prägenden Eindruck von etwas, was sie nicht mehr erleben wollten. Im Vergleich mit jener Zeit schien seit Augustus in der Tat ein neues Zeitalter in die Welt hereingebrochen zu sein…

Der lang ersehnte Friede wurde von Augustus selbst bei seinem Streben nach Alleinherrschaft bewusst genutzt und von seinen Nachfolgern lebendig gehalten. Die allgemeine Stimmung, in einem besonderen Zeitalter zu leben, wurde sicher nicht von allen Menschen im gesamten Reich gleich empfunden, bestimmte aber das allgemeine Bewusstsein, dass Friede im Imperium Romanum vor allem mit Augustus und seinen Nachfolgern zusammenhing und dass die aurea aetas vom Kaiserhaus abhängig war. …

Nun standen diese teils erfüllten, teils unerfüllt gebliebenen Hoffnungen aber in ihrem Kern im krassen Gegensatz zum christlichen Glauben. Denn als Geber des „goldenen Zeitalters" mit seinem universellen Frieden wurde der Kaiser gesehen – und dafür göttlich verehrt. Die Christen aber wussten um den einen und einzigen Gott, der allein Frieden geben kann und dem auch der Kaiser seine Teilerfolge verdankte. So musste es zum Konflikt kommen…

Der Kaiserkult war nur einer von vielen Aspekten des Verhältnisses einer römischen Kolonie zum Kaiser bzw. zu den vergöttlichen Kaisern. Mit dem Kaiserkult brachten Städte wie Thessaloniki, Philippi und Korinth letztendlich offiziell und feierlich inszeniert nur das zum Ausdruck, was ihre alltägliche Realität prägte, nämlich ihre Verbundenheit mit dem Imperium Romanum bzw. mit seinem Herrscher und dessen Dynastie. Im Kaiserkult aber fiel zweierlei zusammen, was Paulus' Botschaft konterkarierte. Denn zum einen gab es eine Figur, die in Anspruch nahm, eine neue Weltordnung geschaffen zu haben, welche das Leben vieler Menschen in der Tat in einen besseren Zustand gebracht hat und das Umfeld der Glaubenden prägte. Dieser neue Zustand wurde Pax bzw. εἰρήνη [Frieden] genannt. Diese in Anspruch genommene und in der Tat verwirklichte neue Weltordnung wurde dann zum anderen kultisch mit den vergöttlichten Kaisern bzw. schon in Verbindung mit den lebenden Kaisern öffentlich inszeniert. Paulus hatte vor sich eine religiöspolitische Gegebenheit, die sich gerade im sozialen Gepräge der Städte seines missionarischen Wirkens etablierte und für viele Menschen erlebte Realität war. Dass der von Paulus verkündigte Gott der eigentlich Verantwortliche für den Frieden ist – und zwar nicht den Frieden der allgemeinen Vorstellung –, muss Paulus den Glaubenden erst erklären, indem er am Ende seiner Paraklesen, welche das Leben der Glaubenden praktisch zu gestalten versuchen, mit dem Hinweis auf den Gott des von den Glaubenden erlebten Friedens abschließt. …

Auch wenn Paulus mit der Bildung seines Syntagmas [Wortverbindung] ὁ θεὸς τῆς εἰρήνης [der Gott des Friedens] keinen Gegensatz zur Pax Augusta intendiert hat – er wurde vor allem theologisch dazu motiviert, dieses Syntagma zu bilden –, so war doch in Hinblick auf diese pax das Syntagma und die Art und Weise seiner Verwendung eine politische Provokation. Dessen waren sich die Glaubenden in den stark römisch geprägten Städten mit ihrer eigenen Vorstellung von Frieden sicher bewusst. Denn jeder Anspruch auf Friedensstiftung stand zu jener Zeit in direkter Konkurrenz zur offiziellen und immer stärker werdenden Profilierung der kaiserlichen Politik unter dem Syntagma Pax Augusta bzw. εἰρήνη σεβαστή." (S. 225ff)

Das Schlusswort endet mit den Worten: „Friede ist der Heilszustand, in dem die Glaubenden mit Gott leben. So wird der Begriff εἰρήνη (Friede, G.G.) zu einer Gottesbezeichnung und das Syntagma ὁ Θεὸς τῆς εἰρήνης (Gott des Friedens, G.G.) zu einem provokativen theologischen Gotteszeugnis." (S. 229)

Mit dem lebendigen Gott durch Jesus verbunden, haben wir Frieden – ja, IHN selbst! - im Herzen. Wir werden Botschafter des Friedens mit Gott durch Jesus und seinen Opfertod."[178]

Gebet, Fürbitte, das ist der erste und wichtigste politische Auftrag von Christen in dieser Welt; ergänzt durch ein glaubwürdiges Leben in der Nachfolge Jesu und gute Werke ist all das auch das einzige politische Engagement, zu dem wir als Fremde ohne Bürgerrecht (aus Sicht Gottes) in dieser Welt berufen sind.

Ich dachte nicht immer so. Eine Zeit lang glaubte ich, wir Christen könnten uns durchaus auch innerhalb der demokratischen Strukturen positiv in die Gesellschaft einbringen. So habe ich bewusst an Wahlen teilgenommen und Parteien meine Stimme gegeben, bei deren Programm ich die größte Schnittmenge zu christlichen Werten gesehen hatte. Das war aber enttäuschend, und ich dachte immer wieder an den sarkastischen Spruch: *„Wenn Wahlen etwas änderten, wären sie längst verboten."* (Kurt Tucholsky, 1890 – 1935). Dann aber setzte ich ein klein wenig Hoffnung auf eine christliche Partei (CPÖ) und arbeitete dort etwas über ein Jahr lang mit. Unter anderem bereiteten wir 2014 den EU-Wahlkampf für einen geeigneten und durchaus bekannten konservativ-christlichen Kandidaten vor. Ich arbeitete sogar am

---

[178] https://www.google.com/url?sa=t&source=web&rct=j&opi=89978449&url= https://www.leiterkreis.de/edelsteine_neues_testament/Der_Gott_des_Friedens-im_Roemischen_Reich_und_heute.pdf&ved=2ahUKEwibhNDg37iGAxUi3QIHHTsrCr8QFnoE CDkQAQ&usg=AOvVaw2dvlGhASvQ2JQ4B2-zz-L9

Wahlprogramm mit! Aber wir erreichten nicht einmal 2% der Stimmen. Das ist auch das Maximum an christlichen Stimmen, das man im säkularen Österreich noch erwarten darf, denn mehr Christen gibt es de facto nicht mehr. Sollen aber diese 2% den übrigen 98% ihre Werte aufzwingen, sollten sie durch ein Wunder eine Mehrheit oder eine Regierungsbeteiligung als Juniorpartner erreichen? Nein. Christliche Werte sind nicht mehr mehrheitsfähig, und das musste ich ernüchtert zur Kenntnis nehmen. Erst in den Folgejahren wurde mir tiefer bewusst, was das Reich Gottes ist, und seither ist mir klar, worin unsere Berufung in dieser Welt besteht.

In einer Wiener Hausgemeinde, in der ich ein paar Jahre mitarbeitete, kam es aufgrund verschiedener politischer Ansichten immer wieder zu Streit. Ein Bruder war ein Sinto und hatte sehr starke Prägungen aufgrund der Verfolgung seiner Vorfahren im Dritten Reich. Rechte Parteien waren für ihn daher unwählbar, obwohl er als Christ durchaus sah, dass die politischen Alternativen mit dem Glauben noch weniger vereinbar sind. Ein anderer Bruder bekannte sich sehr deutlich dazu, die Freiheitliche Partei zu wählen. Da dieses Thema immer wieder zu fruchtlosen und hitzigen Debatten beim Mittagstisch führte, schlug ich vor, gemeinsam den Entschluss zu fassen, gar nicht zu wählen, und sich auch nicht länger über die Politik zu ereifern. Alle stimmten zu, und wir formulierten den Spruch: *„Es ist egal, wer Kanzler ist, Jesus ist König."* Je mehr uns bewusst wird, wie wirklich die Königsherrschaft Christi ist, umso mehr entkrampft es uns. Wenn wir wirklich glauben, dass Gott es ist, der die Obrigkeiten einsetzt (auch die schlechten!), können wir uns darauf beschränken, für die Wahlen zu beten, was wir auch tun.

Es ist daher keine Flucht vor Verantwortung, wenn wir uns als Christen nicht an der Politik beteiligen, im Gegenteil: Wir haben eine andere und höhere Verantwortung, welche säkulare Politiker nicht wahrnehmen können, die aber von existenzieller Bedeutung für unser Land ist. Origenes († 253), ein christlicher Lehrer, erklärte Celsus, einem Kritiker der Christen, warum wir uns nicht an den Kriegen der Kaiser beteiligen, was man durchaus auch auf jede politische Mitwirkung ausdehnen kann:

„Im folgenden ermahnt uns Celsus, „wir sollten dem Kaiser beistehen mit aller Kraft, mit ihm für das uns abmühen, was recht ist, für ihn kämpfen und, wenn die Not es forderte, mit ihm ins Feld rücken und mit ihm seine Truppen anführen". Darauf haben wir zu sagen, dass wir zu rechter Zeit den Herrschern „beistehen", und zwar sozusagen mit göttlicher Hilfe, da wir „die Waffenrüstung Gottes" anlegen. Und dies tun wir, gehorsam dem Apostelwort, das so lautet: „Ich ermahne euch nun zuerst, zu vollziehen Bitten, Gebete, Fürbitten, Danksagungen für alle Menschen, für Könige und für alle Obrigkeiten." Und je frömmer jemand ist, um so mehr richtet er durch seine den Herrschern geleistete Hilfe aus, auch mehr als die Soldaten, die zur Feldschlacht ausziehen und so viele von den Feinden vernichten, als sie imstande sind.

Ferner könnten wir den Gegnern unseres Glaubens, die von uns verlangen, dass wir die Waffen für das allgemeine Beste tragen und Feinde niedermachen sollen, auch diese Antwort geben: Eure eigenen Priester, die für gewisse Götterbilder zu sorgen haben, und die Tempeldiener derjenigen, die ihr für Götter haltet, dürfen der Opfer wegen ihre Rechte nicht beflecken, damit sie mit reinen Händen, an denen kein Menschenblut haftet, euren Göttern die herkömmlichen Opfer darbringen können; und wenn ein Krieg ausbricht, so macht ihr doch wohl nicht auch die Priester zu Soldaten. Wenn dies nun mit gutem Grunde geschieht, um wieviel mehr wird es dann vernünftig sein, dass die Christen, während die andern zu Felde ziehen, als Priester und Diener Gottes an dem Feldzuge teilnehmen, indem sie ihre Hände rein bewahren und mit ihren an Gott gerichteten Gebeten für die gerechte Sache und deren Verteidiger und für den rechtmäßigen Herrscher kämpfen, damit alles vernichtet werde, was sich der guten Sache und ihren Verteidigern feindlich widersetzt! Wir vernichten aber mit unseren Gebeten auch alle Dämonen, welche die kriegerischen Unternehmungen anstiften und Eide brechen und den Frieden stören, und helfen dadurch den Herrschern mehr als die Personen, welche äußerlich zu Felde ziehen. „Wir mühen uns" aber für die gemeinsamen Angelegenheiten „ab", indem wir unserer Gebete, die wir nach Schuldigkeit Gott darbringen, mit Übungen und Betrachtungen verbinden, die uns lehren, die Vergnügungen zu verachten und uns von ihnen nicht fortreißen zu lassen. „Wir kämpfen" sogar mehr (als andere) „für den Kaiser"; und wenn wir auch nicht „mit ihm ins Feld rücken", „sobald die Not es fordert", so ziehen wir doch für ihn zu Felde, indem wir ein besonderes Kriegsheer *der Frömmigkeit durch die an die Gottheit gerichteten Fürbitten zusammenbringen."* [179]

Christen, welche abgesondert lebten, sagte man oft nach, sie seien *„die Stillen im Lande"*. Ja, das sollen wir sein, aber wir sollen zugleich laut vor dem Thron Gottes sein! So sind wir dem Staat, in dem wir leben, nützlicher als Generäle, Minister oder Abgeordnete, und stehen auch nicht in Gefahr, durch die Politik in Kompromisse verwickelt zu werden, denn jedes Gebet steht zugleich unter der Bitte: *„Dein Wille, geschehe"*, nicht der Wille unserer Obrigkeit. Der Prophet Jeremia gab dem Volk Gottes folgenden Auftrag mit, als sie in das babylonische Exil zogen:

„Und sucht den Frieden der Stadt, in die ich euch weggeführt habe, und betet für sie zum Herrn; denn in ihrem Frieden werdet auch ihr Frieden haben!" (Jeremia 29,7).

---

[179] Gegen Celsus VIII,73

Gewaltfreiheit

„Ihr habt gehört, dass gesagt ist: »Auge um Auge und Zahn um Zahn!« Ich aber sage euch: Ihr sollt dem Bösen nicht widerstehen; sondern wenn dich jemand auf deine rechte Backe schlägt, so biete ihm auch die andere dar." (Matthäus 5,38-39).

Wir sind, was die Lehren des Herrn Jesus betrifft, nun schon einiges gewöhnt. Seine Ansichten zu Ehescheidung und Wiederheirat überschreiten unsere Zumutbarkeitsgrenzen. Seine Haltung zu Geld und Besitz kann man nur als weltfremd bewerten. Was nun kommt, ist geradezu suizidal: Völlige Gewaltfreiheit inklusive des Verzichtes auf Selbstverteidigung. Wir sind nicht die ersten, die darüber den Kopf schütteln. Das hielten seine Zeitgenossen von Ihm:

„Dieser war es, den wir einst auslachten und verhöhnten, wir Toren. Sein Leben hielten wir für Wahnsinn und sein Ende für ehrlos." (Weisheit 5,4).

Doch so wie diese Erkenntnis formuliert ist, scheint sie eine späte Selbsterkenntnis auszudrücken, die für sie zu spät kommt:

„Dann wird dastehen in vollem Freimut der Gerechte denen ins Angesicht [d.h. als Richter], die ihn bedrängt hatten und seine Mühen abtun. Wenn sie ihn sehen, werden sie in entsetzlicher Furcht verwirrt werden und außer sich geraten über die unerwartbare Rettung [= Seine Auferstehung]. Sie werden zueinander sagen – umdenkend –, und in Geistesbedrängnis werden sie stöhnen:

Dieser war es, den wir einst auslachten und verhöhnten, wir Toren. Sein Leben hielten wir für Wahnsinn und sein Ende für ehrlos [= die Kreuzigung]. Wie wurde er zu den Söhnen Gottes gezählt und ist bei den Heiligen sein Erbe?

Also waren wir in die Irre gegangen, weg vom Weg der Wahrheit, und das Licht der Gerechtigkeit erstrahlte uns nicht, und die Sonne ging uns nicht auf. In Dornen mit Gesetzlosigkeit verstrickten wir uns und mit Untergang und durchzogen weglose

Wüsten, den Weg des Herrn aber erkannten wir nicht. Was nützte uns die Überheblichkeit, und was hat uns der Reichtum mit der Prahlerei eingebracht? …

Die Gerechten aber leben in Ewigkeit, und beim Herrn ist ihr Lohn und die Fürsorge für sie beim Höchsten. Deshalb werden sie die prachtvolle Königswürde entgegennehmen und das schöne Diadem aus der Hand des Herrn: Denn mit seiner Rechten wird er sie schirmen und mit seinem Arm sie schützen." (Weisheit 5,1-8.15-16).

Dieser Text, der im 2. Jahrhundert vor (!) Christus geschrieben wurde, beschreibt einerseits den Spott der Zeitgenossen Jesu über dessen Lehre und Leben und Seinen ehrlosen Kreuzigungstod (besonders im 2. Kapitel desselben Buches), aber auch den Gerichtstag, an dem die Spötter dem Auferstandenen gegenüberstehen und bekennen müssen, dass Sein Leben und Seine Lehre in jeder Hinsicht richtig waren. Jeder, der Seinen Wegen folgt, wird daher mit Ehre gekrönt werden und ewig leben.

Die Lehren des Herrn müssen also im Licht der Ewigkeit betrachtet werden. Zeitlich betrachtet sind sie tatsächlich wahnsinnig, oder bestenfalls eine liebliche Utopie. Im Licht Seiner Auferstehung aber, die den zeitlichen Tod überwunden hat, verlieren zeitliche Motive und Zwänge ihre scheinbare Unausweichlichkeit. Leiden um Christi Willen bekommen so einen großen Wert. Verlust um Seinetwillen wird zu einem großen Gewinn. Um des Friedens Willen das Leben hinzugeben, bedeutet nichts anderes, als das verwesliche Leben gegen ein unverwesliches einzutauschen.

„Denn ich bin überzeugt, dass die Leiden der jetzigen Zeit nicht ins Gewicht fallen gegenüber der Herrlichkeit, die an uns geoffenbart werden soll." (Römer 8,18).

„Darum lassen wir uns nicht entmutigen; sondern wenn auch unser äußerer Mensch zugrunde geht, so wird doch der innere Tag für Tag erneuert. Denn unsere Bedrängnis, die schnell vorübergehend und leicht ist, verschafft uns eine ewige und über alle Maßen gewichtige Herrlichkeit, da wir nicht auf das Sichtbare sehen, sondern auf das Unsichtbare; denn was sichtbar ist, das ist zeitlich; was aber unsichtbar ist, das ist ewig." (2. Korinther 4,16-18).

Was oberflächlich betrachtet wie frommes Wunschdenken klingt, ist angesichts der historischen Tatsache der Auferstehung Jesu nichts anderes als ein vernünftiges Überschlagen von Kosten und Nutzen. Die Auferstehung des Herrn macht also den entscheidenden Unterschied. Diese war es auch, welche die Zeitgenossen Jesu im Buch Weisheit schockierte, denn sie mussten sich eingestehen, aufs falsche Pferd gesetzt zu haben. Sie haben einzig nach zeitlich-irdischen Kriterien kalkuliert, nicht aber auf Basis der Auferstehung und der ewigen Güter. Im Grunde beruht alles, was in diesem Buch behandelt wird, genau darauf, aber beim Thema Gewaltfreiheit geht es auch buchstäblich um Leben und Tod.

Ich beginne mit einer bekannten Geschichte aus dem holländischen Märtyrerspiegel der Mennoniten von Thieleman van Braght (1660):

„Im Jahre 1569 ist zu Asperen in Holland ein frommer getreuer Bruder und Nachfolger Jesu Christi, genannt Dirk Willems, gefangen genommen worden, und hat von den römischen Päpstlich-Gesinnten schwere Tyrannei ertragen müssen. Weil er aber seinen Glauben und sein Vertrauen nicht auf trügerischen Sand der Menschengebote, sondern auf den festen Grundstein Christum Jesum gegründet hatte, so ist er trotz aller bösen Winde der Menschenlehre und der Platzregen der tyrannischen und schweren Verfolgungen bis ans Ende unbeweglich stehen geblieben. Darum wird er auch, wenn der Erzhirte erscheinen wird, um in den Wolken des Himmels seine Auserwählten von allen Enden der Erde zu versammeln, aus Gnaden hören: »Ei, du guter und getreuer Knecht, über wenig bist du treu gewesen, über viel will ich dich setzen, gehe ein zu deines Herrn Freude.«

Von seiner Gefangennehmung haben glaubwürdige Leute folgenden Bericht abgestattet, dass er entflohen und von einem Büttel[180] eilig verfolgt worden sei; weil es aber etwas gefroren hatte, so ist Dirk Willems über das Eis gelaufen, und nicht ohne Gefahr hinübergekommen, der Büttel aber, welcher ihm folgte, ist, weil das Eis unter seinen Füßen gebrochen, ins Wasser gefallen. Als nun Dirk Willems bemerkte, dass derselbe in Lebensgefahr war, ist er schnell wieder umgekehrt, hat diesem Büttel geholfen und sein Leben gerettet. Der Büttel wollte ihn nicht verhaften, aber der

---

[180] D.h. Ordnungshüter, Häscher, Gerichtsbote … Vorläufer eines Polizisten

Bürgermeister hat ihm ernstlich zugerufen, dass er seinen Eid bedenken sollte; er ist daher von dem Büttel wieder gefangen genommen und an gemeldetem Orte nach einer schweren Gefangenschaft und großer Anfechtung (der verführenden Papisten) von diesen blutdürstigen, zerreißenden Wölfen in großer Standhaftigkeit durch einen langwierigen Brand getötet worden, und hat den lauteren Glauben der Wahrheit mit seinem Tode und Blute befestigt, allen frommen Christen dieser Zeit zum lehrreichen Exempel und den tyrannischen Papisten zur ewigen Schande.

Es wird auch dabei, aus glaubwürdigen Nachrichten derer, die den Tod dieses frommen Zeugen Jesu Christi angesehen haben, als Tatsache erzählt, dass der Platz, wo diese Aufopferung geschehen ist, bei Asperen an der Seite gegen Leerdam zu gelegen sei, und dass, weil an jenem Tage der Wind stark aus Osten geweht, das angezündete Feuer von dem oberen Teile seines Leibes, als er an dem Pfahle stand, weggetrieben worden sei, woher es gekommen, dass dieser gute Mann einen langwierigen und schmerzhaften Tod gehabt hat, sodass man ihn in der Stadt Leerdam, nach welcher Richtung der Wind wehte, über siebzig Mal hat rufen hören: O mein Herr, mein Gott!, weshalb auch der Richter oder Landvogt, welcher während der Exekution zu Pferde saß und mit Jammer und Reue über des Mannes Leiden erfüllt war, sein Pferd umwandte und dem Richtplatze den Rücken kehrte, auch zu dem Scharfrichter sagte: Tue dem Manne einen kurzen Tod an. Wie aber und auf welche Weise derselbe damals mit diesem frommen Zeugen Christi gehandelt habe, habe ich nicht vernehmen können und nur das in Erfahrung gebracht, dass er sein Leben, welches endlich durch den Brand überwunden worden ist, geendigt, und dass er mit großer Standhaftigkeit durchgekämpft habe, nachdem er seine Seele in die Hände Gottes übergeben.

Nachdem uns das Urteil, welches die Herren der Finsternis über diesen gemeldeten Freund Gottes ausgesprochen haben, zu Händen gekommen ist, so haben wir für gut befunden, den Lesern zum Dienste dasselbe hier beizufügen, damit, wenn sie dieses lesen, sie der Wahrheit dieser Sache kundig werden können."[181]

Die meisten würden wohl zustimmen: Das war Wahnsinn! Zumal er ja so ganz einfach sein Leben hätte retten können! Als der Verfolger im Eis ein-

---

[181] https://hausgemeinde.wordpress.com/dirk-willems/

brach, hätte er es doch auch so interpretieren können, dass es diesem nun erginge wie dem Pharao, der im Roten Meer ertrank, als er die Israeliten verfolgte. Niemand hätte es ihm verdenken können, und er hätte auch nichts Böses getan, wenn er einfach geflohen wäre. Aber der Herr Jesus lehrte mehr als das, was wir noch als vernünftig ansehen:

„Ihr habt gehört, dass gesagt ist: Du sollst deinen Nächsten lieben und deinen Feind hassen. Ich aber sage euch: Liebt eure Feinde, segnet, die euch fluchen, tut wohl denen, die euch hassen, und bittet für die, welche euch beleidigen und verfolgen, damit ihr Söhne eures Vaters im Himmel seid." (Matthäus 5,43-45).

Dirk Willems suchte das Wohl seines Verfolgers. Darum kehrte er um und rettete ihn. Theoretisch hätte es auch zu einer Begnadigung führen können, aber die Zeit damals war äußerst gnadenlos. Nicht einmal das Wetter erwies sich bei seiner Verbrennung als barmherzig; Gott selbst schien sich nicht darum zu kümmern. Wie fühlte sich der Herr Jesus, als Er gekreuzigt wurde?

„Und um die neunte Stunde rief Jesus mit lauter Stimme: Eli, Eli, lama sabachthani, das heißt: »Mein Gott, mein Gott, warum hast du mich verlassen?«" (Matthäus 27,46).

Das lässt viele entsetzt fragen: *„Warum wirklich? Warum ist Gott so teilnahmslos und kalt?"* Den meisten ist unbekannt, dass der Herr Jesus hier einen Psalm zu beten begann (Psalm 22), der in prophetischer Weise die Kreuzigung beschrieb. Mittendrin heißt es etwa:

„Ich bin ausgeschüttet wie Wasser, und alle meine Gebeine sind ausgerenkt. Mein Herz ist geworden wie Wachs, zerschmolzen in meinem Innern. Meine Kraft ist vertrocknet wie eine Scherbe, und meine Zunge klebt an meinem Gaumen, und du legst mich in den Staub des Todes. Denn Hunde umringen mich, eine Rotte von Übeltätern umgibt mich; sie haben meine Hände und meine Füße durchgraben [bzw. durchbohrt]." (Psalm 22,15-17).

Ebenso buchstäblich erfüllte sich, was kurz danach prophezeit wurde:

„Sie teilen meine Kleider unter sich und werfen das Los über mein Gewand." (Psalm 22,19).

Bei alledem ist der Psalm aber ein Psalm der Hoffnung, denn er sagt auch die Auferstehung voraus und den herrlichen Sieg des Herrn, der zum König aller Völker wird:

„Ja, du hast mich erhört und gerettet von den Hörnern der Büffel! So will ich meinen Brüdern deinen Namen verkündigen; inmitten der Gemeinde will ich dich loben! Die ihr den Herrn fürchtet, lobt ihn! Ihr alle vom Samen Jakobs, ehrt ihn; und scheue dich vor ihm, du ganzer Same Israels! Denn er hat nicht verachtet noch verabscheut das Elend des Armen, und hat sein Angesicht nicht vor ihm verborgen, und als er zu ihm schrie, erhörte er ihn. Von dir soll mein Loblied handeln in der großen Gemeinde; ich will meine Gelübde erfüllen vor denen, die ihn fürchten! Die Elenden sollen essen und satt werden; die den Herrn suchen, werden ihn loben; euer Herz soll ewiglich leben! Daran werden gedenken und zum Herrn umkehren alle Enden der Erde, und vor dir werden anbeten alle Geschlechter der Heiden. Denn das Königreich gehört dem Herrn, und er ist Herrscher über die Nationen." (Psalm 22,22-29).

Die Frage bei allem Leid ist daher immer die, wie weit unser Blick reicht. Bis zum Tod oder über die Auferstehung hinaus in die Ewigkeit? Darum hielt auch Dirk Willems stand, denn er sah vor seinen inneren Augen den auferstandenen Herrn und konnte sich deshalb auch seiner Auferstehung gewiss sein. Das ist die Grundlage, darauf beruht alles.

„Denn wenn Tote nicht auferweckt werden, so ist auch Christus nicht auferweckt worden. Ist aber Christus nicht auferweckt worden, so ist euer Glaube nichtig, so seid ihr noch in euren Sünden; dann sind auch die in Christus Entschlafenen verloren. Wenn wir nur in diesem Leben auf Christus hoffen, so sind wir die elendesten unter allen Menschen!

Nun aber ist Christus aus den Toten auferweckt; er ist der Erstling der Entschlafenen geworden. Denn weil der Tod durch einen Menschen kam, so kommt auch die Auferstehung der Toten durch einen Menschen; denn gleichwie in Adam alle sterben, so werden auch in Christus alle lebendig gemacht werden. Ein jeder aber in

386

seiner Ordnung: Als Erstling Christus; danach die, welche Christus angehören, bei seiner Wiederkunft." (1. Korinther 15,16-23).

Christus hat uns in jeder Hinsicht jegliche Anwendung von Gewalt verboten und heißt uns stattdessen, die Feinde zu lieben. Das macht uns „wehrlos" und lässt uns nur eine Waffe übrig: die Liebe. Von Dirk Willems redet man noch heute, ihm wurde in Steinbach/Kanada 2018 sogar ein Denkmal errichtet; er ist gewissermaßen eine „mennonitische Ikone" geworden, die seit Jahrhunderten die täuferisch gesinnten Christen inspiriert.

Christus beginnt mit dem Verbot von Gewalt in unseren Gedanken. Wir dürfen niemanden hassen. Das ist eine große Herausforderung, aber genau hier beginnt es, ehe auch nur ein grobes Wort aus unserem Mund kommt. Justin, der Märtyrer (100-165), schrieb:

„Denn die bösen Dämonen können nicht glauben machen, dass die Gottlosen nicht die Feuerstrafe treffen werde, wie sie es auch nicht dahin zu bringen vermochten, dass Christus, als er erschienen war, verborgen blieb; vielmehr können sie nur das fertig bringen, dass Menschen, welche unvernünftig leben, voller Leidenschaften in schlechten Sitten aufgewachsen sind und eitlem Ruhme nachjagen, uns töten und hassen.

Aber weit entfernt, diese zu hassen, suchen wir sie, wie gezeigt wurde, aus Mitleid zur Sinnesänderung zu bewegen. Denn wir fürchten den Tod nicht, *da man anerkanntermaßen doch einmal sterben muss und in diesem Weltlauf gar nichts Neues, sondern immer dasselbe geschieht; wenn dessen die Leute satt werden, schon wenn sie nur ein Jahr daran teilnehmen, so müssen sie, um auf immer ohne Leiden und Bedürfnisse zu sein, unserer Lehre beitreten.*

Wenn sie aber glauben, dass mit dem Tode alles aus sei, und wähnen, dass man beim Sterben in einen Zustand der Empfindungslosigkeit eintrete, so erweisen sie uns dadurch, dass sie uns von den Leiden und Nöten hienieden befreien, eine Wohltat, sich selbst aber zeigen sie dabei als böse, menschenfeindliche und eitle Menschen, da sie uns nicht umbringen, um uns zu befreien, sondern uns töten, um uns des Lebens und seiner Freuden zu berauben."[182]

Der, der uns Böses antun will, steht in viel größerer Gefahr, als wir selbst, denn er ist nicht nur mein Feind, sondern erweist sich durch seinen Hass auch als Feind Gottes. Das ist der wahre Wahnsinn, wenn man sich Gott zum Feind macht und dazu noch meint, aus diesem Konflikt als Sieger hervorgehen zu können!

Ich kenne gehässige und gewalttätige Gedanken nur zu gut. Sie schlummern in jedem von uns, und wenn ich durch das Museum für mittelalterliche Rechtsgeschichte („Foltermuseum") gehe, denke ich immer wieder, dass diese oder jene Methode auch von mir sein könnte. Wir denken beim Thema Gerechtigkeit doch immer an eine gerechte und angemessene Strafe für Verbrecher, und je grausamer das Verbrechen war, desto härter und abschreckender sollte die Strafe ausfallen. Doch auch hier wird nicht weitergedacht. Wie sieht Gott den Sünder wirklich? Als verlorenes Schaf, das Er gerne zur Herde zurückbringen möchte – nicht „tot oder lebendig", sondern „versöhnt und unsterblich". Es gibt keinen Verbrecher, dem die Chance zur Umkehr verweigert werden darf.

Darum hat es mich sehr berührt, eine Dokumentation über zwei Militärpfarrer zu sehen, welche im Zusammenhang mit den Nürnberger Prozessen ehemalige Nazigrößen seelsorgerlich betreuten. Einige von ihnen haben tatsächlich die Gnade Gottes in Christus verstehen und annehmen können und gingen versöhnt zum Galgen, von den Menschen verurteilt, von Gott aber begnadigt. Das entsprechende Buch dazu heißt *„Letzte Begegnungen unter dem Galgen: „Ein amerikanischer Militärseelsorger erlebt die Nürnberger Prozesse"*, die Buchbeschreibung dazu sagt:

„"Vergebt denen, die euch Böses tun." Aber was ist, wenn das Böse millionenfacher Mord ist? Nürnberg 1946. Die Hauptkriegsverbrecher werden angeklagt und erwarten ihren Tod. Der Militärseelsorger Henry Gerecke führt mit vielen von ihnen

---

[182] 1. Apologie Kp. 57

Gespräche, darunter Hermann Göring, Albert Speer, Generalfeldmarschall Wilhelm Keitel und Rudolf Hess. Manche der Angeklagten reagieren mit Ablehnung auf die christliche Botschaft, andere gleichgültig, doch manche scheinen echte Reue zu zeigen. Das bringt Gerecke in ein Dilemma: Gilt Gottes Gnade auch den Menschen, die sich schwerster Verbrechen schuldig gemacht haben? Oder verharmlost Vergebung ihre Sünden? Keine leichte Bettlektüre, aber sehr bewegend und hoch spannend."[183]

In einer Rezension schreibt ein Leser:

„»Es waren die siegreichen Alliierten, die in Nürnberg über die Verbrechen der führenden Nazis urteilten. Aber es war ein Pastor der amerikanischen Lutherischen Kirche …, der diesen Männern zu zeigen versuchte, dass das, was sie eigentlich fürchten sollten, das Gericht Gottes war.«

In den ersten Stunden des 16. Oktober 1946 wurden in Nürnberg elf Menschen hingerichtet, deren Namen sich durch unzählige begangene Gräueltaten einen festen Platz in den Geschichtsbüchern gesichert und sich ins kollektive Gedächtnis eingebrannt hatten.

Henry Gerecke, ein amerikanischer Militärgeistlicher, betreute die Hauptverantwortlichen des Dritten Reichs während der Dauer der Nürnberger Prozesse seelsorgerlich – bis zu ihrer Hinrichtung.

Dieses Buch verhalf mir zu einigen neuen und interessanten Denkansätzen. Natürlich kannte ich die zugrundeliegenden Verbrechen (wer nicht?), aber die Hauptverantwortlichen dafür waren für mich schlichtweg Monster, die sich teils selber töteten, teils – zum Beispiel in den Nürnberger Prozessen – für ihre Taten zur Rechenschaft gezogen wurden. Und nun begegnet mir hier ein Geistlicher, der auch um all die furchtbaren Verbrechen weiß. Der vor Antritt seiner Aufgabe das Lager in Dachau besucht hatte, sich fassungslos gefragt hatte, wie Menschen zu so etwas in der Lage sein konnten. Und der trotzdem bereit war, den Menschen in Göring, Hess, Keitel usw. zu suchen, weil er es als seine Aufgabe ansah, ihnen ihre Schuld

---

[183] https://www.amazon.de/Letzte-Begegnungen-unter-Galgen-Militärseelsorger-ebook/dp/B01L7FLN2K/ref=cm_cr_arp_d_product_top?ie=UTF8

bewusst zu machen, Reue zu erwecken. Weil er hoffte, dass sie zu Gott fänden, ihre Seelen vielleicht gerettet werden könnten.

Vergebung der Sünden ist ein wesentlicher Punkt des christlichen Glaubens. Aber kann es auch Vergebung geben für Menschen, die eine solch große Schuld auf sich geladen haben? Kann millionenfacher Mord vergeben werden? Mit dieser Frage im Hinterkopf begann ich die Lektüre des Buchs. Der Autor widmet sich recht neutral dem Thema. Er stellt zunächst die Person des Henry Gerecke näher vor, berichtet über seine Herkunft, seinen Werdegang. Dabei wird deutlich, dass Gerecke die Mission als seine spezielle Aufgabe ansah. Dass er ein Mensch war, der – obwohl er Familie hatte – seinem Glauben und seiner Berufung folgend eine sichere Pfarrstelle aufgab zugunsten einer unsicheren und schlecht bezahlten Missionstätigkeit. Gerecke nahm daher auch seinen Auftrag als Seelsorger von Göring, Hess usw. sehr ernst.

Ich habe mich gefragt, ob er wohl ernsthaft an einen Erfolg seiner Mission geglaubt hat, schließlich wusste er genau um die begangenen Verbrechen seiner „Schäfchen". Auch dem Leser werden diese in einigen Rückblicken noch mal vor Augen geführt, wobei speziell auf die Beteiligungen der jeweiligen Angeklagten eingegangen wird. Nichts wird beschönigt oder versuchsweise entschuldigt und wenn eine Nazigröße zum Gebet niedersinkt, wird das zwar sachlich beschrieben, wie ehrlich dieses Gebet aber gemeint war, kann lediglich der beurteilen, an den es gerichtet war. ... Die Gefängnisseelsorger von Nürnberg machten sich nicht zu Richtern über die Glieder ihrer »Gemeinde«, sie vergaben auch nicht ihre Verbrechen gegen die Menschlichkeit. Sie versuchten schlicht, diejenigen Nazis, die dafür offen waren, zu einer vertieften Erkenntnis des Bösen, das sie getan hatten, zu führen. Sie versuchten, Hitlers Handlanger vor ihrer Hinrichtung ein Stück menschlicher zu machen."[184]

Hass führt nur zum Tod. Liebe kann Hass überwinden und ist stärker als der Tod. Eng verbunden mit dem Verbot, jemanden zu hassen, ist auch das Verbot, jemanden zu richten (im Sinne von aburteilen, nicht im Sinne einer Bewertung seines Handelns).

---

[184] https://www.amazon.de/product-reviews/B01L7FLN2K

„Richtet nicht, damit ihr nicht gerichtet werdet! Denn mit demselben Gericht, mit dem ihr richtet, werdet ihr gerichtet werden; und mit demselben Maß, mit dem ihr anderen zumesst, wird auch euch zugemessen werden. Was siehst du aber den Splitter im Auge deines Bruders, und den Balken in deinem Auge bemerkst du nicht? Oder wie kannst du zu deinem Bruder sagen: Halt, ich will den Splitter aus deinem Auge ziehen! – und siehe, der Balken ist in deinem Auge? Du Heuchler, zieh zuerst den Balken aus deinem Auge, und dann wirst du klar sehen, um den Splitter aus dem Auge deines Bruders zu ziehen!" (Matthäus 7,1-5).

Niemand von uns (auch ich nicht) kann für sich selbst die Hand ins Feuer legen, dass er im Dritten Reich besser gehandelt hätte als so viele Akteure und Mitläufer, wären wir in derselben Situation gewesen. Wie leicht kann man uns verführen, verblenden und fanatisieren, oder einschüchtern und erpressen? Nur wer den Tod bereits hinter sich hat, ist nicht mehr erpressbar. Da aber Christus unseren Tod gestorben ist, liegt unser Tod bereits seit 2000 Jahren hinter uns – solch ein Glaube hat Kraft, dass wir uns keinen Erpressungsversuchen mehr beugen müssen.

Weil wir aber auch schwach sind und falsch reagieren können, lässt sich dieses Thema nicht aus einer selbstsicheren oder gar selbstgerechten Theorie heraus betrachten, sondern am besten anhand von Beispielen, die aus Glauben und Liebe heraus ein Vorbild hinterlassen haben, das uns zur Nachfolge anspornen kann.

Wir sollen auch kein gewaltsames Wort über die Lippen bringen:

„Ihr habt gehört, dass zu den Alten gesagt ist: »Du sollst nicht töten!«, wer aber tötet, der wird dem Gericht verfallen sein. Ich aber sage euch: Jeder, der seinem Bruder ohne Ursache zürnt, wird dem Gericht verfallen sein. Wer aber zu seinem Bruder sagt: Raka!, der wird dem Hohen Rat verfallen sein. Wer aber sagt: Du Narr!, der wird dem höllischen Feuer verfallen sein." (Matthäus 5,21-22).

„Raka" bedeutet soviel wie Nichtsnutz oder Hohlkopf, während „Narr" im Grundtext ein Ausdruck tiefer Verachtung ist. Beides greift die Menschenwürde an, die uns aber heilig und unantastbar sein soll. Gewaltfreie Sprache enthält sich also jeglicher Form von Beschimpfung oder Veräcbtlichmachung. Den Wortschatz dazu hat jeder von uns verinnerlicht. Als Wiener habe ich das ganze Repertoire der Wiener Schimpfwörter stets parat, und wenn ich nicht aufpasse, formt mein Mund diese und spuckt sie aus, ehe ich darüber nachdenken kann.

„Vergeltet nicht Böses mit Bösem oder Schmähung mit Schmähung, sondern im Gegenteil segnet, weil ihr wisst, dass ihr dazu berufen seid, Segen zu erben. Denn »wem das Leben lieb ist und wer gute Tage sehen will, der bewahre seine Zunge vor Bösem und seine Lippen, dass sie nicht Trug reden; er wende sich ab vom Bösen und tue Gutes; er suche den Frieden und jage ihm nach!" (1. Petrus 3,9-11).

Auch hier ist die Perspektive der Ewigkeit das Leitmotiv. Wer will uns verachten oder schmähen, wenn wir von Gott geachtet und geehrt sind? Es ist so, als ob eine Ameise einem Elefanten einen Tritt gegen das Schienbein versetzt. In dieses Verhältnis müssen wir es setzen und dabei darauf achten, nicht reflexartig diese Ameise zu zertreten. Wir stellen uns dabei nicht stolz über unsere Feinde, sondern machen uns nur unsere Stellung und Würde als Kinder Gottes bewusst, die uns niemand rauben oder auch nur schmälern kann. Wenn wir richtig reagieren, kann es unsere Feinde bewegen, zu Gott umzukehren und lässt sie unsere Brüder werden.

„Und wer will euch Schaden zufügen, wenn ihr Nachahmer des Guten seid? Doch wenn ihr auch leiden solltet um der Gerechtigkeit willen, glückselig seid ihr! Ihr Drohen aber fürchtet nicht und lasst euch nicht beunruhigen; sondern heiligt vielmehr Gott, den Herrn, in euren Herzen! Seid aber allezeit bereit zur Verantwortung gegenüber jedermann, der Rechenschaft fordert über die Hoffnung, die in euch ist, und zwar mit Sanftmut und Ehrerbietung; und bewahrt ein gutes Gewissen, damit die, welche euren guten Wandel in Christus verlästern, zuschanden werden in dem, worin sie euch als Übeltäter verleumden mögen." (1. Petrus 3,13-16).

Eine unserer Schwestern hat eine sehr bösartige Nachbarin, aber mir gefällt, wie sie darüber redet: *„Die muss ich immer wieder segnen!"* Sie könnte auch sagen: *„Über die muss ich mich dauernd ärgern!"* oder *„Ich würde ihr am liebsten einmal so richtig meine Meinung sagen!"* … so empfindet sie vielleicht im ersten

Moment, aber sie entscheidet sich, gegen ihre ersten Empfindungen zu handeln und geistlich zu reagieren.

Hass ist in unserer Gesellschaft allgegenwärtig, und es scheint mir, dass gerade jene am meisten geifern, die sich am lautesten gegen Hass und Hetze aussprechen. Die sogenannte *„political correctness"* entpuppt sich da allzu oft als Einbahnstraße und führt zu Frustrationen und entsprechenden Gegenreaktionen. Verfolgt man die öffentlichen Diskussionen in den sozialen Medien, wo viele unter dem Schutz von Pseudo-Identitäten *„die Sau herauslassen"*, so muss man sehr aufpassen, sich davon nicht anstecken zu lassen. In einem hochinteressanten Artikel wird die heutige „political correctness" im Sinne einer „postmodernen Etikette" mit der höfischen Etikette des Barocks verglichen. Die Parallelen sind überraschend und – wenn man sich nur wundert statt ärgert – auch durchaus amüsant:

„Norbert Elias hat in seinem Nachdenken über die höfische Gesellschaft das Bild des Höflings gezeichnet, der, sozial und ökonomisch entwurzelt, im höfischen Leben Versailles' eine Art Ersatzbestimmung gefunden hat. Ruft man sich die grotesken Verrenkungen in Erinnerung, zu denen die Etikette die Höflinge veranlasste, stellt sich die Frage, worin der eigentliche Sinn dieser Zeremonien lag. Als ein besonders absurdes Beispiel zitiert Elias die Ankleidelogik der Monarchen. So gab es unter den Hofdamen eine strenge Hierarchie, welche Hofdame autorisiert war, der Königin das jeweilige Kleidungsstück zu überreichen. …

Nun stellt diese Etikette, wie Elias bemerkt, ein gespenstisches Perpetuum mobile dar, »das unabhängig von jedem unmittelbaren Nutzwert weiter bestand und weiter lief, weil es, wie von einem unerschöpflichen Motor, von der Konkurrenz um Status- und Machtchancen der darin verstrickten Menschen im Verhältnis […] fort und fort getrieben wurde«. Wenn Pierre Bourdieu, im Anschluss an Elias, den Streit um Prestige und Status als eine Form des symbolischen Kapitals begriffen hat, ist evident, dass man hier einem ins Symbolische übertragenen Geldsystem gegenübersteht – worauf noch Hugo von Hofmannsthal in seiner Erinnerung an die bürgerlichen Manieren rekurriert:

„Wer im Verkehr mit Menschen die Manieren einhält, lebt von seinen Zinsen, wer sich über sie hinwegsetzt, greift sein Kapital an."

Zweifellos: Der Motor der höfischen Gesellschaft ist die Etikette, die jede Bewegung, jeden Blick, jede Geste steuert. Folgt man ihr, kann man im Hochgefühl der Exklusivität baden. ... Man könnte dieses Zitat als Signatur dessen lesen, was man heutzutage ›Blase‹ nennt: das Vernetzt- und Verflochtensein in einen bestimmten Kommunikations-Zusammenhang, einer Gunstökonomie, bei der das wechselseitige Geben und Nehmen eine ebenso große Rolle spielt wie die scharfe Abgrenzung gegen eine als unzivilisiert und barbarisch abqualifizierte Außenwelt. ...

Denkt man unter diesen Auspizien über die zeitgenössische Aufmerksamkeits-ökonomie nach, fallen die Parallelen ins Auge. Denn viele der jüngsten Empfind-lichkeiten lassen sich als eine Form der postmodernen Etikette auffassen – weswegen es kein Zufall ist, dass Begriffe wie Achtsamkeit, Sensibilität etc. Konjunktur haben. Und weil derlei Idiosynkrasien[185] auch die classe politique erfasst haben, könnte man diese Blase als eine neue Form des Höflingswesens auffassen – eine Welt, die sich, depotenziert und funktionslos geworden, mehr mit der Befolgung ihrer Achtsamkeitsregeln als mit der Lösung wirklicher Probleme beschäftigt. Dies vor Augen, versteht man die Moralisierung der Politik und warum Empfindsamkeiten, Randgruppenfragen, Idiosynkrasien zu politischen Fragen ersten Ranges hochgejazzt worden sind, während man alles tut, um sich den Mühen der Ebene zu entziehen – als sei die wirkliche Welt dem Bewohner der Wolken-, nein des Wolken-kuckucksheims so fern wie die Wüstenei, die sich unmittelbar hinter dem franzö-sischen Park auftut.

„Moralische Empörung ist eine grundlegende Technik, um einem Idioten Würde zu verleihen." (Marshall McLuhan)

---

[185] Idiosynkrasie: 1a. Medizin: [angeborene] Überempfindlichkeit gegen bestimmte Stoffe (z. B. Nahrungsmittel) und Reize; 1b. Psychologie: besonders starke Abneigung oder Widerwillen gegenüber bestimmten Menschen, Tieren, Speisen, Dingen o. Ä. "eine Idiosynkrasie gegen jedes Spießertum"; 2. Bildungssprachlich: Gesamtheit persönlicher Eigenheiten, Vorlieben und Abneigungen.

Tatsächlich ist der Wirklichkeitsverlust der Herrschenden tagtäglich zu bestaunen. Dass sich die classe politique über Jahrzehnte die Erosion des Bildungswesens, die Probleme der Migration, aber auch der selbstverfügten Energiewende hat schönreden können, bezeugt, dass das Regieren auf Sicht einer Kurzsichtigkeit, ja, einer Form der kollektiven Verblendung zugearbeitet hat. Und dies wiederum hat dazu geführt, dass sich Symbole an die Stelle von Realitäten gesetzt haben (besonders sichtbar an den diversen Exzellenzinitiativen, welche nicht verhindert haben, dass die ›Bildungsrepublik Deutschland‹ in eine gravierende Bildungskrise hineingeschlittert ist). Nun ist eine solche Symbolpolitik nicht bloß Beleg eines fortschreitenden Realitätsverlusts, sondern geht mit Fabrikation einer politischen Etikette einher, welche auf die nämliche Weise funktioniert wie das gespenstische perpetuum mobile der höfischen Gesellschaft."[186]

Man muss nun sehr gut unterscheiden: Die Achtsamkeit und die „political correctness" der postmodernen „Hofschranzen"[187] ist äußerlich der empfohlenen sanftmütigen christlichen Sprechweise recht ähnlich, aber es fehlen ihr die folgenden wesentlichen Grundlagen:

- Sie entspringt nicht der **Demut,** sondern dem Dünkel moralischer Überlegenheit.
- Sie gründet nicht auf **Wahrheit,** sondern verschleiert himmelschreiende Lügen mit achtsamen Phrasen.
- Sie ist kein Ausdruck herzlicher **Liebe,** sondern ein Mittel der Macht und Dominanz.

Darum empören sich die „Hofschranzen" über jede Abweichung und jeden Widerspruch – Christen empören sich nicht! Darum dürfen wir auch nicht in die erzürnte Gegenrede der Wutbürger einstimmen. Wenn wir uns über die Politik und ihre Vertreter ärgern, sollen wir daher immer sofort ein Gebet daraus machen: *„Herr segne sie! Sie wissen es nicht besser, öffne Ihre Augen! Lass mich ein Licht sein!".* Es ist daher notwendig, als Christ politisch neutral und

---

[186] https://martinburckhardt.substack.com/p/postmoderne-etikette
[187] jemand, der zur engeren Umgebung einer höhergestellten Persönlichkeit gehört und ihr nach dem Mund redet

unparteiisch zu bleiben, um sich nicht in den gegenseitigen Hass der Fraktionen hineinziehen zu lassen. Auch sollte man sehr weise entscheiden, wieviel an tagespolitischer Information man sich unbedingt aussetzen muss. Je leichter man erregbar ist, desto weniger sollte man sich zumuten.

Zuletzt sollen auch alle Formen gewaltsamer Taten vermieden werden. Darum haben Christen von Beginn an das Gebot der Feindesliebe so verstanden, dass sie nicht zum Militär gingen. Bis ins vierte Jahrhundert hinein war das die unwidersprochene Norm! Das hat einen prophetischen Grund, denn das verheißene Reich Gottes, dem die christliche Gemeinschaft im Hier und Jetzt Ausdruck verleihen soll, ist ein Friedensreich. Justin, der Märtyrer (100-165), fasst es knapp zusammen:

*„Wenn aber der prophetische Geist als Verkünder der Zukunft sich vernehmen lässt, sagt er also: „Von Zion wird ausgehen das Gesetz, und das Wort des Herrn von Jerusalem, und er wird richten mitten unter Nationen und viel Volk zurechtweisen; und sie werden ihre Schwerter zu Pflugscharen und ihre Lanzen zu Sicheln umschmieden, und sie werden nicht mehr Volk gegen Volk zum Schwerte greifen und werden den Krieg verlernen". Und dass das eingetroffen ist, davon könnt ihr euch überzeugen; denn von Jerusalem gingen Männer aus in die Welt, zwölf an der Zahl, ganz ungebildet und der Rede nicht mächtig; aber durch die Kraft Gottes haben sie dem ganzen Menschengeschlechte gezeigt, dass sie von Christus gesandt waren, allen das Wort Gottes zu predigen. **Und wir, die wir einst einander mordeten, enthalten uns jetzt nicht nur jeder Feindseligkeit gegen unsere Gegner,** sondern wir gehen, um nicht zu lügen und die Untersuchungsrichter nicht zu täuschen, auch freudig für das Bekenntnis Christi in den Tod. Wir könnten ja in einem solchen Falle nach dem Spruche verfahren: „Die Zunge schwur, doch unvereidigt ist das Herz"; allein es wäre zum Lachen; denn wenn schon die von euch verpflichteten und in Dienst genommenen Soldaten das euch geleistete Gelöbnis höher achten als ihr Leben, ihre Eltern, ihre Heimat und alle ihre Angehörigen, obschon ihr ihnen nichts Unvergängliches bieten könnt, um wie viel mehr müssen*

wir, die nach Unvergänglichem trachten, alles auf uns nehmen, um das Ersehnte von dem zu erhalten, der die Macht hat, es zu geben?"[188]

Es gab zwar auch christliche Soldaten zu dieser Zeit, aber es waren solche, die als Legionäre zum Glauben gekommen waren und ihren Dienst nicht so ohne Weiteres quittieren konnten. Sie konnten trotzdem getauft und als Brüder angenommen werden; nur unter Zwang durfte ein Christ Soldat oder Beamter mit Exekutivgewalt werden (vgl. Polizist), aber unter einer wesentlichen Auflage:

„Der Christ soll nicht freiwillig, sondern von dem Anführer gezwungen Soldat werden. Er darf das Schwert führen, muss sich aber hüten, sich des Verbrechens des Blutvergießens schuldig zu machen. Wenn in Erfahrung gebracht wird, es sei von ihm Blut vergossen worden, so soll er sich der Teilnahme an den Geheimnissen [Eucharistie] enthalten, wenn er sich nicht durch eine musterhafte Umwandlung seiner Sitten unter Tränen und Wehklagen gebessert hat. Jedoch darf seine Besserung (Oblatio) nicht verstellt sein, sondern muss mit der Furcht Gottes geschehen."[189]

Tatsächlich waren die römischen Legionäre die meiste Zeit mit Polizeiaufgaben und Straßenbau beschäftigt, sodass sie oft die ganze Zeit ihres Dienstes nicht in Kämpfe verwickelt waren. Ein bewundernswertes Beispiel der Kriegsdienstverweigerung eines christlichen Soldaten ist Martin von Tours (316-397):

„Nach einer kaiserlichen Verordnung mussten die Söhne der Veteranen zum Kriegsdienst herangezogen werden. Deshalb meldete ihn, da er fünfzehn Jahre alt war, sein Vater an; denn es missfiel diesem ein so glücklicher Wandel [er war nämlich sehr zum christlichen Glauben hingezogen]. Martinus wurde festgenommen, gefesselt und zum Fahneneid gezwungen. Er gab sich zufrieden mit einem Diener als Begleitung. Indes gar oft vertauschte er die Rollen, und der Herr bediente seinen

---

[188] 1. Apologie Kp. 39
[189] Hippolytus (170-235), Canones, 14. Canon

Diener; er zog ihm nämlich meist selbst die Schuhe aus und reinigte sie; sie aßen miteinander, wobei Martinus jedoch des Öfteren aufwartete.

Etwa drei Jahre lang diente er vor seiner Taufe beim Militär. Er hielt sich frei von den Lastern, in die sich die Soldatenwelt gewöhnlich verstricken lässt. Seine Güte gegen die Kameraden war groß, seine Liebe erstaunenswert, seine Geduld und Demut überstiegen alles Maß. Die Genügsamkeit braucht an ihm nicht gerühmt zu werden; sie war ihm in dem Maße eigen, dass man ihn schon damals eher für einen Mönch denn für einen Soldaten hätte halten können. Um dieser Eigenschaften willen hatte er sich die Herzen aller seiner Kameraden gewonnen, so dass sie ihn mit seltener Hochachtung verehrten. Obwohl er in Christus noch nicht wiedergeboren war, ließ sein edles Wirken doch darauf schließen, dass er vor der Taufe stehe. Er half bei schwerer Arbeit mit, unterstützte Arme, speiste Hungernde, kleidete Nackte, von seinem Kriegersold behielt er nur das für sich, was er für den täglichen Unterhalt brauchte. Er machte sich keine Sorge um den kommenden Tag, er war ja schon damals nicht taub gegen die Stimme des Evangeliums. …

Unterdessen waren Barbaren in Gallien eingebrochen. Kaiser Julian zog bei der Stadt der Vangionen ein Heer zusammen und begann damit, Geldgeschenke unter die Soldaten zu verteilen. Dabei wurde nach der Gewohnheit jeder Soldat einzeln vorgerufen. So kam die Reihe auch an Martinus. Jetzt hielt dieser den Zeitpunkt für günstig, seine Entlassung zu erbitten. Er war nämlich der Ansicht, er habe keine freie Hand mehr, falls er das Geschenk in Empfang nehme, ohne weiter dienen zu wollen. Deshalb sprach er zum Kaiser: „Bis heute habe ich dir gedient; gestatte nun, dass ich jetzt Gott diene. Dein Geschenk mag in Empfang nehmen, wer in die Schlacht ziehen will. Ich bin ein Soldat Christi, es ist mir nicht erlaubt, zu kämpfen“. Wutschnaubend ob dieser Rede, gab der Tyrann zur Antwort, er wolle sich nur aus Angst vor der Schlacht, die für den andern Tag zu erwarten war, nicht um seines Glaubens willen dem Kriegsdienst entziehen. Doch Martinus blieb unerschrocken, ja der Versuch, ihn einzuschüchtern, machte ihn nur noch fester. So sprach er: „Will man meinen Entschluss der Feigheit und nicht der Glaubenstreue zuschreiben, dann bin ich bereit, mich morgen ohne Waffen vor die Schlachtreihe zu stellen und im Namen des Herrn Jesus mit dem Zeichen des Kreuzes, ohne Schild und Helm, furchtlos die feindlichen Reihen zu durchbrechen“. Man ließ ihn also in Gewahrsam halten, damit er sein Wort wahr mache und sich waffenlos den Barbaren entgegenstelle. Am nächsten Tage schickten die Feinde Gesandte zu Friedensverhandlungen und ergaben sich mit Hab und Gut. Zweifellos war dieser Sieg dem heiligen Mann zu verdanken. Die Gnade verhütete, dass er sich wehrlos zum Kampfe stellen musste. Gott hätte in seiner Güte seinen Streiter freilich auch inmitten der feindlichen Schwerter und Geschosse unversehrt erhalten können. Aber um das Auge des Heiligen auch nicht durch den Tod anderer zu verletzen, ließ Gott es nicht zum Kampfe kommen. Wenn die Feinde sich ohne Blutvergießen unterwarfen und so kein Menschenleben verloren ging, so hatte Christus es nicht notwendig, für seinen Streiter einen anderen Sieg zu wirken."[190]

Solche Heldentaten vollbringt nur der, dessen Leben auch in allen anderen Bereichen nach dem Evangelium ausgerichtet ist. Märtyrertum ist daher ein Lebensprinzip, das alle Bereiche durchdringt und – das sei deutlich gesagt – das normale christliche Leben beschreibt. Wer schon in kleinen Dingen inkonsequent und kompromissbereit lebt, wird bei solch schweren Prüfungen wie dieser schwerlich überzeugen.

Ein bekanntes Beispiel aus jüngerer Zeit ist Franz Jägerstätter (1907-1943), der sich weigerte, in Hitlers Wehrmacht zu dienen:

„Am 17. Juni 1940 wurde er nach Braunau am Inn zur Wehrmacht einberufen. Weil er es zu diesem Zeitpunkt „für eine Sünde angesehen habe, den Befehlen des Staates nicht zu gehorchen", leistete er dort auch den Fahneneid auf Hitler. Jägerstätter hatte es abgelehnt, um Freistellung anzusuchen, konnte aber durch Intervention des Bürgermeisters nach wenigen Tagen auf seinen Hof zurückkehren. Im Oktober 1940 wurde er zur Grundausbildung als Kraftfahrer nach Enns einberufen. Dort trat er am 8. Dezember 1940 gemeinsam mit dem Soldaten Rudolf Mayr in den Dritten Orden des hl. Franziskus ein. Er wurde auf Ansuchen seiner Heimatgemeinde im April 1941 als unabkömmlich eingestuft und konnte zu seiner Familie zurückkehren. Danach feierte Jägerstätter täglich die heilige Messe mit und war ab dem Sommer 1941 Mesner in der Pfarrkirche St. Radegund.

---

[190] Sulpicius Severus (363-429), Vita Sancti Martini Kp. 2+4

Die negativen Erfahrungen beim Militär, die Euthanasiemorde des NS-Regimes, von denen er um diese Zeit erfuhr, und die Verfolgung der katholischen Kirche durch die Nationalsozialisten festigten seinen Entschluss, den Kriegsdienst zu verweigern. Die folgenschwere Entscheidung Jägerstätters basierte sowohl auf den zahlreichen Gesprächen und Briefen mit Freunden (hier v. a. mit R. Mayr) und Geistlichen als auch auf der gründlichen Lektüre der Bibel, von zahlreichen Kleinschriften und Büchern. Er erklärte öffentlich, dass er als gläubiger Katholik keinen Wehrdienst leisten dürfe, da es gegen sein religiöses Gewissen wäre, für den NS-Staat zu kämpfen. Seine Umgebung versuchte ihn umzustimmen und wies ihn auf die Verantwortung seiner Familie gegenüber hin, konnte seine Argumente aber nicht widerlegen. Er sprach sogar mit Josef Fließer, dem Bischof von Linz; auch dieser riet ihm von einer Wehrdienstverweigerung ab. Seine Ehefrau unterstützte ihn, obwohl sie sich der Konsequenzen bewusst war.

Am 23. Februar 1943 erhielt er die Einberufung zur Wehrmacht nach Enns, wo er sich am 1. März meldete. Nach der Erklärung seiner Wehrdienstverweigerung wurde er am 2. März nach Linz ins Wehrmachtsuntersuchungsgefängnis gebracht. Dort erfuhr er, dass auch andere Männer den Wehrdienst verweigerten und Widerstand leisteten. Am 4. Mai wurde er nach Berlin-Tegel verlegt. Er weigerte sich, seine Wehrdienstverweigerung zu widerrufen. Seine letzten Zweifel wurden zerstreut, als er durch den Gefängnisseelsorger Heinrich Kreutzberg erfuhr, dass der österreichische Pallottinerpater Franz Reinisch ebenfalls den Wehrdienst verweigert hatte und dafür hingerichtet worden war. Jägerstätter meinte: „Das habe ich doch immer gesagt, ich kann doch nicht auf dem falschen Weg sein, wenn aber sogar ein Priester sich so entschieden hat und dafür in den Tod gegangen ist, dann darf ich es auch tun.“

Am 6. Juli verurteilte ihn der 2. Senat des Reichskriegsgerichts (RKG) in Berlin-Charlottenburg unter dem Verhandlungsleiter Reichskriegsgerichtsrat Werner Lueben wegen Zersetzung der Wehrkraft zum Tode. Am 14. Juli wurde das Urteil von Admiral Max Bastian, dem Gerichtsherren des RKG, bestätigt. Laut RKG war Jägerstätter bereit, Sanitätsdienst zu leisten, worauf das Gericht jedoch nicht einging. Franz Jägerstätter wurde am 9. August 1943 zur Zentralen Hinrichtungs-

Beide, Martin von Tours und Franz Jägerstätter, haben gezeigt, wie es geht, und beide hatten in gleicher Weise den Herrn geehrt und über das Böse triumphiert. Der eine war bereit zu sterben und wurde durch ein Wunder bewahrt, der andere wurde hingerichtet. Über beide spricht man noch heute mit Respekt und Hochachtung, wie auch über Dirk Willems. Zahllose andere uns unbekannte „Draufgänger Gottes" sind unserem himmlischen Vater wohlbekannt und mit großen Ehren bei Ihm angekommen.

Die Gewaltlosigkeit in Gedanken, Worten und Taten könnte noch durch viele andere Beispiele ergänzt werden. Mich motivierten sie 1988, um zum Zivildienst anzusuchen. Als Teenager (vor meiner Bekehrung) hatte ich noch den „Bubentraum", Berufssoldat zu werden, doch dasselbe Wort Gottes, welches Franz Jägerstätter umstimmte, überzeugte auch mich vom Weg des Friedens. Damals gab es noch eine Kommission, welche in einer Art Kreuzverhör meinen Gewissensgründen auf den Zahn fühlte. Das war eine wertvolle Erfahrung, die ich jedem jungen Bruder wünsche, denn solche Prüfungen zwingen uns, Rechenschaft für unseren Glauben abzulegen, wofür wir uns im Gebet und im Wort Gottes gut vorbereiten müssen. Wo solche Prüfungen fehlen, wird die Nachfolge billig und dementsprechend oberflächlich. Die Möglichkeit des Zivildienstes ist übrigens die Frucht der Konsequenz all jener, die zuvor lieber ins Gefängnis gingen, als sich einziehen zu lassen. Zwei dieser Vorkämpfer durfte ich noch persönlich kennen lernen, einen in der Schweiz und einen in Österreich. Sie haben mir sehr imponiert.

Ganz anders ist der Weg des auch von mir sehr geschätzten Theologen Dietrich Bonhoeffer (1906-1945), der sich im Hintergrund am Attentatsversuch Stauffenbergs gegen Hitler engagierte. Obwohl er viel Wertvolles verfasste (z.B. sein Buch „Das gemeinsame Leben", das ich mit großem Gewinn ge-

---

[191] https://de.wikipedia.org/wiki/Franz_Jägerstätter#Kriegsdienstverweigerung_aus_Gewissensgründen

lesen habe) und auch den Irrtum der „Billigen Gnade" erkannte, war er in
der Frage des Tyrannenmordes meines Erachtens fehlgeleitet. Das Attentat
schlug fehl; Bonhoeffer wurde auch gefasst und hingerichtet. Es war ein gut
gemeinter Versuch, aber Gott hat das Gewaltmonopol im Reich Gottes. Es
steht uns nicht zu, Seinem Urteil vorzugreifen. Was wäre geschehen, wenn
ein gutmeinender Christ den wutschnaubenden Christenverfolger Saulus
getötet hätte? Hätte das die Verfolgung beendet oder nicht doch verschlim-
mert? Wäre Gewalt und Gegengewalt nicht eskaliert? Gottes Weg war ein
anderer:

*„Als er aber hinzog, begab es sich, dass er sich Damaskus näherte; und plötzlich
umstrahlte ihn ein Licht vom Himmel. Und er fiel auf die Erde und hörte eine
Stimme, die zu ihm sprach: Saul! Saul! Warum verfolgst du mich? Er aber sagte:
Wer bist du, Herr? Der Herr aber sprach: Ich bin Jesus, den du verfolgst. Es wird
dir schwer werden, gegen den Stachel auszuschlagen! Da sprach er mit Zittern und
Schrecken: Herr, was willst du, dass ich tun soll? Und der Herr antwortete ihm:
Steh auf und geh in die Stadt hinein, so wird man dir sagen, was du tun sollst!"*
(Apostelgeschichte 9,3-6).

In Damaskus redete der Herr zu einem Christen namens Ananias, der Paulus
begegnen und von seiner Blindheit heilen sollte (denn er erblindete bei dieser
Begegnung). Ananias war nicht besonders begeistert und entgegnete:

*„Herr, ich habe von vielen über diesen Mann gehört, wieviel Böses er deinen Heiligen
in Jerusalem zugefügt hat. Und hier hat er Vollmacht von den obersten Priestern,
alle, die deinen Namen anrufen, gefangenzunehmen!*

*Aber der Herr sprach zu ihm: Geh hin, denn dieser ist mir ein auserwähltes Werk-
zeug, um meinen Namen vor Heiden und Könige und vor die Kinder Israels zu
tragen! Denn ich werde ihm zeigen, wieviel er leiden muss um meines Namens
willen.*

*Da ging Ananias hin und trat in das Haus; und er legte ihm die Hände auf und
sprach: Bruder Saul, der Herr hat mich gesandt, Jesus, der dir erschienen ist auf der
Straße, die du herkamst, damit du wieder sehend wirst und erfüllt wirst mit dem
Heiligen Geist! Und sogleich fiel es wie Schuppen von seinen Augen, und er konnte*

402

*augenblicklich wieder sehen und stand auf und ließ sich taufen; und er nahm Speise
zu sich und kam zu Kräften."* (Apostelgeschichte 9,13-19).

Wir sollen Gott nicht unterschätzen, Er hat Mittel und Wege, von denen wir
nichts wissen. Wenn wir durch eigenmächtiges Vorgehen Gottes Absichten
vorgreifen, können wir nur unermesslichen Schaden anrichten.

Die Gewaltlosigkeit ist zwar ein Merkmal des Neuen Bundes, da im Alten
das Reich Gottes als irdische Nation verfasst war; aber auch damals schon
machte Gott Seinen eigentlichen Willen bekannt. So ließ Er König David
nicht selbst den Tempel bauen, wie es diesem am Herzen lag. Warum das?

*„David aber sprach zu Salomo: Mein Sohn, es lag mir am Herzen, dem Namen des
Herrn, meines Gottes, ein Haus zu bauen; aber das Wort des Herrn erging an mich,
und er sprach: Du hast viel Blut vergossen und große Kriege geführt; du sollst
meinem Namen kein Haus bauen, weil du so viel Blut vor mir auf die Erde vergossen
hast! Siehe, ein Sohn wird dir geboren werden, der wird ein Mann der Ruhe sein;
denn ich will ihm Ruhe geben vor allen seinen Feinden ringsumher, darum soll sein
Name Salomo [d.h. Mann des Friedens] sein; und ich will Israel Frieden und Ruhe
geben in seinen Tagen. Der soll meinem Namen ein Haus bauen."* (1. Chronik 22,7-
10).

Die Gewaltlosigkeit verbietet uns auch jede Form der gewaltsamen Selbstverteidigung. Eine Geschichte, die ich mündlich gehört habe, hat mich dabei
sehr fasziniert:

Ein christliches Ehepaar übernachtete auf einer Reise in einem Motel. Damals
trieb in der Gegend eine Bande ihr Unwesen, die in Motels einbrach, die
Anwesenden tötete und sich blitzschnell wieder mit der Beute aus dem Staub
machte. Tatsächlich brachen sie auch beim christlichen Paar ein. Die Frau
stand auf, stimmte ein christliches Loblied an, und ging lächelnd mit offenen
Armen auf die Einbrecher zu. Erschreckt oder überrumpelt, liefen sie Hals
über Kopf davon. Natürlich hätte es auch anders ausgehen können, aber wer
Gott vertraut, lässt es darauf ankommen. Wir sind Draufgänger Gottes!

Etwas anderes ist es, wenn es um die Verteidigung anderer geht – jedenfalls meint man oft, es sei etwas anderes. Tatsächlich zeigt uns eine Episode des Neuen Testaments, dass auch hier der gewaltlose Weg der Feindesliebe geboten ist:

„Und während er noch redete, siehe, da kam Judas, einer der Zwölf, und mit ihm eine große Schar mit Schwertern und Stöcken, gesandt von den obersten Priestern und Ältesten des Volkes. Der ihn aber verriet, hatte ihnen ein Zeichen gegeben und gesagt: Der, den ich küssen werde, der ist's, den ergreift! Und sogleich trat er zu Jesus und sprach: Sei gegrüßt, Rabbi! und küsste ihn. Jesus aber sprach zu ihm: Freund, wozu bist du hier? Da traten sie hinzu, legten Hand an Jesus und nahmen ihn fest.

Und siehe, einer von denen, die bei Jesus waren, streckte die Hand aus, zog sein Schwert, schlug den Knecht des Hohenpriesters und hieb ihm ein Ohr ab. Da sprach Jesus zu ihm: Stecke dein Schwert an seinen Platz! Denn alle, die zum Schwert greifen, werden durch das Schwert umkommen! Oder meinst du, ich könnte nicht jetzt meinen Vater bitten, und er würde mir mehr als zwölf Legionen Engel schicken? Wie würden dann aber die Schriften erfüllt, dass es so kommen muss?" (Matthäus 26,47-54).

Unser Herr lehnte es ab, dass andere Ihn verteidigten, doch nicht nur das:

„Und er rührte sein Ohr an und heilte ihn." (Lukas 22,51).

Jede Form der Gewalt gegen uns ist eine Gelegenheit, Liebe zu erweisen. Diese Liebe kann den Gegner so überraschen, dass er ablässt und vielleicht sogar in sich geht. Sie kann uns aber auch als gerecht anerkannt werden lassen, wenn wir dabei zu Schaden kommen oder auch sterben. Die Liebe ist immer richtig, und Gott wird immer geehrt dadurch. Jede menschliche Reaktion, wo sich menschliche – auf zeitliche Perspektiven reduzierte – Logik einmischt, zweifelt jedoch Gottes Wort an, redet Seine Verheißungen klein und erhebt sich über Seine Weisheit. Wir können mit dem Leben davonkommen, oder im verzweifelten Versuch der Selbstverteidigung dennoch sterben. Doch dann sterben wir ohne Ehre.

Gewiss gibt es dazu noch viele Fragen und Einwände. So klug kamen sich die Beamten vor, als sie mir in der Kommission all die kniffligen „Was wäre wenn"-Fragen stellten! Wir wissen nicht, was sein würde, wenn wir uns plötzlich in einer brenzligen Situation befinden. Ich weiß nur, dass ich grundsätzlich unbewaffnet durchs Leben gehe und auch keine Fertigkeiten in irgendeiner Kampfkunst habe. Widerstand ist schon aus rein praktischen Gründen sinnlos. Ich will stets so leben, dass ich Gott vor Augen und zu meiner Rechten habe. Er ist der beste Schutz, einen anderen will ich nicht.

Göttliches Draufgängertum wird täglich ausgelebt, in den kleinen Dingen der Nachfolge. Das ist die beste Vorbereitung auf die großen Prüfungen.

Die Mitmenschen um uns

„Denn wenn ihr die liebt, die euch lieben, was habt ihr für einen Lohn? Tun nicht auch die Zöllner dasselbe? Und wenn ihr nur eure Brüder grüßt, was tut ihr Besonderes? Machen es nicht auch die Zöllner ebenso? Darum sollt ihr vollkommen sein, gleichwie euer Vater im Himmel vollkommen ist!" (Matthäus 5,46-48).

„Gleich und gleich gesellt sich gern", lautet ein Sprichwort, und es beschreibt den bequemen Weg. Menschen bilden Gruppen entsprechend ihrer Herkunft, ihres sozialen Ranges, ihrer Berufe und ihrer Hobbies. Manche Gruppen sind offener, andere wiederum sehr elitär. Manche sind sehr geheim und verschwiegen, andere wieder ganz öffentlich. Zugehörigkeit zu einer Gruppe kann Ehre und Status bringen, wenn man jedoch mit „den Falschen" verbunden ist, mag es gesellschaftlich als Schande gelten. Gewisse „Seilschaften" helfen bei der Karriere. Eine Bandenmitgliedschaft kann uns ins Gefängnis bringen. Auch die christliche Gemeinschaft ist eine solche Gruppe, und es ist oft so, dass Christen außerhalb ihrer Gemeinschaft kaum Kontakt zu Außenstehenden pflegen, schon gar keine Freundschaften. Das ist nicht das, was unser Herr Jesus uns gezeigt hat.

„Und es geschah, als er in dem Haus zu Tisch saß, siehe, da kamen viele Zöllner und Sünder und saßen mit Jesus und seinen Jüngern zu Tisch. Und als die Pharisäer es sahen, sprachen sie zu seinen Jüngern: Warum isst euer Meister mit den Zöllnern und Sündern? Jesus aber, als er es hörte, sprach zu ihnen: Nicht die Starken brauchen den Arzt, sondern die Kranken. Geht aber hin und lernt, was das heißt: »Ich will Barmherzigkeit und nicht Opfer«. Denn ich bin nicht gekommen, Gerechte zu berufen, sondern Sünder zur Buße." (Matthäus 5,10-13).

Was hatte der Herr Jesus von dieser Gemeinschaft? Profitierte Er persönlich von dem (von außen betrachtet) „schlechten Umgang"? Nein, es brachte ihm eine üble Nachrede ein. Die Frommen im Volk schüttelten den Kopf: Mit solchen Sündern setzt man sich doch nicht an einen Tisch! Doch den Herrn trieb nicht die Frage um, was Ihm diese oder jene Gemeinschaft bringen könnte, sondern, was Er diesen Menschen geben kann. Er kam mit dem Ziel in diese Welt, Menschen, die an der Sünde erkrankt waren, Heilung zu bringen. Nun sagt Er von den Seinen folgendes:

„Gleichwie mich der Vater gesandt hat, so sende ich euch." (Johannes 20,21).

Der Bedarf für die Heilung von dieser tödlichen „Krankheit" ist nach wie vor unglaublich groß! Die Menschen leiden unter der Sünde, heute mehr denn je, weil es (a) mehr Menschen gibt und (b) im Verhältnis sehr viel weniger Christen. Die Unkenntnis über das Evangelium ist im ehemals „christlichen Abendland" erschreckend hoch, und die Verwirrung durch die Postmoderne stürzt die Menschen in extreme psychische Krisen. Das sollte nun, gegen Ende des Buches, sehr deutlich geworden sein. Was ebenso klar geworden sein sollte, ist die Alternative zur postmodernen Verwirrung: das Reich Gottes als reale Hoffnung und praktische Anleitung für das Leben. Nur wer entsprechend der kommenden Welt lebt, kann diese Botschaft des Heils und der Heilung auch glaubwürdig vermitteln.

Der Herr Jesus war glaubwürdig. Er war frei von Geldliebe und den Armen zugewandt. Seine Liebe zu den Menschen erwies sich in Taten, von denen die Beschenkten profitierten. Seine Freundlichkeit war unparteiisch, einzig den Heuchlern trat Er mit Strenge gegenüber – obwohl Er auch diese von Herzen liebte. Er konnte vergeben und Barmherzigkeit erweisen, wo wir uns, angewidert von der Sünde, instinktiv abwenden würden. Er ging furchtlos zu den Kranken, mitfühlend zu den Einsamen, wertschätzend zu den Ausgestoßenen, einladend zu den Abweisenden, trat gegenüber den Herrschern freimütig auf, war wie ein Lamm, dass mitten unter die Wölfe gesandt wurde und ertrug Seine Schlachtung, ohne den Mund aufzutun.

Darum fasziniert und überzeugt der Herr bis heute. Überzeugen wir ebenso? Wir sollten, denn wir sind genauso wie Er in diese Welt und zu den Menschen gesandt und sollten diesen in derselben Weise begegnen. Man muss die Menschen nicht erst suchen, sie sind ja um uns, und so viele noch dazu! Was nützt es, wenn wir „eine Stadt auf dem Berg" sind, aber nicht ins Tal hinabsteigen, um die Menschen in diese Stadt einzuladen? Welcher

Fischer sitzt am Ufer und wartet, dass die Fische an Land spazieren? Nein, er fährt mit dem Boot weit auf den See hinaus, um seine Netze auszuwerfen. Wir müssen also bewusst dorthin gehen, wo die Menschen sind. Die Not ist groß:

„Postmoderne ist sicher nicht nur ein Endpunkt, eine Spielerei mit Elementen der Moderne, sondern ein ausformuliertes Gefühl vom Verlust der Gewissheit, Stabilität und Tradition.“[192]

Wenn das die Not ist, gilt es, herauszuarbeiten und zu demonstrieren, dass das Evangelium genau das bietet, ohne das ein Mensch nicht leben kann: Gewissheit, Stabilität und Tradition. Darum greift die klassische Evangeliumspräsentation zu kurz (verkürzt dargestellt): *„Du bist ein Sünder und würdest in die Hölle kommen, hätte Jesus Christus am Kreuz nicht die Strafe für deine Sünde auf sich genommen. Dir kann vergeben werden, wenn du an Ihn glaubst und Ihm nachfolgst.“* Das ist zwar wahr, aber nur eine Teilwahrheit – und eine falsche Gewichtung. Hier geht es um Schuld und Sühne, um den Appell an ein schlechtes Gewissen, um das Schüren einer Höllenangst – ohne klare Aussicht darauf, was es denn nun bedeutet „gerettet“ zu sein. Gewissheit, Stabilität und Tradition ist es, was gesucht wird! Unsere Sünde, unsere Entfremdung von Gott, steht dem klar entgegen, darum ist die Verkündigung von Kreuz und Sündenvergebung ein wichtiger Teil der Botschaft, aber nicht das Ziel. Das Kreuz ist nicht mehr und nicht weniger als ein Mittel zum Zweck. Darum gilt es, den Zweck vor Augen zu stellen.

Wer Gewissheit, Stabilität und Tradition gefunden hat, ist ein ausgeglichener und zufriedener Mensch. Er strahlt eine anziehende Ruhe aus, weil er nichts mehr erkämpfen muss, sich nichts mehr beweisen muss, nicht mehr mit unlösbaren Fragen ringt und weiß, wie ein gutes Leben zu führen ist. Setzt so jemand sich an den Tisch der Zöllner und Sünder, verändert er die Atmosphäre im Raum.

Gewissheit hat viele Aspekte. Ein paar Beispiele dazu:

---

[192] https://www.welt.de/print-welt/article531351/Ploetzlich-war-man-postmodern.html

Vor unserem Haus formierte sich der Leichenzug. Wieder ist jemand von uns gegangen und wird am Dorffriedhof zur letzten Ruhe gebettet. Ich beginne ein kurzes Gespräch mit dem ehemaligen Mesner und sage im Verlauf dessen: *„Es ist doch schön, dass wir Christen Gewissheit des ewigen Lebens haben."* Verdutzt schaute er mich an: *„Wie meinst du das?" „Wie wir es im Glaubensbekenntnis sagen: Ich glaube an die Auferstehung der Toten und das ewige Leben." „Wer weiß, ob das stimmt …"*, entgegnete der regelmäßige Kirchgänger und zuckte mit den Schultern. *„Jesus ist doch auferstanden!"*, antwortete ich. Das Gespräch war rasch beendet, was ich schade fand. Aber ist es nicht so, dass unsere Botschaft Gewissheit angesichts des Todes verspricht? Gewissheit aufgrund einer historischen Tatsache, nicht eines Gefühls! Es ist ein Angebot, über das man weiter nachdenken darf; ich zwinge es niemandem auf, ich stelle es vor.

Ein anderer Aspekt der Gewissheit ist, von Gott geliebt und wertgeschätzt zu sein. Viele Menschen haben Selbstzweifel, und da tut es gut, wenn jemand bestätigen kann, dass sie wertvoll sind. Das muss durch unseren Umgang mit ihnen vermittelt werden. Ich musste ein Individualfeedback in einer meiner Klassen machen. Ich wählte die Klasse, bei der ich den meisten Unterricht habe und die ich schon drei Jahre lang kenne (und sie mich auch). Es war die Klasse, aus der aufgrund meines entbehrlichen Witzes mit dem N-Wort der Rassismusvorwurf kam. Ich konnte den Fragebogen selbst zusammenstellen und inkludierte auch den Punkt *„Ich fühle mich wertgeschätzt"*. Bis zu 5 Punkte konnte man vergeben. Bei 22 abgegebenen Bögen hatte ich einen Durchschnitt von 4,45. Es ist gut, dass nicht alle 5 gaben, einer gab nur 2 Punkte. Der Fragebogen war anonym, doch als der Schüler, bei dem ich den Witz gemacht habe, den Bogen abgab, siehe da: 5 Punkte. Der mit den 2 Punkten versuchte witzig zu sein, was aus einer Fußnote hervorging, aber das gehört auch zu diesem Alter dazu. Was ich damit sagen will: Es ist mir extrem wichtig zu vermitteln, dass ich die Schüler spüren lasse, dass ich sie von Herzen gern habe und keine Unterschiede mache. 17 der insgesamt 24 Schüler in der Klasse haben übrigens Migrationshintergrund (70%). Auch wenn ich im Unterricht nicht das Evangelium predigen darf, kann ich doch einen Aspekt davon vermitteln: die Gewissheit, wertgeschätzt zu sein.

Gewissheit hat auch mit Wahrheit zu tun. In vielen Gesprächen, mehr am Land als in der Stadt, merke ich, dass die meisten mit dem postmodernen Relativismus überfordert sind und ihm eigentlich nicht zustimmen; sie wissen aber auch nicht, wie sie dem begegnen sollen. Sie fühlen sich mundtot gemacht. Da freut es sie, wenn man in einfachen Worten bestätigen kann, dass beispielsweise die schöne Welt um uns (es ist tatsächlich sehr schön, wo wir leben!) einen Schöpfer haben muss. Manchmal frage ich etwa: *„Wie lange muss ich warten, bis aus einem Kieselstein ein Maikäfer wird?"* Natürlich kann sich so etwas niemand vorstellen. *„Wieso soll ich dann glauben, dass sich über Jahrmilliarden aus einem Riesenschepperer im Universum (Urknall) Leben und Bewusstsein entwickelt haben soll?"* Das leuchtet jedem ein. Ich habe kaum einen wirklichen Atheisten in unserem Dorf kennengelernt. Es ist eine spürbare Erleichterung, wenn man sich wenigstens dieser Sache noch gewiss sein kann! Darauf kann man aufbauen.

Stabilität hat mit Verlässlichkeit zu tun. Auch mit Treue. Die Menschen leiden unter zerbrochenen Beziehungen und Ehen. Sie leiden auch unter der Unzuverlässigkeit der politischen Vertretungen. Sie sind frustriert, wie rasch Geräte kaputt werden, weil sie bewusst so gebaut werden, dass man regelmäßig neue kaufen muss. Stabilität hat mit Freundschaften zu tun und ebenso dem Halten gegebener Zusagen. Klaus Jürgen Bruder schrieb 1995, am Anfang der Postmoderne, noch optimistisch:

„Es gibt heute kaum einen Bereich unseres Lebens und Erlebens, unseres Alltags und Berufs, unserer Praxis, oder kein Gebiet des Wissens, in dem nicht von einem "tiefgreifenden Wandel" die Rede wäre: Wandel der (Wert)-Haltungen und Einstellungen, der Arbeitsbedingungen und -verhältnisse, der Lebensstile, der (gesellschaftlichen) Bedingungen insgesamt, der theoretischen Auffassungen, der praktischen Antworten, Lösungsversuche, Interventionen. Wir sind inzwischen daran gewöhnt, diesen Zustand einen "postmodernen" zu nennen. Wir bezeichnen damit einen Zustand, in dem die bisherigen - die "modernen" - Orientierungen nicht mehr funktionieren, nicht mehr greifen. Postmoderne wird so zur Diagnose des Zerfalls, der Auflösung: Auflösung der Familie, der Nachbarschaften, der gewachsenen Strukturen und Identitäten (van Reijen, 1988, S. 397). Diese Situation kann Unsicherheit

und Desorientierung hervorrufen, sie kann die Sehnsucht nach der Rückkehr der alten Zustände entstehen lassen, verbunden mit dem Festhalten an den alten Lösungsmustern und Denkschablonen.

Der postmoderne Diskurs versucht eine andere Antwort auf diese Situation zu geben. In ihr erhält die Unsicherheit der gegenwärtigen Situation einen anderen Status, als den gerade skizzierten. Sie wird als Möglichkeit verstanden, nach neuen Antworten zu suchen. Die "postmoderne" Antwort auf diese - postmoderne – Situation ist nicht beschwert durch die Trauer über den Verlust der alten, liebgewordenen Orientierungen und Denkmuster, im Gegenteil: die postmoderne Antwort ist eher beflügelt durch die Freude über die endlich gewonnene Freiheit, neue Wege wählen zu können, uns etwas Neues ausdenken zu können. Zuweilen ist sie nicht frei von Spott über die, die am Alten festzuhalten versuchen."[193]

Der Spott ist in den letzten drei Jahrzehnten schal geworden, und das Lachen wurde in den psychiatrischen Therapiesitzungen von zahllosen Tränen erstickt. Wir brauchen Stabilität genau so nötig, wie bei einem Auto eine Lenkung ohne zuviel Spielraum, die Spurhaltigkeit des Fahrwerks oder die Zuverlässigkeit der Bremskraftverstärkung. Wenn wir in ein Auto einsteigen, das mechanisch in einem bedenklichen Zustand ist, fahren wir mit gehörigem Unbehagen. Ich hatte einmal ein Auto mit durchgerostetem Hauptbremszylinder – der Bremsweg war beängstigend lang. Noch heute, rund 30 Jahre danach, plagen mich fallweise Albträume von Bremsversagen.

Um Sicherheit zu vermitteln, bedarf es des lebenden Beweises. Wir gehen durch ähnliche Lebenskrisen wie unsere Nachbarn, unser Umgang damit soll den Unterschied machen. Unsere Stabilität gründet nicht auf einem optimistischen *„Es wird irgendwie schon wieder"*, sondern auf Gott. Weil Er in seinem ganzen Wesen Stabilität verkörpert, können wir bei Ihm wie an einem unverrückbaren Felsen den Anker unserer Seele festmachen.

---

[193] https://web.fu-berlin.de/postmoderne-psych/berichte1/bruder_pomo_subjekt.htm

„Denn ich will den Namen des Herrn verkünden: Gebt unserem Gott die Ehre! Er ist der Fels; vollkommen ist sein Tun; ja, alle seine Wege sind gerecht. Ein Gott der Treue und ohne Falsch, gerecht und aufrichtig ist er." (Deuteronomium 32,3-4).

„Der Herr ist mein Hirte; mir wird nichts mangeln. Er weidet mich auf grünen Auen und führt mich zu stillen Wassern. Er erquickt meine Seele; er führt mich auf rechter Straße um seines Namens willen. Und wenn ich auch wanderte durchs Tal des Todesschattens, so fürchte ich kein Unglück, denn du bist bei mir; dein Stecken und dein Stab, die trösten mich. Du bereitest vor mir einen Tisch angesichts meiner Feinde; du hast mein Haupt mit Öl gesalbt, mein Becher fließt über. Nur Güte und Gnade werden mir folgen mein Leben lang, und ich werde bleiben im Haus des Herrn immerdar." (Psalm 23)

„[Der Herr] trägt alle Dinge durch das Wort seiner Kraft." (Hebräer 1,3).

Wir müssen durch schwere Zeiten gehen, um das zu erleben. Nur, wenn wir es erleiden, wissen wir, dass es wahr ist. Nur wenn es in unseren Leben erwiesen ist, wird es für Außenstehende sichtbar und glaubwürdig. Es ist also gut, wenn wir ins Schwanken kommen, um für alle Welt den Beweis zu erbringen, dass Gott trägt. Er ist ein sicherer Fels.

Wir leiden nicht für uns selbst oder um des Leidens willen, sondern für jene, die an ihrem Leiden verzweifeln und an Gott irre werden. So soll unser Gottvertrauen und unsere Zuversicht in allen Schwierigkeiten ansteckend sein! In diesem Sinn, denke ich, kann man den etwas schwierigen Vers von Paulus sinnvoll deuten:

*„Jetzt freue ich mich in meinen **Leiden, die ich um euretwillen erleide,** und ich erfülle meinerseits in meinem Fleisch, was noch an Bedrängnissen des Christus aussteht, um seines Leibes willen, welcher die Gemeinde ist."* (Kolosser 1,24).

Zuletzt geht es um Tradition, also die überlieferte Lebensweise. Die Postmoderne bietet keine nachvollziehbaren oder irgendwie fundierten Anleitungen für ein gelungenes Leben. Bis zur Moderne galten weitgehend unhinterfragt die aus der christlichen Tradition und Ethik hergeleiteten Werte und Leitlinien. Diese gaben der Gesellschaft den Zusammenhalt, der ihr heute fehlt. Während die Stabilität und Sicherheit vorrangig durch das Leben des Einzelnen in seinen Herausforderungen sichtbar wird, wird die Tradition im gemeinschaftlichen Leben erkennbar, denn „Tradition" ist kein individueller Lebensstil, sondern Ausdruck einer Kultur. Als christliche Gemeinschaft haben wir die Kultur des Reiches Gottes zum Ausdruck zu bringen, es hängt hier also alles am gemeinsamen Auftreten.

Woran erkennt man eine orthodox-jüdische Community? Woran eine türkische oder andere migrantische Community? Sie alle leben ihre Kultur ohne Scham inmitten eines für sie fremden Landes. Woran erkennt man Amische oder Hutterer (Täufergemeinden)? Auch sie leben eine Kultur, und zwar eine, die wesentliche Aspekte des Reiches Gottes sichtbar macht. Wir sind weder Amische noch Hutterer, und unsere lokale Ausdrucksform des Reiches Gottes weicht naturgemäß von deren gewachsener Kultur und Tradition ab, auch wenn es – aufgrund derselben biblischen Prinzipien – natürliche Überlappungen gibt. Dieses Buch dient unter anderem dazu, eine Gruppenidentität zu fördern, ohne allzu einengende Festlegungen. Wir sollten jedoch keine Scheu davor haben, in den wesentlichen Aspekten unserer Lebensführung einheitlich aufzutreten und erkennbar zu sein. Oder sollten wir, nur weil die postmoderne Gesellschaft jeden Sinn für Kultur und Tradition verloren hat, auch selbst darauf verzichten? Natürlich nicht! Ebensowenig wie man ohne Gewissheit und Stabilität leben kann, kann man ohne Kultur und Tradition leben.

„Ich lobe euch, Brüder, dass ihr in allem an mich gedenkt und an den Überlieferungen [bzw. Traditionen] festhaltet, so wie ich sie euch übergeben habe." (1. Korinther 11,2).

„So steht denn nun fest, ihr Brüder, und haltet fest an den Überlieferungen, die ihr gelehrt worden seid, sei es durch ein Wort oder durch einen Brief von uns." (2. Thessalonicher 2,15).

Damit man Christen in ihrer Gewissheit, Stabilität und gegründeten Lebensführung wahrnehmen kann, dürfen sie sich nicht verstecken. Sieben Milliarden Menschen lechzen danach und verschmachten, weil die Gemeinde Gottes ihnen das nur bruchstückhaft und halbherzig vermittelt! Lieber gleichen sich Kirchen und Gemeinschaften der Welt an und verstärken so die postmoderne Verwirrung, anstatt durch ihr Beispiel einen Weg heraus aus der Finsternis ans Licht zu zeigen.

Sogar Richard Dawkins, der weltberühmte Atheist, anerkennt den Wert christlicher Traditionen und Ethik und bezeichnet sich selbst immerhin als „Kulturchrist":

„Der Begriff "zivilreligiös" verweist dabei auf religiöse – also mythologische, symbolische, rituelle – Traditionen, die innerhalb einer politischen Körperschaft wie eines Nationalstaates, einer Region oder Stadt weitergegeben werden. Vom Kreuz auf der Flagge über Sonn- und Feiertage bis zum König als Oberhaupt der anglikanischen Kirche gilt etwa das Vereinigte Königreich von Großbritannien als starkes Beispiel für eine christlich geprägte Zivilreligion.

Nun sorgt ein LBC-Interview für Aufsehen, in dem sich der erklärte Atheist, Religionskritiker und Evolutionsbiologe Prof. Richard Dawkins (nicht zum ersten Mal) als "Cultural Christian / Kulturchrist" bezeichnet.

Positiv bezog sich Dawkins dabei auf die "Hymnen und Weihnachtslieder", aber auch auf die "Kathedralen und schönen Gemeindekirchen" und sogar auf "das christliche Ethos", bezeichnet sein Heimatland Großbritannien als "christliches Land".

Neben diesen monistischen Bezügen auf das Christentum machte Dawkins aber auch deutlich, dass seine nicht-gläubige Wertschätzung der christlichen Kultur auch in der Abwehr des Islam, der "Beförderung" des Ramadan und dem Bau von Moscheen begründet sei. Das Christentum empfinde er als "fundamentally decent", deutsch etwa: von Grund auf anständig, rücksichtsvoll. Das Christentum zu "ersetzen" wäre laut Dawkins daher "furchtbar"."[194]

Warum aber die scharfe Abgrenzung vom Islam? Weil die Scharia und die Ethik von Quran und Hadithen einfach nicht an die moralische Qualität des

---

[194] https://scilogs.spektrum.de/natur-des-glaubens/der-atheistische-evolutionsbiologe-richard-dawkins-und-das-kulturchristentum/

Evangeliums und der Bergpredigt heranreichen. Ebensowenig kann der Hinduismus mit seinem Kastenwesen dem Herrn Jesus das Wasser reichen. Keine der Religionen dieser Welt bietet diese Tiefe der Liebe und eine vergleichbare Gewissheit der Hoffnung, nach der sich die gesamte Weltbevölkerung sehnt. Der Apologet Randy Newman verweist aber auf eine entscheidende Schwäche des Kulturchristentums:

„Wenn wir einen Blumenstrauß kaufen, werden sie von ihren Wurzeln abgeschnitten. Wir nehmen sie mit nach Hause, stellen sie ins Wasser und erfreuen uns an ihrer Schönheit - aber nur für kurze Zeit. Früher oder später sterben sie, weil sie nicht in einer Quelle von Nährstoffen und Leben verwurzelt sind. Tatsächlich beginnt der Sterbeprozess, sobald die Blume abgeschnitten wird. Aber eine Zeit lang wirken sie noch pulsierend und lebendig. Das ist der Fall in unserer Kultur, wenn es um Moral und Sünde geht. Wir haben uns von den biblischen Wurzeln abgeschnitten, die die Moral stützen, aber wir wollen (bis zu einem gewissen Grad) immer noch die Früchte dieser Moral. Wir hören es am schmerzlichsten, wenn Menschen, die Sex von der Ehe getrennt haben, beklagen, dass ihr aktueller Bettpartner sie betrogen hat."[195]

Solche Bilder und Vergleiche sind einsichtig und leicht zu vermitteln. Nicht umsonst hat unser Herr sehr viel in Gleichnissen geredet, als Er den Volksmengen das Evangelium verkündigte. Diese Kunst sollten wir uns auch mehr und mehr aneignen; gerade der postmoderne Mensch hört lieber eine Geschichte als eine Predigt.

Von den sieben Milliarden Menschen sind wir in unserem Ort unmittelbar für die rund 300 Bewohner im Ort sichtbar, fasst man die Nachbargemeinden zusammen, sind es etwas über 1.000. Das ist überschaubar. Es gibt so viele Möglichkeiten, sich unters Volk zu mischen, Bekanntschaften zu schließen oder sich nützlich zu machen! Es gibt mehrere Vereine, denen man beitreten kann: Minigolfclub, Bogensport, Fußball, Dorfverschönerung, Freiwillige Feuerwehr, … Es gibt Dorffeste, wo hunderte Nachbarn zusammenkommen: Maibaumaufstellen, Adventmarkt, Schmankerlmarkt, Feuerwehrfest, … Es

---

[195] https://richardesimmons3.com/the-cut-flower-culture/ (übersetzt mit DeepL.com)

gibt den Imbiss beim Bootsverleih, die Dorfwirtin und den saisonalen Heurigen, wo man sich kennen lernen kann; nicht zu vergessen die Dorfwandertage, Flohmärkte … oder (wenn es wieder nötig ist) Katastropheneinsätze, sowie alle Arten der Nachbarschaftshilfe.

Das Landleben ist traditionell sehr gesellig. Sind wir gesellig? Sind wir eine angenehme Gesellschaft? Kann man mit uns auch „normal" reden? Können wir uns auf verschiedene Menschen einstellen? Halten wir es aus, dass darunter zum Teil schwere Sünder und hemmungslose Trinker sind? Könnte es sein, nur eventuell, dass gerade wir die Medizin für diese verlorenen Seelen haben? Österreicher wollen nicht missioniert werden, aber sie plaudern gerne. Paulus beschreibt etwas von seiner Herangehensweise:

„Denn obwohl ich frei bin von allen, habe ich mich doch allen zum Knecht gemacht, um desto mehr Menschen zu gewinnen. Den Juden bin ich wie ein Jude geworden, damit ich die Juden gewinne; denen, die unter dem Gesetz sind, bin ich geworden, als wäre ich unter dem Gesetz, damit ich die unter dem Gesetz gewinne; denen, die ohne Gesetz sind, bin ich geworden, als wäre ich ohne Gesetz – obwohl ich vor Gott nicht ohne Gesetz bin, sondern Christus gesetzmäßig unterworfen –, damit ich die gewinne, die ohne Gesetz sind. Den Schwachen bin ich wie ein Schwacher geworden, damit ich die Schwachen gewinne; ich bin allen alles geworden, damit ich auf alle Weise etliche rette. Dies aber tue ich um des Evangeliums willen, um an ihm teilzuhaben." (1. Korinther 9,19-23).

Manches davon scheint eine grenzwertige Gratwanderung zu sein, und das ist es auch. Es bedarf einiger Weisheit, wie weit man gehen kann und wo man doch Grenzen ziehen muss. Ein Bereich, der im ländlichen Österreich ins Auge sticht, ist der Alkohol. Wir grenzen an eine Weinbauregion und sind insgesamt eine Biernation. Der Konsum mag für Außenstehende erschreckend hoch wirken. Er ist es auch, und viele setzen sich keine Schranken. Als Christ in dieses Milieu einzutreten, birgt gewisse Gefahren, wie man sich denken kann. Wir dürfen aber auch nicht vergessen, dass der strikte Vorbehalt gegenüber dem Alkohol in christlichen Kreisen eine eher junge Tradition aus Amerika ist.

„Anfang des 20. Jahrhunderts kämpften strenggläubige Christen in den USA gegen das „Teufelszeug" Alkohol. 1919 wurde die Prohibition ratifiziert. Die folgenden 13 trockenen Jahre veränderten das Land. Aber anders als gedacht.

New York - Dass der Alkoholkonsum sich in den USA des 19. Jahrhunderts weit verbreitet hat, daran waren auch deutsche Einwanderer beteiligt. Sie hatten die Kunst des Bierbrauens mitgebracht, dazu kamen bessere Kühlmethoden und einfacherer Transport per Eisenbahn.

Aber je größer die Verbreitung, desto größer wurde auch der Widerstand: Vor allem religiöse Puritaner mit der alkoholfeindlichen Prohibition Party als politischem Arm bekämpften das Teufelszeug. Ihrem immensem Druck wurde am 16. Januar vor 100 Jahren stattgegeben: Die Prohibition wurde als 18. Zusatz zur Verfassung ratifiziert. Ein Jahr später trat das Verbot von Herstellung, Transport und Konsum von Alkohol in Kraft. ...

Die Prohibition sollte das Land vor moralischem und sozialem Verfall schützen. „Im 19. Jahrhundert war Alkohol ein wirklich großes Problem in diesem Land", sagte Daniel Okrent, der das Buch „Last Call: The Rise and Fall of Prohibition" über die Prohibition geschrieben hat. „Er wirkte sich destruktiv auf das Familienleben aus. Männer gingen in die Kneipen, versoffen das Geld für ihre Häuser, tranken so viel, dass sie am nächsten Tag nicht arbeiten konnten, schlugen ihre Ehefrauen, missbrauchten ihre Kinder. Das hat die Bewegung gegen den Alkohol losgetreten."
...

Die Prohibition veränderte die USA nachhaltig, aber nicht so wie von den Puritanern erhofft. In erster Linie profitierten Gangster und Schmuggler, die die illegale Alkoholversorgung sicherstellten. Die Korruption und der Schwarzmarkt mit seinen geheimen Trinkstuben, Speakeasys genannt, brummten. Gangster wie Lucky Luciano, Meyer Lansky und Al Capone machten Karriere. Und das Trinkverhalten veränderte sich: Hatten Männer und Frauen früher meist getrennt voneinander getrunken, feierten sie in den Speakeasys nun gemeinsam.

Der Widerstand in der Bevölkerung wuchs und angesichts der steigenden Kriminalität und Korruption bald auch der in der Politik. Am 5. Dezember 1933 – nach rund 13 Jahren Trockenheit – hob der Kongress durch den 21. Verfassungszusatz die

Prohibition in den USA wieder auf, auch weil aufgrund der Wirtschaftskrise Einnahmen aus einer Alkoholsteuer gebraucht wurden. …

Spuren hat die Prohibition in den USA bis heute hinterlassen. Immer noch gibt es beispielsweise in einigen Bundesstaaten sogenannte „dry counties", trockene Bezirke, in denen kein Alkohol verkauft werden darf. „Die große Ironie der Aufhebung der Prohibition ist, dass es danach schwieriger wurde zu trinken", erklärt Experte Okrent.

Während der Prohibition habe man einfach nur in ein Speakeasy gehen oder jemanden bestechen müssen. Danach aber seien mit der Wiedereinführung des legalen Alkohols auch zahlreiche Kontrollen und Beschränkungen wie ein Mindestalter eingeführt worden, von denen viele bis heute gelten.

Die Speakeasys sind inzwischen zurück – und gelten besonders in den Großstädten wieder als schicke und trendige Ausgehorte, gerne versteckt in Kellern, mit Alkohol aus Tassen und geheimen Passwörtern am Einlass." [196]

Was dieser Exkurs deutlich macht, ist, dass Verbote das Problem des Alkoholmissbrauchs nicht lösen können, es wird vielmehr in den Untergrund gedrängt, geschieht im Verborgenen und erhält dadurch erst recht den Nimbus des Verruchten, das dann besonders fasziniert.

Die meisten protestantischen Freikirchen, die in Europa noch die lebendigste Form biblischen Christentums repräsentieren, haben US-Amerikanische Wurzeln, und Missionare aus Übersee haben zum Teil ehrliche Probleme mit unserem offenen Umgang mit diesem (in Maßen getrunkenen) göttlichen Genussmittel. So war ein Gemeindegründer aus Übersee richtig schockiert, als er in einem Münchner Gemeindelokal eine ganze Kiste Bier vorfand! Alkohol ist tatsächlich ein göttliches Genussmittel:

*„Du lässt Gras wachsen für das Vieh und Pflanzen, dass sie dem Menschen dienen, damit er Nahrung hervorbringe aus der Erde; und **damit der Wein das Herz des***

---

[196] https://www.stuttgarter-zeitung.de/inhalt.vor-100-jahren-alkoholverbot-in-den-usa-die-grosse-trockenzeit.3c9616a6-f032-4b4b-97da-f0d2d2a8e9ba.html

Menschen erfreue, und das Angesicht glänzend werde vom Öl, und damit Brot das Herz des Menschen stärke." (Psalm 104,14-15).

Was Gott zu unserer Freude erschaffen hat, sollen Puritaner nicht verbieten. Legendär ist die Vermehrung des Weins durch den Herrn bei der Hochzeit zu Kana. Haben die Hochzeitsgäste nicht bereits gut über den Durst getrunken? Hat der Sohn Gottes hier verantwortungslos gehandelt? Wie beurteilt Gottes Wort – so wie es geschrieben steht! – Alkohol und Feste?

*„Du sollst allen Ertrag deiner Saat getreu verzehnten, was auf dem Feld wächst, Jahr für Jahr. Und du sollst essen vor dem Herrn, deinem Gott, an dem Ort, den er erwählen wird, um seinen Namen dort wohnen zu lassen, den Zehnten deines Korns, deines Mosts, deines Öls und die Erstgeborenen von deinen Rindern und Schafen, damit du lernst, den Herrn, deinen Gott, allezeit zu fürchten. Wenn dir aber der Weg zu weit ist, und du es nicht hintragen kannst, weil der Ort, den der Herr, dein Gott, erwählen wird, um seinen Namen dorthin zu setzen, dir zu fern ist; wenn nun der Herr, dein Gott, dich segnet, so verkaufe es und binde das Geld in deiner Hand zusammen und geh an den Ort, den der Herr, dein Gott, erwählen wird. Und gib das Geld für das aus, was irgend dein Herz begehrt, es sei für Rinder, Schafe, **Wein, starkes Getränk,** oder was sonst deine Seele wünscht, und iss dort vor dem Herrn, deinem Gott, und **sei fröhlich, du und dein Haus.** Den Leviten aber, der in deinen Toren ist, sollst du nicht im Stich lassen; denn er hat weder Teil noch Erbe mit dir."* (Deuteronomium 22,2-27).

Gott ist ein Gott der Feste, und zu den Festen des Herrn gehört auch Wein. Das überrascht den einen, andere schockiert es gar, doch manchen nimmt es auch die Last eines aufgezwungenen schlechten Gewissens. Ganz klar spricht sich derselbe Gott aber auch gegen regelmäßigen Alkoholmissbrauch und Trunksucht aus:

„Wehe denen, die Helden sind im Weintrinken und tapfer im Mischen von berauschendem Getränk." (Jesaja 5,22).

„Aber auch diese taumeln vom Wein und schwanken vom Rauschtrank: Priester und Prophet sind vom Rauschtrank berauscht, vom Wein benebelt, sie taumeln vom

Rauschtrank; sie sehen nicht mehr klar, urteilen unsicher. Ja, alle Tische sind besudelt mit Erbrochenem und Kot bis auf den letzten Platz." (Jesaja 28,7-8).

„Kommt her«, sagen sie, »ich will Wein holen, lasst uns Rauschtrank saufen, und morgen soll es gehen wie heute, ja noch viel großartiger!" (Jesaja 56,12).

„Beim Wein spiele nicht den starken Mann; viele nämlich hat der Wein vernichtet." (Sirach 34,25).

„Hurerei, Wein und Most rauben den Verstand." (Hosea 4,11).

„Offenbar sind aber die Werke des Fleisches, welche sind: Ehebruch, Unzucht, Unreinheit, Zügellosigkeit; Götzendienst, Zauberei, Feindschaft, Streit, Eifersucht, Zorn, Selbstsucht, Zwietracht, Parteiungen; Neid, Mord, Trunkenheit, Gelage und dergleichen, wovon ich euch voraussage, wie ich schon zuvor gesagt habe, dass die, welche solche Dinge tun, das Reich Gottes nicht erben werden." (Galater 5,19-21).

Das ist sehr deutlich, und muss genauso ernst genommen werden wie die Freiheit im Umgang mit dem Alkohol. Es gibt Festtage, es gibt den Alltag und es gibt Fasttage. Festtage sind die Ausnahme, wo man auch ein Glas mehr trinken darf (nicht muss), ohne deshalb beschämt zu werden. Es geht also um eine gesunde Ausgewogenheit:

„Beim Wein spiele nicht den starken Mann; viele nämlich hat der Wein vernichtet. Ein Ofen prüft Eisen beim Eintauchen, so der Wein die Herzen beim Streit der Überheblichen.

Das dem Leben Gleiche ist Wein für die Menschen, wenn du ihn trinkst mit Maß. Was ist schon das Leben, wenn der Wein weniger wird? Denn dieser ist geschaffen worden zur Freude von Anbeginn. Vergnügen des Herzens und Freude der Seele ist Wein, getrunken zum rechten Zeitpunkt, maßvoll.

Bitterkeit der Seele ist Wein, getrunken zu viel in Erregung und Fehltritt. Trunkenheit vergrößert die Wut des Toren bis zum Anstoß, während sie Kraft verringert und Wunden zufügt. Beim Weingelage beschäme nicht den Nächsten, und verachte ihn nicht in seiner Freude; sprich zu ihm kein Wort der Beschimpfung, und betrübe ihn nicht durch Rückforderung." (Sirach 34,25-31).

Alkohol in Maßen genossen ist eine Gottesgabe, die uns erfreuen soll. Die Gefahr des Missbrauchs steht aber ebenso im Raum. Man muss auch davon lassen können. Die gute Tradition der Fastenzeit vor Ostern (Passah) ist eine christliche Praxis, die bis auf das erste Jahrhundert zurückgeht. In diesen sieben Wochen enthalte ich mich in der Regel völlig vom Alkohol. Das gibt wieder Gelegenheit zu Gesprächen im Wirtshaus, denn normalerweise trinke ich dort gerne mit den Nachbarn und rede mit ihnen. Mittlerweile wissen sie schon, dass ich in dieser Zeit enthaltsam bin, und in gewisser Weise bewundern sie es auch, denn einige meiner Bekannten sind suchtkrank und können nicht davon lassen, selbst wenn sie wollten, was tragisch ist. Ich kann ihnen jedoch zeigen, dass Freiheit in Christus möglich ist, dass, obwohl man sonst gerne in Gesellschaft trinkt, man doch nicht abhängig werden muss, die Kontrolle behalten und wissen kann, wo man aufhören muss. Es kommt jedoch auch auf die richtige Gesellschaft an. Im Kreis der „Patienten" ist es mir tatsächlich ein paar Mal passiert, dass auch ich die Grenze überschritten habe. Das ist mir sehr unangenehm, und ich wurde von den Geschwistern dafür auch zurecht in Liebe ermahnt. Seither sitze ich selten bei diesen, die für Heilung nicht wirklich offen sind; aber ich verachte sie nicht deswegen. Meinen Alkoholkonsum habe ich drastisch reduziert und – siehe da! – einige Kilos abgenommen. Es fehlt mir nicht, weil ich frei bin. Frei, ihn zu genießen und frei, ihn zu lassen.

Wo diese Freiheit nicht gegeben ist und eine Sucht vorliegt, ist Feuer am Dach. Hier muss man Hilfe suchen, einen Entzug machen und trocken bleiben, um nicht wieder rückfällig zu werden.

„Alles ist mir erlaubt – aber nicht alles ist nützlich! Alles ist mir erlaubt – aber ich will mich von nichts beherrschen lassen!" (1. Korinther 6,12).

Wenn wir das Evangelium der Freiheit in Christus predigen, dürfen wir nicht selbst in Süchten gebunden sein. Darum sollen wir in allen Lebensbereichen immer auch selbstkritisch sein:

„Ein weiser Mensch wird in allem vorsichtig sein." (Sirach 18,27).

Wer aufgrund einer zu rigiden Einstellung verächtlich auf jeden herabblickt, der sich freimütig zum legitimen und maßvollen Genuss der Gabe Gottes bekennt, wird sich auch den Kranken von oben herab zuwenden und eine Haltung entwickeln, die auch die Pharisäer dem Herrn Jesus gegenüber hatten:

„Der Sohn des Menschen ist gekommen, der isst und trinkt; da sagen sie: Wie ist der Mensch ein Fresser und Weinsäufer, ein Freund der Zöllner und Sünder! Und doch ist die Weisheit gerechtfertigt worden von ihren Kindern." (Matthäus 11,19).

Das rechte Maß ist eine Frage der persönlichen Freiheit und kann nicht von anderen für einen festgelegt werden, es sei denn, dieses wird offenbar regelmäßig überschritten. Es gibt da eine Anekdote, die zeigt wie oft hier Doppelstandards herrschen: Ein Bruder kommt von einem Besuch in Amerika zurück. Erschüttert berichtet er im Ältestenkreis von den Zuständen in den Gemeinden dort: *„Brüder, es ist schrecklich: Die Frauen dort schminken sich! Und sie tragen viel zu enge Blusen. Manche färben sich sogar die Haare! Es ist traurig, das ansehen zu müssen."* Die Brüder sind erschüttert und dicke Tränen kullern aus ihren Augen über ihre Zigarren und tropfen ins Bierglas.

Fragen der Freiheit sind keine Glaubens- oder Heilsfragen, sondern ein Thema der weisheitlichen Lebensführung. Die Schrift lehrt dies nicht dadurch, dass sie Limits und Grenzwerte festschreibt, sondern den Fokus auf Selbstkontrolle und Verhalten legt.

Um der Schwäche anderer Willen kann es erforderlich sein, da und dort auf Alkohol gänzlich zu verzichten. Hier gilt, was Paulus an die Römer in Bezug auf Schwache und den Umgang mit Speisen geschrieben hat:

„Nehmt den Schwachen im Glauben an, ohne über Gewissensfragen zu streiten. Einer glaubt, alles essen zu dürfen; wer aber schwach ist, der isst Gemüse. Wer isst, verachte den nicht, der nicht isst; und wer nicht isst, richte den nicht, der isst; denn Gott hat ihn angenommen. Wer bist du, dass du den Hausknecht eines anderen richtest? Er steht oder fällt seinem eigenen Herrn. Er wird aber aufrecht gehalten werden; denn Gott vermag ihn aufrecht zu halten. …

So wird also jeder von uns für sich selbst Gott Rechenschaft geben. Darum lasst uns nicht mehr einander richten, sondern das richtet vielmehr, dass dem Bruder weder ein Anstoß noch ein Ärgernis in den Weg gestellt wird! Ich weiß und bin überzeugt in dem Herrn Jesus, dass nichts an und für sich unrein ist; sondern es ist nur für den unrein, der etwas für unrein hält. Wenn aber dein Bruder um einer Speise willen betrübt wird, so wandelst du nicht mehr gemäß der Liebe. Verdirb mit deiner Speise nicht denjenigen, für den Christus gestorben ist! So soll nun euer Bestes nicht verlästert werden. Denn das Reich Gottes ist nicht Essen und Trinken, sondern Gerechtigkeit, Friede und Freude im Heiligen Geist; wer darin Christus dient, der ist Gott wohlgefällig und auch von den Menschen geschätzt." (Römer 14,1-4.12-18).

Die Länge dieses Exkurses ist der Bedeutung des Themas in unserer Kultur angemessen, aber bezüglich unseres Umgangs mit unseren Mitmenschen gibt es noch ganz andere Bereiche, auf die wir achthaben sollen.

Politik ist da immer ein heißes Eisen. Die Landbevölkerung ist in vielen Überzeugungen noch deutlich konservativer als die Städter, es gibt also noch mehr Übereinstimmung mit den christlichen Werten, die früher Allgemeingut waren. Dennoch sind Christen politisch neutral und sollten sich auch so verhalten. Wir brauchen uns nicht für den einen oder anderen Standpunkt ereifern. Ist es nicht so, dass es in jedem Parteiprogramm Gutes und Wahres gibt, das mit Gottes Wort übereinstimmt? Das ist so, und doch wissen sie nicht, warum es gut und wahr ist, und sie sehen auch nicht, wo die Parteiprogramme Wesentliches übersehen haben. Bei der allgegenwärtigen Politikverdrossenheit können wir daher immer wieder fröhlich auf den König verweisen, für den sich niemand zu schämen braucht: unseren Herrn Jesus Christus!

Der Dorftratsch kann eine Falle sein. Einmal habe ich mich darin verwickeln lassen und unbedacht etwas offenbar Unwahres weitererzählt. War das peinlich! Es war Gott sei Dank möglich, das wieder aus der Welt zu schaffen, ich habe mich dafür persönlich entschuldigt, und alles ist wieder gut. Aber es war sehr unangenehm. Man wird aber auch selbst dann und wann zum

Dorfgespräch – nichts Böses, aber Gerüchte, und manchmal sind sie richtig lustig. Wir sind eben mittendrin, und in einem Dorf kennt jeder jeden.

„Siehe, ich sende euch wie Schafe mitten unter die Wölfe. Darum seid klug wie die Schlangen und ohne Falsch wie die Tauben!" (Matthäus 10,16).

Wir sind in diese Welt gesandt, wie Christus vom Vater gesandt worden ist. Für dieses kleine Dorf im Waldviertel ist unsere kleine Gemeinschaft zuständig. Es gehört viel dazu. Zuallererst aber muss man lernen, die Menschen zu lieben, zugänglich und transparent zu sein. Wir haben die Gewissheit, Stabilität und die Grundlagen einer guten Lebensführung, die sie suchen! Wir haben Christus und Sein Wort! Sie brauchen Heilung von der Krankheit der Sünde – wir haben den Arzt!

Freizeit und Vergnügungen

„Und die Apostel versammelten sich bei Jesus und verkündeten ihm alles, was sie getan und was sie gelehrt hatten. Und er sprach zu ihnen: Kommt ihr allein abseits an einen einsamen Ort und ruht ein wenig!" (Markus 6,30-31).

Work-Life-Balance ist in aller Munde. Burnout wurde zu einer Volkskrankheit. Arbeiten wir uns zu Tode? Angesichts der hingegebenen Lebensweise eines Nachfolgers Jesu könnte man auch hier die Frage stellen, ob es ein Zuviel gibt. Ja, das gibt es! Es ist nur ein kleiner Vers in den Evangelien, den ich eingangs zitiert habe. Nachdem die Jünger mit vollem Einsatz unterwegs waren und dem Herrn alles erzählten, waren sie wohl noch sehr „im Feuer"; der Herr verordnet ihnen einen Urlaub. Er weiß, dass es vom Brennen zum Ausgebranntsein oft nur ein kleiner Schritt ist. Wir Menschen sind begrenzt erschaffen: unsere Kraft ist nicht unendlich, unsere Ausdauer erschöpft sich und wenn wir zu viel lernen, bekommen wir Kopfschmerzen (Prediger 12,12-13). Wir sind nicht Gott, der keinen Schlaf nötig hat; wir sollen uns in unserer Begrenztheit unserer Abhängigkeit vom Unbegrenzten bewusst werden. Christus will uns Ruhe bringen und nicht überfordern:

„Kommt her zu mir alle, die ihr mühselig und beladen seid, so will ich euch erquicken! Nehmt auf euch mein Joch und lernt von mir, denn ich bin sanftmütig und von Herzen demütig; so werdet ihr Ruhe finden für eure Seelen! Denn mein Joch ist sanft und meine Last ist leicht." (Matthäus 11,28-30).

Freizeit ist freie Zeit; wenn wir sie wieder voll machen, verliert sie ihren Sinn. Das Sabbatgebot sagte nicht: *„Sechs Tage sollt ihr arbeiten und am siebten stürzt euch in den Freizeitstress!"*, sondern: *„Ruht aus!"* Wir brauchen Zeiten der Regeneration, der Reflexion, der „Erdung". Was das nicht bedeutet, ist „Urlaub von Gott", denn das wäre mehr als kontraproduktiv:

„Weißt du es denn nicht, hast du es denn nicht gehört? Der ewige Gott, der Herr, der die Enden der Erde geschaffen hat, wird nicht müde noch matt; sein Verstand ist

unerschöpflich! Er gibt dem Müden Kraft und Stärke genug dem Unvermögenden. Knaben werden müde und matt, und junge Männer straucheln und fallen; aber die auf den Herrn harren, kriegen neue Kraft, dass sie auffahren mit Flügeln wie Adler, dass sie laufen und nicht matt werden, dass sie wandeln und nicht müde werden." (Jesaja 40,28-31).

Die Ruhezeiten, die der Herr uns zugesteht und die wir auch ergreifen müssen, sollen uns Gelegenheit geben, unser geistliches Ladekabel bei der unerschöpflichen Kraftquelle anzustecken. Die Nachfolge Jesu ist unser Leben – vom Leben kann man keine Pause machen. Aber die Nachfolge Jesu ist kein beständiges Arbeiten und Laufen, ebenso wie das Leben nicht aus ununterbrochener Aktivität besteht. Es gibt ein falsches und ungesundes Bild vom christlichen Leben: Die Erwerbsarbeit hält uns davon ab, in der Freizeit rackern wir dafür umso mehr für den Herrn. Auch die Angst, nie genug für den Herrn getan zu haben, treibt wohlmeinende Christen ins Burnout.

„„Ich habe mich mit meinem Engagement einfach verzettelt", sagt sie vor der betreten schweigenden Versammlung. „Es ist mir in letzter Zeit alles zu viel geworden. Deshalb werde ich meine Ämter bis auf Weiteres ruhen lassen."

Solche oder ähnliche Situationen spielen sich immer öfter ab – auf der Arbeit, in Familien oder Vereinen, aber auch in Gemeinden. Auf einen Schlag ist es aus und vorbei. Die Betroffenen signalisieren: Ich bin fertig, völlig ausgebrannt. Plötzlich gilt es, das Leben von Tempo 100 auf 0 herunterzudrosseln, weil einfach nichts mehr geht.

Stillstand, Depression, ein langer Weg zurück – das ist es, was übrig bleibt. Wie alle Menschen sind auch Christen nicht immun dagegen. Doch müssten sie es nicht viel besser wissen? Gott wünscht sich doch keine Gemeinden, in denen Haupt- und Ehrenamtliche reihenweise die Waffen niederstrecken, weil sie über die Grenze ihrer Leistungsfähigkeit hinausgeschossen sind."[197]

---

[197] https://www.erf.de/lesen/themen/glaube/schuften-fuer-den-herrn/2803-542-4401

Dieses Buch will nicht in diese Falle führen, sondern aus ihr heraus. Weil es um das Leben an sich geht, geht es nicht um die Quantität unserer Aktivitäten, sondern um die Qualität unseres Lebens. So kommt die Nachfolge Jesu nicht etwa als eine zusätzliche Bürde zu unserer täglichen Arbeit hinzu, sondern lehrt uns, wie wir in der Firma in einer gottgefälligen Weise arbeiten. Es wird nicht ein Mehr an Arbeit daraus, sondern ein besseres Arbeiten. Christus kommt nicht als Zusatz zu unserem Leben hinzu, sondern durchdringt alles, was wir tun, hilft uns, Prioritäten zu setzen, gibt uns Weisheit in unseren täglichen Entscheidungen, bewahrt uns vor unnötigen Belastungen, gibt uns die Liebe und Wertschätzung, die uns von unseren Chefs, unseren Ehepartnern und Kindern, unseren Freunden und Kollegen vielleicht vorenthalten wird. Unser innerer Friede und unsere Sicherheit beruhen nicht auf unseren Erfolgen, Leistungen oder menschlicher Anerkennung, sondern auf der Liebe des Vaters, der uns als Kinder angenommen hat. Er kennt Seine „Kleinen", ihre individuelle Begrenztheit, ihre jeweiligen Fähigkeiten, und darauf aufbauend beruft und begabt Er sie für einen maßgeschneiderten Teilbereich des Reiches Gottes:

„Dem einen gab er fünf Talente, dem anderen zwei, dem dritten eins, jedem nach seiner Kraft." (Matthäus 25,15).

Und schon ist es vorbei mit allen menschlichen Vergleichen! Sie sind unzulässig, weil wir nicht gleich sind! Wir haben unterschiedliche Kraft, Fähigkeiten, Begabungen, Berufungen ... und werden jeder für uns selbst Rechenschaft vor Gott (nicht den Menschen) ablegen, wie wir damit umgegangen sind. Bei Gott wird niemand überfordert. Sogar beim größten Gebot sollte uns das auffallen:

„Und du sollst den Herrn, deinen Gott, lieben mit deinem ganzen Herzen und mit deiner ganzen Seele und mit deiner ganzen Kraft." (Deuteronomium 6,4).

Mit deiner Kraft, nicht mit der Kraft eines Paulus, eines Dirk Willems, einer Maria Magdalena oder eines anderen Glaubenshelden. Sogar in der Liebesfähigkeit sind wir unterschiedlich. Wehe, wenn wir uns aus Liebesromanen Idealbilder unserer Partner erträumen, das kann nur schief gehen! Nicht jeder ist herzlich und warm, nicht jeder drückt seine Liebe auf dieselbe Weise aus. Nicht jedem kommt ein „ich liebe dich" spontan und leicht über die Lippen. Ausgangspunkt unseres Lebens mit Gott ist unsere Begrenztheit und die Barmherzigkeit Gottes. Das zu wissen, nimmt uns allen Druck von unseren Herzen und Gewissen. Es ist aber ein Ausgangspunkt, von dem aus wir wachsen sollen, und auch das Wachstum erfolgt bei jedem anders schnell und erreicht auch andere Reifegrade. Jeder soll Frucht bringen, aber nicht jeder bringt gleich viel Frucht:

„Auf das gute Erdreich gesät aber ist es bei dem, der das Wort hört und versteht; der bringt dann auch Frucht, und der eine trägt hundertfältig, ein anderer sechzigfältig, ein dritter dreißigfältig." (Matthäus 13,23).

Nur nichts zu bringen ist zu wenig. Da es aber im Wesen des Wortes liegt, des ausgestreuten Samens, zu keimen, zu sprossen, zu wachsen und Frucht zu bringen, können wir selbst gar nichts dazu tun, außer dieses Wachstum zu unterdrücken, dem Garten des Herzens die nötige Pflege zu versagen. Die Frucht kommt aus dem Samen, nicht aus uns.

Unser ganzes Leben als Christ ist Gartenpflege, und wenn wir das richtig verstanden haben, gibt es keine Aktivität und keinen Lebensbereich, der nichts damit zu tun hätte. Wir müssen uns also keine Zeit extra „freischaufeln", um etwas für Gott bewirken zu können. Wir müssen nur um Ruhephasen ringen, um uns zu regenerieren, zu reflektieren und bewusst unser „Ladekabel" bei Gott anzuschließen. Das ist der Sinn der Freizeit, der Sinn des Sabbats. Einen ganzen Tag pro Woche sieht Gott dafür vor!

„Gedenke an den Sabbattag und heilige ihn! Sechs Tage sollst du arbeiten und alle deine Werke tun; aber am siebten Tag ist der Sabbat des Herrn, deines Gottes; da sollst du kein Werk tun; weder du, noch dein Sohn, noch deine Tochter, noch dein Knecht, noch deine Magd, noch dein Vieh, noch dein Fremdling, der innerhalb deiner Tore lebt. Denn in sechs Tagen hat der Herr Himmel und Erde gemacht und das Meer und alles, was darin ist, und er ruhte am siebten Tag; darum hat der Herr den Sabbattag gesegnet und geheiligt." (Exodus 20,8-11).

Der Sabbat, die Ruhe, ist kein Privileg der Reichen, sondern gerade auch den Knechten und Mägden, sowie allen Arbeitstieren geschenkt. Gott weiß, dass wir der Ruhe bedürfen, weil wir begrenzt sind. Die Ruhezeit ist Zeit für uns.

Was bedeutet Regeneration? In einem Artikel über Work-Life-Balance steht folgendes dazu:

- *„**Arbeit nicht mit nach Hause nehmen**. Setze mit dem Beginn deines Feierabends ein klares Zeichen: Die Arbeit ist vorbei, jetzt beginnt die Freizeit. Ist ständige Erreichbarkeit wirklich ein Muss?*
- *Suche dir einen **sportlichen Ausgleich**, der dir Spaß macht. Dadurch stellt sich die Regelmäßigkeit automatisch ein.*
- *Achte auf **entspannende Tätigkeiten**, bei denen du abschalten und neue Kraft tanken kannst. Wir sind oft so darauf getrimmt, Spannendes zu erleben, dass wir oft auf Ruhe und Entspannung vergessen. Ein gutes Buch lesen, bewusst Tee oder Kaffee trinken und die Gedanken schweifen lassen, ein Spaziergang, ein Besuch in der Therme, ein Massagetermin oder einfach nur ungestört morgens die Zeitung lesen – es gibt viele Möglichkeiten, **im Alltag ruhige Momente** zu finden.*
- ***Triff Freunde** – und das **am besten regelmäßig**, denn soziale Kontakte sind wichtig. Der Austausch mit anderen, schöne Momente zu zweit oder in der Gruppe – all das schafft Augenblicke, auf die wir im Nachhinein gerne zurückblicken.*
- *Scheue nicht davor, auch **Leerzeiten in deinem Kalender einzuplanen**. Dadurch gönnst du dir Zeit für dich selbst – was du dann damit machst, bleibt dir überlassen.*
- ***Ordnung ist das halbe Leben**: Wer bereits unter der Woche dafür sorgt, dass der Wohnbereich aufgeräumt und organisiert bleibt, muss nicht erst das halbe Wochenende dafür opfern. Auch am Arbeitsplatz kann ein aufgeräumter Tisch neue Kräfte mobilisieren. Versuche es einfach!"*[198]

Das ist für alle Menschen gut und regenerierend, und insofern Christen Menschen sind (ich denke, sie sind es), sind diese Vorschläge auch für uns gute Empfehlungen. Es fehlt darin die geistliche Dimension, die wir jedoch

---

[198] https://www.stepstone.at/Karriere-Bewerbungstipps/work-life-balance/

auch nicht als „Arbeit" oder „stressigen Termin" wahrnehmen sollten, sondern als Teil unserer ganzheitlichen Erholung. In der Didaché (um 80 n.Chr.) lesen wir zum Beispiel:

„Täglich sollst du das Antlitz der Heiligen [= Glaubensgeschwister] suchen, damit du Ruhe findest durch ihre Worte."[199]

Guter geistlicher Austausch, gemeinsames Gebet, gemeinsam essen und dabei über den Alltag reden, gemeinsame Andachten und Lobpreis, gemeinsame Spaziergänge … und der Herr ist mittendrin. Das sind geistliche Auftankmomente, die uns helfen herunterzukommen.

Dabei geht es uns heute „doppelt gut", denn neben dem Sabbat (Samstag) ist auch der Sonntag arbeitsfrei. Wir arbeiten, gemessen an den Stunden, deutlich weniger als unsere Eltern oder Großeltern. Aber das ist trügerisch, denn aufgrund der Technisierung und der Digitalisierung wickeln wir ein Vielfaches an Aufträgen in dieser verkürzten Arbeitszeit ab. Körperlich ist es weit weniger anstrengend geworden, aber mental ist die Belastung enorm. Dieses verlängerte Wochenende ist daher nicht unbegründet. Was tun wir mit dieser freien Zeit? Viele wollen etwas unternehmen, das sie vom Arbeitsstress ablenkt, machen Ausflüge, wollen etwas „erleben" und kommen damit erst recht nicht zur Ruhe. Andere – gerade am Land – betrinken sich regelmäßig am Wochenende und starten schwer verkatert in den Montag. Sie sind hart im Nehmen, unsere „Patienten", aber ein Ausgleich oder Regeneration schaut anders aus.

Wir halten am Auferstehungstag, dem „ersten Tag der Woche" unseren Gottesdienst, am Samstag wird der Wocheneinkauf erledigt, doch ansonsten ist es ein Ruhetag. Den Gottesdienst beginnen wir etwas später, um 10:30 Uhr, können also ein wenig ausschlafen, und der geht nahtlos in das gemeinsame Mittagessen über. Am Nachmittag wird angeboten, Brettspiele zu spielen; ich bevorzuge meinen Mittagsschlaf. Das Wochenende soll primär

---

[199] Didaché 4,2

der Erholung und der Gemeinschaft dienen, oder auch Begegnungen mit Nachbarn im Ort.

Besonders, wenn man beruflich viel am PC arbeitet, ist es eine Labsal, das Wochenende weitgehend bildschirmfrei zu halten und in das uns reichlich umgebende Grün zu schauen. Darum sitze ich gerne bei der Bootsvermietung am See, plaudere ungezwungen mit anderen Gästen oder sauge still die Landschaft ein. So mit der Schöpfung zu „verschmelzen" ist das, was ich „Erdung" nenne. Hier ist noch so viel von Gottes Weisheit und Kraft zu erkennen, so viel Gesundes zu sehen, was den Alltag in unserer schwerkranken Welt besser verträglich macht.

Zeiten der persönlichen Stille, wo wir vor dem Herrn den Tag oder die Woche revuepassieren lassen, können Hand in Hand gehen mit einfachen manuellen Tätigkeiten, wie Gartenarbeit oder Bastelarbeiten in der Werkstatt, bzw. beim Gemüseschnipseln in der Küche oder beim Wäscheaufhängen. Sich zurückziehen, um ein gutes Buch zu lesen oder entspannende Musik zu hören (bzw. geistliche Lieder), absichtsloses (!) Bibellesen oder ein gesundes Nickerchen. Gott gönnt uns all das von Herzen, weil wir das brauchen.

Nun gibt es aber auch den Feind (Satan), die Welt und das Fleisch, die uns allen das Ladekabel aus der Steckdose ziehen wollen, uns mit Beschäftigungen und Ablenkungen zuschütten und in einen Freizeitstress reiten, der uns mit Dopamin vollpumpt und letztendlich auslaugt. Dopamin ist wie eine Ersatzdroge für wahre Zufriedenheit und Freude.

„Dopamin ist ein sogenannter Botenstoff oder Neurotransmitter, der Signale zwischen den Nervenzellen weiterleitet. Es steuert sowohl emotionale und geistige wie auch motorische Reaktionen. Insbesondere ist Dopamin als „Botenstoff des Glücks" bekannt. Es ist dafür verantwortlich, dass wir Glücksgefühle empfinden können.

Auch sogenannte Adrenalin-Kicks, etwa beim Sport, basieren auf demselben Muster."[200]

Es mag ernüchternd klingen, aber jedes Gefühl, das wir körperlich empfinden, basiert auf chemischen Prozessen in uns. Sie motivieren uns, das zu suchen und zu tun, was sich gut für uns anfühlt. Das Problem ist nur, dass Dopamin auch bei Dingen ausgeschüttet wird, die zwar gut sind, aber zu Ersatzhandlungen werden können. Sport ist gut. Die Schmerzgrenze beim Marathon zu überwinden, führt zu chemischen Glücksgefühlen. Ich habe das nur selten erlebt, weil mich der Gedanke an Leistungssport eher abschreckt. Am ehesten bei längeren Wanderungen, wenn der erste steile Aufstieg hinter mir liegt, stellt sich so etwas wie Freude ein. Wenn man diese Glücksgefühle um ihrer selbst willen sucht, kann es zur Sucht werden:

„„Außerdem ist die Dopaminausschüttung daran schuld, dass Menschen süchtig werden, dass sie auf der Suche nach Lustgewinn immer neue Levels erreichen wollen", erklärt Harald Sitte vom Institut für Pharmakologie der MedUni Wien anlässlich des nächste Woche stattfindenden Dopamin 2016-Kongresses am Campus der Universität Wien und am Zentrum für Hirnforschung der MedUni Wien. „Dopamin bringt manche Menschen dazu, ständig auf der Suche nach der Befriedigung von Süchten zu sein."

Eine überschießende Ausschüttung von Dopamin im falschen Moment kann dazu führen, so Matthäus Willeit von der Universitätsklinik für Psychiatrie und Psychotherapie der MedUni Wien und gemeinsam mit Harald Sitte Organisator des Dopamin-Kongresses, „dass Dinge bedeutsam werden, die sonst bedeutungslos sind."[201]

Darum flüchten viele Menschen vor der Ruhe, mit der sie aufgrund der permanenten Reizüberflutung immer schlechter umgehen können, in den Freizeitstress, oder tauchen für Stunden in digitale Parallelwelten ein. Für

---

[200] https://www.meduniwien.ac.at/web/ueber-uns/news/detailseite/2016/news-im-august-2016/dopamin-weit-mehr-als-nur-der-botenstoff-des-gluecks/
[201] Ebda.

solch eine Dauerbelastung sind wir aber nicht gemacht. Schlimmer noch: Es erstickt das Wort Gottes wie Unkraut die gesetzten Pflanzen:

„Was aber unter die Dornen fiel, das sind die, welche es gehört haben; aber sie gehen hin und werden von Sorgen und Reichtum und Vergnügungen des Lebens erstickt und bringen die Frucht nicht zur Reife." (Lukas 8,14).

Sind Vergnügungen die Feinde des Glaubens? Dürfen Christen also keinen Spaß haben? Wir müssen verstehen, was Freude ist, und was Dopamin ist. Die wahre Freude im Herrn geht ja ebenso mit Dopamin oder anderen Botenstoffen einher, darum ist es auch schön, Gott Lieder zu singen, denn Singen an sich schüttet das „Kuschelhormon" Oxytocin aus.

„Dass Singen die Stimmung verbessert und glücklich macht, wurde in mehreren Untersuchungen nachgewiesen. Beim Singen werden körpereigene Glückshormone ausgeschüttet. Endorphine, Serotonin, Dopamin und Adrenalin werden freigesetzt und verbessern damit unseren Gefühlszustand. Zeitgleich werden Stresshormone wie Cortisol und Adrenalin abgebaut.

Schon nach dreißig Minuten Singen produziert unser Gehirn Oxytocin, das soge-nannte Kuschelhormon oder Bindungshormon. Dieses wird auch bei der Geburt eines Kindes, beim Stillen oder beim Sex ausgeschüttet. Wir bauen beim Singen eine innige Beziehung zu den Mitmusikern auf. Deshalb ist Singen im Chor auch eine noch stärkere Wirkung auf unser Gemüt als das Singen alleine."[202]

So wie Gott den Wein erschaffen hat, um unser Herz froh zu machen, und wir diese chemische Wirkung des Alkohols dankbar zur Anwendung bringen dürfen, kann das Saufen zum Selbstzweck werden und süchtig machen. Das gilt auch für Singen, Sport und alles, was diese Wirkungen in uns hervorruft.

Wenn wir geistlose Trink- und Liebeslieder singen, wird das in uns dieselben Glücksgefühle hervorrufen wie das Singen geistlicher Loblieder, doch wird nur bei den letzteren auch der Geist in uns genährt und gestärkt. Nur dann

---

[202] https://www.br.de/radio/bayern1/singen-102.html

kommt es zur regenerativen Wirkung, die wir suchen. Die weltlichen Vergnügungen lassen uns innerlich leer, und wenn sie zudem mit negativen und sündigen Inhalten verbunden sind, dämpfen sie den Heiligen Geist in uns und stärken stattdessen die fleischlichen Begierden. Christen sollen also vergnügliche Dinge tun in ihrer Freizeit, aber die richtigen!

Vor Jahren zeigte mir ein Bruder einmal das Spiel „Civilisations", und es gefiel mir auf Anhieb gut. Ich liebe Strategiespiele, und so habe ich es mir auch besorgt. Ich bin recht schnell hineingekippt. Plötzlich habe ich die Zeit übersehen, es war drei Uhr morgens! Ich musste am nächsten Tag arbeiten gehen. Uff! Das war eine harte Lektion. Ich habe rasch wieder damit aufgehört, aber ich kann gut nachvollziehen, wie leicht man davon süchtig wird. Auch ein anderes Strategiespiel habe ich über längere Zeit hinweg gespielt. Eine Runde noch! Noch einen Zug! Dieses Ziel will ich jetzt noch erreichen! In der Nacht träumte ich davon, in der Früh waren meine ersten Gedanken bei den nächsten Spielzügen. Das ist desaströs! Auch das habe ich beendet – ich schreibe hier keineswegs aus der Theorie! Solche Spiele torpedieren die Regeneration der göttlich verordneten Ruhezeiten.

Nicht nur das: Es führt zum Realitätsverlust. Was man in der virtuellen Welt mit ein paar Mausklicks aufbaut, dafür muss man in der Wirklichkeit wochenlang schwere Zementsäcke schleppen. Wir verlernen, dass gut Ding Weile braucht, verlieren die Geduld und Ausdauer für langwierige Projekte, unsere Frustrationstoleranz nimmt ab.

Ein schwer kranker Bruder, der eine Zeit lang bei uns wohnte, zog sich immer mehr in sein Zimmer zurück, vermied die Gemeinschaft und verschwand in irgendwelchen Egoshooter-Spielen. Als ich in fragte, warum er so dahinein kippe, antwortete er: *„Da bin ich wenigstens noch wer. Da kann ich noch etwas."* Das war ein sehr trauriges Gespräch. Ich verstand, was er meinte, sah aber auch, dass er sich selbst eigentlich aufgegeben hatte und wie sein Glaube an den lebendig machenden Gott zusehends abnahm. Er ließ sich nicht aus seinem Schneckenhaus herauslocken und schließlich bat er, dass er wieder nach Wien zurückziehen darf. Da wir kein Gefängnis sind ☺, ließen wir ihn natürlich ziehen; aber es zeigte mir deutlich, wie destruktiv

434

Computerspiele sich auf den Glauben auswirken können. Dieses Unkraut hat tatsächlich die Macht, die göttliche Saat in uns abzutöten. Man kann das auf jedes Hobby anwenden, das zu einer Flucht vor der Stille und damit zu einer Flucht vor Gott wird.

Andererseits gibt es auch positive Wirkungen. Strategisches Denken ist auch im geistlichen Leben hilfreich, besonders, wenn man langfristig im Gemeindeaufbau arbeitet. Diese Spiele haben hier mein Denken durchaus geschärft. Sport kann sich sehr positiv auf die charakterliche Entwicklung auswirken. Mein Sohn war als Kind ein fürchterlich schlechter Verlierer; seit er als Teenager begann in einem Tischtennisverein zu spielen, hat er sich völlig gewandelt. Er lernte mit Niederlagen umzugehen, auf ein Ziel hin zu trainieren und verstand, dass Fortschritte Zeit und Beharrlichkeit erfordern. Heute spielt er sehr erfolgreich in der niederösterreichischen Landesliga, hat dort Freundschaften geschlossen, von denen fallweise auch welche zu uns auf Besuch kommen. Der Sport hat einen rundum positiven Einfluss auf ihn, aber er ist auch treu bei unseren Andachten dabei und nimmt an allen Aspekten unseres gemeinsamen Lebens konstruktiv teil.

Es liegt mir fern, Sport oder vergnügliche Freizeitaktivitäten zu verteufeln; es geht, wie in allen Bereichen des Lebens um das rechte Maß, um persönliche Freiheit und das Prinzip, das uns nichts gefangen nehmen darf. Hobbies bringen uns mit anderen Menschen zusammen, wo wir uns dann als Christen einbringen können. Als christlicher Pazifist bin ich bei einem „Reenactment"-Verein, der Konföderierte Soldaten des Amerikanischen Bürgerkriegs darstellt. Ich bin als „Amischer Zivilist" zeitgenössisch gekleidet fixer Bestandteil der Zeltlager und sie erwarten von mir die Leitung der Feldmesse. Sie wollen tatsächlich auch Gottes Wort hören, und das bringe ich ihnen gerne. Daneben haben wir eine gute Zeit am Lagerfeuer mit Chili con Carne, Bier, Musik und vielen netten Gesprächen. Männer unter sich – wie herrlich ist das!

Das Wesentliche ist aber, dass wir lernen, an Gott und Seinem Wort Freude zu gewinnen, dann strömt das Dopamin dort genauso beglückend wie bei allen anderen Vergnügungen, zu denen unser Fleisch uns drängen möchte.

Wie aber gelingt das? Wir müssen uns bewusst sein, dass diese Freude angefochten ist, denn es herrscht ein geistlicher Kampf, ein Kampf zwischen dem Geist und dem Fleisch, ein Kampf zwischen Satan und dem Volk Gottes. Es ist also nichts Ungewöhnliches, dass der Feind uns das Leben und die Freude an Gott vermiesen will. Wir müssen also darum kämpfen! Die Natur der Schwerkraft ist, dass wir stets nach unten gezogen werden, die neue Natur des Lebens aus Gott will uns aber nach oben ziehen. Dazu müssen wir in Ihm bleiben, Seine Nähe bewusst suchen.

Wenn Gott also ferne scheint, muss ich mich fragen: *„Wie nahe bin ich ihm selbst?"* Weiche ich ihm aus? Verstecke ich mich vor ihm, weil ich mit Dingen beschäftigt bin, die nichts mit Ihm zu tun haben, die Ihm vielleicht auch zuwider sind? Ist es eine Mühsal zu atmen, zu essen oder zu trinken? Nein, natürlich nicht. Wenn Christus unser Leben ist, sollte uns die Nähe zu Ihm, das Lesen von Gottes Wort und das Gebet ebenso selbstverständlich sein. Vor Jahren las ich das Buch „Kampf um Stille" von Peter V. Deison, wo der Autor feststellte, dass viele Christen beim Thema „Stille Zeit" schamrot werden. Warum? Weil man das zu einem Programm erhoben hat, dem man zu folgen hat. Wer nicht regelmäßig „Stille Zeit" hält, gilt als schlechter Christ, und wenn man nicht immer wieder erhebende Erkenntnisse aus der persönlichen Bibellese mitnimmt, stimmt etwas nicht. Das macht das Thema so schambehaftet, und ich halte den Ansatz auch für falsch.

Ich empfehle eher das „absichtslose" Bibellesen, im Sinne der geistlichen Hygiene wie das Zähneputzen. Die Bibel sollte stets aufgeschlagen am Frühstückstisch bleiben, und wenn man den Morgenkaffee trinkt: Einfach lesen! Dann und wann springt uns etwas ins Auge, das uns beschäftigt, das uns den Tag über begleitet. Mit der Zeit werden Zusammenhänge klarer, einzelne Geschichten und Passagen prägen sich ein. Wir werden Gottes Wort immer besser kennen lernen. Dasselbe gilt für das Beten. Ich meine nicht, dass wir „absichtslos" beten sollen, aber einfach und schlicht. Es spricht nichts dagegen, das eigene Gebetsleben so zu beginnen, wie es die frühen Christen erlernt haben. Die Didaché (um 80) gibt hier folgende Richtlinie:

„Auch „sollt ihr nicht beten wie die Heuchler", sondern wie der Herr in seinem Evangelium es befohlen hat, „so betet: Vater unser, der Du bist in dem Himmel, geheiligt werde Dein Name, zukomme uns Dein Reich, Dein Wille geschehe wie im Himmel also auch auf Erden; unser tägliches Brot gib uns heute, und vergib uns unsere Schulden, wie auch wir vergeben unseren Schuldigern, und führe uns nicht in Versuchung, sondern erlöse uns vom Übel"; weil Dein ist die Macht und die Ehre in Ewigkeit. Dreimal am Tag betet so."[203]

Wenn man andere beten hört, die schon lange beten und sich gut ausdrücken können, kann das entmutigen. Weniger ist mehr, und der Herr Jesus lehrte seine Jünger auf deren Bitte hin (Lukas 11,1) dieses einfache Gebet. Es dauert nicht einmal eine Minute und man kann es leicht auswendig lernen. Warum dreimal am Tag? Weil es besser ist, über den Tag verteilt kurz zu beten, als sich einer aus frommer Tradition stammenden fürs erste noch überfordernden „Regel" anzupassen.

In das geistliche Leben wächst man nach dem Grundsatz hinein, Gott gemäß dem eigenen Vermögen, der eigenen Kraft zu lieben, und nicht gemäß dem, was andere als Ideal hochhalten, woran sich viele aber auch nicht halten. So etwas führt nur zur Heuchelei.

Man kann sich dabei unterstützen. Ich hörte einmal, als ich noch ein junger Christ war, dass zwei Brüder sich verabredeten, einander in der Früh telefonisch aufzuwecken, um sich gegenseitig zur „Stillen Zeit" zu ermutigen. Ich fand einen Freund in der Jugendgruppe unserer Gemeinde, dem ich das vorschlug, und so machten wir das auch. Das war eine sehr große Hilfe für meinen Anfang mit der „Stillen Zeit". Geholfen hat aber auch meine Kaffeemaschine mit Zeitschaltuhr; wenn der Wecker läutete bzw. der Anruf kam, hörte ich schon das Gurgeln und der Duft des Gebräus drang aufmunternd an meine Nase. Dennoch ist die klassische „Stille Zeit" nie so ganz mein Ding gewesen. Aber ich behielt mir Gottes Wort von Beginn an leicht im Gedächtnis. Mit folgendem Rat konnte ich daher mehr anfangen:

---

[203] Didaché 8,2-3

„Lass dieses Buch des Gesetzes nicht von deinem Mund weichen, sondern forsche darin Tag und Nacht, damit du darauf achtest, alles zu befolgen, was darin geschrieben steht; denn dann wirst du Gelingen haben auf deinen Wegen, und dann wirst du weise handeln!" (Josua 1,8).

Josua ist natürlich nicht Tag und Nacht mit den Schriftrollen vor Augen herumgegangen. Er merkte sich, was er gelesen oder gehört hatte, und dachte immer wieder darüber nach. In meiner ersten Arbeit hatte ich viele manuelle Tätigkeiten, die mir genau das erlaubten. Einige Liedtexte zu biblischen Themen entstanden zu dieser Zeit; überhaupt ist es für mich ein Weg, Gottes Wort lieb zu gewinnen, indem ich mir *„einen Reim darauf mache"* und Lieder schreibe. Das ist Teil meiner Gabe und befeuert meine Freude daran in besonderer Weise.

Obwohl ich nicht jeden Morgen eine ausgiebige „Stille Zeit" mache – ich lese nach wie vor „absichtslos" ein Kapitel nach dem anderen – beschäftige ich mich oft Stunden damit während anderer Zeiten der Woche. Vieles habe ich schriftlich gemacht, studiert, geforscht, und da kam eine richtige Entdeckerfreude auf. Ein Bruchteil dessen fand schließlich seinen Weg in Bücher, die ich veröffentlicht habe. Wenn ich jetzt an diesem Buch schreibe, so beginnt jedes Kapitel mit einem leeren Blatt, und anfangs habe ich keinen wirklichen Plan und weiß nicht, was am Ende herauskommen wird. Dann beginne ich zu schreiben und erlebe, wie Gottes Geist mich führt, mir Zusammenhänge aufzeigt und Stellen in Erinnerung ruft, über die ich irgendwann während meines „absichtslosen" Lesens gestolpert bin. Am Ende des Kapitels sitze ich da und staune nicht schlecht – es ist das Resultat einer Art Kommunikation mit dem Vater, von dem ich lernen will, dessen Rat ich gesucht habe. Dann kann es schon vorkommen, dass ich innerlich vor Freude und Glück springe; Dopamin ist etwas Herrliches! Doch jeder wird das auf seine Weise angehen, lernen und erfahren.

Beten und Bibellesen lernt man nicht nur in der Stille, sondern vor allem in der Gemeinschaft. Hier kann man Fragen stellen, wenn man etwas nicht verstanden hat, man kann Gebetsanliegen austauschen und wird auch erleben, wie Gott das Gebet der Gemeinde immer wieder erhört. Wir vergessen das oft oder übersehen es. Darum ist es hilfreich, sich immer wieder in Erinnerung zu rufen, was Gott bereits alles gewirkt hat.

Die Freude an Gott ist nicht von äußeren Umständen abhängig, darum hilft sie uns durch trübe und schwere Zeiten hindurch. Wir dürfen uns daher von diesen nicht hinabziehen lassen, sondern stellen der Traurigkeit, die uns gerade trifft, bewusst die Freude an Gott gegenüber.

„Das Wort 'Freude' kommt vom griechischen Wortstamm 'chara' und bedeutet 'sich über alle Maßen freuen'. Während Vergnügen, je nach Umständen und Menschen um uns herum, kommen und gehen kann, ist Freude etwas anderes. In Jakobus 1,2 heißt es: „Betrachtet es als besonderen Grund zur Freude, wenn euer Glaube immer wieder hart auf die Probe gestellt wird…". Wie ist es möglich, Prüfungen mit Freude zu verbinden? Weil Freude etwas mit innerem Frieden und Zufriedenheit zu tun hat. Sie ist von Dauer und beruht nicht auf äußeren, sondern auf inneren Umständen. Diese Art von Freude ist die Freude an Gott. …

Freude ist für einen Christen so wichtig, dass Jesus, bevor Er verhaftet wurde, darüber sprach: „Das alles sage ich euch, damit meine Freude euch erfüllt und eure Freude dadurch vollkommen wird." (Johannes 15,11)

Schauen wir uns an, was Jesus gesagt hat, damit wir wissen, wie wir seine Freude in uns haben können:

- *„Bleibt fest mit mir verbunden, und ich werde ebenso mit euch verbunden bleiben! Denn eine Rebe kann nicht aus sich selbst heraus Früchte tragen, sondern nur, wenn sie am Weinstock hängt. Ebenso werdet auch ihr nur Frucht bringen, wenn ihr mit mir verbunden bleibt. Ich bin der Weinstock, und ihr seid die Reben. Wer mit mir verbunden bleibt, so wie ich mit ihm, der trägt viel Frucht. Denn ohne mich könnt ihr nichts ausrichten." (Johannes 15,4-5)*
- *„Wie mich der Vater liebt, so liebe ich euch. Bleibt in meiner Liebe! Wenn ihr nach meinen Geboten lebt, wird meine Liebe euch umschließen. Auch ich richte mich nach den Geboten meines Vaters und lebe in seiner Liebe." (Johannes 15,9-10)*

Sehen wir uns zunächst an, was es bedeutet, 'im Weinstock zu bleiben'. Beachte, dass sich die natürliche Rebe vollständig dem Weinstock hingibt und nur für den Weinstock existiert. In gleicher Weise möchte Jesus, dass wir uns Ihm hingeben und für Ihn leben (Vers 4). Zweitens sollen wir von Ihm abhängig sein. Die Rebe kann ohne den Weinstock nichts tun. Nur wenn wir in uns selbst nichts sind, kann Gott alles durch uns tun (Vers 5). Drittens sollen wir in seiner Liebe ruhen (Vers 9) und viertens müssen wir Ihm gehorchen (Vers 10)."[204]

Darum muss Freizeit freie Zeit bleiben. Wie können wir in der Liebe Christi ruhen, wenn wir in der Freizeit ständig gehetzt und abgelenkt sind? Ja, wir dürfen auch Spaß haben und diversen Vergnügungen und Hobbies nachgehen und brauchen uns deswegen kein schlechtes Gewissen machen lassen, aber bedenken wir das rechte Maß! So wie man einer betrübten Seele als „Akutmaßnahme" auch Wein empfehlen darf, darf man zur Entspannung auch einmal irgend ein belangloses Video auf YouTube anschauen.

„Gebt starkes Getränk dem, der zugrundegeht, und Wein den betrübten Seelen! Sie werden über dem Trinken ihre Armut vergessen und werden nicht mehr an ihr Elend denken." (Sprüche 31,6-7).

Das ist legitim als Sofortmaßnahme, wie ein schmerzstillendes Mittel; doch nur weil der Schmerz gelindert ist, heißt es nicht, dass die Ursache geheilt ist. Das darf man nicht verwechseln. Es gilt auch:

„Wer das Vergnügen liebt, muss Mangel leiden; wer Wein und Öl liebt, wird nicht reich." (Sprüche 21,17).

Christus ist unser Leben. Er ist kein AddOn zu einem ohnedies schon ausgefüllten Alltag, Er soll und will die Mitte in all unseren täglichen Geschäften sein. Es gibt keinen säkularen oder weltlichen Bereich im geistlichen Leben, aber es gibt Zeiten der Aktivität und Zeiten der Regeneration.

Gott hat einen wertvollen Samen in unser Herz gelegt, der Frucht bringen soll. Wir sind ein Garten Gottes, der unsere volle Aufmerksamkeit verdient.

---

[204] https://www.bibelworte.net/wie-finde-ich-freude-an-gott/

Achten wir auf das Unkraut, auf das Überhandnehmen von Sorgen, Reichtum und weltlichen Vergnügungen, wird die Saat auch reichlich Frucht bringen.

Leben in Hoffnung

„Denn ich weiß, was für Gedanken ich über euch habe, spricht der Herr, Gedanken des Friedens und nicht des Unheils, um euch eine Zukunft und eine Hoffnung zu geben." (Jeremia 29,11).

Die Bezeichnung „Generation Z" ist ein Ausdruck der Hoffnungslosigkeit. Wir stehen gewissermaßen am Ende der Menschheitsgeschichte. Die großen Krisen kommen daher wie die Reiter der Apokalypse. Können wir die Welt noch retten? Doch wir haben nicht nur die Umwelt zerstört, wir haben uns selbst zerstört: unsere Würde, unsere Identität, unsere Werte, unsere Integrität, unseren Zusammenhalt, unsere Familien, unsere Arbeit, unsere Sicherheiten, unsere Perspektiven, unser Mann- und Frausein. Dermaßen „verkrüppelt" kleben sich einige noch mit dem letzten Mut (oder der letzten Wut) der Verzweiflung auf die Straßen, um das Klima zu retten, oder protestieren lauthals auf europäischen Universitäten gegen einen Krieg im Nahen Osten, dessen Ursachen und Hintergründe sie gar nicht begreifen können, weil sie lediglich moralischen Reflexen folgen, aber die Geschichte nicht kennen. Was unseren Westen noch einigermaßen zusammenhalten soll ist ein gruseliges Feindbild: der russische Bär! Auch wenn das bedeuten soll, dass wir damit in einen neuen großen Krieg schlittern, so gibt uns das als „Verteidiger der westlichen Werte" noch irgendeinen Rest von Sinn für unsere ausgehöhlten Existenzen.

Ein verhalten optimistischer Artikel über die Generation Z sieht noch einen Silberstreif am Horizont. Anne-Sophie Keller fasste am 3. November 2022 in einem Blogartikel Studien und Erkenntnisse (u.a.) des Soziologen Sandro Cattacin zusammen:

„Globale Krisen nehmen zu, gleichzeitig lösen sich grundlegende Sicherheiten auf – das trifft die ganz Jungen besonders hart. Während die Generation Y (1980 bis 2000) noch in relativ großer ökonomischer, sozialer und physischer Sicherheit aufgewachsen ist, sind die Jugendjahre der Generation Z (ab 1995) geprägt von Unsicherheiten – bis hin zu einer globalen Pandemie und einem erneuten Angriffskrieg in Europa.

"Menschen ab 30 haben dafür gewisse private Sicherheiten – etwa in Form von fixem Einkommen, eigenen Familien, abgeschlossenen Ausbildungen oder stabilen Paarbeziehungen. Man beginnt, für andere zu arbeiten und sich um andere zu kümmern", sagt Cattacin. Bei der Generation Z sind diese strukturellen Beständigkeiten meist noch nicht vorhanden, was das Unbehagen verstärkt.

Der Wunsch nach Veränderung ist dabei groß: Globale Protestbewegungen, etwa im Bereich der Geschlechtergleichstellung (#metoo), in Umweltfragen (Fridays For Future) oder auch im Zusammenhang mit sozialer Gerechtigkeit (Black Lives Matter) sind omnipräsent. Die 16- bis 25-Jährigen gelten gemeinhin als "repolitisierte Generation", hält der Jugendbarometer fest. …

Cattacin ist fest davon überzeugt, dass die Jugendlichen die Demokratie verändern werden: "Je mehr dezentrale Entscheidungen getroffen werden, desto mehr versteht man, was Demokratie ist. Da gehören Schüler:innenräte oder Studierendenorganisationen dazu." Man müsse Freiräume schaffen, in denen Jugendliche lernen, sich einzubringen und Verantwortung zu übernehmen.

"Ich rechne damit, dass in zehn Jahren mehr Politiker als heute sehr sensibel auf Ungerechtigkeiten bei Themen wie Behinderung, Gender, Migration, Herkunft reagieren werden." Von einem Generationenkonflikt will Sandro Cattacin nichts wissen: "Die Jugendlichen sind nicht systematisch gegen die sogenannten Boomer. Ich erlebe die Spannungen zwischen den Generationen als normal, gesund und auch konstruktiv." So würden zum Beispiel viele Eltern weniger Fleisch essen, da ihre Kinder sie darauf aufmerksam machen. Das Erziehungsverhältnis kehrt sich teilweise um.

Das Gewicht lastet schwer auf den Schultern der Jugendlichen, oft sind sie über gewisse Themen bereits besser informiert als gewisse Entscheidungsträger:innen. Der Wille, politisch etwas zu verändern, scheint dabei so groß wie nie. Finn Schlichenmaier resümiert: "Wir sind damit beschäftigt, die Zügel in die Hand zu nehmen.""[205]

---

[205] https://intergeneration.ch/de/blog/jugend-ohne-hoffnung/

Wir brauchen also mehr junge Leute in der Politik, die etwas verändern wollen? Sind die „Young Global Leaders" tatsächlich die Hoffnungsträger? Mein Optimismus hält sich angesichts der Erfolge dieser neuen „Eliten" ziemlich in Grenzen. Aber es geht eigentlich in eine andere Richtung: Die Generation Z tendiert nach rechts. Die Frankfurter Rundschau vom 24. April 2024 zitiert aktuelle Jugendstudien:

„22 Prozent der jungen Menschen würden die AfD bei einer Wahl präferieren. Woran liegt das und was können Schulen dagegen tun?

„Die Annahme, dass die Jungen links sind, ist falsch", sagt Klaus Hurrelmann. Gemeinsam mit Simon Schnetzer und Kilian Hampel ist er Autor der Studie „Jugend in Deutschland 2024", die am 23. April vorgestellt wurde. Demnach nehmen die rechtspopulistischen Einstellungen der Generation Z zu. Die Studie definiert die Generation Z als junge Menschen im Alter von 14 bis 29. … Hier scheint es zu einem „heftigen Meinungsumschwung" gekommen zu sein, heißt es von Schnetzer und den Co-Autoren. …

Wo könnten die rechtspopulistischen Tendenzen ihren Ursprung haben? Wie die aktuelle, sowie vergangene Jugendstudien zeigen, werden junge Menschen insgesamt immer pessimistischer. Auch mit dem Ende der Pandemie, die zu einer hohen psychischen Belastung führte, hat sich an diesem Abwärtstrend nichts geändert „Das Gefühl, Ohnmacht über das Leben zu haben, ist geblieben", sagt Hurrelmann, der Jugend- und Bildungsforscher ist, am 23. April bei der Online-Pressekonferenz zur Jugendstudie.

Wie andere Generationen leide die Gen Z unter der Inflation und der schlechten wirtschaftlichen Lage, in der sich viele von ihnen befinden. Aber auch die Sorge vor einer Ausweitung von Krisen und Kriegen, weswegen ein großer Teil übrigens eine Wehrpflicht bevorzugt, spiele mit hinein. „Junge Menschen können Krisenkonstellationen schwer wegstecken", sagt Hurrelmann."[206]

---

[206] https://www.fr.de/panorama/jugendstudie-studie-generation-z-rechtsruck-gegengefluechtete-rechtspopulistisch-gruende-afd-zr-93029661.html

Auch wenn das Pendel derzeit nach rechts zurückschwingt, wird es nie weit genug zurückschwingen können, da die Verbissenheit, mit der am progressiven Weg festgehalten wird, zu starken Gegendruck ausübt. Die Spaltung der Gesellschaft wird, so fürchten viele, auf demokratischem Weg kaum zu lösen sein.

Wir reagieren verschieden auf diese heraufziehenden Gewitterwolken. Ein Deutscher – man verzeihe mir die Verallgemeinerung – würde sagen: *„Die Lage ist ernst, aber nicht hoffnungslos.“* Wir Österreicher hingegen sagen angesichts des Szenarios: *„Die Lage ist hoffnungslos, aber nicht ernst.“*[207] Gut, das ist natürlich ein humorvolles Klischee, das uns ein wenig entkrampfen soll. Was aber sagen wir Christen? *„Es muss so kommen.“* Ist das alles? Nein: *„Danach, wenn alles noch schlimmer geworden ist, wird es unvorstellbar gut!“* Wir lesen die Weltgeschichte so, wie man einen Krimi nicht lesen würde, wenn man die Spannung aufrechterhalten will: vom Ende her! Gott hat uns lange zuvor schon gesagt, wie es ausgehen wird, und so braucht es uns in der Spannung dieser krisengeladenen Zeit nicht innerlich zu zerreißen oder in Verzweiflungshandlungen treiben. Wir leben mit Hoffnung, und diese Hoffnung gibt uns Kraft, Mut und Liebe für eine verlorene Welt. Aber nicht in dem Sinn, wie es dieses alte Lied meint, welches wir in der Jungschar gesungen haben:

> *„Der Globus quietscht und eiert,*
> *Der Rost sitzt überall,*
> *Bald ist er ausgeleiert,*
> *Der alte Erdenball!*
> *Doch wir, wir wollen ihn schmieren,*
> *Wer wäre nicht dafür?*
> *Und's dann nochmal probieren!*
> *Ja singt eins, zwei, drei, vier:*

---

[207] Wiener Sprichwort

Wir haben immer, immer gute Laune,

Ja, Junge, staune, Ja, Junge, staune!

Wir lachen jeden Griesgram an, ha, ha,

Bis dass er wieder, wieder lachen kann. hi, hi,

Und singen wie ein wilder Wirbel- Wirbelwind,

Was wir für tolle, tolle Kerle sind!" [208]

Man stelle sich vor, man wäre auf der sinkenden Titanic mit solch einem Optimismus über die Decks geflitzt! Wir putzen die Messingklinken an den Kabinentüren, servieren noch eine Runde Champagner und pfeifen uns eins: *„Always look at the bright side of life!"* Absurd. Tatsächlich spielte die Musik auf der Titanic bis zuletzt, aber es war ein anderes Lied: *„Nearer, my God, to Thee."* Ein Ausdruck wahrer Hoffnung angesichts eines unaufhaltsamen Untergangs.

Man erntet oft heftigen Widerspruch seitens progressiver (postmoderner) Christen, die tatsächlich glauben, durch christliche Einflussnahme in Gesellschaft und Politik das Ruder noch herumreißen zu können. Auch die alten „staatstragenden" Kirchen wollen die Titanic nicht verlorengeben. Aber das Schiff hat nicht erst gestern Leck geschlagen. In einem Interview mit der Süddeutschen Zeitung geht der Physiker Metin Tolan der Frage auf den Grund, ob der Luxuskreuzer tatsächlich hätte sinken müssen:

*„**Süddeutsche.de:** Haben Sie auch herausgefunden, ob die Titanic durch die Kollision mit dem Eisberg zwangsläufig hätte sinken müssen?*

***Tolan:** Das hätte sie nicht, zumindest in der Theorie. Wenn man diesen Untergang aufrollt, muss man sich immer die Frage stellen, warum die Konstrukteure damals das Schiff für unsinkbar hielten. Dafür gibt es berechtigte Gründe. Die Titanic war technisch auf dem allerneuesten Stand, verfügte über 15 wasserdichte Schotten, die im Rumpf 16 Abteilungen voneinander trennten. Selbst wenn vier dieser Abteilungen vollgelaufen wären, wäre das Schiff noch über Wasser geblieben. Und einen*

---

[208] https://lyricstranslate.com/de/die-mundorgel-der-globus-quietscht-und-eiert-lyrics.html

solchen schwerwiegenden Unfall, ein so großes Loch, konnte man sich schlicht nicht vorstellen.

Süddeutsche.de: *Wäre es also besser gewesen, der erste Offizier, William Murdoch, wäre direkt auf den Eisberg gefahren, anstatt zu versuchen, noch auszuweichen?*

Tolan: *Dafür waren diese Schiffe tatsächlich ausgelegt. Rechnet man aus, wie stark sich Stahl zusammendrücken lässt, kommt man zu dem Ergebnis: Bei einem Frontalzusammenstoß wären maximal die ersten beiden Abteilungen im Bug eingedrückt worden. Die Titanic wäre nicht gesunken, man hätte mehr Zeit gehabt, das Schiff zu evakuieren. Aber so logisch das aus heutiger Sicht klingt, so undurchführbar war das damals.*

Süddeutsche.de: *Der Befehl lautete: "Hart Backbord!". Murdoch versuchte, an dem Eisberg vorbei zu fahren.*

Tolan: *Stellen Sie sich vor, Sie stehen auf der Brücke und müssen das Kommando geben! Fahren Sie voll auf den Eisberg zu, sterben im Bug etwa 200 Leute, vor allem Personal. Da sagen Sie doch: "Leute, lasst uns alles versuchen, um da irgendwie dran vorbeizukommen." Und es hätte ja auch beinahe funktioniert. Es war sehr knapp. Heute, 100 Jahre später, verfügt man über ausgefeilte Möglichkeiten, ein solches Manöver am Computer zu simulieren. Doch auch damit ließe sich nicht beweisen, dass es die Titanic nicht vielleicht doch an dem Eisberg vorbeigeschafft hätte. Das Problem war: Man hat den Eisberg schlichtweg viel zu spät gesehen, als er nur noch 300 Meter entfernt war.*

Süddeutsche.de: *Niemand an Bord wusste, wo die Feldstecher lagen, auch die Späher im Krähennest hatten keine Ferngläser. War das der entscheidende Punkt?*

Tolan: *Klar, Ferngläser wären gut gewesen, aber auch ohne hätte man einen so großen Eisberg früher sehen müssen. 500 Meter Entfernung hätten ja schon gereicht, um daran vorbeizukommen. Es ist schon verwunderlich, dass sie den Eisberg so spät gesehen haben."* [209]

---

[209] https://www.sueddeutsche.de/panorama/physiker-ueber-den-titanic-untergang-sie-haette-nicht-sinken-muessen-1.1331467

Niemand hatte Ferngläser! Man hat nicht vorausgeschaut, aber es gibt noch einen anderen Grund, warum die Titanic gesunken ist: Hochmut.

„Die ersten Jahre des 20. Jahrhunderts, als die Titanic gebaut wurde, waren erfüllt von ungestümem Optimismus, der sich auf bemerkenswerte Fortschritte in Wissenschaft und Technik gründete. Es war eine Zeit des Friedens, des Fortschritts und grenzenloser Verheißungen. Alles wurde größer, besser und schneller - die Welt wurde üppiger und wohlhabender. „Was hätte die Motoren des Fortschritts oder die Industriekapitäne an ihren Schalthebeln aufhalten können?", wird im Prolog des Buches gefragt.

So verkörperte die Titanic den Zeitgeist der Unverwundbarkeit. Als einer der Matrosen zu Beginn ihrer Jungfernfahrt gefragt wurde, ob das Schiff wirklich unsinkbar sei, antwortete er: „Gott selbst könnte dieses Schiff nicht versenken!"

Das war leere Prahlerei und sollte sich natürlich in wenigen Tagen als katastrophal hohl erweisen. Durch eine Kombination fataler Fehlentscheidungen, unvorhergesehener Ereignisse und einer seltsamen Laune des Schicksals wurde die Verwundbarkeit des Schiffs grausam bloßgestellt; es sank innerhalb von 2 Stunden und 40 Minuten, und über 1500 Menschen fanden den Tod.

Doch hinter der Katastrophe stand mehr als die Kombination dieser Umstände. „Das Schiff wurde nicht von einem Eisberg allein zerstört", wird in James Cameron's Titanic behauptet; „. . . es wurde auch durch eine geistige Haltung zerstört." Das Buch spricht von „einer unsichtbaren Kraft, die letztlich zum Niedergang der Epoche führte: . . . Arroganz". Tatsächlich kam der Niedergang der Epoche nur zwei Jahre später, als Europa und die Welt in den Ersten Weltkrieg gerissen wurden."[210]

Gott lässt sich nicht verspotten, Er hat der arroganten Menschheit ein erschütterndes Beispiel gegeben, wohin ihr Hochmut führt. Es war ein wahrhaft prophetisches Ereignis. Gott schweigt nicht. Es war eine herzliche Warnung des barmherzigen Gottes, der nicht will, dass die ganze Menschheit in denselben Untergang manövriert, wie jenes Schiff des Hochmuts. Doch wir setzten den verderbenbringenden Kurs unbeirrt fort. Gott wieder

---

[210] https://www.vision.org/de/titanische-arroganz-676

die Ehre geben? Gott das Steuer in die Hand geben? Nie und nimmer! Dann wäre ja die ganze Aufklärung umsonst gewesen, und tatsächlich wäre das die einzige Möglichkeit, den gesellschaftlichen Zerfall zu stoppen: Wir müssten hinter die Aufklärung zurück! Doch wer kann das Rad der Zeit zurückdrehen? Es dreht sich immer vorwärts. Wer kann es wenigstens zum Stillstand bringen? Wer sich davor stellt, wird gnadenlos überrollt. Gibt es also keine Hoffnung mehr? Nicht für die Titanic, nicht für diese Welt, aber das ist ja nicht das Ende der Geschichte. Schlagen wir also die letzten Kapitel der Menschheitsgeschichte auf:

„Und Jesus antwortete und sprach zu ihnen: Habt acht, dass euch niemand verführt! Denn viele werden unter meinem Namen kommen und sagen: Ich bin der Christus! Und sie werden viele verführen. Ihr werdet aber von Kriegen und Kriegsgerüchten hören; habt acht, erschreckt nicht; denn dies alles muss geschehen; aber es ist noch nicht das Ende. Denn ein Heidenvolk wird sich gegen das andere erheben und ein Königreich gegen das andere; und es werden hier und dort Hungersnöte, Seuchen und Erdbeben geschehen. Dies alles ist der Anfang der Wehen." (Matthäus 24,4-8).

Welche Krisen werden hier skizziert?

- **Religiöse Verwirrung:** Verschiedene Messiasgestalten treten auf, auf die die Menschen ihre Hoffnung setzen. Es war, denke ich, kein Zufall, dass man den blutjungen österreichischen Bundeskanzler Sebastian Kurz euphorisch als „Messias" feierte. Krisenzeiten führen uns unsere Erlösungsbedürftigkeit vor Augen, und da läuft man jedem Heilsbringer gerne nach, solange es nicht der wahre Sohn Gottes ist.

- **Kriege und Kriegsgerüchte:** Kriege durchziehen die ganze Menschheitsgeschichte, doch aufgrund der Massenmedien und der digitalen Vernetzung hört man ungleich mehr davon und ist nahezu täglich damit konfrontiert. Der nächste große Krieg wird von manchen geradezu sehnsüchtig herbeigeredet.

- **Hungersnöte:** Auch die gab es immer wieder, aber wie bei den Kriegen hören wir vielmehr davon, fühlen uns als reiche Nationen in die Pflicht genommen. Auch die Wirtschaftsmigration gehört dazu, und Szenarien werden formuliert, wo durch den Klimawandel die Flüchtlingswellen zu wahren Tsunamis anschwellen werden.

- **Seuchen:** Wir haben gerade die allerschlimmste Seuche der Menschheitsgeschichte überstanden (ironisch gemeint), und die WHO bastelt an Pandemieplänen, mit denen sie natürlichen oder menschlich hervorgerufenen Plagen begegnen will. Es wird politisch und medial alles getan, um das Bedrohungsszenario möglichst permanent in unser aller Bewusstsein zu verankern. Das ist historisch durchaus ein Novum. Neu ist auch, dass Pandemien für manche ein durchaus lukrativer Geschäftszweig sind.

- **Erdbeben:** Statistisch nimmt die Häufigkeit von Erdbeben zu. Mit Sorge beobachtet man die vulkanische Aktivität unter den Phlegräischen Feldern in Italien, die jederzeit ausbrechen und zu einer gigantischen Katastrophe führen könnten. Auch durch den Anstieg des Meeresspiegels rechnet man mit einer Zunahme von Erdbeben. Im Sinne des Kampfes gegen den Klimawandel werden solche Szenarien bewusst immer wieder unter das Volk gebracht.

Das ist aber noch nicht das Ende, sondern erst der Anfang der Wehen! Deutlich sagt der Herr, wir sollen nicht erschrecken, denn es muss so geschehen. Christen leben in derselben Welt wie alle anderen Menschen, sind von Erdbeben, Seuchen und Kriegen nicht minder betroffen, aber sie rennen nicht wie aufgescheuchte Hühner hin und her und versuchen den Waldbrand mit einem Glas Wasser zu löschen. Sie haben Hoffnung, weil sie wissen, wie es ausgehen wird. Wir bereiten uns und alle, die es hören wollen, daher darauf vor, was einen neuen Anfang markiert. Weil das nur wenige hören wollen, geht es gerade uns in dieser letzten Zeit besonders an den Kragen:

„Dann wird man euch der Drangsal preisgeben und euch töten; und ihr werdet gehasst sein von allen Heidenvölkern um meines Namens willen. Und dann werden viele Anstoß nehmen, einander verraten und einander hassen. Und es werden viele falsche Propheten auftreten und werden viele verführen. Und weil die Gesetzlosigkeit überhandnimmt, wird die Liebe in vielen erkalten. Wer aber ausharrt bis ans

Ende, der wird gerettet werden. Und dieses Evangelium vom Reich wird in der ganzen Welt verkündigt werden, zum Zeugnis für alle Heidenvölker, und dann wird das Ende kommen." (Matthäus 24,9-14).

Um bis ans Ende ausharren zu können, braucht man einerseits Hoffnung und andererseits ein gesundes Verständnis der Zeit, in der wir leben. Was geschieht, ist erschreckend, aber keineswegs überraschend.

- **Drangsal und Verfolgung:** Die Christen sind weltweit bereits heute die am meisten verfolgte Religion, vor allem in den Ländern der falschen Propheten Marx und Mohammed. Aber auch bei uns spitzt es sich zu, da die Werte (so man sie so nennen mag) der postmodernen und woken Gesellschaft in direktem Gegensatz zu den christlichen Werten stehen. Nicht nur das: Unsere Werte und Überzeugungen werden nach und nach kriminalisiert, sodass es immer „unbequemer" für uns wird. Hierzulande agiert man jedoch nicht mit Folter und Gefängnis, sondern geht mit uns um wie mit Fröschen im Kochtopf, in dem das Wasser langsam nach und nach erhitzt wird. Frösche merken das meist nicht und werden dann bei lebendigem Leib gekocht.
- **Gesetz- und Lieblosigkeit:** Zuerst ging die Liebe verloren und wurde durch Moral und Vernunft ersetzt (Aufklärung), aber weil dem Idealismus und den Ideologien die Kraft der Liebe Gottes fehlt, ging letztlich die Moral, jedes Verständnis für Autorität, Gut und Böse und verbindliche Werte verloren. Es ist kalt geworden in der Welt, auch wenn die halbnackten Paraden im Juni etwas anderes suggerieren. Aber auch die christlichen Gemeinden sind durchsäuert von einer Haltung der Gesetzlosigkeit und einem Festklammern an der „billigen Gnade", und so fehlt auch ihnen die Überzeugungskraft eines geheiligten Lebens aus der Kraft der Liebe Gottes.
- **Verkündigung des Reiches Gottes:** Und doch kam es in den letzten Jahrzehnten zu einer Rückbesinnung auf das Evangelium vom Reich Gottes (im Gegensatz zum verkürzten Evangelium von der Sündenvergebung). Gerade die alten Täufergemeinden wachen mehr und

mehr auf und bringen diese gute Nachricht in alle Welt. Da die Welt kleiner geworden ist, verbreiten sich nicht nur die schaurigen Kriegs- und Seuchengerüchte in Windeseile, auch die Botschaft von Christi Königsherrschaft läuft über dieselben Kanäle um die Welt.

Wenn dieser „Umlauf" des Evangeliums vollendet ist, wird das Ende kommen. Gott will, dass alle Menschen noch umdenken können, um sich vorzubereiten auf das, was Er denen bereitet hat, die Ihn lieben.

„Bald aber nach der Drangsal jener Tage wird die Sonne verfinstert werden, und der Mond wird seinen Schein nicht geben, und die Sterne werden vom Himmel fallen und die Kräfte des Himmels erschüttert werden. Und dann wird das Zeichen des Menschensohnes am Himmel erscheinen, und dann werden sich alle Geschlechter der Erde an die Brust schlagen, und sie werden den Sohn des Menschen kommen sehen auf den Wolken des Himmels mit großer Kraft und Herrlichkeit. Und er wird seine Engel aussenden mit starkem Posaunenschall, und sie werden seine Auserwählten versammeln von den vier Windrichtungen her, von einem Ende des Himmels bis zum anderen." (Matthäus 24,29-31).

Die Kräfte des Himmels werden erschüttert; Himmel und Erde, wie wir sie kennen, hören auf zu existieren und machen einer neuen Schöpfung Platz. Das ist ein neuer Anfang! Darum halte ich die alten Predigten, die ständig riefen: *„Das Ende ist nahe! Das Ende ist nahe!"* für irreführend. *„Der Anfang ist nahe! Ein Neubeginn steht bevor! Nun wird endlich alles unbeschreiblich gut!"* Christen mit dieser Hoffnung sollen also nicht mit hängenden Köpfen durch die Wirren der letzten Tage schleichen.

„Wenn aber dies anfängt zu geschehen, so richtet euch auf und erhebt eure Häupter, weil eure Erlösung naht." (Lukas 21,18).

Wie sollen wir uns diesen Neubeginn vorstellen? Es gibt so viele falsche Spekulationen und irrige Versuche, die Wiederkunft des Herrn zu berechnen, dass auch viele Christen sich scheuen, hier etwas mit Bestimmtheit zu sagen oder zu erwarten. Das ist eine falsche Scheu, denn Gott hat uns darüber nicht im Unklaren gelassen. Was wir vermeiden müssen, ist, dass wir über das offenbarte Wort hinaus etwas fabulieren. Betrachten wir also einige dieser Streiflichter der kommenden Welt:

„Und ich sah einen neuen Himmel und eine neue Erde; denn der erste Himmel und die erste Erde waren vergangen, und das Meer gibt es nicht mehr. Und ich, Johannes, sah die heilige Stadt, das neue Jerusalem, von Gott aus dem Himmel herabsteigen, zubereitet wie eine für ihren Mann geschmückte Braut. Und ich hörte eine laute Stimme aus dem Himmel sagen: Siehe, das Zelt Gottes bei den Menschen! Und er wird bei ihnen wohnen; und sie werden seine Völker sein, und Gott selbst wird bei ihnen sein, ihr Gott. Und Gott wird abwischen alle Tränen von ihren Augen, und der Tod wird nicht mehr sein, weder Leid noch Geschrei noch Schmerz wird mehr sein; denn das Erste ist vergangen. Und der auf dem Thron saß, sprach: Siehe, ich mache alles neu! Und er sprach zu mir: Schreibe; denn diese Worte sind wahrhaftig und gewiss!" (Offenbarung 21,1-5).

Was nützt es, wenn wir krampfhaft versuchen, die Erderwärmung um ein halbes Grad zu senken, wenn wir Teile unserer Welt bereits auf Jahrhunderte atomar verstrahlt und unbewohnbar gemacht haben? Hilft die Umstellung auf vegane Ernährung auch nur einem einzigen Meerestier, welches sich am Plastikmüll in den Ozeanen den Bauch füllt und dabei mit vollem Magen verhungert? Die Windräder, für die massenhaft Tropenhölzer geschlägert und seltene Erden abgebaut werden müssen, holen nicht ein Gramm Plastik aus den Ozeanen, und beseitigen auch nicht das Mikroplastik, welches sich in unseren eigenen Körpern sammelt und die Männer nach und nach unfruchtbar macht. Die Titanic sinkt, und niemand wird sie retten. Auf in die Rettungsboote! Denn es gibt etwas Besseres, das danach kommen muss: einen neuen Himmel und eine neue Erde! Was zeichnet diese aus?

Gott wohnt wieder bei den Menschen, wir sind versöhnt, ja sogar als Braut Christi angenommen. Eine Stadt kommt vom Himmel auf die neue Erde herab, so unbeschreiblich schön, dass Johannes die Worte fehlen:

„Und er brachte mich im Geist auf einen großen und hohen Berg und zeigte mir die große Stadt, das heilige Jerusalem, die von Gott aus dem Himmel herabkam, welche die Herrlichkeit Gottes hat. Und ihr Lichtglanz gleicht dem köstlichsten Edelstein,

wie ein kristallheller Jaspis. Und sie hat eine große und hohe Mauer und zwölf Tore, und an den Toren zwölf Engel, und Namen angeschrieben, nämlich die der zwölf Stämme der Söhne Israels. Von Osten her gesehen drei Tore, von Norden drei Tore, von Süden drei Tore, von Westen drei Tore. Und die Mauer der Stadt hatte zwölf Grundsteine, und in ihnen waren die Namen der zwölf Apostel des Lammes."
(Offenbarung 21,10-14).

In dieser Beschreibung dürfen wir schwelgen. Sie wird noch schöner und herrlicher als Worte es beschreiben können. Warum eine Stadt? Weil es um ein Gemeinwesen geht, um Gemeinschaft zwischen Gott und den Menschen in ewiger Liebe. Die Er dort willkommen heißt, nimmt Er in die Arme und trocknet alle ihre Tränen, die sie in der gefallenen Welt des Todesschattens haben vergießen müssen. Nie wieder müssen wir so etwas durchmachen! Es wird kein Geschrei, kein Leid, keinen Schmerz, keinen Tod und keine Trauer mehr geben. Alles wird neu. Es geht noch konkreter:

„Doch es wird geschehen am Ende der Tage, da wird der Berg des Hauses des Herrn festgegründet an der Spitze der Berge stehen und wird über alle Höhen erhaben sein, und Völker werden ihm zuströmen. Und viele Heidenvölker werden hingehen und sagen: »Kommt, lasst uns hinaufziehen zum Berg des Herrn, zum Haus des Gottes Jakobs, damit er uns über seine Wege belehre und wir auf seinen Pfaden wandeln!« Denn von Zion wird das Gesetz ausgehen und das Wort des Herrn von Jerusalem.

Und er wird das Urteil sprechen zwischen großen Völkern und starke Nationen zurechtweisen, die weit weg wohnen, so dass sie ihre Schwerter zu Pflugscharen schmieden und ihre Spieße zu Rebmessern; kein Volk wird gegen das andere ein Schwert erheben, und sie werden den Krieg nicht mehr erlernen; sondern jedermann wird unter seinem Weinstock und unter seinem Feigenbaum sitzen, und niemand wird ihn aufschrecken; denn der Mund des Herrn der Heerscharen hat es geredet!"
(Micha 4,1-4).

In Gottes Reich kommen Gottes Wort und Wille neu und uneingeschränkt zur Geltung, und Sein Wille ist Frieden und volle Genüge. Man stelle sich vor, wie schön das wird, wenn man im Schatten des Feigenbaums ungestört vom selbstgekelterten Wein trinken darf. Ich wohne unweit des Truppenübungsplatzes Allentsteig. Wenn ich beim See sitze, kann ich oft hören, wie die Artillerie für den Krieg übt; in regelmäßigen Abständen (Gott sei Dank nicht allzu oft) führen Kampfhubschrauber Tiefflugübungen über unserem See aus. All das wird es nicht mehr geben, es herrscht ungestörte Ruhe. Wenn ich in der Nacht das Fenster offen habe, kann es vorkommen, dass mein Schlaf durch das laute Reden und Lachen Betrunkener gestört wird, die erst nach vielen Umwegen um die Bar mühsam aus dem Wirtshaus herausgefunden und den Heimweg angetreten haben. Oder die Nachbarn streiten, dass es über den Dorfplatz schallt. All das wird es nicht mehr geben, es herrscht ungestörte Ruhe. *Gott* herrscht, und nie haben Menschen eine bessere Regierung zuwege gebracht.

Selbst die Tierwelt wird verwandelt werden:

„Da wird der Wolf bei dem Lämmlein wohnen und der Leopard sich bei dem Böcklein niederlegen. Das Kalb, der junge Löwe und das Mastvieh werden beieinander sein, und ein kleiner Knabe wird sie treiben. Die Kuh und die Bärin werden miteinander weiden und ihre Jungen zusammen lagern, und der Löwe wird Stroh fressen wie das Rind. Der Säugling wird spielen am Schlupfloch der Natter, und der Entwöhnte seine Hand nach der Höhle der Otter ausstrecken. Sie werden nichts Böses tun noch verderbt handeln auf dem ganzen Berg meines Heiligtums; denn die Erde wird erfüllt sein von der Erkenntnis des Herrn, wie die Wasser den Meeresgrund bedecken." (Jesaja 11,6-9).

Wie sehr ich mich darauf freue! Das ist die Hoffnung, die uns durchträgt, der Ausblick, der uns das Schwere in dieser Zeit ertragen lässt. Darauf bereiten wir uns vor. Wie? Nun, niemand muss dort hineingehen, aber jeder ist eingeladen:

„Denn alle Völker mögen wandeln, jedes im Namen seines Gottes; wir aber wollen wandeln im Namen des Herrn, unseres Gottes, immer und ewiglich!" (Micha 4,5).

Bieten die anderen Götter und Ideologien auch nur annähernd Vergleichbares an? Ist der Ausblick auf 72 Jungfrauen, die man in Ewigkeit Tag und Nacht entjungfern darf (oder gar muss) wirklich so erhebend? Ist das Aufgehen im Nirwana wie ein Tropfen Wasser im Meer tatsächlich das höchste Glück, das wir erhoffen dürfen? Oder ein endloses Rad der Wiedergeburten in ähnlich verzweifelte Existenzen hinein? Oder das große schwarze Nichts ewiger Bewusstlosigkeit, weil man glaubt, nichts als Materie zu sein, deren Bewusstsein lediglich ein chemischer Prozess ist? Wenn jemand genau das erlangen will, kann man ihn wohl nicht aufhalten. Wer aber in diese neue Welt kommen möchte, der muss lernen, Gott zu lieben und Seinen Worten (und Geboten) zuzustimmen:

„Denn von Ewigkeit her hat man nie gehört, nie vernommen, hat kein Auge es gesehen, dass außer dir ein Gott tätig war für die, welche auf ihn harren. Du kommst dem entgegen, der sich daran erfreut, Gerechtigkeit zu tun, denen, die auf deinen Wegen an dich gedenken." (Jesaja 64,3-4).

Harren ist die praktische Seite der Hoffnung, ein Ausharren in Geduld, Treue und Liebe gegenüber dem Gott der Verheißungen. Hier und heute müssen wir lernen, Ihn und Seinen Willen zu schätzen. Was, so hoffe ich, in all den Kapiteln dieses Buches deutlich wurde, ist die Unübertroffenheit des göttlichen Weges im Vergleich zu den menschlichen Alternativen, an denen sie tagtäglich scheitern. Es macht Freude zu wissen, für wen, wofür und wie man leben darf. Solchen gehört das Reich Gottes.

Die Sehnsucht danach wohnt im Herzen eines jeden Menschen, wir wissen, dass dies das Wahre, Gute und Schöne ist, aber wir haben vergessen, dass wir es nur beim Schöpfer finden können. Diese Wahrheit kann unterdrückt, aber nie ganz zum Schweigen gebracht werden.

In diesem Leben ruft Gott uns zur Umkehr und bietet uns Versöhnung an, und in diesem Leben müssen wir darauf antworten, indem wir unser Leben beginnen, nach den Grundsätzen des Reiches Gottes auszurichten. Der Glaube ist nur dann echt, wenn er verwirklicht, was er bekennt.

„Durch Glauben gehorchte Abraham, als er berufen wurde, nach dem Ort auszuziehen, den er als Erbteil empfangen sollte; und er zog aus, ohne zu wissen, wohin er kommen werde. Durch Glauben hielt er sich in dem Land der Verheißung auf wie in einem fremden, und wohnte in Zelten mit Isaak und Jakob, den Miterben derselben

Verheißung; denn er wartete auf die Stadt, welche die Grundfesten hat, deren Baumeister und Schöpfer Gott ist." (Hebräer 11,8-10).

Wem die kommende Stadt lebendig und bildlich vor Augen steht, der wird zum Fremden in den Städten menschlichen Hochmuts, der ist ein Durchreisender, egal wo er sich auf Erden aufhält. Er ist aber zugleich ein Botschafter des Reiches Gottes, ein Vorbote der kommenden Welt, und als solche soll eine christliche Gemeinschaft wahrnehmbar sein. Sie sind Orte der Hoffnung, Orte des Aufatmens, Orte des Friedens, Orte der Barmherzigkeit, Orte der Gerechtigkeit und Hochburgen der Liebe. Das sollten sie jedenfalls sein, wenn sie sich und ihre Berufung ernst nehmen.

Es ist nicht egal, ob man das Angebot Gottes annimmt oder nicht. Wer Gott nicht will, Ihn weiterhin ablehnt oder nicht ernst nimmt, muss nicht die Ewigkeit mit Ihm verbringen – genauer: er kann es auch nicht, da eine solche Haltung den Frieden im Reich Gottes zerstören würde. Können wir uns eine Welt vorstellen, in der es das Gute, das es in dieser Schöpfung immer noch gibt, nun nicht mehr gibt? Eine Ewigkeit, in der Gott, der das Licht ist, abwesend ist? Einen Ort, wo Liebe unbekannt ist und es keinen Frieden geben kann? Einen Ort, an dem gottlose Menschen und abgefallene Engel gemeinsam ohne Aussicht auf Erlösung Äonen verbringen müssen? Wie hallen die Wände wider von gegenseitigen Vorwürfen! Wie dröhnen die Hallen vor Selbstrechtfertigung und Anklagen! Der Schmerz der Seelen frisst sie innerlich auf, wie Würmer, die sich an Leichen satt essen. Es ist ein schrecklicher Ort, dessen Wirklichkeit uns der Herr ebenso vor Augen stellt wie die Schönheit des neuen Jerusalems:

„Darin aber besteht das Gericht, dass das Licht in die Welt gekommen ist, und die Menschen liebten die Finsternis mehr als das Licht; denn ihre Werke waren böse." (Johannes 3,19).

„Da wird das Heulen und das Zähneknirschen sein, wenn ihr Abraham, Isaak und Jakob und alle Propheten im Reich Gottes seht, euch selbst aber hinausgestoßen!" (Lukas 13,28).

„Und ich sah einen großen weißen Thron und den, der darauf saß; vor seinem Angesicht flohen die Erde und der Himmel, und es wurde kein Platz für sie gefunden. Und ich sah die Toten, Kleine und Große, vor Gott stehen, und es wurden Bücher geöffnet, und ein anderes Buch wurde geöffnet, das ist das Buch des Lebens; und die Toten wurden gerichtet gemäß ihren Werken, entsprechend dem, was in den Büchern geschrieben stand.

Und das Meer gab die Toten heraus, die in ihm waren, und der Tod und das Totenreich gaben die Toten heraus, die in ihnen waren; und sie wurden gerichtet, ein jeder nach seinen Werken. Und der Tod und das Totenreich wurden in den Feuersee geworfen. Das ist der zweite Tod. Und wenn jemand nicht im Buch des Lebens eingeschrieben gefunden wurde, so wurde er in den Feuersee geworfen."
(Offenbarung 20,11-15).

Es ist eine unbequeme Wahrheit, dass man Gott nicht entfliehen kann. Jeder Mensch muss vor Gott Rechenschaft über sein Leben ablegen, denn Gott ist gerecht, und Gerechtigkeit muss sich am Ende durchsetzen. Wenn man sich auch in diesem Leben durchschummeln und einer gerechten Strafe entkommen mag, hier gibt es kein Davonlaufen mehr.

So schrecklich es ist, in die Hände des lebendigen Gottes zu fallen, so wunderbar ist es, von den Armen des liebenden Vaters umfasst und ans Herz gedrückt zu werden. Es ist derselbe Gott und Vater, und es sind dieselben Arme und Hände. Es liegt einzig und allein an uns, ob wir uns versöhnen lassen.

Ich denke, es hilft, wenn wir deutlich sehen, wohin uns unsere Abkehr von Gott geführt hat. Die Titanic hat Leck geschlagen und sinkt, und die Rettungsboote sind bereit. Tragischerweise hatte das Schiff zu wenige davon, aber bei Gott kann jeder, der von Herzen will, gerettet werden. Er weist niemanden ab:

„Wer zu mir kommt, den werde ich nicht hinausstoßen." (Johannes 6,37).

Als Saulus, der erbittertste Christenverfolger, dem Auferstandenen begegnet ist und noch ziemlich verwirrt war, sprach Ananias zu ihm:

„Und nun, was zögerst du? Steh auf und lass dich taufen, und lass deine Sünden abwaschen, indem du den Namen des Herrn anrufst!" (Apostelgeschichte 22,16).

Warum zögern? Was ist gewonnen, wenn wir noch etwas zuwarten, die Umkehr verschieben? Was meinen wir, dass wir in dieser Welt des Irrsinns versäumen könnten? Wieviel Schaden wollen wir durch ein eigensinniges Leben noch anrichten, ehe wir einsichtig und fügsam werden?

Unser Vater will uns annehmen, in der Taufe von allem Schmutz der Sünde reinigen und uns in Christus „neu einkleiden", das heißt, ein neues Herz, ein neues Leben, eine neue Identität und eine neue Würde geben. Wir werden so zu den ersten Vertretern der erneuerten Menschheit, der die Neue Schöpfung zugesagt ist:

„Darum: Ist jemand in Christus, so ist er eine neue Schöpfung; das Alte ist vergangen; siehe, es ist alles neu geworden!

Das alles aber kommt von Gott, der uns mit sich selbst versöhnt hat durch Jesus Christus und uns den Dienst der Versöhnung gegeben hat; weil nämlich Gott in Christus war und die Welt mit sich selbst versöhnte, indem er ihnen ihre Sünden nicht anrechnete und das Wort der Versöhnung in uns legte. So sind wir nun Botschafter für Christus, und zwar so, dass Gott selbst durch uns ermahnt; so bitten wir nun stellvertretend für Christus: Lasst euch versöhnen mit Gott!" (2. Korinther 5,17-20).

Als ich unsere Gemeinschaft vor ein paar Jahren das schwere Thema „Ehe-Scheidung-Wiederheirat" lehrte (Gott hasst die Ehescheidung und bewertet eine Wiederheirat als Ehebruch), wurde es mir schwer ums Herz. So viel habe ich in meiner eigenen Ehe falsch gemacht! So viel Schmerz haben Menschen einander zugefügt! So viele eigene Wege führten uns in ausweglose Sackgassen. Wir stehen vor den Trümmern unseres Lebens und fragen uns, ob es für uns noch Hoffnung gebe. Da kam mir dieses Lied, das ich in die Vorträge dann auch einfließen ließ:

„Gibt's noch Hoffnung auf Gnade, gibt's noch Hoffnung für mich?
Denn was ich getan habe, dass besteht vor Dir nicht.
Ich verwarf Deine Weisung und ich folgte dem Fleisch nur;
was ich wollte, tat ich, und befragte Dich nicht.

Gibt's noch Hoffnung auf Gnade, gibt's noch Hoffnung für mich?
Da doch all meine Tage ich verlebte für nichts.
Denn ich hielt mich für weise, lebte nach meiner Weise;
was mir gut schien, tat ich, und befragte Dich nicht.

Gibt's noch Hoffnung auf Gnade, gibt's noch Hoffnung für mich?
Ich verursachte Schaden und bemerkte es nicht.
Folgte ich meinem Herzen, bracht' es Kummer und Schmerzen;
was ich fühlte, tat ich, und befragte Dich nicht.

Gibt's noch Hoffnung auf Gnade, gibt's noch Hoffnung für mich?
Dass ich mir nicht auflade noch mehr Schuld zum Gericht!
Das, was alle stets taten, schien auch mir wohl geraten;
was sie taten, tat ich, und befragte Dich nicht.

Es gibt Hoffnung auf Gnade, es gibt Hoffnung für mich!
Wenn ich nur Jesum habe; Er verurteilt mich nicht.
Wenn ich komm unter Tränen, wird die Schuld Er mir nehmen,
die am Kreuze Er trug. Es gibt Hoffnung im Blut!"

Welch ein befreites Aufatmen kommt da aus der betrübten Seele! So findet man nicht nur Frieden mit Gott, sondern auch mit der eigenen Vergangenheit. Ich denke, die meisten Menschen glauben deshalb nicht an den Herrn Jesus, weil sie noch nichts von Seiner Liebe wissen. Würde ihnen das alles bewusst werden, wie könnten sie sich von Ihm abwenden und weiterhin im eigenen Schmutz wühlen?

Vom Ende her gelesen geht die Geschichte der Menschheit versöhnlich aus. Es gibt keinen Grund für Zukunftsängste, wir stehen auf dem festen Grund der Zusagen Gottes, besiegelt mit dem Blut Christi, das Er am Kreuz für uns vergossen hat. Hoffnung ist kein Wunschdenken, sondern das Bewusstsein

einer Realität, die sich in uns bereits eingestellt hat und auch die ganze
Schöpfung erfassen wird. Schön wird das!

Über allem die Liebe

„Über dies alles aber zieht die Liebe an, die das Band der Vollkommenheit ist." (Kolosser 3,14).

Was führte uns an den Punkt, an dem wir nun stehen? So einfach die Antwort darauf ist, so profund ist sie auch: der Verlust der Liebe. Da wir aber ohne Liebe nicht leben können, versuchen wir zuerst, diese durch etwas anderes zu ersetzen. Es mag eine Zeit lang gut und sogar besser ausschauen, denn der Weg der Liebe ist langsam, der des (falschen) Eifers kann jedoch sehr rasch beeindruckende Ergebnisse zeitigen. Das gilt für jeden Liebesersatz: Es sprießt rasch auf und ist voll herrlicher Blüten, aber die Frucht bleibt aus.

- **Von der Liebe zur Staatsräson:** Die konstantinische Wende machte die Kirche zu einer politischen Institution, zu der man als guter Staatsbürger einfach gehörte. Das führte zu einem fulminanten „Wachstum", aber es war nicht echt. Anstelle der Liebe trat Konformität.

- **Von der Staatsräson zur Machtkirche:** Um den Staat und seine „Einheit im Glauben" zu schützen, wurden abweichende Lehren und Meinungen rasch blutig verfolgt, und noch heidnische Stämme mit der Gewalt des Schwertes „bekehrt" (Sachsenkriege). Anstelle der Liebe trat Einschüchterung. Das „Kirchenvolk" blieb bei der Stange, aber nicht aus Liebe oder Überzeugung.

- **Von Macht zu Reichtum:** Macht und Reichtum gehen meist Hand in Hand; die Kirche perfektionierte aber ein System, den Glauben der Menschen zu einer Geldquelle zu machen: die Ablassbriefe, die zu verschiedenen Anlässen verkauft wurden, um mit der Seelenangst ihrer Schäflein Gewinne zu machen. Anstelle der Liebe trat die Prunksucht, und die Kirche sah sehr stattlich aus. Was lehrte der Herr noch einmal über die Geldliebe?

- **Die davonschwimmenden Felle wurden mit Zwang zusammengehalten:** Die Reformation war das Ventil, durch welches das zusehends unter Druck stehende Volk Dampf ablassen konnte. Viele wandten sich mit Grausen von der „Hure Babylon" ab und fanden Freude und Frieden in der Liebe Gottes, die in der Staatskirche schon lange nicht mehr zu spüren war. Diese reagierte wie ein eifersüchtiger Ehemann mit Zorn, Repressalien und Verfolgung. In der Gegenreformation versuchte man die Abtrünnigen mit Gewalt zurückzugewinnen, weil man keine besseren Anreize mehr bieten konnte.

- **Der Deckel sprang vom Topf:** Mit der Aufklärung begannen sich zuerst die Elite und dann weite Teile des „christlichen Abendlandes" von der Kirche und von Gott abzuwenden. Da sie die Liebe Gottes nie kannten, haben die Aufklärer auch nicht darauf aufbauen können. Sie boten stattdessen ein Übermaß an Idealismus und ein unerschütterliches Vertrauen in die menschliche Vernunft.

- **Die Guillotine als Volkserzieher:** Da es mit der Vernunft leider doch nicht so weit her ist, und sich auch Widerstände gegen die verordnete neue Moral regten, musste seitens der Jakobiner in Frankreich mit der Guillotine nachgeholfen werden, um die Aufklärung in den Köpfen zu verankern, die von dieser verschont geblieben sind.

- **Am Ende ist die Liebe kalt und die Gesellschaft gesetzlos:** Leer und desillusioniert steht eine Generation am Rande des Abgrunds und scheint nur mehr den Weltuntergang herbeizusehnen.

Das waren 1600 Jahre europäische Geschichte in ungefähr 2 Minuten und 34 Sekunden. Welchen Unterschied hätte die Liebe in all dem gemacht? Einen buchstäblich himmelhohen! Wo die Liebe fehlt, fehlt Gott, denn Gott ist Liebe. Dieser eine Satz im 1. Johannesbrief scheint zu einfach zu sein, um alles beantworten zu können:

*„Geliebte, lasst uns einander lieben! Denn die Liebe ist aus Gott, und jeder, der liebt, ist aus Gott geboren und erkennt Gott. Wer nicht liebt, der hat Gott nicht erkannt; denn **Gott ist Liebe.**"* (1. Johannes 4,7-8).

Das christliche Leben gründet auf Liebe und drückt sich in Liebe aus, weil das Gottes Wesen ist. Ist damit alles über Gott gesagt? Nein, aber alles, was sonst über Ihn zu sagen ist, erhält erst durch die Liebe seinen Wert, seine Qualität und seine Kraft.

Gott ist auch heilig, abgesondert von allem Unreinen und Bösen. Wäre Er allein heilig, wäre Er unnahbar wie der Gott des Islam, der nur zu fürchten ist, dem Liebe aber in jeder Hinsicht fremd ist. Weil Er aber Liebe ist, wird Er für uns zugänglich, will uns in Seiner Nähe haben, heiligt und reinigt jeden, der zu Ihm umkehrt, macht ihn passend für Seine Gegenwart und Sein Reich.

Gott ist auch gerecht, Er kann das Böse nicht ungestraft lassen. Wäre Er aber nur gerecht, wäre Er ein gesetzestreuer Richter, vor dem jeder von uns hoffnungslos verdammt dasteht. Weil Er aber Liebe ist, ist Er auch barmherzig und mitfühlend, erkennt unsere Schwäche, unser Unvermögen, einem vollkommenen Maßstab zu entsprechen und fand einen Ausweg für uns, der dem Gesetz genüge tut und uns von der Schuld gleichzeitig freispricht. Darum ist dies der größte Beweis Seiner Liebe, wie Johannes fortsetzt:

„Darin ist die Liebe Gottes zu uns geoffenbart worden, dass Gott seinen eingeborenen Sohn in die Welt gesandt hat, damit wir durch ihn leben sollen. Darin besteht die Liebe – nicht, dass wir Gott geliebt haben, sondern dass er uns geliebt hat und seinen Sohn gesandt hat als Sühnopfer für unsere Sünden." (1. Johannes 4,9-10).

Das Kreuz ist das Symbol des christlichen Glaubens schlechthin. Es darf in keiner Evangeliumspräsentation fehlen, weil es das Mittel ist, durch das Gott Versöhnung ermöglicht hat. Paulus sagt daher zurecht:

„Christus hat mich nicht gesandt zu taufen, sondern das Evangelium zu verkündigen, und zwar nicht in Redeweisheit, damit nicht das Kreuz des Christus entkräftet wird." (1. Korinther 1,17).

Ohne das Kreuz ist die Taufe ein sinnloses Bad; die Taufe ist nicht das Evangelium, sondern die Annahme des Evangeliums, indem wir mit dem Tod und der Auferstehung Jesu einsgemacht werden (Römer 6), das heißt mit Gottes größter Liebestat. Die Kraft der Taufe liegt im Kreuz, in der Liebe Gottes, mit der uns das Wasserbad verbindet, wenn wir die Botschaft des Glaubens angenommen und uns von der Welt, der Sünde und dem Teufel abkehren. Um das Kreuz zu verstehen, muss man es betrachten und auf sich wirken lassen.

„Denn das Wort vom Kreuz ist eine Torheit denen, die verlorengehen; uns aber, die wir gerettet werden, ist es eine Gotteskraft; denn es steht geschrieben: »Ich will zunichte machen die Weisheit der Weisen, und den Verstand der Verständigen will ich verwerfen«.

Wo ist der Weise, wo der Schriftgelehrte, wo der Wortgewaltige dieser Weltzeit? Hat nicht Gott die Weisheit dieser Welt zur Torheit gemacht? Denn weil die Welt durch ihre Weisheit Gott in seiner Weisheit nicht erkannte, gefiel es Gott, durch die Torheit der Verkündigung diejenigen zu retten, die glauben.

Während nämlich die Juden ein Zeichen fordern und die Griechen Weisheit verlangen, verkündigen wir Christus den Gekreuzigten, den Juden ein Ärgernis, den Griechen eine Torheit; denen aber, die berufen sind, sowohl Juden als auch Griechen, verkündigen wir Christus, Gottes Kraft und Gottes Weisheit. Denn das Törichte Gottes ist weiser als die Menschen, und das Schwache Gottes ist stärker als die Menschen." (1. Korinther 1,18-25).

Wir können die Liebe Gottes und das Kreuz also synonym setzen. Unser Herr Jesus sagte:

„Größere Liebe hat niemand als die, dass einer sein Leben lässt für seine Freunde." (Johannes 15,13).

Christus hat das Kreuz völlig ungezwungen auf sich genommen, Liebe kennt keinen Zwang. Er sagte es noch deutlicher:

„Darum liebt mich der Vater, weil ich mein Leben lasse, damit ich es wieder nehme. Niemand nimmt es von mir, sondern ich lasse es von mir aus. Ich habe Vollmacht, es zu lassen, und habe Vollmacht, es wieder zu nehmen. Diesen Auftrag habe ich von meinem Vater empfangen.“ (Johannes 10,17-18).

Zwischen dem Vater und dem Sohn herrscht Liebe; und weil der ewige Gott die Menschheit liebt, hat der Sohn sich freiwillig als Opfer für unsere Rettung zur Verfügung gestellt, um das Lösegeld zu leisten, um uns aus allen Bindungen der Sünde, des Todes und der finsteren Mächte freizukaufen und uns als Versöhnte vor den Vater zu stellen.

Gott ist auch allmächtig, alles, was Er will, kann Er tun, und niemand kann es verhindern. Aber ohne Liebe wäre das eher erschreckend, wir wären Seinem Willen ausgeliefert, alles wäre vorherbestimmt. Weil Er aber Liebe ist, dürfen wir Ihn bitten, Seine Absichten zu ändern und Seine Allmacht zu unserer Hilfe einzusetzen. Es ist ein gewaltiger Unterschied, ob Gott lediglich ein allmächtiger Despot ist, oder ein allmächtiger, liebender Vater.

Viele Menschen stellen die bekannte Frage: *„Wenn Gott allmächtig und zugleich Liebe ist, wie kann Er dann das viele Leid in der Welt zulassen?“* Die Antwort ist verblüffend einfach: *„Eben, weil Er Liebe ist.“* Wie geht sich das aus? Liebe kennt keinen Zwang. Liebe lässt los und lässt uns unsere eigenen Wege gehen, wie der Vater im Gleichnis seinen Sohn weggehen ließ und letztlich dem Leiden aussetzte. Das war die Konsequenz seines Weggehens, so wie ein großer Teil dessen, worunter wir leiden, die Konsequenz unserer Entscheidungen und der Abkehr von Gott sind.

Gott hat uns der Sterblichkeit ausgeliefert, weil Er Liebe ist, denn es wäre äußerst lieblos, wenn böse und hartherzige Menschen unbegrenzt fortfahren dürften, einander Leid anzutun. Die vor Augen stehende Sterblichkeit soll uns zum Nachdenken bringen, und der Blick aufs Kreuz zeigt uns, dass Gott ewiges Leben für uns im Sinn hat, weil Er uns liebt.

Gott hat es zugelassen, dass die ganze Schöpfung aus dem Lot geraten ist und wir unter vielen entsetzlichen Katastrophen leiden. Die Folge dessen ist Liebe, denn es zwingt uns, einander Hilfe zu leisten, erweckt Gefühle des

Mitleids und der Barmherzigkeit und erinnert uns so an lebensnotwendige Qualitäten Gottes, den wir ansonsten verdrängt haben.

Zuletzt: Wann fragen wir denn nach der Liebe Gottes, wenn nicht aufgrund des vielfältigen Leids? Wenn wir den anklagenden Stolz lassen, und uns auf Gottes Gedanken und das Kreuz einlassen, so erkennen wir, dass die Motivation für alles Handeln Gottes und alles, was Er zulässt, Liebe ist.

„Mein Sohn, verwirf nicht die Züchtigung des Herrn und sei nicht unwillig über seine Zurechtweisung; denn wen der Herr liebt, den züchtigt er, wie ein Vater den Sohn, an dem er Wohlgefallen hat." (Sprüche 3,11+12).

Darum ist es auch wichtig, Missverständnisse bezüglich der Liebe aufzuklären. Liebe fühlt sich nicht immer gut an. Ist Liebe überhaupt ein Gefühl? Nein, sie ist eine „Haltung", die mit Gefühlen einhergeht und Gefühle erregt. Wer Liebe mit schönen Gefühlen gleichsetzt, wird Liebe nicht verstehen können, denn er bleibt bei einem selbstsüchtigem Verlangen nach emotionaler Befriedigung stehen.

Als der Vater traurig war, da sein Sohn weggegangen ist, war dann etwa seine Liebe erloschen, weil seine Gefühle nicht mehr schön waren? Nein, natürlich nicht. Also kann Liebe mit Gefühlen der Trauer und des Schmerzes einhergehen und sich gar nicht schön anfühlen.

Gott nennt sich einen eifersüchtigen Gott, der es nicht erträgt, wenn Sein Volk, dem Er so viel Liebe erwiesen hat, andere Götter verehrt. Hätte Er keine Liebe, wäre das reine Egomanie. Gott ist aber kein Narzisst, sondern Liebe. Liebe kann man ablehnen und zurückweisen, was zu Trauer und Schmerz führt; dem Geliebten kann man untreu werden und ihn betrügen, was zu glühendem Zorn führt. Fühlt sich das gut an? Mitnichten, aber es ist ebenso eine Facette der Liebe, die auch viele von uns nur allzu gut kennen. Unter uns Menschen führt Eifersucht zu schrecklichen Dramen:

„Wer aber mit einer Frau Ehebruch begeht, ist ein herzloser Mensch; er richtet seine eigene Seele zugrunde, wenn er so etwas tut. Schläge und Schmach werden ihn treffen, und seine Schande ist nicht auszutilgen; denn die Eifersucht versetzt einen

Mann in glühenden Zorn, und am Tag der Rache wird er nicht schonen; er wird nicht bereit sein, ein Lösegeld anzunehmen, und lässt sich auch durch das größte Geschenk nicht besänftigen." (Sprüche 6,32-35).

Gottes glühender Zorn kann aber besänftigt werden, denn es gibt dieses eine Lösegeld, das Er annimmt, welches Er selbst in Christus geleistet hat! Gottes Volk reizte Ihn sehr zum Zorn, sodass Gott ihnen wie einer untreuen Ehefrau einen Scheidebrief ausstellte:

„So spricht der Herr: Wo ist der Scheidebrief eurer Mutter, mit dem ich sie verstoßen habe? Oder welchem von meinen Gläubigern habe ich euch verkauft? Siehe, ihr seid um eurer Sünden willen verkauft worden, und um eurer Übertretungen willen ist eure Mutter verstoßen worden." (Jesaja 50,1).

Ist Gottes Liebe erloschen, weil Er aufgrund der fortgesetzten Untreue die Beziehung zu Seinem Volk abbrach? Nein, denn Er sah weiter in die Zukunft und hoffte auf die Umkehr. Er sah sie voraus, was wir von unseren geschiedenen Ehepartnern nicht mit Gewissheit annehmen können.

„Denn so spricht Gott, der Herr: Ich handle an dir, wie du gehandelt hast! Du hast den Eid verachtet, den Bund gebrochen. Aber ich will an meinen Bund gedenken, den ich mit dir geschlossen habe in den Tagen deiner Jugend, und ich will einen ewigen Bund mit dir aufrichten. Dann wirst du an deine Wege gedenken und dich schämen, wenn du deine älteren und jüngeren Schwestern zu dir nehmen wirst, die ich dir zu Töchtern geben will, obgleich nicht auf Grund deines Bundes. Aber ich will meinen Bund mit dir aufrichten, und du sollst erkennen, dass ich der Herr bin, damit du daran denkst und dich schämst und vor Scham den Mund nicht auftust, wenn ich dir alles vergebe, was du getan hast, spricht Gott, der Herr." (Hesekiel 16,59-63).

Eine zerbrochene Ehe fühlt sich fürchterlich an, aber Liebe lebt auch von Hoffnung, hält die Tür zur Versöhnung stets offen. Es ist die Liebe, die Ihn geduldig warten lässt. Als meine Frau mich verlassen hat, sagte ich zu ihr, dass ich meine Liebe zu ihr in ein Tupperware-Geschirr geben und einfrieren werde, damit ich sie bei einer allfälligen Versöhnung wieder auftauen kann. So hat Gott uns auch um der Liebe willen geboten:

„Den Verheirateten aber gebiete nicht ich, sondern der Herr, dass eine Frau sich nicht scheiden soll von dem Mann (wenn sie aber schon geschieden ist, so bleibe sie unverheiratet oder versöhne sich mit dem Mann), und dass der Mann die Frau nicht entlassen soll." (1. Korinther 7,10-11).

Das halten viele für unzumutbar und setzen sich über dieses Gebot hinweg. Aber uns wird von Gott viel zugemutet, was ohne Liebe unerträglich wäre. Gottes Liebe ist solcher Art, und Seine Liebe ist es, die durch Gottes Geist in unsere Herzen ausgegossen ist. Darum gilt dieser Standard unverrückbar, aber er kann nur in der Liebe Gottes verstanden und ertragen werden.

Liebe packt an, wo Hilfe nötig ist, und greift in den Schmutz, überwindet Ekel und hat einen langen Atem. Denken wir an die Pflege Bedürftiger, wie unangenehm es sein kann, sie bei der Körperpflege zu unterstützen, Erbrochenes zu beseitigen, eitrige Wunden zu versorgen, unangenehme Körpergerüche zu ertragen, und das vielleicht über Jahre hinweg bis der Tod eingetreten ist. Das fühlt sich nicht schön an, aber auch das ist Liebe. So beschreibt Gott, wie Er sich Israels erbarmt hat:

„An dem Tag, als du geboren wurdest, ist dein Nabel nicht abgeschnitten worden; du bist auch nicht im Wasser gebadet worden zu deiner Reinigung; man hat dich nicht mit Salz abgerieben noch in Windeln gewickelt. Niemand hat mitleidig auf dich geblickt, dass er etwas derartiges für dich getan und sich über dich erbarmt hätte, sondern du wurdest auf das Feld hinausgeworfen, so verachtet war dein Leben am Tag deiner Geburt.

Da ging ich an dir vorüber und sah dich in deinem Blut zappeln und sprach zu dir, als du dalagst in deinem Blut: »Du sollst leben!« Ja, zu dir in deinem Blut sprach ich: »Du sollst leben!« Ich ließ dich zu vielen Tausenden werden wie das Gewächs des Feldes." (Hesekiel 16,4-7).

Wieviel mehr ließe sich über Gottes Liebe sagen! Alle Seine Gebote, welche die Menschen oft als „Einschränkungen" empfinden, sind Ausdruck Seiner Liebe und zu unserem Besten:

„Und nun, Israel, was fordert der Herr, dein Gott, von dir, als nur, dass du den Herrn, deinen Gott, fürchtest, dass du in allen seinen Wegen wandelst und ihn liebst und dem Herrn, deinem Gott, dienst mit deinem ganzen Herzen und deiner ganzen Seele, indem du die Gebote des Herrn und seine Satzungen hältst, die ich dir heute gebiete, zum Besten für dich selbst?" (Deuteronomium 10,12-13).

Darum kann auch die Befolgung Seiner Gebote mit keiner anderen Haltung zufriedenstellend und schön sein als in der Liebe:

„Einer von ihnen, ein Gesetzesgelehrter, stellte ihm eine Frage, um ihn zu versuchen, und sprach: Meister, welches ist das größte Gebot im Gesetz? Und Jesus sprach zu ihm: »Du sollst den Herrn, deinen Gott, lieben mit deinem ganzen Herzen und mit deiner ganzen Seele und mit deinem ganzen Denken«. Das ist das erste und größte Gebot. Und das zweite ist ihm vergleichbar: »Du sollst deinen Nächsten lieben wie dich selbst«. An diesen zwei Geboten hängen das ganze Gesetz und die Propheten." (Matthäus 22,35-40).

Gottes Liebe und unsere Liebe zu Ihm treten in eine fruchtbare Wechselwirkung, da sie einander verstärkend ergänzen:

„Wer meine Gebote festhält und sie befolgt, der ist es, der mich liebt; wer aber mich liebt, der wird von meinem Vater geliebt werden, und ich werde ihn lieben und mich ihm offenbaren." (Johannes 14,21).

Liebe ist eine Haltung, die auch Überwindung erfordert. Manchmal sind harte Kämpfe erforderlich, wie sie auch der Herr Jesus in Getsemane erleben musste:

„Und er ging hinaus und begab sich nach seiner Gewohnheit an den Ölberg. Es folgten ihm aber auch seine Jünger. Und als er an den Ort gekommen war, sprach er zu ihnen: Betet, dass ihr nicht in Versuchung kommt! Und er riss sich von ihnen los, ungefähr einen Steinwurf weit, kniete nieder, betete und sprach: Vater, wenn du diesen Kelch von mir nehmen willst – doch nicht mein, sondern dein Wille geschehe! Da erschien ihm ein Engel vom Himmel und stärkte ihn. Und er war in ringendem Kampf und betete inbrünstiger; sein Schweiß wurde aber wie Blutstropfen, die auf die Erde fielen.

Und als er vom Gebet aufstand und zu seinen Jüngern kam, fand er sie schlafend vor Traurigkeit. Und er sprach zu ihnen: Was schlaft ihr? Steht auf und betet, damit ihr nicht in Anfechtung geratet!" (Lukas 22,39-46).

In diesem Buch habe ich viele Lebensbereiche vorgestellt, die neu an Gottes Wort ausgerichtet werden müssen, wenn man in die Nachfolge Jesu eintritt. Manches davon ist rasch einsichtig und auch befreiend. Manches davon erregt inneren Widerstand. Es ist meine Erfahrung, dass gerade äußere Kleinigkeiten, die eigentlich leicht zu ändern sind, den größten Widerspruch ernten. Jeder wäre wohl bereit, um Christi Willen Verfolgung zu leiden und als „Draufgänger Gottes" einen ehrenwerten Heldentod zu sterben. Wenn es aber darum geht, als Frauen weiblich (Röcke oder Kleider) und dezent gekleidet zu sein oder ein Kopftuch zu tragen (1. Korinther 11,2-16), werden oft die Krallen ausgefahren. Wenn sie wenigstens ebenso wie der Herr mit Schweiß und Blut im Garten Getsemane darum ringen würden! Aber wäre das angesichts solcher Kleinigkeiten nicht doch etwas übertrieben? Der Schlüssel zum Gehorsam in allen Dingen liegt in der Liebe:

„Jeder, der glaubt, dass Jesus der Christus ist, der ist aus Gott geboren; und wer den liebt, der ihn geboren hat, der liebt auch den, der aus Ihm geboren ist. Daran erkennen wir, dass wir die Kinder Gottes lieben, wenn wir Gott lieben und seine Gebote halten. Denn das ist die Liebe zu Gott, dass wir seine Gebote halten; und seine Gebote sind nicht schwer." (1. Johannes 5,1-3).

Ich habe diese Wahrheit zu einem Merksatz zusammengefasst: *„Liebe macht Gehorsam leicht."* Jeder Widerwille gegen was für ein Gebot auch immer hat seine Wurzel in der Lieblosigkeit gegenüber Gott und/oder der Gemeinschaft.

Rückblickend auf den Beginn des Kapitels: Woran scheiterte die Kirche spätestens seit Konstantin? Indem sie die Liebe durch anderes ersetzte. Der scheinbare äußere Erfolg war trügerisch und führte in den großen Glaubensabfall der letzten 250 Jahre. Was hätte man besser getan? Man hätte die Liebe Gottes tiefer begreifen müssen, die keinen Zwang kennt. Darum hätte man nie dazu übergehen dürfen, Kinder oder Zwangsbekehrte gegen ihren Willen zu taufen. Man hätte es in der Glaubenserziehung deutlicher vermitteln müssen, dass Gott keinen erzwungenen Gehorsam will, sondern einen Gehorsam aus Glauben und Liebe. Man hätte solchen, die den Weg nicht gehen wollen, nahelegen sollen, ihre Motive zu prüfen und gegebenenfalls die Gemeinde zu verlassen, anstatt sie auf Biegen und Brechen zum Bleiben zu überreden. Man hätte notfalls auch in der geschwisterlichen Ermahnung nachdrücklicher sein müssen. Es war falsch, den christlichen Dienst zu „professionalisieren" und die einzelnen Gemeindeglieder aus der Verantwortung zu nehmen und zu reinen Konsumenten zu machen. Man hätte auf die Unterschiede im Glauben, Liebe und Berufung achten müssen, und nicht alle über einen Kamm scheren dürfen. Ein ungesundes Leistungsprinzip hat sich da und dort eingeschlichen, was immer wieder zu Heuchelei und Überforderung geführt hat.

Es ist sehr viel schief gelaufen, aber es muss nicht so bleiben. Die Liebe Gottes lässt nicht locker, und der Herr klopft noch an die Türen selbst solcher Gemeinden, die ihn durch ihre Lauheit schon lange vertrieben haben. Es gibt Hoffnung, weil Gott versöhnlich ist:

„Und dem Engel der Gemeinde von Laodizea schreibe: Das sagt der »Amen«, der treue und wahrhaftige Zeuge, der Ursprung der Schöpfung Gottes: Ich kenne deine Werke, dass du weder kalt noch heiß bist. Ach, dass du kalt oder heiß wärst! So aber, weil du lau bist und weder kalt noch heiß, werde ich dich ausspeien aus meinem Mund. Denn du sprichst: Ich bin reich und habe Überfluss, und mir mangelt es an nichts! – und du erkennst nicht, dass du elend und erbärmlich bist, arm, blind und entblößt.

Ich rate dir, von mir Gold zu kaufen, das im Feuer geläutert ist, damit du reich wirst, und weiße Kleider, damit du dich bekleidest und die Schande deiner Blöße nicht offenbar wird; und salbe deine Augen mit Augensalbe, damit du sehen kannst!

Alle, die ich liebhabe, die überführe und züchtige ich. So sei nun eifrig und tue Buße! Siehe, ich stehe vor der Tür und klopfe an. Wenn jemand meine Stimme hört und die Tür öffnet, so werde ich zu ihm hineingehen und das Mahl mit ihm essen und er mit mir.

Wer überwindet, dem will ich geben, mit mir auf meinem Thron zu sitzen, so wie auch ich überwunden habe und mich mit meinem Vater auf seinen Thron gesetzt habe.

Wer ein Ohr hat, der höre, was der Geist den Gemeinden sagt!" (Offenbarung 3,14-22).

Kaum eine Gemeinde sagt von sich, sie sei so schlimm wie Laodizäa (das sind immer die anderen), doch selbst dieser Gemeinde versagt der Herr Seine Liebe nicht. Diese auszuschlagen, hat freilich Konsequenzen, aber stellen wir uns vor, die Gemeinde lässt sich zur Umkehr bewegen, was dann alles in ihr und durch sie möglich ist!

Laodizäa war eine laue Gemeinde, eine Gemeinde, bei der man keinen Unterschied mehr zur Welt feststellen konnte; heute wäre sie wohl „postmodern". Soll das so bleiben? Nein, es muss nicht so bleiben! Immer wieder gab es auch in den hoffnungslosesten Gemeinden geistliche Aufbrüche, Erweckungen, mit denen niemand mehr gerechnet hätte. Wir Menschen neigen dazu, einander aufzugeben. Gottes Liebe tut das nicht.

Ich beschließe dieses letzte Kapitel mit den wunderbaren Worten über die Liebe aus dem 1. Korintherbrief:

„Wenn ich in Sprachen der Menschen und der Engel redete, aber keine Liebe hätte, so wäre ich ein tönendes Erz oder eine klingende Schelle. Und wenn ich Weissagung hätte und alle Geheimnisse wüsste und alle Erkenntnis, und wenn ich allen Glauben besäße, so dass ich Berge versetzte, aber keine Liebe hätte, so wäre ich nichts. Und wenn ich alle meine Habe austeilte und meinen Leib hingäbe, damit ich verbrannt würde, aber keine Liebe hätte, so nützte es mir nichts!

Die Liebe ist langmütig und gütig, die Liebe beneidet nicht, die Liebe prahlt nicht, sie bläht sich nicht auf; sie ist nicht unanständig, sie sucht nicht das Ihre, sie lässt sich nicht erbittern, sie rechnet das Böse nicht zu; sie freut sich nicht an der Ungerechtigkeit, sie freut sich aber an der Wahrheit; sie erträgt alles, sie glaubt alles, sie hofft alles, sie erduldet alles.

Die Liebe hört niemals auf. Aber seien es Weissagungen, sie werden weggetan werden; seien es Sprachen, sie werden aufhören; sei es Erkenntnis, sie wird weggetan werden. Denn wir erkennen stückweise und wir weissagen stückweise; wenn aber einmal das Vollkommene da ist, dann wird das Stückwerk weggetan.

Als ich ein Unmündiger war, redete ich wie ein Unmündiger, dachte wie ein Unmündiger und urteilte wie ein Unmündiger; als ich aber ein Mann wurde, tat ich weg, was zum Unmündigsein gehört. Denn wir sehen jetzt mittels eines Spiegels wie im Rätsel, dann aber von Angesicht zu Angesicht; jetzt erkenne ich stückweise, dann aber werde ich erkennen, gleichwie ich erkannt bin. Nun aber bleiben Glaube, Hoffnung, Liebe, diese drei; die größte aber von diesen ist die Liebe." (1. Korinther 13,1-13).